文革史料叢刊第五輯

第四冊

李正中　輯編

只有不漠視、不迴避這段歷史，中國才有希望，中華民族才有希望！忘記歷史意味著背叛！

——摘自「文革史料叢刊・前言」

蘭臺出版社

巴金先生说在文革
受尽火与血磨炼
的人是不会沉默的

八十又五叟

李正中

著名中國古瓷與歷史學家、教育家。
李正中　簡介

祖籍山東省諸城市，民國十九年（1930）出生於吉林省長春市。

北平中國大學史學系肄業，畢業於華北大學（今中國人民大學）。

歷任：天津教師進修學院教務處長兼歷史系主任（今天津師範大學）。

天津大學冶金分校教務處長兼圖書館長、教授。

天津社會科學院中國文化研究中心主任、研究員。

現任：天津文史研究館館員。

天津市漢語言文學培訓測試中心專家學術委員會主任。

香港世界華文文學家協會首席顧問。

（天津理工大學經濟與文化研究所供稿）

為加強海內外學術交流，應邀赴日本、韓國、香港、臺灣進行講學，其作品入圍德國法蘭克福國際書展和美國ABA國際書展。

文革五十周年祭

百萬紅衛兵打砸搶燒殺橫掃五千年中華文史精華　可惜

中國知識分子慘遭蹂躪委曲求全寧死不屈有氣節　可敬

國家主席劉少奇無法可護窩窩囊囊死無葬身之地　可歎

內鬥中毛澤東技高一籌讓親密戰友林彪墜地身亡　可悲

2016年李正中於5.16敬祭

前言：忘記歷史意味著背叛

文學巨匠巴金說：

應該把那一切醜惡的、陰暗的、殘酷的、可怕的、血淋淋的東西集中起來，展覽出來，毫不掩飾，讓大家看得清清楚楚，牢牢記住。不能允許再發生那樣的事。不再把我們當牛，首先我們要相信自己不是牛，是人，是一個能夠用自己腦子思考的人！

那些魔法都是從文字遊戲開始的。我們好好地想一想、看一看，那些變化，那些過程，那些謊言，那些騙局，那些血淋淋的慘劇，那些傷心斷腸的悲劇，那些勾心鬥角的醜劇，那些殘酷無情的鬥爭……為了那一切的文字遊戲！……為了那可怕的十年，我們也應該對中華民族子孫後代有一個交代。

要大家牢記那十年中間自己的和別人的一言一行，並不是讓人忘記過去的恩仇。這只是提醒我們要記住自己的責任，對那個給幾代人帶來大災難的「文革」應該負的責任，無論是受害者，或者害人者，無論是上一輩或是下一代，不管有沒有為「文革」舉過手點過頭，無論是造反派、走資派，或者逍遙派，無論是鳳或者是牛馬，讓大家都到這裡來照照鏡子，看看自己為「文革」做過什麼，或者為反對「文革」做過什麼。不這樣，我們怎麼償還對子孫後代欠下的那一筆債，那筆非還不可的債啊！

（摘自巴金《隨想錄》第五冊《無題集‧紀念》）

我高舉雙手讚賞、支持前輩巴老的呼籲。這不是一個人的呼籲，而是一個民族對其歷史的反思。一個忘記自己悲慘歷史和命運的民族，就是一個沒有靈魂的民族，沒有希望的民族，沒有前途的民族。中華民族要真正重新崛起於世界之林，實現中華夢，首先必須根除這種漠視和回避自己民族災難的病根，因為那不意味著它的強大，而恰恰意味著軟弱和自欺。這就是我不計後果，一定要搜集、編輯和出版這部書的原因。我想，待巴老呼籲的「文革紀念館」真正建立起來的那一天，我們才可以無愧地向全世界宣告：中華民族真正走上了復興之路……。

當本書即將付梓時刻，使我想到蘭臺出版社出版該書的風險，使我內心感動、感激和感謝！同時也向高雅婷責任編輯對殘缺不全的文革報紙給以精心整理、校對，付出辛勤的勞累致以衷心得感謝！

感謝忘年交、學友南開大學博導張培鋒教授為拙書寫「序言」，這是一篇學者的呼喚、是正義的伸張，作為一個早以欲哭無淚的老者，為之動容，不覺潸然淚下：「一夜思量千年事，人生知己有一人」足矣！

李正中於古月齋

2014年6月1日文革48周年紀念

序言：中國歷史界的大幸，也是國家、民族之大幸

張培鋒

李正中先生積三十年之功，編集整理的《文革史料叢刊》即將出版，囑我為序。我生於1963年，在文革後期（1971-1976），我還在讀小學，那時，對世事懵懵懂懂，對於「文革」並不瞭解多少，因此我也並非為此書寫序的合適人選。但李先生堅持讓我寫序，我就從與先生交往以及對他的瞭解談起吧。

看到李先生所作「前言」中引述巴金老人的那段話，我頓時回想起當年我們一起購買巴老那套《隨想錄》時的情景。1985年我大學畢業後，分配到天津大學冶金分校文史教研室擔任教學工作，李正中先生當時是教務處長兼教研室主任，我在他的直接領導下工作。記得是工作後的第三年即1987年，天津舉辦過一次大型的圖書展銷會（當時這樣的展銷會很少），李正中先生帶領我們教研室的全體老師前往購書。在書展上，李正中先生一眼看到剛剛出版的《隨想錄》一書，他立刻買了一套，並向我們鄭重推薦：「好好讀一讀巴老這套書，這是對「文革」的控訴和懺悔。」我於是便也買了一套，並認真讀了其中大部分文章。說實話，巴老這套書確實是我對「文革」認識的一次啟蒙，這才對自己剛剛度過的那一個時代有了比較深切的瞭解，所以這件事我一直記憶猶新。我記得在那之後，李正中先生在教研室的活動中，不斷提到他特別讚賞巴金老人提出的建立「文革紀念館」的倡議，並說，如果這個紀念館真的能夠建立，他願意捐出一批文物。他說：「如果不徹底否定「文革」，中國就沒有希望！」我這才知道，從那時起，他就留意收集有關「文革」的文獻。算起來，到現在又三十年過去了，李先生對於「文革」那段歷史「鍾情」不改，現在終於將其裒輯付梓，我想，這是中國歷史界的大幸，也是國家、民族之大幸！

前兩年，我有幸讀到李正中先生的回憶錄，對他在「文革」中的遭遇有了更為真切的瞭解。「文革」不僅僅是中國知識分子的受難史，更是整個民族、人民的災難史。正如李先生在「前言」中所說，忘記這段歷史就意味著背叛。李先生是歷史學家，他的話絕非僅僅出於個人感受，而是站在歷史的高度，表現出一個中國知識分子的真正良心。

就我個人而言，雖然「文革」對我這一代人的波及遠遠不及李先生那一代人，但自從我對「文革」有了新的認識後，對那段歷史也有所反思。結合我個人現在從事的中國傳統文化教學與研究來看，我覺得「文革」最大的災難在於：它對中華優秀傳統文化做出了一次「史無前例」的摧毀（當時稱之為「破四舊，立新風」，當時究竟是如何做的，我想李先生這套書中一定有非常真實的史料證明），從根本上造成人心

的扭曲和敗壞，並由此敗壞了全社會的道德和風氣。「文革」中那層出不窮的事例，無不是對善良人性的摧殘，對人性中那些最邪惡部分的激發。而歷史與現在、與未來是緊緊聯繫在一起的，當代中國社會種種社會問題、人心的問題，其實都可以從「文革」那裡找到根源。比如中國大陸出現的大量的假冒偽劣、坑蒙拐騙、貪汙腐化等現象，很多人責怪說這是市場經濟造成的，但我認為，其根源並不在當下，而可以追溯到四十年前的那場「革命」。而時下一些所謂「左派」們，或別有用心，或昧了良心，仍然在用「文革」那套思維方式，不斷地掩飾和粉飾那個時代，甚至將其稱為中國歷史上最文明、最理想的時代。我現在在高校教學中接觸到的那些八十年代、九十年代後出生的年輕人，他們對於「文革」或者絲毫不瞭解，或者瞭解的是一些經過掩飾和粉飾的假歷史，因而他們對於那個時代的總體認識是模糊甚至是錯誤的。我想，這正是從巴金老人到李正中先生，不斷呼籲不要忘記「文革」那段歷史的深刻含義所在。不要忘記「文革」，既是對歷史負責，更是對未來負責啊！

記得我在上小學的時候，整天不上課，拿著毛筆——我現在感到奇怪，其實就連毛筆不也是我們老祖宗的發明創造嗎？「文革」怎麼就沒把它「革」掉呢？——寫「大字報」，批判「孔老二」，其實不過是從報紙上照抄一些段落而已，我的《論語》啟蒙竟然是在那樣一種可笑的背景下完成的。但是，僅僅過去三十多年，孔子仍然是我們全民族共尊的至聖先師，「文革」中那些「風流人物」們今朝又何在呢？所以我認為，歷史是最公正、最無情的，是不容歪曲，也無法掩飾的，試圖對歷史進行歪曲和掩飾其實是最愚蠢的事。李正中先生將這些「文革」時期的真實史料拿出來，讓那些並沒有經歷過那個時代的人們真正認識和體會一下那場「革命」的真實過程，看一看那所謂「革命」、「理想」造成了怎樣嚴重的後果，這就是最好的歷史、最真實的歷史，這也就是巴老所說的「文革紀念館」的一個重要組成部分啊！我非常讚成李正中先生在「前言」中所說的，只有不漠視、不回避這段歷史，中國才有希望，中華民族才有希望！

是為序。

中華民族最黑暗的年代「文革」48周年紀念於天津聆鍾室

〔注〕張培鋒：現任南開大學文學院教授博士班導師

古月齋叢書7　文革史料叢刊　第五輯

最 高 指 示

搗乱，失敗，再搗乱，再失敗，直至灭亡——这就是帝国主义和世界上一切反动派对待人民事业的邏輯，他們决不会違背这个邏輯的。

关于江枫問題調查材料

“天津政法公社”的一小撮混旦們，在他們的主子万张反革命修正主义集团授意之下，在反革命修正主义分子路达、张墨义、周承芳、王誠熙、张露的具体指揮下，編造一份“撕开公安局黑幕”的反革命白皮书。他們大肆造謠誣蔑，攻击陷害革命领导干部江枫同志，妄图把江枫同志打成“反革命修正主义分子”。

这个反革命白皮书一出籠，确实蒙蔽了一部分不明眞相的群众。为了澄清事情的眞象，为了彻底揭露“政法公社”一小撮反动家伙的卑鄙目的和丑恶咀脸，我們十六中《六·二一》革命行动委員会，二十中“八·一〇”紅卫兵，中等学校紅联革命造反紅卫兵，北航紅旗战斗队，于今年一月組成了联合調查組，进行了一个多月的大量調查，最后得出結論，一致认为这个所謂“撕开公安局黑幕”是一本地地道道的反革命白皮书。有关問題純属造謠惑众。

当时，我們发表这个調查报告早已把这个反革命白皮书駁得体无完肤，臭不可聞。

本来，这些事情早已不値得一提了，但是，随着阶級斗爭激烈曲折的必然規律，随着天津市革命“三結合”的形势越来越好，万张反革命修正主义集团并不甘心失敗，并不甘心灭亡，他們继續要阴謀，放暗箭，进行反革命反扑，妄图进行垂死的掙扎。最近，万张反革命修正主义集团的忠实走狗爪牙，蒙蔽一些群众，又从垃圾堆里拾起“天津政法公社”的破烂，大肆造謠誣蔑，恶毒攻击江枫同志。

为了捍卫我們伟大領袖毛主席提出来的革命"三結合"的方針，捍卫天津革命的"三結合"，保护和支持无产阶級的革命領导干部，彻底击潰目前一小撮混旦对无产阶級革命派的猖狂进攻。我們再把已經发表过的联合調查报告中的几个問题，重新发表，以正視听。

全市无产阶級革命派的同志們，我們要提高警惕，万万不要上阶級敌人的当。同时，我們严正警告万张反革命修正主义集团的忠实爪牙和一切牛鬼蛇神，你們造謠誣蔑，攻击革命的領导干部，企图破坏革命的"三結合"，妄图为万张反党集团翻案，这只不过是痴心妄想，白日作梦！

天津市第十六中学"六·二一"革命行动委員会

一九六七年六月

一、关于所謂江枫同志制造偵听器，偵察毛主席的問题：

"天津政法公社"在"撕开公安局黑幕"这个材料里，說什么"江枫是彭、罗分子""×××厂生产偵听器，給彭、罗，用来偵察我們伟大領袖毛主席"……事实果眞是这样嗎？請看：

走訪公安部×局

时間：一九六七年二月八日

地点：公安部×局

被訪人：朱启貴，刘守振，吕同志等。

走訪人：联合調查組

朱启貴同志：天津×××厂根本不能制造偵听器，它生产的×也不是用于制作偵听器的，公安部从未指示过天津市公安局生产有关偵听器的材料和配件。

文化大革命中，中央办公厅曾揭发一件关于偵听器的問题，这个偵听器是楊尙昆在六〇年要的，当时由徐子荣（公安部付部长，彭、罗集团干将）批准交給×局局长荻飞（黑帮），从×局拿走的，他們拿走偵听器是否放在我們伟大領袖毛主席的身边进行了偵察，具体問题和詳細过程正在調查，尙未弄清，这个偵听器是××

生产的，就我們掌握的材料来看，偵听器的問題和江枫及×××厂沒什么关系。

刘守振同志：（現是黑帮分子荻飞专案組的同志）天津×××厂是大跃进时期建立起来的，我們公安部沒有向天津×××厂要过东西，我們用的材料全是×，而天津×××厂生产的是×，且质量也不行，据辽河厂使用后說："不好用，质量沒过关。"

再据二月九日呂同志說：关于偵听器，楊尙昆共拿走兩个，一个是五八年拿走的，一个是六〇年四月份拿走的。这个东西是××生产的，就現在我們掌握的材料来看，偵听器和×××厂沒有关系。

二、关于所謂江枫同志包庇张凤琴的問題：

"天津政法公社"煞有其事說："江枫包庇张凤琴""公安局是张凤琴黑帮的据点""江枫給陈伯达同志設小灶，巴結……"經我們調查，完全不是这样。

走訪杜青同志

时間：一九六七年二月九日中午
地点：紅旗杂誌社

杜青同志：紅旗杂誌社曾和陈伯达同志一起去搞四清，关于小站的一些情况我不太熟悉，因为我当时是在乡下，沒在鎮上。关于江枫本人和公安局的情况我不太了解。当时有一张表（即张凤琴反党集团关系图），是方紀等人搞的，这个表上沒有公安局。当时三个案子都和公安局沒关系。张凤琴那个案子根本涉及不到公安局。这个案子是中央批的，这个表也在，天津市公安局內有一张同样的表。同志們可以协商去查看。

关于陈伯达的生活是否江枫等人給予特殊，我不太清楚，但我有几次去那里吃飯，沒見到有什么特殊。

杜青同志說："这个案子是中央批的"，可是自称"二十几級的小干部"为什么对此案了解的如此詳細？后台人物是誰？

三、关于所謂江枫同志和北京市公安局黑帮密談的問題：

按："天津政法公社"的又一事，去年四月二十四日，北京市公安局黑帮分子邢湘生、张烈、李路到天津和江枫密談七小时，策划了对抗中央的阴謀。就此事，我們提审了李路、张烈，并走訪了市公安局付局长郝志刚同志。

李路（原北京市公安局办公室主任）供詞：

“去年十五次公安会議前，三月份（实为四月份）邢湘生、张烈和我去过一次天津，是星期六我們下午一点出发，四点多到了天津市公安局，江枫不在，由付局长郝志刚接待，我們就座着閑談，等到六点多钟，江枫回来了，談了談，他說：‘大家还沒吃飯，先吃飯去吧！’吃飯时，請江枫談了十五次会議是怎么准备的，江枫說：‘我沒怎么准备，我上边有公安厅，我只在下边准备准备就行了。’

……（他們的談話内容全是关于十五次会議怎么准备，公安业务的缺点是怎么检查的——走訪者）

当时又談到了江枫蹲点搞四清时有什么經驗的問題，江說：‘我沒有什么好經驗。’又談到江枫的偵察业务很好，邢說：‘听說你的业务很好，我們可否派人来学习？’（后来沒有派）

我們談到八点多钟，就准备走了，郝付局长和江枫送到門口，江說：‘不送了’，就回去了，后来，由于司机不认路，郝志刚送我們到南仓附近就回去了。”

张烈的供詞和以上所述的基本相同。（兩人是分别提审的。）

郝志刚：

……十五次公安会議前，北京公安局来了三个人，他們是下午五点左右到市局的，江枫不在，由我接待，后来，王培又来了和我們談了談，半截有事又走了，江枫来后去吃飯，边談边吃，問了我們十五次公安会議是怎么准备的，我們回答了他，談了談公安业务，又談了江枫蹲点搞四清問題……至八点钟他們要走，沒住下，后来我送他們到南仓，根本不是江枫送去的。

这次根本沒有談到罗的問題，主要談工作，連吃飯共二个多小时，这时我自始至終全在場，情况我最清楚。

四、关于江枫同志所謂包庇宛吉春的問題：

“天津政法公社”在“揭开天津市公安局黑幕”中提到了宛吉

春的問題，說“宛本为政治騙子，江枫为了以工厂为基地，同彭罗集团勾勾搭搭，将其一再提拔重用，身兼数职”，說“江枫为彭罗效劳，达到了不遺余力程度，他还亲自給日本特务，大政治騙子宛吉春一架偵察照相机，指使宛偷拍国家尖端机密資料，而且还把这些資料交給摘帽右派、反革命分子等掌握”。

針对这些我們走訪了×××厂副厂长袁力同志，了解到不少情况，現摘要如下，請同志們分析：

宛吉春在日本侵华期間在日本留学，日本投降后回国，在日本被捕过，回来后当过职員，合伙开过化学工业社等（未办成或时間很短），又做过不到一年的副經理，在这个厂子里他的債权轉为股东，后来当經理。在四清中发現他曾放过高利貸，五八年在公安党委领导下入的党（樊青典任党委书記），五九年轉正，四清后定为資产阶級分子，开除党籍的意見上报后，市委长期未批，文化大革命中多次催促才批下来。包庇他的根子在黑市委。

让我們看看市委怎么包庇他。

一九六五年十月十五日王誠熙传达市监委开会情况，参加会的有：乔光正、江枫、王誠熙、李树夫、路达、省监委徐主任。

王誠熙說：“对宛的使用意見，我已經表示过了继續使用，长期考察了解，对业务有利，这个人是有用的”。

江枫：“宛有被敌人利用的可能，保留这个意見比較主动，虽然公安局对宛回国二十年，解放十六年来还没发現被敌人利用的問題”。

徐主任：“对宛問題估計上差不多，人要用，对事业有好处，夠不夠党員条件如何处理？可以采取党員登記的办法，也可以采取鉴定的方法，与他讲清楚，那些方面不夠条件，严肃批評，好好改造思想，留在党內不开除，从党的事业讲，这个意見好”。我厂四清运动中，确实没有采取党員登記的办法，而是采用党員鉴定的办法（按：一語道破了不开除出党的目的）。

路达：“对宛用是肯定要用，問題一下子搞不清楚。”（按：市委早按排了，就是要用）。

在一九六三年七月十日，张淮三秘书刘乃宾給张淮三写信反映：“宛吉春是个資本家，不懂半导体技术，作风不正派，讲党課时説共产党不如社会党好，精簡压縮职工时説上海閙事，……以及反映宛善于交际，以請客送礼办法拉攏干部，給市局郝局长送东西等問題，并説市局的某些領导同志对宛的印象好,对宛袒护等。”张淮三于七月十四日对此作了批示：“我不了解为什么硬説公安局袒护宛吉春呢？……宛过去不懂半导体，但他是钻研的，怎能説他是假的，是騙子呢？宛的历史情况我不了解,可請公安党委查清。”（按：説明了兩个問題①张淮三本人也不同意説公安局袒护宛,②……）一九六三年七月二十七日，郝志刚、王培同志去公安部所属××局向丁××汇报，丁提出：路斌到××局来每次都要讲宛如何不好，宛来了讲路的事很少，认为路这个人很狭隘，无能力，领导这样重要的厂子不适宜。我們认为王××去后就調路斌，但現在也未調，王××熟悉一段了，路可以調别的工作了，这个人作这工作，无能力，又很狭隘，整天到部里来告宛吉春的状，把厂子搞的很乱，如果这样搞下去是不行的，这怎么能过关呢？”丁还説：“宛这个人有很大的优点，事业心強，肯钻研，但是也有缺点，有时説的大点儿，这是从我們接触中感到的。”

从以上这些事实不难看出，不給宛以处分，反而包庇重用，正是黑市委的老爷們。

关于偵察照相机是怎么回事？袁説：上海搞了一个展覽，他去参观前从市局借了个照像机，把高頻炉照了下来，准备装高炉时参考，后来工作队知道了这个事，定了他一个“违反国家制度”（因为展覽品不让拍照），由于我們查这个事，他交出了相片，相片照的不好（因照时光綫太暗），有无其他照片，交給什么“反革命分子”我不知道。

关于江枫包庇宛的問題，我想説一下，×××是郝志刚直接抓的。江枫抓全局工作,重点抓对敌斗爭的。“天津政法公社”把局里的事全往江枫身上扣，以达到搞臭江枫，轉移斗爭方向的目的。

五、关于江枫包庇高萍秋的問題。

一九六七年二月八日我們訪問了公安局×处周明弟同志，他給我們具体談了談。如下：

关于高萍秋的事情，“天津政法公社”原在大楼里貼过大字报，我們也写过大字报进行过駁斥，这回又把高的問題拿出来造謠。

高萍秋現名叫高虹，她自己讲是十四岁（四九年）参加工作在华东軍政大学学习，后来轉张家口軍事工程学校学俄文，以后調空軍司令部机要处，又轉中共中央机务处，以后到天津在女三中教书，又調到当时新晚报作助理編輯。一九五八年反右时定为右派分子，送板桥劳动。在劳改时表現不好，勾結其它劳教分子不服从改造，有逃往国外的企图，故一九六〇年被捕，判刑五年。

基本过程是这样的。

“天津政法公社”說高是个反革命右派分子，提前释放是江枫包庇她。

高判刑后，市委曾向局里問过这个人的情况，以后江枫向予审部門也問过此事。在政策检查时（六二年）予审部門提出了高的問題，写了个报告，意思是判刑重了些，报告中提到：“高的言行确属反动，但情节不是很严重，如果表現好，可提前释放”，此报告送到局里（江枫正患病，不在机关）王誠熙批示：“同意提出的意見，要送陈阜看一下”。在一九六二年六月經市里三长（法院院长、检察长、公安局予审处处长）研究之后，认为判刑确重，应提前释放。释放最后从公安局来說是王誠熙批的，最后三长确定释放的。因此不存在江枫包庇的問題（公安局无权释放判刑犯人，可以提意見，判决权在法院）。这是按正常手續办的（此事公安局、检察院、法院都知道）。

“天津政法公社”說：江枫把犯人安插在局翻譯室工作，問題很大。

事实如此，翻譯室是属于劳改处領导的，給劳改生产服务的部門，翻譯室人員完全是犯人或劳教后释放的人員，主要翻譯一些科技資料。事实上这个翻譯室并不保密。高被捕判刑后，不到三个月的时間，监獄就把她調到了翻譯室。

高释放后，安排工作的問題解决不了，預审部門准备把其放在×处翻譯队，于是向原市委政法部长樊青典报告，樊同意留在原单位工作。“天津政法公社”讲江枫調的高是没有根据的，实际上是樊青典决定的。樊青典曾讲：“不就是那个金絲鳥嗎？（高的綽号）我知道这事，把她留下算了！”“高留在翻譯室根本无什么問題”，“天津政法公社”提出这个問題，純属为了混淆視綫。

高后来在新华业大教过书，“天津政法公社”讲：“高不愿意在局里工作，江枫把她調到新华业大。”

高不愿在×处工作，打算到冶金局化学研究所，因为冶金局局长王×是高的老上司，王也愿意高去，未成。后打算調北仓纖維厂，也未成。为了此事高找过几次白樺（新晚报是市委宣传部領导的单位，白樺是高的老上級，因此他們认識），高几次給白樺写信，白樺也确实給公安局写过几次信，全是关于調工作問題。后来，市委宣传部安排其到新华业大当临时代課教員，我們把她的历史向新华业大党支部，作了如实介紹，×处把此人关系也轉到了新华业大。因为高以前在文艺界名声不好，所以改名为高虹。她的改名与江枫、公安局毫无关系。

把高从×处調出是根据市委安排的，江那时还不认識高虹。关于高摘掉反革命帽子的問題：高在释放时，有个裁定书，书上并未說明释放后继續剝夺其政治权利，一九六四年高离开新华业大后，派出所对她进行了包改，因此她到处告状，要求恢复工作，曾到我局，我們答复：“剝夺政治权利是法院的事，你到法院去，关于安排工作的問題，市委办的，你去找市委，你反映的問題，我們可以分別反映到法院，市委。”一九六五年五月十日法院正式下裁定书恢复其政治权利，这件事与公安局无关。

关于在胡、白、江的包庇下，高又到微电机厂工作的問題：据我們了解，高在离职以后，生活困难，經常找市委、市人委，后写了兩封信，一封信給万晓塘，一封給胡昭衡，市委接待站分別給轉去了，后胡的秘书（可能是范五禾）接見高，高讲了一下，胡的秘书认为不好解决，得以后慢慢办，叫她給科委譯一些資料維持生活，以后市委胡的秘书，宣传部、人事局共同研究，介紹到微电机厂搞翻譯。这是我們后来了解到的，江枫根本不知道此事。

关于高与周揚的关系問題：我們未作过詳細調查，有一个事可以說明問題，一九六三年高正在瑪鋼厂，她不愿意干，就各处奔走，因为北京人民出版社有其同事，想去北京工作，那个人认为現在恐怕不行，給她出了个主意說：“你认識不认識周揚”，高說：“不认識”。于是兩个人研究，认为給周揚写封信可能有希望，这样高給周写了一封信，从信的內容来看，他們是互不认識的，后来此信从中共中央宣传部轉到天津市委宣传部，信上附个小条，盖有中宣部的图章，条上写：“公安局×处翻譯室高萍秋給周揚一封信，要求調动工作，我們对她不了解，因此将信轉給宣传部，請你們酌情处理。”从信中看不出什么关系来。

另一个問題，即高在調工作时，江枫有个批示：“高在目前的思想行为，六处应进行批判教育，同意释放（按：此系笔誤，高已不是在押犯，不存在释放問題，实指調离六处而言），并和冶金局取得联系，把她在劳改中，几年表現予以詳細介紹。”“天津政法公社”故意把“目前”兩字改成了同志”兩字，对江枫同志进行陷害。

再一个問題，有人說：江枫、周揚过去就有关系說：“江枫在延安魯艺学院学习，周揚任院长，当时他們就有关系”，后来我們訪江枫，他很吃惊，他根本就沒有在那里呆过。江枫的父亲是个鉄匠，供他念了几年书，“七、七”事变时参加了“一一五”师（林彪同志任师长）当时他很年輕，把他送至抗大学习，以后分配在抗大二分校当保卫干事，以后又調冀东，解放后入城到天津。

六、关于江枫同志所謂“包庇其岳父”的問題

关于这个問題，我們找了公安局赵彤同志（調查这件 事 的 同志），原民园派出所所长李守福同志和民警朱书賢同志。

李守福在六六年十月份写出了一张大字报，五处把它轉抄到大楼里，主要揭发江的岳父田世臣是逃亡地主，販 买 人口，流 氓，而江枫对其进行包庇，对李守福进行打击报复。針对这个問題，赵彤等人到田的原籍进行了調查。

1、田世臣家正式有地十七亩，从地主手里租十几亩地，一共三十几亩。他自己干活，农忙时僱短工。他仗着村南地主与他同宗之势，大耍威风。土改时定成分，按剝削量应定为上 中 农，但 是因为在村里惹人恨，要治治他，給定了富农。六四年四清时，給重新評定。定为中农。这說明江的岳父是中农，根本不是地主。

2、田世臣这个人的确有問題，突出表現在生活和作风上。田曾和一个张××乱搞男女关系，后来张××嫁到别的村，因张不愿忍受其公公的欺侮，跟田世臣到了楊柳青，住在田的母亲当保姆的一家中，这家的姨开妓院，經过劝說，一九四三年把张卖到了沈阳妓院。一九四八年沈阳解放，张××和其新找的丈夫一同来津。現在安次县。

3、一九五九年派出所根据未經查对的群众检举的材料，报老新华分局，要求处理。分局认为不夠处理，把材料退回。这个材料根本沒有报过市局，江枫同志根本不知道这个事情。一点也談不到包庇。

4、李守福原任民园派出所长，因为他文化水平低，組織調他到学校学习深造，后分到医学院任保卫科长。他跟朱书賢說：大学很乱，統战工作不好做，准备調他到法院任行政厅厅长，他不愿意干，才又調到河东区百貨公司任党总支副书記。李一直被提升重用，根本不存在打击、陷害的問題。

李守福是万晓塘解放初期入城时的警卫員。这张陷害江枫同志的大字报是万张集团让他写的。

七，关于罗瑞卿称赞江枫是“偵察专家”的問題：

我們对这个問題提审了彭罗黑帮、原公安部副部长凌云，他供认：江枫和罗瑞卿的关系只是一般工作联系，沒有其它特殊联系。我从来沒有听見过罗瑞卿称赞江枫是“偵察专家”。

革命的同志們，以上調查訪問的事实，有力的戳穿了万张反党集团精心編造的陷害江枫同志的种种謠言，彻底的粉碎了万张反党集团打击迫害江枫同志的种种阴謀鬼計。万张反党集团編造的这些謠言，在毛泽东思想的阳光下，最后，全象肥皂泡一样完全破灭了！他們为了打击迫害敢于同他們斗爭的革命領导干部江枫同志，为了死保万张反党集团，精心策划給江枫同志横加罪名，帽子越扣越大，情节越編越离奇，从“撕开公安局黑幕”这个反革命白皮书的出籠，可以看出万张反党集团及其爪牙走狗、徒子徒孙的狼子野心是何其毒也！

他們妄图把江枫同志搞臭，打倒，但是，历史将宣判，被搞臭的不是江枫，而是万张，被打倒的不是江枫，而是万张，彻底垮台的不是江枫，而是万张。历史就是这样无情，一切造謠者都没有好下場！

万张反党集团搗乱，造謠，反对革命，最后只能以彻底垮台而告終！万张反党集团的御用工具“天津政法公社”的混蛋們，继承万张的衣鉢，如今也彻底完旦了！万张反党集团的徒子徒孙，走狗爪牙，胆敢再搗乱，造謠，攻击，陷害江枫同志，絶不会有好下場！残酷的历史将給以严厉的证明！

打倒万晓塘！
砸烂万张反党集团！
砸烂天津政法公社！
无产阶級文化大革命万岁！
无产阶級专政万岁！
战无不胜的毛泽东思想万岁！
我們心中最紅最紅的紅太阳毛主席万岁！万岁！万万岁！

这份《内部材料》说明文革党内斗争的复杂性。是研究天津文革史的重要史料。
古月斋

向資产阶級反动路线猛烈开火

（批判谭力夫“讲话”材料专辑）

一谭力夫自我检查

毛主席语录

凡是錯误的思想，凡是毒草，凡是牛鬼蛇神，都应该进行批判，决不能让它们自由泛滥。

《在中国共产党全国宣传工作会议上的讲话》

天津市劳动局第二半工半读中等技术学校

前卫战斗队翻印

最 高 指 示

“人民靠我们去组织。中国的反动分子，靠我们组织起人民去把他打倒。凡是反动的东西，你不打，他就不倒。这也和扫地一样，扫帚不到，灰尘照例不会自己跑掉。”

李立三是彻头彻尾的反革命修正主义分子

李立三是个一贯反对毛主席、反共、反人民的老手，是个地地道道的老牌假革命、反革命。

远在民主革命时期，他对党、对人民就已经犯下了不可饶恕的罪行。

全国解放以后，他的贼心不死，并在党内最大的一小撮走资本主义道路当权派刘少奇等人的支持下，先后窃取了中华全国总工会副主席、中央劳动部部长、中共中央书记处第三办公室副主任、中共中央工业工作部副部长，以及中共中央华北局书记处书记等重要职务。在这十七年多以来，他继续利用职权，进行了一系列的反党、反社会主义、反毛泽东思想的罪恶活动。更为严重的是，他里通外国，叛党、叛国，成为国家的蛀虫、民族的败类、人民的蟊贼。

李立三是阴险毒辣的两面派人物，是彻头彻尾的资产阶级反动政客，是个白了尾巴捎的极端狡滑的老狐狸。他善于伪装，在对他不利时，往往摆出一付伪善面孔和可怜相，假检讨悔过，欺骗群众，蒙混过关，企图伺机再起，进行反党勾当。事实证明，李立三决不是什么“死老虎”，而是一有机会就咬人的眞老虎、活老虎。在这次无产阶级文化大革命中，一定要彻底揭穿他、揭露他，把他斗倒、斗垮、斗臭，再踏上一只脚，叫他永世不得翻身。

李立三的主要罪恶事实，初步整理如下：

一、一贯反对毛泽东思想，反对学习毛主席著作

李立三是最早混进党內的一个资产阶级代表人物。他入党后四十多年的历史，贯穿着一条反对马列主义、毛泽东思想的黑线，是一部疯狂反对我们的伟大领袖毛主席的历史。

在民主革命时期，李立三在对中国社会经济的性质、中国革命的动力、中国革命的性质、中国革命的前途以及同世界革命的关系等一系列根本问题上，都是反毛泽东思想的。他公开鼓吹"中国经济主要的只是封建经济和半封建经济"的理论；胡说富农是小资产阶级，也可以革命；否认无产阶级在革命中的领导权；否认资产阶级民主革命的性质；高唱中国革命与世界革命同时一齐胜利，认为中国革命的总爆发必将引起世界革命的总爆发，而中国革命又必须在世界革命总爆发中才能成功。他甚至恶毒地诬蔑毛主席提出的建立农村革命根据地、以农村包围城市的伟大战略思想，是"农民意识的地方观念与保守观念"，"极端错误的"。他的这些理论完全是为着维护资产阶级统治服务的。

在全国解放后，李立三公开反对毛主席的阶级斗争学说。他在全国总工会工作时，就同刘少奇一唱一合，散布"剥削有理"的谬论，鼓吹阶级调和、阶级斗争熄灭论，流毒甚大。一九五七年，他到本溪搞所谓调查，摆了大大小小三十多个矛盾，根本不提两个阶级、两条道路的矛盾。特别是一九六二年，毛主席在党的八届十中全会上再次提出社会主义社会的阶级、阶级矛盾和阶级斗争的英明指示以后，李立三在工交企业政治工作座谈会上仍顽固地大唱反调，说什么"在全民所有制的国营企业里，不能说还有阶级和阶级斗争、""不要什么都提到两条道路斗争上去，更不要开展两道路斗争的群众运动"，"企业中的问题大量的是两种思想的斗争，正确与错误的斗争，是制度问题和思想教育问题。"这是明目张胆地对抗毛泽东思想，鼓吹阶级斗争熄灭论，为在企业中推行修正主义，实现资本主义复辟制造舆论。

毛泽东思想是照妖镜，是战胜帝国主义、现代修正主义和一切反动派的锐利武器。李立三同所有的阶级敌人一样，对毛泽东思想怕得要死，恨得要命，因而竭力反对学习毛主席著作。一九六一年，当林副统帅提出活学活用毛主席著作的二十一字方针之后，李立三马上跳出来，直接攻击说"学习毛主席著作带着问题学的提法有问题"。相反，他对反革命修正主义分子邓小平、陆定一扼杀群众活学活用毛主席著作的四条禁令，则奉若"圣旨"，广泛传播，积极推行，妄图破坏轰轰烈烈的学习毛主席著作的群众运动。

二、顽固坚持机会主义路线，公然同毛主席的革命路线相对抗

李立三在政治上非"左"即右，形"左"实右，顽固坚持和推行机会主义路线，一贯地同毛主席的革命路线相对抗。

早在中国革命初期，李立三在安源、上海、武汉等地搞地下工作时，就忠实地执行过陈独秀的右倾机会主义路线，并且同刘少奇勾结在一起，公然抗拒毛主席的革命路线，干出了许多出卖工人阶级利益的罪恶勾当。他否认阶级斗争，不发动工人向资本家斗争，满足于找资本家谈判，仿佛中国革命的胜利，只靠几个人与资产阶级谈判就能成功了。他对资本家，是温情脉脉的。李立三把这一时期的工作，说成他是“正确的”，这完全是骗人的鬼话。

一九三〇年，李立三一手泡制了臭名远扬的“立三路线”。当陈独秀的右倾投降主义路线彻底破产以后，李立三以极“左”的面目出现，主张全国各地都要准备马上起义，制定了立即组织全国各中心城市武装起义的冒险计划，把党、团、工会的各级领导机关合并为武装起义的各级行动委员会，使一切经常工作陷于停顿。在他顽固推行这一错误路线过程中，又在反“右倾”的口号下，把矛头指向坚持毛主席革命路线的干部，残酷斗争，无情打击，大搞宗派主义，使党和革命力量遭到严重损失。

“立三路线”被清算纠正以后，李立三到苏联“隐居”了十六年，表面上承认了错误，实际上一直怀恨在心，企图翻案，进行报复。一九四六年，他刚从苏联回国，就参加了梅河口会议。在会上，他积极地充当了反革命修正主义分子彭真的打手和急先锋，疯狂地攻击林彪同志所坚持的毛主席的革命路线，叫嚷改组以林彪同志为首的东北民主联军统帅部，主张坚守并攻打大城市，反对建立农村根据地，妄图破坏东北的解放战争。事实上，这是“立三路线”的翻版，是李立三反攻倒算、进行反扑的铁证。

全国一解放，李立三在全国总工会和劳动部工作期间，又不折不扣地执行了刘少奇的修正主义路线，拚命反对毛主席的革命路线。当时，全总的重大工作和问题都是秉承刘少奇的旨意进行的。他大搞工团主义，强调工会的“独立性”和“具体立場”，否定党对工会工作的领导。他积极贩卖反革命经济主义的黑貨，企图把职工引向修正主义的邪路。李立三亲手泡制的“工会法”、“劳动保险条例”，以及根据刘少奇的“指示”制定的劳资关系问题的“三大文件”，在企业中造成了极恶劣的影响，流毒到现在，沒有得到肃清。

三、竭力鼓吹苏修的“一长制”，反对党对企业实行领导

在工业企业中，实行什么领导制度，是两条路线斗争的大是大非的问题，是要不要党的领导的根本原则问题。

毛主席教导我们说：“中国共产党是全中国人民的领导核心。沒有这样一个核心，社会主义事业就不能胜利。”“一长制”，是贩卖苏联修正主义的黑貨。其目的就是要取消党对工业企业的领导，把社会主义企业变成资本主义的企业。建国初期，李立三就是“一长制”的积极鼓吹者。他避而不谈“一长制”的实质问题，却大叫大嚷工业企业“生产秩序混乱”，“党政工团分兵把口，沒有统一指挥”，必须实行“一长制”。一九五五年，李立三在中央书记处第三办公室工作时，公然抗拒毛主席和党中央的指示，顽固坚持“一长制”的主张，反对实行党委领导下的厂长负责制。他曲解列宁主义，一再散布“一长制是列宁提出的”，“苏联一长制是好的，只是我们学歪了，这不能怪谁，只能怪我们自已”。后来，由于遭到许多企业干部的抵制，中央负责同志提出了尖锐的批评，李立三才勉强改变了腔调，但又胡说“企业的领导核心应由党政工团各方面负责人共同组成”，散布折衷主义的谬论。

一九五六年，在党的第八次代表大会上，正式批准确定了企业中的党委领导下的厂长负责制度。这是毛泽东思想的胜利，是毛主席革命路线的胜利。李立三虽然在口头上变了“调”，实际上毫未触动他的修正主义灵魂。他在拥护中央决定的幌子下面，顽固地继续贩卖“一长制”的黑貨。他吹捧“一长制也有它的道理，不能完全否定”，“企业中由于实行一长制的结果，建立了许多科学的东西，如责任制、生产技术科学的管理办法，应当说是有功劳的”。他胡说“我们否定了一长制的好的一面，那也会走到被否定的地位”，企图为一长制翻案。他连篇累牍地大讲企业的所谓特点，宣扬要发挥厂长的作用，有意地歪曲说：“厂长负责制是企业中各种责任制的核心”，“首先要发挥个人负责作用，要支持厂长，扶植厂长”。他胡说“党委书记不能领导，一领导就会妨碍厂长的统一指挥”，“就会产生多头领导，使生产混乱”。李立三转弯抹角，说来说去，其眞实目的就是取消党的领导，党只能监督保证，把党置于从属的地位。他甚至提出要党委书记过“轻閒”日子，看书、学习，恶毒地汚蔑“这才是眞正的领导”。請看，李立三与右派分子攻击我们党的所谓“外行不能领导內行”，“党不能领导技术人员”，是多么相象。事实证明，李立三就是一个地地道道的漏网右派。

更为严重的是，李立三由于自己的修正主义主张找不到推销的市場，便把矛头指向党中央和我们伟大领袖毛主席，猖狂地进行攻击说：“事后马克思好作，事前马克思不好作”，“怪谁？中央有错误，中央沒有进行充分研究”。李立三反党反对毛主席的丑恶咀脸不是暴露得很清楚了吗？！

直到一九六一年，他的修正主义野心仍不死，一方面在西山碧云寺，借

“修养”之名，暗地同孙冶方、张闻天勾结密谈，为“一长制”鸣“冤”，一方面又公开秉承邓小平、薄一波的指示，企图把“一长制”塞进工业企业七十条里去，以便取得合法地位，继续推行修正主义黑貨。

四，维护企业中的资本主义制度，反对大搞群众运动

一九五八年，在毛主席制定的社会主义建设总路线的光辉照耀下，遵照主席关于发扬“三敢”精神的指示，广大职工群众的社会主义积极性空前高涨。他们大破资本主义的规章制度，大搞生产革命和技术革命，开展了轰轰烈烈的群众运动。在企业中，生产和建设面貌焕然一新，出现了空前未有的大跃进局面。眞是好得很！

但是，李立三却看成是“糟得很”，说“企业生产管理的规章制度破得多；立得少，有些不该破的破了，有些该立的未立，特别值得注意的是有些似破非破，似立非立，造成了某些生产环节无章可循的混乱现象”。他甚至故意夸大地说“企业管理混乱”，在他所到之处，“都存在着这个问题。”

李立三为了维护资本主义的制度，反对大搞群众运动，还提出了一个谬论，胡说“大搞群众运动与现代化企业中建立一套规章制度，有一定的矛盾，这是一个客观规律”。他攻击我们党“对于现代化企业生产必须有集中统一的指挥和科学管理制度认识不够”，“对规章制度的严密性和工业规律的严肃性不重视了”，说“这是严重的问题。”

李立三为了顽固坚持一套修正主义的企业管理办法，在一九六一年起草工业企业七十条时，按照刘、邓和薄一波的旨意，根本不提大搞群众运动的问题，而是在贯彻群众路线的幌子下，继续贩卖资本主义的黑貨。

更为严重的是，李立三一贯鼓吹“先立后破”、“破立结合”、“不立就破不彻底”的资产阶级反动观点，公然同毛主席关于先破后立、不破不立、大破大立的思想相对抗，把矛头直接指向毛泽东思想。

在企业中是开展轰轰烈烈的群众运动，依靠群众办企业，还是冷冷清清，依靠少数人和规章制度办企业，这是毛主席的革命路线和刘邓的资产阶级反动路线的根本分歧之一。在这个问题上，李立三也是一贯坚持修正主义路线，极力反对毛主席革命路线的。

五，大肆宣扬南斯拉夫修正主义的“企业自治”

李立三妄图在企业中推行修正主义路线的第三个大“法宝”，就是宣扬南斯拉夫的“企业自治”。

李立三在中央工业工作部工作时，根据刘少奇的“指示”，搞工人阶级问题的调查，广泛搜集研究了南斯拉夫的“经验”，同中国的“实际”相结合，得出了一个结论，即南斯拉夫的“企业自治”和“工人自治”是“社会主义新道路”。

李立三在一九五八年就叫嚷“企业在人事、财务、计划等方面都沒有权”，要国务院各工业部“下决心作出决定”，把权力下放，眞正使企业作到“有权”。后来，经济学界反革命修正主义分子孙冶方，抛出了《固定资产管理制度和社会主义再生产问题》的大毒草，同李立三一唱一合，鼓吹南斯拉夫的企业自治，为复辟资本主义制造“理论”。这时，李立三更加得意忘形，对孙冶方的“研究报告”再三推敲，极力赞扬，并直接写信给反革命修正主义分子薄一波大力推荐，企图通过薄一波的黑手向全国推销。同时，他对孙冶方的修正主义黑貨还嫌“质量不高”，于是又进行了补充和发挥。这就是：

第一、企业不仅有权支配全部折旧基金，同时有权拒绝上级领导机关抽调折旧基金，要抽调“必须得到企业的同意”。这是比孙冶方更反动的企业所有制！

第二、胡说“把折旧基金全部交给企业，会加强企业工作革命化的物质基础”。这是公然鼓吹企业自由化的基础，是彻头彻尾反毛泽东思想的谬论。

第三、大肆吹捧孙的反动理论是“关系到我国发展工业的一个方针性问题。”这是对我党关于发展工业的方针的极大污蔑和恶意攻击，是完完全全的南斯拉夫修正主义方针的翻版！

李立三眞不愧为刘少奇的帮凶，不愧为苏修、南修的得意门徒。按照他的主张，只有使全民所有制解体，复辟资本主义。

六、反对政治挂帅，宣扬物质刺激

李立三一贯反对毛主席关于政治挂帅的指示，鼓吹和奉行苏修的物质刺激原则。这是他妄图腐蚀工人革命意志，实行资本主义复辟的卑劣手段之一。

毛主席教导我们：政治是统帅，是灵魄。政治工作是一切经济工作的生命线。李立三却大肆叫嚣：“最大的政治就是生产”，“生产好就是政治好”，“职工评级主要看生产表现，不能强调政治”。甚至，当他听到有人提出有严重政治历史问题的人不能当工程师时，竟气势凶凶地说：“有政治历史问题的人为什么不能当工程师”？

李立三曾经写过一个“关于政治挂帅和物质鼓励的作用”的手稿。他创造性”发明了一个关于政治挂帅和物质鼓励关系的谬论。他宣扬对物质鼓励应该有广义的和狭义的理解。所谓广义的理解，即“社会主义生产与满足人们物质文化需要,这是最大的鼓励”，“劳动在社会主义时期,还沒有完全脱离谋生的手段”。他胡说“这就是政治可以挂帅的物质基础”。所谓狭义的理解，即“劳动者对个人物质利益的关心”。这一谬论，通俗的解释，就是说只有满足了个人的物质要求，群众才会有干劲，政治挂帅的基础就是物质利益。这完全是剝削阶级腐朽的唯利是图的观点，是对社会主义和劳动人民的极大污蔑。

李立三从他的资产阶级人生观出发，把物质刺激看成是推动生产的唯一动力。他在劳动部工作时，就照搬了苏修的一套工资制度。他一再鼓吹计件工资制度，说“计件工资不能完全否定”。他对大跃进时期取消企业职工的年終双薪制度，极为不滿，喧嚷“年終双薪在中国是有它一定根据的，”“年关加俸的办法有许多好处”“人们要过一个好年，过年要吃一点好的东西，合乎人情”。他公然提出，取消年終双薪是“不对头的”。更恶毒的是，他借以攻击我们党“片面强调集中，一切全国统一，完全沒有了解中国的特点。”一九六〇年，他到山西大同煤矿搞企业整风，公然对抗中央指示，大搞“抓生活”和“物质刺激”，把整风引上了修正主义的邪路。他极力维护对一些资产阶级知识分子的高薪制度，认为适当降低他们的高薪在政策上“有问题”。

七、恶毒地攻击大跃进，否定三面红旗

李立三从一九五八年以来，对毛主席亲自制定的社会主义建设总路线，以及在总路线的光辉照耀下出现的大跃进和人民公社，一直是疾恶如仇，怀恨在心的。到了一九六二年，他认为时机已到，便公开地跳出来，同社会上的牛鬼蛇神互相呼应，对三面红旗进行了一系列的恶毒诬蔑和攻击。

他肆意地辱骂大跃进是“凭热情和冲动，”“发高烧”。他采用了同反革命修正主义分子邓拓一样的卑鄙手法，对参加华北局精简会议的干部进行影射攻击说：“在北戴河每天洗海水澡，回到北京就沒有了，就在澡盆里用凉水泡。泡了半个钟头，当时很舒服，过了三个钟头，头就疼，过了五个钟，就发高烧。……洗冷水澡受了寒，本来是个常识问题，可是我沒有这个经验，沒有掌握这个客观规律”。他提出，“从这个错误，联想到这几年来的许多重大事件的经验教训，对每个同志来说都是值得深思的”。他还在《列宁全集》的批註中，恶毒攻击毛主席说：“拿政治、军事斗爭时期取得的经验，来解决经济任务，是一个极大的错误，根本的错误，”“只是依靠热情、冲动和英勇精神来解决经济任务，是一个最危险的缺点。”

他对毛主席提出的“鼓足干劲”的口号和发扬“三敢”的指示精神，以及由此动员起来的广大革命群众热情，极尽诬蔑之能事，胡说“五八年的干劲是自觉的，五九年的干劲是半自觉的，六〇年的干劲是强迫的，六一年的干劲是强迫加强迫。”

他攻击我们党在执行总路线过程中，“沒有注意按比例，沒有注意多快好省，速度过了头”，“比例失调”。他甚至把我们的大跃进同资本主义国家相互竞爭和由于经济危机产生的失调现象相提并论，胡说“失调和不协调沒有什么区别，有人说资本主义是失调，我们是不协调，这是错误的。”

他为了达到完全否定三面红旗的罪恶目的，恶意地夸大大跃进中的缺点错误，说“有的地方是四六，有的地方甚至是倒三七”；“大跃进暴露出它的严重缺点是障碍了生产的发展，助长了个人主义，造成了工人之间不协调，不团结的现象”。他对产生错误的原因，究竟天灾是主要的，还是人祸是主要的，说什么“不能用框框套”，“硬套不上的”，实际是说都是人为造成的。他叫嚣“错误是严重的”，“一系列的问题成为严重问题”，农业“死人、死牲口，问题很大”，“不正视不得了，不冷静不得了。”

他对人民公社恶毒地咒骂说：“公社所有制是不男不女的所有制”。他为了瓦解集体经济，公然鼓吹“公社所有制群众看不见，摸不到”，“十个人的集体比一万人的集体更关心”。按照他的逻辑，单干比“十个人的集体”岂不更关心了吗？用心何其毒也！

八、为右倾机会主义分子鸣“寃”喊“屈”，大刮翻案风

李立三这个反革命修正主义分子，秉承刘邓的旨意，对一九五九年反右倾的斗争全盘否定，恶毒攻击党内生活“不正常，是非不明”。一九六二年他利用参加河北省委扩大会议的机会，为右倾机会主义分子鸣“寃”喊“屈”，说什么“戴了右倾帽子，应该说是受了委曲了”，“五九年整风反右，伤害了若干同志，许多同志被错误地批判，错误地处分。”“他们有意见，有埋怨情绪是很自然的事情。”他叫嚣“领导必须承担责任”，要“批判者作检查，主要讲缺点，不要扭扭捏捏”，而后“被批判者才心服，才敢讲话。

李立三手捧刘邓的所谓平反的“金字牌”，大叫大嚷地要河北省委对给罢官的右倾机会主义分子“彻底平反”，“不留尾巴”，要“搞快一点”，要“官复原职”。他对这些难兄难弟关怀备至，说“某某同志是老资格，老同志了，身体不好，委曲了两年，还让他们搞副厂长，于心不忍”。他甚至对刘邓这个反革命修正主义分子总后台的“指示”还嫌不够，公然写信给邓小平，主张“从这些已经平反的同志中（指全国各地说的），选择表现特别好的，适当提拔几个到中央某些部门、中央局和省市领导机关工作”，企图给右倾机会主义分子加官进爵，以便为他们篡党、篡国作好组织准备。

李立三更恶毒地是乘平反之机，公然叫嚷右倾机会主义分子“高明、正确”，赤裸裸地向党、向毛主席的正确路线进攻。有的人诬蔑我们党犯了“左倾冒险路线错误”，李立三竟宣称这种反党谬论“是对的”，要承认人家“高明”，胡说“如果我们不承认，就是我们不高明充高明”，“要服这个气”，“历史的高明历史会证明，今天历史说话了，说明我们错他对了，就要承认我们错他对。”这是李立三明目张胆地借别人之口为自己翻案，否定毛主席的正确领导，为刘邓篡党篡国的阴谋企图服务的。

九、煽动右倾机会主义分子向党、向毛主席猖狂进攻

刘少奇、邓小平利用中央召开扩大的工作会议的机会，刮阴风，点鬼火，把矛头直接指向了毛主席。李立三看到他的主子已经公开跳出来了，于是便赤膊上阵，在河北省委扩大会上大放厥词，极力鼓动过去被批判的干部和右倾机会主义分子，群起向党中央、毛主席进攻。他说：“我们的干部，每个人，特别是领导干部、满脑子有许多意见是必然存在的”，要“敞开思想”，“全面讲出来”，其矛头“首先是对中央的意见。”他公然鼓动“提到中央的很少，这不符合实际。”并恶毒地攻击党中央，说“政治局开会对困难认识不足”，“刺一下大有好处。”

在他的煽动下，一些右倾机会主义分子果然向党中央、毛主席发起进攻时，他手足舞蹈、得意忘形地说：“敢说不同意见了，敢对中央提意见了，好！有些地方有争论，好！”他认为这是会议开到什么程度、开得好不好的“一个重要标志”。简单的几句话，充分说明李立三对党、对毛主席的刻骨仇恨，说明了他反党、反毛主席达到了何等疯狂的地步！

就是这样，李立三仍然不满足，他还煽动人们根据刘少奇的“指示”，向党进行“清算”斗争。他公开提出“可以考虑搞一个班子，清理问题，十件就是十件，一百件就一百件，这样可以使我们触目惊心，大有好处”。

十、为《灯原》出笼祝贺，大肆吹捧刘少奇

一九六二年，为头号野心家刘少奇树碑立传的黑影片《灯原》一出笼，在旧中宣部“阎王殿”的操纵下，立即开展了从来沒有过的大规模宣传。全国所有报刊、杂志纷纷发表文章、评论，把这部黑影片称为“表现党的领导的典范”。就是这样，反革命修正主义分子夏衍等，还嫌“《灯原》的宣传太少了”。这时，老牌的反革命修正主义分子李立三，便亲自出马，给《人民日报》写了一篇“看了《灯原》之后”的文章，大肆吹捧刘少奇在安源、上海的“丰功伟绩”，借以讨好其主子，妄想在刘少奇篡党、篡国的阴谋得逞以后，能够青云直上，得到重赏。

在中国工人运动史上具有伟大意义的安源大罢工，是毛主席亲自领导的，是毛泽东思想的伟大胜利。可是，李立三却一再以刘少奇所说的“出头露面的是李立三，埋头苦干的是我”的黑话，美化刘少奇，吹嘘他自己。他还在这篇文章中，有意地歪曲历史事实，把毛主席提出的“从前是牛马，现在要做人”的罢工口号，说成是刘少奇和他提出的。

《灯原》黑影片，把刘少奇描绘成“高大无比的领袖”，“一身是胆的英雄”、“工人的大救星”。李立三就以“历史见证人”的身分，证明影片的描绘是“符合实际的”，胡说刘少奇到了安源之后，“形成了强有力的领导”，“受到了很大鼓舞，增强了信心”，鼓吹刘少奇“亲上前线，直接领导罢工运动各方面的工作”。李立三还把刘少奇到矿务局谈判说成是“电影中最激动人心的一个場面”，“在反动武装刀枪林立之中，表现出威武不能屈的大无畏的英勇精神，工人阶级的坚强意志”，是“一場与反动派斗理斗智的坚强斗爭”。这是明目张胆地篡改历史，其目的眞是阴险至极也！

《灯原》是为刘少奇篡党、篡国的罪恶目的制造舆论而泡制出来的，而李立三同《灯原》的出笼配合得这么密切，甚至比《灯原》的宣传更胜一筹，他的假革命、反革命面目更加暴露无遗了。

十一、紧跟彭眞、邓小平，攻击和破坏四清运动

城乡四淸是反修防修的伟大革命运动，是资本主义复辟和反复辟的伟大斗爭。为了破坏四淸运动，刘少奇抛出了反动的形“左”实右路线，同毛主席的革命路线相对抗。当毛主席亲自主持制定了“二十三条”，纠正了刘少奇的反动路线以后，以刘少奇为首的一小撮走资本主义道路的当权派，更加恨之入骨。反革命修正主义分子彭眞跳出来大喊大叫，对“二十三条”横加歪曲，污蔑是为了反“左”，而不是反右。李立三这个老右派，就紧跟彭眞，大肆叫嚣反“左”，把垻县（李在该县搞四淸）的四淸运动说成漆黑一团，百般挑剔群众在斗爭中的个别缺点，加以夸大，肆意指责，极力保护与包庇走资本主义道

路的当权派。

李立三对北京大学的四清运动，也是紧追邓小平和彭眞，对反革命修正主义分子陆平等人被批判表示“痛心”，恶意污蔑攻击革命派。他公开散布说：“北京大学把陆平搞得很凶。陆平我了解，是个好同志。”他还说：“黄亦然（北大副校长）的爱人找我哭哭啼啼，闹得老同志成了这个样子。”这就完全暴露了李立三对四清运动的刻骨仇恨，对走资本主义道路当权派的“兎死狐悲”的感情，和他企图在中国复辟资本主义的罪恶目的。

十二、公开为吳晗辯护，妄想阻止无产阶级文化大革命

一九六五年，毛主席提出对反革命修正主义分子吳晗的《海瑞罢官》开展批判的指示后，彭眞自持有刘少奇为其撑腰，顽强抵制，拒不执行。李立三亦步亦趋，也公开跳出来为吳晗辯护，替受批判的一切牛鬼蛇神涂脂抹粉，喊“寃”叫“屈”。他极力宣扬“旧社会总还有清官、贪官之别的。如果不承认旧社会有清官，那就是不承认旧社会还有好人。”离开阶级性，空谈什么好人、坏人，这是彻头彻尾的资产阶级的反动人性论。李立三还恶毒地攻击说：“这样批判法，新电影、新戏更看不到了，谁也不敢写文章了。”这是什么意思？李立三妄图阻止无产阶级文化大革命，妄图让帝王将相、才子佳人继续统治我们的舞台，让毒草大肆泛滥。这是白日作梦，痴心妄想。

李立三极端仇视毛主席一再倡导的大鸣、大放、大字报、大辯论的无产阶级大民主。他污蔑说：“辯论会就是斗争会。说也不是，不说也不是。讲吧，说你蒙混过关；不讲吧，说你不低头认罪。”李立三这个老狐狸，就是这样处心积虑地研究如何反对毛主席，如何反对革命群众运动，以达到其破坏社会主义革命，复辟资本主义的目的的。

十三、出卖情报，里通外国，纵容李莎反华

“物以类聚，人以群分”。李立三不仅是个老牌反革命修正主义分子，而且是一个卖国贼。

长期以来，李立三背着党中央，同某些外国人勾勾搭搭，秘密接触，干了一些不可告人的勾当。外国人经常到他家中聚会。李立三承认他家是一个“国际俱乐部”。他还通过他的老婆李莎，一直同苏修保持着密切连系。从赫鲁晓夫篡夺了苏联领导权，大搞资本主义复辟，完全堕入到修正主义的泥坑之后，李莎还常以自己是苏联人而感到“骄傲”，拒不加入中国籍。李立三也极力为李莎帮腔，认为让他老婆加入中国籍沒有必要。甚至当中央有人提醒李立三，让他劝李莎加入中国籍时，仍顽固地坚持他的观点，并将此情况告给其老婆。这不是有意泄露党和国家机密又是什么？

从一九五三年以来，李立三曾纵容他老婆数次回苏联“探亲”。李莎每隔三年都要跑到苏修使舘，借办理苏联公民证延期手续的机会，同苏修使馆人员交换“情况”。六二年（或六三年），苏修使舘迫不及待地破例邀請李莎参加“五一”庆祝会，李立三不仅不制止，反而請示陈毅同志，企图以合法的形式掩盖其同苏修勾搭的罪恶活动。

李莎同编译局陈昌浩的前妻（也是苏联人）来往甚密。李莎曾毫不隐讳地向陈的前妻透露，她经常带着女儿入于苏修使舘、捷修使舘和友谊宾馆。李莎同陈的前妻曾到一家私人裁縫店，把苏修大使契尔沃年科的夫人介绍给陈的前妻。一九六四年，伍修权也曾密告给陈昌浩说：“莫斯科现在就靠她们俩人（指李莎和陈的前妻）在我们这里搞材料了，”指使陈赶快离婚，以摆脱关系。

李立三还利用职权，常把党中央的机密和绝密文件拿回家中让他的女儿阅看，唸给他的“亲友”听。一九六三年，他把当时只发给党内高级干部阅读的绝密文件——《中苏两党会谈纪要》，给他女儿看。当别人发觉，向他提出批评时，他狡辯说：“这是我对孩子的一种教育方法。”同年，他在上海休养，又公然违反党的外事规定，私自接见某国的代表团员，并由她女儿当翻译。

李立三纵容和参与李莎的反华活动。在暂时困难时期，陈昌浩的二儿子陈祖涛有一次去访李立三。李立三刚从外地回家，拿出海球藻饼要大家尝。李莎立即气势凶凶地咒骂说：“你的毛泽东，就是要大家吃草。”李立三听之任之。李莎同陈昌浩的前妻还说过：“你们中央骄傲了，不听苏联专家的话，搞大跃进，让李立三到东北去号召翻几番。以后发觉是错了，中央不敢认错，又要李立三去认错。”这话不正是李立三自己的话吗？只不过是通过他老婆的口说出来罢了。一九六二年，在苏修策动新疆暴乱时，由李莎带头，纠集了一伙反华的苏修女人，公开抗拒政府从优发给他们的工业卷。李立三竟置若妄闻。

李立三伙同李莎，为培养修正主义根子，不让他的两个女儿先学中国话，说什么“要先学好俄语才能学华语”；不准上中国的学校，要先到莫斯科去上学；不入中国的国籍，要加入苏修国籍。直到1960年中苏关系紧张时，还把他女儿送到苏联，加入苏修国籍。以后，经过许多周折勉强地把其女儿从莫斯科弄回来。

他家长期订有苏修《眞理报》、《苏联》、《苏联妇女》等充塞着反华烂调的报刊。他们热衷看美国的、苏修的、香港的影片，而不看中国的影片，特别是不看战争片，胡说“娱乐就是娱乐嘛！看电影还搞得那么紧张”。公开散布“战争恐布论,”诬蔑“中国人不懂得战争带来的灾难”，大肆吹捧苏修“一个人的遭遇”、“雁南飞”等反动影片，胡说“这些片子才是艺术”。

李莎还诬蔑说：“我一进中国，就感到心情憋闷；一到苏联境界内就感到心情舒畅。我在中国十几年感觉不到温暖，一到街上就象看猴子一样的围着我，这是很苦脑的事”。

更值得注意的是，李立三的老婆十几年不入中国籍，然在1965年加入了中国籍。但她的苏联护照并未交回苏联，企图进行两面活动。后被别人揭发才被迫交给外语学院。李立三如此蔑视我们的国家，而对苏修却那样“热爱”，毫无中国人的味道，毫无共产党员的味道，是十足的苏修奴才。

李立三出卖情报、里通外国的罪行事实俱在想赖是赖不掉的，必须老老实实地彻底交代。

十四、极力追求腐朽的资产阶级生活方式，生活糜烂、道德败坏

长期以来，李立三极力追求西方资产阶级和苏修的腐朽透顶的生活方式。他无日不听美、日帝国主义和苏修集团的广播，欣赏欧美资产阶级的爵士音乐。他集尊处优，挥霍无度，五口之家，每月收入八百余元，还经常不敷开支，叫苦不迭。他的女儿是个地地道道的资产阶级“洋小姐”、戴戒指，挂项链，涂脂抹粉，经常伙同一些外国人，大搞鸡尾酒会，大跳摇摆午、化装午。李立三对她们视若“宠儿”，年年为其大摆宴席，大庆“寿辰”。每逢圣诞节，则要机关送柏树，搞“圣诞树”，制作“长寿老人”，迎宾宴客，碰杯接吻，深夜不眠。更令人气愤地是，在暂时困难时期，室内温度高达三十度的情况下，还要搞煤炭、木柴烧壁炉，以便使其家庭更加富有西欧贵族风味。他养了一只哈叭狗，为狗作了褥垫，每天以香肠、面包、牛奶喂养。1961年，莫斯科流行“巴黎发型（即香港阿飞头），就让其两个女儿模仿宣扬。

李立三是一贯道德败坏的大流氓。原来，李立三早就在家娶妻，生一男孩。1923年李立三借口前妻有病抛弃了，便与李××同居，又生一个男孩。1927年李立三又抛弃了李××，而不知羞耻地和这位李××的妹妹结了婚，生两个女孩。1931年李立三去了苏联，就与白俄大地主的女儿李莎同居鬼混。1945年从苏联回国后，李立三兽性不变，他公开提出给他分配服务员的条件是：女的、年轻的、漂亮的。如达不到目的，就以“李莎是个苏联人，是个女的，工作方

便”等作为“理由”，刁难组织，耍挟同志。为弄到一个合乎他的“条件”的服务员，李立三还亲自出马，跑到那里选到那里。如1959年李立三出差到东北，在沈阳市交际处发现一位性程的服务员，就贼头贼脑的看迷了眼，暗打主意要弄到手。于是，恬不知耻地公开向交际长提出：愿意让程××来他家。回京后，借口当时的服务员怀孕分娩，就瞒过组织和人事部门，急急忙忙叫其秘书和沈阳交际处直接联系调程××之事。程××于1959年来到李家后，李喜出望外，对程××“关怀”备至，举止异常，并散布说：“我都把她当作自己的妹妹、女儿看待”。后因李莎吃醋不依，李则利用职权于1960年10月把程××安插在人大附中学习。但关系之密更甚往常，交往不绝。1961年暑假，李立三乘李莎回苏联之机，便将程××带到北戴河去，美名其曰“休养”。什么“休养？”李立三这个老混蛋眞是混帐至极。

从以上事实不难看出李立三的丑恶、骯脏的灵魂，达到何种程度。但是，李立三对这种腐烂透顶的生活方式，不仅不以为耻，反而自以为荣。眞是卑鄙无耻之徒！

十五、李立三是地主阶级的孝子贤孙

李立三出身于大地主家庭，娶的老婆是地主的女儿，到苏联找了个老婆，还是白俄大地主的女儿。可谓“门当戶对”也！

为对剝削阶级尽其孝道，李立三进城以后，把他的三个地主妈都接到北京居住，共享“荣华”。李立三的家母五二年老死，李费尽心思，竟在嘉兴寺开了盛大的追悼会，并在北京万安公墓树碑安葬。为此事，他竟利用职权，叫全国总工会的刘子久和劳动部的牟启华，带领两个单位的全体干部参加追悼会，大队护送下葬，以壮地主阶级和牛鬼蛇神的威风。

李立三的苏修妈，是个典型的白俄大地主婆，是个吃人的野兽。死的时候，李立三多方思谋，把她埋在天主堂公墓，还要按基督教徒的规矩“升天”。以后，李全家每年去悼念。眞是对他的地主阶级的亡灵念念不忘。

李立三对地主剝削阶级的死人，念念不忘；对地主剝削阶级的活人，更是极尽庇护之能事。

李立三的妹妹李隆英，很早就嫁给了比她大卅多岁的大地主张翠园作小老婆，是个地主分子。土改前夕，他们从湖南跑到北京、武汉等地，妄图逃避革命群众的斗争。但是，革命群众那能放过毒蛇，終于追捕回去，进行了斗争。张翠园、李隆英罪恶如山，张畏罪自杀。

土改后，李隆英拒不接受革命群众的监督改造，于1951年又携带在土改中就隐藏了的金条等赃物（此物，后被革命群众追回），潜来北京投靠李立三。对此，李立三不是根据党的政策，责令其回家劳动改造，反而多方设法给她安插工作，极力加以庇护。当时，李立三利用全总主席兼全总干校校长的职权，给全总干校副校长张合英写信，给50岁的李隆英安排“适当的工作”，在医务室当护理员（每月工资 41.5 元）。几次精简都不能触动她。直到 1965年12月，李隆英64岁时，才被动员退休（每月拿退休金24元）。

精简后，李隆英百般无赖，拒不回农村，又跑去找李立三密谋对策。李立三说：“你今后的生活问题，我可以负担”，并指使其住在北京铁道学院侄女家中。无产阶级文化大革命吓坏了一切牛鬼蛇神，李立三见势不妙，才于1966年 7 月慌忙让其返回原籍。但却坚持要领退休金。经全总干校广大革命群众的斗争，从1966年 9 月才被取销。

毛主席教导我们：“世上沒有无缘无故的爱，也沒有无缘无故的恨。”李立三对地主剥削阶级如此“热爱”、尽孝，就是由他的反动阶级本性所决定的。李立三根本不是共产党员，而是地地道道的地主阶级的孝子贤孙。

十六、破坏文化大革命，疯狂进行翻案活动

毛主席亲自发动、领导的无产阶级文化大革命，敲响了一小撮反革命修正主义分子和党内走资本主义道路当权派的丧钟。但是，正如毛主席教导我们的：“帝国主义者和国内反动派决不甘心于他们的失败，他们还要作最后的挣扎”。李立三这个装死的活老虎，虽然预感到他的末日已经来临，但仍不死心，甚至疯狂反扑，伺机咬人，妄图挽救他注定灭亡的命运。

前已揭露，在1965年，李立三紧跟刘少奇、彭真等反革命修正主义分子，跳出来，公开为黑帮分子吳晗辯护、喊“寃”，妄图阻止无产阶级文化大革命。后来，见势不妙，就缩回了黑手。一九六六年华北局“前门饭店”会议上，李立三参加天津组会议，不是迟到就是早退，甚至根本不去。在会上根本不发动与会人员揭发批判“万张反党集团”的问题。散布他在华北局书记处沒有权的论调，企图不让革命群众揭发其反党、反社会主义，反毛泽东思想的罪恶。中央决定不让李立三参加华北局书记处会议，他大为不满，竟给中央写信“责问”。他为破坏华北局机关的无产阶级文化大革命。二月一日，迫不及待地跳了出来，给“一联”总部写信，表示要坚决站在“一联”一边，支持“一联”打倒李雪峰的“一切革命斗争”，并要在这場斗爭中“贡献力量”。无耻地把自己扮成一个“革命者”，胡说什么他要“革命”，要求“一联”分配工作。当他这封反扑信得到“一联”的领导人同意公布于众以后，反动气焰甚嚣尘上，天天大摇大摆出入于机关，得意忘形地对群众揭发李雪峰同志的大字报拍手称好。二月十八日还公然声称：“我的心情很激动”。二月二十二日下午，连续和“一联”总部通电话三次。后来，因为其他革命组织彻揭穿了他的阴谋，给予了坚决的反击，才把他的猖狂气焰打了下去。

李立三在一段时期内，为什么为此嚣张呢？其目的何在呢？明眼人一看便知，他就是有意地颠倒黑白，混淆视听，欺骗群众，妄图转移群众的斗争目标，以达到保护自己蒙混过关的目的。但是，群众的眼睛是雪亮的，他的阴谋诡计过去沒有得逞，现在沒有得逞，将来也决不会得逞！不管李立三再用什么手法，要什么花招，我们一定要及时戳穿它，坚决予以回击。用毛泽东思想武装起来的无产阶级革命派，将坚定不移地按照我们的伟大领袖毛主席指引的方向，把党內最大的一小撮走资本主义道路的当权派和反革命修正主义分子，彻底斗倒、斗垮、斗臭，不获全胜，决不收兵！

打倒刘、邓、陶、彭！
打倒老牌反革命修正主义分子李立三！
敌人不投降就叫他灭亡！
坚决把无产阶级文化大革命进行到底！
无产阶级专政万岁！
中国人民解放军万岁！
中国共产党万岁！
伟大的领袖毛主席万岁！万岁！！万万岁！！！

华北局机关红色造反团
一九六七年五月四日

附件：（1）李立三在《列宁全集》上的批注
（2）精简会议开場白
（3）《李立三给一联的信》、《坚决支持革命造反派的一切革命斗爭》

最　高　指　示

毛主席教导我们："不但要看干部的一时一事，而且要看干部的全部历史和全部工作，这是识别干部的主要方法。"

再談李雪峰問題

前　　言

李雪峰的错误是什么性质？现在出现了不同意见的争论，是正常的好现象。"偏听则暗，兼听则明"。是非只有越辩越清。忽视客观存在，迴避现实矛盾，我行我素，决非正确的态度。至于用扣帽子、打棍子的办法，对待不同意见，就违背了毛泽东思想，更是十分错误的。

《十六条》指出："必须严格区分两类不同性质的矛盾：是人民内部矛盾，还是敌我矛盾？"视敌为我，纵容包庇，是方向、立場错误。视我为敌，乱打一通，也是方向、立場错误。把李雪峰的错误性质搞清楚，才能确定正确的对待方法。

《红旗》第四期社论指出："对于犯错误的干部，要有一分为二的观点，既要看到他们的错误，也要看到他们的成绩，要看他们在无产阶级文化大革命中的表现，也要看他们长期一贯的表现，给以实事求是的评价。"又说："攻其一点，不及其余，抓住错误的一面，任意夸大，轻率地扣大帽子，这是一种反辩证法的形而上学的观点。"要辨别李雪峰的错误性质，必须一分为二地分析他的全部工作。

根据华北局成立六年以来李雪峰的全部工作，和所执行的路线来看，他犯有严重错误，但仍属于人民内部矛盾。

六年工作的基本概括

一、关于农村工作

毛主席教导我们："我国有五亿多农业人口，农民的情况如何，对于我国经济的发展和政权的巩固，关系极大。”又说：“对于农村的阵地，社会主义不去占领，资本主义就必去占领。”

农村是华北地区的主要阵地，存在着严重的、尖锐的阶级斗争。华北局成立六年来，李雪峰主要精力是抓了农村工作。

华北局刚成立，面临着暂时的严重困难。李雪峰一上手，从阶级斗爭着眼，抓了农村食堂，想解决救灾渡荒问题，但沒有抓到点子上。

六〇年冬到六一年春，遵照毛主席指示，李雪峰狠抓了“五个月革命”，在广大农村开展了夺权斗爭。正在斗爭的关鍵时刻，內蒙古党委提出转入以春耕生产为中心，受到了华北局书记处的严厉批评。这場斗爭基本结束后，书记处责成办公厅等单位总结“五个月革命”的经验。因调查研究不够，情况不明，沒有搞成。究竟实际执行情况如何，成绩与缺点怎样估计，底数是不清楚的。

在上述同一时期內，在毛主席亲自主持下，先后制定了“十二条”和“六十条”。这是巩固和发展人民公社的一项重大决策。华北各地立即进行了传达贯彻。李雪峰和书记处还决定重新印发了主席在一九五九年给农村干部的六条指示信。根据这些指示精神，在六一年集中力量抓了纠正“五风”和核算单位下放工作。

六一年冬季，继续贯彻“十二条”、“六十条”，开展了农村整风整社运动。李雪峰根据和平土改区和土改不彻底地区阶级阵营不清，农村干部阶级路线模糊，一部分落后队的领导权被阶级敌人簒夺，以及对青年一代缺乏阶级教育和革命传统教育等情况，开始提出在农村建立贫下中农组织和阶级档案，对青年一代进行革命传统教育，搞“三史”以及改造三类队等问题，要求华北各地摸清情况，征求意见，进行试点。

在重点整顿落后队的同时，注意抓了“尖子队”。六〇年冬，办公厅工作组发现了大寨大队。六一年，李雪峰和书记处就开始树立这面旗帜，宣传他们以阶级斗爭为纲，促生产，搞建设，战胜自然灾害，取得丰收的经验。同年冬，李雪峰主持召开了劳模座谈会。会议交流了经验，并根据这些大队的特点和群众的意见，确定可以继续实行大队核算，改进“三包一奖”的办法。直到现在，这些大队仍然是大队核算，沒有改变。

六一年底到六二年初，主席在中央工作会议上批评了纠正“五风”不彻底，提出要“破产还债”，进行退赔。在这以后，李雪峰和书记处立即布置抓退赔工作，根据各地估算，大体确定了应退赔的数字，责成各地分期完成退赔任务。

在毛主席英明领导下，经过采取了一系列正确政策，农村人民公社走上了健康发展的道路，经济形势有所好转，最困难的时期已经渡过了。当时，党内党外，从上到下，对这个问题的认识很不一致。党内一小撮资产阶级代表人物，与社会上的地富反坏右相呼应，乘机出动，向党进攻。从六二年初中央召开的扩大的工作会议开始，到同年十月党的八届十中全会上，出现了以刘邓为代表的一股修正主义逆流。他们把形势看成一片黑暗，否定三面红旗，公然主张单干；全盘否定从五九年以来的党内斗争的基本成绩，明目张胆地为右倾机会主义分子翻案，利用职权，以中央名义，下达“指示”，限期进行平反。

在上述这股逆流中，李雪峰在一定程度上是站在刘邓一边，跟着他们跑了一段时间。李雪峰一方面在表现是：①对华北地区的形势估计，看黑暗面多了，强调从最困难处着想，把农业恢复的时间考虑得有点悲观；②对少数集体经济濒于瓦解的地方，提出了可以采取借地的错误办法；③对从上而下刮起的单干风，沒有进行坚决抵制和斗争，并说了许多迎合这种反动思潮的错话；④执行了刘邓关于甄别平反一风吹的错误指示，把一九六〇年农村夺权斗争中一些不应该平反的也平反了。至于批转河北省委关于扩大自留地到10%的报告，当时是包括了饲料地在內的，沒有违反“六十条”第五章第四十条关于社员自留地、饲料地和开荒地可以占生产队耕地面积5—10%，最多不超过15%的规定。另一方面，李雪峰针对当时党內一部分干部思想混乱的情况，在內蒙古自治区直属机关十七级以上干部和三级干部会议所作的报告中，反复强调要正确地总结三年大跃进的历史经验，决不能对毛泽东思想有絲毫动摇。以后，在河北以及其他一些会议上都一再重申这个问题，对错误的思想进行了批评。李雪峰在六二年五月中央工作会议上，作了一次检查，提出自己在农民问题上跌了交子，根本原因是沒有跟上主席思想，见事迟，抓得慢。秋季，中央在北戴河召开工作会议，华北局同时召开农村工作座谈会。会上，原张家口地委书记胡开明续续鼓吹单干，集中力量对他进行了批判斗争。会后，他仍不服，直接给主席写了一个“万言书”，为其错误辯护。于是，经过河北省委工作会议对他再一次进行批判斗争之后，作了组织处理。

毛主席在党的八届十中全会上指出，在闹单干和翻案风中，有两种人：一种是反革命修正主义，一种是小资产阶级动摇性。李雪峰这一段的情况说明，其错误属于后者，而不是前者。

六二年冬到六三年春，华北地区继续搞整风整社，从对农民进行社会主义教育到提出四清。毛主席及时抓住了这一关鍵问题，经过十几个省的调查，于六三年四月在杭州召开各大区第一书记会议，研究制定了“十条”决定。这是社会主义教育运动的纲领性文件。杭州会议一结束，立即在北京召开了华北各省、市、区党委书记和地委书记参加的会议，遵照主席主持杭州会议的领导方法，原原本本地传达了主席的指示，进行了认眞讨论。李雪峰再三强调要反复领会毛主席在祝酒时所说的“为完成四清、五反，彻底挖掉修正主义根子的胜利而干杯”一句话的精神。会议决定，华北局和各地各选择一些大队（重点是三类队，同时选少数一、二类队），根据十条决定，搞社会主义教育运动试点，摸索创造经验。六三年秋冬主要抓了这项工作。

六四年初，华北局在呼市召开了书记处会议，着重讨论了农村四清运动问题。会上，李雪峰根据有些领导干部对四淸运动的伟大意义认识不足，重视不够的情况，提出社会主义教育运动会不会产生夭折的危险，强调四淸的目的是为了挖三个根子（封建主义、资本主义、修正主义），栽一个根子（毛泽东思想根子）。同时，根据十条决定精神，为了使各地有一个统一的步调和路数，在初步总结四淸试点经验的基础上，搞了一个四淸运动讨论提纲。这个提纲搞得太繁琐，存在着神秘化和形而上学的错误观点。

六四年秋，在中央召开的北戴河工作会议上，刘少奇提出了形“左”实右和集中力量打歼灭战的错误路线。开始，李雪峰有不同意见，向主席作了汇报，主席指示他可以在回到北京后打一大仗。但是，在北京召开的“三北”会议上，李雪峰沒有坚持下来，向刘少奇投了降，屈服于刘少奇压力之下。于是，在第一期四淸的前两三个月中，又执行了刘邓的错误路线。

六五年初，毛主席亲自主持在北京召开了中央政治局扩大会议，制定了“二十三条”，纠正了刘邓的错误路线。会后，李雪峰同志一直强调“二十三条”的重点是前四条，尤其要抓主席思想的精华，即第二条关于运动的性质，另外还有主席亲自修改加上的四大民主、工作态度、思想方法等三条。对“二十三条”的基本精神，李雪峰同志反复强调是反右防左的。这一点，他同彭眞的观点是针锋相对的，并对刘谦不经請示就把彭眞关于通县四淸反“左”的报告传达下去，引起內蒙古四淸工作队员很大思想混乱，进行了严厉批评和纠正。

在第一期四淸中，李雪峰同志还提出了每一个大队搞一期四淸，必须再搞一期四清复查，夏秋则抓生产革命，以巩固社会主义教育运动的成果。

从第二期四清开始，李雪峰同志根据林彪同志关于突出政治的指示，强调提出在四清运动中必须突出政治，坚持毛泽东思想挂帅，贯彻“四个第一”。在这个问题上，李雪峰同志同河北省委进行了坚决斗争。另外，对内蒙古党委借口旱灾严重，决定一两个盟的四清运动暂停，把四清工作队转为抗旱工作队的错误，进行了批评。

“二十三条”下达以后，李雪峰同志的有些错误改正得并不彻底。如工作队人多，包办代替；发动群众不放手，仍强调以个别发动为主；对自己蹲点的队，在物质上支援多了些。等等。

在整个四清运动期间，李雪峰同志主要是在永年、邯郸蹲点。他重点抓的还是三类队，也抓了“尖子队”。一九六四年，当主席向全国发出农业学大寨的号召后，李雪峰同志根据主席指示和人民解放军创造的“一帮一、一对红”的经验，向全区提出了“学大寨，树标兵，一带二，一片红”的口号。对这一口号，有些地方宣传得不够，甚至根本不宣传。李雪峰同志为此批评了河北日报，并要办公厅注意检查各地报纸，发现问题，及时反映。关于原山西省委派到大寨去的四清工作队，仅据我们所知道的情况，当李雪峰同志发现了问题后，曾进行过批评，并提出在这样的大队中搞四清，必须派高级负责同志去，或者由他们自己搞，否则非犯错误不可。

总之，在过去六年农村工作中，李雪峰同志基本上执行的是毛主席的革命路线，只是在六二年、六四年较短的时间内执行了刘邓的错误路线，而其性质和刘也不同，当然，在执行毛主席革命路线的过程中，李也犯有这样或那样的缺点错误。

二、关于意识形态战线上的斗争

毛主席教导我们：“无产阶级和资产阶级之间在意识形态方面谁胜谁负问题，还沒有眞正解决。我们同资产阶级和小资产阶级的思想还要进行长期的斗争。不了解这种情况，放弃思想斗争，那就是错误的。”

在过去六年中，李雪峰同志对意识形态战线上的斗争，沒有重视起来，几乎沒有怎么过问和抓这件工作。尽管有种种客观原因，其主要精力放在了农村工作上，但在这方面沒有跟上主席思想，认为主席在近两年说过对社教运动比较放心，因而提出自己更需要扎扎实实地蹲点搞四清，一头扎在农村，放松了思想斗争，这不能不说是比较大的错误。

大力宣传毛泽东思想，抓毛主席著作的学习，实现思想革命化，是意识形态战线和保证完成党的各项工作任务的首要任务。李雪峰同志在过去六年中，主要强调要认眞学习领会毛主席在这段时间內的重要指示、讲话，认为这是最新、最活、最现实的毛泽东思想。所以，凡是主席在中央各种会议上和其他場合的重要指示、讲话，基本上是按照中央规定的范围，作了传达，组织了学习的。至于不包括在传达范围以內的干部和群众不了解，说听不到毛主席的声音，是另外一个问题。但必须指出，李雪峰同志对于学习毛主席著作，提得不响亮，沒有认眞抓，对毛泽东思想伟大红旗举得不高，是不可否认的事实。直到一九六四年林彪同志提出必须突出政治的指示以后，李雪峰同志才逐步跟了上去，抓了高级干部学习毛主席著作，并于一九六六年二月在天津学习会上，作出了号召各级干部和组织群众大学毛主席著作的决定。

林彪同志一贯高举毛泽东思想伟大红旗，是毛主席的亲密战友。李雪峰同志对林彪同志，一方面很敬仰尊重林彪同志，六一年上半年就责成办公厅搜集编印了林彪同志关于政治工作言论集，以后根据林彪同志一些新的指示、讲话，又重新编印了一次，号召机关同志认眞学习；另方面，在全区则宣传得不力，沒有切实地贯彻到实际工作中去。这也是一个严重的缺点。

其次，文化大革命从六三年实际上已经开始了。主席给北京市关于柯庆施抓文艺改革的批示信，点了彭眞、刘仁的名，向全党领导干部敲了警钟。不久，主席对旧文化部提出了尖锐的批评。年底，主席再一次尖锐地指出了文艺界的严重问题。当时，李雪峰同志对主席这些极其重要的指示，只作了传达，沒有眞正领会和重视起来，完全处在一种很不理解、很不认眞、很不得力的状态。

六四年初，在呼市华北局书记处会议上，把思想文艺工作当作议题之一，进行了讨论。下半年，抓了一下京剧现代戏会演。李雪峰同志把任务交给了宣传部。他的思想，一是沒有眞正挂上号，二是不了解这是一場严重的阶级斗争，单纯从兴趣出发，存在着严重的资产阶级观点，违背了毛泽东思想。白天会演，晚上看旧戏，并说了许多错话，就是他实际思想的反映。

毛主席在六五年中央工作会议上，提出了批判《海瑞罢官》和革命造反问题，开始点起了无产阶级文化大革命火焰。李雪峰同志较早的觉察到彭眞的问题，向总理作了汇报，但沒有抓住本质，对主席的指示和文化大革命仍然是很不理解。

六六年初，彭眞盗窃中央的名义，急急忙忙抛出了他的“二月提纲”。邓拓在华北局天津学习会上，假传“指示”，继续放毒，向李雪峰同志宣传“二月提纲”的黑精神。李雪峰同志不了解情况，沒看到文件，对邓拓的黑话沒予以驳斥。

六六年四、五月间，华北局在邯郸召开会议。李雪峰同志先后两次接到中央通知，参加了中央在南方召开的紧急会议。这时，无产阶级文化大革命的烈火已经迫在眉睫。可是，李雪峰同志还当作学术批判看待，对原北京日报的四月十五日关于“三家村”假批判的按语，也不进行抵制，这是错误的。

六六年六月一日，毛主席亲自决定发表全国第一张马列主义大字报，点起了无产阶级文化大革命的熊熊烈火。李雪峰同志受中央的重托，兼任了北京市委第一书记职务。由于主席不在北京，刘、邓就抛出了他们一手泡制的资产阶级反动路线。李雪峰同志在十一中全会以前把北京市当作刘、邓推行资产阶级反动路线的样板，开始一段扮演了一个急先锋的角色，在某种程度上也是一个参与者。从六月下旬起，李雪峰同志虽然觉察到工作组存在着一些问题，有的甚至是严重的，特别是对北大，经过调查，肯定了“六・一八”事件是革命事件，向中央作了反映，并对张承先进行了尖锐的批评，但是并沒有认识到是方向路线错误，并想经过批评，使工作组改正错误，继续领导运动。在这段时间内，主席作了几次指示，陈伯达同志两次提出撤销工作组的建议，李雪峰同志还不觉悟，以致铸成大错。

十一中全会期间和会后，李雪峰同志检查了在北京市执行资产阶级反动路线的错误，承担了责任，表示要同刘、邓彻底决裂。从那时起，北京市的无产阶级文化大革命，主要是在中央文革直接领导下进行的。

从上述情况看，李雪峰同志在意识形态战线上，主要是在前一段忽视放松了思想斗争，文化大革命开始到十一中全会的五十多天时间內执行了刘、邓资产阶级反动路线，其错误同其他方面比较起来是严重的。

三、关于党內斗争

“二十三条”指出：“我国城市和农村都存在着严重的、尖锐的阶级斗争。在所有制的社会主义改造基本完成以后，反对社会主义的阶级敌人，企图用“和平演变”的方式，恢复资本主义。这种阶级斗争势必反映到党內。”

六年来，反映到华北地区各级党內的阶级斗争是严重的、尖锐的。特别是各省、市、区领导核心的状况如何，能否正确地贯彻党的路线和政策，李雪峰同志是负有重大责任的。敢不敢坚持党的原则，开展斗争，这也是检验李雪峰同志工作的一个重要方面。

旧北京市委是彭眞一手独霸的“王国”。华北局、李雪峰同志根本不在彭眞反革命修正主义集团的话下。他们公开同华北局唱对台戏，另搞一套，封锁消息。对华北局派出的工作组，一概抵制、排斥，直到挤走、赶出去。在这种情况下，李雪峰同志根据他所处的地位，采取了几种办法；①、主动要求向彭眞汇报，阐明自己的意见和观点（往往遭到拒绝）；②、严格控制北京市所推行的修正主义路线和作法，不准外传到其他省区；③、印发材料，或公开点名进行批评。直到去年，中央揭了彭眞的盖子，李雪峰同志斗爭彭眞是积极的。

李雪峰同志对河北省委林铁的问题，早有察觉，进行过批评斗爭。去年华北局前门饭店会议开始相当长一段时间內，林铁的盖子还是揭不开，最后李雪峰同志在大会上点了河北省委的名，才把他们揪了出来，开展了面对面的揭发、批判、斗爭。

天津市也是长期存在的一个老问题。一九六三年，李雪峰同志根据主席关于骄傲自滿，固步自封的批示精神，集中地对天津市委进行了一次批评斗爭。后来，以万晓塘为首的反党宗派集团，稍有收歛。文化大革命开始后，他们制造了一系列鎮压革命的事件。华北局发现后向中央作了汇报。直到这次主席派李雪峰同志、解学恭去天津，才彻底揭开了万张反党集团的黑幕。

內蒙自治区党委以烏兰夫为首，长期顽固地执行了一条民族分裂主义和修正主义路线，压制民主，打击持有不同意见的同志。对这些问题李雪峰同志也发觉得较早，在抓农村阶级斗爭和建立粮食基地等工作上，同烏兰夫进行了斗爭，幷针对区党委內部问题提出过尖锐批评。文化大革命开始前不久，烏兰夫的反动活动更变本加厉，于是在华北局前门饭店会议上，彻底揭露了他的罪恶阴谋。

李雪峰同志对原山西省委反革命修正主义集团的罪行，不仅沒有发觉，反而相信他们，在前门饭店会议上把袁振同志打成了“野心家”、“伸手派”以后在较长时间內又认识、改正错误很慢。但是，从现在揭发的材料看，还不足以证明李雪峰同志是彭、薄安黑线的人，或者是背着中央同原山西省委反革命修正主义集团勾结，搞反党罪恶活动。

总之，在党內斗爭问题上，李雪峰同志一方面有成绩，另方面也犯有严重错误。

李雪峰是党内
走資本主义道路的当权派

中共中央华北局机关革命造反联絡总部

一九六七年三月二十七日

最 高 指 示

人民靠我們去組織。中国的反动分子，靠我們組織起人民去把他打倒。凡是反动的东西，你不打，他就不倒。这也和扫地一样，扫帚不到，灰尘照例不会自已跑掉。

李雪峰是党內走資本主义道路的当权派

李雪峰从一九六一年华北局成立以来，在历史的每一个紧要关头，都发表了一系列反对毛主席、反对毛泽东思想的言论，在行动上推行了刘少奇、邓小平的资产阶级反动路线。他惯于玩弄两面手法，欺骗党中央，欺骗毛主席，欺骗广大群众。大量的事实说明，李雪峰是党內走资本主义道路的当权派，在埋在毛主席身边的一颗定时炸弹。现在根据华北局机关革命群众揭发的材料，把李雪峰的反党反社会主义反毛泽东思想的主要罪行整理如下：

一、攻击毛主席，反对毛泽东思想，反对学习毛主席著作

在国民经济暂时困难时期，党內右倾机会主义分子攻击毛主席，阶级敌人向党猖狂进攻的时候，李雪峰出于资产阶级本性，与他们一唱一合，把攻击的矛头直接指向我们最最敬爱的伟大领袖毛主席，指向党中央。一九六二年四月，李雪峰说："有些人说，毛泽东思想既然是正确的，为什么这几年发生了一些缺点和错误？应当肯定地回答他们，…… 包括马克思、列宁和毛主席，不可能不犯一点错误。"

一九六一年八月，李雪峰在太原钢厂党委书记会议上说："这几年把物质鼓励丢掉了，丢掉的结果，就走向事物的反面，所以现在要着重搞物质鼓励。""这几年在实行政治挂帅以后，有人认为好象政策不重要了，不大讲政策了。"

一九六二年八月李雪峰在一次会议上说："五八年以来，政治挂帅越挂越简单化了。……是靠棍子起家的。"

一九六二年初，毛主席在七千人大会上指出："最困难的时期已经过去了。"三个月后，李雪峰在一次汇报会上说："困难还沒有估透，盖子还沒有揭开。"

一九六一年十月，毛主席在河北邯郸的一次座谈会上指出，"三包一奖是烦琐哲学，不行三包一奖，行大包干制。"同年冬天，李雪峰在华北区著名劳模座谈会上大讲："三包一奖还是个好办法。""烦琐不烦琐就看变不变，如果三包包死就不烦琐。"公开对抗毛主席的指示，与毛主席的指示唱反调。

李雪峰极力贬低毛主席著作的伟大意义。一九六二年十二月，李雪峰狂妄地说："《中国社会各阶级的分析》中，有些问题还揭的不够，有些问题还要从理论上加以解决。"

一九六四年九月，李雪峰追随刘少奇，攻击毛主席，说"毛主席的《湖南农民运动考察报告》不适于现在的情况了。"又说："少奇同志再三讲，情况变了，只靠主席的调查方法不行了，必须亲自蹲点。"

一九六五年六月，李雪峰说："不要主席一讲，就神经过敏。庐山会议主席讲了反右，各地送来几个报告，说一反右生产就上去了，结果叫中央上当。"

李雪峰反对突出政治，强调生产挂帅。一九六四年在工业"五反"汇报会上说："什么是中心？生产就是中心，这是永久的。"一九六五年三月，李雪峰在华北农村四清座谈会上说："搞四清的重点县，要从生产出发，落到生产上。"一九六六年七月，李雪峰在北京市农村四清干部会议上说："有的同志认为，一说突出政治，就不能讲落到生产建设上。突出

政治要落到人的思想革命化，那么人的思想革命化又落到那里？还要落到生产建设上。”

一九六六年元旦，林彪同志发表了突出政治的讲话后，李雪峰却在华北局邯郸会议上说什么突出政治“不要神秘化”，“不要概念化”、“不要干打雷”。更为恶毒的是，李雪峰还针对林彪同志提出的四个第一大加反对。他说：“现在有的光讲四个第一，不讲四个第二，这样子讲，第一与第二的关系也不清楚，也不全面。”对于坚持四个第一，活学活用毛主席著作的英雄人物，李雪峰是“我对此不感兴趣！”并胡说什么“总是提倡学习死人，沒有一个活的”，阻挠向英雄人物学习，华北局关于向刘英俊同志学习的通知，就是由于李雪峰“不感兴趣”而沒有发出。

李雪峰还反对毛主席关于社会主义社会存在阶级和阶级斗爭的学说。他在四清运动中提倡阶级熄灭论，说“地主阶级作为一个阶级已经不存在，只剩下残余了。”把有些地、富分子改造好的改变成分，叫“农业劳动者”。还说农村中“一类队可能沒有对敌斗爭，二类队可能沒有，三类队也不见得都有对敌斗爭。”“新区可能有一段对敌斗爭，老区就不一定。”在一九六六年春华北局邯郸会议上，李雪峰公然提出所谓“四清革命、生产革命、文化革命三大革命运动”的口号来对抗毛主席提出的阶级斗爭、生产斗爭、科学实验三大革命运动。

李雪峰从来沒有认眞抓过干部、群众学习毛主席著作，并制造种种谬论横加压制。说什么“沒有基本知识学起来困难”，“学毛著不能庸俗化”，“好事做过了头就会变成坏事”等等。

一九六四年四月李雪峰在听取汇报时说：“现在学习毛主席著作的情绪很高，在这样的情况下，要严防形式主义，反对强迫命令，官僚主义作风。”“在这个问题上也要防止大跃进中的庸俗观点。”同年四月华北局发下通知，重点要求高级干部学习马恩列斯三十本书，沒有把学习毛主席著作放在首位。一九六五年又指示地、县委干部选读马、恩、列、斯十五本书，而不提学习毛主席著作。一九六六年三月，华北局发出《关于加强学习毛主席著作的领导的决定》，是由反革命修正主义分子邓拓起草，华北局书记处通过的，沒有全面阐明学习毛泽东思想的伟大意义。对学习毛主席语录他更是坚决反对，胡说“语录本不好，容易断章取义”，“不要搞形式主义”。一九六五年十二月，李雪峰在邯郸冯村四清工作队向他汇报群众写语录牌时，他说：“这个不行，毛主席语录是临时性的，用着学一下。”

李雪峰还经常封锁和歪曲毛主席的指示。例如毛主席讲“凡是要推翻一个政权，总要先造舆论……”，“我看北京乱得不厉害，太文明了。”以及其它一些指示，他都沒有传达。在传达毛主席关于打人问题的讲话时，他却把“今后不许再打人”这句重要的话给隐瞒了。主席讲的“海瑞罢官”的要害是罢官问题，《红旗》刊登人民日报关于聶元梓等同志大字报的社论时，主席所作的重要修改，以及主席关于敎育工作、卫生工作方面的重要指示，都沒有向机关干部作传达。

李雪峰一贯反对毛主席的文艺理论，大肆宣扬并推行资产阶级的文艺路线。一九六一年四月，李雪峰在晋南戏剧工作座谈会上大反文艺为政治服务，说什么“为无产阶级政治服务，有直接的、间接的”“人们看了心情舒畅就是为政治服务，哪能一下子看了戏多打二斗粮？”“唱一段，大家欢迎就行了，因为他一唱而党性增加了几分，恐怕不行。所以只要入耳中听，听了心情舒畅，劳逸结合好。”在这个座谈会上，李雪峰同反革命修正主义分子吴晗一唱一和，大肆吹捧“海瑞精神”。大讲“海瑞厉害”，“海瑞胆子大，守理守法，斗理斗法”，并认为这时候“海瑞出台也有意思”。实际上为彭德怀翻案帮腔。

李雪峰还极力抵制毛主席关于戏剧改革的指示，热心提倡演旧戏，他说：“中国戏剧发展时间长，有生活气息，群众喜闻乐见"，"有些革命斗争，京剧反映有困难"，"老传统多保存好，……，不要轻易否定"，"无益也无害的流行剧目应当允许上演"，"不能拿现在的事实改变历史，不能让古人用现在术语唱"。"认为人家是毒素，实际那不是坚强，而是软弱。""如果把戏都写得一本正经，那不如在家看《毛选》，何必去剧院！"他甚至说戏剧改革"越改越穷，越改越少"；"你把人家打倒，另来一套，要是我，你不让演，……回家，我有群众。"李雪峰在一九六四年三月华北局书记处呼和浩特会议和一九六五年六月太原戏曲工作座谈会上的讲话，更加露骨地反对戏剧改革。说什么"一九五八年大跃进来的很猛，但准备很不够，很多工作来的快，但不能持久，走向了反面。""演现代戏一片叫好声，不一定沒问题。"提出"太急了不行，要有步骤，要和他们商量。有些人如马连良，即使一辈子不改，也有市場，……社会主义包得那么宽，就是他那一点包不了？""要满足各种人的需要"，"将来旧戏降到从属地位，也还得有。"

以上事实说明，李雪峰所说"对毛主席的尊重和信仰是沒有问题的，对毛主席的指示是有示必录，积极传达，努力实践的"，这些话完全是虛伪的，骗人的。

二、李雪峰攻击总路线、大跃进和人民公社，为阴谋复辟资本主义鸣锣开道

在一九六一年五月国民经济暂时困难时期，李雪峰根据刘少奇的指示，组织了一个庞大的工作组，亲自挂帅到太原、天津作了三个月的"工业调查"，目的是用当时生产、生活下降的"现状"，对比大跃进以前的"历史"，得出"政治上、制度上"的结论，使干部、群众"解放思想"，为攻击三面红旗搜集炮弹。

一九六二年一月中央七千人大会以后，李雪峰不听毛主席的教导，追随刘少奇、陈云，继续疯狂地攻击三面红旗。他把当时的形势描绘得漆黑一团，说"形势比原来估计困难的多，严重的多，不仅在生产力、生产关系上伤了元气，在政治上也不能不伤元气。"他把当时的形势说成"人心慌慌"，"岌岌不可终日"，"百分之三十的人人心思散"等等。李雪峰说"过去提出一些口号，就是急急忙忙提的"，"大跃进这个口号，现在取消也可以。"又说"我看过十年再说，将来如果不行，那时缺点错误也纠正了，去掉一面（红旗）也不要紧。"他还针对"农业四十条发展纲要"影射攻击毛主席，说"过去八字宪法都是简单加法，提高产量多少多少，对提高总产量就注意不够了。脑子一热，资本主义国家不在话下，社会主义国家不在话下，只有我们在话上，出了许多问题。"一九六五年五月，李雪峰在晋南社教工作团分团政委会上，竟疯狂地说："搞社会主义究竟还缺乏经验，象发了疯。"

一九六二年三月，李雪峰在向机关干部传达中央扩大工作会议精神时说："公社是群众创造出来的，问题是发展快了，急了。为什么快了，急了？高级合作化就快了。""搞公社一下子就搞开了。虽然也说分期分批，由点到面，然而间歇时间很短，成了形式，结果是一下子铺开。是否搞早了？如果当时沒有提出来，晚几年也可以，不能说高级社的优越性已经发挥完了。"他还说："初级社是稳扎稳打，为什么要急急忙忙高级化，当时有何论据，查一查。"

一九六二年四月，在书记处会议上，李雪峰讲到包产到戶走回头路的问题时说："有个复古问题。文艺复兴，复古有合理的。如包产到戶部分搞，可能有好处。"在五月份的书记处会议上，李雪峰又讲："包产到戶就在困难时增产了，私有有其积极性。"同年六月，李雪峰就一连批了三个报告，极力鼓吹"借地渡荒"、"包产到戶"。李雪峰提出"暂借给群

众一些土地，……把个人和集体的积极性都调动起来。”“包产到戶成了舆论，……有些落后的地方允许包产到戶。”“包产到戶和单干一样也不完全一样，你搞得那么糟，要彻底单干，还不如包产到戶。”还提出“实行包工到戶或到人的办法”，是“可以实行的”，“巳经取得良好的效果。”说林铁提出的自留地增加到百分之十、允许戶养大牲畜、允许把牲畜卖给社员等意见是“値得注意”的，并“請中央考慮。”

三、在四清运动中积极推行刘少奇的形“左”实右路线，顽固地抗拒毛主席的革命路线

无论是大搞人海战术，无论是大搞“扎根串连”，李雪峰同刘少奇都是完全一致的。李雪峰紧跟的是刘少奇，而对毛主席的指示阳奉阴违，拒不执行。一九六四年八月华北区有人反对刘少奇“以县为单位集中优势兵力打歼灭战”的四清方案时，毛主席亲自指示李雪峰：回北京开大区书记会议你们打一仗。李雪峰回京后，不但拒不执行毛主席这一指示，反而千方百计地压制别人，不许对刘少奇方案提意见。后来不只一次地吹捧刘少奇的“大兵团作战”是“中国党历史上第一次，比土改管的时间长，管整个过渡时期。”“工作队人多了有个气势，好掩护，容易接近群众，可以多了解情况。”吹嘘“扎根串连是中国党组织阶级队伍的创造。列宁领导十月革命时有近似的做法，但沒有我们现在这样深入。”“扎根串连是开展四淸的先决条件，是决定四淸成败的关鍵。”一九六五年初毛主席批评了“扎根串连”的作法以后，李雪峰也是阳奉阴违，坚持“组织队伍仍要扎根串连”，“眞正的三类队不扎根串连不行”。并对毛主席的批评心怀不滿，牢骚滿腹，说“在这个问题上我不作检查”，“扎根串连这个东西错误，为什么土改时用？”还胡说“二十三条的语言，包括了扎根串连的精华和核心。”

这就是李雪峰对待毛主席指示的态度。而对刘少奇的东西则奉若神明，言听计从。他让组织工作队员学习刘少奇给江渭清的信，吹捧王光美，把所谓“桃园经验”印成专册，发给所有工作队员学习讨论；亲自主持各省、市、自治区负责干部会议，請王光美介绍“蹲点经验”；在《华北社教通讯》上大登吹捧王光美的文章。由李雪峰亲自提出、亲自审查过的华北农村四淸展览馆四淸部分，极力吹捧王光美的“桃园四淸成就”，突出宣扬刘少奇。此外，还吹捧了大党阀彭眞。一九六五年五月二十一日，李雪峰在山西晋南地区社敎工作团分团政委会上，吹捧彭眞歪曲“二十三条”的黑报告。他说：“二十三条”后，彭眞同志在通县讲了几次话，讲的好，既解决了问题，又不伤元气，不同对象，讲的不同，是个新经验。”直到一九六六年春，他还在邯郸黄梁梦大队向农村党员吹捧彭眞，说“布加勒斯特会议是彭眞同志去的，顶住了，八十多公斤，大个子，经得住压。”

四、李雪峰顽固地坚持资产阶级反动路线，抗拒毛主席的革命路线，是镇压华北区文化大革命的罪魁祸首

李雪峰是刘、邓制订资产阶级反动路线的参与者，也是这条反动路线的坚决执行者。他在检查中，把自己的错误说成仅仅发生在北京，而且仅限于五十天，在中央十一中全会以后就已经改正了。这完全是谎言。

事实上，李雪峰不仅把北京鎮压群众运动的经验在华北全区作了全面推广，而且在中央十一中全会后，继续给各省、市出了很多坏点子，耍了很多阴谋诡计，直接支持了那些走资本主义道路的当权派和坚持资产阶级反动路线的人，使他们有恃而无恐。

（一）李雪峰是山西省委反革命修正主义集团的总头目

文化大革命中，李雪峰一直站在山西省委反革命修正主义集团的立場上，抗拒中央，抗拒群众。

（1）在一九六六年五月二十三日至七月二十九日的华北局工作会议（前门饭店会议）上，山西省委以卫恒为首的反革命修正主义集团对袁振同志进行政治迫害，把袁振同志打成“伸手派”、“野心家”、“反党分子”。这个事件是李雪峰和解学恭亲自参与策划的，一切重大问题都由李雪峰、解学恭和卫恒等人直接研究确定。

会议期间，李雪峰亲自策划对袁振的围攻。他在小型碰头会上说：“我把袁振调到山西去工作，是做了一件错事”。并把袁振向中央写信揭发过省委问题的事告诉了卫恒。卫恒在山西组的全体会议上发言，带头把矛头指向袁振，操纵会议对袁振进行斗爭。

在围攻袁振的后期，李雪峰、解学恭亲自修定以华北局名义向主席和中央送的关于袁振问题的报告。替山西省委涂脂抹粉，掩盖错误，给袁振同志添油加醋，捏造罪过。李雪峰、解学恭亲笔加上“袁振同志的资产阶级个人主义一贯是严重的”，“乘揭露彭眞错误的气候，集中攻击省委五月初发出的《关于开展学术批判运动的通知》，准备把省委打垮”，“在省委同志对省委这个通知的一些缺点和错误作了自我批评之后，他仍然抓住不放”，“直到这些同志看出了袁振同志别有用心，并揭穿了他的阴谋之后，他才稍略收欽”等恶毒词句。

（2）一九六六年七月中旬，前门饭店会议结束后，山西省委在华北局书记处的同意下，派贾俊带领一百四十余名干部的“工作队”，公开到太原市进行夺权，在群众中发动对袁振的疯狂围攻。

十月份，袁振发布申诉书，推翻冤案，和红卫兵结合起来，向山西省委展开斗爭的时候，华北局书记处不但对袁振的申辯置之不理，而且与山西省委密谋，进一步控制袁振、打击革命群众。解学恭经与陶铸商定，于十月三十日亲自起草电报，批准贾俊代理太原市委第一书记，“调”袁振回省委“工作”。

（3）十月底，山西革命造反力量已经发展起来，眼看省委一伙黑帮的日子混不下去了，在中央工作会议后期，陶铸找了解学恭、卫恒、王谦等人作了一个黑指示：“袁振问题是省委内部的问题，要在省委内部解决；如果袁振一定要把问题搞到社会上去，他走到那里，省委就跟到那里！”（大意）这个黑指示给解、卫、王撑了腰，壮了胆，他们便用这个口径上下一致，极力与革命群众相对抗。

（4）当山西和北京的革命师生坚决要求与卫恒辯论袁振问题时，华北局书记处急忙给卫恒打电话，指示他“顶住”，“千万不要辯论”。

十一月九日，卫恒与革命师生签订协议，同意召开群众大会辯论袁振问题。王谦不同意，报告了华北局。华北局书记处答复：“让卫恒公开声明，承认与革命同学签订的协议是错误的，说明袁振问题是党內问题，不能在群众中辯论。”

（5）一九六六年十一月，中央文革关锋同志号召北京学生去山西煽风点火，李雪峰得知北航、农机学院同学去山西后说：他们在北京都是保皇派，站不住脚了，去山西捞取政治资本抓稻草去了。

（6）十二月底，山西革命学生四百多人来华北局造反，要求罢贾俊的官，给袁振平反。李雪峰还让张邦英“顶住”，后来顶不住了，就让黄夷打电话给张邦英说：“一定要按华北局书记处研究的调子回答问题，可以表示同意给袁振平反，贾俊是否调出太原，由省委决定。”并强调“不得超出这个范围，否则完全由张邦英个人负责。”

一月八日，华北局被迫发出电报，给袁振平反，并“调离”贾俊代理太原市委第一书记。但就这个平反的电报中，还说袁振向省委提的意见“若干事实有某些出入”，“袁振同志本身在思想作风上有这样那样的缺点错误”，为以后卫恒翻案和华北局赖賬留下伏笔，以便秋后算賬。在审定电报稿时，李雪峰还特意指示：“山西省的问题要与华北局严格分开”，拚命想推卸责任。

（7）一月十二日，山西省革命造反派取得了夺权的伟大胜利。李雪峰不仅不表示态度，而且居然在十九日，由华北局书记处秘密接待了原山西省委潜逃来京的赵雨亭（省委书记处书记）、刘开基(省委常委、副省长)，指使他们向中央写了一个向山西省革命造反派反扑的简报。这个简报把山西革命造反派夺权后的大好形势写为“各部门工作发生混乱”，为卫恒、王谦等一小撮走资本主义道路当权派被革命群众斗争和揪走大鸣不平。影射攻击中央文革，把山西革命群众起来夺权，说成是在中央文革的示意和袁振等五同志“发动下”搞的。

直到一月二十二日晚上，李雪峰得知周总理在人大会堂讲话提到“山西省也向我们提供了宝贵的经验”之后，才知道大势已去。为了捞取政治资本，抢在人民日报发表消息、社论之前，于二十三日下午给刘格平同志发出“贺电”。竟违反拍发电报的规定，急如星火地用电话传递电报內容。二十三日，又用电话通知将早已写出的关于袁振平反问题的报告送中央。这个报告极力为李雪峰开脫罪责，说什么华北局在袁振问题上的错误是由于“轻信了山西省委的汇报”并口口声声称卫恒一伙混蛋为“同志”。这个报告是二十三日夜十一点打印，二十四日凌晨一时半报送中央的，但文件的落款时间却是“一月十日”。表明这是在山西夺权之前上报的，借以欺骗中央和山西人民。

（8）一月三十一日，当华北局革命群众批斗华北局书记处书记池必卿时，池说：“中央把山西打成反革命修正主义集团，华北局书记处，包括雪峰、学恭和我心里都沒有底。”他们极端仇视中央。其实他们心中完全有底。他们是山西省委反革命修正主义集团的后台老板。

（二）伙同万、张反党集团鎮压天津市文化大革命运动

李雪峰为首的华北局书记处一小撮人，对天津市委以万晓塘为首的反革命修正主义集团，在文化大革命运动中的罪行，长期进行包庇、纵容，甚至狼狈为奸，伙通一气，不止一次地企图把天津市轰轰烈烈的文化大革命运动鎮压下去。

（1）在华北局前门饭店会议上，把天津市长胡昭衡打成三反分子，包庇了以万晓塘为首的反党集团。胡昭衡的问题被中央发现并平反之后，华北局书记处还暗地组织专人审查胡昭衡的材料，对抗中央，用心极其恶毒。

（2）万晓塘等人在天津连续几次派出武装军警疯狂鎮压天津十六中的革命学生，扼杀天津市的文化大革命运动。在华北局、河北省委派工作队去天津处理这个问题时，华北局副秘书长刘谦（李雪峰的亲信，已停职反省）又马上按照李雪峰的意旨告诉工作队说：“天津市委是革命的，叫工作队在调子上与省、市委对口。”在李雪峰等人包庇下，万晓塘等人，到处宣扬：“天津市委是革命的”“是马列主义的”，“是无产级阶司令部”，并组织围攻革命学生，扣押来京告状的群众。

（3）七月间，当天津市委对武装镇压十六中等校革命师生的问题包庇不住的时候，他们为了保住万晓塘便抛出了马瑞华，说马是武装镇压学生的策划者，宣布将马停职反省。耍出了舍车保帅的鬼把戏。

（4）八月份，首都的红卫兵赴津，与天津市革命学生结合一起，炮轰天津市委。万晓塘等一小撮人在李雪峰等人同意下，调兵遣将，组织"赤卫队"，围攻、鎮压这批革命的播火队。李雪峰等人就是这个闻名的"八・二六"事件的谋划者。

（5）对天津市委的问题，机关革命群众不止一次地强烈要求华北局书记处讨论处理，但华北局书记处和文革小组始终沒有进行过一次认眞的研究，也沒有向中央写过一次报告。

一月下旬，天津市交通系统四万多名造反派职工代表到华北局反映问题，华北局接待站的同志要求李雪峰、解学恭接见这些代表，他们一直不加理采。相反，张淮三组织的保皇组织，违抗中央和毛主席的指示策动万人进京。华北局书记处匆忙开会研究，当場指定池必卿等人组织专门班子出来接见。后来因有人反对，才把态度放得稍"冷淡"一些。

（三）操纵华北局机关文革扼杀机关文化大革命

华北局机关文化大革命，在李雪峰、解学恭的控制之下，推行了资产阶级反动路线，压制了革命群众的革命造反精神，长期以来，群众沒有充分发动起来，华北局书记处的盖子沒有揭开，使机关运动长期处于冷冷清清、停滞不前的局面。

从去年六月一日毛主席批登了聶元梓七同志的大字报以后，机关革命群众强烈要求开展文化大革命，但是以李雪峰为首的华北局书记处，借口"一切为了前线"，把大批干部抽调到北京、內蒙工作组，对机关运动采取了所谓"稳住"的方针。李雪峰公开表示"华北局机关的运动今年不搞，等下面搞得差不多再搞。"以后又借口"外边紧张，机关人少"，宣布"今年不搞了，明年再说。"八届十一中全会以后，机关革命群众在"十六条"的鼓舞下，强烈要求开展机关文化大革命。华北局书记处被迫于八月十七日宣布机关文化大革命开始，这样一来，机关运动从一开始就比社会上推迟了三个月。

在李雪峰为首的华北局书记处长期压制下，机关文化大革命，不是从炮轰书记处开始，而是从揭批各部委一批有反党言行的领导干部开始。即使如此，李雪峰、解学恭、池必卿等人也是大泼冷水，千方百计地进行包庇袒护。如群众要求开大会批判黄志刚（候补书记）时，他们威胁群众说"黄志刚要是上大会，我们书记处一起上。"在批斗张铁夫（办公厅主任）的大会上，群众要求李雪峰多参加大会时，李雪峰大发脾气，说什么"要我多参加会，除非叫毛主席免去我一部分职务。"等等。九月中旬，当运动转向炮轰书记处以后，李雪峰急忙下令收回他几年来的讲话、会议记录和华北局文件，以"怕影响党內民主生活"为借口，不准群众查对进行批判。九月十九日，李雪峰在机关群众会上作了半小时的检查，沒有触及灵魂。但在下面却借《红旗》十二期社论发表之机，散布"华北局是无产阶级司令部"，"到了我们说话的时候了"。中央十月工作会议以后，他们又利用传达的机会，强调领会中央会议精神，强调抓业务，把机关大批干部推向接待第一线，并强调这也是参加文化大革命。这样就使广大机关群众根本无法搞机关文化大革命。另一方面，以李雪峰为首的书记处，却隐藏起来，成立地下小办公室，撇开华北局文革办公室，直接指挥华北地区的运动，甚至搞特务工作（如接待山西逃亡官员赵雨亭、刘开基等）。提拔顽固坚持资产阶级反动路线，伙通山西省黑帮进行特务工作的岳宗泰（华北局经委副主任）为代理副秘书长，提拔铁杆保皇派黄爽）政策研究室办公室主任）为代理办公厅副主任。而对革命造反派则恨之入骨，企图加以迫害。一月十三日机关造反派从李雪峰办公室里发现有机关造反组织和革命群众的黑名单。

李雪峰本来答应在十一月中旬（传达中央十月工作会议之后）向机关群众作检讨，但他一拖再拖，一直拖到十二月中旬才被迫写了个书面检讨。在这个“检讨”中，他隐瞒了大量的反党罪行，欺骗了毛主席，欺骗了党中央。从今年一月以来，机关革命群众踢开机关文革筹委会，成立战斗组织，纷纷起来揭发李雪峰等人的问题，机关运动才出现了大好形势。李雪峰对机关革命造反派的行动极为仇视，一月十九日，北大同学来华北局与机关革命造反派一起夺权，后根据中央文革指示停下来，李雪峰在天津听到消息后，憤恨地说：“十二小时的政变流产了。”竟把革命造反派的夺权视为反革命政变。机关革命造反总部决定在一月三十一日召开大会批斗李雪峰，池必卿却盗用中央名义，断章取义地传达谢富治同志的指示，而且擅自捏造一条“不能贴李雪峰是走资本主义道路的当权派的大字报”。企图再次把正在兴起的机关文化大革命运动打下去。

从上述事实看出，以李雪峰为首的书记处，在机关运动中顽固地坚持资产阶级反动路线，李雪峰向中央向群众所作的检讨完全是虚伪的。

此外，李雪峰在检讨中，一再标榜自己只是五十天的错误，实际上在十一中全会后，并沒有眞正认识错误，改正错误。例如：

（1）李雪峰在八月十五日前后的一次讲话中，仍坚持派工作组，与中央“十六条”对抗。他说：“华北局工作组（从市委）撤离，回机关整训，过一段再需要派时，以市委名义派下去。”“工作组名声不好，以后派人就担任实职。”

（2）九月十五日林彪同志讲话和《红旗》十二期社论发表后，李雪峰立即指示华北局发通知各地学习。但《红旗》十三期社论发表，要批判资产阶级反动路线时，李雪峰却迟迟不发通知，过了半月，在华北局文革小组提议下，才勉强发了通知。

（3）九月二十一日（《红旗》1966年12期社论发表以后），由李雪峰定的调子，解学恭授意，以北京市委名义写的关于农村四清工作团干部会议情况向中央的报告中，说会议上有“少数人企图煽动不明眞相的人，要把李雪峰打成黑帮”，说“华北局有少数干部支持他们”，仍企图抓“游鱼”。

（4）李雪峰在去年十月中央工作会议上，作过四次检查，特别是第三次检查，态度很坏，大发牢骚，教训别人，受到不少同志的批判。会议期间，李雪峰向北京市的学生作了一次检查，回来以后，对学生对他的批判心怀不满，说“今天实际上巳把老子列入另册了。”还说：“我要工作，还要检查，搞成个黑帮就沒事了”。可是在检查之前，他说向毛主席汇报了，他找了几个青年学生谈了话，很受教育，很开脑筋。李雪峰这样做，是个十足的两面派。

五、李雪峰执行的是修正主义、宗派主义的干部路线

他招降纳叛，结党营私，包庇大批走资本主义道路的当权派、叛徒和牛鬼蛇神。华北局和各省、市、自治区的党政大权，都被走资本主义道路的当权派所篡夺。华北局书记处实际上巳成为一个资产阶级司令部，必须彻底改组。

（一）华北局书记处十六名书记和候补书记中，有十二名是走资本主义道路的当权派或三反分子。如：李雪峰、乌兰夫、林铁、刘仁、卫恒、杨勇、廖汉生、刘子厚、李立三、朱理治、邓拓、黄志刚。

在驻华北局机关的书记中，实权完全掌握在李雪峰、解学恭、池必卿、黄志刚“四大金刚”手中。

华北局十九名委员中（书记除外），有十二名是走资本主义道路的当权派、蜕化变质分子或有严重错误的人。如：郑天翔、万里、范瑾、王谦、万晓塘、刘祖春、范儒生（黑帮分子，华北局组织部长）、郭献瑞（华北局财办主任）、张克让（华北局副秘书长兼农办主任，已停职反省）、陈鹏（中央监委驻华北局监察组组长）、刘谦（华北局副秘书长，已停职反省）、张铁夫（华北局办公厅主任，已停职反省）。

李雪峰任人唯亲，重才轻德，将犯有严重错误的老同乡、老部下，大加提拔和重用。

大叛徒邓拓，是李雪峰的大红人，铁笔杆。

池必卿，能力并不强，但因是李雪峰老乡，老“太行”干部，就由山西省委书记处书记一跃提为华北局书记处书记。

刘祖春，是李雪峰在中南局工作的老部下。一九五七年他有很多右派言论，被李雪峰包庇过去。一九五九年反右倾时，他受到重点批判。后来李雪峰给他平反。

范　瑾，一向得到李雪峰的尝识，因要提拔翟英（李雪峰的老婆）为华北局委员，也把范安排为委员。

刘谦、张铁夫，道德败坏，蜕化变质，因他们是李雪峰的老部下，在一九六五年底也提拔为华北局委员。

（二）打击革命派，包庇叛徒和走资本主义道路的当权派。

（1）打击袁振，包庇卫恒。（见前）

（2）打击胡昭衡，包庇万晓塘。（见前）

（3）打击陈守中，包庇杨维。

原包钢总经理兼党委副书记杨维，是个叛徒。解放后在本溪钢铁公司担任总经理时，曾被批判为反党分子；一九五九年包钢群众又定他为右倾机会主义分子。但由于在抗日战争时，李雪峰担任太行区党委书记，杨维担任北方局太行地委专员，有着密切的关系，李雪峰就对杨维的罪行百般包庇。对当时和杨维进行过坚决斗争的包钢党委书记陈守中同志给以打击、迫害。一九六二年春，李雪峰曾先后派李立三、池必卿等到包头，用高压手段为杨维彻底平了反。陈守中同志在一九六二年五月十三日向中央书记处写信控告李雪峰，要求中央认眞审查此事，但邓小平却把此信批给李雪峰全权处理。李雪峰见到陈守中的信，恨之入骨，竟给陈守中同志扣上反对党中央、反对革命的大帽子。并于一九六三年把陈守中调离包钢，分配到太原市委担任书记处书记。一九六六年华北局工作会议期间，李雪峰等又经过精心策划，把陈守中同志打成“袁振反党集团”的主要成员。

（4）策划晋中反革命政治迫害事件

1964年，李雪峰精心策划了山西省晋中地区的一件駭人听闻的反革命政治迫害事件。原晋中地委第一书记、反革命修正主义分子王绣锦是这个事件的直接指挥者。

王绣锦在一九六〇年十一月到晋中后，就大反三面红旗，大反大寨，恶毒攻击毛主席，说毛主席“犯了路线错误”，“吹牛皮，说瞎话”。一九六一年四、五月间，李雪峰到文水，主张土地下放，牲畜下放，集体财产下放。王绣锦便在晋中地区积极推广。当时晋中地委副秘书长王振国、办公室副主任井夫、昔阳县委书记张槐英，同王绣锦和山西省委进行了斗爭，并向中央写信控告。王绣锦却顚倒黑白，污蔑任井夫、王振国搞“分裂活动”“反党"，并把他们打成"反党集团"，扣压了他们给中央的报告。

一九六四年九月下旬，王绣锦到太原向李雪峰、陶鲁笳汇报了这个所谓"反党集团"问题。李雪峰还感到干的不够劲，当面指示："要在晋中全区消毒"，"县委书记要人人交账，现在不交账，以后查出来，按同谋者论处。""反王（绣锦）就是反党"。王绣锦回来便召开了斗爭会，斗了两天，王又跑到太原，向李雪峰、陶鲁笳汇报。陶指示说："要彻底斗爭"。在李雪峰的指挥下，晋中各县都消了"毒"，重点县搞到农村支部。共打出六个"反党集团"，涉及五百多人。

文化大革命开始后，在一九六六年华北局工作会议上，又对他们进行了新的阶级报复，把任井夫、王振国、张槐英打成了晋中的"三家村"。

（5）包庇大叛徒梁膺庸、牛佩琮。

李雪峰多年来伙同薄一波等人，包庇重用原化工部副部长、大叛徒梁膺庸。

一九三〇年，梁、李在山西上学时，二人交往甚密。梁于一九三三年七月入党，一九三四年八月调到江苏省委工作，十二月省委组织被破坏，遂被捕入狱，不久，梁即自首叛党。梁在南京狱中时，曾给李雪峰去信。李雪峰于一九三五年赴南方参观时，亲自前去看望，并送錢接济。

上海局得悉梁叛党后，立即停止其党籍。梁出獄后，于一九三六年十二月到北平找到李雪峰，提出恢复党籍的要求。李雪峰当即应允，并让梁写一详细报告，代转给北方局。梁到山西后，找到薄一波。薄将他安排到牺盟会工作。1937年5月，山西省委宣传部长赵仲池（现任中国科学院出版社副社长）找梁谈话，说梁写的报告已由北方局转来，决定恢复梁的党籍。就这样，这个叛徒通过李雪峰又混入党内，

一九六〇年以前，原中央工业交通工作部曾让梁写一份叛党自首情况的材料。梁写好后，直接交给李雪峰亲启。梁问李雪峰有关他的自首问题时，李说："记不太清楚了，你在审干中是第一类干部（审干中把自首叛党分子分为六类，第一类是情节最轻微的），在使用上不受限制。"

在文化大革命开始后，梁为了蒙混过关，还经常請教李雪峰。李雪峰也曾多次给梁出谋划策，并向他推荐了河北省刘子厚处理黑材料的"经验"，还指示梁有问题可找吳德帮助解决。

牛佩琮，一九三五年春在山西定襄县被捕后解往太原。在獄中自首叛党后，到"太原绥靖公署"给閻匪当秘书。抗日战爭时期混入决死队，经薄一波、安子文介绍重新入党。一九五三年牛佩琮在中南财委当副主任时，聶鸿钧曾揭发他的叛党问题，被李雪峰包庇过了关。一九五四年经李雪峰、安子文等人的活动，使牛佩琮担任了国务院财办副主任。李雪峰还写信给李先念同志，要他转告牛佩琮不要为历史问题背包袱。

（6）包庇前北京市委的反革命修正主义集团。

李雪峰在一九六六年五月北京市委工作会议上，极力保护万里、赵凡、陈克寒。说"万里陷的不深，陈克寒是觉悟早的，赵凡是不被重用的。"还说"范瑾无非是写文章那些问题。"

同年八月，当革命群众开始斗爭黑帮时，李雪峰和新市委在八月二十六日把前市委八十一名黑帮及其亲信秘密送往居庸关以北的"反修堡"，名曰"训练"，实际上是逍遥法外，逃避群众斗爭，这是个大阴谋。另外，还派人到山西省委，要求在五台山前寨和雁北军垦农場各设一个"训练班"，收容黑帮分子。

六、李雪峰与刘少奇、邓小平、薄一波、安子文、陶铸、杨献珍的关系

（一）李雪峰与刘、邓的关系。

在一九三七年"七七"事变以前，刘少奇任李雪峰为平汉线省委负责人。后来被邓小平重用，提为太行区党委书记。解放战爭时期，刘邓大军南下时，把他带到中南，后来又从中南带回中央。

一九六六年八月三日，刘少奇曾到李雪峰家里密谈一次。

（二）李雪峰与薄一波、安子文的关系。

李雪峰与薄一波，从一九六二年以来，就互通中央情报，交换主席讲话。一九六五年卫恒任山西省委第一书记，是李雪峰与薄一波、安子文密谋决定的。华北局通知卫恒任职的电报，是向薄一波征求意见后发的。

一九六五年冬中央上海会议揭发了罗瑞卿的问题，会后薄一波未回北京，是委托李雪峰把会议內容传达给陶鲁笳的。有一天，安子文从河北正定二十里铺（蹲点）打电话告乔明甫，叫乔找李雪峰打听会议內容。乔到李雪峰家说明来意后，李雪峰说："中央规定有纪律，我不能讲，这对我是个考验。""安子文打电话来问，这些事根本不能在电话上讲。""你可以告诉他一句，问题是严重的，但是沒有什么了不起。"乔明甫告诉安子文后，安在第三天从正定回京，找到李雪峰，李向安作了传达。

一九六六年五月，中央揭发出彭眞问题后，薄一波与安子文在十几天內接触七、八次，其中有一次是在李雪峰家谈的。

一九六六年七月二十四日，李雪峰听了毛主席关于撤出工作队的指示后，即打电话告诉了薄一波。薄急忙召开工交党委会议，陶鲁笳在会上提出"究竟撤出好，还是不撤出好"的问题，抗拒毛主席的指示。

一九六六年八月，毛主席在十一中全会上批评了中央组织部。安子文又派乔明甫找李雪峰了解主席讲话的底细。李雪峰对乔说："主席说，组织部也难靠。"李还出谋划策，告乔"一九六二年不是批评你们搞独立王国吗？你们作个检讨吧！"

（三）李雪峰与陶铸的关系。

李雪峰在八届十一中全会上的检讨稿，事先送陶铸修改。陶把一些字句勾掉，说"主席不喜欢这些。"批判资产阶级反动路线开始后，北京的革命学生要李雪峰在六月二十三日的讲话进行批判，陶铸指示不给，说"不能开此先例。"

在处理山西袁振问题时，陶铸帮助李雪峰、解学恭出了坏主意。在去年十月间，对于调袁振回省委工作，贾俊任太原市委第一书记问题，李雪峰首先表示同意，叫解学恭与卫恒、王谦去见陶铸。陶铸亲自策划了欺骗中央的勾当，说"贾俊正式任太原市委第一书记，要报中央批。如果代理第一书记，由华北局批，只向中央备案。""如向中央备案，只写两句话：袁振回省委工作，贾俊代理第一书记，不谈别的。"

（四）李雪峰与杨献珍的关系。

李雪峰对一九六四年批判杨献珍极为不滿。一九六五年二月，李雪峰在施庄大队蹲点时曾说："把杨献珍过去在这里说错一句话，在那篇文章里写错一句话，都集中起来，断章取义，说他过去就如何反党反毛主席，这样做不是实事求是。中央书记处讨论这个问题时，我就不同意。"还说"把人家二十多年前写的《再论抗日民主根据地的性质》拿到现在来批

判，我就不同意。”

七、专横跋扈，十足的官老爷作风

（一）破坏党的民主集中制，专横跋扈，实行个人独裁，是典型的一言堂。书记处开会，李雪峰可以随时打断别人的讲话，有时几乎光是他一个人讲话。一九六五年六月华北局太原工作会议上，讨论农村复议阶级成分问题，因有意见分歧，李雪峰不耐烦地说：“这个问题不讨论了，你们一张嘴，我就知道你们要说什么。”“你们不吭气，就算你们同意了。”

（二）个人突出，野心勃勃。从华北局成立以来，印发李雪峰的讲话二百二十四件，字数达百万以上。这些讲话中极少讲毛泽东思想，几乎全是李雪峰自己的东西。李雪峰的讲话几乎成了华北地区的“最高指示”，李雪峰的亲信们公开提出要“紧跟雪峰思想”。华北农村四清展览馆的四清部分中，有李雪峰翘着大腿、搖着鹅毛扇的大照片，似乎他是四清运动的发起人。他在河北施庄蹲点时，要新闻制片厂为他拍摄了一部影片。

（三）下乡蹲点，不吃农民饭，不喝农村水。一九六五年在农村搞四清，沒有在群众家里吃过一顿饭。他喝的水，也是专程由县城送去。

（四）玩物丧志，厚古薄今。李雪峰喜欢的是旧字画、旧戏、旧艺术。每到一处，他关心的首先是庙宇、文物、佛象、碑文……。陪同游览的人要忙着给他抄碑文、诗词，拍照。尤其值得注意的是，在一九六一年正是“三家村”、“燕山夜话”出笼的时候，华北局编印了一本《山西名人录》，对山西省的历史人物如关羽、李世民、傅山……等大肆宣扬，并且居然把中国历史上头号大汉奸石敬塘，也列为“山西名人”。

（五）十足的官老爷作风。找不到痰盂，发火；暖气不热，发火；走廊灯不亮，发火；连沙发上的毛巾掉下来也发火。一九六五年在天津，为了买自己喜欢的牙膏，动员百貨公司职工到全市仓库去找。有一次在石家庄，要机要交通员专程从北京给他送一双套鞋。

华北局机关革命造反联络总部

一九六七年三月二十七日

最 高 指 示

人民靠我们去组织。中国的反动分子，靠我们组织起人民去把他打倒。凡是反动的东西，你不打，他就不倒。这也和扫地一样，扫帚不到灰尘照例不会自己跑掉.

李雪峰是华北局
头号的走資本主义道路的当权派

当前，以李雪峯为首的华北局书記处一小撮走資本主义道路的当权派，大肆进行复辟資本主义的罪恶活动，他們唆使一些保皇分子,接二連三的抛出了"李雪峯不是党內走資本主义道路的当权派"，"不是打倒的对象""李雪峯是毛主席司令部的人"等等，而那些受蒙蔽的糊涂人也出来帮腔，声嘶力竭的叫喊，"誰反对李雪峯，誰就是反对解放軍，就是反对党中央，就是反对毛主席"，妄图以高压手段，打击革命造反派，扼杀华北局机关的文化大革命运动.

李雪峯在他的保皇兵一片吹捧声中，羞答答地走了出来，假惺惺的說："我是犯过錯誤的，就是我执行資产阶級反动路綫，这主要是指文化大革命初期……。"这完全是顛倒黑白的胡說八道，一片大慌言，革命的同志們应該提高警惕，万万不可上当！

李雪峯究竟是走資本主义道路的当权派，还是革命的領导干部，是刘、邓黑司令部的一員干将，还是毛主席司令部的人，这不是誰說說就能夠定得了的，必須实事求是的从客观实际出发。現在我們将李雪峯反党、反社会主义、反毛澤东思想的部分主要罪行整理揭露出来，供革命的同志們認眞思考。

一、李雪峰一贯抵制和反对毛泽东思想

（一）反对政治挂帅。一九六一年八月，李雪峯說："这几年把物質鼓励丢了，丢的結果，就要走向事物的反面。所以現在要着重搞物質鼓励"。一九六二年四月，他还說："究竟那种办法好，要看生产是不是搞的好"要看最后能打多少粮食。"同年，在另一次会議上，李雪峯又恶狠狠的說："五八年以来，政治挂帅，越挂越簡单了，是靠棍子起家的"。

（二）反对四个第一。攻击林彪同志，他說："現在有的光講四个第一，不講四个第二，这样子講，第一与第二的关系也不清楚，也不全面。"

（三）散布阶級熄灭論。一九六一年一月，他說："主張单干的人很复杂，不要不加分析地把单干問題籠統的談成两条道路的斗爭問題。"他还說："地主阶級作为一个阶級已經不存在了，只剩下殘余"，"地富也有左中右"。

（四）反对毛主席的文艺路綫。他胡說："那能一下子看了戏，就多打二斗粮！""因为他一唱，党性增加几分，恐怕不行。"他認为"只要入耳中听，听了心情舒暢，劳免結合就是好的。"他特别反对戏剧改革。他說："你把人家打倒，另来一套，要是我，你不註演取消了全部不註演，回家，我有羣众。""老傳統多保存好，如果有两个保存两个，有什么坏处。要丰富就要多看，要保

存認为人家是毒素，实际那不是堅強，而是軟弱。”他誣蔑戏剧改革是“越改越穷越改越少，編剧的費了工，看的人有意見。还說：“新戏我不愿意看。”“我們老头子还是喜欢旧戏。”因此近两三年来，中央越提倡演現代戏，而李雪峯召开的几次会議中都是大演帝王将相、才子佳人戏。而且在一九六五年华北京剧現代戏汇演期間，还让演員給他清唱旧戏，幷录制旧戏唱片，分散給书記們每人一套。

（五）抵制学习毛主席著作。李雪峯說：“必須的基本书还是要学的，……讀毛选沒有基本知識学起来是困难的”。因此一九六五年，他指示华北局宣傳部搞了一个《关于地委、县委級干部选讀馬、恩、列、斯著作的意見》由书記处批轉下去，对学习毛主席著作只字不提。当广大羣众学习毛主席著作形成运动时，他又极力推銷旧中宣部限制学习毛主席著作的四条指示（不要千篇一律，不要形式主义、不要卡的太死，不要形成社会強制。）

毛主席指示向雷鋒同志学习。李雪峯說：“总是提倡学习死人沒有一个活的”？当各中央局都发出学习刘英俊同志的通知，問他华北局发不发，他說：“我对此种事情不感兴趣。”

二、李雪峰是山西省委反革命修正主义集团的总头目

（一）一手制造駭人听聞的晋中政治迫害事件。一九六〇年十一月，王綉錦（恶霸地主出身，原晋中地委第一书記，三反分子）到晋中，大反三面紅旗，恶毒攻击我們伟大領袖毛主席，說毛主席“犯了路綫錯誤”，“吹牛皮，說瞎話。”一九六一年四、五月間，李雪峯到文水，大搞資本主义复辟活动，主張土地、牲畜、集体財产都下放。当时王振国（晋中地委副秘书长）、任井夫（副专員）、

張怀英（昔阳县县委书記）三位同志挺身而出，反对他們攻击毛主席，反对他們搞資本主义复辟活动，向他們进行了坚决的斗爭，并向中央写了控告。王綉錦怀恨在心，就同李雪峯、山西黑省委进行幕后策划，把他們三人打成“反党集团”，而后延續成一場鎮压革命左派的血醒事件。

一九六四年九月，李雪峯、陶魯笳等为了徹底压倒王振国等革命同志，就面授王綉錦“要在晋中全区消毒”，于是王綉錦便遵照旨意，在十月份进行了大搜查、大斗爭、大逮捕，形成了白色恐怖，把晋中坚持走社会主义道路的五百余名干部、羣众打成“反党分子”。其中：任井夫被开除党籍，开除公职，劳动教养；王振国被开除党籍，降四級，撤銷一切职务，劳动改造；張怀英被留党察看，降两級，撤銷一切职务。另外的革命干部和革命羣众，有的慘遭毒打，有的坐了监獄，有的重刑亡命，有的投井自杀。連毛主席的好战士陈永貴，也遭到工作組的迫害，整了半个多月。这就是李雪峯一手制造的駭人听聞的“晋中十月政治事件”。

文化大革命初期，李雪峯、卫恆、王綉錦等反革命修正主义分子，深怕王振国等同志揭发他們的罪恶，便采取了先下手为強的办法，在去年的华北局前門飯店的工作会議上，又把王振国、任井夫、張怀英等同志打成晋中“三家村”。

（二）在文化大革命中陷害革命领导干部袁振同志。李雪峯为了控制他的山西霸权，在陶魯笳调来中央后，他就和薄一波、安子文密謀决定，重任反革命修正主义分子卫恆为省委第一书記。他們結党营私，阴謀策划，于去年五、六月間又制造了一个政治迫害事件。这就是在华北局前門飯店会議上，經李雪峯亲自指挥，把坚持原则，敢于斗爭，敢于在会上揭发黑山西省委的袁振同志（省委书記兼太原市委第一书記）打成“反党分子”、“伸手派”、“野心家”，轉移斗爭鋒芒，保护卫恆等一小撮走資本主义道路的当权派。而后，北京和山西的紅卫兵小将們經过几个月的周密調查，十月間提出：“为什么把袁振打成黑帮”的問題，要与卫恆辯論。这时李雪峯荒了手脚，急电卫恆“千万不要辯論，一定要頂住”。今年一月八日，在中央指示下华北局被迫发出电报給袁振平反，而李雪峯却恶毒的說：“山西省的問題要与华北局严格分开。”妄图摆脫罪責。

（三）拒不接見革命师生，私自包庇潛逃“官員”。袁振問題眞象大白以后，山西省曾有四百多名革命师生来华北局，要求給袁振同志平反。这时李雪峯惊恐万状，躲得无影无踪，拒絶接見。在这过程中，中央文革数次电告华北局接見，而李雪峯听而不聞，不加理睬。

可是，山西革命造反派夺权后，前省委书記处书記赵雨亭和副省长刘开基潛逃来京时，李雪峯却叫他的大秘书黄夷前往車站迎接，藏住在华北局的东方飯店里，并借給活动經費。不仅如此，李雪峯还在天津电話遙控指揮，縱容和支持这两个流亡“官”向中央領导告刘格平同志和革命羣众的状。在这同时，李雪峯又让华北局书記处給刘格平挂电話，祝賀山西夺权胜利。耍弄两面三刀。

三、李雪峰是鎭压无产阶级文化大革命的急先锋

（一）与刘、邓一唱一合，阴謀策划資产阶級反动路綫。

一九六六年六月下旬，在一次研究文化革命的中央会議上，邓小平說：“羣众基本上发动起来了，学校党委被夺权了，現在快要

搞到党、团員身上了，旣然大多数党团員是好的，长期瘫痪下去不利。”刘少奇說：“宣布（恢复党团）方法要注意，各单位具体情况不同，可有先有后，可以先在左派中討論。”李雪峯急忙帮腔說：“經过一段发动，党团員在运动中經过考驗，要恢复党团作用，无产阶級专政作用……无产阶級专政大張旗鼓地讲。”

（二）附合刘邓，反对陈伯达同志。去年七月間，刘少奇曾先后到李雪峯和解学恭家里密談，策划圍攻陈伯达同志。因而在七月十九日，在刘少奇主持的会議上，陈伯达同志建議撤出工作組后，刘少奇就問：“工作組撤出后，誰来領导文化革命？”邓小平說：“工作組有错誤，就让他們在错誤中鍛炼”。李雪峯不甘落后，冲出来說：“我們不同意撤出工作組，現在有反工作組的，也有拥护工作組的，工作組有缺点，可以批評，但不能撤走！”为刘邓的資产阶級黑貨搖旗吶喊，圍攻毛主席的革命路綫。

（三）杀气瑞騰，不择手段的鎭压年輕的革命闖将。蒯大富同志是第一个起来向資产阶級反动路綫开炮的，李雪峯对他恨之入骨，唆使他的打手到处追查“蒯大富的后台”，大喊大叫的說，这是“敌我矛盾”。当蒯大富同志被打成“游魚”后，进行了絶食斗爭时，李雪峯这时欢喜若狂，說：“蒯大富餓死了，就象餓死一条狗一样”。李雪峯的黑心，何其狠毒！

（四）假檢討，眞反扑。李雪峯在中央的檢討，在北京市和华北局机关的檢查，均系被迫，全无誠意。他把机关的革命造反派視如洪水猛兽，在天津竟汚蔑一月十九日华北局机关革命羣众的夺权行动是，“十二小时政变”。这是他灵魂深处的反动本质的大暴露，也是想把参加这次革命行动的羣众打成反革命的信号。

四、攻击三面红旗，大搞资本主义复辟活动

李雪峯搞資本主义复辟活动是由来已久的。早在一九五四年以前，他在中南局任书記时，就与邓子恢一起，反对搞社会主义。他們“巩固新民民主义秩序，发展資本主义。提出了雇工自由、土地买卖自由、放債自由、出租自由的“四大自由”，并以中南行政委員会名义，用政令形式公布全区，維护剥削制度，发展資本主义，打击农村互助組織。

到了一九六〇年至一九六二年，在这段困难时期，李雪峯看到时机已到，又跳了出来，大肆攻击三面紅旗，与刘少奇一唱一合，为复辟資本主义大造輿論准备。

（一）鼓吹右傾机会主义分子向党进攻。一九六一年，李雪峯对企业調查指示时說：“大跃进中就已經带来了一些毛病。庐山会議后搞鼓干劲，反右傾，好处是什么？毛病是什么？何者为主？……是成績多？还是缺点多”？他还曾經大肆鼓吹“海瑞精神”，“大讲“海瑞历害”，“海瑞胆子大”，守理守法，斗理斗法”，幷認为这时候海瑞出台“有意思”。这些話是明目張胆的攻击党中央，攻击三面紅旗，为彭德怀翻案。

（二）攻击大跃进搞的一团糟。一九六一年七月，他攻击大跃进說：“最根本問題，是这几年大跃进中战略思想不夠，缺乏通盘考虑結果下来了”。又說：“不管对自然方面，人与人的关系方面，技术方面，問題都极其严重，发展到岌岌不可終日”。一九六二年四月他又恶毒的誹謗：“过去八字宪法，都是簡单加法，提高单产多少多少，……脑子一热，資本主义国家不在話下，社会主义国家不

在話下，只有我們在話上，出了許多問題”。一九六二年五月，他胡說：搞社会主义究竟还缺乏經驗，我发了瘋”。一九六二年春天，他在华北局机关报告中說：“大跃进犯的錯誤，就象一个人摔到深溝里，一下子給摔糟了，現在才开始清醒过来，慢慢往上爬。”

一九六二年六月，李雪峯和书記处，一連批了三个大刮单干风的报告，在批語中說：“暫借給羣众一些土地，多种瓜菜和早秋作物；把个人和集体的积极性都調动起来……。”批发的另一个报告中說：“生产情况不好，困难还很严重”，“生产队困难很多”，“羣众和干部思想不穩定”，“人心慌慌”，“实行包工到戶或到人的办法”是“可以实行的”，“已經取得良好的效果。”李雪峯还講“包产到戶，成了輿論，与其乱开荒，不如包产到戶，有一些落后的地方，允許包产到戶。”还說：“講百分之三十的人心思散，不会过火”等等，为資本主义复辟大造輿論。

（三）鼓吹单干，推行“包产到戶”。一九六〇年到一九六二年，李雪峯秉承他的主子刘少奇“三自一包”的旨意，向全华北地区推行“包产到戶”，“借地渡荒”，“扩大自留地”，开放自由市場”等一系列大搞資本主义复辟的政策。到一九六二年八月中央工作会議时，他还对河北省胡开明的“三包到戶”大加称赞。这就使农村刮起了一股单干风，資本主义大肆泛濫，破坏农村人民公社集体經济。

（四）赤膊上陣，大砍全民所有制企业。李雪峯对大跃进中发展起来的工业，大砍、大減，关、停、併、轉。特别是大跃进中发展起的县、社工业，几呼砍得一干二淨，大大削弱了人民公社經济。对国营企业，大搞关、停、併、轉，凡属集体企业改为全民所有的一律都退回集体所有，甚至有些原来就是国营企业，也退为集体所有。这和調整、巩固、充实、提高的“八字”方針完全是背道而馳的。

五、李雪峰紧跟刘少奇，在四清运动中大搞“训政”。

刘少奇大搞“訓政”，李雪峯在“訓政”上也是跟的很紧的。一九六四年十二月十二日，他召集永年县几十个四清分团負責人的会議上大喊大叫的說：“眞正劳动羣众，穷而愚”。这句話是他灵魂深处反动的剥削阶級本質大暴露，也是他大搞“訓政”的立脚点。他的“劳而愚”和毛主席教导我們的“穷則思变，要干，要革命”，“卑賤者最聰明，高貴者最愚蠢”，是針鋒相对的。他把广大貧下中农看成是“愚昧无知”，眞是反动透頂了。

李雪峯在四清中怎样搞“訓政”呢？他的“訓政”方案是：“同、訪、选、教、串、定”。他的解釋：“同是三同；訪是訪貧問苦，广泛接触；选是多談心，詳細分析比較；教是发文件，做宣傳启发誘导；串是根子串根子，形成一个核心；然后到定根子。这几道工序要在几个礼拜、五十天作艰苦工作。”他把自己这一套“訓政”方案誉为“小火烤，大火煮”，“紧燒火，慢开鍋”，“鴨子鳧水”，是“学笨不学乖”。这一大套，說穿了就是找出“穷而愚”的人来搞“訓政”，使之成为我們的支部书記或領导核心。这是典型的把羣众看成“阿斗”，把自己打扮“諸葛亮”，完全背离毛主席的教导：“无产阶級革命事业接班人，是在羣众斗爭中产生的，是在革命大风大浪的鍛炼中成长的”。

六、迫害贫下中农和社队干部，进行阶級报复。

李雪峯（原名張青巽）出生于封建地主家庭，山西省汞济县任阳村人。一九六一年四月由山西省委书記处书記郑林（与李同村，富农成份）陪同以視察工作为名，回到原籍，对土改时斗爭过他家和郑林家的农会干部張百忍、王福昌等貧下中农，进行阶級报复。

李雪峯回家后，召开了一个所謂在乡知識分子和民主人士座談会（大部是地、富、反、坏分子），李問道："百娃子(即張百忍）这个人究竟怎么样？这个人很蠢，不要当权了。"（張百忍自一九五四年就没权了）李雪峯还在公社干部会上（随同来的省、地、县干部也参加了）凶相毕露大发雷霆地說："我們村里搞不好，就是三个坏分子当道(指張百忍等人），任阳問題已經告了十年了，都沒有解决，这是什么問題？看来你們这一級一級的党委都是死官僚！为什么对这些坏人不作处理呢？"省、地、县、社各級干部被李雪峯訓斥后，很快就組成了整顿任阳工作組（三十二人），由郑林直接指揮，在任阳工作长达八个月之久，在李、郑授意下，把土改时期农会的主要干部張百忍、王福昌等人打成"坏分子"并开除党籍、管制劳动。

李雪峯在汞济县期間，曾註公社武装部长程学智同志提个参加座談会的名单，当李、郑看到名单中有張百忍的名字时，甚为脑火，当即用笔勾掉。此举引起程学智和王福生（公社副书記）的怀疑，認为李、郑此行是来干打击报复勾当的，拟向中央告发，竟被李、郑发觉，状未告成，闖下了大祸。在李、郑授意下，汞济县就以"包庇坏人""非組織活动"和"散布不滿領导言論"等罪名，責令程、王进行反省檢查，并威胁程、王說："李雪峯同志是中央书記处书記，你們向中央告状，还向那里告？"又說"此事今后不要提了"。一九六二年县委副书記南俊秀来北京参加棉花会議，去李雪峯家。李对南說："王福生的賬还沒有交哩"，并对永济县委对程、王的处理不夠。南俊秀回县后，立即給了程、王以党內严重警告处分，并将程学智下放回家。李雪峯就是这样依仗职权，对貧下中农和社队干部进行阶級报复的。

革命的同志們，通过上述李雪峯的种种罪行，可以清楚的看出，李雪峯絕不是毛主席司令部的人，絕不是"只犯了执行資产阶級反动路綫的好干部"，而长期以来就是刘邓黑司令部的一員干将，是个地地道道的党內走資本主义道路的当权派，是埋在毛主席身边的一顆"定时炸彈"。我們必須把他挖出来，彻底斗垮、斗臭、打倒！

打倒党內走資本主义道路的当权派李雪峯！

坚决击退資本主义复辟的逆流！

坚决捍卫以毛主席为代表的革命路綫！

无产阶級文化大革命万岁！

伟大領袖毛主席万岁！万岁！万万岁！

中共中央华北局机关革命造反联絡总部所属

計委紅卫兵战斗队

华印紅色革命造反战斗队

华印紅旗革命造反战斗队

一九六七年三月二十五日

最 高 指 示

人民靠我们去组织。中国的反动分子，靠我们组织起人民去把他打倒。凡是反动的东西，你不打，他就不倒。这也和扫地一样，扫帚不到，灰尘照例不会自己跑掉。

李雪峰罪行录（3）

李雪峰是刘邓司令部的老牌黑司令

一、李雪峯老早就是刘邓黑司令部的人。据李雪峯自述：李于一九三三年入党，不久卽失掉关系。一九三五年“一二九”时期到北平接关系，未找到組織。

一九三六年春天，李雪峯不知經过誰的关系，找到北方局，幷和刘少奇接上了关系。此后便得到刘的賞識和器重。不久卽被任为北平市委书記。一九三七年，北平市淪陷前夕，李雪峯奉刘少奇之命，在石家庄組織平汗綫省委，李任省委书記。

石家庄失守后，李带領全班人馬上了太行山，任太行区党委书記。这时他又得到邓小平的賞識，私人关系也十分密切。邓小平回延安参加七大时，李雪峯担任过晋冀魯豫中央局的代理书記。刘邓大軍南下时，李雪峯跟随邓小平南下。中南局成立后，李雪峯在邓小平那里担任过中南局的組織部长，不久又被提昇为中南局的副书記（名义上邓子恢是书記，实际上李雪峯长大权）。

一九五四年邓小平进京后，李雪峯随之进京，担任中央交通工业部长。邓小平任副总理后，李雪峯又担任国务院工业办公室主任。邓小平担任总书記后，李雪峯又被提为中央书記处书記，大区成立后，李又被任命兼任华北局第一书記。

从历史关系上看，李雪峯是緊跟刘少奇、邓小平的，由于刘邓的提拔重用，他才得以步步高昇。

在文化大革命中，他抗拒以毛主席为首的无产阶級革命路綫，同刘、邓合謀制定了一条資产阶級反动路綫；并亲自在北京市委搞了样板田，把他創造的所謂經驗推广到全国，給刘、邓司令部立下“奇功”

二、李雪峯为实現个人野心，积极培植私人势力。长期以来，李雪峯結党营私，招降納叛。在太行区党委时期，他就网罗了一批叛徒，如徐濱、張竞仁、楊維、何××、杜潤生等，都曾叛变自首，被开除党籍，都是李雪峯給他們恢复的党籍。

在华北地区也有所謂“中南帮”、“太行帮”之称。在此基础上形成了一个以李雪峯为首的反革命修正主义领导集团。在华北局机关內部有一小撮緊跟李雪峯的死党，他們提出了一个“李雪峯思想”以对抗毛澤东思想，并号召他們的人要“緊跟李雪峯思想”

在前門飯店会議上，李雪峯和刘、邓合謀，保了一批黑帮，封了一批“左”派，极力为复辟資本主义保存实力。在內蒙古，他們保了黑帮奎璧、李振华、克力更等，封了高錦明、权星垣、王鐸、郭德清等为左派。在河北省、天津市也都保了一批黑帮，封了刘子厚等人为左派。

三、李雪峯与陶鑄狼狽为奸，爭夺文化大革命领导权。陶鑄是李雪峯的老部下。陶鑄一九四二年曾任朱德的政治秘书，全国解放后在革大工作过，南下时为一工作团长，带領青年学生南下。李雪峯在中南局时，他被提为广东省委书記。

李雪峯为巩固天津市的陣地，通过陶鑄把赵武成（太行帮、李的老部下）調到天津市委担任第二书記；調王任重到中央文革小組；并安排老部下老右派刘祖春到中央宣傳部任副部长兼秘书长。他們瘋狂地調兵遣将，到处安釘子，放崗哨，到处爭夺陣地，爭夺文化大革命的領导权。

李雪峯是刘、邓司令部資格最老的一名干将，是个地地道道的个人主义野心家、是个地地道道的党內走資本主义道路的当权派；是个不折不扣的修正主义者。（摘自聶元素大字报）

李雪峰与彭眞黑帮的关系值得注意

以李雪峯为首的华北局书記处，在对待以彭眞为首的旧北京市委关系上，除了大家已揭发的大量事实外，还有一件事，很値得注意：早在一九六五年下半年书記处就决定要召开一次全区中等以上城市郊区工作会議，并責成农办来筹备，但直到一九六六年四月下半月开会时，还是要大家"学北京"。而彭眞的問題則早在一九六五年末已經暴露，特别是华北局四月邯鄲会議上据說就已傳达了中央有关揭发彭罗陆楊反党集团問題。为什么在此之后，在解学恭亲自主持的全区中等以上城市郊区工作会議上，还一直要打"学北京"这个旗子呢？还要替旧北京市委涂脂抹粉呢？这不是明目張胆的来对抗以毛主席为首的党中央对彭罗陆楊对旧北京市委修正主义的揭发嗎。（摘自楊蕉圃大字报）

李雪峰和安子文搞鬼

李雪峯和反革命修正主义分子安子文、薄一波，都是刘邓司令部的主要干将，他們之間經常互送文件，互通情报，秘密通話，頻繁交往，干着不可告人的勾当。

1、一九五六年三月，李雪峯与安子文两人一起南下遊山观景他們从北京出发，第一站到了孔夫子老家曲阜，参观了孔府、孔陵、孔庙。第二站到了泰安，登了泰山。第三站到了南京，遊了中山陵、宣武湖、伪总統府等。第四站到了无錫，参观了泥人，并坐小火輪遊太湖，登洞庭东山看日出。第五站到苏州，欣賞了园林和刺綉。第六站到上海，参观了大世界，观看了夜景，并到外灘，遊了城皇庙。最后两人在杭州分手。李雪峯継續南下。这两个修字号的人物这次大旅行絶不是一般的遊山观景。李雪峯和安子文到底搞了些什么勾当？至今没有老实交待！

2、一九六六年三、四月間，中央召开了××会議，揭露了反革命修正主义分子罗瑞卿。李雪峯参加了会議。当时，安子文正在河北省正定县搞四清。会議結束后，安子文得知李雪峯由沪返京，馬上从正定打电話給乔明甫（組織部副部长、反革命修正主义分子），让乔找李雪峯打听会議情况。乔到李雪峯家，說明来意后，李雪峯說："中央規定有紀律，估計可能在两三天以内，中央要傳达。"又說："也可以告訴他一句，問題是严重的，但是也没有什么了不起。"只俏两句黑話，就向反革命修正主义分子安子文交了底。安子文第三天返回机关后便找李雪峯，李卽向安傳达，洩露了中央的机密

3、在一九六六年党中央八届十一中全会期間，毛主席在政治局委員及大区书記会議上，点了組織部的名。安子文听到风声，又急忙派乔明甫到李雪峯家打听消息，問毛主席是怎么講的。李雪峯告訴乔明甫說：“主席說話声音低，記得好象說‘組織部也难靠”。”李雪峯又一次向三反分子安子文透露了消息。李雪峯还为安子文出謀划策，欺騙中央，对乔說：“一九六二年不是还批評你們搞独立王国嗎，你們作个檢討吧！”（摘自計委紅卫兵战斗队、工交政治部革命造反队大字报）

李雪峰在十一中全会前的旧帳并未算清！

黑帮分子宋碩的“坚守岗位，加强领导”原来是李雪峰的授意

去年六月一日聶元梓等七同志的大字报，揭发了“五·一四”黑会（即旧北京市委大学部和教育部在五月十四日联合召开的一次高等学校党委书記和城区文教书記会議）以及宋碩、張文松在这次会上的講話。据宋碩講，这次“会議是經过請示华北局的”。“講話的內容，主要是傳达李雪峯同志的指示。”李雪峯和黃志剛是这次会議的策划者。

在五月十三日夜間，黃志剛在汇报会上听說几个学校的学生，組織造反小組，不上課，串連向北京日报遞交抗議信件，打了邓拓的小孩等情况，便大惊小怪，馬上通知宋碩、張文松：“明天（五月十四日）上午先开个小型座談会，了解一下情况，研究几条杠杠，然后，布置下去”。又說：“你們将研究的結果，在明天中午

十二点鉢以前报告领导小組……明天是个礼拜六，下午学生就要回家，經过一个礼拜天，什么乱子都会出来，需要赶快布置下去”。他还对有些学校的领导干部不能“坚守崗位，加強领导”，发怨言說：“这是什么党員”

五月十四日下午，黃志剛在万里的办公室又向張文松說：“羣众起来了，形势大好，要加強领導，把运动引导到正确的道路上来，防止坏人破坏”。張文松在五月十四日的大会上，照样的傳达了黃志剛的三句話。

宗碩为什么說他的誹話是傳达李雪峯的指示呢？在五月十四日上午，先开了个小型座談会，会議期間，宗碩离开会場半小时，在他回到会議桌上的时候，手里拿着一个笔記本子，記录着李琪向他傳达的李雪峯的指示，上面写着，要各級干部“坚守崗位，加強领导”，“（对三家村）要从理論上駁倒”，“羣众要求开大会时，不要压制，要积极引导开小会”。后来万里也說过，李雪峯不主張开声討大会。

由此看来，聶元梓同志的全国第一張馬列主义的大字报中揭露的宗碩、張文松的所謂“坚守崗位，加強领导”；“把运动引导到正确的道路上来”；“从理論上駁倒”，都是李雪峯和黃志剛的指示。（摘自赵唯一的大字报）

李雪峰是制订资产阶级反动路线的参与者

（一）李雪峯和刘、邓狼狽为奸，策划破坏文化大革命

一九六六年六月下旬在中央的一次会議上李雪峯与刘少奇、邓小平，狼狈为奸、一唱一和，共同策划鎮压轰轰烈烈的文化大革命

运动。

邓小平說："羣众基本上发动了，学校党委被夺权了，現在快要搞到党团員身上了，旣然大多数党团員是好的，长期瘫痪下去不利。"

刘少奇說："宣布（恢复党团）方法上要注意，各单位具体情况不同，可有先有后，可以先在左派中討論。"

李雪峯看到他的两个主子已表明了态度，于是急忙帮腔說："經过一段发动，党团員在运动中經过考驗，要恢复党团作用，无产阶級专政作用。……无产阶級专政要大張旗鼓地講。"

（二）杀气騰騰，公然要追查蒯大富的后台

六月二十八日左右，在討論北大問題时，李雪峯說："在这阶段发現有些人爭夺領导权，把水攪混，保护黑帮，他們拦腰插进来，就必須趁机揪出来，到下一步再搞不出来了就包圍起来，不要訨他干扰我們的目标。"

六月三十日，在研究清华問題时，李雪峯說："蒯大富的后台是誰还未查清，有的人还未出来。""一定要看到这是敌我矛盾，大是大非問題。"

（三）耍阴謀，施詭計，企图把革命左派一网打尽

六月二十四日，李雪峯說："昨天講話（按：指臭名昭著的六月二十三日报告），可以在党团員中傳达，但有些策略性的东西，如引蛇出洞、調虎离山等不要講。"

六月三十日，李雪峯說："以后清华要示弱，这是在必要时誘敌深入。将来可以有意的誘敌深入。"

七月一日，李雪峯說："大放手，訨他暴露，我們观察到适当

时机再讲話。……什么时候反击？大体上是一个一个反击，然后到一定时机，再全面反击。”

七月八日，李雪峯說：“要坚决放，放出个革命的紧張空气，同时放出牛鬼蛇神（按李雪峯所指的，是蒯大富等革命闖将）。

七月二十日，李雪峯說：“左派可以誘敌深入，让他們貼大字报。”

（四）強調整所謂“野心家”“伸手派”，压制羣众革命，轉移斗爭目标。

七月八日，李雪峯在报告中說：“第一个战役，主要是搞当权派，搞修正主义集团，还有野心分子，伸手的。这是当权派。同时，有社会上反动势力，在野的野心家也要插进来。他們必然要插进来，这是規律。野心家必須彻底清出来。……要发动羣众，要挖出来，必須有不怕乱的精神。”

李雪峯作报告时，袁振同志正在前門飯店会議上被打成“野心家”伸手派”，遭到山西反革命修正主义集团的圍攻。原来，他們說的“野心家”“伸手派”，就是指象袁振这样的革命同志。原来，在文化大革命中，強調整所謂“野心家”“伸手派”的，不是别人，正是李雪峯。这个发明应归于李雪峯。难怪原山西省委秘书长史紀言說：“有人說整‘野心家’‘伸手派’，是山西省委发明的，未免有点冤枉。其实，整袁振同志完全是由华北局定的調子。”（大意如此）

（五）頑固地坚持恢复党团活动，企图把羣众运动納入自己的軌道。

六月二十八日左右，李雪峯說：“党团內外，分别同时发动行不行？迅速把党内积极因素調动起来。党团組織可以經过内部改造。不让党团組織瘫痪，而要它革命化。”

六月三十日，李雪峯說："党团組織可以采取临时組織，可以开代表会議选举，”“把党团领导权抓住，就能占优势，只要有三分之二党团員好（按：李雪峯的所謂“好”，就是能夠保）就可以了。

七月二日，李雪峯在市委书記处会議上說："乱的太长不好，没有一段乱也不好。党团員为什么在乱中不自己联合行动？在乱时可以自己組織，自己选举。”

七月八日，李雪峯在报告中說："党团組織那么大，一下就瘫痪了。若干基层联合起来自己干，由下而上地組織起来行动，为什么不行呢，你为什么不自己起来行动呢？”

七月二十日，（按：七月十八日，我們伟大的领袖回到北京，不滿意北京文化大革命运动冷冷清清的局面，李雪峯感到情况有些不妙了。）李雪峯說："党团組織没有恢复的地方，可以暂不恢复，但党团小組可以活动。（按：請看李雪峯多么顽固！）”

从李雪峯以上的一些言論，就足以說明他参与了刘邓資产阶級反动路綫的制訂，并且顽固地坚持这条反动路綫。

（摘自华北局机关卫东战斗队、宣傳部卫东战斗队大字报）

李雪峰企图夭斩文化大革命的一个插话

一九六六年七月初，刘少奇、邓小平、李雪峯、胡克实等在一次会議上对北京文化大革命发黑指示，妄图扼杀伟大的羣众运动。請看李雪峯的插話：

刘少奇說："夺权問题，对教师批判問题，到底需要多久？有的說七、八、九三个月，到八月份能解决三分之一，其余的九月份解决一半，有了三分之二就主动了。大学是否爭取早一点。”李雪峯插話說：“斗当权派不宜过长，应集中时間批判資产阶級权威。”李雪峯比刘少奇更进一步，在刘少奇划定的短短三个月內，李雪峯主張只用一小部分时間“斗爭”走資本主义道路的当权派，集中大部分时間来“批判”資产阶級权威。其扼杀文化大革命的用心，昭然若揭。（摘自宣傳部卫东战斗队大字报）

李雪峰在十一中全会后的新罪行！

李雪峰在十一中全会的检讨是经陶铸参谋的

李雪峯在党的八屆十一中全会上曾經有过一个“檢討”稿，但他事先送給了陶鑄。陶鑄为了帮助李雪峯蒙混过关，欺騙毛主席，便亲自加以修改，把一些不利于蒙混过关的字句删掉了，說：“主席不喜欢这些”。

可見李雪峯与陶鑄关系多么密切，在文化大革命中仍有勾結。批判資产阶級反动路綫开始以后，革命师生向陶鑄要求，把李雪峯六月二十三日那个鎮压革命的报告交給羣众批判。陶鑄加以拒絶，說：“不能开此先例。”庇护了李雪峯。（摘自东方紅战斗队发言稿）

李雪峰在派工作组问题上一再抗拒毛主席

陈伯达同志提議撤出工作組，李雪峯紧跟在刘邓后面，圍攻陈伯达同志。

毛主席在七月二十四日已說明要撤离工作組，李雪峯在七月二十八日仍然派出庞大的工作組到內蒙去。

李雪峯在十一中全会上作了“檢討”，但全会剛剛結束，他就又坚持派变相工作組。他在去年八月中旬的一次会上說：“現在各方面很紧，又恢复到六月十八日以前的状态……。工作組要撤出，只派联絡員，工作組的名声不好了，以后要派人就担任实职，党委没有乱的，由党委統一”。还說：“撤消工作組，要按行业派联絡員抓运动。华北局工作組要撤离，回机关整訓，过一段再需要派时，以市委名义派下去。这是一方面。另一方面，也可用华北局名义派人帮助檢查”。在毛主席提出撤消工作組后，李雪峯公然又以“联絡員”“任实职”的名义，派变相工作組，这是他抗拒毛主席，継續坚持反动路綫的鉄証。同时也証明他在十一中全会上的“檢討”就是假的，他欺騙了毛主席。（摘自机关卫东战斗队、宣傳部卫东战斗队大字报）

李雪峰捞稻草，企图扭转革命大方向

九月十五日林彪同志講話和《紅旗》杂志第十二期《掌握斗爭大方向》的社論，提出了集中力量打击一小撮資产阶級右派分子，打击党內走資本主义道路的当权派，这是斗爭的大方向，并指出不准地富反坏右炮打无产阶級司令部。李雪峯等人却錯誤地估計了形势。在九月下旬的某一天，李雪峯訨黃道霞打电話告訴魯凤仪，可用华北局办公厅的名义迅速地大量地印发林彪同志九月十五日的講話和《紅旗》十二期社論。当魯凤仪同志提出，是否同上次印的材料一样，以华北局文革办公室名义印发时，黄道霞却說："用办公厅的名义是书記处定的，現在是华北局书記处說話的时候了！"他們要說的是什么話，必須老实交代！

李雪峯还破天荒地指示华北局向下发出学习《紅旗》十二期社論的通知。他在印发自己向华北局机关干部所作的初步檢查稿时，还特地在前面加了一大段林彪同志的讲話，企图让羣众再也不敢炮打他这个"无产阶級司令部"了。

紅旗十三期社論发表后，提出了要反对資产阶級反动路綫，李雪峯却不通知各地学习。过了半个月，华北局文革小組覚得这样太不象話，才提出意見，由书記处发了一个通知。（摘自魯凤仪、时习之、赵成章、潘荣庭大字报和本部万言大字报）

任人唯保，成立秘密黑办公室

李雪峯在十一中全会上虽然进行了"檢查"，但从不支持革命造反派，相反，他利用职权，提拔亲信和保皇派，作为压制文化大革命的一种特殊手段。运动中被提拔的华北局"代理副秘书长"岳宗泰、办公厅代理副主任黄夷，都是忠实于他的鉄桿保皇派。他还撇开机关有关部門，背着机关广大革命羣众，精心挑选了黄夷等人，設立秘密黑办公室，策划对付各地革命造反派，干了許多不可告人的勾当。（摘自本部万言大字报和东方紅战斗队发言稿）

抗拒中央指示，窝藏大量黑材料

关于黑材料的处理問題，中央早在去年十月初就发了指示，以后又发了补充規定，可是以李雪峯为首的华北局书記处及其直接領导的文化革命小組，对黑材料却迟迟不进行处理。直到去年十一月末周总理、中央文革小組指示，凡有黑材料如果不进行处理，今后发現要进行严肃处理时，他們才在迫不得已的情况下，于十二月初急急忙忙向中央办公厅电話請示处理黑材料，可是他們并沒有按中央的指示办理，而是藏起来了。

一月十八日，华北局机关革命造反者，查封了华北局的档案庫。一月二十八日和二十九日，我們审查了华北局文化革命小組秘密轉移的文件、資料，从中发現了一麻袋黑材料。这些材料是华北一些高等院校、企业、事业、机关的党委、工作組、文革等四十六个单位，直接报送給华北局文革小組的。其中有工作組的会議紀要、工作报告、运动阶段总結、文化革命情况簡报、动态、教职員工、学生排队情况、把学生打成“假左派”“眞右派、“反革命”的单行材料。特别严重的是在这些黑材料中，还有北京新市委清华大学工作組編輯的文化大革命动态，其中不少是报道了攻击蒯大富同志的文章，如：“一波同志对蒯大富謬論的駁斥”、“一个密謀赶走工作組的小集团”、“同蒯大富斗爭紀实”、“广大革命师生員工系統揭发批判蒯大富的反动言行”，“蒯大富反动本质的又一次大暴露”等反革命黑材料。此外，还有圍攻蒯大富同志的大字报选編.（摘自总部大字报）

在接待工作中，大搞经济主义

李雪峯对文化革命接待工作的方針，就提出了四个字：“热情接待”，閉口不談宣傳毛澤东思想，不談支持革命，支持左派。于是，华北局副秘书长刘謙（已停职反省），便秉承他的意旨，規定来訪人員每日三餐的标准是一斤二两粮、五角錢，錢粮报銷。在去年十二月，大批工人进京的情况下，李雪峯主持书記处开会，不是大力宣傳毛主席提出的“抓革命，促生产”的方針，而是派人四出联系住房，赶做棉被，（花了六万五千余元，赶作了棉被一万条），准备“迎接”更多的羣众来京。由于李雪峯的这个阴謀，去年九月至十二月，来訪开支十万多元，今年一月一日至十七日，开支就达十一万三千七百多元，此外，还由虎坊路接济站开支的火車費达三十万元左右，有許多来訪人員搬进西苑大旅社，仅此一处，每月宿費开支估計即达四万多元。书記处一次还批給天津荣复轉退軍人战斗兵团两千五百元。

他們一方面用反革命經济主义的手段，吸引大批羣众到华北局来告状；另一方面，把大批机关革命干部推到接待第一綫，他們却躲在幕后不出头。机关革命羣众曾三番五次建議书記处分期分批接見来訪羣众，他們竟拒絶采納羣众意見，企图以此来破坏无产阶級文化大革命。（摘自机关飞鳴鏑、星火等四个战斗队大字报）

在对待六五年大专毕业生问题上紧跟陶铸、抗拒中央

中央十二月二十五日关于一九六五年大专毕业、实习生回母校参加文化大革命問題的通知中指出：关于这个問题“中央正在研究，先劝說同志們不要离开工作崗位，以免影响生产。”华北局明明已經看到了这个通知，却故意与中央对抗，把陶鑄的誹話奉为圣旨，在第二天（二十六日）也发了一个“关于一九六五年大专院校和中专毕业生回母校参加文化大革命問題的通知”說什么一九六五年大专毕业生“可以离开工作崗位”，“可以回母校参加斗、批、

改，进行革命串連。”

此文下达后，影响极坏。例如天津紅十会系統許多一九六五年毕业生，領着工資，拿着路費，离开工作和生产崗位，去搞串連，使本单位的文化革命不能开展。再如內蒙林管局的一个局，有一百四十二名一九六五年和一九六四年大专毕业生，离开了生产崗位，致使一些部門停产。（摘自任小凤、阮章竟、巩固的大字报和星火等战斗队的材料）

拒绝接见山西革命群众，大力支持山西流亡官员

山西省曾有四百名革命学生来华北局，要求給袁振同志平反，要求領导接見，李雪峯他們竟加以拒絕。中央文革小組为此事曾数次来电話要华北局书記处接見同学，他們不加理采。最后中央文革小組亲自派人前来华北局，要求他們接見同学，仍遭到他們的拒絕。

山西省的革命造反派夺了山西省委反革命修正主义集团的权之后，在逃的前山西省委书記处书記赵雨亭和前副省长刘开基，偷跑到北京来向李雪峯請示对策。黑办公室負責人，办公厅副主任黄夷亲自到車站迎接，住在东方飯店，待如上宾，而且借給活动費用。李雪峯身在天津心在晋，通过电話遙控指揮，縱容和支持这两个流亡官員向中央写信告刘格平同志和革命羣众的状，并为其轉遞中央。最后这两个流亡官員被山西革命羣众发現而解回。

李雪峯等人和这两个流亡官員勾勾搭搭，同时李雪峯又要华北局书記处給刘格平打电报祝賀夺权胜利，这眞是典型的两面手法；这还不算，他們还把这个电报的內容交給两个流亡官員看了。这眞

是骯脏的政治交易！（摘自东方紅造反队发言稿和二十五大罪状）

李雪峰恶毒谩骂革命夺权为“政变”

一月十九日，华北局机关的革命造反派和北大等院校的革命造反派，向华北局书記处进行了一次夺权斗争，后来根据中央文革小組的指示停了下来。而李雪峯却站在党內一小撮走資本主义道路当权派的立場上，說什么“十二个小时的政变流产了”，这不仅是对革命造反派的污蔑，同时也是他对革命造反派夺权不滿的大暴露。

（摘自鲁凤仪、时习之、赵成章、潘荣庭大字报）

华北局机关革命造反联络总部

一九六七年三月十日

大寨公社农民陈永贵，提出：「人有多大胆，地產多大腰」，大寨地區創豐收，毛主席封他担任国务院副总理。

陈永貴同志揭李雪峰

一九六七年三月十四日晚，新北大赴晋联絡站、山西革命造反兵团五同志，在太原迎澤宾舘与陈永貴同志举行了座談，現将座談紀要抄于下。

李雪峯和我接触不多，去大寨时說了也不过十句話，那是“二十三”条下来以后，冬天李雪峯和陶魯笳去大寨視察，白天在山上看了看，晚上就开了个会。那个会是让我汇报生产的。李雪峯說：“永貴，你汇报一下生产吧。”我沒吭声，停了一会，我对他說：“我要汇报四清！”（激动）他們半天也不講話，最后說：“可以吧”（不高兴的），听这声音就不对了，汇报中我沒談生产，主要談四清，当时我还想这是不是抵触了他呢？是不是下級不服从上級呢？我不怀疑中央，当时也沒有認为这里的四清是华北局和省里的事，只認为这是具体执行人的問題，我决心要把在大寨搞四清的工作队搞了些什么名堂告訴中央！

在四清以前，晋祠的一次汇报会上，李雪峯对我講：“象你們这样的生产队，四清怎么搞？应該不派工作組，由你們支部搞，怎么样？”我当时沒回答。这也不好說。我不能說：“好，由我們支部搞”。我的理解是工作組要派，但主要依靠自己。但是后来呢？（說到这里陈永貴同志激动起来）根本不是这样！根本不依靠我們这些支部，我們一律靠边站，而且派了“得力”干部，扎根串連……，目的就是要搞倒大寨这杆旗，这是毫无疑問的。在大寨，工作队光是桃园經驗就学了十五、六次，两个多月一次毛选也沒学，你看，他們对主席著作是什么态度。这还不算，他們搞四清逼死了我們多少人！为什么四清中敌我不分，只要是干部就一律打倒，一律鎮压！落实了就有二十二、三人死了。光我們大寨大队除了我和一个女支委，其他支委都要逼得自杀！！毛主席把我們从苦水里拉出来，我們死也要考虑一下呀！死我們一个人，敌人就要高兴，因为我們和他們是死对头！我們这些打长工、討吃要飯的人，就是有错誤也不能打死呀！打死了人，还瞒着我，不让别人对我講，他們心多狠呀！（越說越激动）为了这些受害者，我怎能不汇报，就是为这顶了他，犯了錯誤受处分我也心甘情愿！汇报后李雪峯說：“这个汇报好，不愧是共产党人，成績承認，錯誤也敢說！散会！”（山西兵团問：他生气嗎）当然他不高兴！散会！你听这声音就不对！第二天就要去山阳峪（昔阳又一先进队）我去招待所送他，咱也不愿和他去，还嫌受約束哩！所以没事了就要走，剛要走，陶魯笳对我講：“永貴，等一等”。我說：“有啥事”？他說：“你昨天那个汇报已通天了，再不要向别人講了，不要向上講了，就这，回去吧！”当时我也没想到这里是别有用心，怕主席知道，以为这是怕我向外宾講”。現在，这就看得很清楚了。

山阳峪也是先进队，四清对他們也是很残酷的，所有的大队干部都准备自杀，他們就等我从北京回来，死前再見一面……。

“二十三条”下达前，我們对“桃园經驗”就打心眼里反对，但口头上也不敢說。有次我气不过对工作組講：“你們学桃园經驗，是不是要在大寨搞一个比桃园更好的“經驗”？我們能建設一个新大寨，还不能破坏它！还用你們破坏？”所以在那次会上我很激动！当时好多人怕得不得了，都說："永貴今天怎么啦，怎么这么讲？"但我不怕，我想到死去的阶級弟兄，我什么也不怕。只要不符合毛澤东思想我就敢和他頂！（非常激动）

再一件事就是去年十月在絳县，华北局召开毛著积极分子現場会，各地的大队干部都去了，我們县好多干部都去了，河北的吕玉兰也去了，可就是不訨我們去。我就問县里，为什么不訨我們去？县里的同志讲："这是华北局决定的，我們也不知道。"我們想，别的会可以不参加，这学毛著的会，咱可不能少。就以大队名义出路費去絳县学习。我想华北局为什么不訨我們大寨参加現場会？是不是因为主席提出"全国学大寨"所以大寨就沒有資格了呢？我們大寨連参加学习这点資格也沒有？！后来我們去絳县的同志看到絳县好多缺点，我还批評他們，最近看到些傳单，才知道这本来就是假的。

晋中十月事件把七百多名干部都打成反党分子，在华北甚至在全国都是少有的．李雪峯一定知道。听說还有指示。他們把县社一級的干部都搞到地委去斗，象国民党一样，喊口号，斗爭同志。他們把我也叫去，我旣不是县級干部，也不是社級干部，我是个大队干部，为什么叫我去。看到他們那样，我气不过，几次站起来、坐下去，坐下去，站起来。卜虹云（地委副书記，黑帮）問我干什么？我說："我要說話"。他說"不允許你說，他們都是反党的，你要这样錯誤就更大了"。这个会一共搞了七十多天，后来又把这些干部看起来，我就更不滿了。他們原想搞我一下，后来又不敢。見我在那里碍事，就对我說："你走吧"。我說："我根本就不想来。"就走了。后来他們就把那些人处理了。不光是張怀英（陈永貴的老战友）一共七十多人。我早就对地委有意見。

接着这十月事件就在大寨搞四清，就是剛才說的那些，什么坏事也作出来了，丈地、查庫、搞黑参考报到中央常委，后来总理看了才派工作队来，又搞了一个多月，結論是：大寨不是四不清，而是四清的典型。

新北大赴晋联絡組
山西革命造反兵团 整理

华北局机关革命造反联絡总部所属

华印紅色革命造反战斗队
华印紅旗革命造反战斗队
計委紅卫兵战斗队 翻印
計委星火战斗队
管理处先鋒战斗队

一九六七年三月二十三日

最 高 指 示

“凡是反动的东西，你不打，他就不倒。这也和扫地一样，扫帚不到，灰尘照例不会自己跑掉。”

“敌人是不会自行消灭的。无論是中国的反动派，或是美国帝国主义在中国的侵略势力，都不会自行退出历史舞台。”

反革命修正主义分子李立三的罪行

李立三是个坚持不改而又桀驁不改的老牌的反革命修正主义分子。李立三的历史，就是一部反党反社会主义反毛泽东思想的罪恶史，他入党四十六年来，总是与党站在对立面，一有机会，就对党进行攻击。在这次无产阶級文化大革命中，华北局机关广大的革命同志，揭发了李立三大量的反党罪恶，我們把他主要的罪行公布于下：

一、恶毒地攻击总路綫、大跃进、人民公社，为右傾机会主义分子鳴冤叫屈，大吹翻案风。

一九六二年三月二十四日，李立三在河北省委书記处会議上攻击总路线說：“我們爭取高速度，沒有注意按比例，沒有注意多快好省，速度过了头。”他还在这次会議上吹捧一个右傾机会主义者說的“我們党这几年犯的是‘左’傾冒險路线的錯誤。”李立三认为这話“不仅不是反对三面紅旗，而且是比較正确地总結了第一个五年計划、五八年大跃进的經驗。”李立三还逼着大家承认这个右傾机会主义者“高明”，他說：“如果我們承认他高明，就說明了我們高明，如果我們不承认，就是我們不高明充高明。”李立三还叫嚷說：“现在我們的缺点严重，不正視不得了，不冷静下来不得了。”他肆意誣蔑毛主席亲自提出的“鼓足干劲”的口号和广大群众的革命热情，說：“五八年的干劲是自觉的，五九年的干劲是半自觉的，六零年的干劲是强迫的，六一年的干劲是强迫加强迫。”

一九六二年三月二十一日，李立三在河北省直各口汇报会上攻击大跃进是：“問題多，情况严重，有些問題在我这样一个人来說是想象不到的。就是知道，再从他們口里說出来，刺一下大有好处。”他又說：“农业問題都知道，死人、死牲口問題很大，有些問題影响面大，但別人看的不深刻。”他还影射毛主席在七千人大会上所講的在困难时期已經过去了的正确論断，攻击說：“最困难的时期还沒有完全渡过，所以我們要把困难估計够。”

一九六二年三月十三日，李立三在河北省直各口汇报会上极力煽动参加会議的干部特别是那些受批判的犯右傾錯誤的干部提意見，攻击大跃进。他說：“对錯誤的看法如何，是否三七开，要让同志們敞开講。有的地方是三七，有的地方是四六，有的地方甚至是倒三七。产生錯誤的原因，天灾是主要的，还是人祸是主要的？不能用框框套。工业是三七开，农业也是三七开？硬套不上的。”他还說：“虽然我們听了很多，但是每次都有許多新鮮东西，有些虽然我們知道，但是并不知道这样严重，危害这样大。必須让同志們全面講出来，才知道我們缺点錯誤眞正严重”；“政治局开会对困难认识不足，現在有了初步认识，还不是我們大家开会討論的！希望同志們尽量提意見”。

一九六三年七月間，他在閱讀列宁全集（三十三卷）中“全俄苏維埃第九次代表大会”一文时，曾这样批注說：“拿政治軍事斗爭时期取得的經驗来解决經济任务是一个极大的錯誤！根本的錯誤！我們犯的錯誤实质，是否也在这里，值得深思。”他在批注中还說：“只是依靠热情、冲击和英勇精神来解决經济任务是一个最危险的缺点！”

李立三对人民公社也很仇視。一九六二年十二月間，在河北省赵枫向李立三汇报城市人民公社办工业的問題时，李立三咒罵人民公社，說城市人民公社社办工业的所有制是“不男不女的所有制”；“不男不女的所有制，总是不好的，是不行的。”

李立三对总路线、大跃进、人民公社是恨之入骨，对右傾机会主义分子却深切同情，为他們鳴冤叫屈，大吹翻案风。

一九六二年三月十三日，李立三在河北省直各口汇报会上說：“这几年党內生活不正常，是非不明。有这样两条，就不敢講話了。”又說：“要引导过去受过批判的同志尽量发言，整风反右，伤害了若干同志，必須領导承担責任，批判的检查，被批判的才心服，才敢講話。不能对他們太尅，他們有意見，有埋怨情緒是很自然的事情”。

李立三还要搞一个清理口号和問題的班子，攻击大跃进，为右傾机会主义分子翻案。还是在三月十三日这次会議上，他說：“少奇同志講要清理口号，这是一个机会，希望各小組把不对的口号清理出来”；又說：“甚至也可以考虑清理問題搞一个班子，十件就十件，一百件就一百件，这样可以使我們触目惊心，大有好处。”

在甄别平反問題上，中央的政策是全錯全平，部分錯部分平，不錯不平。李立三則主张“一风吹”、“官复原职”、“提职重用”。在这种錯誤思想指导下，他将原中央工业工作部一九五九年反右时定的几个右傾机会主义分子，不管錯誤如何，一律不留尾巴地平反了。不仅如此，他还写信給邓小平，建議提拔一批摘了帽子的右傾机会主义分子到中央、中央局、省、市委担任要职。

二、把攻击的矛头直接指向我們最敬爱的伟大領袖毛主席。

一九六二年八月二日，李立三在华北区精简工作会議上講了一段“开場白”，这是一篇彻头彻尾攻击党中央和毛主席的黑話。他在这段“开場白”中說：“会議本来定在昨天开，由于我突然病了，发高烧，推迟了一天，躭誤你們一天。眞是‘天有不测风云，人有旦夕祸福’。但是一想不对，这样說，在政治上是推卸責任，在哲学上是唯心主义，‘不可知論’。应該承认‘祸福无門，为人自召。’……我是負一点責任的人，一点小錯誤就躭誤了一百多干部一天的时間，可見，負責同志犯錯誤的影响是多么大啊！洗冷水澡受了寒就要发燒，本来是个常识問題，可是我沒有这个經驗，沒有掌握这个客观規律，可見认识客观規律，沒有亲身經驗是不行的。……从这个錯誤，联想到这几年来許多重大事件的經驗教訓，我想不仅对我这样一个負有一定責任的人値得深思，而且对每一个同志来說都是値得特别深思的”。

他这段隐誨的黑話，是以他受寒发燒为引子，要大家“联想到这几年（系指大跃进开始的几年）来許多重大事件的經驗教訓”，是要求“每一个同志”“特别深思”的。

他是說，中央把自然灾害作为造成暂时經济困难的原因之一（即他影射的“天有不測风云”），“在政治上是推卸責任，在哲学上是唯心主义‘不可知論’”。“应該承认是‘祸福无門，为人自召’”。

他是說，大跃进中发生的一些問題“本来是常识問題”，是让“沒有亲身經驗”、“沒有掌握客观規律”的人搞糟了。

他說“我是負一点責任的人，一点錯誤就躭誤了一百多干部一天的时間，可見負責同志犯錯誤的影响是多么大啊！”我們知道，李立三是中央委員，中央局书記处书記，他比拟自己是“負一点責任的人”，那么，他說的“犯錯誤影响是多么的大啊的“負責同志”是指誰？这不显而易見地是指我們的伟大領袖毛主席嗎！他还唯恐别人不理解这一点，所以又强調了“每一个同志”“特别深思”，眞是用心何其毒也。

一九六五年一月，毛主席在中央工作会議上批評了在农村四淸运动中搞扎根串連、冷冷淸淸的做法，李立三反感很大，馬上写信給主席，大談特談扎根串連的必要。他在这封信里，狂妄地吹噓自己“这是我在农村两个月蹲点的实踐体会，以此影射主席、攻击主席沒有蹲点，缺乏經驗，“奉劝”主席不要主观主义。李立三在毛主席面前竟敢如此放肆，眞是罪該万死。

毛主席說，不破不立，先破后立。一九六一年在討論工业七十条草稿时，李立三却提出“先立后破”。他还說：“有制度总比沒有制度好”。

三、否认阶級斗爭和阶級烙印的影响。

八屆十一中全会以后，不久，在一九六二年十一月份，华北局由李立三主持召开了一个工交企业政治工作座談会。在这个会議上，李立三公然和毛主席唱反調，大放修正主义的厥詞。在包鋼、內蒙林管局等单位的同志反映了企业中阶級斗爭和两条道路斗爭严重尖銳的許多事例后，李立三說：“我国的社会主义企业，不可能变质，不存在象南斯拉夫那样的阶級斗爭和两条道路斗爭，只有阶級斗爭的反映”；“企业中的問題，大量的是两种思想的斗爭，是正确与錯誤的斗爭，是制度問題与思想教育問題”；“农民的单干傾向是两条道路斗爭；工人只能走社会主义道路，与农民不同”；“敌我問題只是个别的、特殊的，謀財害命、叛国投敌也只是犯法的問題，而不是阶級斗爭”。会議最后，在李立三同意的結論中說：“不要把这些現象（指职工种小片地、养自有家禽家畜、弃工經商、干私活、开設地下工厂、貪污盜窃、投机倒把、凶杀、叛国投敌等）簡单地籠統地都归結为走資本主义道路还是走社会主义道路的两条道路斗爭的問題，更不要在群众中提开展两条道路斗爭的口号”。

李立三不仅不承认社会主义时期有阶級斗爭，而且在他的灵魂深处还否认阶級烙印的影响。一九六四年底，他在在河北省埧县董家堡大队蹲点搞四淸时，召集了一次青年会，在这次会上他用大量的时間对地富子女講話。他的講話，不是着重强調地富子女如何改造自己的立場，背叛其出身的反动阶級，而是大講出身不好沒有关系。他說：“馬克思、恩格斯出身不好，列宁出身于資产阶級貴族家庭，我們党的中央委員有几个是出身工农家庭的？恐怕說不出几个来。”他并以自己就是地主家庭出身作为“最有力”的例証，說明地富子女的“前途”。却絲毫不談他出身的反动阶級烙印对他写犯重大錯誤的重要影响作用。

李立三还拒絕承认我国是无产阶級专政的国家。他在天津电子仪器厂講党課时說，我国現在是人民民主专政，还不是无产阶級专政。对此，当别人向他提出疑問时，他还說，我认为人民民主专政和无产阶級专还是有区别的。实际上他是主张同資产阶級实行联合专政的。

四、反对突出政治，大搞物质刺激，推行修正主义的一套貨色。

一九六一年在討論修改工业“七十条”草稿时，李立三說：“在企业里最大的政治就是生产”；“生产好就是政治好，职工評級主要看生产表現，不能强調政治。”他在起草工交企业支部工作条例时还說：“工交企业中支部的任务就是保証生产。”与毛主席講的“政治工作是一切經济工作的生命线”唱反調。

一九六一年李立三帶領工作队到大同煤矿抓煤炭生产，不是从政治工作入手，而首先强調的是职工生活。他认为大同煤矿完不成生产任务，主要是干群关系不好，而主要又是干部不关心职工生活。于是他就摆出了一付救世主的姿态，抓起了职工福利，如食堂問題、宿舍問題、交通問題、厕所問題，甚至一个电灯泡的問題他都要过問，都要馬上解决。而对职工中的大种（小片地）大养（私有家禽家畜）、干私活、貪污盜窃、投机倒把等严重問題却不加过問。就在这里，李立三还推行了苏修的一种“超产卷”制度，即职工超額完成了生产任务，則奖給一定的“超产卷”，拿上这种“超产卷”，可以到市場上购买别人购买不到的商品。

一九六三年，李立三到天津电子仪器厂参观，当他发現該厂对一个有重大政治嫌疑的技术人員不大信任时，随即向該厂負責人提出批評。他說：“对待技术人員不能这样，在技术上要信任他們，在生活上要关心他們，要給他們技术职称，要給他們高工資。对他們的生活不要过多地干涉，他就是去乱搞男女关系，我們也用不着去管。”这完全是与赫魯晓夫的观点同出一轍。

一九六六年四月，人民日报曾发表过一篇社論，錯誤地强調“突出政治要落实到业务上去”。李立三对此十分欣尝，立即向他蹲点的工厂的四清工作队下令說：“这篇社論太好了，太适合我們厂的情况了，一定要組织全厂职工好好学习，貫彻执行。”

五、贬低毛泽东思想，反对学习毛主席著作。

一九六五年四、五月間，李立三在华北局召开的修改工业“七十条”的座談会上說：“学习毛主席著作‘带着問題学’的提法有問題。”他认为强調带着問題学，就会把学习搞得簡单化、庸俗化。这是直接与林彪同志唱反調的。

一九六五年九月，李立三在北京紅旗半工半讀学校有二十余名教师、学生参加的座談会上說：“你們要多学点馬列主义的經典著作，少学点毛泽东思想。”

一九六六年五月，李立三还說：“如果說毛泽东思想是当代馬克思列宁主义的頂峰，是最高最活的馬克思列宁主义，那就是馬克思列宁主义再不能发展了。”

李立三对于旧中宣部閻王殿压制群众学习毛主席著作的四条棍子非常感兴趣，几次說：

"学习毛主席著作不要搞形式主义，不要强迫命令，不要形成輿論，不要使人感到有压力，否則，学习毛主席著作也要成灾的。"

六、鼓吹学习南斯拉夫，支持和鼓吹孙冶方的企业自治謬論。

一九五六年十二月，前中央工业工作部在北京飯店召开了一次座談会，参加会議的是各省、市委工业部长，座談的內容是扩大社会主义企业民主与管理問題。李立三主持了这次会議，在会上他竟然提出中国要向南斯拉夫学习。他說："南斯拉夫在国际上有很大影响，有几个国家都搞工人委員会。南斯拉夫中央政府四万几千人，变为一万几千人。的确工人管理官僚主义少，群众关系好，有些做法値得学习。"这是李立三修正主义观点的大暴露。

李立三对經济学界三反分子孙冶方的企业自治謬論甚为推崇和贊揚。一九六四年他看到孙冶方的"固定資产管理制度和社会主义再生产問題"的报告后非常重視和称赞，认为这是"关系到我国发展工业的一个方針性的問題"，也是"使我国工业发展迎头赶上工业先进国家的一条重要的道路，甚至是一条比較可靠的捷径"。并专門写信給薄一波，推荐这一报告。在写給薄一波的信上，李立三对孙冶方的"理論"又加了"发展"。孙冶方主张：全部折旧基金的支配权交企业，但还虛称"并不排除在必要时，把某一企业或某一部門的基金抽走一部或全部"。李立三則主张上級領导机关抽調一部分折旧基金时"必須得到該企业的同意"。孙冶方攻击社会主义經济的集中統一領导，大大限制了技术进步和生产力的发展，限制了企业的积极性和首創精神。李立三則进一步强調，把折旧基金全部交企业，就便有利于調动企业干部和职工群众的积极性与創造性"，"使英雄有更好的用武之地"，"这样就会加强企业革命化的物质基础。"

七、目无組織紀律，目无中央。

中央三令五申，在公开場合，只能引用主席公开发表过的文章或講話。可是李立三在天津一个工厂的包括資本家参加的一次职工大会上，大講毛主席只在內部講过的关于党对待資产阶級的政策。

新华社編发的"参考資料"，在华北局只是发书記处书記参閱的，連部委負責同志都不发。可是李立三却把这些机密文件在家里乱扔，让他的孩子看，讀給他的来客听。更为严重的是，一九六三年在北戴河，他还将中苏会議紀要这样絕密的文件交給他的孩子看。秘书对此曾給他提过意見，可是他不以为然，說这是他"对孩子的一种教育方法"。

一九六五年七月，李立三携带家属到上海休养，当时飯店住着秘魯共产党代表团的两名团員，李立三的女儿很快就同这两个外国人搞得很熟，几个晚上都談到深夜。上海市委副秘书长对此提出意見，李立三不仅不采取措施制止他的女儿，反而在第二天，在他的房間大搖大擺地接見起外国代表团員来。两个外国人提問題，他女儿做翻譯（西班牙語），他解答問題。在李立三的眼里，什么紀律、制度，統統是对他沒有約束力的。

八、大肆散播反革命修正主义的謬論，毒害青少年，和无产阶級争夺后一代。

李立三是从来不放过有利时机广为散播他的反革命修正主义謬論的。一九六五年他在天津电子仪器厂半工半讀学校曾作过許多次报告，向青少年学生和青年教师散播了大量毒一九六五年十二月十五日李立三在一次講話中极力宣揚封建阶級的"孔孟之道"，詆毀毛泽东思想。脑力劳动和体力劳动的差别，本来是阶級社会中阶級分化的产物。这是馬克思早就闡明了的道理。在我国社会主义向着更高阶段发展的今天，只有高举毛泽东思想的伟大紅旗，用毛主席的阶級、阶級斗爭的学說去武装人們，去消灭阶級，才能从根本上解决这个矛盾。可是李立三在这篇講話中却大講"劳心者治人，劳力者治于人"，"万般皆下品，唯有讀书高"的"孔孟之道"。而閉口不講毛主席的阶級矛盾、阶級斗爭的学說，不講运用毛主席的这个思想武器去消灭阶級，去解决脑力劳动和体力劳动差别的革命道理。很清楚，他这是在說明旧世界好，頌揚并推崇"孔孟之道"，让青少年继承剝削阶級的人生哲学。

在同一个报告中，他还蓄意地販卖赫魯晓夫的假共产主义来毒害青少年的灵魂。

根据馬克思列宁主义毛泽东思想，科学的共产主义社会必須是徹底消灭了阶級和阶級差别，全体人民都具有高度的共产主义思想覚悟和道德品质，具有高度的劳动积极性和自覚性的社会。而李立三却說"共产主义社会，每个人都应具有大学文化水平，都具有高度的技术水平。每个人既是体力劳动者又是脑力劳动者。这是生产高度发展的結果，是体脑的高度結合，也是体脑差别的消失。"他的这篇話和赫魯晓夫所說的"随着社会主义生产在新的物质技术基础上的进一步发展，随着教育日益緊密結合，脑力劳动和体力劳动之間的差别逐漸消失的时候，共产主义建設才算成功了"的假共产主义論調，不是各出一轍嗎?!

在同一报告中他还散播教育战线上的阶級斗爭熄灭論：

李立三这种胆大妄为地割社会主义的墙脚和无产阶級爭夺后一代，为他們这伙反革命修正主义分子培养接班人的滔天罪行，我們是坚决不答应的。

九、消极怠工，对工作极端不負責任。

李立三在华北局工作六年多来，眞正用于工作的时間，最多也超不过三分之一。他对工作极端不負責任。他所分管的工作沒有一件是从头到尾做完的，經常是三天打魚，两天晒网。

李立三出差到外地，不管工作如何繁忙，他一般地总是十来天即按时回家；也不管工作如何紧张，他总是按时（一星期左右）給他的苏联老婆通电話。

一九六五年，李立三在河北省固安县公主府公社蹲点搞四清，广大工作队員从三月到九月整整在那里紧张工作了七个月，而李立三却只去过三、四次，总共不超过半个月。

一九六五年四、五月間，华北局在天津召开座談修改工业"七十条"的会議，会期一个月。就在这一个月当中，他一連三次回北京，每次回来都是三、四天。李立三自己认为这是他工作"最紧张"的一次会議。

一九六五年七月，华北局在太原开会，一个月中間，他两次回北京，最后不等会議結束，就半途退出，又是陪他的老婆、女儿一起去遊山玩水，避暑渡假去了。

一九六六年三、四月間，华北局在天津开会时，各省、市負責同志汇报工作他不去，传达中央重要指示他不去，研究討論华北区的重大工作問題他也不去。更为严重的是，书記处过組织生活他也不想去。他說："我又沒有什么意見(这是假的)；我做得工作不多，他們对我也不会有什么意見，有时間还是到厂里看看好。"那末，他是不是眞的在厂里(他当时在天津蹲点）扎扎实实工作呢？并非如此。实际情况是，抽空又回北京过他的家庭生活了。

李立三对工作如此消极怠工，难道仅仅是个責任心問題嗎？不是，实际上反映了他对中央对他的工作安排的不滿，是一种消极对抗。

十、洋奴气十足的資产阶級貴族式的生活方式。

李立三对待工作极无兴趣，但对他的家庭却十分迷恋。李立三的这种家庭之爱，其阶級实质是什么？透过这个問題，我們可以清楚地看出，他的灵魂已經腐朽到何种程度。

李立三經常向人們宣揚他老婆（苏联人，已加入中国国籍）的思想是如何的进步，是反对赫鲁晓夫修正主义的。实际情况是：她同苏修、美帝唱同一腔調污蔑中国。一九六四年当我国爆炸第一顆原子弹时，她对服务同志說："你們国家（她对中国称"你們的国家"）还很穷，为什么現在搞原子弹，不去改善人民的生活？"她对中国是极力污蔑，对美帝、苏修却大加吹捧。一天，在李立三家工作的同志看見天上有人造卫星在移动，說了一句"这个卫星象起飞很近"。李立三的老婆在旁边就立即叫道："那卫星不是美国的，就是苏联的！"言外之意是說絕对不会是中国的。

李立三的一家对待中国是蔑視的态度。他老婆、女儿經常听的是美、日帝国主义和苏修的广播，留声机放的也是爵士音乐，搖摆舞曲，沒有一支中国的歌曲。她們对中国的电影、戏剧、音乐、舞蹈过去是从来不看的，但对外国和香港电影、外国来的文艺团体的演出，則几乎无一放过。他老婆对中国的战斗故事影片，更是反对。她說："你們怎么老是打仗？"一語道出了她的修正主义灵魂。在李立三的老婆、女儿的眼里，外国洋人都是"香"的，中国人民都是"臭"的。李立三的中国客人到他家去，是不能与他老婆、女儿同桌共餐的，甚至連吃飯时用的桌布也要拿掉。李立三的妹妹、侄女，如果在他家住上一夜，連被褥都得全部换掉。李立三的前妻子女从外地来京，更是不受欢迎的人，有时連家門也不得进。

李立三的女儿，簡直是外国資产阶級的貴族小姐，从学校一回到家来，就换衣服，戴戒指，挂項鏈，擦脂抹粉。她們的生活是飯来张口，衣来伸手。在与她們往来的"好友"当中，也大都是些外国人和华侨。她們在家里举办搖摆舞会、化妆舞会，吵得四邻不得安宁。李立三还恬不知恥地吹噓說："我家是个国际俱乐部"。

李立三在家里是个十足的"洋奴"。长期以来，按照"洋人"的习慣过"圣誕节"。李立三家虽是中国人，但礼节都是外国式的，在迎接和送别时，都行接吻礼。更令人奇怪的是，他們一家在家里都不講中国話。

还需要特别提出的是，李立三的一家不光人的生活特殊，他家的狗的生活也是特殊的，就在暂时經济困难时期，他家的狗食标准依然是香腸、牛奶泡面包。还給狗做褥子，服务員还得定时給狗洗澡。

李立三对于在他家工作的人員，都視为奴仆一样，除了服侍他的生活以外，还要侍候他老婆、他女儿、他的客人、他的狗。机关要抽換他的服务員参加一期四清鍛炼，他都不同意，說他的家庭特殊，换个生人不好办。

十一、极端仇視无产阶級文化大革命。

李立三对待毛主席亲自发动和领导的这場史无前例的无产阶級文化大革命，是极端仇視的。

他反对批判吳晗的“海瑞罢官”。他說：“旧社会还是有清官、貪官之別的，如果不承认旧社会有清官，那就是不承认旧社会还有好人。”

他反对报紙上批判有毒的电影、剧本和文章。他說：“这样批判法，新电影、新戏更看不到了；誰也不敢再写文章了。”

他对河北省委揭发他到天津煽风点火的反党罪行十分不滿。

他污蔑群众的辯論会。他說：“辯論会就是斗爭会，說也不是，不說也不是；講吧，說你是蒙混过关，不講吧，說你是不低头认罪”。

他对待自己的罪恶根本不作检查。机关革命同志給他貼了大字报，他很不高兴，多方进行辯解，并向革命同志进行瘋狂的反扑。

李立三是个罪行累累的反革命修正主义分子，而又坚持不改，累教不改的。他还在凭着他的“丰富的反党”政治經驗負隅頑抗，但是他毕竟不过也是只紙老虎。华北局机关的广大革命同志，有着坚定的决心和信心，一定要把他彻底地斗垮、斗倒、斗臭！

无产阶級文化大革命万岁！
伟大的中国共产党万岁！
战无不胜的毛泽东思想万岁！
伟大的領袖毛主席万岁！万岁！万万岁！

中共中央华北局机关革命造反联絡总部
一九六七年三月十九日

最 高 指 示

人民靠我們去組織。中国的反动分子，靠我們組織起人民去把他打倒。凡是反动的东西，你不打，他就不倒。这也和扫地一样，扫帚不到，灰尘照例不会自己跑掉。

黃志刚反党反社会主义反毛泽东思想的罪行

黃志刚窃据华北局书記处候补书兼宣传部长要职，是以李雪峰为首的华北局书記处这个资产阶級司令部的一員反党干将，也是旧中宣部閻王殿在华北地区的总管。几年来，他一貫反对毛泽东思想，抵制学习毛主席著作的群众运动；他抹煞文教战线上的阶級斗爭，为資本主义复辟鳴罗开道；他在城乡四清运动中推行修正主义路线，包庇走資本主义道路的当权派；他在文化大革命中积极推行刘、邓的資产阶級反动路线，鎮压革命群众；他在組织路线上，招降納叛，結党营私；他表現了十足的国民党官老爷、恶霸的作风。

黃志刚反党、反社会主义、反毛泽东思想的主要罪恶事实如下：

一、反对毛泽东思想，抵制学习毛主席著作

（一）誣蔑毛主席，不承认毛主席全面地、天才地、創造性地发展馬克思列宁主义。

一九六二年，黃志刚对王磊同志說：“毛主席对馬列主义在一两个問題上有发展，其他方面沒有什么发展。”

一九五九年，黃志刚在山西省委宣传部安排政治經济学学习时說：“毛主席在政治經济方面，沒有什么系統的文章。

一九六三年八月，毛主席发表支持美国黑人正义斗爭的声明，黃志刚看后，竟冷潮热諷地說：“这是干什么？这时候发表这个干什么？”

一九六三年，黃志刚对他的爱人說：“自由主义有什么了不起，毛主席还犯自由主义哩”。

一九六四年华北局机关党委布置机关干部学习毛主席著作，黃志刚却提出，宣传部干部，十三級以上的学馬、恩、列、斯的三十本书，十七級以上的学馬、恩、列、斯的十五本书，十八級以下的学毛主席著作。在黃志刚的眼里，毛主席的著作不算是馬列主义的經典著作。

（二）抵制毛泽东思想的传播，反对学习毛主席著作的群众运动。

一九六一年和一九六二年理論处同志两次提出要总結工农学习毛主席著作的經驗，黃志刚反对，因而沒有实現。

一九六四年，中央发布全党干部学习毛主席的四篇哲学著作的指示后，理論处布置抓这方面的情况，但随布置黃志刚随抽人，結果沒有抓成。

一九六五年九月，黃志刚在听取河北省各出版社汇报时，有的同志建議增加毛著的印刷，以滿足群众需要，黃志刚回答說：“毛主席著作，去年发行一千几百万册，今年又出三千多万册，全国发行达五千七百万册，全国平均已經十人一本，城市三人一本，农村七八人一本，数量已經相当多了。”黃志刚强調出版社应多出版“适合农村知识青年需要的讀物”。

一九六四年，李雪峰、黃志刚見到《中央和毛主席关于組织高級干部学习馬、恩、列斯著作的指示》后，在两年內連发两次通知，违背毛主席的批示，把学习馬、恩、列、斯著作的范围扩大到县委級干部，冲击毛主席著作的学习。在通知中对学习馬、恩、列、斯著作作了詳尽的規定，而对学习毛主席著作則只字未提。

从一九六四年六月至一九六五年八月，黃志刚为了扼杀华北地区活学活用毛主席著作的群众运动，連续下达了十三条禁令。一九六四年六月十五日，旧中宣部黑帮头子陆定一和黑帮分子田家英，下达了压制学习毛主席著作群众运动的七道禁令（不要組织高等学校学生課外学习毛著，不要搞組织措施，不要开大会动員，不要把学习毛著列为評比五好职工的条件，不要搞行政命令，理論輔导不要搞得太多，不要非圣人之言不敢言），黃志刚如获至宝，奉若“圣旨”，命令立即向华北各省、市、自治区党委宣传部传达貫彻，积极推銷。黃志刚又加上一条禁令：“不要过分强調立竿見影。”一九六五年八月，邓小平、陆定一又下达四条禁令（不要卡得太死，不要千篇一律，不要搞形式主义，不要形成社会强制）。黃志刚又积极地、忠实地加以推銷，而且又加上了他自已的一条禁令：“不要組织社員中的七老八少（指老年人和少年儿童）学习毛主席著作。”两次合計，共下达十三条禁令。

一九六五年八月，在討論农村文化工作时，黃志刚竟提出：“俱乐部光学毛著不行，会搞成社会强制，……学毛选光学“老三篇”也不行，要学得高一些。”

黃志刚对群众学“老三篇极尽飢諷之能事。他曾多次的說：“某工厂向工人布置学《紀念白求恩》时，有个工人說：“准是又有突击任务了，老白啊！老白！你算是沒有白来中国一趟，我把你学习八遍了。”

黃志刚对群众学习毛主席著作的态度，大体归納为三步：一是長期不抓，二是积极反对，三是消极怠工。

（三）同林彪同志唱对台戏，反对活学活用毛主席著作。

一九六一年一月，林彪同志提出“带着間题学，活学活用，学用結合，急用先学，立竿見影”的二十一字方針。黃志刚极力反对。同年十月，他派人去天津調查干部学习情况，竟提出要調查：“指导 思想有什么 問題？立竿見影的提法 怎样？学习不能 馬上見效。”“理論联系实际，是否念了馬上就用，馬上指导实践？也不行，要有点庫存。”

一九六五年九月，黃志刚在太原听汇报时，胡說什么“怎么活学活用？現在的活学活用是直线式的。如何在思想方法、思想修养上活学活用？不知道。”又說：“干部只要认眞学就行了，不容易立竿見影。”

一九六五年八月，黃志刚在答复旧北京市委理論处提出的問題时說：“有些事可以立竿見影，有些事也不能立竿見影。”

林彪同志提倡“活学活用”、“立竿見影”，李雪峰、黃志刚大唱反調，多次提出要“大活学活学”、“大立竿見影”。意思是說，林彪同志提倡是小的、低級的“活学活用”，是小的、低級的“立竿見影”。黃志刚最近辯解說：“所謂“大活学活用”、“大立竿見影”，是指在思想方法方面活学活用、立竿見影。只談思想方法的改进，不强調根本立場的改造，这是黃志刚一貫的主张。

二、抹煞文教战綫上的阶級斗爭，为資本主义复辟鳴罗开道

（一）反对和抵制毛主席关于文教工作的指示。

一九六三年十二月，毛主席在对文艺工作的批示中指出：“各种文艺形式——戏剧、曲艺、音乐、美术、舞蹈、电影、詩和文学等等，問題不少，人数很多，社会主义改造在許多部門中至今收效甚微。許多部門至今还是死人統治着。”华北局宣传部为了貫徹毛主席批示精神，曾开过文艺工作会議，写了个会議紀要，以后黃志刚又在华北局书記处呼和浩特会議上作了《关于当前理論工作和文艺工作一些意見》的发言。黃志刚同毛主席大唱反調。他根本不提文艺战线上的阶級斗爭，根本不提社会主义改造，却說什么“改变当前文艺面貌的最根本的关鍵是創作出好作品”。在关于培养青年創作人員的問題上，黃志刚一字不提学毛主席著作，不提改造世界观，竟提出“計他們在老作家的帮助下較快地成长”。毛主席在批示中指出“許多共产党人热心提倡封建主义和資本主义的艺术，却不热心提倡社会主义的艺术，岂非咄咄怪事。”黃志刚却提出要“組织专門班子，审査传統剧目，选择有改造基础的进行整理、改編”，同毛主席唱对台戏。

一九五四年六月，毛主席又一次对文艺界提出严重的警告：“这些协会和他們所掌握的刊物的大多数（据說有少数几个好的），十五年来，基本上（不是一切人）不执行党的政策，做官当老爷，不去接近工农兵，不去反映社会主义的革命和建設，最近几年，竟然跌到修正主义的边緣。如不认眞改造，势必在将来的某一天，要变成匈牙利裴多裴俱乐部那样的团体。”黃志刚对这个极为重要的指示竟然消极对抗，既不传达貫徹，对各地文艺部門在毛主席指示下开展的整风运动又不聞不問，甚至派人大抓創作，冲击了各地的整风运动。不仅如此，更恶毒的是，一九六五年十二月黃志刚在华北地区农村宣传文化工作会議上的講話中，完全否认毛主席对文化界阶級斗爭形势的估計，說什么“我們宣传工化部門……当然不能說完全沒有执行毛主席指示，只是有不少单位沒有很好执行。这不是說人們有意识反对毛主席思想，而是属于认识問題。”

一九六四年二月二十三日，毛主席在教育工作座談会上，对教育工作作了极为重要的指示，黃志刚既不組织传达，更不貫徹执行。

一九六五年二月到七月，毛主席对卫生工作先后作过三次重要講話，卫生处同志立即轉抄回来，但黃志刚看后，除上报书記处外，根本不采取任何措施貫徹执行。

（二）不抓思想战线的阶級斗爭。

六年来，黃志刚很少抓思想战线上的阶級斗爭。高級党校揭发楊献珍問題后，理論处提出召开会議，在理論队伍中肃清楊献珍的流毒，黃志刚采取消极态度，不予支持。文艺界、史学界的几次爭論他也放任不管。几年来，黃志刚从李雪峰那里領了庞杂的大量編輯資料的任务，把宣传部的工作方向引导到邪路上去。

（三）否认改造資产阶級知识分子的必要。

在知识分子政策上，黃志刚推行了一条彻头彻尾的修正主义路线。黃志刚的錯誤观点，集中地反映在他于一九六一年十二月召开的山西省高級知识分子座談会上的講話里。

黃志刚在講話中根本不提阶級斗爭，販卖阶級斗爭熄灭論，篡改党的知识分子政策，否认知识分子改造的必要。他混淆資产阶級知识分子脫胎換骨的改造和工人阶級、共产党員的改造的根本区别，說什么“从根本上講，一切人都需要改造，每一个人都在被改造着，这是一个客观規律。不只是知识分子本身需要改造，就是工人阶級本身也需要改造，共产党員也需要改造。”

毛主席多次强調知识分子必須和工农群众相結合，指出“革命的或不革命的或反革命的知识分子的最后分界，看其是否愿意并且实行和工农民众相結合，……他們的分界仅仅在这一点”。黃志刚則絕口不談知识分子和工农相結合，只說什么“知识分子必須密切联系人民群众，如果离开了人民群众，那是不会起什么作用的”。他认为这是知识分子在革命和建設中发揮作用必須具备的两个条件之一。这种論調和赫魯晓夫如出一轍。赫魯晓夫曾作过一次报告，号召文学艺术家和人民群众密切联系。人民群众，在我国現阶段，包括一切贊成、拥护和参加社会主义建設事业的阶級、阶层和社会集团。黃志刚还說：“我认为所謂革命知识分子，一般地說，是指在一九四九年以前参加了革命斗爭，經过了鍛炼，树立了革命人生观的人。”这是公开轍改毛主席关于什么是革命知识分子的論断，否认知识分子与工农結合的必要，认为只要参加革命工作时間长一些，就自然成了革命知识分子。

毛主席指出：“知识分子思想改造的标准是能不能与工农打成一片，要能同工农講知心話。”黃志刚同毛主席唱反調，說什么“改造好不好的关鍵，在于我們自觉不自觉”。

黃志刚公开鼓吹自专道路，宣称“政治是通过专业去实現的，专业本身就体現政治”，“埋头搞专业，不但不能称为“白”，还应当受到鼓励”。

（三）鼓吹海瑞精神，鼓励牛鬼蛇神向党进攻。

黃志刚早在一九五九九五九年四月山西省委扩大会議上就印发了“海瑞传”，并叫人作了詳細注释。他还在山西省理論刊物《前进》和《山西日报》上分别发表了史紀言的“从南包公——海瑞談起”和张天林的“海瑞精神万岁”等大毒草。

黃志刚鼓吹海瑞精神是在庐山会議前夕。当时正是帝国主义、現代修正主义和国內地主資产阶級疯狂地反对我們党的总路线、大跃进和人民公社，恶毒地辱罵我們党的时候，社会上的阶級斗爭必然反映到党內来，一小撮右傾机会主义者正在活动，准备向党进攻。这是在政治思想战线上同我們进行的一場針鋒相对的阶級斗爭。黃志刚所以这样热衷于鼓吹海瑞精神神，很显然是配合右傾机会主义者向党进攻，鼓励牛鬼蛇神兴风作浪，为資本主义复辟制造輿論准备。

黃志刚在思想上和右傾机会主义者是完全一致的。他也恶毒地攻击三面紅旗，誹謗毛主席、党中央。一九五八年，他对前山西省委理論处长說：“現在大放卫星、公社化，搞这一套，中央領导得不稳当了。”他还对人說：“毛主席怎么領导的？怎么这样不稳当！”“毛主席說了一句話，人民公社就轰起来了。”

（四）篡改中央关于平反的政策，为右傾机会主义分子鳴冤翻案。

一九六二年六月，黃志刚在华北区文教系統甄別工作会議上，大肆篡改中央关于平反的政策，为右傾机会主义分子鳴冤翻案。

中央关于平反的政策，总的精神是：凡是批判得对的，仍然要肯定；部分批判錯的，部分平反；全部批判錯誤的，全部平反。但黃志刚却不分批判錯的还是批判对的，要一律平反，一风吹，不留尾巴。他說：“凡戴了反社会主义分子帽子的，一律摘掉。”“右傾問題，对什么人用这个字眼，要愼重一些，不要乱用。”“通信和日記上的材料，一般不要算。”

黃志刚把学术問題和政治問題截然分开。他說：“学术問題，被当作政治問題批判了的，是性质上錯了，应当改正，扣上政治帽子的要摘掉。”事实上，在阶級社会里，与政治无关的“純学术”問題是沒有的。不少反党反社会主义分子，为了迷惑群众，經常披着学术問題的外衣向党进攻。

黃志刚还謾駡抵制翻案风的革命群众是“政治上幼稚”，是“阻力”，說他們“糾纏不淸”等等，而对黑帮头子彭眞領导的北京市的平反工作(实际上是一风吹)，却大加贊賞。

三、在城乡“四清”运动中，执行一条修正主义的路綫

（一）在北京师大四淸运动試点中，与彭眞反革命修正主义集团同流合汚，搞了一个修正主义的样板。

一九六四年到一九六五年，黃志刚在师大四淸工作队里，名义是党委委員，实际是华北局的代表。在每个阶段，黃志刚都出面講話，完全与彭眞集团的骨干分子吳子牧唱一个調子。

北京师大是旧中宣部、旧北京市委反革命修正主义集团的重要据点，一貫推行修正主义教育路线。黃志刚否认师大存在着尖銳复杂的阶級斗爭，反对放手发动群众，以“党內整风”代替群众革命运动，关起門来搞“干部自觉革命”，强調什么“以群众自觉革命的精神，促进領导干部自觉革命”。

黃志刚极力包庇走資本主义道路的当权派和資产阶級反动学术“权威”，篡改和歪曲“二十三条”，胡說什么“走資本主义道路的当权派，这是运动的主要斗爭方向，是对犯有走資本主义道路錯誤的人們的总称，不是一項帽子（按：即具体人）”，“走資本主义道路的当权派和我們的矛盾，有时是敌我矛盾，有时是人民內部矛盾”，“揭发問題应从总結工作入手”，甚至提出“不准揭发学术方面的問題，只能揭明显的政治問題”。由于黃志刚的包庇，在北京师大这个彭、陆修正主义集团的据点里，一个走資本主义道路的当权派未斗，那些資产阶級反动学术“权威”的一根毫毛也未动，个个順利“过关”、“下楼”。

（二）在山西文水县的农村四淸試点中，抹煞阶級斗爭，包庇走資本主义道路的当权派。

一九六三年，黃志刚在山西文水县搞农村四淸試点。黃志刚同中国修正主义的总头目刘少奇唱一个腔調，认为四清运动是敌我矛盾和人民内部矛盾的交叉。他說："四清运动的內容是非常丰富的，……从問題的性质来講，敌我矛盾、人民內部矛盾糾纏在一起，鬧成一大堆，非常复杂，但归根到底是两类矛盾"。

黃志刚认为四清运动斗爭的重点是地主、富农，而不是党內 走 資 本 主义道路的当权派。他强調"洗手洗澡。放下包袱，大家就团結一致，輕装上陣，团結对敌,对付地富"。他在文水县四級干部会議的报告中說："四淸运动的目的，第一是把地主、富农的进攻打退、搞臭，第二是搞好四清（清仓庫、財物、賬目、工分）。

黃志刚为了包庇走資本主义道路 的 当 权 派，制造出"三条理論"、"一条方針"、"三項措施"。"三条理論"：一是"上当"論即把走資本主义道路的当权派同地富反坏勾結干的坏事，都說成是上了地富反坏分子的当，二是"怀疑、动搖"論即把走資本主义道路的当权派，大搞貪污盗窃、投机倒把的罪恶行为，說成是由于两年灾害、粮食困难，对社会主义发生了怀疑、动搖；三是"自己不开口，神仙难下手"即唯一办法是启发干部自覚起来革命。"一条方針"：不追不逼，不斗爭一个人。"三項措施"：一是开干部会，关門整风；二是查上当，放包袱，給干部搭起下楼的梯子；三是劝說等待，即所謂"作到瓜熟蒂落。"

文水县四級干部会，参加的有县、社、队干部二千三百多人,其中有些是"千字号"、"万字号"的貪污盗窃、投机倒把分子，黃志刚在这次会議上竟采取"三不方針"，一再强調"坚持自我革命原則"，"坚决防止頂牛、挤牙膏、出乱子"。

四、积极推行刘、邓資产阶級反动路綫，疯狂鎮压北京市文教系統的文化大革命运动

一九六六年五月以前，黃志刚秉承李雪峰的意旨，极力抵制毛主席关于无产阶級文化大革命的指示，拒不传达毛主席关于批判《海瑞罢官》，特別是《海瑞罢官》的重害是罢官問題的指示，縱容牛鬼蛇神继续兴风作浪。彭眞的二月提綱下达以后，黃志刚如获至宝，积极督促华北各省、市、自治区党委貫彻执行。并且亲自出馬，不遺余力地大抓所謂"学术批判"。他在华北局召开的邯鄲会議上，表揚了旧北京市委对"学术批判"抓得早，抓得好，让大家学习黑帮分子邓拓、李琪亲自动手写"学术批制"的文章，力图将文化大革命引向邪路。

五月十一日，黃志刚領了李雪峰的意旨，带領华北局工作組进入北京市委，充当李雪峰推行刘、邓資产阶級反动路线，鎮压北京市文化大革命的急先鋒和劊子手。一六六年五月十四日，黃志刚导演了一次反革命黑会（即北大第一张馬列主义大字报所揭露的黑会）。这次黑主，是黃志刚决定召开的，主持会議的人是他指定的，会上布置的內容是他根据李雪峰的意图确定的。他口授宋碩、张文松等 黑 帮 分子，要他們"加强領导"、"坚否崗位"，"把群众引导到正确的道路上"。这就是要他們負隅頑抗，破坏文化大革命。四月中旬，在李雪峰授意下，他又伙同黑帮分子蔣南翔等人起草了两个黑文件，其中規定；不准召开声討"三家村"的群众大会，不准在公共場合张貼大字报和漫画，不准上街演活报剧，要学生們关在书斋里"学习文件"、"开会討論"等等。这两个黑文件，送給了刘、邓司令部，邀功請尝。

在革命学生群众发动起来以后，黃志刚紧密配合李雪峰，誣 蔑 革 命 群众是"在野右派”，“打着紅旗反紅旗”，胡說什么“反对工作組就是反党”；叫嚷要“抓住时机，进行反攻”，“扫除干扰”；布置各工作組“摸底排队”，大抓“游魚”，实行白色恐布。黃志刚还总結了鎭压学生运动的三种办法，当作經驗来推广：一曰“反复冲鋒”（即清华大学工作組围攻蒯大富同志的办法）；二曰“一下子打下去”（即北大工作組鎭压参加“六·一八”事件革命学生的办法）；三曰“围而不歼”（即北京师院工作組采取黃志刚提出的对付革命学生的办法，这就是对他們进行围攻，使之无法活动，以后再作处理）。黃志刚不但支持清华工作組多次围攻蒯大富，而且当工作組被蒯大富辯倒的时候，星夜赶去“安撫”，說“不是坏事，要准备有几个反复”，要工作組“不要打歼灭战”。意思就是让多暴露一些之后再歼。七月初，反革命修正主义分子郭影秋在华北局工作会議上所传播的鎭压革命群众运动的反革命經驗，是郭与黃志刚共同合作的产物。

黃志刚还配合李雪峰，鎭压了北京日报的文化革命运动。他极力包庇黑帮分子范瑾、周游，給范瑾通风报信，出謀划策，帮助范瑾作假检討，蒙混过关。六月十四日，在他亲自指揮下，把晚报部几个革命群众打成“現行反革命集团”。接着又把十多个人打成“牛鬼蛇神”、“反革命”等等。在北京市开創了围攻革命派的恶劣先例。

黃志刚对毛主席亲自发动的文化大革命运动极力仇視。在“十六条”公布后，他还破口大駡，說文化大革命“簡直是无政府状态”，“乱哄哄的”。“沒有領导，群众說了說。”在十一中全会,后黃志刚还继续坚持这一极端錯誤看法。这是对毛主席的攻击，对文化大革命的誣蔑。

借题发揮，迫害革命群众。去年六月間，北京林学院曾宪均等五同志貼出《与新市委大学部許克敏同志談話紀要》即簡称“二十二个問題”的大字报，后来迅速流传到全国各地。这张大字报的基本精神是，强調放手发动群众，打倒党內走資本主义道路的当权派。这是一张革命的大字报，是符合“十六条”精神的。但黃志刚却害怕得要死，說是一株“大毒草”，急忙請示李雪峰，予以扼杀。李雪峰也慌了手脚，不惜抹煞客观事实，顚倒黑白，竟指示“让几个院校派代表来北京市委接待站訪問，由北京市委接待站答来訪同学，揭穿‘二十二个問題’这件事”。黃志刚完全照此办理，并且在市委文教系統文化革命委員会接待室整理的答来訪群众的书面材料上，亲自批示“謠言必須揭露，事实必須澄清”两句話。然后将此书面材料用电报电話发往全国各地。后来，因轉抄这张大字报或贊同这张大字报而被打成“反革命”、“假左派”、“眞右派”的共达四千余人之多，甚至有四个人因遭迫害而自杀身死。李雪峰、黃志刚是迫害这四千多名革命群众的罪魁禍首，也是逼死四条人命的杀人不見血的劊子手。

五、招降納叛，結党营私。

在干部政策方面，黃志刚一貫违背毛主席的教导。毛主席使用、提拔干部的标准是“才德兼备”，黃志刚却片面地重才輕德，而他的所謂“才”就是能写会說。他自己也承认：“我对干部的使用强調三条：第一有知识，第二头脑清楚，第三能写东西。”只要他认为有才的人，就不問其政治品质，一概加以重用。毛主席教导我們要“任人唯賢”，黃志刚則是“任人唯亲”。

黃志刚来华北局任宣传部长后，极力想調北京市委的张文松、廖沫沙、张大中、宋碩、彭佩云、卢禺等黑帮分子来华北局宣传部。因为这些黑帮分子都是黑帮头子彭眞、刘仁的亲信，他們不肯放，所以黃志刚的愿望沒有实現。黃志刚之所以要調来这些黑帮分子，首先是想通过他們和黑帮分子彭眞搭上线，以便将来能得到彭眞的尝识、重用；其次是这些黑帮分子都是极力反党反社会主义反毛泽东思想的修正主义分子，黃志刚和他們是臭味相投，想把宣传部的大权交給他們，以便把宣传部作为反党、反社会主义、反毛泽东思想的一块基地。去年九月間，黃志刚被宣传部的革命群众批判后，仍然狡辯說："如果张文松、宋碩等人来华北局，不一定犯錯誤。"这眞是无耻之談！这只是說明黃志刚对这些黑帮分子的反动本质根本沒有认识。事实上也不可能认识，因为他和这些人的立場是相同的。

黃志刚在任山西省委候补书記兼宣传部长期間，也招降納叛，重用坏人。一九五七年反右派斗爭以后，中央一些单位把清理出来的一批右派分子下放监督改造，黃志刚聞訊十分高兴，立即进行搜罗，委以重任。他公然鼓吹："这些人还有眞才实学，可以利用。"在他的指使下，竟然把几个大右派安插到山西省委党校。这几个大右派就是：原高級党校哲学教研室付主任、极右分子陈仲平，原高級党校語文教研室主任、胡风分子、极右分子王名衡、反党头子高崗的秘书、极右分子、原編譯局馬恩部部主任舒林，反共老手、极右分子、原大公报付总編輯徐盈，叛党分子、原河南省委宣传部付部长岳明等。他还指使将极右分子、原高級党校报刊編輯室主任許若，分配到山西人民出版社；将右派分子、原大公报編輯袁毓明分配到山西省文联；将右派分子、原中央文字改革织委会秘书长庄栋，右派分子、原中央办公厅干部何杰，分配到山西省图书舘工作。

黃志刚对上述右派分子极为器重。他讓大右派舒林当省委党校"顧問"，給省委理論刊物《理論》杂志当"修辞专家"，向理論工作干部"講解"《資本論》。他在一九六〇年主持选編山西省文教方面先进典型专集时，把改稿权交給大右派袁毓明，并讓袁担任山西省文联付秘书长的要职。

六、国民党官老爷恶霸作风

黃志刚一貫狂妄自大，飞揚跋扈，独断专行，高踞群众之上，表現出一付丑恶的国民党官老爷恶霸嘴脸。他在宣传部一貫是"一言堂"，对同志們的意見，稍不如意，就頓加訓斥。在汇报討論問題时，他常常离去洗脚，曾因爭論問題时，拍桌子，摔茶碗，破口大駡。他到永年县不久，群众就說他是"希特勒"，其专横暴虐可想而知。

黃志刚这个走資本主义道路的当权派，反革命修正主义分子，罪恶滔天，必須低头认罪。

以上几个方面，仅仅是黃志刚的一些主要錯誤。还有不少問題，尙待进一步的揭发。

打倒以李雪峰为首的华北局一小撮走資本主义道路的当权派！

打倒反革命修正主义分子黃志刚！

把无产阶級文化大革命进行到底！

战无不胜的毛泽东思想万岁！

我們伟大的領袖毛主席万岁！万岁！万万岁！

华北局机关革命造反联絡总部

宣传部卫东战斗队

一九六七年三月十五日

最高指示

"凡是反动的东西，你不打，他就不倒。这也和扫地一样，扫帚不到，灰尘照例不会自己跑掉。"

"敌人是不会自行消灭的。无論是中国的反动派，或是美国帝国主义在中国的侵略势力，都不会自行退出历史舞台。"

反革命修正主义分子李立三的罪行

李立三是个坚持不改而又累教不改的老牌的反革命修正主义分子。李立三的历史，就是一部反党反社会主义反毛泽东思想的罪恶史，他入党四十六年来，总是与党站在对立面，一有机会，就对党进行攻击。在这次无产阶級文化大革命中，华北局机关广大的革命同志，揭发了李立三大量的反党罪恶，我們把他主要的罪行公布于下：

一、恶毒地攻击总路綫、大跃进、人民公社，为右傾机会主义分子鳴冤叫屈，大吹翻案风。

一九六二年三月二十四日，李立三在河北省委书記处会議上攻击总路线說："我們爭取高速度，沒有注意按比例，沒有注意多快好省，速度过了头。"他还在这次会議上吹捧一个右傾机会主义者說的"我們党这几年犯的是'左'傾冒险路线的錯誤。"李立三认为这話"不仅不是反对三面紅旗，而且是比較正确地总結了第一个五年計划、五八年大跃进的經驗。"李立三还逼着大家承认这个右傾机会主义者"高明"，他說："如果我們承认他高明，就說明了我們高明，如果我們不承认，就是我們不高明充高明。"李立三还叫嚷說："現在我們的缺点严重，不正視不得了，不冷靜下来不得了。"他肆意誣蔑毛主席亲自提出的"鼓足干劲"的口号和广大群众的革命热情，說："五八年的干劲是自觉的，五九年的干劲是半自觉的，六零年的干劲是强迫的，六一年的干劲是强迫加强迫。"

一九六二年三月二十一日，李立三在河北省直各口汇报会上攻击大跃进是："問題多，情况严重，有些問題在我这样一个人来說是想象不到的。就是知道，再从他們口里說出来，刺一下大有好处。"他又說："农业問題都知道，死人、死牲口問題很大，有些問題影响面大，但別人看的不深刻。"他还影射毛主席在七千人大会上所講的在困难时期已經过去了的正确論断，攻击說："最困难的时期还沒有完全渡过，所以我們要把困难估計够。"

一九六二年三月十三日，李立三在河北省直各口汇报会上极力煽动参加会議的干部特别是那些受批判的犯右傾錯誤的干部提意見，攻击大跃进。他說："对錯誤的看法如何，是否三七开，要让同志們敞开講。有的地方是三七，有的地方是四六，有的地方甚至是倒三七。产生錯誤的原因，天灾是主要的，还是人祸是主要的？不能用框框套。工业是三七开，农业也是三七开？硬套不上的。”他还說：“虽然我們听了很多，但是每次都有許多新鮮东西，有些虽然我們知道，但是幷不知道这样严重，危害这样大。必須䜣同志們全面講出来，才知道我們缺点錯誤眞正严重”；“政治局开会对困难认识不足，現在有了初步认识，还不是我們大家开会討論的！希望同志們尽量提意見”。

一九六三年七月間，他在閱讀列宁全集（三十三卷）中“全俄苏維埃第九次代表大会”一文时，曾这样批注說：“拿政治軍事斗爭时期取得的經驗来解决經济任务是一个极大的錯誤！根本的錯誤！我們犯的錯誤实质，是否也在这里，値得深思。”他在批注中还說：“只是依靠热情、冲击和英勇精神来解决經济任务是一个最危险的缺点！”

李立三对人民公社也很仇視。一九六二年十二月間，在河北省赵枫向李立三汇报城市人民公社办工业的問題时，李立三咒罵人民公社，說城市人民公社社办工业的所有制是“不男不女的所有制”；“不男不女的所有制，总是不好的，是不行的。”

李立三对总路线、大跃进、人民公社是恨之入骨，对右傾机会主义分子却深切同情，为他們鳴冤叫屈，大吹翻案风。

一九六二年三月十三日，李立三在河北省直各口汇报会上說：“这几年党內生活不正常，是非不明。有这样两条，就不敢講話了。”又說：“要引导过去受过批判的同志尽量发言，整风反右，伤害了若干同志，必須領导承担責任，批判的检查，被批判的才心服，才敢講話。不能对他們太尅，他們有意見，有埋怨情緒是很自然的事情”。

李立三还要搞一个清理口号和問題的班子，攻击大跃进，为右傾机会主义分子翻案。还是在三月十三日这次会議上，他說：“少奇同志講要清理口号，这是一个机会，希望各小組把不对的口号清理出来”；又說：“甚至也可以考虑清理問題搞一个班子，十件就十件，一百件就一百件，这样可以使我們触目惊心，大有好处。”

在甄别平反問題上，中央的政策是全錯全平，部分錯部分平，不錯不平。李立三則主张“一风吹”、“官复原职”、“提职重用”。在这种錯誤思想指导下，他将原中央工业工作部一九五九年反右时定的几个右傾机会主义分子，不管錯誤如何，一律不留尾巴地平反了。不仅如此，他还写信給邓小平，建議提拔一批摘了帽子的右傾机会主义分子到中央、中央局、省、市委担任要职。

二、把攻击的矛头直接指向我們最敬爱的伟大領袖毛主席。

一九六二年八月二日，李立三在华北区精簡工作会議上講了一段“开場白”，这是一篇彻头彻尾攻击党中央和毛主席的黑話。他在这段“开場白”中說：“会議本来定在昨天开，由于我突然病了，发高烧，推迟了一天，躭誤你們一天。眞是‘天有不测风云，人有旦夕祸福’。但是一想不对，这样說，在政治上是推卸責任，在哲学上是唯心主义，‘不可知論’。应該承认‘祸福无門，为人自召。’……我是負一点責任的人，一点小錯誤就躭誤了一百多干部一天的时間，可見，負責同志犯錯誤的影响是多么大啊！洗冷水澡受了寒就要发烧，本来是个常识問題，可是我沒有这个經驗，沒有掌握这个客观規律，可見认识客观規律，沒有亲身經驗是不行的。……从这个錯誤，联想到这几年来許多重大事件的經驗教訓，我想不仅对我这样一个負有一定責任的人値得深思，而且对每一个同志来說都是値得特別深思的”。

他这段隐誨的黑話，是以他受寒发烧为引子，要大家“联想到这几年（系指大跃进开始的几年）来許多重大事件的經驗敎訓”，是要求“每一个同志”“特别深思”的。

他是說，中央把自然灾害作为造成暫时經济困难的原因之一（即他影射的“天有不測风云”），“在政治上是推卸責任，在哲学上是唯心主义‘不可知論’”。“应該承认是‘祸福无門，为人自召’”。

他是說，大跃进中发生的一些問題“本来是常识問題”，是让“沒有亲身經驗”、“沒有掌握客观規律”的人搞糟了。

他說“我是負一点責任的人，一点錯誤就耽誤了一百多干部一天的时間，可見負責同志犯錯誤的影响是多么大啊！”我們知道，李立三是中央委員，中央局书記处书記，他比拟自已是“負一点責任的人”，那么，他說的“犯錯誤影响是多么的大啊的“負責同志”是指誰？这不显而易見地是指我們的伟大領袖毛主席嗎！他还唯恐别人不理解这一点，所以又强調了“每一个同志”“特别深思”，眞是用心何其毒也。

一九六五年一月，毛主席在中央工作会議上批評了在农村四淸运动中搞扎根串連、冷冷淸淸的做法，李立三反感很大，馬上写信給主席，大談特談扎根串連的必要。他在这封信里，狂妄地吹噓自己“这是我在农村两个月蹲点的实践体会，以此影射主席、攻击主席沒有蹲点，缺乏經驗，“奉劝”主席不要主观主义。李立三在毛主席面前竟敢如此放肆，眞是罪該万死。

毛主席說，不破不立，先破后立。一九六一年在討論工业七十条草稿时，李立三却提出“先立后破”。他还說：“有制度总比沒有制度好”。

三、否认阶級斗爭和阶級烙印的影响。

八届十一中全会以后，不久，在一九六二年十一月份，华北局由李立三主持召开了一个工交企业政治工作座談会。在这个会議上，李立三公然和毛主席唱反調，大放修正主义的厥詞。在包鋼、內蒙林管局等单位的同志反映了企业中阶級斗爭和两条道路斗爭严重尖銳的許多事例后，李立三說：“我国的社会主义企业，不可能变质，不存在象南斯拉夫那样的阶級斗爭和两条道路斗爭，只有阶級斗爭的反映”；“企业中的問題，大量的是两种思想的斗爭，是正确与錯誤的斗爭，是制度問題与思想教育問題”；“农民的单干傾向是两条道路斗爭；工人只能走社会主义道路，与农民不同”；“敌我問題只是个别的、特殊的，謀財害命、叛国投敌也只是犯法的問題，而不是阶級斗爭”。会議最后，在李立三同意的結論中說：“不要把这些现象（指职工种小片地、养自有家禽家畜、弃工經商、干私活、开設地下工厂、貪汚盜窃、投机倒把、凶杀、叛国投敌等）簡单地籠統地都归結为走資本主义道路还是走社会主义道路的两条道路斗爭的問題，更不要在群众中提开展两条道路斗爭的口号”。

李立三不仅不承认社会主义时期有阶級斗爭，而且在他的灵魂深处还否认阶級烙印的影响。一九六四年底，他在在河北省垻县董家堡大队蹲点搞四淸时，召集了一次青年会，在这次会上他用大量的时間对地富子女講話。他的講話，不是着重强調地富子女如何改造自己的立場，背叛其出身的反动阶級，而是大講出身不好沒有关系。他說：“馬克思、恩格斯出身不好，列宁出身于資产阶級貴族家庭，我們党的中央委員有几个是出身工农家庭的？恐怕說不出几个来。"他并以自己就是地主家庭出身作为"最有力"的例証，說明地富子女的"前途"。却絲毫不談他出身的反动阶級烙印对他写犯重大錯誤的重要影响作用。

李立三还拒絕承认我国是无产阶級专政的国家。他在天津电子仪器厂講党課时說，我国現在是人民民主专政，还不是无产阶級专政。对此，当别人向他提出疑問时，他还說，我认为人民民主专政和无产阶級专还是有区别的。实际上他是主张同資产阶級实行联合专政的。

四、反对突出政治，大搞物质刺激，推行修正主义的一套貨色。

一九六一年在討論修改工业"七十条"草稿时，李立三說："在企业里最大的政治就是生产"；"生产好就是政治好，职工評級主要看生产表現，不能强調政治。"他在起草工交企业支部工作条例时还說："工交企业中支部的任务就是保証生产。"与毛主席講的"政治工作是一切經济工作的生命线"唱反調。

一九六一年李立三带領工作队到大同煤矿抓煤炭生产，不是从政治工作入手，而首先强調的是职工生活。他认为大同煤矿完不成生产任务，主要是干群关系不好，而主要又是干部不关心职工生活。于是他就摆出了一付救世主的姿态，抓起了职工福利，如食堂問题、宿舍問题、交通問题、厕所問题，甚至一个电灯泡的問题他都要过問，都要馬上解决。而对职工中的大种（小片地）大养（私有家禽家畜）、干私活、貪污盜窃、投机倒把等严重問题却不加过問。就在这里，李立三还推行了苏修的一种"超产卷"制度，即职工超額完成了生产任务，則奖給一定的"超产卷"，拿上这种"超产卷"，可以到市場上购买别人购买不到的商品。

一九六三年，李立三到天津电子仪器厂参观，当他发現該厂对一个有重大政治嫌疑的技术人員不大信任时，随即向該厂負責人提出批評。他說："对待技术人員不能这样，在技术上要信任他們，在生活上要关心他們，要給他們技术职称，要給他們高工資。对他們的生活不要过多地干涉，他就是去乱搞男女关系，我們也用不着去管。"这完全是与赫魯晓夫的观点同出一轍。

一九六六年四月，人民日报曾发表过一篇社論，錯誤地强調"突出政治要落实到业务上去"。李立三对此十分欣尝，立即同他蹲点的工厂的四清工作队下令說："这篇社論太好了，太适合我們厂的情况了，一定要組织全厂职工好好学习，貫彻执行。"

五、贬低毛泽东思想，反对学习毛主席著作。

一九六五年四、五月間，李立三在华北局召开的修改工业"七十条"的座談会上說："学习毛主席著作'带着問题学'的提法有問题。"他认为强調带着問题学，就会把学习搞得簡单化、庸俗化。这是直接与林彪同志唱反調的。

一九六五年九月，李立三在北京紅旗半工半讀学校有二十余名教师、学生参加的座談会上說："你們要多学点馬列主义的經典著作，少学点毛泽东思想。"

一九六六年五月，李立三还說："如果說毛泽东思想是当代馬克思列宁主义的頂峰，是最高最活的馬克思列宁主义，那就是馬克思列宁主义再不能发展了。"

李立三对于旧中宣部閻王殿压制群众学习毛主席著作的四条棍子非常感兴趣，几次說：

“学习毛主席著作不要搞形式主义，不要强迫命令，不要形成輿論，不要使人感到有压力，否則，学习毛主席著作也要成灾的。”

六、鼓吹学习南斯拉夫，支持和鼓吹孙冶方的企业自治謬論。

一九五六年十二月，前中央工业工作部在北京飯店召开了一次座談会，参加会議的是各省、市委工业部长，座談的內容是扩大社会主义企业民主与管理問題。李立三主持了这次会議，在会上他竟然提出中国要向南斯拉夫学习。他說：“南斯拉夫在国际上有很大影响，有几个国家都搞工人委員会。南斯拉夫中央政府四万几千人，变为一万几千人。的确工人管理官僚主义少，群众关系好，有些做法値得学习。”这是李立三修正主义观点的大暴露。

李立三对經济学界三反分子孙冶方的企业自治謬論甚为推崇和贊揚。一九六四年他看到孙冶方的“固定資产管理制度和社会主义再生产問題”的报告后非常重視和称贊，认为这是“关系到我国发展工业的一个方針性的問題”，也是“使我国工业发展迎头赶上工业先进国家的一条重要的道路，甚至是一条比較可靠的捷径”。并专門写信給薄一波，推荐这一报告。在写給薄一波的信上，李立三对孙冶方的“理論”又加了“发展”。孙冶方主张：全部折旧基金的支配权交企业，但还虚称“并不排除在必要时，把某一企业或某一部門的基金抽走一部或全部”。李立三則主张上級領导机关抽調一部分折旧基金时“必須得到該企业的同意”。孙冶方攻击社会主义經济的集中統一領导，大大限制了技术进步和生产力的发展，限制了企业的积极性和首創精神。李立三則进一步强調，把折旧基金全部交企业，就便有利于調动企业干部和职工群众的积极性与創造性”，“使英雄有更好的用武之地”，“这样就会加强企业革命化的物质基础。”

七、目无組織紀律，目无中央。

中央三令五申，在公开場合，只能引用主席公开发表过的文章或講話。可是李立三在天津一个工厂的包括資本家参加的一次职工大会上，大講毛主席只在內部講过的关于党对待資产阶級的政策。

新华社編发的“参考資料”，在华北局只是发书記处书記参閱的，連部委負責同志都不发。可是李立三却把这些机密文件在家里乱扔，让他的孩子看，讀給他的来客听。更为严重的是，一九六三年在北戴河，他还将中苏会議紀要这样絕密的文件交給他的孩子看。秘书对此曾給他提过意見，可是他不以为然，說这是他“对孩子的一种教育方法”。

一九六五年七月，李立三携带家属到上海休养，当时飯店住着秘魯共产党代表团的两名团員，李立三的女儿很快就同这两个外国人搞得很熟，几个晚上都談到深夜。上海市委副秘书长对此提出意見，李立三不仅不采取措施制止他的女儿，反而在第二天，在他的房間大搖大摆地接見起外国代表团員来。两个外国人提問題，他女儿做翻譯（西班牙語），他解答問題。在李立三的眼里，什么紀律、制度，統統是对他没有約束力的。

八、大肆散播反革命修正主义的謬論，毒害青少年，和无产阶級爭夺后一代。

李立三是从来不放过有利时机广为散播他的反革命修正主义謬論的。一九六五年他在天津电子仪器厂半工半讀学校曾作过許多次报告，向青少年学生和青年教师散播了大量毒素。

一九六五年十二月十五日李立三在一次講話中极力宣揚封建阶級的“孔孟之道”，詆毁毛泽东思想。脑力劳动和体力劳动的差别，本来是阶級社会中阶級分化的产物。这是馬克思早就闡明了的道理。在我国社会主义向着更高阶段发展的今天，只有高举毛泽东思想的伟大紅旗，用毛主席的阶級、阶級斗爭的学說去武装人們，去消灭阶級，才能从根本上解决这个矛盾。可是李立三在这篇講話中却大講“劳心者治人，劳力者治于人”，“万般皆下品，唯有讀书高”的“孔孟之道”。而閉口不講毛主席的阶級矛盾、阶級斗爭的学說，不講运用毛主席的这个思想武器去消灭阶級，去解决脑力劳动和体力劳动差别的革命道理。很清楚，他这是在說明旧世界好，頌揚并推崇“孔孟之道”，让青少年继承剝削阶級的人生哲学。

在同一个报告中，他还蓄意地販卖赫魯晓夫的假共产主义来毒害青少年的灵魂。

根据馬克思列宁主义毛泽东思想，科学的共产主义社会必須是彻底消灭了阶級和阶級差别，全体人民都具有高度的共产主义思想覚悟和道德品质，具有高度的劳动积极性和自覚性的社会。而李立三却說“共产主义社会，每个人都应具有大学文化水平，都具有高度的技术水平。每个人既是体力劳动者又是脑力劳动者。这是生产高度发展的結果，是体脑的高度結合，也是体脑差别的消失。”他的这篇話和赫魯晓夫所說的“随着社会主义生产在新的物质技术基础上的进一步发展，随着教育日益紧密結合，脑力劳动和体力劳动之間的差别逐漸消失的时候，共产主义建設才算成功了”的假共产主义論調，不是各出一轍嗎?!

在同一报告中他还散播教育战线上的阶級斗爭熄灭論：

李立三这种胆大妄为地割社会主义的墙脚和无产阶級爭夺后一代，为他們这伙反革命修正主义分子培养接班人的滔天罪行，我們是坚决不答应的。

九、消极怠工，对工作极端不負責任。

李立三在华北局工作六年多来，眞正用于工作的时間，最多也超不过三分之一。他对工作极端不負責任。他所分管的工作沒有一件是从头到尾做完的，經常是三天打魚，两天晒网。

李立三出差到外地，不管工作如何繁忙，他一般地总是十来天即按时回家；也不管工作如何紧张，他总是按时（一星期左右）給他的苏联老婆通电話。

一九六五年，李立三在河北省固安县公主府公社蹲点搞四清，广大工作队員从三月到九月整整在那里紧张工作了七个月，而李立三却只去过三、四次，总共不超过半个月。

一九六五年四、五月間，华北局在天津召开座談修改工业“七十条”的会議，会期一个月。就在这一个月当中，他一連三次回北京，每次回来都是三、四天。李立三自己认为这是他工作“最紧张”的一次会議。

一九六五年七月，华北局在太原开会，一个月中間，他两次回北京，最后不等会議結束，就半途退出，又是陪他的老婆、女儿一起去遊山玩水，避暑渡假去了。

一九六六年三、四月間，华北局在天津开会时，各省、市負責同志汇报工作他不去，传达中央重要指示他不去，研究討論华北区的重大工作問題他也不去。更为严重的是，书記处过組织生活他也不想去。他說：“我又沒有什么意見(这是假的)；我做得工作不多，他們对我也不会有什么意見，有时間还是到厂里看看好。”那末，他是不是眞的在厂里(他当时在天津蹲点）扎扎实实工作呢？并非如此。实际情况是，抽空又回北京过他的家庭生活了。

李立三对工作如此消极怠工，难道仅仅是个責任心問題嗎？不是，实际上反映了他对中央对他的工作安排的不滿，是一种消极对抗。

十、洋奴气十足的資产阶級貴族式的生活方式。

李立三对待工作极无兴趣，但对他的家庭却十分迷恋。李立三的这种家庭之爱，其阶級实质是什么？透过这个問題，我們可以清楚地看出，他的灵魂已經腐朽到何种程度。

李立三經常向人們宣揚他老婆（苏联人，已加入中国国籍）的思想是如何的进步，是反对赫魯晓夫修正主义的。实际情况是：她同苏修、美帝唱同一腔調污蔑中国。一九六四年当我国爆炸第一顆原子弹时，她对服务同志說："你們国家(她对中国称"你們的国家")还很穷，为什么現在搞原子弹，不去改善人民的生活？"她对中国是极力污蔑，对美帝、苏修却大加吹捧。一天，在李立三家工作的同志看見天上有人造卫星在移动，說了一句"这个卫星象起飞很近"。李立三的老婆在旁边就立即叫道："那卫星不是美国的，就是苏联的！"言外之意是說絕对不会是中国的。

李立三的一家对待中国是蔑視的态度。他老婆、女儿經常听的是美、日帝国主义和苏修的广播，留声机放的也是爵士音乐，搖摆舞曲，沒有一支中国的歌曲。她們对中国的电影、戏剧、音乐、舞蹈过去是从来不看的，但对外国和香港电影、外国来的文艺团体的演出，則几乎无一放过。他老婆对中国的战斗故事影片，更是反对。她說："你們怎么老是打仗？"一語道出了她的修正主义灵魂。在李立三的老婆、女儿的眼里，外国洋人都是"香"的，中国人民都是"臭"的。李立三的中国客人到他家去，是不能与他老婆、女儿同桌共餐的，甚至連吃飯时用的桌布也要拿掉。李立三的妹妹、姪女，如果在他家住上一夜，連被褥都得全部換掉。李立三的前妻子女从外地来京，更是不受欢迎的人，有时連家門也不得进。

李立三的女儿，簡直是外国資产阶級的貴族小姐，从学校一回到家来，就换衣服，戴戒指，挂項鏈，擦脂抹粉。她們的生活是飯来张口，衣来伸手。在与她們往来的"好友"当中，也大都是些外国人和华侨。她們在家里举办搖摆舞会、化妆舞会，吵得四邻不得安宁。李立三还恬不知恥地吹噓說："我家是个国际俱乐部"。

李立三在家里是个十足的"洋奴"。長期以来，按照"洋人"的习慣过"圣誕节"。李立三家虽是中国人，但礼节都是外国式的，在迎接和送别时，都行接吻礼。更令人奇怪的是，他們一家在家里都不講中国話。

还需要特別提出的是，李立三的一家不光人的生活特殊，他家的狗的生活也是特殊的，就在暂时經济困难时期，他家的狗食标准依然是香腸、牛奶泡面包。还給狗做褥子，服务員还得定时給狗洗澡。

李立三对于在他家工作的人員，都視为奴仆一样，除了服侍他的生活以外，还要侍候他老婆、他女儿、他的客人、他的狗。机关要抽換他的服务員参加一期四清鍛炼，他都不同意，說他的家庭特殊，換个生人不好办。

十一、极端仇視无产阶級文化大革命。

李立三对待毛主席亲自发动和領导的这場史无前例的无产阶級文化大革命，是极端仇視的。

他反对批判吳晗的“海瑞罢官”。他說：“旧社会还是有清官、貪官之別的，如果不承认旧社会有清官，那就是不承认旧社会还有好人。”

他反对报紙上批判有毒的电影、剧本和文章。他說：“这样批判法，新电影、新戏更看不到了；誰也不敢再写文章了。”

他对河北省委揭发他到天津煽风点火的反党罪行十分不滿。

他污蔑群众的辯論会。他說：“辯論会就是斗爭会，說也不是，不說也不是；講吧，說你是蒙混过关，不講吧，說你是不低头认罪”。

他对待自己的罪恶根本不作检查。机关革命同志給他貼了大字报，他很不高兴，多方进行辯解，并向革命同志进行疯狂的反扑。

李立三是个罪行累累的反革命修正主义分子，而又坚持不改，累教不改的。他还在凭着他的“丰富的反党”政治經驗負隅頑抗，但是他毕竟不过也是只紙老虎。华北局机关的广大革命同志，有着坚定的决心和信心，一定要把他彻底地斗垮、斗倒、斗臭！

无产阶級文化大革命万岁！

伟大的中国共产党万岁！

战无不胜的毛泽东思想万岁！

伟大的領袖毛主席万岁！万岁！万万岁！

中共中央华北局机关革命造反联絡总部

一九六七年三月十九日

驚天雷

創 刊 号

惊天雷後當「知青」!

天津市惊天雷报刊杂誌社

1967.6

最 高 指 示

革命文化，对于人民大众，是革命的有力武器。革命文化，在革命前，是革命的思想准备；在革命中，是革命总战綫中的一条必要和重要的战綫。

联絡地址：战 斗 区 解 放 路 161 号
物資局系統无产阶級革命造反总部

創　刊　詞

"宜将胜勇追穷寇。不可沽名学霸王，"

二十世紀六十年代的今天，我們伟大的領袖毛主席，科学地总結了国际无产阶級专政的历史經驗，点燃了无产阶級文化大革命的烈火，这烈火熊熊燎原，短短时間大河上下，长江南北，万山紅遍，层林尽染。

在举国上下掀起对党內最大的走資本主义道路当权派的大批判的关鍵时刻，在当前阶級搏斗的狂飙、大浪、閃电中《惊天雷》响啦！《惊天雷》就是要惊天地吼啊！叫啊！《惊天雷》是在革命的烈火中冲杀出来，它将在烈火中成长壮大，为革命造反派疾呼狂叫！

《惊天雷》是我們无产阶級革命派的宣传陣地，是革命造反派的喉舌。它一定要高举毛泽东思想伟大紅旗勇猛地冲击着旧世界的污泥浊水，象匕首一样刺向敌人的心脏。

当前两个阶級两条道路两条路綫的斗爭越加激烈！走什么道路？执行誰的路綫？必須提到議事日程上来。这是我們无产阶級革命造反派必須认真解决的极其重大的問題！

"敌人是不会自行消灭的。无論是中国的反动派，或是美帝国主义在中国的侵略势力，都不会自行退出历史午台"事实証明了毛主席这一英明論断，目前党內一小撮走資本主义道路的当权派仍然在勾結沒有改造好的地、富、反、坏、右及頑固执行資产阶級反动路綫的分子，千方百計地实行資本主义复辟。革命的造反派必須更高地举起毛泽东思想伟大紅旗坚决击退資本主义复辟的逆流。

当前《惊天雷》就是要向党內头号走資本主义道路当权派赫魯少奇宣战，彻底砸烂赫魯少奇的黑修养。

《惊天雷》就是大张旗鼓地宣传貫彻以毛主席为代表的革命路綫！彻底批判、批倒刘、邓資产阶級反动路綫！

《惊天雷》的宗旨就是将革命进行到底，鞠躬尽瘁，死而后已，全心全意为人民。

《惊天雷》的风格气概就是：横眉冷对千夫指，俯首甘为孺子牛。朝气勃勃、尖鋭泼辣、旗帜鮮明、大刀闊斧、开門見山。打倒折衷主义，奴隶主义，打倒"溫情"、"平正""公允"、不偏不倚"。

《惊天雷》就是要"惊天动地"震垮旧世界，震惊出一个紅彤彤的毛泽东思想的新世界！

最高指示

下定决心、不怕牺牲，排除万难，去争取胜利。

四月武斗黑风自何来？

近日，天津各处連連发生大规模的武斗：紅卫化工厂、人民汽車公司……河老八与天大八·一三、南大卫东发生了严重武斗。这股黑风自何来？

紅旗元旦社論中指出“极少数顽固坚持資产阶級反动路綫的人，最重要的阴謀詭計就是挑动群众斗群众。他們暗中組織和操纵一些受他們蒙蔽的群众和群众組織压制革命，保护自已，挑起武斗，企图制造混乱。”

李雪峰自一月二日到津出現了三种輿論：

一、血統論：李鬼到津后，社会很快形成这种輿論“天津工人各造反組織很杂、很乱，出身有問題，作风有問題等×××組織負責人如何如何，×××組織怎么“杂”××組織成員出身如何如何。”他們的眼睛看的就是这一点，大力宣染久而久之，似乎眞是要不得。而对“保”字号的組織如野战兵团的輿論，則是出身情况“純”，作风好，都是“积极分子”，“組織紀律”好大力宣染久而久之，似乎是“无产阶級的队伍。”

而政权一定要掌握在无产阶級手中。那么夺权怎么能不联合“純”的队伍呢？

二、保守論：按照上面的理論很容易得出，人家虽然以前保守了，但現在“造反”了。革命不分迟早，造反不分先后，况且你們造反組織“不純”又“打砸搶”，以前对我們那么“不仁”“斗群众”早該請罪了。如此而已，我們就是比你們“强”。如此而已保皇派們，儼然象个左派了，你們造反組織怎么敢不与我联合？

三、所謂“貴州經驗”，貴州的經驗本质东西就是按单位、按系統的联合，这是不可排斥的，符合毛主席思想的。問題就是在于根据我們天津情况怎样学习貴州經驗。

貴州是在夺权之后实行了按单位按系統联合，权已在革命左派手中，而天津并沒有夺权，天津的大权并沒有在左派手中，在这种情况下，大力宣传急急忙忙归口，实际上就是消弱革命左派的力量。很多造反派归到本系統，又要归到本单位，又要归到本車間，如此搞和解散革命組織有什么区别？甚至还提出“本单位沒有完全联合好就不能和其他联合”的謬論。許多革命造反派在本单位不占优势，根据以上二点理論又必須要和保皇派联合，这难道不是扼杀革命左派的队伍嗎？这样搞的造反派不香，保皇不臭正是有了这种理論基础，保皇派气焰嚣张，又要开春算帐。很多武斗就是保皇派这样首先挑起的。这就是目前武斗主要原因。

李雪峰一月二日到津大搞合二而一，調合矛盾，大搞捏合。

李鬼这种作法最明显例子就是河老八与天大八·一三之間。本来“保”“反”是水火不相容的。但經楊献珍大弟子李鬼的妖术，竟然两家坐在一条板櫈上。八·一三指揮部中一小撮稻草派，昧着良心，让八·一三战士写向河老八学习、致敬等大字标語。看起来亲善友好，实則矛盾加劇。現在河老八与八·一三之間大規模武斗，根源就在这里。綜上所述：問題很明显，四月武斗黑风根源就是李鬼自一月二日到津頑固执行資产阶級反动路綫，拉一伙，打一伙，分化，反扑，打击革命造反派。

李鬼就是天津四月武斗黑风的罪魁禍首。

打倒李雪峰！解放天津城！　　　　　　惊天雷报社

最高指示

敌人是不会自行消灭的。无論是中国的反动派，或是美国帝国主义在中国的侵略势力、都不会自行退出历史舞台。

《編者按》

“如果有了正确的理論，只是把它空談一陣，束之高閣，并不实行那么这种理論再好也是沒有意义的。”

市委机关集中閙革命政工組的学习安排，从表面看来似乎很有道理，很象个样子，但透过現象看本质，这样学习方法是不折不扣的宣揚刘少奇的“休养論”，当前全国全市文化大革命进入了大联合大夺权的新阶段，阶級斗爭激烈复杂。作为市委机关的革命闖将們就应該投入到群众中来，遵照毛主席的教导“在大风大浪中鍛炼自巳”，“理論要和实际相結合”然而，市委机关就与主席教导背道而馳，鑽进了眞空地帯，确在文化大革命之中公然指第大叛徒刘少奇的黑修养，搞脱离实际，脱离群众，文质彬彬的养修論，下面我們就公佈一份“市委机关的集中閙革命政工組毛席主著作学习按排”，供同志們分析批判。

市委机关集中閙革命政工組

毛主席著作学习按排

1·学习时間： 22——24日

2·学习內容： 老三篇

3·学习步驟：

①22——23日上午　认眞閱讀老三篇。

②23日下午以小組为单位，3——5人进行議論（主要是老三篇的根本观点和感想。）

③24日专題討論，討論題由群众根据本組情况抓住其同性的問題决定1——2題。

④要求：坚决貫彻群众路綫，自我教育，深鑽苦鑽，独立思考，进一步領会老三篇的精神实质，通过学习討論抓住自巳的根本問題，进一步活学活用毛主席著作。

具体要求：

①各小組主要領导本組学习

②一定要人数、人員、时間、內容、三落实、特殊情况除外。

③以学习老三篇为主，結合学习最近中央首长讲話及有关报紙社論。

④专題討論时要抓住重点，联系实际，

⑤强調活学活用，立竿見影，在用字上很下功夫。

⑥25日以后另行通知。

关于干代会問題的調查报告

（市人委部分）

天津市的干代会主要是由市委、人委及所属各机关的群众組織組成的。

在天津市五个代会筹备的过程中沒有市人委机关的組織参加，在一次全市的夺权筹备会議上，巴木兰提出：市人委也应有組織参加干代会，于是河大八·一八就从人委十二个組織中把《风暴战斗队》拉进了干代会。关于《风暴战斗队》参加干代会一事，人委机关的《长缨》、《千鈞棒》、《捍卫毛泽东思想战斗队》等十一个組織連一点消息也不知道，由此看来，人委机关的組織参加干代会的方法采用的完全是王光美的桃园扎根串联法而不是采用坚决支持革命造反派和走群众路綫的方法。

《风暴战斗队》是一月十七日前成立的，这个組織的活动量不大，他們以搞宣传为主（因为他們工作方便的关系看到中央文件比較快，因此他們可以用大字报抄出来）。这个組織的領导核心和骨干分子的大致情况如下：

赵文华：风暴战斗队的領导人之一，前文革副主任

欧党荣：原文革委員

周振元：原文革委員

王成怀：原是胡昭衡的秘书，当胡被打成 “三反分子后” 他又当张淮三的秘书达两月久。

张宁：原任經委副处长，后来給楊拯民当秘书，张宁在黑市委工业部工作，是直接受张淮三領导，楊拯民认为“张宁到現在对张淮三的問題还沒有完全认識上去。”

狄希珍：曾任王培仁的秘书

李汉鑫：原文革成員之一，樊青典的多年秘书。李在文化大革命中应对樊划清界限，而他却不表态。

周庆瑞：基层党委委員，在《千鈞棒》等革命組織查封黑材料时，他有黑材料。

顔景立：是比較好的，并受排斥的干部。

李文瑞：前文革筹备委員会主任，前文革副主任。

还有两个女同志，打字員，是国民党时期的老打字員，（留用人員）另外还有两个管理机要文件的同志。

前市人委文革是一直接受路达的領导操纵，就《风暴战斗队》的情况看来，这个組織根本就不是什么革命造反組織，它的情况是市委、人委机关干部有目共睹的，而偏偏是这样一个組織被拉进了干代会。从干代会的一个側面我們看到的干代会是什么样的呢？万张集团干将的亲信竟成了夺权筹备单位的成員，他們在为誰夺权呢？不言而喻就是为万张服务。

从干代会中人委部分看来干代会吸收了保守組織。

河北中学井崗山兵团調查一組

农代会奇聞共賞

天津的农代会多奇聞，咄咄怪事連連不断。

农代会代表开会来“偷偷摸摸”，“絕对保密”，“串亲戚”，“看病”，“买东西”，无奇不有。

这里我們介紹北郊区双街口公社即圓村代表到津开会奇聞。有言在先，同志們作好准备，以防笑断腸。

一位老大娘带着怀疑的神色告訴我們“那天夜里，突然广播器里传出××組織，負責人×××馬上到村口，有汽車等着。”这位老大娘說：“那天我一夜沒睡好覚，不知道这辆汽車来干什么？后来才知道是去市里开农代会。”如此选农代会代表，如此召开农代会。难道这样的代表会还不应彻底改組嗎？

河北中学井崗山兵团第三調查組

天津动态

①据悉天工八·二五与河老八要在八·一三的問題上联合起来。

②在天工八·二五院部貼有紡院八·一八紅旗等三个組織的大字报，題目为“天大八·一三，天工八·二五联合起来，內容为八·一三在1.20問題上受压，八·二五在冲击警司的問題受压；美坏了投机商河老八。

③据公安局造反总部权威人士說：决不允許八·一三为1.20夺权翻案，为政法公社翻案。有大量事实証明政法公社参与了1.20夺权。

④天津至今还沒有夺权的原因是反李雪峰的人数占58%，而支持李雪峰的人数連半数都不够因此夺权筹备小組现在到处作拉人工作。

⑤南大卫东十分混乱許多人怀疑李雪峰，反对李雪峰。

王光美的丑恶灵魂

——应易立初步交待的材料（王光英之妻）——

按：应易立是王光英之妻，与王光英、王光美又是大学同学，与刘少奇也曾多次接触，解放以来，应易立多次炫耀与王光美等关系密切。为了将无产阶級文化大革命搞彻底，我們于今年元月份乃命令其交待有关刘少奇、王光美等罪行及丑恶历史。但是应在很多問題上避重就輕，支吾其詞，現将其初步交待材料予以整理，公佈于众，供同志們进一步調查分析。

王光美的父亲王槐青是北洋政府农商部司长曾出任巴黎和会的代表，那时他还到过英国美国。他把貪污来的錢在北京买了两幢房子，一幢房子就是几十間，此外在天津永利等企业还有他的股票。他的老婆董洁茹也是剝削阶級出身，董洁茹的弟弟董全甫，現在是恒源紗厂的資方代理人。

王光美是王槐青的长女，王槐青夫妇对她最为宠爱，无論什么好衣服都要先給她做，好吃的先給王光美吃，而且全家老小一律称王光美为姐姐，王槐青每次都要先問，“姐姐回家了嗎？”他就是想把王光美培养好，将来嫁一个好丈夫。

王光美也很善于博得她父母的欢心，每次上学前总要告訴她父母說走了，下学回来一进門也要先叫她父母，就是我結婚的那天，从学校到了他們家里，她就教我先到她父母那里去喊：“爸爸、娘。”有时看見她父亲出門回来，她就赶快出屋門去接，和她母亲上街，她就赶快扶着她母亲走，看見她母亲織毛衣时，她就說：“娘織毛衣又快又好”。有一次王槐青买吃的东西回来，他的孙子也跟着跑进来，他說：“跟着我沒好事（指要好吃的东西）。”王光美紧接笑着說：“誰有爸爸的脑子快能猜到别人的心事。”还有一次邻居一对夫妻吵架王槐青說：“男懶女勤，所以爭吵。”王光美随即和道：“爸眞不簡单，会相面。”（按：王槐青的确会相面，早就看出了王光美是他的最好的继承人。）

王光美常看她父亲眼色行事，一見他父亲不高兴时，就馬上說話了，把她母亲和侄子都哄到另外一个屋子里去。当她看見她父母一看茶杯或找香烟时，就馬上过去拿烟倒茶（对其反动老子可善体亲心了。）在学校时，看見女同学穿了件新衣服，她就說：“这件衣服眞漂亮。”看見熟人好久沒見面，她就說：“怎么好久沒見你了。”她总喜欢用这套奉迎人的手腕，达到别人对她的印象“不錯”她继承她父亲那一套待人处事的方法，說人不当面背后唠叨几句（按：資产阶級待人处事就是四面园滑八面玲瓏，两面三刀尔虞我詐，当面一套，背后一套。但并不是群众都提不出意見来了，毛泽东思想就是照妖鏡，用毛泽东思想武装起来的人民群众对于王槐青、王光美的資产阶級丑恶本质是一眼就可以看穿的.是一定要把她斗臭的。）在輔仁大学念书时，她很爱打扮，穿的很特殊，衣服做得很紧瘦认識的人也很多，和神甫××姑奶奶經常来往。一九四四年她嫌自巳单眼皮不好看就到医院去动手术割成双眼皮。（按：可見她的追求資产阶級生活方式讲究資产阶級臭美是由来己久的，）

她的二哥叫王光琦，当过桂系軍閥李宗仁在北京的行轅顾問。李宗仁有一条作投机买卖的船，就是由王光琦負責的，那时王光美也认識李宗仁在家里家外都打过交道，王光琦現在是外貿部的一个司长，

王光美的五哥王光复是蔣匪帮空軍軍官，現在台湾，他当过国民党空軍头子王叔銘的駕駛員。

一九四五年王光琦和王光复为王槐青办七十大寿李宗仁送来中堂寿字。王叔銘和王光复熟悉的。后来有一次，我到王槐青屋去看見王叔銘給王光美送来一个請帖，請王光美到中南海怀仁堂去跳午，桌上放着王叔銘送給王光美的一个手提包，上面有王叔銘的一个名片，我到董洁茹屋里去时，看見王光美正在那里穿着一件怪裝大裙子，准备参加午会去（按：王光美和王叔铭到底是什么关系必須予以追究。）王的去延安主要是从个人得失考虑的，国共談判分析，合她个人安全。（按排她王叔銘这样的后台安全是不成問題的。）看着她于文化到延安肯定会有工作做。（按：那里是去工作实际上是去进行政治抄机。）

当王槐青知道王光美与刘少奇結婚时他說：“少奇同志的政治地位是很高的。（反动透頂的王槐青对于刘少奇这样一个乘龙快婿滿意心情己溢于言表。）

北京解放后刘少奇和王光美来看王槐青那天王槐青将庭院打扫一番，还特地撥了多年来末用的銀餐具擦的明光閃亮并特地在北京西单一家湘菜館触了一桌高級酒菜招待他們刘来以后我們都去看了，他也沒摘帽后来我才想通原来他是滿头白发（按：白的就是白的，盖是盖不住的）席間王槐青和刘少奇互相頻頻賀酒談論乡土人情王光美对于专門办的湘南酒席很滿意来

她說：爸爸娘想得周到。并且告訴之說我和少奇都住劳动大学毛主席也住在那里还告訴了电話号碼（按：可見王光美是一个泄密老手）

王光美对于她剥削阶級家庭感情是很深的。一九四九年春生小孩就是在家里生的。当她在家养病时王槐青对她更加宠爱有一天他亲自在院里采了两朵芍药花給王光美送去刘少奇来王家看見这两朵花說：你們家的花怎么这样好呀！走时刘将花带走了。

解放后王槐青七八十岁了不上班还当了文史舘舘长一月白拿工資七十多元他死时我們是坐着出租小汽車去送殯，王光美是从中南海坐的小汽車赶到葬地的哀痛之后还树了一个二丈多高的石碑和上书王槐青之墓五个大字，上刻有立碑人的名字送花圈的有刘少奇北京統战部等。（按：王槐青这个双手沾滿劳动人民血汗的反动政客之死，刘少奇王光美如此尽忠尽孝他們的阶級感情不是显而易見的了嗎？）在万安公墓，王光美看了我带金項鏈就伸手进去抽出来看并說：我还以有你带十字架呢！

董洁茹前几年当过北京市人民代表她房間有一架王光美送給她的罗馬尼亚的半导体收音机和她抽的烟也是大中华的刘少奇王光美还带她去北戴河去疗养到海南島等地旅行。

我的爱人王光英是一九四三年輔仁大学毕业的，毕业后一方面当助教，同时在天津办橡皮膏厂为了赚更多的錢商标还充德国貨，后来用橡胶作保险套时，工人要用手在硫酸和其它化学药品中揉洗对工人的手和眼损伤很大。有的女工工作长了影响生育。他还把工人的工資定得很低也不裝安全設备。一九五四年十月作木质干硫时厂里发生了一次大爆炸。这次大爆炸共死伤七、八人。（按：据了解这次流血惨案死伤十余人其中死者七人这充分說明王光英为了疯狂追求利潤而不顾开工人的鮮血生命說明了他的剥削本质。但是当时在天津市委包庇下，王光英并未賞还欠下工人同志的血債却消遙法外还于五四年冬天任出国代表团付团长。这是誰的罪責必須查明处理）王光英一开厂資本只有两千元折合七八辆自行車公私合营时清产核資約合十万元（折五六百辆自行車）（按：王光英的剥削本质和所有資本家是一样的）公私合营后我們除了工資三百多元外，每季度拿定息一千五百元。

另外王光英在抗战胜利后担任过国民党反动派經济部的接收专員。（按：本来就是一个反动官僚兼資本家。）

五在解放后曾任和現职务有：全国青联付主席，全国人大代表，全国工商联中常委，全国民建国会中常委市政协付主席，市工商联主委，省工商联付主委，省民建主委，市民建付主委等等。三次为出国代表，有时任付团长。（按：就是这个臭資本家多次是刘少奇王光美的坐上客謀士）北京解放后不久刘少奇赶来天津搞劳資关系时很多点子就是請敎王光英的。一九五一年冬刘少奇王光美来天津还派人专程請王光美夫妇吃飯王光英也到处吹嘘我們灶王爷虽小手眼可通天。（按：王光英为什么能青云直上飞揚拔扈紅报一时成为一个上跳下窜的特殊人物？这根子就是刘少奇王光美！六四年在市委的和团中央的一些修号老爷們的保举和推荐下几次堅持要王光英担任出使柬埔寨的代表团长簡直把資本家捧上了天！）

我父亲是国民党政府的一个軍需官他用貪污来的錢买来两座房和五百多亩地。我的兄弟，姐妹中有五人現在台湾其中有的是国民党的軍政要員解放前我經手收过四年地租，現在我是天津市政协委員在工商联家属工作委員会工作是国家十七級干部。（按为什么应易立这样一个地主成份的人一下子当上国家干部并且扶青云直上了其原因就是她和王光美关系密切靠了資产阶級的裙带关系而得名得利的

王光美也經常送些东西給我們如送过一个罗馬尼亚裝壁毯給王光英送給一块苏联毛巾还

經常問到我的孩子鋼琴学的怎样了自已有个孩子学画画請的家庭教师就是黃胄（按：即臭名远昭著的黑驴贩了画家！）六三年她还送过一盒朝鮮人参給陈叔通（按：資本家全国工商联主任！）

有些問題我回去想想

《联合編輯部轉刊》

最高指示

共产党員对任何事情都要問一个为什么，都要經过自已头脑的周密思考，想一想它是否合乎实际，是否眞有道理。絶对不应盲从，絶对不应提倡奴隶主义。

世界上的事情是复杂的、是由各方面的因素决定的看問題要从各方面去看，不能只从单方面去看。

百問李雪峰

1、为什么四月三日《中国人民解放軍天津市駐軍支持革命左派联絡站声明》中第五条提到必須警惕的是，党內一小撮走資本主义道路当权派，正采用种种手法，利用一些保守組織，继續蒙蔽群众，制造矛盾，加深分岐，挑动群众斗群众，甚止乘机混入三結合妄图反攻倒算，实行資本主义复辟。广大革命群众和革命群众組織必須擦亮眼睛千万不要上当。一經发現，就要一定揭露，坚决回击，以便实現无产阶級革命的大联合，实現革命的“三結合”把无产阶級文化大革命进行到底！

2、为什么李雪峰在天津，万张反党宗派集团的御用工具——臭名昭著的保守組織“捍卫毛泽东思想野战兵团”能活动猖狂，‘明目张胆的游行示威并喊出解放軍支援我們。

3、为什么其它保守組織也盗用解放軍的名义大喊“解放軍支持野战兵团”？

4、为什么其它保守組織，敢于公开揚言“我保”保对了，解放軍就是支援我們保守的，就是不支持你們造反的？

5、为什么这些保守組織能这样污蔑解放軍？

6、为什么李雪峰最近不在天津的时候，中国人民解放軍天津駐軍支持革命左派联絡站发表声明：为了这个組織（指野战兵团），解放軍过去沒有支持过的，今后不准备支持究竟是誰反对解放軍？

7、为什么胡昭衡同志一月二十七日的大字报貼出，万、张反党集团的御用工具“野战兵团”应該取消。但他們二月份突然复活，鞭炮齐鳴重新挂牌，招搖惑众，大喊“青松不老，野战兵团不倒？

8、为什么他們近日又大喊坚决支持李雪峰，肉麻地高呼：“用鮮血和生命保卫李雪峰？”

9、为什么有些組織說“反对李雪峰，就是反对解放軍？”

10、为什么有些組織說：“为了保李又把罪責加在解放軍头上？

11、为什么天津市的保守組織，普遍抬头而打击革命造反派？

12、为什么当权派“亮相”站到保守組織方面？

13、为什么走資本主义道路当权派仍然猖狂？

14、为什么有很多单位，不斗爭党內走資本主义道路当权派反而大搞反攻倒算？

15、为什么天津市的运动重点好似整“反革命”組織？

16、为什么天津市运动重点又好似斗爭造反派組織？

17、为什么胡昭衡同志与解学恭的讲話內容及观点截然不同？

18、为什么胡昭衡同志在大专紅代会談“当前阶級斗爭十分尖銳复杂，不仅反革命分子上台蠢动，有些保守組織也抬头。我們即不能对反革命放松警惕，也不能对保守势力搞折中主义”？

19、为什么臭名远揚的“物資系統战斗纵队”能成为三十二个夺权筹备工作組的成員？是誰保駕进去的？

20、为什么物資学校保守兵——“毛泽东思想紅卫兵”能参加中等紅代会？

21、为什么革命的一直把炮口对准物資局內一小撮走資本主义道路当权派“毛泽东主义紅卫兵一二五紅色造反团”反到沒有参加中等学校紅代会的資格？

22、为什么革命造反的“物資局系統革命造反兵团”沒有参加“工代会的資格？

23、为什么始終掌握大方向的“物資系統捍卫毛泽东思想紅色造反团”也沒有資格参加“工代会？”

24、为什么物資系統包括一万余堅持运动大方向的職工的群众組織却沒有資格代表本系統職工参加工代会？

25、为什么保守組織“物資系統战斗纵队”确能以物資系統革命職工的多数代表者的身份参加工代会，是誰給他的权利？

26、为什么物資系統战斗纵队”死保李雪峰与其它保守組織和受騙組織同出一撤大叫“反对李雪峰，是反革命逆流？”

27、为什么夺权筹备小組工作組迄今不公布名单？

28、为什么这样大的直轄市成立了夺权筹备小組《人民日报》不給登載？

29、为什么天津市召开的五个代表会議这样倡促？

30，为什么《人民日报》对天津市召开了五个代表会議的消息不予刊登？

31、誰授权天大“八·一三”成为加入五个紅代会的資格审查者？

32、为什么天大八一·三能以工作組的資态行动于工交系統？

33、为什么天大“八·一三”搞調查专門昕取保守組織的意見对造反派乱加指責？

34、为什么老工人向天大“八·一三的同学反映过运动情况，他們也不听，而經常坐在保守組織的办公室里？

35、为什么天大“八·一三”的战士含着眼泪去貼“向河大八·一八学习”的大字报并說：“向你們学习嘛呀？”

36、为什么天大“八·一三”同河大八·一八长期对立，非常突然的联合令人疑惑？

37、为什么天津的大联合不是自下而上按系統按部門进行組織而是自上而下地由少数学校学生去推荐捏合？

38、为什么夺权筹备小組成員学生占近三分之一？

39、为什么夺权筹备工作小組常委中学生占半数以上？

40、为什么大联合不以工人为主体，不以工人阶級为主导？

41、为什么天津市的权不由广大革命造反派来夺，反要由保守派来夺？

42、为什么夺天津黑市委的权，一再推迟？

43、成立現在这样的"大联合"能否彻底把万、张反党宗派集团的权夺过来？

44、为什么李雪峰来津后不和广大的工人群众見面？

45、为什么李雪峰沒作过一次公开报告？

46、为什么李雪峰来津后总穿軍装？

47、为什么李雪峰始終忠实推行刘、邓反动路綫？

48、为什么天津反党分子万晓塘死后能博得"二个一生、四个忠于"的高度肯定評价？

49为什么李雪峰为万晓塘所主持的追悼仪式規模之大，声势之隆重是史无前例的？

50、为什么万、张反党宗派集团在万畏罪自杀前后能飞揚跋扈，猖狂反扑残酷鎮压革命群众？

51、为什么自六二年天津市的革命群众就給华北局去信，揭发万晓塘的罪行，华北局压住不給予处理？

52、为什么华京局所属管轄的內蒙、山西、河北、北京、天津省市区委都是反党集团，其第一把手都是反革命修正主义分子？是誰长期包庇他們？

53、为什么六五年，华北监查組两次决定派人去天津調查万晓塘和王培仁的問題，书記处都不予同意？

54、为什么十六中等学校的革命学生由于被黑市委鎮压，被迫赴京告状，向华北局书記处汇报后李雪峰却轉上訪学生："天津市委是革命的？"

55、为什么那时华北局派人来京"稳定局势"鎮压运动？

56、为什么那时华北局副秘书处长××給××打电話一定要和省市委統一口径？

57、为什么六六年一月初，黑市委能单罢一位馬瑞华的官使舍車保帅的阴謀得逞？

58、为什么那时华北局能大力支持阴謀陷害胡昭衡同志？

59、为什么李雪峰鼓动万晓塘站起来"領导"天津市的文化大革命？

60、为什么李雪峰說："对三反分子胡昭衡可以在內部传达？

为什么"市委革联"的人是以前称"万晓塘是革命左派"而現在又"坚决支持李雪峰"

61、为什么不支持李雪峰指导我市文化大革命的許多革命組織不能参加五个紅代会？

62、为什么高呼"誓死保万晓塘，万晓塘是毛主席的好学生焦裕录式好书記"的人現在又竭力大叫："李雪峰是毛主席派来的，坚决支持李雪峰？"

63、为什么那时把揭发炮打万晓塘的革命同志打成"反革命"而現在由于这些革命同志"打倒李雪峰"，又制造阴謀把这些人打成"反革命逆流？"

64、为什么劳二半的赤卫队現在又嚣张起来，又重新打击劳二半"八·一八"？

65、为什么华北局机关的保守派現在又来为李雪峰"歌功頌德"、"評功摆好？"

66、为什么华北局机关的革命派又被保守派"有×××幕后操纵？"

67、为什么"新北大公社"紅卫兵四月四日发表"严正声明"說："李雪峰是刘、邓黑司令部的忠实得力大将？"

68、为什么山西革命委員陈永貴同志揭发李雪峰？

69、为什么李雪峰在山西臭不可聞？

70、为什么我国首都北京的广大革命群众現在又万炮齐轰坚决打倒李雪峰？

71、为什么李雪峰走到哪里败在哪里？

72、为什么天津“坚决支持李雪峰”的大专院校中的一些組織，又积极調查李雪峰的材料，随时准备应付事态的变化？

73、为什么天大“八·一三”中不少革命师生，站出来揭发李雪峰”？

74、为什么天津五个“代会”中的組織也站出来“打倒李雪峰”？

75、为什么李雪峰規定的衡量組織的标准不把“大方向”摆在首位？

76为什么大量张貼“坚决支持李雪峰”的“公安局无产阶級造反总部”近日貼“支持李雪峰的大标語比前些日子見少？

77、为什么有的組織魚目混珠把李雪峰比做张春桥同志？

78、为什么张春桥同志与李雪峰对待革命造反派的态度截然不同？

79、为什么张春桥同志与李雪峰在运动中的表現絕对对立？

80、为什么张春桥同志受上海革命造反派的拥护和支持？

81、为什么李雪峰受天津革命造反派的炮打和批判？

82、为什么王效禹的文章在天津不广泛宣传？

83、譚震林为什么垮台？

84、为什么戚本禹的文章宣判了刘少奇的死刑，李雪峰不公开表示态度？

85、为什么保李雪峰的組織，不宣传《人民日报》四月二日社論，不宣传“紅旗”評論員文章？

86、为什么李雪峰总是拉大旗作虎皮？

87、为什么李雪峰来津后“反革命”、“右派”，“牛鬼蛇神”的帽子滿天飞？

88、为什么《人民日报》“正确地对待革命小将”中提出：“当前社会上出現了一股資本主义复辟的反革命逆流。党內一小撮走資本主义道路的当权派。对革命小将玩弄阴謀詭計在革命小将之間挑弄是非，拉一批，打一批，妄图分裂革命小将的队伍，将革命小将引向邪路”？

89、为什么《人民日报》还指出：“他們……全盘否定革命小将的大方向，甚至操纵已垮台的保守派組織进行翻案活动，把一些革命小将重新打成“反革命”？

90、为什么《人民日报》还指出：“他們这样作，就是反对毛主席的无产阶級革命路綫就是否定前阶段的无产阶級文化大革命的伟大成果。对于这股逆流，我們必須坚决回击，彻底粉碎！！？

91、为什么《人民日报》还指出：“也有少数干部，因为革命小将对他們的錯誤进行过批判斗爭，就对革命小将抱有抵触情緒，怀疑革命小将的大方向，甚至和他們对抗。如果坚持这样做，矛盾的性质就可能轉化……”？

92、为什么《紅旗》“論革命的“三結合”指出，我們必須警惕有人歪曲革命的三結合的方針，借口“三結合”搞折中主义、調合主义。合二而一，甚至千方百計地把党內走資本主义道路当权派拉进来。这就是要混水摸魚，要篡夺无产阶級文化大革命的果实，要实行反革命复辟？”

93、为什么《解放軍报》二月十八日社論指出："阶級敌人对于忠于毛主席的人民軍队，向来是看作眼中釘，肉中刺，怕得要死，恨得要命。它們为了挽救垂死的命运，必然要耍尽花招、玩弄阴謀，作垂死的掙扎。它們或者是乔装打份成"左派"，以騙取軍队的支持。鎮压眞正的革命群众……，"？

94、为什么《紅旗》《論革命的"三結合"》最后强調："現在摆在全国人民面前的一个大問題就是要把无产阶級文化大革命进行到底，还是半途而废。一切革命的同志，都必須保持清醒的头脑，切切不可糊涂起来。"宜将剩勇追穷寇，不可沽名学霸王。"在当前，我們要特别記住毛主席的这个教导。？"

95、为什么天津市許多单位大搞"打击一大片，保护一小撮"？

96、为什么中共中央117号文規定："不得随意宣布群众組織是反革命組織，宣布群众組織是反革命組織必須經过中央批准"？这是对誰打击？李雪峰有什么感想？

97、中共中央117号文发表后，李雪峰对天津市的文化大革命又有什么新的感受？

98、戚本禹同志向党內最大的走資本主义道路的当权派提出了两个难道、八个为什么，李雪峰有什么感想？

99、为什么李雪峰說："……所以現在要着重搞物质鼓励？"未完待續

物資系統捍卫毛泽东思想紅色造反团

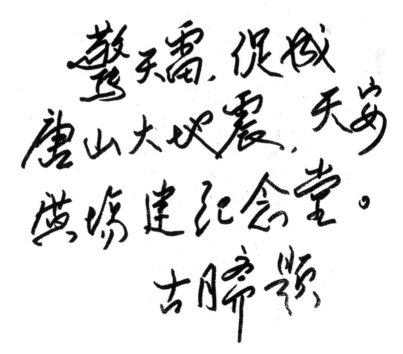

无产阶級革命造反总部

67.6月

驚天雷、促成
唐山大地震、天安
廣場建紀念堂。
胡帝題

刘少奇反革命修正主义
教育黑話选編

（供批判用）

天津大学"八·一三"紅衛兵
批判刘、鄧修正主义教育路綫联絡站

1967. 6.

目　　录

最高指示

人民靠我們去組織，中国的反动分子靠我們組織起人民去把他打倒。

前　言

我們伟大的領袖毛主席教导我們：“凡是要推翻一个政权，总要先造成輿論，总要先作意識形态方面的工作。革命的阶級是这样，反革命的阶級也是这样。”刘少奇这个中国的赫魯晓夫，长期以来阴謀篡党篡国，把反革命的黑手伸向政治、經济、文化、教育等各个領域，大肆販卖反革命修正主义的黑貨，妄图实現复辟資本主义的黃粱美梦。

刘少奇是我国反革命修正主义教育路綫的祖师爷，他拚死控制着教育界，千方百計地維护資产阶級知識分子对我們学校的統治，极力推行“两种教育制度”以对抗毛主席的无产阶級革命教育路綫，刘少奇之流呕尽心血，要把教育界变成培育資产阶級精神貴族的溫床，产生修正主义的阶石，其滔天罪行罄竹难书，十恶不赦！但是，历史的辯証法无情地宣判了他們的可耻失敗。

我們伟大的統帅毛主席亲自发动的无产阶級文化大革命，宣判以刘少奇为代表的資产阶級反动路綫的死刑，同时宣判了以他为代表的反革命修正主义教育路綫的死刑。亿万革命群众組成一支浩浩蕩蕩的革命大軍，在战无不胜的毛泽东思想指导下，同仇敌愾，跃馬挺枪，以“百万雄师过大江”之势，直搗刘邓黑巢！旧教育界大大小小的牛鬼蛇神的总后台被揪出来了！他們墜入革命群众汇成的汪洋大海之中。这群見不得太阳的丑类在光焰无际的毛泽东思想的照射下，狼狽不堪，赤裸裸地暴露出狰獰的反动嘴脸。

但是，“敌人是不会自行消灭的”，他們还在做垂死挣扎，在这两个阶級、两条路綫的决战时刻，我們决不可掉以輕心，松懈自己的警惕性，必須乘胜追击，痛打落水狗，彻底埋葬反革命修正主义教育路綫，砸烂資本主义教育制度，蕩滌教育陣地上的一切残渣余孽、污泥浊水！

本刊为帮助同志們进行批判，特选編了刘少奇的部分黑話，未加按語，希望广大革命造反派的战友們以毛泽东思想做为照妖鏡，高举革命批判大旗，大破大立，完全、彻底、干淨地肃淸刘少奇反革命修正主义教育路綫的流毒，树立毛主席无产阶級教育路綫的絕对权威，把教育陣地办成紅彤彤的毛泽东思想的大学校。

一、瘋狂反对毛主席，反对毛澤东思想，反对毛主席制訂的教育方針

(一) 惡毒攻击毛主席

1. 反对毛主席，只是反对个人。

《中央扩大会議上的讲話》1962.1.26

2. 中国也要反对个人崇拜，不要喊万岁，不要唱“东方紅”。

《庐山会議上的讲話》1959.8.17

3. 有的同学說，农民非常想念毛主席。刘少奇恶狠狠地說：“毛主席也沒有什么了不起的嘛！也不是神仙嘛！”

《保定五校师生座談会上的讲話》1957.2.19

4. 毛主席也可以反，……中央过去換过多少負責人，……以后更可以換。

《全国土地会議上的报告》1947.7.13

5. 毛主席讲話一小时值多少錢？

《保定河北省委干部座談会上的讲話》1957.

6. 不‘左’不右絕对正确的領导是沒有的。

《軍委扩大会議上的讲話》1959.3

7. 世界上沒有十全十美的領导者，古今中外都沒有。如有那就是裝腔作勢，猪鼻子里插葱裝象。

《全国土地会議上的报告》1947.7.13

8. 中央认为有必要在一次大的会議上指出，对于这几年的工作中的缺点、錯誤，首先要負責的是中央。……

《中央扩大会議上的讲話》1962.1.26

9. 工作中有錯誤，……首先是中央来負，毛主席首先是他来負。

《对民主人士的讲話》1962.3

10. 馬克思，恩格斯，列宁，斯大林，毛主席都犯过許多錯誤。

《对哲学社会科学学部的讲話》1963.1.27

11. 官越大，眞理越少，官做的越大，眞理也越少。

《給江渭清的信》1964.9.30

12. 就在思想方面，新課本也有間題，比如第一課就讲毛主席，不要走到另一偏向。毛主席当然要讲，要讲得适当。

《談小学課本》1956.11

13. 中国現在沒有一个斯大林。

《对张聞天的談話》1937

14. 全党領袖沒有实际形成。

1941

15. 領袖不能自封，那得人来承认，自己承认是不算数的。强求势必要发生錯誤，另搞一套不行。一定要这么搞，就是和人民的方向对立起来。

《在北京日报社的談話》1958.6.30

16．在过去某一个时期內，某些教条主义的代表人，就比上述情形更坏。这种人根本不懂得馬克思列宁主义，而只是胡謅一些馬克思列宁主义的术語，自以为是“中国的馬克思、列宁”，裝作馬克思、列宁的姿态在党內出現，並且毫不知恥地要求我們的党員象尊重馬克思、列宁那样去尊重他，拥护他为“領袖”，报答他忠心和热情。……

然而我們是否能够完全自信地說，在我們党內就从此不会再有这种人了呢？我們还不能这样說。

《論共产党員的修养》1962年版

17．我們服从党，服从中央，服从眞理，而非服从个人。任何那一个人都不值得我們服从的。

《組織上和紀律上的修养》1941

18．决議錯了，可以改嘛，任何一个决議或者一項政策，不管是中央的或者是誰的，錯了都要改，不改，就是非馬列主义。……

至于决議錯了，也可以改嘛。田家英正在修改毛选注，你去找他，就說我說的，毛选注中有錯要改，高干会議錯了，可以废除嘛，就說关于高干会的决議有很多不对，基本上是錯誤的，应废除，写这么几句就行了嘛。总之，有錯必改，不論誰都要反对，……

《和朱理治的談話》1964.10.6

19．有些人把党当作汽車，他是开汽車的，想爬到党的身上駕馭党。

《在北京日报社的談話》1958.6.30

20．老的不行嘛，不要占着茅房不拉屎，要下台，要让位，不要摆老資格。

《同薄一波的談話》1963.6

21．清华有一个学生，写了“拥护党中央，反对毛主席”的标語，大家要斗他，工作組保护他。現在看来，說这个学生是反革命的結論，材料不充分。

《北京大、中学校文化革命积极分子代表大会上的讲話》1966.7.29

（二）貶低、反对毛澤东思想

22．馬克思主义的內容，是有世界历史以来无比丰富的，世界上任何大的原則性問題均解决了。

《对馬列学院第一批学員的讲話》1948.12.14

23．許多問題列宁早巳解决了，因为（我們）未看“两个策略”，使中国革命胜利一下子迟了二十年。如果二十年前全党都研究“两个策略”，就可以使1927年大革命不致失敗。

同　上

24．我們的这一部分，比馬克思、恩格斯、列宁、斯大林的那一部分当然小得多。

《論共产党員的修养》1962年版

25．中国党有……极大的弱点，这个弱点，就是党在思想上的准备，理論上的修养是不够的。……伟大的著作还沒有出来，这是中国党的一个极大的工作。

《答宋亮同志》1941.7.13

26．1960年1月，經刘、邓批准的团中央《关于开展毛泽东著作的学习运动的提法問題的請示》，規定不准提“学习馬克思列宁主义、毛泽东思想”，只准提“学习馬克思列宁主义、毛泽东著作”。

27. 毛主席发展了馬列主义，也不是到此为止，馬列主义还要发展，說到此为止，是机械論。

《对民主人士的讲話》1966.6.27

28. 馬克思列宁主义、毛泽东思想，到底是"是"还是"非"，要研究一番才知道，沒有学习，沒有研究，就沒有发言权。因此，学习毛泽东思想还要学习馬克思列宁主义。

《政协全国委員会学习座談会上的讲話》1951.11.4

29. 为了粉碎現代修正主义的进攻，我們首先要向馬克思、恩格斯、列宁、斯大林請教，认眞地研究他們的著作，掌握馬克思列宁主义这个銳利的武器。……当然，也要讀現代革命的馬克思主义者的文章。

《在河內阮爱国党校的讲話》1963.6

30. 做馬克思和列宁的好学生。

《論共产党員的修养》1962年版

（三）反对学習、宣傳毛澤东思想

31. 《毛主席語录》可以学，但不要占过多时間。

1966.8.22

32. 我們应当向誰学习？是向党內和党外群众中一切有眞理的人学习，不管他們职位高低。不是向职位高的人学习。

《給江渭清的信》1964.9.30

33. 学习馬列主义，就是学习外国革命的經驗，世界各国的革命經驗。……否則，就是跛足的馬克思主义者，……

《对馬列学院第一批学員的讲話》1948.12.14

34. 有的人认为何必学这些外国东西？中国的书还讀不完，毛主席的书还讀不完呢！或者至少先讀中国的书，再讀外国的书吧！这个說法是不对的。

同 上

35. 初中毕业、高中毕业，只学毛选不行，还要学点馬列主义。

《江一眞汇报时的讲話》1965.7.20

36. 学习毛主席著作的学时不一定多，主要的是在用的时候学。

《教育改革会議上的讲話》1966.7.18

37. 党員課本要通俗一点，不要摘引毛主席的話就当課本上的話說。

《接見中組部和各中央局組織部长的讲話》

1962.11.12

38. 和不能把馬克思列宁主义的学說当成教条一样，也不能把毛泽东的著作和讲話当成教条。……現在，党內把毛泽东思想当成教条大有人在。

《給江渭清的信》1964.9.30

39. 現在学习毛选出現了一种形式主义，这样搞下去，会弄虛作假，学习毛主席著作，写千万字的讀书笔記，千万不要宣传。

《中央会議上的讲話》1964

40. 刘少奇１９５４年亲自批准《人民日报》发表苏修恶毒攻击我国人民学习毛主席著作"簡单化""庸俗化"的文章。

41. 当革命师生提出"学习毛主席著作情緒很高，但是买不到《毛泽东选集》"时，刘少奇說："这是紙的問題。紙要分輕重緩急，排个队。教科书一定要保証，一定要用好紙、白紙。"

《同十七屆学代会主席团的談話》1960

（四）攻击、反对毛主席制訂的教育方針

42．过去（教育工作）成績是主要的，缺点是严重的。在一个时期內有方針性的錯誤。相当长时期方針不明确，沒有形成社会主义的、无产阶級的、馬克思列宁主义的方針路綫。

《政治局会議上的讲話》1958.6.20

43．这次提出教育方針来討論很重要，过去的教育方針、教育目的不明确，要进行批判。

《董純才传达刘少奇的指示》1958.6.11

44．高級党校的办校方針应該是："认眞学习，联系实际，討論問題，检查自己思想的方針。"

《高級党校工作会議上的讲話》1956.7

45．毛主席說解放軍旣是战斗队又是工作队，以后又讲又是生产队。我看，工业部門旣是生产队，也是教育队，今后要注意教育。

《政治局扩大会議上的讲話》1965.11.6

46．最近，主席給林彪同志的信上写了，以学为主，即不但学文，也要学工、学农。就是要劳动。

《教育改革会議上的讲話》1966.7.18

47．阶級斗爭为生产服务，为科学实驗服务。

1964

48．現在教育改革的一个大問題，即全日制学校如何同生产相結合問題。这个問題不解决，总是脫离工农，脫离实际。解决了，政治、生产都好解决。

《教育改革会議上的讲話》1966.7.18

49．社会主义的教育制度就是教育和生产劳动相結合，貫徹这个教育制度最徹底的办法之一是把工厂和学校結合起来办。过去是学校一套、工厂一套，互不相干，以后可以逐步把两套合成一套。新办一个工厂，也就是新办一个学校。业务劳动部門和教育部門联合招收新成員，旣是招工人，又是招学生。入厂后先訓练三、四个月，上机床操作，每天作四小时或六小时工作，讀四小时或三小时书，半工半讀，可以从初中一直讀到大学毕业。实行这种办法将使工人群众知識分子化的过程大大縮短，使脑力劳动与体力劳动的差別能够很快消除，这样培养出来的知識分子，将是又紅又专的工人阶級知識分子。

1958.9.30

50．我們的文化革命的目标是什么呢？这就是：扫除文盲，普及小学教育，在全国城乡广泛地发展中学教育，积极地发展高等教育；完成尙无文字的少数民族的文字創制工作，同时，积极进行汉字的文字改革；消灭"四害"，讲究卫生，消灭主要疾病，破除迷信，移风易俗，振奋民族精神；培养新知識分子，改造旧知識分子，建立一支几百万人的工人阶級知識分子队伍，其中包括技术干部的队伍，教授、教員、科学家、新聞記者、文学家、艺术家和馬克思主义理論家队伍；在实現"十二年科学发展規划"的基础上，尽快地赶上世界最先进的科学技术水平。

《八大二次会議上的报告》1958.5.5

51．为了实現我国的文化革命，必須用极大的努力逐步扫除文盲，並且在財政力量許可的范围內逐步的扩大小学教育，以求在十二年內分区分期地普及小学义务教育。同时，对于职工的文化教育和技术教育，对于一部分文化程度很低的机关工作人員的文化教育，也必須继續加强。对于沒有文字的少数民族，应当帮助他們創造文字。

《八大报告》1956.9

52．六小时工作，人們就有了讀书的时間，每天有两小时、三小时、四小时的讀书，全民讀书，那时才是眞正的文化革命。

《全国机械工业技术革新技术革命現場会議上的讲話》
1960.5.26

二、抹煞教育战綫上的階級斗爭，維护資產階級知識分子对学校的統治

（一）抹煞教育战綫上的阶級斗爭

53．人类社会的历史，归根到底，是生产的历史，生产者的历史。

《全国先进生产者会議上的讲話》1956

54．……現在我們已經消灭了阶級，有条件了。

《关于劳动工作的讲話》1958.6.29

55．現在我們已經消灭了阶級。

《半农半讀教育会議上的讲話》1965.3.31

56．現在国內敌人已經基本上被消灭了，地主阶級早已消灭了，資产阶級也基本上被消灭了，反革命也是基本消灭了，……这“阶級”两个字是值得考虑了。

《上海党員干部会上的讲話》1957.4.27

57．在我国，大規模的阶級斗爭已經过去，資本家、地主、富农都将进入社会主义。

《同外宾談話》1965.7.30

58．国內主要的阶級斗爭已經基本結束了，……

《上海党員干部会上的讲話》1957.4.27

59．要知道現在地主阶級已經消灭，反革命已基本肃清，帝国主义也沒有来，因此和敌人的矛盾不再是主要的矛盾了。

《在石家庄的讲話》1957.2

60．阶級斗爭基本結束，反革命分子少了，刑事犯也少了，所以国家专政的机构可以縮小了，……

《省、市委組織部长会議上的讲話》1956.12

61．現在那个阶級斗爭已經过去了，那些事情用不着了，那些經驗閑起来了，有那个本事可是沒有用了，英雄无用武之地。現在再也沒有地主阶級，資产阶級給我們消灭了，我們的經驗閑起来沒用了，……

《上海党員干部会上的讲話》1957.4.27

62．人民內部矛盾应該緩和，人民內部矛盾的事情应該妥协解决，处理的方針可以着重它的同一性，因为它原来就是同一性。

同　上

63．現在我們的国家巳經組成了，这个国家机构有二条任务，一条是实現专政，另一条是組織社会生产，第一条的任务愈来愈小了，刑事犯也少了，所以国家专政的机构可以縮小了，……今后国家的最重要任务是組織社会生产。

阶級斗爭基本結束了。

«省、市委組織部长会議上的讲話»1956.12

64．現在在資本主义的社会主义改造方面，在农业、手工业的社会主义改造中巳經取得了巨大的胜利，可以說，在我国，我們巳經在阶級斗爭中取得全面的胜利。

«同外宾談話»1956.7.13

65．公私合营以后，无产阶級和資产阶級的主要矛盾巳解决了。

«上海党員干部会上的讲話»1957.4.27

66．我国社会主义和資本主义誰胜誰負的問題現在巳經解决了。

«八大报告»1956.9

67．如果我們讲到非无产阶级思想，讲到农民阶级思想，讲到小資产阶級思想，讲到地主阶級的思想，是讲过去的，是反映了那个阶級存在的时候。

«河南干部会上的讲話»1957.3

68．知識界巳經改变了原来的面貌，組成了一支为社会主义服务的队伍。……

«八大报告»1956.9

69．毛主席曾提出无产阶級领导权在学校里究竟是否建立起来了。看来資产阶級对教育影响不少，有些地方比无产阶級影响还要大。要去查一查，大、中、小学有多少資产阶級思想。

«政治局会議上的讲話»1958.6.21

70．要依靠你們带头，要依靠你們搞科学技术，要依靠你們带青年人。

«北京招待科学家时的讲話»1961

71．你們应該向老教师学习。对老教师……不重視他們的經驗，否定他們的經驗，也是一种沙文主义的表現。

«談小学課本»1956.11

72．如果旧知識分子反对消灭这三个差别，就沒有力量。他叫資产阶級知識分子，沒有多大号召力。我們总是怕旧知識分子、旧教授反对我們。他們反对消灭三大差别，力量不够。

«广西干部会上的讲話»1964.8.22

73．国家的学校考不上了，可以合作办学、集体办学、私人办学三种形式，……有的人可以請家庭教师。

要放手让人家讀，也可以讀孔子书，比不讀书好，多讀几本书，比少讀几本书好。

«保定河北省委干部座談会上的讲話»1957.2.19

74．有私塾也好。……

反革命为什么不能教书。

«同　上»

75．因为他們（知識分子与工农）之間的对抗，是思想上的对抗。把旧的观念改变了，就成了新的知識分子，苏联的知識分子与体力劳动者之間就沒有这种对抗的情緒了。体力劳动者与脑力劳动者的界限逐漸消除了。

《教育工作者座談会上的讲話》1949.10.11

（二）美化資产阶級知識分子

76．今天的資本家已是公私合营了的新式資本家。

《上海党員干部会上的讲話》1957.4.27

77．現在还多少保存旧观念的工商界和知識界人士，将要为今后不断出現的新事物所改变，他們的认識会继續提高，他們的旧观念会进一步为新观念所代替。……如果他們主观上能够加以努力，认眞学习馬列主义，那么他們的旧思想就可能早日地改变，就可能树立馬克思主义的世界观，以至在大风大浪中坚定地站稳自己的脚跟。

《給黃炎培的信》1959

78．你来信中說中国工商界和知識分子中許多人从解放以来，是逐步认識和接近共产党和社会主义的。他們經过了几个认識阶段，最后达到信服、悅服的阶段，这是眞理。

《同　上》

79．資产阶級的文化水平比其它阶級高，主观世界改造是可能的。

《政治局会議上的讲話》1960.2.11

80．資方人員很多是富有管理經驗和技术知識的人，……我們的工作人員除开向他們进行教育以外，还必須认眞向他們学习，把他們的有益的經驗和知识当作一份社会遺产继承下来。

《八大报告》1956.9

81．……同时，我們必須运用資产阶級和小資产阶級的知識分子的力量来建設社会主义，並且向他們学习。但是，我們不应当让他們所带来的資产阶級思想和小資产阶級思想侵蝕无产阶級的队伍，相反，我們要尽一切努力帮助他們轉变为同劳动人民密切結合的新知識分子。由于我們党做了长期的有系統的工作，我国知識分子的基本队伍已經同工人农民結成了亲密的联盟，並且有相当数量的知識分子变成了共产主义者，加入了我們的党。

《同　上》

82．什么是工人阶級，工人阶級中包括那些人？据馬克思的說法，凡工錢或薪金劳动者，即自己沒有生产工具，不出卖为自己所有的成品，只出卖劳动力。依靠出卖劳动力取得工錢或薪金来維持生活，作为自己的生活主要或全部来源者。劳动者有两种：体力劳动者与脑力劳动者。因此被雇用的职員也是，教員也是，……中小学教員是，大学教授也是，工程师、新聞記者、艺术工作者中很多也是，唱戏的（其中包括吹鼓手）也是。……各种不同形式的出卖劳动力，都是工人阶級，……脑力劳动者也是工人阶級的一部分。确定工人阶級为領导阶級，在座諸位大多数在內。

《教育工作者座談会上的讲話》1949.10.11

83．大学教授即令其家里有几百亩地，但他主要是靠薪水生活的，可以加入工会，因其要求与工人很多是一致的。工程师也可以加入工会。总之雇用劳动者、工薪劳动者都可以加入工会。

聘請就是雇用，大学教授才挣几百斤米，是无产阶級。而农民、貧农只挣几十斤米，生活很差，但不能算无产阶級，只是半无产阶級而已。

《天津干部会上的讲話》1949

84．知識分子是干什么的呢？是为了別人服务的。地主資本家沒有了，你們难道不是就是为工农服务嗎？

《北京地质学院毕业生座談会上的讲話》1957

85．資产阶級知識分子想为人民服务，貢献給国家、人民，这样的人不少。

資产阶級知識分子还有很多資产阶級生活方式、习慣、世界观，这些很难改。有些人立場是比較堅定的，也經过了考驗，……

1957.12.13

（三）取消党对教育事業的領导

86．革命不一定要共产党領导，只要是眞正革命的人，眞正的革命家，革命的方法正确，就会取得胜利，不管他是不是共产党。

《同外宾談話》1962.12.22

87．一切群众工作、群众斗爭，統一于群众团体領导，……。党、政府、軍队只能帮助，不能領导。……

不管党、政、軍、民去做群众工作，都应服从群众团体的領导，作那項工作就由那項工作負責人指导。

《关于群众工作的几个問題》1944.12

88．开开会，发現干部，总結經驗，这就是体現党的領导。发現优秀教师，校长人材是領导的主要任务。

《对教育部的指示》1956.6.6

89．解决师資，等于工厂解决工人，沒有工人不能开工厂，在学校內決定一切的問題是教員。

《在教育部汇报会上的讲話》1956.3.30

90．校长負責制，改为校长責任制，要肯定向这方面做。

《对教育部的指示》1951.3

91．党对于学术性质和艺术性质的問題，不应当依靠行政命令来实現自己的領导，而要提倡自由討論和自由竞賽来推动科学和艺术的发展。

《八大报告》1956.9

92．大胆提倡干部服从群众，不是要群众服从干部。……要群众起来說話，共产党不好，干部不好，可以讲，……凡群众要撤职的，統撤职。

《六地委报告中关于工作和土地部分的摘要》

1947.4.23

93．今后就要守住一条，应該是做过工、种过地的才能选拔当領导干部。

《同閻相华的談話》1957

94．“不懂装懂”，“就是沒实事求是”。“党爬上了領导位置，乱指揮”。“继續这样下去，要下台”。“不要欠賬到棺材，生前不还死后还。”

《討論科学工作十四条会議上的讲話》1961.7.6

95．大跃进以来的思想文化革命是乱戴帽子、乱斗爭，强制人家接受馬列主义。前几年是抽象的紅，空談革命、革命。

《同　上》

（四）抵制毛主席关于教育革命的指示

96．中国过去的大学是否有成績呢？在对于提高中国人民的文化水平、科学水平和认識水平上，是有很多成績的。

《中国人民大学开学典礼上的讲話》1950.10.3

97. 对旧大学的改造，就要慢慢地、有步驟地需要經过相当长的时間来改造。

《同上》

98. （中国人民大学）是我們中国第一个办起来的新式大学，在中国历史上以前所沒有过的大学。象中国人民大学这种新型大学，在全中国只是第一个。华东、华中、华南都有大学，这些大学都是政治訓练班性质，……要培养建設新中国的干部。但这不是在半年內可以培养好的。

《同上》

99. 一万年后，忽"左"忽右也会有的，今后学校要有稳定性。学生要向先生学习，无产阶級要向资产阶級学习，承认后者的文化技术水平比前者高。

《政治局討論教育工作时的讲話》

100. 学校要用正规的办法，要考試，将来毕业，要准备这一着。……初級、中級的党校，也要一步一步地正规点，办下去。

《对馬列学院第一批学員的讲話》1948.12.14

101. 普及教育当前还不是那么要紧，当前还是高等教育，还是专家問題。

《对教育部的指示》1956.6

102. 重点学校有的是办得好，有历史，积累了經驗、资料，不要搞掉了，不要把尖端搞掉了，不要把突出成績搞掉了，只要做到这一点，大的偏差不会出。

《教育改革会議上的讲話》1966.7.18

103. 好呵！保留北京大学，保留个尖端，让他去修正主义好了。

1965.11.3

104. 培养人材是长期的困难的事情，先办好几个重点学校，对高等教育是很重要的。

《参观清华大学时的讲話》1955.5.16

105. 全日制学校現在还是需要的，还得好好的办。……真正到了共产主义时代，是否还需要全日制？很难說，也許还需要，也許不需要的。

《和中央学制問題研究小組的談話》1964.8

106. 全日制学校也是需要的，还得好好办。大概要搞一百年、二百年、三百年。

《对教育部的指示》1965.6

107. 現在全日制的学校还不能縮小，也不能不办，因为半工半讀的学校还沒有办起来，不能代替它們。

《湖北省委扩大会議上的讲話》1964.8.7

108. 到那时（廿、卅年以后）半农半讀、半工半讀将成为主要的教育制度，而現在的全日制小学、中学、大学将会逐步被代替。

《同上》

109. 現在我們全日制的小学、中学、大学，还不能减少，照現在这样办还是必要的。

《广西干部会議上的讲話》1964.8.22

110. 城市普及初中，还是搞全日制和半工半讀两条腿走路的办法。城市全日制初中，农村全日制小学，不要停止发展，这一条路不要堵死……現在我們一方面搞半工半讀，全日制有些要改一部分，有些还可以再发展一点，这事由各地去办……。

《政治局扩大会議上的讲話》1965.11.6

111. 这种学校办起来（指半工半讀），以后就可以少办全日制中等技术学校，可以少办全日制大学，慢慢地使这种教育制度成为主要的教育制度，将来要象馬克思所說的那样，全部代替現在的教育制度。

《湖北省委扩大会上的讲話》1964.8.7

112. 全日制学校的改革也要抓。这个問題，毛主席在去年春节就提出来了，还沒解决。請高教部、教育部准备。如何改革，再开一次会。看不准，千万不要瞎指揮。改革的重点，也是要搞教育与生产相結合。

《政治局扩大会議上的讲話》1965.1

113. 为什么要抓半工半讀呢？就是要造成一个形势，将他們的軍，逼着全日制改革，非改不行。

《談話記要》1965.11.19

114. 大学文科坚决搞半工半讀。实在不通的，算了，也不要强迫。以前的学生不愿，就让他們念全日制毕业，以后新招的学生，要对他們讲清楚，还是有人来的。現在这一批让他們毕业算了。脑力劳动与体力劳动分开，已經是几千年的习惯，一下子让它取消，恐怕还是不行的。不要强制人家搞，强制就容易出毛病。不愿意废除的，就可以不改，一部分不愿改的，就改另一部分。以后从一年級改起，这他們沒話說吧，大学的教員就算了，不通的也可以保留下来，还是思想問題。

《半农半讀教育会議讲話》1965.3.31

115. 教师采取志愿兵的办法，自愿教半工半讀的就干，不愿干的就拉倒，让他去教全日制。愿意干的，就要下决心，我們再把他們訓练一下，教給他們一些教学方法，他們会努力去干的。这是个远大的理想。小学自愿，中学也自愿，将来大学也自愿，不愿意就拉倒，省得他去那里搞破坏。革命的教育，革命的事业，非得有一批革命的人不可。有了志愿，还要給他們点方法，又有教材，又搞点教学方法，教育部要抓教員、教材、教学方法，这样，基本問題不就解决了嗎？

《同上》

116. 还要建設新中国的經济、政治、文化，因此，要培养新中国的干部。……很明显，三、四年的时間是不够的。将来第三、四屆可以延长一些。

《中国人民大学开学典礼上的讲話》1950.10.3

117. 这种中級农业技术学校，平常是三年毕业，我們只学半年，可以四年毕业，或者四年半毕业。

《和中央学制問題研究小組的談話》1964.8.2

118. 現在一般高中毕业到大学毕业需要八年，我們搞半工半讀，可以多学一两年，即到八至十年后又是工人又是大学毕业生。

《河北省委及天津市委座談会上的談話》1958.7

119. 年限不要定死，四年不够，可以延长一年，功課要学好，多一年沒有关系，大体上按学时定下来。

《江一真汇报时的讲話》1965.7.20

120. 教育年限，我主张不要規定死学几年，要規定总学时，学完就行，年限可长可短，三年可以，五年也可以。……大学、中等技术学校，到底要学多少年就够了，要按学时計算，該几年就几年。

不要死規定几年，必須学完那些課程。

《同上》

121. 要按学时規定，学不完，时間延长一些，多个一年半年沒有多大关系，按总学时需要学习几年，功課要学完学好。

《对农业教育工作的指示》1965.7.22

122. 高等学校年限还要看看，質量不能降低，按必修課程所得出的总学时計算，該几年就几年，学完就毕业，学不完加它半年一年。

《江一眞汇报时的讲話》1965.7.20

123. 把耕讀学校办成正式学校，一方面不要办成全日制学校那样，另一方面，也得把学制、課程定下来。时間可以比全日制学校长半年或一年，課程不要縮短得过多，眞正能学到那些东西，才能有威信。

《半农半讀教育会議讲話》1965.3.31

124. 中专学制可以延长一年。

《关于农业教育工作的讲話》1965.7.30

125. 学制要縮短，如何縮短：中小学各五年，大学五年。……也不能搞得太紧吧。

《教育改革会議上的讲話》1966.7.18

126. 工厂可以办半工半讀，招初中毕业生，四年毕业。三年毕业不行。你們"五四"学校是三年毕业，我看太短了，应該四年毕业。……初中毕业生学四年或四年半毕业，大体上可以达到中等技术学校的水平。

《广西干部会議上的讲話》1964.8.22

127. 不用着急，孩子年龄还小，还是让他們多学一点好，四年之后再加上三年，学到中技的程度，国家就可以分配工作了。

《和中央学制問題研究小組的談話》1964.8.2.

128. 参加一期四清，毕业生延长一点，补起来，当兵二个月可以不当了，不要因参加四清学习質量降低。

《对农业教育工作的指示》1965.7.22

129. 三八节、五一节也不必放假，甚至礼拜也可以不要，而按中国办法，每月初一、十五放两天假，让学生多学一点，因此学制必須改革，不改不能适应这种需要。

《和中央学制問題研究小組的談話》1964.8.2

130. 还有学制問題，根本学制改革不可能，大致按照原学制。学生提議課程太多，妨礙學生健康，我不很清楚，如果眞是那样，可考虑減少，但不要程度降低了。

《对北京工作的指示》1949

131. 我看我們的目标大約就是这样的，从小学毕业，初中毕业，全日制的再学三年，半日制的再学四年或者四年半。突破这一关，大概这个文化水平、技术水平就相当高了。

《和中央学制問題研究小組的談話》1964.8.2

132. 教条要学，圣經要讀，問題在于运用。历史課本沒有教材，資治通鉴也可以讀。

《对教育部的指示》1956.6.6

133. 教科书要改，采取过渡办法，把旧书中錯誤的、重复的、无用的删掉。中宣部、教育部立即組織編写新教材。

《教育改革会議上的讲話》1966.7.18

三、大肆販賣"兩种教育制度"黑貨，竭力推行反革命修正主义教育路綫

（一）炮制"兩种教育制度"，对抗毛主席的无产阶級教育路

① 自封为"半工半讀"首創人

134．去年，我要青年团去試驗一下（勤工俭学），搞了，在历史上是起了作用的。

《視察江苏时的讲話》1958.9.7

135．去年十一月間以及后来，我跟人家談过，搞半工半讀。

《政治局扩大会議上的讲話》1958.5.30

136．五八年我去天津时，提倡了一下，有一百个工厂搞半工半讀……。

《安徽地、市委书記座談会上的讲話》1964.7.18

137．一九五八年我到天津，在那里讲了一次，他們那个时侯热情很高，呼隆呼隆就办起来了。

《广西干部会議上的讲話》1964.8.22

138．几年前我提出过这个問題（指半工半讀）現在实驗的地方还不多，經驗沒有总结，我感到这个問題应引起我們的注意。

《政治局扩大会議上的讲話》1965.11.3

139．（到共产主义社会）学校制度也是这样。沒有全日制学校。馬克思讲，到共产主义社会，九岁的时候要有两小时体力劳动，十三岁就要四小时。十三岁还是小孩子嘛，是我們的初中学生嘛，体力劳动四小时，那是什么呢？那就是我所讲的半工半讀，或者半农半讀，就是这种学校。列宁也讲，要实行一种綜合技术教育，我想也是这种学校，而不是現在我們办的这种学校。

《广西干部会議上的讲話》1964.8.22

② 肆意歪曲毛主席提倡的"半工半讀"实质

140．半工半讀学校要培养什么人的問題，毛主席不是讲过培养有社会主义觉悟的、有文化的劳动者嗎？我們要培养有社会主义觉悟、有文化科学知識、有技术、有实际操作能力的新型劳动者。我們的目标应該培养到能当干部、当技术員、当工程师的水平。但是也要能当工人农民。不是說要能上能下嗎？

《政治局扩大会議上的讲話》1965.11.6

141．用半工半讀办法，有个十年二十年，很多人可以达到大学水平。什么工程师、专家、教授，沒有什么了，很普通。当然里面有特殊的，有发明創造的人，冒尖的，不冒尖的也是专家。

《在北京日报社的談話》1958.6.30

142．这两千多人（指天津半工半讀毕业生——編者）要再查一查，他們是一种新人，和我們不同，和普通工人不同，和农民不同，和科室人員不同，……这些人能劳动、有文化、有技术，再学点政治、經济，还可以提拔他們作党的工作，政治工作，作經济管理工作。

《同河北省委負責人的談話》1964.7.5

143．这些人既能脑力劳动，又能体力劳动，他們可以当厂长，当車間主任，当党委书記、市长、县长等等。他們都可以当嘛！他們有这个文化水平。

《广西干部会議上的讲話》1964.8.22

144．工人阶級必須有一个宠大的知識分子队伍，……我們的党員、团員和革命知識分子队伍，……凡是有条件的都应当努力使自己成为"又紅又专"的"紅色专家"。

《庆祝十月革命四十周年大会上的讲話》1957.11

145．將来这些人有的可以当車間主任，有的可以当厂长，有的在科室工作。

《同河北省委負責人的談話》1964.7.5

146．工厂里应該出大学生、出教师、出工程师、出干部。

《視察江苏讲話》1958.9.7

147．……最好的形式是半天劳动、半天讀书，因为半天眞正劳动、半天眞正讀书，对劳动对讀书都有利，对人的身体也最有利。

《政治局扩大会議上的讲話》1958.5.30

148．在这些青年工人中間搞半工半讀，作四小时工作，四小时学习，給一半工資。

同　上

149．省市在新办厂中找几所沒有招工的来实行半工半讀，招半工半讀的学徒工，每天生产搞六班制，四小时生产，四小时学习。

《河北省委及天津市委座談会上的談話》

1958．7.10

③　推銷資本主义教育"双軌制"

150．欧文讲，少年参加劳动，可以增加生产，也是建立未来社会的唯一方法。

《政治局扩大会議上的讲話》1965.11.15

151．我是搞过半工半讀的，我在保定育德中学搞过一年半工半讀。……我們一共六十个人，还能赚錢。上午上四小时課，下午作四小时工，身体也很好，书也讀了。

《政治局扩大会議上的讲話》　1958．5．30

152．〔《参考資料》一九五七年十一月八日中午版轉載了一篇文章，"美国大学生有三分之二半工半讀"（10月5日的蔣邦《中央日报》譯自英国《大众科学》杂志）。〕刘少奇看后加了以下批示："此件送团中央一閱。中央是否可个别試办？請你們研究。"

153．有些資本主义国家，也都实行了初中普及教育，在这些国家内比較年青的工人农民，比較年青的理发工人，縫衣工人，厨师等等都是中学毕业生。

《人民日报》社論　1957．4．8

154．到共产主义是否还要全日制学校，还很难說，可能不用要了。……也可能办一些全日制的特殊学校，培养特殊人才。

《政治局扩大会議上的讲話》　1965．11.6

155．第一类学校是国家办的，质量要求高，阶級成分好，文化质量也要較高，这只能吸收一部分人。因此，势必要有第二类学校，即半工半讀学校。半工半讀是有經济目的。因为第一类学校接收不了这么多的学生，同时家庭也供不起，自己又考不起，因此就要不靠家庭，不靠国家，靠自己做工讀书。优秀的考入了第一类，次一些的就进入了第二类，……。

《政治局扩大会議上的讲話》　1958．5．30

156．学校分两类：第一类学校和第二类学校（或第一种学校和第二种学校，名稱要研究定下来），第一类是全日制学校，第二类是半工半讀，业余教育，主要是半工半讀。

同　上

157. 我想，我們国家应該有两种主要的学校教育制度和工厂农村的劳动制度，小学、中学、大学，整天都是讀书；……一种是半工半讀的学校教育制度和一种半工半讀的工厂劳动制度。

同　上

158. 全日制学校現在还是需要的，还得好好的办……眞正到了共产主义时代，是否还需要全日制？很难說，也許还需要，也許不需要了。

《和中央学制問題研究小組的談話》1964.8.2

159. 半工半讀不但大中学校可以試办，工厂机关也可以試办，这样做，可以刺激全日制学校学生更好地学习。

《湖北省委扩大会議上的讲話》1964.8.7

160. （实行半工半讀）学习质量也可能降低，但另外有全日制学校，质量也不会降低。

同　上

(二) 打着“全面發展”的幌子，盗窃資本主义黑貨

161. 什么叫人的全面发展呢？第一是脑力劳动和体力劳动的全面发展，当然也还有其他的。如果脑力劳动者只搞脑力劳动，那还有什么人的全面发展呢？

《湖北省委扩大会議上的讲話》1964.8.7

162. 一个工厂就是一个大学，工厂与学校合一，厂长就是校长，又管生产，又管教育。

《河北省委及天津市委座談会上的談話》

1958.7.10

163. 讀了书，做了工，又不拿錢，又是无产阶級，将来有的可以当干部管理国家大事。

《同安子文的談話》1960年

164. 要眞正能够讀书，眞正能够劳动，任何一方面不落实也不行。

《政治局扩大会議第二次会議記要》1965.11.16

165. 現在在新开厂里試行，干淨利落，我們就招收学生，二頂一，不开工資，只管飯吃，搞四小时劳动，四小时讀书，要劳动就眞正劳动，要讀书就眞正讀书，我們就試行这种劳动和教育結合的制度。反正是要招工嘛！

《政治局扩大会議上的讲話》1965.11.6

166. 工厂的負責人，对学生不只是要注意生产，还要眞正的要他們学些东西。不要片面观点。要学习和生产都兼顾。

《談話紀要》1965.11.19

167. 搞几个学机械的半工半讀学校，学机械制造，能銑、能磨，还有钻床、鏜床、鍛压。毕业一批，分配一批，开始当工人，以后当技术員，也可以分配到科室，把科室的人員放下去，也半天劳动，这些人半天劳动，半天工作，再学些馬列主义。經过培养可以当車間主任，当厂长，培养接班人嘛。他們有技术有文化，恐怕比我們老干部好些。

《視察天津半工半讀时对河北省委負責人的談話》

1964.7.10

168. 政治学习和业务进修一起搞不行，要分开进行，不要搞在一起。

《郑州师生代表座談会上的讲話》 1957

169. 中等技术学校，要不要学点外国文，不一定学很多，先学几个字母再学一二三四五、麦子、稻子，以及工农业上的字，准备将来认一认机器上型号，給点常識。过去上海拉洋車的都会几句洋涇浜外国話，但他会說不大认識字，……只要认識一些外国字就行。

《半农半讀教育会議上的談話》 1965.3.31

170. "办初中，农业中学的初中，恐怕原来的課程要改一下，大概是办初級的农业技术学校，当然也要学一点文化，学点語文、算术，此外学点农业技术基本知識，本地生产什么学什么。还要学一般的知識，如土壤学、植物栽培、昆虫、畜牧、稻子。"初中以后再学，就"要学到中等技术学校的課程。"

《广西干部会議上的讲話》 1964.8.22

171. 半农半讀本身就是阶級斗爭。

《半农半讀教育会議期間的談話》 1965.3.31

172. 实行两种教育制度，举办半工半讀学校，本质上就是組織我們的阶級队伍。

《和中央学制問題研究小組的談話》 1964.8.2

173. 教育与生产劳动相結合，别的阶級不搞，只有我們才搞。

《团中央举办的輔导員联欢会上的讲話》1959.

174. 学点技术，这样工人就服了，思想問題就沒有了。厂长，支部书記，車間主任，科室干部都参加劳动就沒有好多事好办了。

《安徽地、市委书記座談会上的讲話》1964.7.13

175. 半农半讀，劳动一年可以不要了，实习也可以不要了，当两个月兵也可以不要了。

《江一眞汇报时的讲話》 1965.7.20

176. "中共党內有官僚主义"，是"因为中国无产阶級和劳动群众的文化程度不高"，"群众的文化程度低，就有被欺騙的可能。官僚主义也就有可能存在。如果无产阶級劳动群众的文化程度很高，都是大学毕业生，官僚主义就不可能存在。"

提高群众的文化程度，特別要提高民主精神，进行民主教育，是我們反对官僚主义的根本办法。

《民主精神和官僚主义》抗战时期

177. 他們工資不少，不需要多吃多占，不貪污盜窃了，他們能劳动。

《同河北省委負責人的談話》 1964.7.5

178. 这是采用群众路綫，多快好省地培养工人阶級和劳动人民知識分子的一种方法，这样，我們就可以在很短的时間內，訓练大量有文化的技术工人、技术員、大学毕业生。

《政治局扩大会議的讲話》 1958.5.30

179. 最近，我們想出一个办法，开办半工半讀，……这样一來，我們工厂、机关領导要搞官僚主义就不容易了。工厂中有很多大学生，他們会叫你下台，因为很多工人都可以而且有能力当厂长。要搞貪污也很困难，因为工人中有大学生会算賬。

《与宋双談話》 1963

(三) 打着"反修"、"防修"的招牌，大搞假共产主义

180. 社会主义教育、半农半讀、干部参加劳动，这三件事是防止資本主义复辟、逐步

消灭三大差别、为将来实現共产主义的根本措施，現在，我只想到此。

《江一眞汇报时的讲話》 1965.7.20

181. 服馬克思看，半工半讀这是个根本問題。过去我們說过，也和一些外国人談过，中国究竟会不会出修正主义？資本主义在中国会不会复辟？在实践中还沒有完全証明不会出修正主义，資本主义不会复辟，但我們要努力避免，有什么办法避免呢？根本的就是那三条措施：第一是社会主义教育运动，一定要堅持到底；第二是改革我們的教育制度，搞半工半讀，全日制要改革，还要加强业余教育；第三是干部参加劳动。到目前为止，我們只有这三个办法。同志們可以想一想，是否还有第四个办法。我們把这三个办法实行了，也許能够避免，也許还不能避免……。

《政治局扩大会議上的讲話》 1965.11.6

182. （半工半讀，半农半讀。）这是我讲的远景，我們的发展方向。这也是社会主义建設，社会主义教育，創造新的人。这也是挖修正主义的根子……。

《广西干部会議上的讲話》1964.8.22

183. 現在我們所想到的（防止資本主义复辟的）办法有两个，一个是发动群众搞“四清”，一是改革教育制度和劳动制度。

現在我們能够想到的就是这两条。

《与何伟的談話》 1963.3.21

184. 告訴他們，到共产主义也是这样，至少劳动四小时，其余的时間也可能都去玩。或者管經济，或者是画画，或者唱戏，或者搞研究工作。将来的人都可以做研究工作。

《同河北省委負責人的談話》 1964.7.5

185. 今后的初中、高中毕业生还要增加，越多越要升学，形势逼人，国家沒那么多錢，就是自己劳动，自己搞飯吃。毕业后不分配工作，当工人，当农民，做做工，种种地，可以演戏、写小說，讲馬列主义也能讲好，做半天工，半农半讀，半工半讀，輪流值班，就是早进共产主义。共产主义就是半天劳动，半天工作。

《江一眞汇报时讲話》 1965.7.20

186. 共产主义就是半日劳动，半日学习，文化活动嘛！

同 上

187. 过去馬克思讲过。原文我記不得。說共产主义社会的工人，就是要一面劳动，一面讀书。那时侯一天只需要劳动四小时，其余的时間干什么，光玩，也沒有意思。劳动成了人們的第一需要，书也要讀。

《半农半讀教育会議上的讲話》 1963.3.31

188. 馬克思讲了这个問題，半天劳动、半天讀书这个方式最好，对人的身体很有好处，这是眞正的共产主义。

《談話記录》 1965.11.3

189. 实行这种半工半讀、半农半讀的方法，就能够在不太增加国家开支的条件下充分滿足青年們的升学要求，並且使我国提前进入共产主义社会。

《江一眞汇报时的讲話》 1965.7.20

190. 实行了两小时劳动，六小时工作，我們就比苏联进步了嘛。整个社会就提高一步了。到共产主义社会，四小时工作，其余时間不能都玩了，不能全用去跳舞，可以看书、画画、写小說、当部长。

《政治局扩大会議上的讲話》 1965.11.6

191. 不要你多劳动，只劳动半天就共产主义了嘛！

《半农半讀教育会議上的讲話》 1965.3.31

192. 农业办起来了，工业也搞起来了，商业也就搞起来了，共产主义就是这样的。

《視察河北香河談話》 1958.

193. 这些人若能做到又劳动，又办工，又管理，你能看出点共产主义时代的作法。

《同河北省委負責人的談話》 1964.7.5

194. 实行半工半讀，青少年参加劳动，可以增加生产，也是建立未来社会的唯一方法。一定要向这个方向努力。

《政治局扩大会議上的讲話》 1965.11.15

195. 如果我們不采取这个措施（指两种劳动制度、两种教育制度），很难免不出修正主义。

《广西干部会議上的讲話》 1964.8.22

196. 我觉得这些从中等技术学校毕业的，半工半讀毕业的已經是我們的一种新的人了。……他既能脑力劳动，又能体力劳动。这一种人，就是我們的前途，我們国家的前途，我們所有人的前途。

同 上

（四）背离教育为无产阶級政治服务的根本方針，大搞經济主义

① 鼓吹"半工半讀"能"普及教育"

197. 半农半讀，半工半讀，既是一种劳动制度，又是一种教育制度，同时又是一种学校制度。

实行这种劳动制度和学校制度的結合，在当前来讲有好处。就是用这种学校制度和劳动制度結合，使我們有可能普及教育，而国家能够負担得起，家庭也能够負担得起。

《与宋双的談話》1963

198. 农村要多办一些半工半讀的学校，大队办小学，公社办中学。……这样使許多人可以讀书，国家不要負担，家庭也不要負担，小孩可以自己搞飯吃。

《安徽地、市委书記座談会上的讲話》1964.7.13

199. 想什么办法能普及教育，而国家又負担得起，家庭又負担得起呢？就是想这个办法：半农半讀、半工半讀。让小孩子基本上能够自己弄到飯吃，国家补助一点，家庭补助一点。用这个办法，有普及教育的希望。

《湖北省委扩大会議上的讲話》1964.8.7

200. 不实行半工半讀的办法，家庭孩子多的，上学就負担不起，国家也負担不起。如果半工半讀，一般四小时劳动就可以养活自己，搞得好的，还可以补助家庭。这样就可以普及教育了。

《天津市委座談会上的談話》1964.7.3

201. 可不可以用教育經費的四分之一办这种半耕半讀、半工半讀的学校，招收的学生能够和其余四分之三經費办的全日制学校一样多。用这种办法可以普及教育，而且升学率高，他反正吃自己的飯

《安徽地、市委书記座談会上的讲話》1964.7.13

② 利用"半工半讀"提供廉价劳动力，实行資本主义經营方式

202. 两个学生頂一个工人，劳动定額也是这样定，合得来。两个学生頂一个人，实际上不止一个，頂一个多。他文化高，体力有。

《广西干部会議上的讲話》1964.8.22

203. 大学的半工半讀与中技的半工半讀，作为补充劳力，統一作固定工，統一安排，但不要搞得多了。

《談話紀要》1965.11.19

204. 劳动部門沒有什么批准不批准的問題！就是两个人頂一个工人，頂一个学徒，在劳动制度之內，在学校制度之內。与其招收工人，不如招收这种人，比招收工人好得多。

《政治局扩大会議上的讲話》1958.5.30.

205. 〔办半工半讀学校〕不要好多錢的，也不增加好多工資。大批学生也可以做半天工。那我們的劳动力就增加不少了。……免得增加新的工人，对国家有利，对自己也好，而对于长远，对于将来共产主义，更重要了。

《广西干部会議上的讲話》1964.8.22

206. 搞半工半讀，大概初中毕业的就管起来了。你要上学可以，到乡下去上好不好。他們初中毕业了。不要到处流浪，我們包下来。不用花很多錢。把他們收容起来，一面种地，一面讀书。但半工半讀不能太多，只能說大部分代替学徒工，不能全包。

《談話紀要》1965.11.19

207. 所有学徒工都要求半工半讀怎么办？我认为也可以，把普通中学搞半工半讀，劳动力就可以解决了。

《河北省委及天津市委座談会上的談話》1958.7

208. 学生参加劳动，頂替工人，要慢慢地頂替，頂出来的人也有出路，沒有出路的先不頂，要用多少年逐步頂替。所有学生参加劳动，可以減少固定工人。

《政治局扩大会議上的讲話》1965.11.6

209. 这些学生既有劳动技能又有文化知識，既能劳动又能作技术工作，他們能够提高劳动生产力，从长远看，工厂是不会吃亏的，是会賺錢的。

《和中央学制問題研究小組的談話》1964.8.2

210. 半工半讀也要办大学，要办半工半讀的高等学校，可以招收高中毕业生，或者招初中毕业生先讀两年预科，再上四年本科也可以。这样六年不开工資，只管飯吃，这是很划得来的。

《政治局扩大会議上的讲話》1965.11.6

211. 半工半讀学校办得好，注意节省一点，国家不需要拿多少錢，劳动生产率提高，創造的利潤不見得会賠錢。

《同河北省委負責人的談話》1964.7.5

212. 可能在开始办的时候，一两百个学生不会作工，还是学徒，那时会少生产一些。但从四年或四年半的时間整个算起来，工厂还是賺的。这个期間，你不給工資只給飯吃，或者第三年加两块錢，第四年加两块錢，其余时間只給飯吃。……办这种学校是不賠本的，而且劳动生产率可以提高。

《湖北省委扩大会議上的讲話》1964.8.7

213. 半工半讀的学校是不会賠本的，开始两年要貼一点，毕业以后就賺錢了。你們要注意这个問題。

《計委領导小組会上的讲話》1964.9.18

214. 基本是不給工資，只給飯吃，加它两元，是給它点零花錢。这种学校，这种工厂，为什么不賺錢。

《广西干部会議上的讲話》1964.8.22

215. 学生在四年、四年半之內，不給工資，只吃飯，为什么会亏本？这种学校，国家根本不要拿錢，不賺他的錢还好了，是啊，可以收点稅。稅可以收，可以少收一些，开始試办的时候，沒有經驗，鼓励他一下。

《关于发展半工半讀学校、建立两种教育制度問題的討論情況紀要》1964.8.1

216. 国內培养人材要花錢，国外培养也要花錢，等你們都成了出来为人民解决实际問題时，所花的錢也就賺回来了。

《对留苏学生的讲話》1952.7.29

217. 在新工厂，对新工人，办四小时做工、四小时讀书的学校。上四年不給工資，最好接着上大学，除給飯吃外，再給几个零花錢。工厂不发工資，你还划不来呀！这办法工厂高兴，学生也高兴，又能做工，又能讀书，精神也很好。搞六小时也可以試行，但六小时制应比八小时制工資低一点。

《政治局扩大会議上的讲話》1965.11.6

218. 半工半讀学校办得好，注意节省一点，国家不需要拿多少錢，劳动生产率高，創造的利潤不見得会賠錢。

《河北讲話》

219. 教育就是培养有文化的新型劳动者。国棉二厂和三中搞到一块，可以提高文化技术，也可以有了劳动力。要叫盖工厂，也要叫盖学校，……这样出来的学生实际的多，国家也不出錢，可以办学校。

《視察石家庄讲話》1958

③ 利用物质刺激，推行"半工半讀"，大搞經济主义

220. 半工半讀下乡青年，教点課，津貼一点，有那么几块錢，就很滿意了。

《江一眞汇报时的讲話》1965.7.20

221. 半工半讀增加生产，超额利潤中，給学生吃飯。搞久了对学生要給点錢，給飯吃，不是按劳取酬，每月有一两块零用，是否下此决心。

《教育改革会議上的讲話》1966.7.18

222. 半工半讀学习与生产并重，工資問題也要考虑。是否可以一、二年級吃飯不要錢，三、四年級发点工資。……学生对社会、对国家态度很好，很正确。国家、社会对学生也要有所表示，搞些奖励之类是可以的，每年吃几次肉，政治上的奖励也要，你們先考虑考虑。正式的办法，要全国統一。

《視察上海电机制造学校的談話》1958.10.26

223. 学校制度要改进，很有可能明年要变更，让学生有飯吃、有衣服、鞋袜穿、解决了这些問題，安心讀书和劳动，制度不能不变。

《視察南京工学院指示》1958.9.28

224. 凡是你們学校办在北大荒、青海的，要經常去慰問慰問，看一看。他們沒有粮食吃，可以补助点粮食。他們回来时，可以要他們带点东西回来。

《談話紀要》1965.11.19

225. 半工半讀学校即使办得不好，总是免費上学，学生沒有吃亏，賠本。

《江一眞汇报时的讲話》1965.7.20

226.半农半讀或半工半讀，使小孩自己可以弄到飯吃，又能讀书，这样就可以了。

《广西干部会議上的讲話》1964.8.22

227. 工厂可以办学校，……这样做也是培养干部的一个好办法，将来工人們都达到高中和大学程度，就可以当干部了，当技术員，当厂长，当工程师都可以……。

《視察保定讲話》1958

228. 今后招生要讲清楚，就是当社員。到时分配当技术員，不是更高兴嗎？

《江一眞汇报时的讲話》1965.7.20

229. 高中毕业生，百分之五十不能升大学，不能升学就不滿意。有了大批初中、高中毕业生，有基础了，可以大办半农半讀学校。

《同　上》

230. 最近我們想出一种办法。我們对他們說，开办半工半讀、半农半讀的学校，一半时間作工、耕地，一半时間讀书。你們自己去搞飯吃，自給自足，国家补貼一些。一年可以讀半年，一天可以讀半天。这样你們可以不断升学。小学毕业可以升中学，中学毕业可以升大学。小学生不鬧了，国家花錢少，家庭也負担得起。

《与宋双的談話》1963

231. 小孩子希望升学，这是正当的，应当滿足他的愿望，問題是升什么学校。要想多种多样的方法，使国家不要增加負担，家庭不要增加負担，而小孩子又都能升学，一直到大学。——有半工半讀的办法，国家和家庭都不要負担，就不应該不滿足他，不能設置层层障碍。

《談話記录》

232. 这样国家負担、家庭負担可以减少。小孩子十三、四岁慢慢可以搞到飯吃。

《安徽地、市委书記座談会上的讲話》1964.7.13

233.……要滿足他們的愿望，如果只办全日制的一种学校，那国家和群众都負担不起。只有采取半工半讀的办法，让他們自己搞飯吃，才能旣减輕国家同家庭的負担，又滿足青少年升学的要求。

《和中央学制問題研究小組的談話》1964.8.2

234. 书讀得越多，越要求升学，讀多了，他更要求升学。少讀一点，他不那么要求升学，讀多了，他更要求升学。我看这个要求是正当的。我們应該設法滿足他們的这种要求。我們的政府，我們的党，应該想办法使他們的这个升学要求得到滿足，滿足他們讀完小学讀初中，再讀个中等技术学校，再讀大学也可以。

《广西干部会議上的讲話》1964.8.22

235. 小学毕业了就要升中学，中学毕业了就要升高中，升了高中，不让升大学，他还是不滿意。所以我們要办半农半讀学校来滿足他的升学愿望，国家花錢不多。

《江一眞汇报时的讲話》1965.7.20

236. 如果半工半讀的制度能够普遍起来，那就可能解决很多問題，可以比較充分地滿足許多人升学的要求，工厂里人多的地方也可以解决，劳动就业的人就可以多些，工厂里面再可以加人。

《政治局扩大会議上的讲話》1958.5.30

237. 青年凡是能升学的，都要滿足他們的要求，既不靠国家，也不靠家庭，靠自己讀书。……一不靠国家，二不靠父母，直讀到大学毕业，有志气的青年都可以讀到大学毕业。

《天津半工半讀座談会上的讲話》1958.7.10

238. 一方面为滿足升学要求，要多办学校；另一方面毕业后也要有出路，这一点对青年人是能讲通的；……他們說，只要能多讀书，就是做工、种地也高兴。

《与宋双的談話》1963

239. 小学毕业了，初中毕业了，初中毕业之后，他就想讀书。你叫他去种地，要打通思想。这个思想是应該打通的。如果說，你下乡还可以讀书，还可以升学，又种地又升学，那他們就高兴了。这对动員城市青年下乡有好处。

《广西干部会議上的讲話》1964.8.22

240. 如果让城市初中毕业生到农村老是当农民，他們是不太愿意去的，如果下乡后仍旧有书讀，半工半讀或半农半讀，他們可能就愿意下乡了。

《和中央学制問題研究小組的談話》1964.8.2

241. 初中毕业生，沒有升学之路，横直会有人来的。

《江一眞汇报时的讲話》1965.7.20

242. 他們初中毕业的，不要他到处流浪，我們包下来。不用花很多錢，把他們收容起来一面种地，一面讀书。

《談話記要》1965.11.19

243. 一半以上不能升学，国家是不是应該替他想办法。什么办法呢？就是半工半讀，要讀书就进这种学校，要么你就不讀书，上全日制上不起，就得上半日制，而全日制就这么多，要讀书，就只好进半日制学校。

《政治局扩大会議上的讲話》1958.5.30

244. 中国人多，青年人要求学习，初中毕业才十五岁，沒有結婚沒有負担，升大学毕业才二十四岁么！不半工半讀，我們是打不了包票，如果实行半工半讀，我就敢拍胸包起来，有多少都可以包，小学升初中，初中升高中，高中升大学，同时提倡晚婚的問題也解决了。

《天津半工半讀座談会上的讲話》1958.7.10

245. 这样的結果使所有青年都能找到工作，而且都能学习，使我們民族可以普及中学、大学，国家不花錢和少花錢。而且必然培养出大量的工人阶級知識分子。

《接見共青团三屆三中全会主席团讲話》1958.7.15

（五）强制推行刘氏"半工半讀"

246. 劳动制度要改革……实在不行，要把厂长换掉。你不通明，你反对社会主义，共产主义，反对消灭体脑差别。

《談話記录》

247. 办半工半讀学校是有深远意义的。对这样一件事，要大声疾呼，对反对的人要斗爭，扣大帽子，甚至采取組織处理。你們看值得不值得？我看值得。

《和中央学制問題研究小組的談話》1964.8.2

248. 实行这个新制度，会遇到很大的阻力，斗爭会是很激烈的。对于反对半工半讀的人怎么办？要給他們带个帽子，这頂帽子就是"反对消灭三个差別。"

《关于抓紧为半工半讀学校培养师资問題的讲話》1964.9.3

249. 厂长思想不通，那样你不要当厂长啦，换一个。工业厅思想不通，那你不要当工业厅长啦，等到不让他当啦，他就通了。……总而言之，事情一定要行，而且一定要行通，要堅持搞下去。……你們愿意办更好，你們不愿意办，不要你們办。

《广西干部会議上的讲話》1964.8.22

250. 我在天津說过要成立第二教育厅，专管半工半讀学校，如果教育部和工业部門不愿意搞半工半讀，就另外成立教育部和工业部来管这項工作。将来新設的管半工半讀的教育部将是长命的，而你們現在这个教育部是短命的，最多只有一、二百年的寿命。

《和中央学制研究小組的談話》1964.8.2

251. 現在的教育厅，它有习惯势力老一套，它們不愿意干，另設一个教育厅（市里另搞一个教育局）专門管理这件事比較好。

《同河北省委負責人的談話》1964.7.5

252. 五年初步总結，十年后推广，再过三十年、四十年、五十年，大批半工半讀的知識分子起来了，那时旧知識分子的势力就小了。

《湖北省委扩大会議上的讲話》1964.8.7

253. 我主张每一个省、每一个大中城市現在就着手試驗，試驗时不要搞多，一下舖开，将来又大批垮台。不要搞得太多，但也不是搞一个，要多搞几个，准备有些会失敗。这是新事物，有几个办得好的，我們就会取得經驗，四、五年以后可以初步总結，扩大試驗，人民群众中間的观点也可以起变化。

《同上》

254. ……今后，这种半工半讀、半农半讀的学校，成为我們中国的主要学校，主要教育制度，逐步地代替現在的全日制小学、中学、大学和中等技术学校。大体在五十年之后，或者到一百年，把它代替完，看行不行。要把这个事情改完，恐怕要几十年、百把年。百把年也划得来，只要改过来，我們就大胜利了。

《广西干部会議上的讲話》1964.8.22

四、培养資產階級接班人

（一）反对学生参加三大革命运动

255. 你們去苏联，不是叫你們去搞外交和反修斗爭，而是叫你們学习技术，你們何必跟人家吵呢，吵得厉害了，不叫你們学习了，不是很糟嗎？

《同刘允眞的談話》

256. 革命是搞的差不多了，敌人已被打倒，在中国，……只剩下个资产阶級，对他是有办法的，可以教育改造，要你們去，不是要你們学习关于这个問題。你們学习的任务是建設，是使国家工业化克服中国的落后現象。

《对留苏学生的讲話》 1952.7.29

257. 不管你将来干什么，我劝你学一門专业，因为学一門专业知識，对于你将来干什么工作都有好处，如果别的工作不能干，可以干自己的专业。而如果沒有一个专业知識，則可能无論什么工作都难于干好。

《給刘允若的信》1955—1956

258. 技术工作是最有前途的，将来把敌人消灭掉，不打仗了，就要以技术工作为中心。……我們将来建設新中国，要大家管理国家，那时技术工作就要占統治地位，……到那时技术工作就要决定一切，因此技术工作是最有前途的。

《华中党校讲話》 1942.3.2.

259. 希望你們到那里搞好关系，学好一門技术。……你們学习的任务是建設，是使国家工业化，克服中国的落后現象，这比打倒蔣介石，推翻反动統治更艰巨。

《对留苏学生的讲話》 1952.7.29

260. 今后搞什么都要专門知識，专門技术……每人要学好一两門技术就行。

《同上》

261. 一个人要学会多种技术，在这个工种能干，到了那个工种也能干，不然这个工种沒活了，你干什么呀！要好好地学，多学几年，多学几种技术。

《太原重机厂談話》1958.3

262. 党員在党的学校中学习，从事理論研究的时候，主要任务是理論上的深造与把握，而不是学校生活的鍛炼，这时候学生应当埋头讀书，埋头从事理論的研究。

《答宋亮同志》 1941.7.13

263. 学生应当埋头讀书，埋头从事理論研究。这不独不能因此就叫他們学院派，而且是学生的主要工作。党員埋头讀书研究，这一事实，並不表現为学院派，而是每一个党員在从事馬列主义研究所必須如此作的，任何比較有馬列主义修养的人，都必須經过这样埋头讀书与研究的阶段。

《同上》

264. 你們要安心学习，两耳不聞窗外事，一心只讀圣賢书，或窗外事可以聞一聞，但不要因此而不安心。

《对馬列主义学院第一批学員的讲話》1948.12.14

265. 到那里后，要按紀律办事，好好学习，祝你們都以五分毕业回来，让步一点，是四分，三分就不太好了。两分的話，自己就捆背包回来，回来还可以做点事，吃点飯。

《对留苏学生的讲話》 1952.7.29

266. 学校里就是有教条主义，学校里不学教条学什么？

1957

267. 数、理、化理論基础課不要削弱了，不能輕易搞掉，要自然科学。

《关于城市半工半讀教育的报告》1965.10.25

（二）反对突出无产阶級政治

268. 学校中必須强調教学，行政工作为教学服务，……要肯定向这方面做，不称职的校长可以换。

《对中等教育会議的指示》1951.3

269. 政治教育沒有什么可搞的，可以留些調皮搗蛋的人作反面教員，可以經常搞点人去受政治教育，否則就沒事可作了。

《汇报大庆矿区建設問題的宣传报告时的插話》

1962.2

270. 給学生打分数，政治操行占50%，功課也占50%。

《董純才传达刘少奇的指示》

271. 大多数继續学习技术，也有一部分人学政治，学馬列主义，学毛主席著作，学会搞阶級斗爭。……

他們多数抓技术。

《对半工半讀教育的指示》1964

272. 刻苦劳动，努力学习，把自己鍛炼成为接替前一輩革命事业的可靠接班人。

《和刘維孔的談話》1958

273. 如果机关、学校、工厂經营管理好，人的精神面貌就会好，群众热情就会高。工作作好了，生产也提高，就可以多賺錢。

《与宋双的談話》1963

274. 品行和政治好的标准就是教育和劳动結合。

《天津半工半讀座談会上的讲話》

275. 一个学校有一个插紅旗的人就行了，要他专門做这方面的工作（政治思想工作）。

《对教育工作的指示》 1958.6.11

276. 要让人安心工作。要正規化。要使人們树立起教学理論工作的事业思想。实行这套制度（学衔制度）是必要的。

《对高級党校工作的指示》1954

277. 子女（資本家的子女）入学問題，同样是按考試成績入学。

《政治局会議上的讲話》 1960.2.11

278. 以前执行工农教育的方針是有偏差的，今后应加强工农业余教育，工农速成中学可暂停招生，要求三年速成不是实事求是的，学习上不能取巧，要老老实实，也不能降低要求。

……高教部在統一招考新生时，对工农加五十分录取是不对的。

……不要单純追求数量，要重視质量，不到一定标准，就不录取。

《参观清华大学时的讲話》 1955.5.16

279. 如果要办，就一定要招收有培养前途眞正优秀的工人、老干部，条件要严格一些，能招多少就招多少人，招不到就不办。

《董純才传达刘少奇的指示》 1958.6.11

280. 对学生的处理問題，应該严格，对不合标准的学生应予留級或退学。

《参观清华大学时的讲話》 1955.5.16

281. 首先要在国內把俄文准备好，其次还有政治。

《对留苏学生的讲話》 1952.7.29

282. 搞自然科学的，对政治糊涂些，破性少些。

《同刘涛、刘允眞的談話》

283. 学文比学工容易出問題。

《同上》

284. 有人提出疑問是工业救国，还是教育救国，其实二者並不矛盾。在这种情况下，沒有教育救国就沒有工业救国。

《对教育部的指示》1956.6.6

285. 我們要大量发展文化教育事业是为了发展生产，提高人民文化水平。过去曾有教育救国論，那时教育救不了国，現在就需要教育救国了。

《团一届三中全会上的政治报告》 1952.8.26

286. 現在是大家搞經济工作，經济建設是中心，要搞技术工作，文教工作，这需要大量干部。

《在北京日报社的談話》 1958.6.30

（三）反对知識分子思想改造

287. 为了培养专家，可以不让他們入党，不让他們参加政治活动，……苏联培养李森科就是这样做的。

《同安子文的談話》1960

288. 大学嘛，就要他悠哉游哉和松松垮垮的。

1965.11.19

289. 只要让教师、学生参加生产劳动，他們的思想面貌就会起变化。

《关于高校文科实行半工半讀的指示》 1964.8.29

290. 只要参加了生产，思想問題解决了，不通的事就通了，麻煩的事情就沒有了。

《湖北省委扩大会議上的讲話》1964.8.7

291. 对現有的大学生讲淸要参加体力劳体，……当然少数搞尖端的可以不参加。

《对农业教育工作的指示》 1965.7.22

292. 只有劳动的汗水才能把自己身上的資产阶級思想洗掉，这句話不能这样讲，馬克思、恩格斯都是資产阶級出身，他們沒有用劳动的汗水洗嘛！他們的思想也不是用劳动的汗水洗淸的。許多貧雇农干部，虽然洗了汗水，还有变质的嘛！有的洗了汗水不見得洗淸，有的沒有洗汗水也可以洗淸。

《汇报大庆矿区建設問題的宣传报告时的插話》

1662.2

293. 树立无产阶級世界观如何着手？不能性急，要多看，多談，多鍛炼，自然就会有的。

《与王光英一家的談話》 1960.1.31

294. 在中国古时，有曾子的"吾日三省吾身"，詩經上的"如切如磋，如琢如磨"，以及"反躬自問"，"座右銘"，"书諸紳"等种种方法。中国儒家有許多修养身心的方法，各种宗教亦各有一套修养的方法和形式，中国"大学"上說的格物、致知、誠意、正心、修身、齐家、治国、平天下，也就是說的这一套。这些一切，說明一个人要求得自己的进步，必須下深刻的功夫，郑重其事地去进行自我修养与学习。

《論共产党員的修养》1949年版

295. 志愿教的就干，不愿干的就拉倒。这是一个远大的理想，小学教师要志愿，中学教师要志愿，大学的也要志愿，不愿拉倒。省得他破坏。

《半农半讀教育会議讲話》 1965.3.31

296. 他們（工农）就缺少知識，他們不懂得国事。他們学习很少，提不出什么具体的綱領，制定不出正确的斗爭的战略策略，这一次只要那些有一些知識的人帮助他們，他們就行了。

《与非洲青年代表的談話》

（四）用資产阶級世界观腐蝕青年

297. 半耕半讀培养什么人的問題，毛主席不是讲培养有社会主义觉悟有文化的劳动者嗎？我們要培养有社会主义觉悟的、有文化科学知識、有技术、有实际操作能力的新型劳动者。我們的目标应該培养到能当干部、当技术員、当工程师的水平。

《政治局扩大会議上的讲話》1965.11.6

298. 普及教育当前还不是那么紧，当前还是高等教育，还是专家問題。因工厂有錢，有材料，有工人，缺少的是专家。

《对教育部的指示》1956.6.6

299. 我們現在的知識分子不是多了，而是少了，今后还应培养我們所需要的知識分子。

《政治局扩大会議上的讲話》1965.11.6

300. 什么叫做人的全面发展呢？首先是脑力劳动和体力劳动全面发展，脑力和体力全面发展。

《广西干部会議上的讲話》1964.8.22

301. 我覚得这些从中等技术学校毕业的，半工半讀毕业出来的，已經是我們的一种新人了。……那么他們是一些什么人？就是在我們新社会，在社会主义社会里面重新教育出来的一种新人，他們既能脑力劳动，又能体力劳动。这种人就是我們的前途，我們国家的前途，我們所有人的前途。 《同上》

302. 我們的工厂在生产鋼鉄、机器、电力等等物质产品的同时，还应該負責培养有文化知識有劳动本領的新人——共产主义的建設者。

《视察江苏的談話》1958.9

303. 这种人将来比全日制中学、大学毕业出来的人更好一些，他們对劳动沒有反感，对劳动人民有感情，又懂生产技术，你騙他騙不倒。……培养接班人主要靠这种办法。

《安徽市、地委书記座談会的讲話》1964.7.13

304. 这些人（指半工半讀学生）既能脑力劳动，又能体力劳动，他們可以当小組长、工段长、車間主任、厂长、党委书記、市长、县长等等。

《湖北省委扩大会議上的讲話》1964.8.7

305. 小部份（指半工半讀毕业生）学文科、政治、政法和財經、……因为将来还要有人当党委书記，还要有人搞經营管理，还要有文学家、艺术家。

《上海党員干部会上的讲話》1957.4.27

306. 三、四年毕业后再工作三、五年，即可以做領导工作，这时中国也差不多走向社会主义。現在所学的这一套到那时能領导别人工作，……

《中国人民大学开学典礼上的讲話》1950.10.3

307.将来半工半讀学校毕业的学生，能够种田、做工、搞文学、研究馬列主义，做党的工作和經济管理工作等等。

《和中央学制問題研究小組的談話》1964.8.2

308. 工人、农民有缺点，他們只会操作，不懂得理論，……又会操作，又懂得理論知識就"全面"了。希望你們做这样的知識分子。

《北京地质学院毕业生座談会上的讲話》1957

309. 我劝你們不要怕吃亏，不要怕吃苦。不怕吃亏的人才能站得住。凡是什么事情不愿意吃亏的人，那是不好的，是不大那么受信任的。

《郑州学生座談会上的讲話》 1957.3.3

310. 吃点小亏占大便宜是向相反方向发展的規律，整天想到个人，最后是沒有个人利益，……不考虑个人，到最后有个人利益。占小便宜吃大亏，吃点小亏占大便宜。

《与王光英一家的談話》1960.1.31

311. 討小便宜的人吃大亏，吃大亏的人挣大面子。好事让大家些，困难的事我拿来做。这就是要吃亏，但这是吃小亏。这样，大家都喜欢你，都相信你。相反地，处处占便宜，結果被做个結論：爱占小便宜，不可靠。

《对留苏学生的讲話》1952.7.29

312. 必須懂得，要和群众的关系搞好，就不能占便宜，就不要怕自己吃亏。要完成任何伟大的事业，都必須有吃苦耐劳的精神都必須有意識地把較为艰苦和困难的工作担当起来。这样做一次二次，人家也許还不注意，作十次八次，人家还可能把他看作“傻子”，十年，二十年，长期地这样做下去，人家就会說他是好人，就会信任他，拥护他。吃苦在前，享受在后，这是取得党和人民群众信任的基本条件。

《人民日报》社論1957.4.8

313. 我們的党員、团員和革命的知識分子都要下苦功学习，认眞钻研业务，很好地掌握各种专門技术和科学知識，凡是有条件的，都应当努力使自己成为“又紅又专”的紅色专家。

《紀念十月革命四十周年的讲話》1957.11.6

314. 你要成名成家，那你就得先埋头苦干，不要先想出名，越想出名，就越出不了名；你不想出名，倒出了名，这是馬克思主义的辯証法。……要有雄心壮志、你們不要专門追求享乐，而是自觉自愿地过艰苦斗爭生活，現在不是什么都有了，吃苦在前，享乐在后嘛！

1963

315. 个人利益一定要照顾，沒有个人利益就沒有整体利益，……因此不是大公无私，而是大公有私。

《与王光英一家的談話》1960.1.31

316. 应該根据党和人民的需要去发展，党的事业成功了，个人也跟着成功了。个人的利益，不要放在第一位。

《在北京日报社的談話》1958.6.30

317. 不想搞社会主义的人，党号召他搞，他不搞，說不合自己的志愿，那会有什么大作为？不搞社会主义要成什么家，不可能成家。

《同上》

318. 我們的中学毕业生下乡种地，只要他頑固学习，堅持自学，他还是有可能成为专家或科学家。

《人民日报》社論1957.4.8

319. 現在愿搞工业的，多数可以滿足，但是工业也是各行各业，机械工业最多，但越是多，大家都干，越不容易出头。比来比去，恰恰是人少了易出名，因为只你一个。

《在北京日报社的談話》1958.6.30

320. 个人順着历史发展，才能促进历史前进。将来写历史的时候，写上你一个名字，个人名利莫过于这个吧！

《同上》

321. 当祖国第一代有文化的农民，是光荣的事情。将来要記載在历史上的。

《和刘維孔的談話》1958

322.……在新聞前面把記者名字写上去，让記者有名有利。

新华社干部不作为国家干部，不受行政級別限制，記者的薪水也可以比毛主席的薪水高。

《对新华社工作的两次指示》1956.5

323.个人的成名，不能长久的，不要看这些，只有根据党的方向、历史的需要去发展，搞几年就能成专家，搞得好就能成为什么領导同志。

《在北京日报社的談話》1958.6.30

324. 我劝你們回乡后不当干部，……认眞地种三五年地，……你們有文化，农民沒有，跟群众关系搞好，具备三条就能当乡、县、省干部，也可以到中央，那就看个人的本事了。……你們是中国第一代有文化的农民，第一代是占便宜的，参加革命我是第一代，現在成为中央委員。第二、三代象这样就不成了。

《許昌学生代表会上的讲話》1957

325. 你們还年輕……卡斯特罗現在只有三十几岁，本·貝拉只有四十几岁……以前他們是不出名的小人物，由小人物变成大人物。你們現在也是不出名的小人物，經过艰苦奋斗，不断地学习，你們也可以变成大人物，是不是可以呢？可能的，我也是一样的，过去也是小人物，不出名，誰也不知道。

《与拉丁美洲青年的談話》

326. 党的历史上，这样的事情很多，党号召干什么就干什么，党号召土地改革，上山，打游击，他就干，不是成功了嗎。当时当农民的人，現在当了将軍。如果不根据党的指示，順这一方向去作，不能当将軍。那时候，有不少比現在当将軍的人聪明的多，他們以为上山打游击划不来，不去，就当不了将軍。

《在北京日报社的談話》1958.6.30

327. 比較起来，还是上山的个人成就比較大。那时上了山的北京大学生，現在有的都是地委书記、部长助理，有的是付部长，不上山的現在也在工作，但当不了地委书記。

《同上》

328. 只要你受得苦，能发奋钻研农业技术，向老农学习，这样日久天长，群众关系搞好了，生产斗爭知識也有了，群众自然会找你，拥护你，选你做更多的事。你有了先进的农业知識，創造了成功的經驗，会把你的經驗向全国推广。这样你的伟大理想也实現了。

《和刘維孔的談話》1958

329. 評薪，政治条件不算，我看一般这样規定是对的。……应該按劳取酬，不能因为他政治条件好，就加他的工資，业务不行也加他工資。

《在郑洲視察时的談話》1957.

330.在中国讲生活是落后的，……但苏联却不同，他們已到了讲生活的时候了，……在苏联已无剝削，誰穿的漂亮又带宝石戒指，这就說誰劳动好。

《对留苏学生的讲話》1952.7.29

331.在学校搞恋爱是可以的，这样有共同語言。但最好不要結婚。定下来，以后再結婚。

《保定五校师生座談会上的讲話》1957.2.19

最高指示

人民靠我们去组织。中国的反动分子，靠我们组织起人民去把他打倒。

打倒万張反革命修正主义集团的核心人物崔靠汉

天津市经委調办无产阶级革命造反联合总部

新冶金革命委員会

大連市委活学活用毛主席著作战斗队

河北大学毛泽东思想“八·一八”红卫兵《火炬》战斗队

一九六七年六月七日

天津市是大工业城市，工业交通基建系统七十万职工，占了天津的大半边天。万张反革命修正主义集团，为了实现其资本主义复辟，十几年来早已通过他们集团的核心人物张淮三和崔荣汉把黑手伸向了工交建系统的各个重要部门，安插和网罗了许多干将和爪牙，通过这些干将和爪牙，自上而下地推行刘、邓、彭、陆的反革命修正主义路线。他们上欺毛主席、党中央、下压天津市四百万人民，疯狂地反对伟大的毛泽东思想；他们招降纳叛、结党营私、包庇重用坏人，打击陷害革命干部，对广大职工群众实行资产阶级专政。

现在万晓塘已畏罪自杀，张淮三被逮捕法办，而这个反革命修正主义集团的第三号核心人物崔荣汉，因为在天津犯了严重错误，在万张的包庇下调到旅大市委书记处仍然当了书记，在无产阶级文化大革命中他又顽固地坚持资产阶级反动路线，将大连工学院等大专院校的许多革命小将打成"反革命"，妄图扑灭我们伟大领袖毛主席亲自点燃的熊熊革命烈火。现在我们把这个反革命修正主义分子揪回天津，坚决和旅大市的革命群众协同作战，将崔荣汉在天津市犯下的滔天罪行，揭深批透，连同他们的干将、爪牙都干净、彻底地揪出来。

(一) 崔荣汉和张淮三互相利用、互相依靠

崔荣汉是河北省安国县人，在政治上一贯投机，善于耍弄资产阶级权术，早在冀中区党委工作时就是三反分子林铁的红人，到石家庄工作后又投靠大叛徒刘秀峰。进城后又先后投靠黄敬、黄火青、万晓塘，由企业党委付秘书长兼组织部长连续升任重工业党委书记、建工局长、市委地方工业部长、市委工业部长、市委常委、市委候补书记兼付市长。崔荣汉善于投机取巧，看风使舵，一九五八年天津市未划归河北省领导以前，工交系统当时有四名九级干部（市委组织部长张淮三、国营工业部长郭春沅、地方工业部长崔荣汉、市总工会主席谷小波），他们之间互不服气，崔荣汉本不把张淮三放在眼里。自从"冯相事件"以后，万晓塘、张淮三成了黄火青的亲信，天津市划归河北省领导，黄在调辽宁前，即与万晓塘密谋提拔叛徒张淮三为书记，但怨郭春沅、谷小波不服气，就由黄火青出面找郭春沅和崔荣汉说明市委要增加一名书记，请二人提一名，崔荣汉看准了风头，抢先提出张淮三，黄转面征求郭的意见，郭虽不服气（论工作能力和资历张却不如郭），但不好提意见，只好表示同意。崔在张淮三提为书记问题上立了一功，张也在崔能适应"气候"上默契。天津归省领导后，万张就把市委国营工业部和地方工业部合併改为市委工业工作部，让崔荣汉任部长、並提拔为市委常委，将郭春沅安排为付市长兼计委主任，不久即调华北局，由万张集团的干将李中垣接替郭的岗位。从此张淮三和崔荣汉就紧紧掌握了工交建系统的党政大权，张崔二人每天都见面或电话往来，凡是工交系统的大事都是张崔二人事先统一了口径，然后提到市委书记处通过。据了解内部情况的人反映，在书记处的会上，只要张淮三提出的问题，崔荣汉必然附合；而崔荣汉提的意见，张淮三从不反对。

(二) 反革命修正主义分子崔荣汉一贯反对毛泽东思想，反对实出无产阶级政治

多年来，中国的赫鲁晓夫刘少奇、邓小平猖狂地反对毛主席、反对毛泽东思想，推行一条反革命修正主义路线，阴谋在我国复辟资本主义。为了实现他们篡党篡政的政治野心，精心培植天津的反革命势力，通过万晓塘、张淮三、崔荣汉等反革命修正主义分子，控制了天津的大权，妄图把天津变成复辟资本主义的桥头堡。崔荣汉秉承主子刘少奇、邓小平、薄一波的黑指示与万、张合谋疯狂推行反革命修正主义路线，对抗以毛主席为首的党中央，罪恶累累、罄竹难书。

光焰无际的毛泽东思想是当代最高最活的马克思列宁主义，是反对帝国主义和现代修正主义的强大思想武器，是我国社会主义革命和社会主义建设的指导方针。而反革命修正主义分子崔荣汉对毛泽东思想充满了仇恨，百般加以抵制和反对，他和万晓塘、张淮三一起，长期扣压我们伟大领袖毛主席的许多最高指示：一九五八年，我们伟大领袖毛主席视察天津时所做的指示；一九六〇年毛主席关于工业战线上"鞍钢宪法"的指示；一九六一年毛主席在天津会议上的指示等等，崔荣汉伙同万、张，全部予以扣压。象"鞍钢宪法"这个办工业的指导方针，许多工交战线的干部至今还不知道是什么内容，哪里谈得上贯彻执行最高指示！崔荣汉这个反革命修正主义分子反对毛泽东思想，真是猖狂到极点！

毛主席反复教导我们："政治工作是一切经济工作的生命线。"崔荣汉却大唱反调，大讲所谓"政治挂帅与物质鼓励相结合的原则。"他还疯狂鼓吹薄一波的反革命谬论说："苏联只讲物质刺激是修正主义；但是这几年（指大跃进期间）我们对政治也讲过头了。应该政治挂帅为主，物质鼓励为辅，政治挂帅与物质鼓励相结合。根本不讲物质鼓励就脱离了群众觉悟程度，超越了社会主义分配原则。"他所鼓吹的"政治挂帅与物质鼓励相结合"不过是苏修的物质刺激的翻版，是典型的打着红旗反红旗！

一九六三年，中央统一组织干部到大庆参观学习。崔荣汉参观回来后，大肆歪曲大庆的先进经验。大庆的根本经验是在一切工作中坚持毛泽东思想挂帅，可是崔荣汉却大谈大庆的"评功摆好"，胡说什么"在大庆看不见单独的政治工作，政治工作都融合于生产过程之中，"散布刘、邓的政治落实于业务的谬论，妄图取消无产阶级政治，公开与毛主席、林付主席的英明指示相对抗。

反革命修正主义分子崔荣汉所控制的天津工业部，从来不抓政治思想工作和毛著学习，把这些工作推到宣传部去。工业部的教育处只抓职工的技术教育、业务学习，还狡辩说是"部门分工"。在他修改文件时，把最高指示成段成段地砍掉，并凶恶毒地说："不要讲这些空话"。请看，这和邓拓诬蔑我们伟大领袖的指示是"伟大的空话"有什么两样？！崔荣汉这个反革命修正主义分子仇视、反对伟大的毛泽东思想，猖狂至极！

同志们，战无不胜的毛泽东思想是我们的命根子，林彪同志号召我们要把毛泽东思想当作全党全军全国一切工作的指导方针，而崔荣汉这个反革命修正主义分子却百般抗拒，是可忍，孰不可忍！谁反对毛主席就打倒谁，谁反对毛泽东思想就坚决打倒谁！

打倒一贯反对毛泽东思想的反革命修正主义分子崔荣汉！

崔荣汉对毛主席的指示百般抵制，而对大叛徒薄一波的黑指示却奉若神明。薄一波搞的工业黑"七十条"崔视若圣旨，扬言"要象农村贯彻六十条那样在城市贯彻七十条。"公然把薄一波的黑话与我们伟大领袖毛主席亲自主持制定的文件相提并论，真是反动透顶！

薄一波提出工厂企业的任务是"出产品、出经验、出人才"的修正主义口号,崔荣汉也是双手赞成,逢会便讲。此外,还通过廖斗寅大量领取薄的黑指示,作为他们复辟资本主义的理论根据。

(三)崔荣汉猖狂反对三面红旗,疯狂反对大跃进

总路线、大跃进、人民公社三面伟大红旗是我国人民在毛泽东思想指导下,在社会主义建设中的伟大创造,是毛主席对马克思列宁主义关于社会主义建设理论的伟大发展。可是崔荣汉这个反革命修正主义分子却百般反对、恶毒攻击。

他和万晓塘、张淮三唱一个调子,胡说"大跃进是冒进,大跃进破坏了上层建筑,混乱浮夸。""三年大跃进使我们欠账多了。""在大跃进中破坏的设备四年也恢复不了"."生产质量无法提高,连简单的再生产也难以进行。"

不仅如此,他对全市四百万人民在大跃进中创造的伟大成果横加诬蔑,他说土法炼的钢是"废物","土机床没有什么用","双革、四化、超声波"造成了很大浪费"等等,把由于他们自己瞎指挥所造成的损失归罪于三面红旗和党中央、毛主席。真是反动透顶!

他对毛主席提出的工业战线上大搞群众运动,实行"两参一改三结合"的根本制度也竭力反对,完全用资产阶级　老爷的口吻说"群众参加管理侵犯了管理人员的职权"、规章制度的大破大立是"破多立少",造成"无章可循",叫嚣"企业不可一日无制度,必须先立后破,不立不破",与我们伟大领袖毛主席的"不破不立"的理论唱反调。他还诬蔑我们伟大领袖提出的工人参加管理是"把共产主义看得太容易了"。他疯狂反对大搞群众运动,胡说什么群众运动太多,"出现了不少形式主义""大搞群众运动忽视了加强集中统一领导",对已经起来的群众运动大泼冷水,胡说"群众不计时间、不计报酬,是在热头上,难以持久;工人都有家小,生活问题是现实的切身问题,还得注意工资奖励,不然积极性不能巩固。"等等。黑话连篇,罄竹难书。

大跃进是我国广大劳动人民的伟大创举,对此,毛主席有过高度的评价。而帝国主义、修正主义及国内的牛鬼蛇神则千方百计加以攻击诋毁,他们诬蔑我们的大跃进毁了"一个鸡蛋的家当","脸朝后倒了下去"。反革命修正主义分子崔荣汉就是他们的应声虫,就是资产阶级在党内的代理人。

三年经济困难时期,崔荣汉秉承黑主子薄一波的旨意,以调整为名,对全市工厂实行关厂、停产、转产、併产和削减产量的大倒退。他到处散布恐慌情绪,说什么"吃的那点粮食,真要闹起来干半天活就消耗完了。"他还疯狂叫嚣"要坚决地退,退下来再说,要下决心退,退到底。"(从全民企业退到集体所有制的企业达146个,五万多工人,一大部分集体企业变成单干户,大搞自负盈亏)同志们,崔荣汉要退到底的"底",说穿了就是要把社会主义经济拉到资本主义。这是何等恶毒的黑话呀!

现在是我们彻底清算反革命修正主义分子崔荣汉反对三面红旗、反对社会主义建设的滔天罪行的时候了。打倒反革命修正主义分子崔荣汉!

(四)与万晓塘、张淮三合谋对抗中央指示,阴谋炮打陈伯达同志

我们伟大领袖毛主席对天津工作十分关心，经常派陈伯达同志来津调查研究，指导天津工作，这是我们天津市四百万人民的幸福。但是，万、张、崔之流生怕他们在天津经营独立王国的野心被中央发现，千方百计地破坏伯达同志的调查研究工作，对伯达同志的正确指示阳奉阴违，拒不执行，甚至施展卑鄙的手段对伯达同志进行恶毒攻击，极尽污蔑和嘲笑，妄图封锁党中央的指

万、张、崔疯狂推行刘、邓黑反革命修正主义路线，恶毒攻击高举毛泽东思想伟大红旗的陈伯达同志，这一罪行必须彻底清算！

1、肆无忌惮地攻击伯达同志关于天钢"精减人员"的指示：

天津钢厂是冶金系统的一个大厂，五八年大跃进以来，全厂职工高举毛泽东思想伟大红旗，自力更生，奋发图强，夜以继日为钢而战，取得了辉煌的成绩。但是，由于天钢的大权控制在张淮三、崔荣汉及其爪牙李先元、王涛、刘兰泰等一小撮走资本主义道路的当权派手里，他们串通一气，对抗中央，压制革命工人，蓄意破坏生产，极力想把企业搞向资本主义，致使天津钢厂出现非常严重的问题，如长期不突出政治，技术力量上不去，非生产人员过多，产品质量低，消耗大等等。

伯达同志到天钢蹲点以后，万、张、崔十分害怕，便对伯达同志的调查百般阻挠。他们指使爪牙刘兰泰等向伯达同志汇报假情况，以掩饰自己的罪恶行径，真是狗胆包天！但是由于伯达同志深入群众详细调查研究，发现了天钢存在的严重问题，指出"要政治挂帅，天钢人员太多，要精减，把一些老工人调回生产第一线，加强生产管理、生产指导。物资管理混乱的状态必须改正……"等等。

万、张、崔对伯达同志的指示非常反感，极力反对减人。说什么"上去下容易，不能再下来了"。他们还对伯达同志进行攻击性辩论，既骄气横，十分傲慢。他们诬蔑陈伯达同志"看得太近了"，还以教训的口吻对伯达同志说："不能只看现在，不能把这些人削减下去"。明目张胆地贬低陈伯达同志，抬高自己。说什么："我们比陈伯达看的要具体一些"等等，妄图把自己凌驾于伯达同志之上，凌驾于党中央之上，真是疯狂已极，反动透顶！打倒崔荣汉！

万、张、崔对伯达同志的指示一面肆意攻击，一方面严密封锁，不许传达。陈伯达同志的指示连分管工业业务的市委处长以上的干部也根本不知道，长期得不到贯彻。万、张、崔反革命修正主义集团对抗党中央、对抗毛主席，对抗以毛主席为首的无产阶级司令部，真是罪该万死。

2、整理黑材料阴谋炮打陈伯达同志。

一九六一年八月，中央在庐山召开工作会议，会议上伯达同志始终捍卫毛主席的革命路线，又一次提出了天津市委对抗八字方针拒不减人的问题，并宣读了以中共中央政策研究室调查组名义写的《天津第一钢厂调查》。毛主席也表示同意这个意见。此时钻入庐山会议的反革命修正主义分子李中垣把伯达同志对天津的批评立即用电话汇报给崔荣汉，崔要求赶快搞一个材料说市委与调查组的看法不一样。崔荣汉领旨后，对冶金局主任丁焕彩布置说："李中垣从庐山打来电话，提到了陈伯达同志讲话，批评了天津钢厂减人不够的问题，要一个材料赶快送去。今天晚上找几个人算几笔账……，算算到底需要多少人。"布置停当，又给冶金局打了电话，要他们留下人一起搞。于是，又开始了一场炮打陈伯达同志的罪恶活动。

丁焕彩奉崔荣汉的旨意，找到陈介一、郝志谦，马上赶到冶金局纠集李先元、王涛召集黑会。在这个黑会上，群魔乱舞，挖空心思攻击陈伯达同志，找出种种"理由"对抗陈伯达同志关于钢厂减人的指示。胡说："钢厂不仅炼钢，还自炼矿铁、自制白云石，再加上老弱残疾、厂址分散，所以人数就增加了。"总之，他们就是为万、张、崔提供炮打陈伯达同志的黑炮弹。

经过一番精心策划之后，李先元、王涛指使王恩瑛（行政办公室主任，叛徒分子）出头露面纠集各处长连夜突击，查账本、摇计算机，赶制了一份攻击陈伯达同志的黑材料。大叛徒天钢厂长刘兰泰也调王××、于××带领计划、财务、劳资等科的人员来冶金局供给材料。当时冶金局各处长分别算账，李先元负责综合，陈介一负责写成文字材料，又由丁焕彩看一遍，最后转交给崔荣汉定稿，后来就转到了庐山会议上，成为刘、邓、陆、杨同伙攻击以毛主席为首的无产阶级革命司令部的一发黑炮弹。

万、张、崔合谋炮打陈伯达同志，罪[illegible]！

五、招降纳叛，结党营私，任人唯亲，排除异己。

崔荣汉善于玩弄资产阶级权术，每到一处都要打一批，拉一批、稳一批，培植私人势力，壮大万张反革命修正主义的队伍。首先，在市级机关，付市长兼计委主任李中垣曾参加国民党中统特务组织，一九三六年隐瞒成分混入革命组织，一九三八年曾被日寇捕去，后放出，有叛党嫌疑。一九五三年任地方工业局付局长（张淮三任局长），五四年被调往西北某厂任厂长，经常回津找万张活动，由万张崔设法调回，安插到机械局任局长。一九六〇年以后又提拔为市计委付主任、主任、付市长，在市经委安插上阶级异己分子宋祝勤为第一付主任，宋是国民党员、联保主任，曾带领地主武装对抗共产党，极端仇视共产党，被八路军扣压两个月，释放后混入革命队伍，由于能够按照万、张、崔的意图写假报告，积极推行修正主义的企业管理方法，深得万、张、崔的重用。宋在工业上犯下的罪行是极端严重的，使天津的工业造成极大的损失（市经委联合总部有专题揭发）。宋的历史罪恶早就有人检举，在五六年审干时即被张淮三包庇过去。这样的人要严控制使用，但张、崔却一再提拔重用，当上市经委第一付主任、党组付书记，掌管全市的工交大权。直到一九六三年华北局负责同志来天津检查工作，发现了宋的问题，责令调出经委，张崔又耍了一套骗人手法，让宋去搞"四清"，却又调到市科委当付主任。宋祝勤调出经委，张崔又把曾任三反分子习一波的得力助手，当过十年秘书的廖斗寅调到经委当第一付主任、党组付书记，万张集团就是通过廖斗寅从习一波那里领取黑指示，探听"气候"，并且有发展地贯彻修正主义的"七十条"，把社会主义的企业引向资本主义复辟。另外崔荣汉还破格地把他的亲信丁焕彩从市委工业办公室付主任提为经委付主任。丁焕彩是一九四五年参加革命，由于擅长看风使舵、阿谀奉承，以达其个人向上爬的野心。在万张崔面前，手舞大棒，横冲直撞到处瞎指挥，给天津市的工业造成很大的损失，只是由于忠于万张集团竟受到重用。

在工业交通各主管局，张崔也都安插和网罗了一大批干将爪牙，在一机局安插上大地主出身的高万德，在局内大男地提拔了国民党员、还乡团队长、反革命在押家属、封建把头、伪军法处长、资方代理人为处长、科长，高万德在局内实行家长式领导，专门按照万张崔的意图打击革命干部，近几年由于身体多病，张崔又企图把高万德调市经委付主任，而将另一名干将宋罗岐提为局长。宋在五二年任民政局付局长时，因宗派活动，逼死人命，犯下极严重罪行，受到开除党籍、降级处分，在万张崔的包庇下，制造舆论，说宋罗岐是犯了错误改造好的典型，七年内连升四级，由一个一般干部又提到十三级付局长的职位，并且指示发电设备厂党委在一九六〇年重新发展宋入党，准备接替高万德的局长职位，安插在各局的还有一机局党委书记尹敢，二机局局长王文源、书记魏澜，化工局局长张博、书记李虹，纺织局书记吴联云，付局长朱峥，一轻局书记吴源涛，二轻局局长刘学田，交通局局长刘俊民等。

张淮三、崔荣汉在一些重点公司和重点企业也都安插上他们的亲信爪牙，如拖拉机厂〃长李克東，是崔荣汉任新乐县〃委书记时的县公安付局长，曾持枪叛变帶领日寇捕我干部，在日寇投降前又跑回解放区，崔不但不处理，还给李接上关係，继续做公安工作，天津解放后，任公安局的处长，付检查长，李到处搞宗派闹关系，乱搞男女关系，生活腐化堕落，经检举，万和崔多方包庇，后来崔把李调到万人大厂当厂长。其他还有天津钢厂〃长叛徒刘兰太，动力机厂〃长刘玉贤等〃。

张淮三崔荣汉这两个反革命修正主义分子一直与毛主席"任人唯贤"的干部路线相对抗，对干部采取先拉，拉拢不成就打，更容不得有不同意见的人。解放初期中央和华北局给天津派来工业管理的干部較多，这些同志在解放区就有較长时间搞工业的经验，在政治上也較强，但是由于对党的事业负责任，经常向张崔提出不同意见；后来就遭到打击排斥，如原交通局〃长趙朴，解放前后一直搞交通运输工作，能力較强，就是向张崔提的意见多一些，他们就多次想整趙朴，因为抓不到把柄，后来就以"体弱多病"为借口，调到市人委巡視室。原市计委付主任顾柱有管理工业生产的经验，在地方工业局市计委工作时，经常对张崔提意见，他们就加上"与市委关系不正常"的罪名，调离天津市，至今，原来中央和华北局派来的同志没留下几位；相反，崔荣汉这个反革命修正主义分子对自己的亲信，尽管犯了严重的错误，也要千方百计地予以包庇。如原纺织局長闫镇，仗着崔荣汉撑腰，在局内实行家长式的领导，生活腐化堕落，利用职权，无偿"支援"了本县數十万元的机器设备，他自己从中渔利，由于他瞎指揮，给国家造成數百万元的损失，打击迫害干部，压制民主；包庇办公室主任黄汉乱搞男女关系，就在被人检举时，不但不处分，反把黄汉提为付局长。这些问题被揭发后，崔荣汉企图蒙混过去，在市委、市监委的革命干部強烈要求下，才派工作组检查，付局长刘松南大胆揭发闫镇，张淮三就亲临纺织局党组会，给党组成员分工，把刘松南主管的人事工作交给李守真的老婆宋峥，过了几天《市政週报》就发表了免去刘松南的付局長职务，干部们反映"刘局长这是揭发闫局長惹来的祸。"犯了严重错误的闫镇，在张、崔的纵容下，在检查会上竟敢拍桌子大骂中央监委派来的干部，监察组起草对闫的处分是留党察看，行政降级处分，但是在张崔的包庇下，将错误事实一减再减，只给撤消工作处分，十一级不动，调到研究所去当所長。又如崔荣汉的亲信，原机械局付局长姜其宪，在解放初期任第一铁丝厂厂长时，与其老婆趙淑君（人事科長）勾结，重用大批坏人，大搞资本主义经营，贪污腐化，残酷打击工农干部和镇压工人群众。群众多次检举无效，崔荣汉反而把姜从厂長提为处長、付局長，一九五八年又提到省机械厅付厅長，直到一九五九年，群众又向中央和省委控告，省委检查属实，令姜停职反省，在張淮三、崔荣汉的包庇下，以姜其宪"检查較深刻"而不了〃之，仍然官复原职。而坚持原则进行斗争的人，却受到万張集团的干将高万德的打击报复。

（六）大搞基建、擴建，破坏全国一盘棋

万、帅反革命修正主义集团，为了把天津搞成复辟资本主义的独立王国，不顾中央的全盘规划，千方百计甚至以欺骗手段争项目，万晓塘要把天津建成以机械、化工为主的综合性工业城市，而帅淮三则要把天津建成世界上最美丽的城市。他们指使李中垣先后搞了×××个长远规划，浪费纸几十吨 动员了大量的人力，至今没有肯定一个。从五八年以来在工业上搞基建、扩建投资××亿元，其中有近两亿元的投资长期没有发挥作用。崔荣汉从五八年起即负责炼钢工作，先后投资一亿多，建起了二钢、三钢、四钢，搞起×××个转炉，只生产几个月就停产了，现在厂房、设备大量闲置，有的厂房改作别用。铸锻件厂的两座五十吨平炉和一座井式炉，因设备不配套，一直未投产，天津钢厂原计划上750%轧机，仅打基础就投资二百多万元，至今长眠地下。更令人气愤的是万、帅、崔与八机部帅建时合谋，勾通彭一波把投资两亿、年产万台拖拉机的项目争到天津，占用稻地三千多亩，因地势低洼，需垫高一米多，为此从唐官屯专门修了一条专用火车线，仅用土垫地即耗资2,700余万元。工人们心痛地说："我们厂的土是一把土一个烧饼啊！"为了抢上这个项目，崔荣汉亲自坐镇，身兼书记和厂长，从市内各部门抽调干部两千五百多人，搞大会战，并且把原来年产两千台铁牛40 拖拉机的老厂停产，全部投入基建，大兴土木。不久，中央命令下马 由于管理混乱，机器设备损坏，丢失了大量另件，有的新建起的厂房，因工程质量低，需要重新加固，有的基础打好，未能利用，又造成很大的损失。直到六五年，只试制出几十台样机，万台拖拉机未上去，反而少生产几千台。崔荣汉在这个厂还大量地把地富反坏右分子，提拔为科长、处长、车间主任，使牛鬼蛇神上台，让资产阶级专了无产阶级的政。

七、拆散农机工业，破坏农业生产

崔荣汉一贯不重视农业机械工业，从思想上一直认为农机工业是赔钱的行业，同时又怕生产农业机械的工厂搞好了被中央都调走，所以千方百计地削弱农机工业。于一九六三年把农业机械局撤消，缩为农机公司。当华北局负责人批评天津对支农产品的发展不够重视时，崔荣汉辩解说："支援农业产品不好说，有些产品又支工又支农的吆，如电动机，天津发展很快，用到工业就是支工，用到农业就是支农。"看，这个搞工业多年的书记，竟装糊涂，连支工支农都说不清了。在帅淮三 崔荣汉的思想指导下，由他们的干将丁焕彩在六四年工业调整时，又把农机公司的十几个厂安排汽车配件生产，进而把企业调出，农机公司又变成了农机修配服务公司，使天津这样一个大工业城市，不能在支援农业上很好地发挥作用。

万帅集团为了实现扩帅计划，从五八年以来大搞工业区，已经搞起的有陈塘庄、白庙 西营门、北仓、程林庄等，这些地区没有充分利用起来，又连续安排了宜兴埠、新开河、军粮城、柳林、咸水沽、良王庄、二号桥等工业区，占用农田几十万亩，仅军粮城就占用了亩产千斤以上的高产稻地数千亩，使天津的耕地面积缩小，增加商品粮的需要量。而这些被工业占用的耕地上，有很多钢骨水泥架子林立，头顶青天，风吹雨淋，有的已经作废，有的即将作废，国家投资大量浪费。这些耕地长年荒芜，杂草丛生，农业用不上，工业不能用，这是万帐反革命修正主义集团对人民犯下的又一滔天罪行！有些厂按原计划迁到工业区，由于下水道、运输等问题不能及时解决，只好又搬了回来，如开关厂、轮胎厂等，造成生产和人力物力的损失。

八、生活腐化　流氓成性、道德败坏

崔荣汉一向把自己打扮成正人君子的模样，实际在他灵魂深处早已腐臭不堪。住的房子，几年迁了三次，最后住上了过去大资本家的住宅　所楼房，上下班，游商场、逛公园小卧車不离身。做衣服要指定专做出口服装的某厂加工，做衣服的样子也百般挑剔，崔有　次做一件大衣，就返工四次。一九六四年中央决定调崔去西藏工作，崔荣汉怕艰苦，贪恋大城市安逸生活，害怕边疆复杂的政治斗争，为保狗命不愿去西藏，于是就找到中央组织部的大叛徒安子文，得到启示，就匆匆回津检查身体，这个"青年有为"的崔书记，突然检查出了一份"冠状动脉轻度硬化心脏病"的诊断书，以证明不适应高原地区工作，又在黄火青的"关心"下，调到旅大市当了书记。

崔荣汉　贯作风下流、流氓成性，利用职权和女同志拉拉扯扯，搂搂抱抱，早在企业党委工作时，就和郭春沅、冯培昌共同追一个女干部，三个部长级干部竟演出了争风吃醋的丑剧，后来到重工业党委又和　个女干部发生了不正当关系，並把这个女人带到建工局，安插到一个公司去；到市委工业部又和女秘书长期狠褒並进行扐　，被女方爱人（现役军人）发觉，告到市委，被帐淮三压下了，又告到中央军委，在万、帐的包庇下，只在书记处作了一次所谓检查，就不了了之。

从以上揭发，我们可以看出，崔荣汉是一个不折不扣地反革命修正主义分子，是万、帐反革命修正主义集团把持工交系统的核心人物。现在我们无产阶级革命派把他揪了出来，这是毛泽东思想的伟大胜利！我们要奋起毛泽东思想的千钧棒，坚决把他打翻在地，叫他永世不得翻身！

天津市经委调办无产阶级革命造反联合总部
新冶金革命委员会
大连市委活学活用毛主席著作战斗队
河大"八一八"《火炬》战斗队
一九六七年六月七日

1958年以来天津市工交战綫上两条路綫的斗爭

（供批判参考用）

天津市經委調办无产阶級革命联合会

一九六七年六月十日

最 高 指 示

帝国主义者和国内反动派决不甘心于他們的失敗，他們还要作最后的挣扎。在全国平定以后，他們也还会以各种方式从事破坏和搗乱，他們将每日每时企图在中国复辟。这是必然的，毫无疑义的，我們务必不要松懈自己的警惕性。

人民靠我們去組織。中国的反动分子，靠我們組織起人民去把他打倒。凡是反动的东西，你不打，他就不倒。这也和扫地一样，扫帚不到，灰尘照例不会自己跑掉。

1958年以来天津市工交战綫上两条路綫的斗爭

毛主席說：“在我国无产阶級和資产阶級之間的阶級斗爭，各派政治力量之間的阶級斗爭，无产阶級和資产阶級之間在意識形态方面的阶級斗爭，还是长时期的，曲折的，有时甚至是很激烈的。”建国十七年以来，我国工交战綫上和其它战綫一样，一直貫串着两个阶級、两条道路、两条路綫的斗爭。斗爭的一方是以毛主席为代表的无产阶級革命路綫，另一方是以中国的赫魯晓夫，党内最大的走資本主义道路当权派刘少奇、邓小平为代表的反革命修正主义路綫。解放以后刘少奇之流极力反对工商业的社会主义改造。社会主义三大改造完成以后，他們又竭力宣揚阶級斗爭熄灭論，积极主张阶級合作，取消阶級斗爭。三年困难时期，他們又恶毒攻击三面紅旗。社会主义教育运动中积极提出和推行形“左”实右的机会主义路綫，破坏社教运动。文化大革命运动中，他們又积极提出和推行資产阶級反动路綫。他們的最終目的，企图在中国实行資本主义复辟。

万、张反革命修正主义集团是刘少奇、邓小平在天津黑分店的掌柜。两个阶級、两条道路、两条路綫的斗爭反映在天津，就是广大革命干部、革命群众无限信任毛主席，无限崇拜毛主席，坚决按照毛主席指示去做，而万张反革命修正主义集团敌視、抵制、歪曲毛主席的指示，打着紅旗反紅旗，利用他們篡夺的党政財文大权，向党向人民猖狂进攻，企图在天津复辟資本主义。

在这次无产阶級文化大革命中，我們工交战綫上的广大革命职工、革命干部，就是要高举毛泽东思想伟大紅旗，奋起千鈞棒，坚决砸烂万、张反革命修正主义集团，彻底肃清刘、邓反革命修正主义路綫流毒。

三 年 大 跃 进 时 期

历 史 背 景

1958年，我国人民在毛主席和党中央的正确领导下，高举总路綫、大跃进、人民公社三面伟大紅旗，发揚了敢想、敢說、敢做的无产阶級革命精神，贏得了工农业生产全面大跃进的第一年。1959年八月芦山会議上，在毛主席亲自領导下，彻底粉碎了以彭德怀为首的右傾机会主义者的进攻，从而贏得了1959年、1960年持續跃进。

万、张反党集团正是在两个阶級、两条道路、两条路綫斗爭十分尖銳、复杂的背景下登台的。1958年万晓塘、张淮三之流由于在“馮楊事件”中立下了“汗馬功劳”，深受当时市委第一书記黄火青的賞識、器重，随着天津市由直轄市改为省轄市，黄火青、吳硯农等人相继調出，万、张之流趁机上台，窃踞了我市党政財文大权。

万、张反党集团上台后，打着紅旗反紅旗，极力反对三面紅旗，抵制毛主席的革命路綫，推行刘、邓反革命路綫，实行資本主义复辟。

一 九 五 九 年

（1）抵制八届六中全会，反对突出政治。

1958年二月，毛主席在《工作方法六十条》中指出：“**紅与专，政治与业务的关系是两个对立物的統一，一定要批判不問政治的傾向。政治和經济的統一，政治和技术的統一，这是毫无疑义的。年年如此，永远如此，这是又紅又专。……思想和政治是統帅，又是灵魂。只要我們思想和政治工作稍微一放松，經济工作和技术工作就一定会走到邪路上去。……評比，不仅比經济、比生产、比技术，还要比政治。**”

1959年一月中旬，党的八届六中全会上，毛主席作了三次重要讲話，教导我們：“**不要过早提出消灭阶級的問題，从政治思想上讲，阶級并沒有消灭**”。

可是万、张反党集团在一月十八日召开会議，传达六中全会及省党代会决議时，只讲了关于人民公社，对1958年的看法和1959年工作安排三个問題，根本不提阶級和阶級斗爭。

四月間，万晓塘在市委工业会議結論报告中，再一次地鼓吹要开展抽掉政治內容的劳动竞賽，說什么：“要开展紅旗竞賽，內容‘七比’，比产量、比质量、比品种、比成本、比劳动生产率、比协作、比安全。作到这七点就是优胜。”根本不提比政治。

十月間，万、张之流为了进一步从經济上腐蝕工人阶級革命意志，使大家只顾眼前的利益，而丢掉无产阶級的根本利益，积极传达貫彻反革命修正主义分子薄一波“政治挂帅与物质奖励相結合，发大跃进奖”的黑指示。

十二月間，市委在1960年工作安排意見中，又进一步对发放大跃进奖作了具体部署。这是同毛主席关于为人民服务和政治挂帅的教导相违背的，是适应資本主义、修正主义和平演变的需要的，是彻头彻尾的反革命修正主义貨色。

（2）反对沿海工业充分利用、适当发展的方針。

毛主席在1956年4月发表了著名的《論十大关系》，指示說：““**不利用沿海工业就不能建設內地工业，对沿海工业，不能只是維持，而是要适当发展**”，“**今后大部份重工业，百分之九十或者更多一些的重工业，应当摆在內地，使全国工业部署逐步逐步平衡起来，使全国的工业有个合理的布局。**”

1958年3月毛主席再一次提醒人們注意“**1956年提出十大关系，我們的經济路綫从**

此开始。"

可是万、张反革命修正主义集团竭力反对和抵制沿海工业充分利用、适当发展这样一个伟大的战略方針的貫彻。张淮三公然說什么："天津不算沿海城市"，妄图以此来抵制毛主席的指示。

特别严重的是，1959年4月毛主席在八届七中全会上指示我們要**"当机立断……基本建設摊子大了一些，要縮短一点"**以后，万、张反党集团仍热衷于大搞新建、扩建。当月，张淮三在市委召开的工业会議上，聳人听聞地提出"要把天津市建設成为世界上最美丽的社会主义城市"，他还設想要把天津和北京連成一片，妄想从中捞取政治資本。就在万、张集团这个指导思想下，"二五規划"要上十八个新工业区，投資比第一个五年計划期間增加二倍多。在"二五規划"期間，共扩建了九个新工业区，沒有一个能配套的，占用耕地十几万亩。由于战綫拉得太长，开工面鋪得太寬，有三分之一的投資沒有发揮效益，造成极大浪費。

（3）抵制党的八届八中全会关于开展反右倾斗争的指示。

1958年5月党的八届二中全会上，根据我們伟大領袖毛主席的一貫主张，制訂了党的社会主义建設总路綫，即鼓足干劲、力爭上游、多快好省地建設社会主义。就在这条总路綫的指引下，全国到处出現了蓬勃兴旺的气象。无論在农业、工业、文化教育以及其它建設事业方面，都形成了大跃进的形势。随着生产的大跃进，同年八月北戴河会議上，根据毛主席总結的群众运动經驗，决定在全国范围內建立人民公社。从此，三面紅旗飘揚，她引导着全国革命人民向社会主义、共产主义闊步前进，并赢得了1958～1960年連續三年持續跃进的輝煌成績。

1959年八月間，在党的八届八中全会（即芦山会議）上，以右傾机会主义分子彭德怀为首的反党集团跳了出来，向党、向人民、向社会主义发起了猖狂进攻。他們和美帝国主义、苏联現代修正主义集团一样，大肆攻击三面紅旗，說什么"国民經济比例关系失調了"，"大跃进搞糟了，造成市場全面紧张"，大炼鋼鉄是"得不償失"，"錢花得太多了"、"质量太坏了"、"人民公社搞早了，搞快了，搞糟了"等等，等等。但是他們可恥地失敗了。

全会在毛主席的亲自主持和領导下，制訂了"关于开展增产节約运动的决議"，并号召在領导机关中开展反右傾斗爭，"坚决批判和克服某些干部中的这种右傾机会主义的錯誤思想"。毛主席在讲話中明确地指出：**"芦山出現的一場斗爭是一場阶級斗爭，是过去十年社会主义革命过程中，資产阶級和无产阶級两个对抗阶級的生死斗爭的继續，在中国、在我党，这一类斗爭看来还得干下去，至少还要十年、廿年，可能要斗爭半个世紀。总之，要到阶級完全灭亡，斗爭才会止息。"**

可是万、张反党集团竭力抵制反右傾斗爭的开展。

八月間，就在芦山会議后不久，万晓塘作了工作部署的报告，說什么："反右傾，为了鼓干劲，瓦解队伍的右傾机会主义分子是极少数"，"企业党委的根本任务是領导生产，市委也是这样"。企图以大搞生产运动来代替严肃的阶級斗爭，积极販卖赫魯晓夫"生产党"的黑貨。

九月上旬，市委召开工业会議，万晓塘作了报告，重弹以大搞生产代替阶級斗爭的老調，說什么：“总路綫中心是速度問題，生产一上去，其它都解决了。过去抓质量、管理、維修、安全，是上升的因素。另外，也有右傾思想。”提出“要反右傾、鼓干劲，要由生产高潮的实践来解决思想問題”。

十月卅一日，万、张反革命修正主义集团为了把反右傾斗爭矛头轉向基层、干部、工人群众，积极传达貫彻其黑主子刘少奇关于“反右傾，还沒有反透，今后不光干部，工人农民群众都要反”的黑指示。

十一月上半月，省委指示，“把反右傾搞透，集中主要力量解决領导机关、司令部的問題。工人主要是教育問題”。可是万晓塘继續抵制，他为了保护自己及其反党成員能順利过关，就在他亲自向省委汇报中，别有用心的說什么：“运动来势很猛，經过整风、大跃进，干部觉悟提高，沒錯誤的人沒有，一般正确的人也是少的”。

十二月間，市委提出六〇年工作安排意見：一月結束整风运动，二月进行社会主义教育，三月轉入建設。

次年一月十六日，市委开整风会議，宣布整风結束，轉入理論学习和整改。会議认为：大跃进涉及經济规律，政治經济学和辯証法的发展，只有从理論上提高了，才能彻底反右傾。理論学习重点是高級干部。就这样把領导机关的反右傾机会主义的斗爭草草結束了。

一九六〇年

（4）继續抵制八届七中全会指示精神。

毛主席于1959年4月党的八届七中全会讲話中教导我們說，要“**多謀善断……反对少謀武断**”，要“**留有余地**”并强調指出，留有余地“**这不仅是工作方法問題，而且是个政治問題**”，要“**波浪式前进**”。

可是万、张反党集团竭力抗拒毛主席这一英明指示。

1959年10月，张淮三布置召开全市先进生产者大会，动員大干四季度，突击产值，并要求提前十至十五天完成全年（产値）任务。在几个行业中实現机械化半机械化。

一月，市委大抓“开門紅”，貫彻刘少奇关于建立生产秩序“新常規”的黑指示。反革命修正主义分子、經委付主任宋视勤提出，每旬增长1％，全年便增长46％，就是实現大跃进的謬論。他还要求企业加强計划管理，搞跨旬、跨月、跨季的竞賽，来建立“新常規”。

四月間，万、张反党集团，积极传达反革命修正主义分子薄一波关于“技术革新、技术革命”的黑报告，說什么“国內技术革新、技术革命运动在很短时間（三、五个月）席捲了全国，已进入了一个新的发展阶段，即全面的全民的科学的运动”，大刮了一陣超声波、煤气化。

五月間，万、张反党集团布置在一个月內同时开展了“五大”运动，如大搞无綫电仪器仪表、双革四化等。张淮三讲：五大运动突出地抓原料、材料、运輸。多种經营，綜合利用要搞全民运动。要大搞“三无”厂，“三无”車間。二十三日，张淮三在区局会議上提出“四化”、“四新”要遍地开花。

六月廿日，又提出大搞城市人民公社办化工，开展四个“百千万”运动，要求小化工厂生产原料百、千、万吨，产品百、千、万种，节約原料百、千、万吨。

从六月份起，生产大幅度下降，技术革命、技术革新运动逐漸消沉，万张反革命修正主义集团和薄一波一样，不加过問，大刮冷风。

（5）竭力封鎖和抵制“鞍鋼宪法”。

毛主席在三月間，总結了三年来工业生产大跃进的經驗，指出了一条按毛泽东思想办工业企业的道路——“鞍鋼宪法”。毛主席在鞍山市委一份报告上批示：**必須堅持政治挂帅，加强党的领导，大搞群众运动，大搞技术革新和技术革命，实行两参一改三結合。这就是中国的“鞍鋼宪法”**。

可見万、张反革命修正主义集团，紧跟反革命修正主义分子薄一波后面，亦步亦趋，严加封鎖，不作传达。

四月，市委召开工业会議，二十八日万晓塘作結論，对“鞍鋼宪法”，仍采取严密封鎖、只字不提。

七月，万、张反党集团干将、反革命修正主义分子宋祝勤在一个文件中公然誣蔑毛主席的“鞍鋼宪法”只适用于百分之十的大洋企业。眞是猖狂已极。

（6）丧失信心，甘当促退派。

毛主席教导我們：**“在困难的时候，要看到成績，要看到光明，要提高我們的勇气”，“下定决心，不怕牺牲，排除万难，去争取胜利”**。1957年十月党的八届三中全会讲話中又号召我們，要永远当促进派。

可是万、张反革命修正主义集团自从六月起生产呈現下降后，对技术革新和技术革命运动就不聞不問了。

九月間，他們提出了“抓思想、抓生活、促生产”的口号，实际上是一个只抓生活，不抓思想、破坏生产的修正主义口号。

十一月下半月，张淮三讲：“整个大好形势中还有三分之一不大好形势，要认訳这是非常时期。……安排生产、生活、教育、宣传，都要适应这个非常时期。”他强調要“劳逸結合”，說什么：“許多厂任务不足，可以把生产、学习、工作都压在八小时內。先从上边开始。”还說：“工作上的缺点，各方面，尤其工业上……要足够估計”。

十二月十五日万晓塘召开生活会議，安排了四个月的主付食，根本不提政治思想工作。同月廿五日市委部署整风工作，要求在五十个落后厂中继續搞整风，其它企业創搞“生活整风”。张淮三在会上批評一些領导干部对“非常时期”的形势认訳不足，因而对抓生活貫彻不力。

三　年　調　整　时　期

历　史　背　景

連續三年的严重的自然灾害，苏修背信弃义撕毁协議，造成了我国国民經济的暂时困难。面临暂时困难，国内阶級斗爭更加尖銳起来。刘少奇、邓小平等党內一小撮最大的走資本主义道路当权派，利用我国国民經济的暫时困难，配合帝修，向社会主义发起猖狂进攻。他們把形势描繪成漆黑一团，到处散播悲观失望情緒。刘少奇公然宣称："三面紅旗可以让人家怀疑几年。"他誣蔑这几年"浪費了群众的許多干劲"，是"懵懵懂懂往前撞"，大跃进是"发疯的时候"，是"无計划的肚子"，"大跃进現在有些跃退了。"在他的指使和支持下，刮起了一股"三和一少"、"三自一包"的黑风，妄图在我国复辟資本主义。但是，他們的阴謀未能得逞。以毛主席为代表的革命路綫，用革命的乐观主义精神，鼓舞人民的革命斗志，高举三面紅旗，努力奋斗，排除困难，去爭取胜利。毛主席指出：我們的經济已經到了頂点。再往前进，就陆續上升了。他教导我們，千万不要忘記阶級斗爭，阶級斗爭一抓就灵。在毛主席的英明領导下，广大群众和干部坚持革命路綫，开展阶級斗爭，巩固社会主义陣地，粉碎了資本主义复辟逆流，貫徹执行了"調整、巩固、充实、提高"的八字方針，在短短的三年內，夺取了国民經济全面好轉的伟大胜利。

一九六一年

（7）抵制軍委扩大会議的决議。

1960年十月中央軍委召开扩大会議。十二月二十一日，中共中央批轉軍委扩大会議关于加强軍队政治思想工作的决議。会議突出毛泽东思想，提出：高高地举起毛泽东思想的紅旗，进一步用毛泽东思想武装全体指战員的头脑，坚持在一切工作中用毛泽东思想挂帅，这是我軍政治思想工作的最根本的任务。林彪同志在会上提出了著名的树立四个第一(即：人的因素第一，政治工作第一，思想工作第一，活的思想第一)，大兴三八作风的号召。中央批示指出：**"决議所提出的这些問題，都是正确的和适时的。""这个决議不仅是軍队建設和軍队政治思想工作的指針，而且它的基本精神，对于各級党組織、政府机关以及学校、企业部門等都是有用的，……。"**

对于这个极其重要的决議，万、张反革命修正主义集团拒不貫徹执行。在1961年的許多会議上，万晓塘、张淮三、崔荣汉只字不提軍委扩大会議。在他們的报告中，工作中，不讲毛泽东思想，不讲人的思想革命化，突出业务、技术、制度，鼓吹物质刺激，宣揚"留得青山在，不怕沒柴烧"的活命哲学，对抗林彪同志的指示。四月，市委开工业会議，崔荣汉在报告中大肆提倡物质刺激，要把大跃进中被群众破除的計件工資恢复起来，并普遍搞物质刺激。四月二十八日万晓塘作結論。报告中只字不提毛主席的教导，不提阶級斗爭，继續大讲生活問題。

（8）大力貫徹薄一波的"工业企业七十条"，实行資本主义复辟。

1961年1月的一次会議上，毛主席指出，不仅要有正确的路綫方針，还要有具体的政策、措施。反党分子邓小平、彭眞、薄一波打着紅旗反紅旗，提出了修正主义的工业企业七十条，規定了复辟資本主义的一系列政策、措施。万、张反革命修正主义集团大力貫徹薄一波的七十条。一月下旬就布置大抓七十条。万晓塘、张淮三提出要通过五定五保貫徹七十条。张淮三强調"要抓七十条試点，春节前就下去"，"大部分企业怎样搞？要普遍搞，先近而远。”在这个黑指示下，各局确定了一批試点厂。二月二十六，崔荣汉在市委书記处会議上，埋怨当前力量分散，貫徹七十条不力，要全面舖开貫徹七十条。三月，宋祝勤从东北参加国家經委七十条座談会回津，就积极抓七十条，五月亲自下自行車厂試点。七月，张淮三指使宋祝勤組織专門班子起草天津的工业企业七十条，宋召开了一些座談会，搞出了“八十条”（草稿）。这时，薄一波的七十条正式发下，张淮三指使要“认眞”貫徹七十条，把天津的“八十条”当作参考材料发給几个厂試点用。九月二十五日，万晓塘在区委书記会上，布置各区也要抓七十条試点，以加快貫徹步伐。十一月四日，崔荣汉說：七十条，全市要有个总的要求，开个大会。要求在十一月內写出推行七十条的意見，摸試点經驗。六二、六三两年，貫徹七十条就成为天津市工业部門的中心工作，成为工业会議的主題。經委崔荣汉、宋祝勤、廖斗寅、吳源溥等，通过一系列的文件、专业会議，从各个方面大力宣传貫徹薄一波的七十条，复辟資本主义。

（9）抵制“质量第一，品种第一，規格第一”的方針。

1961年1月，毛主席提出了工业部門必須堅持“**质量第一，品种第一，規格第一**”的方針。万、张反革命修正主义集团对毛主席指示采取了阳奉阴违的两面派手法。他們开始把提高质量作为暫时的任务。二月底，万晓塘提出，上半年着重解决质量，下半年在整頓质量的基础上，又是数量問題。而在实际工作中，上半年沒有抓起质量。

以后，他們又借口整頓质量，貫徹执行薄一波的修正主义路綫，不搞群众运动，压制技术革命，大搞专家路綫，强調管、卡、罰，突出技术、业务、制度。

二月八日区局会議上，李仲垣布置长远規划。张淮三在会上讲：“搞长远規划的根据，先是綜合生产能力；第二，各系統各局一定要掌握世界技术发展方向，考虑技术路綫。……我不懂技术路綫，就向专家請教。”“就学会說，我市学会不活跃，……不調动他們的力量，我們是搞不好的。”“現在技术人員不足，必須大胆提拔使用。”

1962年，张淮三更进一步鼓吹专家路綫。一月十六日，他在一次听取知識分子情况的汇报中讲，“要給专家找两种助手，一是作行政事务工作的秘书，一是培养的助手。”誣蔑过去党对他們“方式簡单粗暴，影响一部分人的积极性。”胡說什么“党內对技术人員的作用与进步估計不足較为普遍，……根据当前国內外形势，抓技术人員工作就是憤发图强，自力更生。要狠抓。”之后，在他亲自主持下，搞了一个《关于貫徹中央对自然科学工作中若干政策問題指示的意見》（簡称：科技工作十条）。五月，在市委常委会上作了討論。这个文件是科技工作中推行专家路綫，复辟資本主义的綱領。万晓塘张淮三在会上拚命替資产阶級知識分子涂脂抹粉，散布阶級斗爭熄灭論，吹捧这些人已經“在政治思想上发生了根本变化，他們之中的絕大多数都是积极地为社会主义建設事业服务，接受党的領导。”万晓塘还說：“当前要抓党的領导和行政方面，主动改正缺点，放手让他們工作。……現在是专家高潮，就是让他們‘各得其所’，至少是不妨碍人家。現在我們是不会用人。”他主张：有問題的但有眞才实学的就应当使用。×××的論文被国际上选中了，不管他的政治条件如何，就要让他出国。他指使“可让专家与外国人发生个人往来，給予交換資料样品的方便。”要列一批专家名单归市管，“对专家，給他們解决問題就好說了。学习政治，时間要規定，方法要自由些。”“大学生分配到厂也不一定要劳动一年。”在这之后，万、张反革命修正主义集团变本加历地貫彻了一条只讲团結不讲斗爭，只讲大胆提拔使用，重在技术表現，不讲阶級成分，不問政治表現的右傾机会主义路綫。

同年六月，廖斗寅搞了《关于当前提高产品质量和加强技术管理的几点意見》一个文件，具体貫彻了张淮三的“科技工作十条”，片面强調基础性技术工作，突出物质、技术、制度的作用，忽略人的作用，不提思想斗爭，不提放手发动群众，大搞双革和群众运动，主张尽快地建立总工程师制。1963年3月，市經委召开第一次技术工作会議，发布了十个文件，进一步突出技术业务，强調技术监督和检查評比，推行总工程师制，恢复技术革新合理化建議奖。崔荣汉指使在重点企业推行前北京黑市委的“經驗”，搞质量联絡員，并提出要在二季度內爭取把大厂总工程师配齐，在中小厂把技术負責人配齐，四季度做到“三按”，即按图紙生产，按工艺加工，按标准检驗。十月，市經委又召开第二次技术工作会議，宋祝勤作报告，中心是貫彻国家經委二季度召开的技术工作座談会精神，大搞总工程师制，要求在八十一个重点企业中实行总工程师制。会后，在张淮三亲自督催下，大刮了一陣不問政治条件，大量提拔工程师的黑风。

就在1963年中，万晓塘提出天津沒有××亿产值过不了关。把提高劳动生产率和提高质量并列起来，否定了质量第一的方針。

（10）歪曲抵制毛主席关于加强調查研究的指示。

1961年初，毛主席提出要大兴調查研究风。三月，发表了毛主席在1930年写的《反对本本主义》一文。同年春，毛主席又在广州会議上批評了几年来調查研究工作做得不够的缺点，再次强調調查研究的重要性。

万张反革命修正主义集团始而采取歪曲毛主席指示的手法。三月二十九日，市委召开調查研究会議，张淮三布置了一大堆調查題目。他讲：大量調查研究的目的，一是促生产，二是确定长远方向，三是編明年計划。使調查研究工作脫离了阶級斗爭，抽去了政治內容。六月，张淮三又在一次会上，借調查研究之名，企图全面否认三年大跃进，他說：“問題很多，究竟是什么錯誤？缺乏研究。是否首先是高指标，突击，压任务，与反右傾界限不清。第二是大办，一刀齐。群众运动形式主义形式很多。第三是体制問題……，群众运动，五九年先抓质量、管理，后来冲乱了。六〇年上半年脑子发热，生产月月升，痲痺了自己，是假象。第四是工資、奖励、福利方面抓得不够，問題重大。工資降低，物价上涨。第五个生产力損坏。……值得研究。”妄图利用調查研究为他們复辟資本主义制造輿論。同年夏，崔荣汉，宋祝勤組織了对十七个企业的調查报告，强調消极面，鼓吹××厂的“活命哲学”的所謂“經驗”。

在几个之后，万张反革命修正主义集团就不提調查研究了。

（11）大搞关停併轉分，抵制八字方針。

党中央批准的調整、巩固、充实、提高的方針是个积极的方針，但是，万张反革命修正主义集团却大力貫彻薄一波的关停併轉的修正主义方針，并且还增加了“分”的內容。从六一年五月到九月，就大抓关停併轉分。到1963年底，全市職工减了××万人，全民所有制企业关停併轉一百四十四戶，轉集体一百六十四戶，四万余人，小土群小洋群如小化肥、土化纤、小电炉等都被砍掉，两千多街道工业被砍了一千三百多，几百个学校办的工厂被砍剩三十个。

（12）在政治运动中，貫徹执行資产阶級反动路綫。

党中央1960年底就发出反走后門的指示。六一年二月中旬，万晓塘談到反走后門时說："反后門再检查一下，发动群众，揭发問題，寻找漏洞，批判斗爭，組織建設。""这几年，高指标过头，斗爭过火，伤人太多，影响干部积极性。""批判、斗爭，"一定划阶段，不搞大会搞小会，有的写检查材料，何必伤感情，个别处理，也不必开大会，民主空气，应放一下……运动中一般都搞得重，过后就輕。"又說："整了后，情緒低了？高了？要考虑。""可能有些积极分子有急燥情緒，不好扭轉，斗爭过火的地方，先停下来。"这不仅是明目张胆地为資本主义复辟制造輿論，而且从組織上包庇他們的資本主义复辟势力。

三月中旬，研究召开工业会議，崔荣汉說：今年以整风为綱，抓思想、生活、生产，通过整风整頓职工队伍。先搞整风、再整頓队伍，最后肃反。"把整风的矛头指向一般职工。

四月下旬，张淮三說，整风已达到高潮，工业上有三十万人。他讲了一大堆什么官僚主义，命令风，瞎指揮风，浮夸风，特殊风，貪汚盜窃，右傾松劲情緒之后，說現在主要是整改，在工业会議后，一般要轉到质量鳴放，搞到五月；之后搞反浪費，七月反劳动力浪費，最后整頓队伍。就这样，把整风运动演变成了生产运动。

一 九 六 二 年

（13）反对民主集中制，实行独立王国。

1962年一月党中央召开七千人的扩大工作会議。毛主席在会上发表了关于民主集中制的重要讲話，教导我們，要走群众路綫，要眞正把問題敞开，让群众讲話，要用批評和自我批評的方法来解决人民内部矛盾，沒有民主就不能有正确的集中，沒有民主集中制，无产阶級专政就不可能巩固。毛主席还着重指出，必須站在百分之九十五的人民群众这一边，这是根本立場問題。共产党是无产阶級的政党，不是"全民党"，絕不能站在占总人口百分之四、五的地富反坏右的那边。

万张反革命修正主义集团极力抵制毛主席这个重要指示。他們仿照刘少奇的手法，假行"民主"之名，把传达中央扩大工作会議的严肃政治任务，都搞成他們的"出气"会，大肆攻击毛主席的革命路綫，煽动資本主义复辟的輿論。还开办高干自修班鼓动一些人放"气"，向党猖狂进攻。就在大会以后的几年中，他們不开党的代表大会，甚至不开市委会，以宗派主义来代替党的集体領导。他們对上实行独立王国，反对以毛主席为代表的党中央，抵制毛主席指示，破坏全国一盘棋的方針。张淮三、崔荣汉、李中垣多次宣传上海所謂"私生子"的經驗，說什么："中央不同意你就先搞。开始不承认，是私生子；等你搞出来了，內地上不去，天津有条件上，最后中央也得认帳。"他們經常向国家爭指标，要人、財、物，还常常抵制中央部門的統一规划，强使中央服从地方。他們对下实行"一言堂"，几个人說了算，不听群众意見，更听不得反面的話，压制职工群众的民主权利。他們在工业上实行分散主义，把生产技术、計划、投資等分散由几个部門管，还对各委办的主任实行单綫領导，破坏这些部門的集体領导。借以推行資本主义复辟的阴謀活动。

（14）反对“三面紅旗”。

在一月中央扩大工作会議上，林彪同志发言指出，总路綫，大跃进、人民公社三面紅旗，成績极其伟大，缺点是很次要的，时間隔得越长．它的伟大意义就看得越清楚，它的缺点就越加微不足道。

但是，万张反革命修正主义集团紧随刘少奇，攻击三面紅旗。二、三月間刘少奇批轉陈云的財經形势报告，散布財經状况处于“非常时期”，要七年才能恢复的謬論，继續給三面紅旗抹黑。张淮三亲自到高干自修班推銷陈云的黑报告，說它是“科学論断”，要大家好好“学习”。他还把周揚在北京全国科协会上做的有关知識分子問題的黑报告也批发高干“学习”。

万晓塘、张淮三还利用总結四年工作，大肆反对三面紅旗。早在1961七月八日的一次报告中，万晓塘就强調提出：“当前的危险，不是否定成績，而是在对缺点錯誤认識不足，……。”九月二十五日，在各区汇报会上，他又說：“情况不怕严重估計。”1962年四月，万晓塘召集四年工作总結座談会。他提出总結四年工作的指导思想是：“对几年成績估价确切些，留点余地，說活点，不要翻案。把基本情况說明。有的写在总結上，有的用讲話去說明。有几件大事：高精尖……要适当作估价，宁把缺点多說些。双革四化，就我們說，主要缺乏知識，不能判断，既沒理論根据，也沒实践經驗，……。交通河网化、煤气化、超声波，多承认点錯誤”。二十四日，市委研究室汇报四年总結提綱时，万晓塘再次重申：“要把缺点多写几条，說透。关于三七开問題，全国是三七开，天津是否不讲，說活点，再看一段”。

同月，市委宣传部向市委汇报这几年工作的缺点：一是在重要政策上有片面性，絕对化，界限不清，提了些不妥当的口号，如片面强調政治挂帅，是誇大了思想工作的作用，要和物质奖励相結合；政治出綱鉄，也不妥当；大破大立，先破后立，不破不立是脫离实际，违反事物发展規律；“四大”是錯誤的，等等。二是浮夸，如“困难是暂时的”，越讲困难越多。三是作风簡单粗暴，我說你服，我打你通。四是一般化，讲大道理多，讲小道理少，如“东风压倒西风。”另外，还讲到工人写文章天津日报登了八十篇，以及文艺为政治服务簡单化了，只强調配合当前，应当反映一个时代，文学評論也簡单化了，等等。万晓塘听了这个黑汇报非常欣賞，还不断的插話补充內容。根据这次黑汇报，五月份宣传部又写出了检查五八年以来錯誤口号的报告。

这时期，宋视勤搞了《四年来工业工作的总結》对“鞍綱宪法”大肆攻击，胡說什么：“政治只能在具备物质基础的条件下才能发揮它的最大的作用”；攻击企业的党委“不适当地强調党的絕对領导”；誣蔑大跃进中“不該搞群众运动的也搞了，該小搞的大搞了”，“前几年技术革命拖住了企业的主要技术后方力量，只顾前进，脫离了技术基础”；甚至宣称“把两参一改三結合也当为一項根本制度幷不完全适当。”

六月二十一日，市委常委扩大会議討論四年总結。张淮三在发言中，恶毒攻击大炼鋼鉄是"主观主义"，誣蔑这几年，特别是六〇年上半年是"脑子发热，倡議多，損失大。"胡說什么："自动化只能在少数先进企业里搞。""技术革新确实是广大群众参加，但方法不对，应在一定范围內搞"等，反对大搞群众性的技术革命。

（15）抵制八届十中全会。

八月六日，毛主席在北戴河会議上发表了著名的关于阶級、形势、矛盾的讲話。毛主席指出，在社会主义国家中存在阶級和阶級斗爭。毛主席还批評了把形势看得一片黑暗的右傾观点，說："**……有些同志过去曾經认为是一片光明，現在是一片黑暗，沒有光明了。**""**有些人思想混乱沒有前途，丧失信心不对。**"指出現在的形势还是五九年庐山会議的三句話："**成績很大，問題不少，前途光明。**"毛主席还提出，社会主义社会存在矛盾，对資产阶級的矛盾实质上是敌对的，是社会主义与資本主义的矛盾，我們当作人民內部矛盾来处理。"**有沒有阶級，这是个基本問題**"。"**沒有阶級，就沒有馬克思主义了，就成了无矛盾論，无冲突論了。**"

八月九日，毛主席又提出資产阶級、右派分子、地主富农复辟的問題，批評了单干风。毛主席指出"**社会主义改造消灭了剝削阶級的所有制，不等于政治上思想上的斗爭沒有了，思想意識方面的影响是长期的。**""**党內有这么一部分人，并不是共产主义，而是資本主义、封建主义。**"

九月八届十中全会上，毛主席教导我們，在由資本主义过渡到共产主义的整个历史时期，都存在着两个阶級，两条道路的斗爭。千万不要忘記阶級斗爭。同时，还提出了农业为基础，工业为主导，各工业部門的工作要轉移到以农业为基础的軌道上来的重要指示。

万张反革命修正主义集团却公然抵制毛主席的指示，万晓塘在暂时困难时期宣传"社会主义国家阶級基本消灭了，只剩残余了"，"資产阶級对社会主义的敌視"只是个"认識問題"，指使"对阶級斗爭要松一点，……不要搞得八面紧张。"他們拒不貫彻八届十中全会的精神。从十月到1963年底，市經委党組一次也沒有討論如何貫彻执行八届十中全会精神的問題，相反地张淮三、崔荣汉等，却在实际工作中极力抵制八届十中全会。就在十月三十一日，崔荣汉在《扭轉亏損，增加贏利，深入开展增产节約运动》的报告中，只字不提阶級斗爭，不提扭亏增贏工作中的两种思想斗爭。十二月三日，崔荣汉布置年底召开的市委工业生产会議的內容：一是計划工作（包括支农方案），二是明年工作安排，抓三件事：（1）品种，质量和技术工作，（2）扭轉亏損，增加利潤，改善經营管理，（3）围繞这两件事貫彻七十条。二十五日市委工业生产会議上，张淮三报告中强调：质量好不好，品种规格是不是对路，应当作为今后衡量我們工作成績的首要标准，并鼓吹要健全总工程师为首的技术責任制，要推行計件工資，改进工資奖励制度，恢复考工制度，以刺激工人学习技术的积极性。

1963年，他們又强調以貫彻七十条为重点，不抓政治思想，抓的主要是扭亏增盈、定额工作会議、技术工作会議、生产协作訂貨会議、增产节約运动，搞了三、四十个文件，突出技术、业务、制度，抹煞阶級斗爭。他們还极力抵制政治运动，不准揭阶級斗爭的盖子。他們把机关"五反"引向經济斗爭。四月市委三次研究机关"五反"。万晓塘說：从領导干部看，还是一般性作风問題，多吃多占多，程度不同，个别人严重，給

“五反”运动定了調子。他指使領导干部重点检查生活作风，却又說：“对領导照顾，多数人同意，这不是平均主义”，替他們“一小撮”开脫。他还把运动的矛头指向一般干部和群众，实行打击一大片，保护一小撮的資产阶級反动路綫。說什么：“农村有25%党員要出党”。“什么叫彻底？……从个人生活方面、制度方面，把可能的貪污盜窃、投机倒把的綫索暴露出来”。“什么叫放手？……把可疑人物可疑現象都揭露了”。同年六月，传达毛主席关于对官僚主义的危害性看得更远些的指示和周总理关于反对官僚主义的报告后，崔荣汉在經委党組会上說：“反官僚主义，要摸摸好的企业，一是是否要圈，如只限于生产問題；二是能否圈得住，出圈了怎么办？不单搞个阶段，只搞几天行不行？”妄图极力控制反官僚主义的斗爭，不准群众起来揭盖子。

他們还抵制毛主席关于工业“轉軌”的指示，把“轉軌”看成簡单的計划工作的一个“題目”，不是作为中心內容。以后又借口不了解农村需要，全国沒有一个規划，拒不研究天津工业如何支农轉軌的問題。經委六三年有十个主任，五月分工时沒有安排一人抓支农工作。年底，他們公然决定撤銷农机局，大大削弱支农的領导力量。

一 九 六 三 年

（16）抵制毛主席关于社会主义教育运动的指示。

1963年五月，毛主席在杭州会議上亲自主持制定了《中共中央关于目前农村工作中若干問題的决定（草案）》即前十条。文件肯定了三面紅旗是完全正确的，是伟大的。指出，社会主义社会是一个相当长的历史阶段，在社会主义这个历史阶段中，还存在着阶級、阶級矛盾和阶級斗爭，存在着社会主义同資本主义两条道路的斗爭，存在着資本主义复辟的危险性。阶級斗爭是不可避免的。任何时候都不可忘記阶級斗爭，不可忘記无产阶級专政，不可忘記依靠貧农、下中农。阶級斗爭，一抓就灵。要开展社会主义教育运动，农村搞四清，城市搞五反。这两个运动的完成和胜利，必定会把我国的社会主义建設事业大大地推进一步。毛主席着重指出，这一場斗爭是重新教育人的斗爭，是重新組織革命的阶級队伍，向着正在对我們猖狂进攻的資本主义势力和封建势力作尖銳的針鋒相对的斗爭，把他們的反革命气焰压下去，把这些势力中間的絕大多数人改造成为新人的伟大的运动，又是干部和群众一道参加生产劳动和科学实驗，使我們的党进一步成为更加光荣、更加伟大、更加正确的党，使我們的干部成为既懂政治、又懂业务、又紅又专，不是浮在上面，做官当老爷、脫离群众，而是同群众打成一片，受群众拥护的眞正好干部。**“这一次教育运动完成以后，全国将会出現一种欣欣向荣的气象。差不多占地球四分之一的人类出現了这样的气象，我們的国际主义的貢献也就会更大了。”**

万张反革命修正主义集团对毛主席的指示阳奉阴违。他們在七月成立了市委五反办公室，抽了一些人抓五反試点。他們消极抵制五反运动，以生产压革命，制造五反运动影响生产的謬論。万晓塘亲自联系仁立毛紡織厂，他迁就四不淸的干部抵触社会主义教育运动的情緒近一年之久。年底。天津的五反試点受到华北局的批評。

（17）抵制毛主席关于干部参加集体劳动的指示

五月九日，毛主席在批轉《浙江省七个关于干部参加生产劳动的的好材料》的批語中指出："**广大干部对参加生产劳动的意义要有深刻的认识。争取在三年內全国农村內支部书記参加劳动，在第一年爭取三分之一参加劳动，这就是一个大胜利。……这对社会主义制度是具有根本性的一件大事。不参加劳动，势必脫离人民群众，出修正主义**"。

万张反革命修正主义集团不抓干部参加劳动，他們自己也从不参加劳动。对陈伯达同志对自行車厂干部参加劳动的指示，也严加抵制，不作传达貫彻。

（18）歪曲毛主席关于加强相互学习，克服故步自封，驕傲自滿的指示

十二月十三日毛主席发出了《关于加强相互学习，克服故步自封、驕傲自滿的指示》，指出："**……这种虛心学习外省、外市、外区优良經驗的态度和办法，是很好的，是发展我国經济、政治、思想、文化、軍事、党务的主要方法之一。固步自封，驕傲自滿，对于自己所管区域的工作，不采取馬克思列宁主义的辯証分析方法（一分为二，既有成就，也还有錯誤），只研究成績一方面，不研究缺点錯誤一方面，只爱听贊揚的話，不爱听批評的話。对于外省、外市、外区，别单位的工作很少有兴趣組織得力的高級干部去虛心的加以考察，以便和本省、本市、本区、本单位的情况結合起来加以改进，永远陷于本地区、本单位这个狹隘世界，不能打开自己的眼界，不知还有别人的新天地，这叫做夜郎自大，……。**"……"**把别部、别省、别市、别区、别单位的好經驗、好作风、好方法学过来，这样一种方法定为制度**"。

万张反革命修正主义集团一直是抵制学先进的。他們指責批評天津工业工作不如外地的人是"吃天津，穿天津，罵天津"，是"长他人志气，灭自己的威风"，"只知道学别人，不知道学自己"。1963年二月华北局經委組織各省市去上海学习，天津李仲垣、丁焕采带队，学的是技术措施。六月二日崔荣汉作报告，提出要反对"自餒"情緒，胡說什么："自滿和自餒，目前自餒是主要的。"十一月下旬。市委派丁焕采、吳源溥等带队去上海、北京等地学习，张淮三亲自作动員报告，突击学技术經驗，并对各局領导人囑咐：这次学习一定要給人家留下好印象，去后只要一个人出問題都会对天津发生坏影响。这两个学习团搞的都是技术挂帅。在毛主席指出要組織得力高級干部去外地虛心考察之后，他們不但自己不去，連丁焕采、吳源溥这样的干部也不往外派。

同年十二月，华北局、省委联合检查天津工作，批評万晓塘张淮三、崔荣汉等严重驕傲自滿，故步自封，革命意志衰退，已經到了"死猪不怕开水燙"的地步。1964年一月，在华北局和省委的直接监督和参与下，万、张反党集团才被迫召开了扩大会議，检查天津工作落后。在各方面指責下，万晓塘被迫作了"检查"。他只是隔靴搔养的检查了一下驕傲自滿，对于"高官厚祿，养尊处优"的实质問題都未敢触及。之后，就很快轉入层层检查，把矛头轉向下边。

三年大发展时期

历 史 背 景

在党和毛主席的英明領导下，全国人民团結一致，粉碎国內外敌人的阴謀破坏，夺取了国民經济的全面好轉，开始了社会主义革命和社会主义建設新的高涨。林彪同志高高举起毛泽东思想的伟大紅旗，全国性群众学习毛主席著作运动兴起，大大促进了人的思想革命化。人的精神力量轉化为巨大的物质力量。原子弹爆炸成功，氢弹、导弹相继試制成功。石油的落后帽子摘掉了。一个又一个的科学技术高峰被我們占領了。农业連續几年取得了丰收。外債全部还淸了。这一切，都是毛泽东思想的伟大胜利。

但是，国内外阶級敌人不甘心失败。刘少奇、邓小平等党内最大的一小撮走資本主义道路的当权派，继續玩弄反革命的两面手法，破坏社会主义教育运动，破坏学习毛主席著作的群众运动，抵制毛主席的革命路綫，实行反革命修正主义路綫，妄图扭轉历史前进的車輪，复辟資本主义。毛主席亲自发动的史无前例的无产阶級文化大革命，点起了熊熊的革命烈火，全国革命人民用战无不胜的毛泽东思想作武器終于識破并揪出了这一小撮党內最大的走資本主义道路当权派，取得了决定性的胜利。

一 九 六 四 年

（19）反对学解放軍

1963年十二月，毛主席发出了全国大学解放軍的号召。毛主席指示：**“国家工业各部門現有人提議从上至下（即从部到厂矿）都設政治部、政治处和政治指导員，实行四个第一和三八作风，看来不这样做是不行的，是不能振起正个工业部門（还有商业部門、农业部門）成百万成千万的干部和工人的革命精神的。……这个問题我考虑了几年了，現在因为工业部門主动提出学解放軍，并有石油部門的偉大成續可以說服人，这就到了可以普遍实行的时候了。”“解放軍的思想政治工作和軍事工作，經林彪同志提出四个第一、三八作风之后，比較过去有了一个很大发展，更具体化又更理論化了，因而更便于工业部門采用和学习了。”**

万张反革命修正主义集团反对学解放軍，张淮三在1964年春传达工交工作、政治工作会議讲話中販卖薄一波共性特性的謬論，他說：解放軍出身成份好，政治純洁，年青听話，生活集中，时間有保証，可以突出政治；工厂里政治情况复杂，老弱残病多，生活分散，时間沒保証，沒法突出政治。他还拖延政治工作机构的成立，这年有一百多个企业成立政治工作机构，由于他們的阻挠只剩下几十个工厂坚持下来。全市的政治工作机构，拖了一年多沒有成立。直到1965年五月八日的一次会上，李守眞还讲“建立政治机构要結合四淸运动搞，先把大一点的厂搞起来”，企图继續拖延成立政治机构。只是在六月，全国工交政治部点名批評天津后，张淮三才被迫在六月二十五日匆匆忙忙宣布調正工业領导体制，建立局、公司党委和政治部，要求在七月一日正式办公，以掩盖他抵制毛主席指示的罪行。

（20）反对学大庆

1963年底，毛主席发出了中央各部門学习石油部和工业学大庆的伟大号召。1964年二月，党中央又批轉了大庆的經驗，明确提出大庆的經驗“具有普遍意义”，并指出它的一些主要經驗，不仅在工业部門中适用，在各部門、各級机关中也都适用，或者可做参考。年底，周总理在政府工作报告中，概括了大庆的經驗，并給予高度的評价，指出大庆是活学活用毛主席著作的典范，是学习解放軍政治工作經驗的典范，是全面貫徹总路綫的多快好省的典范。

毛主席的号召深入人心。年初，石油部付部长康世恩来津介紹大庆經驗。全市干部、工人积极响应毛主席号召，迅速掀起了学大庆的热潮。但是，万张反革命修正主义集团却千方百計把学大庆的群众运动引入邪路。二月，张淮三就按照薄一波的黑指示，要总工会在春节后大搞評功摆好。他們抹煞企业中存在着尖銳、复杂的阶級斗爭，违背毛主席关于"一分为二"的教导，要人人参加評功摆好，胡說什么"越是落后的人，越要給他評功摆好"，"評的落后的人冒大汗，坐不住，启发他們的阶級覚悟。"許明还亲自去第一鉄絲厂蹲点总結經驗、开会交流，张淮三亲自出馬主持会議，在全市刮起了一陣阶級調和歌功頌德的黑风。

三月，华北局組織各省市去大庆参观学习，指定天津由张淮三、楊拯民带队。临走之前，宋祝勤替张淮三筹划了六个歪曲大庆經驗的学习內容：（1）政治工作系統、生产指揮系統如何建立，如何結合？（2）技术人員使用培养提拔；（3）基层干部班子配备、作风、制度、工作方法。（4）练基本功。（5）学毛主席著作的組織領导、安排、推动。（6）职能科室如何面向基层、面向生产。张淮三从大庆回来，对推广大庆經驗很冷淡，把传达报告推給工业部付部长去做，还誣蔑大庆經驗沒有阶級斗爭为綱。同时，又大抓学上海、北京，提出比学赶帮要以生产为中心，"四好"为"一好（生产好）"，又阴謀采用突出学外地来冲淡群众学大庆的热情。

大庆的生产工人崗位責任制，是在群众自觉的基础上，自下而上地推行的；是大庆人活学活用毛主席著作，提高政治責任感的具体表現。五、六月，廖斗寅、吳源溥在张淮三的指使下却别有用心的孤立的大抓崗位責任制。吳源溥組織干部摸了十四个公司、四十二个企业的經驗。廖斗寅极力歪曲崗位責任制的政治內容和政治意义。他在下半年工作要点中，把崗位責任制說成是一种自上而下的管、卡制度，并以业务挂帅的观点极力誇大崗位責任制，是"企业管理的根本問題。"他在后来的一次会上又讲：崗位責任制是一个根本問題，过去是技术管理、經济管理，越搞制度越多、崗位責任制解决了这个問題，有三大好处：（1）責任明确，可以調动职工主人翁感，带出个好作风，責任心、严格、练基本功，搞技术革新等都来了。（2）促进了专业管理，使专业管理落实了。（3）便于落实思想工作，有了崗位責任制，思想工作有了抓头了，能够提綱携領地把思想工作抓好。他把崗位責任制說成是大庆管理經驗的核心"，"是生产三要素的結合。"通过整頓管理，把矛头指向工人群众。他們还片面号召大练基本功，把群众引向追逐个人名利的白专道路上去。

1965年二月，张淮三紧跟薄一波，为了抵制"学大庆"把齐市机車車辆厂請到天津来做报告，传授經驗。廖斗寅还亲自主持筹备展覽会，組織各厂去参观。同年六月和八月，楊拯民和廖斗寅还召开了两个企业管理革命化座談会进一步貫徹車辆厂的"集中到厂部，服务到班組"的經驗，继續抵制大庆的基本經驗。

（21）抵制毛主席关于备战、备荒、为人民的指示。

1964年夏，毛主席提出了备战备荒为人民的伟大战略思想，发出加强备战和內地建設的指示。万张反革命修正主义集团极力抵制毛主席的指示。万晓塘說：对一般干部和群众不能讲备战。张淮三也叫嚷：不能讲备战，这样容易洩密。他們拖延向群众进行备战教育，长期不过問地方軍工生产，不考虑工业企业战时行动計划。

1965年他們又籍口調整、扩散，破坏备战迁厂。张淮三在七月給李仲垣、丁焕采关于調正工作的安排的批示中說："抓紧研究分厂、抽調力量。迁走整个厂是少数的，一般是产品重复的厂，或迁移地比在市更合适，注意保持天津的綜合性……。"九月，他又在給丁焕采关于調整工作总結的批示中說："我們需要抓紧机械工业主要产品的另部件扩散和产品調正工作，以便适应支內分厂迁厂工作。"八月李中垣按照张淮三的黑指示編了个內迁规划报华北局，被华北局批評为"不象样子。"他們用抓紧扩散的手法，使有些項目搬迁后不能配套，造成投产的困难。七月华北局开会研究要搬××厂，李中垣馬上打电話告訴张淮三，张就給丁焕采、赤明写信，叫赶快把××厂分了。××仪器厂确定內迁后，他們又提出要一分为四，使迁出的厂設备配不起套来。中央提出支內搬迁要实行"三好"原则，而他們則提出"搬迁不能伤筋动骨"的原则来对抗。中央提出要加强支內工作，他們竟想借精簡机构之名，砍掉支內办公室。他們抵制支內备战，在华北迁建会上受到华北局批評后，特别是陈伯达同志再三对天津的工业方向及压縮人口、支內等做了指示以后，万张集团仍继續进行抵制。九月三十日张淮三在給李树夫、丁焕采并轉李定、罗云、廖斗寅的一封信中，要他們准备給陈伯达同志汇报的材料，认为天津"……仍应該是組織配套生产、专业化与协作，发展高精新产品……，有出口任务的企业，……是否留下来，至少晚迁，晚分厂。"妄图打着工业配套、专业化协作、出口产品的旗号，欺騙陈伯达同志，继續抵制支內工作。

万张集团还利用調正工作，破坏支农力量。1965年全市工交战綫的技术改造費中，属于支农項目拨款仅占总投資的千分之四。他們还不顾中央的統一規划，硬上汽車，把农机公司所属大部分企业划給汽車、拖拉机公司領导，还决定搬走一批农机企业，使农机公司只剩下七个厂、一千余人的队伍。同年七月，张淮三在关于調正工作的安排批示中，說："近郊区多数企业不是为当地服务的，我看除留下很少数企业眞正为当地服务外，多数企业是为大工业配套的，或承担仪表、医疗器械等生产服务的，可轉交市，归市局公司直接管理……。"八月又在給李中垣、丁焕采、高万德、宋罗岐的信中說："內燃机厂明年仍是××台（注：抗旱任务），請諸位考虑是否少接些合同……也要抓紧分厂准备。……八机部之問題由市交涉，仍应不让公司、局为难，但是市、局、公司，首先要心气一致。"在他的黑指示下，天津郊区支农力量削弱了，八机部給內燃机的抗旱任务也硬被"頂住"了。

（22）反对毛主席的教育方針，大肆推行刘少奇两种教育制度的黑貨。

毛主席在《关于正确处理人民內部矛盾的問題》中指出，"我們的教育方針，应該使受教育者在德育、智育、体育几方面都得到发展，成为有社会主义覚悟的有文化的劳动者。"五八年和六四年，刘少奇两次来津推銷他的两种教育制度的黑貨。万张集团立即成立第二教育局，大肆宣揚刘少奇的"教育思想"，鼓吹資产阶級的教学质量，积极在报紙上开辟专栏，总結"經驗"，撰写文章，拚命宣传替刘少奇向全国各地推銷黑貨。并在下半年工业交通工作要点中，提出了"要研究和制定試行两种劳动制度和两种教育制度的方案”，并按照刘少奇“黑指示”，改进教学內容和教学方法。”

（23）大办托拉斯，复辟資本主义。

毛主席教导我們，“政治是統帅，是灵魂”。“政治工作是一切經济工作的生命綫。”万张反革命修正主义集团却极力抵制毛主席的教导，大肆鼓吹刘少奇的用“經济办法”办工业企业的黑貨，极力推行“托拉斯”。1964年下半年，化工部要办橡胶、医葯两个总公司，万张集团就把这两个行业所属厂全部上交，以示大力支持。八月，他們又决定将机床工具、染料化学、造紙三个工业公司改为地方性托拉斯。1965年五月，薄一波召开全国試办托拉斯工作座談会，万晓塘是会議領导成員之一。会上，上海等地的代表抵制办全国性托拉斯，受到薄一波的压制和围攻，万晓塘却表示天津沒有意見，而且听說中央还要办仪表托拉斯，就急急忙忙在天津組織仪表工业公司，要办成地方性托拉斯，为全国性的仪表托拉斯作准备。七月，市經委召开托拉斯、工业公司座談会，根据万张反党集团的意图，起草了“工业公司試行組織办法”，由市委、市人委批轉执行。这个“公司法”，把三十多个工业公司全部由行政管理机关改为一級經济組織加大权限，除了不搞单独經济核算外，已經和托拉斯沒有什么区别了。为了加速公司托拉斯化，从1964年十月以后的一年間，竟用市委名义批轉有关托拉斯文件达三次之多，責令各級党組織遵照执行。廖斗寅还从薄一波那里拿来了《美国的工业生产組織》一书推荐給张淮三研究。张淮三大为贊揚，叫廖斗寅与书店联系发行，让各局领导干部都好好学习这本书，为复辟資本主义做輿論准备。

（24）把工会变成生产工会、技术工会。

工会是阶級斗爭的工具是党向广大职工进行毛泽东思想教育的大学校。但是，张淮三长期控制市总工会，把工会变成“生产工会”、“技术工会”。1964年九月，全市召开第九次职工代表大会，张淮三做了許多黑指示，并亲自动手修改大会报告，安排会議的內容，把大会变成单純交流技术、业务的会議。他甚至說：“把产业工委建立起来后，工会不抓生产，就沒有作用可起了，就沒有存在必要了。”1965年，市委工交政治部、經委、总工会提出工厂企业开展“五好”运动，张淮三别有用心地将运动改为竞賽。在开展五好运动的宣传提綱中，张淮三把第一部分高举毛泽东思想伟大紅旗、学习解放軍的內容几乎全部删掉。

（25）蔣树樟事件和机关反右傾。

1964年秋，发生了反动資本家蔣树樟阶級报复事件。許多企业工人紛紛揭发不法資本家向工人阶級进攻的大量事实，要求清算不法資本家的罪行。这些要求都被万张集团压了下去。十月，党政机关和四清工作队开展反右斗爭，搞了两个多月，揭发了不少严重問題，开始触及党政机关阶級斗爭的盖子，又被万张集团“虎头蛇尾”和“轉正改”的手法，把一些单位的問題“挂了起来。”

（26）抵制毛主席关于計划工作革命化的指示。

毛主席指示，計划工作要革命化。1964年十二月，张淮三作計划工作革命化的报告，他把天津市計划工作的問題輕描淡写为“对天津的特点认識不够，計划工作严重脫离实际。”以后，就“水过地皮湿”地敷衍搪塞过去了。

一 九 六 五 年

(27) 对抗"二十三条"，在四清运动中执行形"左"实右的反动路綫。

1964年七月刘少奇在天津大肆推銷王光美的"桃园經驗。万张反革命修正主义集团极力吹棒，万晓塘下針織厂蹲点亲自推行刘少奇的形"左"实右的反动路綫，他胡說什么："扎根串联是基本功的基本功"，"扎根的基本观点是：和任何人接触，又相信又不相信"，主张要到落后层中找"珍珠宝貝。"

1965年一月，毛主席亲自主持下，制訂了《农村社会主义教育运动中目前提出的一些問題》，即二十三条，糾正了刘少奇的机会主义路綫，使全国社会主义教育运动进入了一个新的阶段。毛主席号召全党：**"必須把两年多来的社会主义教育运动坚持下去，进行到底，絕对不能松勁。"**

二月，市委集訓干部，万张反党集团向干部封鎖了"二十三条"是两条路綫斗爭产物的眞相，还提出了"反右防左，以防右为主"的方針，抵制"二十三条"的貫徹。五月，张淮三在一次报告中，只字不提整党內走資本主义当权派的問題，把斗爭矛头引向群众。他在另一次部署四清运动的报告中說："重点不是唯一的，在四清运动中，不仅要整走資本主义道路的当权派，而且要解决各种四不清的問題。"七月，反党分子彭眞在北京向干部和四清工作队員做了两次黑报告。万晓塘亲自去听传达，回来大肆貫徹，胡說什么："从党的历史上看，历次运动中有些干部正錯了，跟党結成疙疸，很不好解，这次一定要注意别整錯了。"后来刮起了保护党內走資本主义道路当权派，寬大无边的歪风。八月，薄一波在北戴河召开了工交企业四淸座談会，泡制了与"二十三条"相对抗的《座談会紀要》，根本不提运动的重点是党內走資本义主道路当权派，强调运动一开始就"三結合"。张淮三在二批四淸工作队正訓中，說："阶級斗爭前几年尖銳，这两年随着經济形势的好轉比較緩和了。"还說：""一、二类企业主要領导干部是好人，但有缺点錯誤。""对这些单位可以从检查总結工作入手。"八月，他在一次报告还說什么"应当一进厂就实行三結合。""一、二类企业，原則上应由工作队和厂党委共同領导运动。"1966年一月，万晓塘在风动工具厂談双淸斗爭时也說："揭发到一定程度，首先还是解决工人中的問題。"在开展对敌斗爭的阶段，张淮三又提出"議、排、查"，提出"查到那里算到那里，查到誰算到誰"，"打一个，带串，淸一片"等錯誤口号，推行"打击一大片，保护一小撮"的資产阶級反动路綫。

(28) 抵制毛主席关于"管理也是社教"的指示。

毛主席在一月二十九日对陈正人蹲点报告的批示中指出，**"管理也是社教，如果管理人員不到車間小組搞三同，拜老师，学一門至几門手艺，那就一輩子会同工人阶級处于尖銳的阶級斗爭状态中，最后必然被工人阶級把他們当作資产阶級打倒。不学会技术，长期当外行，管理也搞不好，以其昏昏，使人昭昭，是不行的。"**二月，毛主席又批轉了謝富志同志蹲点报告，指出：**"我們工厂究竟有多少經营管理已經資本主义化了……，要一个一个淸查改造。"**

张淮三在1964年十二月的計划革命报告中就提出："搞管理革命，資本主义思想不要作为重点。”企图抽掉管理革命化的重要內容，把管理革命納入資本主义改革业务制度的邪路上去。1965年二月，他又抵制毛主席上述指示，大力貫彻邓小平的黑指示，宣传不要把反对資本主义經营思想的斗爭搞寬了，只限于弄虛作假損害国家利益的范围，极力压制反对資本主义經营思想的斗爭。

（29）反对学习毛主席著作。

党的八届十一中全会公报指出：“全党全国大学毛澤东同志著作，是一个具有历史意义的重大事件。毛澤东同志是当代最偉大的馬克思列宁主义者。毛澤东同志天才地、創造性地、全面地继承捍卫和发展了馬克思列宁主义，把馬克思列宁主义提高到一个嶄新的阶段。毛澤东思想是在帝国主义走向全面崩潰，社会主义走向全世界胜利的时代的馬克思列宁主义。毛澤东思想是全党全国一切工作的指导方針。”1964年起，全国人民学习毛著的运动又一次兴起，万张反革命修正主义集团极力仇視这个运动。1965年一月，市委工业部委托工厂翻印軍委总政編的《毛主席語录》五万册，发到了工厂。张淮三却指責是犯了严重的政治性錯誤，責令市委工业部作深刻检查。市委宣传部侯苛一竟恶毒地让工业部全部收回《毛主席語录》，并勒令銷毁。万晓塘在一个厂蹲点时，竟然反对职工背毛主席語录，叫嚷：“不要背毛主席的原話，要用自己的話來說。”他公然攻击对毛主席要无限崇拜的口号，反对把“老三篇”当作座右銘來学，胡說“老是学习老三篇，就那么大作用嗎。”还散布領导干部只能脫产学，否则学不了，以及家庭負担重的职工和孩子媽媽可以不参加集体学习的謬論，反对干部、群众学习毛著。1965年下半，在全国学习毛著运动高潮的形势下，他們大肆販卖周揚、陆定一的形式主义、庸俗化、簡单化的三根棍子，并发給每个領导干部十几本經典著作，继續抵制学习毛著。

1965年六月，市委扩大会議提出再用一年多的时間改变天津工作的落后面貌的号召，还提出反对中游思想的口号，决定召开全市标兵大会。七月底全市召开标兵大会，树立了一批标兵企业和个人，沒有突出学习毛主席著作，而是突出了单項的技术、业务經驗。由于沒有突出政治，沒有走群众路綫，这些标兵的事迹有的有很大水份，有的是假标兵。

八月，动員开展机关革命化运动。万晓塘对机关革命化重点的指导思想是解决：（1）揭发一下五多，打击煩瑣哲学、落到精簡会議、文件、表报，实行面对面領导等，（2）解决机构、編制。根本不提学习毛著，用毛泽东思想武装干部头脑，把机关办成毛泽东思想大学校。黑市委还派人去北京学习，王培仁在干部大会上大肆宣揚前北京黑市委的“机关革命化”的經驗，极力美化前北京黑市委。

十一月十八日，万晓塘传达省委扩大会議时，讲到天津一年改变落后面貌，主要指的是改变干部精神面貌和工业生产面貌。提出了工业方向的問題，把质量、品种放在第一位，調正第二，打歼灭仗第三，科研第四，統一規划、加强領导第五。他不把学习毛著作为第一位任务，还反对“籠統地带着問題学毛著。”

一 九 六 六 年

（30）继續頑固地反对突出政治。

一月，毛主席批轉了林彪付主席关于1966年軍队工作的五項任务。之后，又重新批发了1962年扩大工作会議上关于民主集中制的讲話和《論十大关系》。毛主席还在一个文件中批示：**“对那些不相信突出政治，对突出政治表示阳奉阴違，另外散布一套折中主义（即机会主义）的人們，大家要提高警惕。”**

可是万张反革命修正主义集团对上述一系列突出政治的重要指示，又是如何貫徹执行的呢？

一月上旬，张淮三在技术革新积极分子大会上散布他那修正主义的观点，說什么：“加强党委領导，政治要滲透到业务中，領导干部要参加到业务中、科学实驗中、才能办到。”

同月下旬，全国工交会議上，反革命修正主义分子薄一波大喊：“政治为生产服务，落实到生产上”，“工业企业的第一位任务就是出产品”大肆宣揚折衷主义。他在一次党組会上說：“天天叫我們学解放軍，到底怎么学法？我和几位将軍談过，問他們‘四个第一’如何学？这些将軍說，他們也不知道怎么学习。連他們自己都不知道怎么学，我們怎么向他們学呢？”在工交会上，薄和陶魯茄搬出了他們搞的“四四作风”来代替解放軍的“三八作风”，刘少奇贊賞說：“不錯”。邓小平在会議結束时，做了一次黑报告，大肆宣揚刘少奇的所謂防修的三条措施，大讲反对群众运动的大轰大嗡。薄一波在結論报告中大捧刘少奇、邓小平，說邓小平的讲話就是大会的結論，要按照邓小平的五条来活学活用毛主席著作。张淮三在工交会上就极力追随薄一波，回津后，于三月中旬以邓小平的黑报告作架子，进行了詳細传达，而对林彪同志提出的五項任务則不加理采。

一月二十五日，市委参照广州經驗，作出开展突出政治大討論的决議。

二月，全国工交会議評选大庆企业，天津沒有合适的对象，张淮三指使打着灯籠，硬找了两个企业上榜，以蒙蔽中央、欺騙群众，掩盖抵制学大庆的罪行。

同月，各委局开展突出政治大討論。万张反党集团干将廖斗寅在經委企图推行保定702厂經驗，把矛头指向一般干部。

三月，市委工业領导小組召开扩大民主生活会，参加会議的人对市委工业領导小組提出了不少批評。四月十一日张淮三作了发言，他检查了八年以来的工业工作，用假检討来掩盖他反党反毛泽东思想反社会主义的罪行。

四月中旬，企业开展突出政治大討論。二十八日，楊拯民作局、公司突出政治大討論的結論，他提出：“突出政治，就是要发展社会生产力。政治就是大业大务，沒有沒有政治的业务，沒有沒有业务的政治。”

同月，万晓塘說：“对毛主席无限崇拜的提法不好”，“有些人了解‘上綱’，就是唸唸‘二十三条’，会唸上几句毛主席的話，这不行。”

张淮三在韓家墅汽車厂蹲点搞四清，主张建設阶段要以組織建設为主，以企业管理为中心，不搞人的思想革命化。

五月七日，毛主席在給林彪同志的信中指出：要把企业办成革命化的大学校……。对于这个具有划时代意义的指示，万张反党集团根本不作研究和貫彻。

（31）在文化大革命中竭力推行资产阶級反动路綫。

1965年十二月，姚文元同志发表了《評新編历史剧《海瑞罢官》，万张集团压了十九天才被压发表。

1966年四月，中央，批轉了江青同志召开的軍队文艺工作座談会記要。

五月，在毛主席亲自主持下写出了批判反革命修正主义分子彭眞“二月汇报提綱”的《五月十六日通知》，提出了文化大革命的路綫、理論、方針、政策。

六月二日毛主席亲自批示在全国轉播北大聶元梓等的第一张馬列主义大字报，点起了文化大革命的熊熊烈火。

八月，党的八届十一中全会在毛主席亲自主持和領导下，制发了无产阶級文化大革命的决定（即十六条）。宣判了刘、邓資产阶級反动路綫的彻底破产。

可是万张反革命修正主义集团却又以突出政治大討論来抵制文化大革命，继而以省委的四条黑指示来束縛群众手脚。六月十二日他們慌了手脚、妄图强迫机关企业的文化大革命停下来，未能得逞。十六中事件，革命的烈火烧到黑市委头上，他們就立即进行武装鎮压。八.二六事件后，他們就明目张胆地挑动群众斗群众，挑动干部斗学生，极力颠倒黑白、混淆是非之能事。当毛主席发出“九.七”指示之后，仍是頑抗到底。1967年一月革命风暴之后，张淮三操纵万张集团成員和爪牙，在公安局进行了“政法公社”反革命夺权……。尽管万张反革命修正主义集团在文化大革命中耍尽了种种阴謀鬼計，終于被我市广大革命人民識破了他們反动的丑恶咀脸，把他們揪了出来示众。

“宜将剩勇追窮寇，不可沽名学霸王”。让我們全市革命造反派高举毛泽东思想伟大紅旗，乘胜前进，彻底砸烂万张反党集团，把他們的干将和爪牙，一个一个地都揪出来批倒，斗臭，斗垮，把无产阶級文化大革命进行到底。

无产阶級文化大革命万岁！

伟大的中国共产党万岁！

战无不胜的毛泽东思想万岁！

最最敬爱的伟大領袖毛主席万岁！万岁！万万岁！

天津市經委调办无产阶級革命联合会

一九六七年六月十日

万张反党集团推行资本主义托拉斯罪证

油印珍藏本

附：

《中共天津市委文件》9—16页

《反革命核心人物崔荣汉》17—24页

河北大学毛泽东思想八一八红卫兵《缚鲲鹏》编印

编 者 按

中国头号走资本主义道路当权派，反革命修正主义分子刘少奇　伙同其同党邓小平、薄　波、在工交战线上大力推行修正主义的资本主义的托拉斯，在工交战线上搞独立王国，瓦解社会主义经济　妄想在中国复辟资本主义。

万张反革命修正主义集团是刘、邓在天津推行修正主义的得力干将　在“托拉斯”这个问题上，同样是，主唱奴随。万张反革命修正主义集团在天津极力推行资本主义“托拉斯”，在批判“刘邓托拉斯”时　也必须彻底批判万张在推行“托拉斯”的滔天罪行。因此　我们收集了万张反党集团及其爪牙在推行资本主义托拉斯时一些材料。因为材料不全面　有不妥之处希同志们批评指正。

浪费人力物力
浪费了青春年华
谁之过？

河北大学毛泽东思想“八　八”红卫兵《鲲鹏》

1967　6、17

天津市試办托拉斯工作座谈会会议文件之

托拉斯試点工作座談会紀要

（一九六五年六月十一日）

国家经济委员会在一九六五年五月十日到六月七日，召开了托拉斯试点工作座谈会。参加会议的有：托拉斯的经理或者党委书记，有关的中央的工业交通部门和地方经委的负责同志，辽宁、江苏、北京、上海、天津、沈阳、武汉、广州、重庆等省、市党委的负责同志，以及中央计划、财政、物资等有关部门的负责同志。薄一波同志主持了会议。会议经过交流情况，充分讨论，初步总结了经验，对于试办托拉斯的一些主要问题，基本上取得了一致的认识。会议期间，少奇同志和小平同志听取了汇报，并做了重要指示，到会同志都一致拥护。会议主要讨论的问题，纪要如下：

（一）

从一九六四年以来，中央工业、交通部门先后试办了十二个托拉斯，六个省市办了十一个托拉斯。

从试办的情况来看，用组织社会主义托拉斯的办法来管理工业，同现在由部、厅、局管理工业的办法作比较，有以下两个不同点：

第一，改变了一个行业的企业由各级、各部门多头领导的办法，把同行业的企业组织起来，实行由托拉斯一个头统一领导的办法。

第二，改变了以厂矿为单位分散经营的办法，实行以托拉斯作为国家计划单位和统一核算单位的集中经营的办法。

正是由于这种变化，托拉斯试办的时间虽然不长，但是工作进展较快的托拉斯，已经取得了比较显著的效果：

有的托拉斯按照合理布局和专业化协作的原则，对全行业的工厂进行了调整工作，显著地促进了生产。例如，烟草工业公司将全国一百零四个卷烟厂，调整为六十二个，而卷烟的生产能力却从二百三十万箱增加到四百八十一万箱；一九六四年全员劳动生产率比一九六三年提高百分之四十一点四；卷烟生产经过调整后，牌号由九百多种减为一百七十多种，质量有了显著提高，甲级烟的产量增加了一倍以上。又如医药工业公司将全国二百九十七个药厂调整为一百六十七个，而今年第一季度六大类原料药的总产量却比去年同期增长了百分之二十九，并且提高了质量，增加了品种。再如，北京玻璃总厂按照专业分工，将六个玻璃厂改组为十三个工厂，产品的品种增加了九十六种。

有的托拉斯对产销实行了统 管理 取得了显著的经济效果。例如 盐业公司对盐的生产和运销实行统 管理以后，在一九六四年海盐产量比 九六三年减产 半的情况下，由於能够及时组织统 调运，充分保证了供应。同时，按照经济区划调整了部分运销机构，合理组织运输路线， 九六四年共节约铁路运力一亿多吨公里，节约麻袋三百万条，盈利比计划增加将近 倍。

有的托拉斯实行了统一核算，改进了经营管理。例如，华东煤炭工业公司在今年第一季度，不仅摘掉了华东煤炭工业连续四年亏损的帽子，还盈利五百万元；同时，还从各矿抽调多余设备 万八千台。

有的托拉斯改革了企业管理体制，厂矿的人员大为削减。例如 北京电力公司集中管理了电厂的计划 统计 材料供应 设备检修等业务工作，改革了组织机构，五个电厂的职工减少约三分之一，电厂、供电局对内对外的报表减少了百分之八十以上。

在试办工作中也存在一些问题和缺点，主要是 有些托拉斯的试办工作进展缓慢，该收的厂还没有收，该调整的工厂还没有调整，该集中管理的业务还没有集中管理，也有 些托拉斯收了个别不该收的工厂，在调整企业时丢掉了 些小产品的生产，对外部的协作注意不够；在托拉斯内部管理上，也发生过一些集中过多的缺点。

总的看来，托拉斯的试办工作，成绩是主要的。工作中存在的问题和缺点，只要认真对待，是可以解决的。

（二）

为了适应我国工业和整个国民经济日益发展的需要，更好地贯彻执行建设社会主义的总路线，必须把工业和全个国民经济进一步组织起来。

建国以来，我国的工业管理体制，有过几次重大的变化。在第 个五年计划期间，主要是集中过多；第二个五年计划期间，又下放得过了头， 九六〇年以后，陆续收上来 些企业，但是对企业的管理一直是偏重於行政办法，多头领导和分散经营的问题，始终未能得到解决。同一行业的企业，分别由中央 省 市专 县各级的许多个部 厅 局多头领导；各个企业又是各自分散经营。这种状况，不能适应现代化工业生产的要求，不利於生产力的发展。当我国工业基础比较薄弱的时候，这个问题还不很突出，而在我国工业已经有了相当基础，并且正在迅速发展的情况下 积极地、有步骤地解决这个问题，就显得十分必要了。

从试办托拉斯的情况看来，托拉斯可以克服上述多头领导、分散经营的缺点，从而有利於在一个行业内集中调度人力、物力、财力，使之发挥更大的经济效果；有利于按照全国战略布局

的要求 按照专业化生产和综合利用资源的原则 对全行业的厂矿进行合理的调查和组织生产；有利于把科学研究同生产结合起来 统一组织全行业的技术革新和技术革命，更快地采用新技术发展新产品，促进产品的标准化 系列化；有利于厂矿精简机构和管理人员，减少经营业务工作的负担，集中精力管好生产 有的托拉斯把产品销售或者原料供应统一经营以后，有利于以生产为中心，把产供销更紧密地结合起来。同时，由于托拉斯实行了集中统一管理，也就更有利于在政治挂帅的原则下，把政治、经济 技术统一起来，促进阶级斗争 生产斗争和科学实验三大革命运动的开展。由此可见，托拉斯是按行业把工业组织起来，用经济办法管理企业的一种比较良好的形式。

我们试办社会主义托拉斯，是参考了资本主义托拉斯组织大生产的经验的。但是，我们办的托拉斯，同资本主义和修正主义的托拉斯，有本质上的区别。资本主义的托拉斯，是通过剧烈的竞争形成的，是为了追逐最大的利润，为垄断资产阶级服务的；修正主义的托拉斯，也以追求利润为目的，以物质刺激为手段，实行企业的"自由化"，亦即资本主义化，破坏社会主义的全民所有制和计划经济。与此相反，我们组织托拉斯，是为了进一步巩固全民所有制，发挥社会主义计划经济的优越性，以便更快地提高产品质量，增加产品品种，降低产品成本，提高劳动生产率，提高技术水平，发展生产，更好地满足人民的需要。

（三）

托拉斯有的可以由中央部门办，有的可以由地方办。国民经济中的某些重要行业，如煤炭 石油 基本化工 重要机械、纺织等，可以办全国性的托拉斯，由中央部门直接管理。有些行业，如制药、玻璃、塑料制品等轻工业行业，某些通机械 铸件 锻件等工艺加工，以及通用设备的修理等，可以办地方性的托拉斯由省或者大工业城市直接管理。还有些行业，也可以先办地方性的托拉斯，待条件成熟后，再考虑全国性的托拉斯。

托拉斯的具体组织形式，应当灵活一些，可以採取多种多样的形式，进行试验。现在设想到的主要形式，有如下几种：

有些需要而且可能实行高度集中管理的行业，应当组织全国性的托拉斯，把同 行业的企业都收归托拉斯直接管理。所属的厂矿和分公司由公司直接领导，並且接受地方的指导。

有些行业，全国性的托拉斯可以直接管理重要的企业，其余的企业仍然隶属于地方。托拉斯对于全行业实行统 规划，统 下达生产 基建计划，并且根据需要和可能，逐步统一管理产品的调拨（或者销售）和主要原材料的申请、分配（或者供应）等业务。这种托拉斯可以建立若干分公司，把 个地区内同一行业的企业组织起来，由分公司一个头统一领导。分公司有的由托拉斯直接领导，有的也可以由托拉斯和地方双重领导。

有些行业，可以先把一个地区内同一行业的企业组织起来，成立区域性的（跨几省、市的）或者地方性（一个省、市范围内的）托拉斯。区域性的托拉斯，由中央主管部门管理，也可以指定某一省市代管；地方性的托拉斯，由省、市管理。同类行业，中央主管部门负责统一规划、统一下达计划、技术指导、经验交流等工作，并且根据需要和可能，逐步把产品推销（或者销售）和主要原料、材料的申请、分配（或者供应）统一管起来；待条件成熟时，再成立全国性的托拉斯。

地方性的托拉斯，根据各行业的特点和企业的地区分布情况，有的行业可以以市为单位组织，有的行业可以以省为单位组织。但是，在一个省（市）内，不要在同一个行业中组织两个托拉斯。某些大工业城市办的托拉斯，可以把附近地区同一行业的厂矿统管起来。

托拉斯的领导机构，应当接近生产，接近基层，设在生产的重要基地。全国性的一般不应当设在北京。托拉斯所属分公司，应当按照企业分布情况和经济合理的原则来设置，不宜机械的按照行政区划设置。

（四）

托拉斯应当按照全国战略布局的要求，按照专业化生产和综合利用资源的原则，对企业进行必要的调整。主要是：第一，合理布局。既要考虑当前经济上的合理性，更要考虑长远的战略要求，以便能适应平时的要求，又能适应战时的需要。各个托拉斯应当制定企业合理布局的规划，经过上级批准，逐步组织实现。在当前，要把沿海地区的某些重要企业，有计划地搬迁或者分迁到内地去。第二，合理分工，组织专业化生产，逐步改变"大而全""小而全"以及不合理的重复生产同一产品的状况。企业经过调整以后，生产应当有所发展，产品品种应当有所增加。凡是社会需要的产品，在前一段调整中丢掉了的，应当周密布置，迅速恢复生产。第三，综合利用。在推行专业化生产的同时，应当特别注意资源的综合利用，生产多种的联产品和付产品。比如，石油托拉斯要积极发展石油化学工业，盐业托拉斯要积极生产盐化工付产品，木材加工托拉斯要利用废次木材发展各种付产品等。

调整企业的工作，必须按照全国一盘棋的方针，适当照顾各个地区的特点和需要，统筹兼顾，全面安排。各地方对于托拉斯调整企业的工作，应当积极支持。托拉斯对企业的关停并转，应当采取慎重的态度，凡是牵涉到同地方同其他部门有关的问题，都应当同地方、同其他部门商量，妥善处理。

（五）

托拉斯既要组织好内卩的生产协作，又必须组织好同外卩的生产协作，不能万事不求人，不能什么都自己搞一套。凡是适宜于由其他卩门、其他托拉斯组织专业生产的零件、部件、工艺加工等等，应当委托外部协作生产；凡是当地其他企业有条件生产而且又经济合理的，应当就地就近组织协作。协作双方必须采取积极主动的态度，发展协作关系，承担协作任务。在组织生产协作时，应当按下列办法进行：

第一，托拉斯成立以后，现有的协作关系不要中断；需要调整的，应当经过双方协商，在妥善安排之后，再逐步加以调整。

第二，经常性的生产协作任务，应当经过协作双方的主管机关（对托拉斯来说，是指公司或分公司）审查批准，长期固定下来，纳入计划，厂矿可以直接挂钩。这是生产协作的主要形式。

第三，临时性的、但是数量较大的生产协作任务，应当由协作双方的主管机关商妥以后，再向厂矿布置。

第四，零星的、小量的生产协作任务，在不影响厂矿完成国家计划的前提下，厂矿之间可直接商定。

第五，各卩门、各地方、各公司在国家计划外需要的统配部管物资，应当向主管卩门申请，不能作为协作任务向厂矿布置生产。

各地经委要组织好托拉斯同地方企业之间的协作，并且负责仲裁协作中的纠纷。

（六）

在托拉斯内卩，要正确处理集中统一与分级管理的关系。

托拉斯根据直接管理厂矿的多少和地区分布情况，有的应当分为公司（或者总厂）和厂矿两级，有的可以分为公司、分公司（或者总厂）和厂矿三级。

托拉斯为了统一调度全行业的人力、物力、财力，合理组织生产，应当把过去由各厂矿分散管理的计划、财务、物资供应、产品销售等业务，集中到公司或者分公司统一管理。但是，要注意给厂矿一定的权限。集中到什么程度，公司、分公司和厂矿之间如何分工，必须根据各行业的具体情况，研究决定。在实行集中管理以后，公司、分公司必须面向生产，面向基层，更好地为生产服务，为基层服务，实现管理工作革命化。

厂矿的卩分业务由公司或者分公司集中管理以后，管理机构和人员应当大大精简；托拉斯的各级管理机构也要力求精干。以整个公司来说，管理人员必须比过去大为减少。

托拉斯实行公司统一核算下的分级核算制度。公司 分公司和厂矿三级，都要明确规定经济责任，都要进行经济核算。各级核算的内容，要根据具体情况确定。托拉斯统一核算以后，不但不能削弱而且应当促进厂矿加强经济核算，厉行节约 反对浪费，贯彻执行勤俭办企业的方针。

（七）

为了 使试办托拉斯的工作能够顺利进行，对现行的计划物资 财政 物价管理体制和统计制度，需要做相应的改革。除了继续实行一九六四年中央和国务院批准国家经委党组《关于试办工业、交通托拉斯的意见报告》中的有关规定以外，还有以下一些问题，需要解决

第一，在计划管理体制方面，为了使全国性的托拉斯更好地统 管理全行业的计划，对同行业地方企业的生产计划 基建计划，建议逐步作到由托拉斯统一下达。在下达时，应当抄给地方的计划机关和主管部门。具体办法，请国家计委研究决确定。

第二 在物资管理体制方面，现在，物资供应是按企业的隶属关系分配的。为了使托拉斯能够更好地统筹安排全行业的生产，建议今后有些全国性的托拉斯对同行业地方企业的某些主要物资的申请和分配，随同生产、基建计划的统 管理，也逐步统管起来。

第三 在财政管理体制方面。全国性的托拉斯成立以后，原由地方管理的一部分厂矿，改为托拉斯直接管理，当地的财政收入就相应的减少。减少的这 部分财政收入，建议由中央财政负责解决。具体办法，请财政部研究确定。

第四 在物价管理方面。现在 物价是由全国物价委员会和地方物价委员会分级管理的，有些全国性托拉斯所属企业的产品价格是由地方物价委员会制定的。为了便于托拉斯集中经营，建议今后逐步由全国性托拉斯统 管理本行业主要产品的价格，需要调整价格时，由托拉斯统 提出意见，报主管部和全国物价委员会审查批准。具体办法，请全国物价委员会研究决定。

第五，在统计制度方面。现在，很多厂矿要分别向主管部和地方报送两套内容不完全相同的统计报表。为了解决报表多的问题，建议今后托拉斯所属厂矿的报表由托拉斯一个头向下布置，厂矿向只托拉斯报送一套统计报表，不再单独向地方统计部门和其他部门报送。但是，托拉斯所属分公司、厂矿应当将向公司报送的统计报表，抄送所在省（或者市）的统计部门。如果地方统计部门对统计报表的内容有新的要求时，可以由托拉斯作适当补充。

（八）

一九六五年主要是把已经试办起来的托拉斯办好。

中央各部已经办起来的十二个托拉斯，应当按照原定计划，认真办好。该收归托拉斯管理的企业要收上来，该调整的企业要进行调整，该集中管理的业务要集中管理。这十二个托拉斯，应当争取在一两年内，做出显著的成绩，并且取得比较系统的经验。有托拉斯的管理范围，要做适当的调整：拖拉机、内燃机配件公司要改组为拖拉机、内燃机公司；地质机械仪器公司应当统一管理地质机械仪器的制造和修配工作，为全国地质勘探事业服务。

中央已经批准在一九六五年试办的三个全国性托拉斯，应当继续研究，什么时候办，要另行批准。石油工业部仍然应当筹备改组成为石油工业公司。木材加工工业公司，仍然要准备把木材加工制材厂（不包括木器制品）和木材供应工作统一管起来。仪器仪表行业，可以先把主要地区的仪器仪表厂组织起来，成立分公司；一机部首先抓统一规划，交流经验，培训技术力量等工作。

中央已经批准在一九六五年做试办准备工作的棉纺织，电力机械、煤炭工业三个全国性托拉斯，今年不搞全国性的，只先试办一两个区域性的托拉斯。棉纺织行业，可以先试办陕西棉纺织公司。电力机械行业，除了要办好东北电力、机械公司以外，还可以试办华东电力机械公司。煤炭工业，除了要办好华东煤炭工业公司以外，还可以试办贺兰山煤炭工业公司。

各地方除了把现在已经试办的托拉斯认真办好以外，在工业比较集中的大、中城市或者省、自治区，应当结合专业化和协作的改组工作，把地方工业企业（包括集体所有制企业），按行业"编成辫子"，成立专业公司。同时，可以选择其中条件成熟的行业试办几个托拉斯。此外有些大工业城市，还可以试办一些通用工艺加工或者通用设备修理的托拉斯。这种托拉斯，还可以将当地中央企业的有关车间或设备、人员，逐步统一组织起来。今年，先在北京市试办铸锻公司和机床修理公司，上海市试办标准件公司。

各部门、各地方试办工业、交通托拉斯，都必须经过国家经济委员会审核，重要的应当报请中央批准。

（九）

社会主义托拉斯是一个新生事物，中央有关部门和地方要密切协作，互相配合，切实加强领导，以便在试办过程中获得更大的成效，取得更多的经验。

加強领导，首要的是加强思想政治领导，高举毛泽东思想红旗，坚持政治挂帅，坚持四个第一，发扬三八作风。各个托拉斯要经常组织干部职工学习毛主席著作，经常教育广大职工，首先是负责干部，从人民利益出发，从社会主义的整体利益出发，加強全局观点，发扬革命精神，冲破一切保守思想和习惯势力的束缚。为了更好地加强思想政治工作，各个托拉斯都应当按照中央《关于在工业交通系统建立政治工作机关的决定》，建立強有力的政治工作机关。

加強领导，要选派政治上坚強、熟悉经济业务的得力干部，担任托拉斯的领导职务。同时，要抽调一些有专业经验的管理干部和技术人员，去参加工作。

加強领导，还要经常地深入地检查托拉斯的工作，具体分析成绩和缺点，不断地发扬成绩，克服缺点，一发生问题，就要迅速地、周密地加以解决。

要通过实践、认识，再实践、再认识，不断总结试办托拉斯的经验。各个托拉斯都要通过总结经验，订出一套托拉斯的管理办法，并且在实践中修改、补充，使之逐步完善起来。

会议建议：国家经济委员会在今冬明春，再召开一次托拉斯试点工作座谈会，进一步总结和交流经验，研究和佈署一九六六年試办托拉斯的工作。

河北大学毛泽东思想八一八红卫兵

"缚鲲鹏"战斗队翻印

1967 6 16.

当年大学生的红卫兵，时至今日已是六十多岁的老人如果读到这篇文章作何思想？是喜是悲？

最高指示

帝国主义和国内反动派决不甘心于他们的失败，他们还要作最后的挣扎。在全国平定以后，他们也还会以各种方式从事破坏和捣乱，他们将每日每时企图在中国复辟。这是必然的，毫无疑义的，我们务必不要松懈自己的警惕性。

闫达开反革命修正主义咀脸的大暴露

——揭开六二年河北省农业"八县调查"和"五年规划"的黑幕

在我国国民经济发生暂时困难的几年中，党内最大的走资本主义道路的当权派，中国的赫鲁晓夫刘少奇以为时机已到，于是在中央政治局扩大会议上大放厥词，大叫"目前正处在历史非常时期"，并向他的大小喽啰发出黑指示："中央工作会议对困难没有摸透，对困难还未认识。只有把困难认透才能解决。有人说过会造成漆黑一团，不对，只有讲清楚才利于克服困难。"极力鼓吹大找阴暗面，并无限扩大，夸张，以攻击三面红旗。黑指示下达以后，群魔齐出，大大小小的反革命修正主义分子，地富反坏右，牛鬼蛇神，纷纷出笼，粉墨登场，台前幕后，掀起了阵阵复辟资本主义的妖风。

反革命修正主义分子闫达开也闻风而动，伙同其同党，反革命修正主义分子林铁、刘子厚在河北省大搞资本主义复辟的罪恶活动。一九六二年由闫达开主持在河北省进行的"八县调查"和其一手炮制的"五年规划"，就是他们复辟资本主义的主要步骤，也是闫达开反革命修正主义咀脸的大暴露。

一九六二年四月，陈正人（国务院农办付主任、八机部长、中央后补委员）阎项南（八机部办公厅主任）带了一个班子奔赴河北省 搜集农业生产力的破坏情况。反革命修正主义分子阎达开认为万事俱备，西风又来 急急忙忙跳出来 疯狂地叫喊："陈正人来河北搞农业调查 不仅为解决中央农业规划问题 而且首先是为解决我省里的问题。我们要借这个"东 风"，多作一件大事配合中央工作组搞好这次调查 写出材料，搞出大规划 报省委审定。"并要求"下乡的干部力量要好一些，最后厅长去指导。"黑令一下 河北黑省委立即从省里抽调了四十多名干部，由郭芳 马艾木率领，组成庞大的调查班子 为陈正人 阎达开等的卑鄙目的去奔走効命。阎达开欣喜若狂，便拉上王路明，去调查组"明确指导思想"。王路明说："对农业生产力破坏，要有充分估计 不怕什么，"阎达开也声嘶力竭地叫喊："要足够估计河北农业的艰巨性"。四月中旬，调查组带着阎达开的黑指示分赴兴隆、昌黎 望都 沧县 邢台 藁城、阜平 肥乡八县，为其反革命复辟广泛地搜集了农村三力（人力 物力 财力）即生产力的所谓"破坏情况"，千方百计地寻找社会阴暗面 为阎达开们向党进攻准备"炮弹"。

五月中旬 "调查组"向陈正人 阎达开汇报了"调查"情况，得到了陈正人的赏识，认为"这次调查还不坏，提出许多问题。"阎达开受宠若惊，眉飞色舞 拍手叫好 得意洋洋。汇报后 阎立即主持召开各有关部门负责人开会，会上请陈正人讲话。陈乘机大放其毒，对社会主义农村经济进行恶毒攻击。他疯狂地叫嚷："农业危机，问题还很严重，情况十分不妙。"根本否定了三面红旗。在谈到经济教训时 陈还胡说什么"十二年以来三个时期 经过合作化 高级社 庐山会议。生产发展最好是初级社 到高级社开始下降。"下面他就没再说下去 真是"说到紧关节要处，此时无声胜有声" 既然"高级社时开始下降"，那到人民公社阶段又如何？不是全盘抹杀了人民公社的伟大功绩和历史意义吗？岂不分说 公社不如高级社，高级社不如初级社 初级社不如互助组，互助组不如单干吗？这些话阎达开不仅心领神会，而且正中下怀 喜在心头。接着陈正人又将其"调查"的结果公布于众，大讲特讲"粮食比五七年下降20% 还有的下降30-40%，棉花减产50%以上；牲口减少30%，耕地减少10%；口粮水平下降三分之一，五分之二，有些地方可能达到一半，"把社会主义农村描绘的一无是处，一团漆黑。自然也就暴露了阎达开们所谓"八县调查"的卑鄙用心。

陈正人得意忘形 便大肆抛出他们的黑司令及其"三自一包"复辟资本主义的农村经济方案来，胡说什么"农村政策问题非解决不可 否则农业不能恢复。"那么 他们要什么样的政策呢？请听吧："农民部分小私有成分必须补充，5-7% 自留地永远不能动 （请注意"永远"二字 这不是公开叫喊"私有制万岁"、"资本主义万岁"吗！）猪私养为主不能变，允许农民喂一头大牲口"

这不能变，那不能动，在他们那里，真是私有神圣，资本主义万古长青了，不但不应限制、消弱、取缔，简直应该保护、扩大、永存了，闫达开勾结陳正人在河北省大力兜售这一套东西，用心何其毒也！

闫达开请的这位“传道士”陳正人，还大讲什么“两种积极性”，胡说“在巩固集体前提下，社员个体积极性不注意不行，前者是基本的，后者也是必不可少。”这和刘少奇鼓吹的所谓“大公有私”不是同出一辙吗？

陳正人在谈话中拼命鼓吹单干，用心险恶的提出了个“六保”方案，即是保种子、保口粮、保饲料、保生产资料供应，保生产品付产品返回农村、保化肥等价交换。上对中央施加压力，下对群众进行欺骗。“六保”是直接对抗毛主席关于自力更生奋发图强的伟大号召，和林付统帅提出的“人的因素第一”针锋相对提出的物质条件挂帅的修正主义方案！这样一套东西，都正对闫达开的胃口，他垂涎三尺，大加吹捧，胡说什么：“实行六保非常重要。”并与陳正人一呼一应，大诉社会主义之苦：“这几年由于农村粮食分配程序颠倒，生产粮食的，甚至向外调粮食的反而吃不饱，大大影响积极性。”把他们实行资本主义复辟所犯下的罪过一古脑儿强加于中央的农村政策，闫达开是何等的毒辣！不仅如此，反革命修正主义分子闫达开还当即决定：把“老弱”牲口“归户”去养；给养猪的拨地（猪苗地）……把他们复辟资本主义的罪恶活动明目张胆地向前推进了一步。不难看出，所谓农业“八县调查”是闫达开、陳正人等复辟资本主义罪恶计划中的一个主要组成部分。

在“八县调查”的同时，河北省的另一个复辟资本主义的黑纲领“五年规划”的炮制活动也开始了。这项活动，是在闫达开一手控制下进行的。四月下旬，闫达开对这项活动作指示时说：“先围绕恢复农业生产力进行研究，经验教训不一般去讲，抓根本性教训，从农业是基础考虑。简要些，着重材料反映基本情况。”闫达开要“从农业是基础考虑”去“抓根本性教训”，这是一种什么问题？他还具体提出：“恢复农业生产力有几笔账。”①农民负担账”；②农业“减产账”还有基本账；③工业、文教和棉花对粮食的排挤。主张“摆实际问题”：①“耕地恢复”；②“人力恢复”；③“牲畜问题”，并声嘶力竭地叫喊：“……农业负担多了。城市生活紧，农村也非常紧，压低口粮、饲料，五九年最低（征购六十七亿斤）。结果形成了“三瘦”，粮食问题已经影响简单再生产的根本问题。”在闫达开定了基调以后，由郭芳、马艾木负责开始了起草工作。在起草过程中，闫达开又多次亲临“指导”，他说：“如何看河北农业问题，目前应该明确认识，短时期内不再改变，在改变以前不能有这样的约束，这些矛盾非提出来不行！”看，闫达开反党反社会主义是何等的“英雄”！他还一再强调：“工业太多了，

工农业矛盾 工业比重是过多实在。”“粮棉关系，棉花比重大，粮棉争地 粮棉争肥。”“河北粮食是一个稳固的低产区，城市人口比重大 人口多土地少。”“为此 应从两方面解决：一是本身问题如何解决，千方百计地以恢复农业为中心；二是恢复农业 是也得依靠国家支援，不但中央在粮食上作必要平衡，在恢复和提高农业生产力也要作必要平衡。”在这里，就不只是指导思想，简直连“规划”的内容和具体写法，闫达开都作了详细的部署。他提出：“我们的措施有10－20条”就这样，《中共河北省农业生产委员会党组关于恢复农业生产的初步意见（草稿）》即“五年规划”，于一九六二年五月十五日终于出笼了。它成为省委扩大会议文件之一，是在河北省广大农村复辟资本主义的宣言书，黑纲领。

黑“规划”唱出了右倾机会主义分子的心声。“规划”说：“近四年来全省耕地减少百分之九 碱地增加百分之四十 农业劳动力减少百分之三十，大牲畜减少百分之二十七，猪只减少了百分之八十四，中小农具损坏了百分之五十以上，粮食下降百分之二十五，教训极为沉痛。看来，我省低产缺粮的面貌并不是短时期能够改变的。目前我省仍然是生产很不稳定的低产区 依然是缺粮省。”“由于粮食减产，吃粮紧张，棉花生产也大大下降。”“我省历来是低产，缺粮，而棉花还向粮食争地，争肥 再加高征购 挤了农民口粮种子，饲料，出现‘三瘦’，使生产力遭到严重破坏。”全文只字不提我省人民在党中央和毛主席的领导下 战胜连续三年自然灾害，取得的伟大成就；只字不提我国有六亿用毛泽东思想武装起来的伟大人民 有光辉伟大的三面红旗，我们能够战胜一~~切困难~~。~~却把一~~些暂时的困难极力宣扬 扩大 说成是永恒的 不可战胜的，这不恰恰暴露了闫达开等一小撮反革命修正主义分子仇视社会主义，仇视三面红旗的阴暗心理吗？

黑“规划”对前途丧失信心 散布悲观情绪 指标压的一低再低。粮食产量在五年内亩产仅仅百分之三，总产递增百分之四点六 到一九六七年全省集体生产和自留地生产（约计十二亿斤），粮食才可达到一百八十八点四亿斤 恢复到一九五七年产量水平并稍有提高（一九五七年为一百八十二点七亿斤）。同时还要伸手向国家要粮十六亿斤。而棉花 今后五年棉产递增3.1%，“棉花的恢复取决于粮食”，如果国家不给十六亿斤粮食 棉田还要“相应减少”。

黑“规划”鼓吹资本主义。它明文规定：“坚决实行‘六保’，农民的口粮 牲口的饲料、种子才有确切的保证 农民卖东西不赔钱才能作到人强马壮，逐步蓄积扩大再生产的力量，才能因地制宜地贯彻农业‘八字宪法’，依靠广大人民群众的积极性，加速恢复生产力，促进农业生产比较稳定的增长。”看这个反革命修正主义分子闫达开把这个反毛泽东思想的修正主义黑货“六保”吹捧到了何种程度！这难道是偶然的吗？不！这正好说明反革命修正主义分这不能变，那不能动，在他们那里，真是私有神圣，资本主义万古长青了，不但不应限制、消弱、取缔，简直应该保护、扩大、永存了，阎达开勾结陳正人在河北省大力兜售这一套东西，用心何其毒也！

阎达开请的这位"传道士"陳正人，还大讲什么"两种积极性"，胡说"在巩固集体前提下，社员个体积极性不注意不行，前者是基本的，后者也是必不可少。"这和刘少奇鼓吹的所谓"大公有私"不是同出一辙吗？

陳正人在谈话中拼命鼓吹单干，用心险恶的提出了个"六保"方案，即是保种子、保口粮、保饲料、保生产资料供应、保生产品付产品返回农村、保化肥等价交换。上对中央施加压力，下对群众进行欺骗。"六保"是直接对抗毛主席关于自力更生奋发图强的伟大号召，和林付统帅提出的"人的因素第一"针锋相对提出的物质条件挂帅的修正主义方案！这样一套东西，却正对阎达开的胃口，他垂涎三尺，大加吹捧，胡说什么："实行六保非常重要。"并与陳正人一呼一应，大诉社会主义之苦："这几年由于农村粮食分配程序颠倒，生产粮食的，甚至向外卖粮食的反而吃不饱，大大影响积极性。"把他们实行资本主义复辟所犯下的罪过一古脑儿强加于中央的农村政策，阎达开是何等的毒辣！不仅如此，反革命修正主义分子阎达开还当即决定：把"老弱"牲口"归户"去养；给养猪的拨地（猪饲地）。把他们复辟资本主义的罪恶活动明目张胆地向前推进了一步。不难看出，所谓农业"八县调查"是阎达开、陳正人等复辟资本主义罪恶计划中的一个主要组成部分。

在"八县调查"的同时，河北省的另一个复辟资本主义的黑纲领"五年规划"的炮制活动也开始了。这项活动，是在阎达开一手控制下进行的。四月下旬，阎达开对这项活动作指示时说："先围绕恢复农业生产力进行研究，经验教训不一般去讲，抓根本性教训，从农业是基础考虑。简要些，着重材料反映基本情况。"阎达开要"从农业是基础考虑"去"抓根本性教训"，这是一种什么问题？他还具体提出："恢复农业生产力要算几笔账。"①农民"负担账"；②农业"减产账"还有基本账；③工业、文教和棉花对粮食的排挤。主张"摆实际问题"：①"耕地恢复"；②"人力恢复"；③"牲畜问题"。并声嘶力竭地叫嚷："……农业负担多了。城市生活紧，农村也非常紧，压低口粮、饲料，五九年最低（征购六十七亿斤）。结果形成了"三瘦"，粮食问题已经影响简单再生产的根本问题。"在阎达开定了基调以后，由郭芳、馬艾木负责开始了起草工作。在起草过程中，阎达开又多次亲临"指导"，他说："如何看河北农业问题，目前应该明确认识，短时期内不再改变，在改变以前不能有这样的约束，这些矛盾非提出来不行！"看，阎达开反党反社会主义是何等的"英雄"！他还一再强调："工业太多了，工农业矛盾，工业比重是过分突出。”“粮棉关系，棉花比重大，棉粮争地，粮棉争肥。”“河北粮食是个稳固的低产区，城市人口比重大，人口多土地少。”“为此，应从两方面解决：一是本身问题如何解决，千方百计地以恢复农业为中心；二是恢复农业，是也得依靠国家支援，不但中央在粮食上作必要平衡，在恢复和提高农业生产力也要作必要平衡。”在这里，就不只是指导思想，简直连“规化”的内容和具体写法，闫达开都作了详细的部署，他提出：我们的措施在10－20条”。就这样，《中共河北省农业生产委员会党组关于恢复农业生产的初步意见（草稿）》，即“五年规划”，于一九六二年五月十五日终于出笼了。它成为省委扩大会议文件之一，是在河北省广大农村复辟资本主义的宣言书、黑纲领。

黑“规划”唱出了右倾机会主义分子的心声。“规划”说：“近四年来全省耕地减少百分之九，碱地增加百分之四十，农业劳动力减少百分之三十，大牲畜减少百分之二十七，猪只减少了百分之八十四，中小农具损坏了百分之五十以上，粮食下降百分之二十五，教训极为沉痛。看来，我省低产缺粮的面貌并不是短时期能够改变的。目前我省仍然是生产很不稳定的低产区，依然是缺粮省。”“由于粮食减产，吃粮紧张，棉花生产也大大下降。”“我省历来是低产缺粮，而棉花还向粮食争地，争肥，再加高征购，挤了农民口粮，种子，饲料，出现‘三瘦’，使生产力遭到严重破坏。”全文只字不提我省人民在党中央和毛主席的领导下，战胜连续三年自然灾害，取得的伟大成就；只字不提我国有六亿用毛泽东思想武装起来的伟大人民，有光辉伟大的三面红旗，我们能够战胜一切困难。却把一些暂时的困难极力渲染，扩大，说成是永恒的，不可战胜的，这不恰恰暴露了闫达开这一小撮反革命修正主义分子仇视社会主义，仇视三面红旗的阴暗心理吗？

黑“规划”对前途丧失信心，散布悲观情绪，指标压的一低再低。粮食产量在五年内亩产仅仅百分之三；总产递增百分之四点六，到一九六七年全省集体生产和自留地生产（约计十二亿斤），粮食才可达到一百八十八点四亿斤，恢复到一九五七年产量水平并稍有提高（一九五七年为一百八十二点七亿斤）。同时还要伸手向国家要粮十六亿斤。而棉花，今后五年棉产递增3. %，“棉花的恢复取决于粮食”，如果国家不给十六亿斤粮食，棉田还要“相应减少”。

黑“规划”鼓吹资本主义。它明文规定：“坚决实行‘六保’，农民的口粮、牲口的饲料、种子才有确切的保证，农民卖东西不赔钱才能作到人强马壮；逐步蓄积扩大再生产的力量，才能因地制宜地贯彻农业‘八字宪法’，依靠广大人民群众的积极性，加速恢复生产力，促进农业生产比较稳定的增长。”看这个反革命修正主义分子闫达开把这个反毛泽东思想的修正主义黑货“六保”吹捧到了何种程度！这难道是偶然的吗？不！这正好说明反革命修正主义分这不能变，那不能动，在他们那里，真是私有神圣，资本主义万古长青了，不但不应限制、消弱、取缔，简直应该保护、扩大、永存了，闫达开勾结陳正人在河北省大力兜售这一套東西，用心何其毒也！

闫达开请的这位"传道士"陳正人，还大讲什么"两种积极性"，胡说"在巩固集体前提下，社员个体积极性不注意不行，前者是基本的，后者也是必不可少。"这和刘克鼓吹的所谓"大公有私"不是同出一辙吗？

陳正人在谈话中拼命鼓吹单干，用心险恶的提出了个"六保"方案，即是保种子、保口粮、保饲料、保生产资料供应、保生产品付产品返回农村、保化肥等价交换。上对中央施加压力，下对群众进行欺骗。"六保"是直接对抗毛主席关于自力更生奋发图强的伟大号召，和林付统帅提出的"人的因素第一"针锋相对提出的物质条件挂帅的修正主义方案！这样一套東西，都正对闫达开的胃口，他垂涎三尺，大加吹棒，胡说什么："实行六保非常重要。"并与陳正人一呼一应，大诉社会主义之苦："这几年由于农村粮食分配程序颠倒，生产粮食的，甚至向外销粮食的反而吃不饱，大大影响积极性。"把他们实行资本主义复辟所犯下的罪过一古脑儿强加于中央的农村政策，闫达开是何等的毒辣！不仅如此，反革命修正主义分子闫达开还当即决定：把"老弱"牲口"归户"去养；给养猪的拨地（猪饲地）……把他们复辟资本主义的罪恶活动明目张胆地向前推进了一步。不难看出，所谓农业"八县调查"是闫达开、陳正人等，复辟资本主义罪恶计划中的一个主要组成部分。

在"八县调查"的同时，河北省的另一个复辟资本主义的黑纲领"五年规划"的炮制活动也开始了。这项活动，是在闫达开一手控制下进行的。四月下旬，闫达开对这项活动作指示时说："先围绕恢复农业生产力进行研究，经验教训不一般去讲，抓根本性教训，从农业是基础考虑。简要些，着重材料反映基本情况。"闫达开要"从农业是基础考虑"去"抓根本性教训"，这是一种什么问题？他还具体提出："恢复农业生产力有几笔账。"①农民"负担账"；②农业"减产账"还有基本账；③工业、文教和棉花对粮食的排挤。主张"摆实际问题"：①"耕地恢复"；②"人力恢复"；③"牲畜问题"……并声嘶力竭地叫喊："……农业负担多了。城市生活紧，农村也非常紧，压低口粮、饲料，五九年最低（征购六十七亿斤）。结果形成了"三瘦"，粮食问题已经影响简单再生产的根本问题。"在闫达开定了基调以后，由郭芳、马艾木负责开始了起草工作。在起草过程中，闫达开又多次亲临"指导"，他说："如何看河北农业问题，目前应该明确认识，短时期内不再改变，在改变以前不能有这样的约束，这些矛盾非提出来不行！"看，闫达开反党反社会主义是何等的"英雄"！他还一再强调，工业太多了，工农业矛盾，工业比重是过分突出。”“粮棉关系，棉花比重大，粮棉争地，粮棉争肥。”“河北粮食是个稳固的低产区，城市人口比重大，人口多土地少。”“为此，应从两方面解决：一是本身问题为何解决，千方百计地以恢复农业为中心；二是恢复农业　是也得依靠国家支援，不但中央在粮食上作必要平衡，在恢复和提高农业生产力也要作必要平衡。”在这里，就不只是指导思想，简直连“规化”的内容和具体写法，阎达开都作了详细的部署。他提出：我们的措施有10－20条。”就这样，《中共河北省农业生产委员会党组关于恢复农业生产的初步意见（草稿）》，即“五年规划”，于一九六二年五月十五日终于出笼了。它成为省委扩大会议文件之一，是在河北省广大农村复辟资本主义的宣言书，黑纲领。

黑“规划”唱出了右倾机会主义分子的心声。“规划”说：“近四年来全省耕地减少百分之九，碱地增加百分之四十，农业劳动力减少百分之三十，大牲畜减少百分之二十七，猪只减少了百分之八十四，中小农具损坏了百分之五十以上，粮食下降百分之二十五，教训极为沉痛。看来，我省低产缺粮的面貌并不是短时期能够改变的。目前我省仍然是生产很不稳定的低产区　依然是缺粮省。”“由于粮食减产，吃粮紧张，棉花生产也大大下降。”“我省历来是低产，缺粮，而棉花还向粮食争地，争肥，再加高征购，挤了农民口粮，种子，饲料，出现‘三瘦’，使生产力遭到严重破坏。”全文只字不提我省人民在党中央和毛主席的领导下　战胜连续三年自然灾害，取得的伟大成就；只字不提我国有六亿用毛泽东思想武装起来的伟大人民，有光辉伟大的三面红旗，我们能够战胜一切困难。却把一些暂时的困难极力宣扬，扩大，说成是永恒的，不可战胜的，这不恰好暴露了阎达开等　小撮反革命修正主义分子仇视社会主义，仇视三面红旗的阴暗心理吗？

黑“规划”对前途丧失信心，散布悲观情绪　指标压的一低再低。粮食产量在五年内亩产仅仅百分之三，总产递增百分之四点六，到一九六七年全省集体生产和自留地生产（约计十二亿斤），粮食才可达到　百八十八点四亿斤，恢复到一九五七年产量水平并稍有提高（一九五七年为一百八十二点七亿斤）。同时还要伸手向国家要粮十六亿斤。而棉花，今后五年棉产递增3.1%，“棉花的恢复取决于粮食”，如果国家不给十六亿斤粮食，棉田还要“相应减少”。

黑“规划”鼓吹资本主义。它明文规定：“坚决实行‘六保’，农民的口粮　牲口的饲料　种子才有确切的保证　农民卖东西不赔钱才能作到人强马壮；逐步蓄积扩大再生产的力量，才能因地制宜地贯彻农业　八字宪法’，依靠广大人民群众的积极性，加速恢复生产力，促进农业生产比较稳定的增长。”看这个反革命修正主义分子阎达开把这个反毛泽东思想的修正主义黑货“六保”吹捧到了何种程度！这难道是偶然的吗？不！这正好说明反革命修正主义分于阎达开的灵魂骯脏到什么地步。

对于调动社员集体生产积极性的问题，黑“规划”强调说：“主要首先要抓好粮食分配的工作，社员，自由的各项政策，一定要稳定下不得随意变动，一定要调动千千万万个体生产的积极性（请注意“个体”二字），为巩固集体经济生产服务。”要“巩固集体经济”，为什么“一定要调动千千万万个体生产的积极性”？这不是咄咄怪事吗？不难看出，阎达开“巩固集体经济”是假，“稳定小自由”，搞“个体生产”是真，鼓吹资本主义是真！用心何其毒也!!黑“规划”还规定：“在生产队统一规划之下，允许社员开小片荒，谁种谁收，不计征购”“在有条件的地区允许社员繁殖喂养一、二头大牲畜。此处可以考虑将一部分不能使用的老弱牲畜采取折价归户，户有户养的办法。”阎达开为什么这样狂热地鼓吹把集体财产划归私有？为什么？为什么？结论只有一个，为了达到其复辟资本主义的罪恶目的，黑“规划”还说，“国家收购肥猪的各项奖励要保证兑现，完成交售任务以后，生产队和社员多养的肥猪应当允许社员自由处理。”“鼓励和支持群众上山落户，恢复和建设山庄。深山地区可以三、五户独立核算，也可以包产到户，要分给山上人口一定的自留山、自留树，永远归个人经营。”先是强调物质刺激，接着肯定“永远”私有，其卑鄙用心不是昭然若揭了吗！阎达开一手炮制的黑“规划”还说：“今后植树造林要执行谁造谁有的政策。”“水产品收购继续实行派购办法，完成任务后多余产品允许社、队和渔民自行处理。”等等。总之，整个“规划”充斥着资产阶级的民主、自由、私有、个体，没有半点社会主义的气息。伟大领袖毛主席教导我们：“什么人站在革命人民方面，他就是革命派，什么人站在帝国主义封建主义官僚资本主义方面，他就是反革命派。”阎达开这样念念不忘资本主义，对“个体”、“私有”有这种深厚的感情，这说明什么呢？这说明阎达开是混进党内的资产阶级代表人物，是反革命修正主义分子，是地地道道的反革命派！

反革命修正主义分子阎达开利用他所炮制的黑“规划”，疯狂地反对毛主席的自力更生的伟大思想。胡说什么“如果中央不能调入十六亿斤粮食，棉田面积要相应减少”，“千方百计争取增加农业机械。”什么“恢复农业也得靠国家支援，不但中央在粮食上作必要的平衡，在恢复和提高农业生产力也要作必要的平衡。”向中央施加压力，给中央增加负担，大伸其手。黑“规划”的末尾，还附了一个向中央要东西的大“账单”，美其名曰：“河北省关于五年恢复农业生产中，请求中央平衡解决的几个问题”。在这个大“账单”里，河北省要在六七年以前，每年向国家要粮食16—17亿斤，要化肥4.77—6亿斤；五年之内要拖拉机21000标准台；小胶轮车80万辆；牲口至少400万头……反革命修正主义分子阎达开去管农业，根本不按主席思想斗争，不是用主席思想武装群众，引导群众沿着自力更生的道路，发扬艰苦奋斗，奋发图强的革命精神，高举三面红旗，战胜困难，渡过难关。而是伸手向国家要特殊，依靠国家，简直要把河北省办成一个"五保"户了！

黑"规划"出笼以后，因为炮制者心中有鬼，所以又耍了一个李代桃僵的鬼花招，以农委的名义上报华北局。如果中央批准了，当然也就达到了省委阎达开的意图，若中央不批，省委便可以逃脱责任。六二年中央在北戴河召开工作会议，反革命修正主义分子刘子厚、林铁还把这个黑"规划"带到会上，准备发言使用。结果一听主席大讲阶级斗争，感到形势不妙，才缩回了他们的龟头。仅以黑"规划"的炮制过程和处理方法，还不能看出阎达开与刘子厚、林铁是一丘之貉、一洞之鼠吗？

六二年的"八县调查"和"五年规划"，是地地道道的反革命修正主义的黑货！阎达开是地地道道的反革命修正主义分子！是中国的赫鲁晓夫刘修的忠实门徒！

革命造反派的同志们，让我们行动起来，彻底砸烂"八县调查"、"五年规划"这些反革命黑货！把反革命修正主义分子阎达开打翻在地，再踏上亿万只脚，叫他永世永世不得翻身！

河北大学

毛泽东思想八一八红卫兵
革命造反公社"六盘山"战斗队

一九六七年六月十八日

天津"百匪"的内幕

铁 道 部
天 津 机 車 車 輛 机 械 工 厂
毛 泽 东 主 义 紅 卫 兵 总 部 印

最高指示

我們看事情必須要看它的实質，而把它的現象只看作入門的向导，一进了門就要抓住它的实質，这才是可靠的科学的分析方法。

敌人是不会自行消灭的。无論是中国的反动派，或是美国帝国主义在中国的侵略势力，都不会自行退出历史午台。

世界上一切革命斗爭都是为着夺取政权，巩固政权，而反革命的拼死同革命势力斗爭，也完全是为着維持他們的政权。

凡是反动的东西，你不打，他就不倒。这也和扫地一样，扫帚不到，灰尘照例不会自己跑掉。

«目　录»

前　言

我们伟大的统帅毛主席亲自发动和领导的史无前例的无产阶级文化大革命犹如一泻千里的巨流，咆哮着，奔腾着，滚滚向前，不可阻挡。在光焰无际的毛泽东思想的照耀下，在毛主席革命路线的指引下，广大革命造反派大造了党内一小撮走资本主义道路当权派的反，大造了资产阶级反动路线的反，取得了一个又一个的胜利。

但是，革命的道路是曲折的，不可避免地会有阻力。这种阻力主要来自那些混进党内的走资本主义道路的当权派，同时，也来自旧的社会习惯势力。天津正是这样，情况是复杂的，道路是曲折的，两条路线的斗争是深刻的。

万张反革命修正主义集团看到革命的浪潮汹涌澎湃，快要混不下去了，就施展阴谋诡计，暗中组织和操纵一些受他们蒙蔽的群众组织，压制革命，保护自己，臭名昭著、名声狼藉的天津市捍卫毛泽东思想野战兵团（简称：野战兵团）不就是这样的组织吗？！

野战兵团根本不是什么“群众自发的革命组织”。它就是万张反党集团搞的。也是区、局、公司、厂党委内一小撮走资本主义道路当权派一手扶植、积极支持的。它是资产阶级反动路线的产物，是地地道道的保守组织，充当了万张反党集团镇压革命群众运动的御用工具。这样的组织必须解散！

六七年四月十日中央首长接见天津代表时，周总理已经肯定了野战兵团的性质。但是其总部内一小撮坏头头，不肯改变错误观点，仍然顽固地坚持资产阶级立场。他们伙同天津保守势力猖狂反扑，大肆散布流言蜚语，极力进行翻案活动。他们抗拒中央指示，改头换面混入五代会。真是猖獗到了极点！我们革命造反派能视之而不顾吗？不能！绝对不能！我們要说，我们要喊，我们要揭露，我们要批判。

让我们剥开它的外衣，看看它的历史，把它的肮脏丑恶的一切公布于世吧！

一、野战兵团就是万张反党集团搞的：

“有些单位是被一些混进党内的走资本主义道路的当权派把持着。……当他们感到非常孤立，真混不下去的时候，还进一步耍阴谋，放暗箭，造谣言，极力混淆革命和反革命的界限，打击革命派。”　——摘自十六条

一九六六年六月，我们伟大的领袖毛主席亲自批准了北京第一张马列主义的大字报，点燃了无产阶级文化大革命的熊熊烈火。这烈火，照得革命造反派心明眼亮；这烈火，烧得党内一小撮走资本主义道路的当权派焦头烂额。河北省委、天津市委内一小撮反革命修正主义分子看到革命的熊熊烈火就要烧到自己头上来了，他们的反党、反社会主义、反毛泽东思想的狰狞面目就要被揭穿，自已快要混不下去了，他们就要阴谋，放暗箭，施展出浑身的全部解数，向革命造反派作最后的挣扎。其中主要的一个阴谋毒计，就是他们组织和操纵一些受他們蒙蔽的群众和群众组织，压制革命，保护自已，挑起武斗，企图制造混乱。天津野战兵团就是万张反党集团一手搞的。不是有人说：“野战兵团和黑市委没有关系”，“野战兵团是群众自发的革命组织”吗？那末我們还是让事实来说话吧！

1、官办赤卫队的成立。

一九六六年八月，在河北宾馆召开了省委扩大会议，研究天津市文化大革命的问题。天津市委常委、书记处书记、各部代表参加了会议。

刘子厚在会上说：“现在学生整天找我，形势很被动。学生左派队伍没有组织起来。

现在应该把工农左派组织起来，当前关键的关键是组织左派队伍。工作要主动，到第一线去。工矿企业开展文化大革命，省市委就主动了。”当时×××提出：“是否要成立赤卫队，已有民兵了？”刘子厚说：“没关系，以后再说。”会议结束时，张淮三也讲要成立工人赤卫队，说：“工厂、企业和学校不一样，工人阶级需要有一个统一的组织。在历次工人运动中就有工人赤卫队，並且工人赤卫队这个名称很好嘛！”会议最后决议：

①会议赶快结束，到第一线去开展运动。

②组织“左”派队伍。

宾馆会议结束后，八月下旬，张淮三又召开了工交基建的会议。参加者有：刘东、毛平、苏民、廖斗寅、吴一夫。

在这次会上，重点讨论了如何组织“左派”队伍的问题。对“左派”队伍特别强调了阶级出身。其组织原则是：

对于非四清单位，以红五类出身为骨干成立赤卫队。

对於四清单位，以四清中涌现出来的积极分子为核心成立赤卫队。

要求在撤工作队以前组织好赤卫队。

会上，市委干部分口负责组织：

半工半读负责人：刘东（刘子厚老婆、工交政治部付主任）

四清单位负责人：苏民（工交政治部付主任）

非四清单位负责人：毛平（工交政治部主任）、廖斗寅（经委第一付主任）

基建系统负责人：吴一夫（基建政治部代理主任）

会议作出决定：在八月下旬和九月初分别召开全市性的非四清单位和四清单位的大会，布置组织赤卫队。

九月份，全市各工厂都组织起了赤卫队。各局成立了赤卫队联络站。

开始时这个“左派”组织叫作红卫兵，过了一段时间后，统一改为赤卫队。这是刘子厚请示了王任重以后正式定名的。黑市委还为赤卫队准备了大批的袖章和证件。

2、万张反党集团与野战兵团。

一九六六年十月一日，我們的林彪付统帅在天安门城楼上向全国的革命造反派发出了新的动员令：向资产阶级反动路线猛烈开火。从此，全国掀起了彻底批判资产阶级反动路线的高潮。这使党内一小撮走资本主义道路的当权派和坚持反动路线的顽固分子慌了手脚。万张反党集团要出新的花招，继续蒙蔽群众，操纵组织，企图扑灭天津市人民的革命烈火。张淮三指使其爪牙刘东、宋景毅（付市长）、李虹（化工局党委书记）等人操纵了反修绵纶厂、机车车辆厂、三配件、房建、财贸、劳二半、电车公司等单位的赤卫队，首先形成了野战兵团的上层机构，然后将各单位的赤卫队改头换面，集体加入野战兵团。

野战兵团的发起单位和人员如下：

铁道部机车车辆厂赤卫队：	张世臣、孙绍文、许梦章、刘军
反修绵纶厂赤卫队：	艾虎友、丁双来、李宗海
河北房建赤卫队：	孙继明、扬子信
电车公司赤卫队：	董汗章、扬炳寅
三配件厂赤卫队：	王宝明、李世昌
和平区工程处赤卫队：	赵明三

南开起重厂赤卫队：　　　　　　　吴炳岐

劳二半赤卫队：　　　　　　　　　李学久

万张反党集团的二号头目张淮三还亲自出马，十月十七日晚上，张淮三、扬春林（市总工会付主席）、毛平在市委统战部接见了赤卫队负责人丁双来等五人，听取了他們的汇报后，张淮三讲了话，说："你们心情很急、是革命的，不要急躁"，"我们是支持你們的"，"我们希望你们要支持我们，咱們互相支持"。看！他們之间的关系还不很清楚么？

十一月初，丁双来等五人又去市委，张淮三又一次接见了他們，那次在座的还有毛平。

十一月中旬，张淮三（在北京开会）回路达（市委秘书长、市委常委、万张反党集团的核心人物）电话，说承认野战兵团，並要路达负责接待。后来，路达两次接见了野战兵团。

十二月二（或三）日，路达、李定（市委秘书长）、杨春林在经委接见了野战兵团。路达提出野战兵团这个名子还要加上"联合"两个字。

十二月五日左右，路达又一次接见了二十多个单位的赤卫队代表，商谈如何建立野战兵团事宜。路达当场责成市委工交口解决野战兵团袖章四万四千个，经弗二万元，传单55万份。叫他们的秘书刘作之负责房子，並为其准备图章。次日，李定（市委秘书长）就给毛平打电话说："书记处讨论过了，现在准备开放，同意野战兵团成立。"

经过一番筹备后，于十二月十一日，这个赤卫队的变种——野战兵团总部在万张反党集团的策划下，在营口道74号正式宣布成立。

最初在十一月份时，起名为第四野战兵团。到十二月初改名为保卫无产阶级专政委员会。从十二月十一日起，由黑市委统一命名为捍卫毛泽东思想野战兵团。

野战兵团下设八个野：

名称	所在地方	总指挥
一　野	南开区	董汗章（电车公司）
二　野	和平区	王承信（棉一）
三　野	河西区	赵明山（和平房建）
四　野	河北区	刘军（机车车辆厂） 郭玉明（河北房建）
五　野	河东区	张卫东（房管系统）
六　野	红桥区	孙联荣（南开房建）
七　野	塘沽区	董玉江（新河储油所）
八　野	文艺界	

野战兵团的负责人实际上都是原来的赤卫队的负责人。如丁双来是原化工系统赤卫队总负责人，艾虎友是原赤卫队纠察队大队长等等。

这样大的组织成立之快，已经可以看出一定的问题了。

开始，他们是密秘活动的，上下采用单线联系，各野之间互不了解。后来被造反派发现，才不得不公开。干革命是光明磊落的，他们却搞这一套，这又说明了什么？

张淮三亲自赤膊上阵，策划组织野战兵团，当其成立后，又给予大力支持。对参加镇压革命造反派的野战兵团战士每人每天给半斤粮票、四角钱的补助。对野战兵团总部的头目更是关怀备至。从十二月十日到二月十六日四次由市委工交政治部拨款共计2900元。这些头目拿了公款去买高级并干、点心，大吃特吃。张淮三为了镇压革命，保住自已，竟不惜挥霍国家大批公款来刺激和引誘所操纵的野战兵团，用心何其毒也！

十二月中旬，××向张淮三提出：“野战兵团和工矿企业互相袭击，若不作作工作，将会发生大规模武斗。”而张淮三却指使工交政治部向野战兵团进行工作，实际上就是支持。

十二月二十三日早晨，野战兵团扣了工矿企业造反总部的负责人李勇、程国富等六人，上午九点送往公安局，要求公安局扣留，在公安局门前，野战兵团和工矿造总发生了武斗，造成了12、23流血事件。当时，张淮三在公安局楼上，坐山观虎斗。郭真（公安局付局长）向张淮三汇报说：“我接见野战兵团的几个代表，其中有丁双来，孙绍文等，他們不愿把扣着的人放出来，要求你接见他们，看来，对你还是比较信任的。”张淮三表面上调和、折衷，实际上对野战兵团这种做法、行为是支持的，以至最后发生了武斗。事后，野战兵团93名代表去北京“告状”，张淮三还给了500元钱和500斤粮票作为路费补助。从这次事件也可以看出野战兵团对张淮三的信任态度和张淮三对野战兵团的支持表现。他们之间的关系不是很清楚了吗？！

再看看万张反党集团对成立真正革命造反派组织又是什么态度？去年十一月中旬，工矿企业的许多造反派要求成立联合性的组织，对于这样的组织的成立，黑市委怕得要命，只答应给解决房子和活动经费，但不正式承认。更为阴险的是，张淮三去中央参加工矿会议时，汇报假情况，极力向中央反映天津造反组织成份不纯，打、砸、抢严重。並用电话通知工交口四清办公室，专门收集这方面的材料，黑市委镇压革命造反派施展的毒辣手段真是无所不用其极！毛主席教导我們：“被敌人反对的是好事而不是坏事。”万张反党集团对革命造反派恨得要死，正说明我们的反造对了，革命造反派虽然享受不到象万张反党集团给予野战兵团那样的优厚待遇与支持，却享受得到战无不胜的毛泽东思想的温暖阳光，他们站在了毛主席的革命路线一边，他们拥有真理，他们得到广大革命群众的支持与援助 经过艰苦卓绝的奋战，终于把这个统治天津多年的万张反革命修正主义集团揪了出来。他们必将取得最后胜利。

听听中央首长的声音吧！周总理在六七年四月十日接见天津代表时讲：“工人里面的野战兵团是万张反党集团搞的，在工交财贸系统很有势力。”这个结论就是正确，以上的事实还不能说明这一点吗？！

野战兵团就是万张反党集团搞的，铁证如山，不容低赖！

二、野战兵团是地地道道的保守組組，必須解散：

万张反党集团一手操办起来的野战兵团，从它的孕育、诞生及其发展，始终贯穿着一条资产阶级反动路线，是臭名闻于全市及全国的保守组织。现将其丑恶咀脸展示于众：

1、主子与奴才。

先看看野战兵团的领导核心和骨干是些什么人？

他们绝大部分都是原党支部的“心腹人”、黑党委的“左派”、领导运动的组长骨干、合乎领导口味的红卫兵（赤卫队）、最听党委话的积极分子、人造劳模、官办文革的主任头目等等。仅举七野为例，七野部分主要负责人的职务是：沽塘区赤卫队指挥部指挥员、财贸红卫兵大队长、文革主任、工会主席、保卫科长，党支部委员、干事、人保干部等，这些人中刘氏“黑修养”毒很深，保守思想严重，有的人还有严重的个人主义，他們没有站在毛主席的无产阶級革命路线一边，而是死保党委、死保文革、死保一条资产阶级反动路线，他们把矛头指向群众，成了万张反党集团及黑党委镇压革命群众运动的打手，当了可耻的奴才。

正象前面提到的，万张反党集团搞的野战兵团，同时也是区、局、公司、厂党委内一小撮走资本主义道路当权派一手扶植、积极支持、幕后操纵的。这些人极端害怕群众揭露自已，为保自已过关物色了一些自已心目中的左派，实际是资产阶级反动路线的奴隶的人，秉承万张反党集团的黑旨办起了红卫兵、赤卫队、野战兵团，把革命造反组织视为洪水猛兽。他們对于这样的组织则是一百个支持，並操纵了他們的活动，现举二、三例：

▲卫东区蔬菜公司野战兵团（四野）成立以后，它的头头就向党委汇报说："我们是全市统一的大组织，经费由市里拔给，它的任务就是一个——对付工矿造反总部。"党委一小撮人，对此倍加赞赏。党委代理书记吴民说："有了野战兵团就给我壮胆了。"党委委员、付经理王肇骥说："与我的观点一致，行动我支持。"党委委员、工会付主任刘瑞岭是幕后直接操纵者，他不但赞赏，还以个人名义挪用工会经弗３００元做为野战兵团活动经费，而且还参与活动。野战兵团成立的当天，党委就发出通告肯定野战兵团是革命组织，同时一手挑起了它和造反派的针锋相对的斗争。

▲塘沽七野从它的前身红卫兵、赤卫队开始都是接受万张反党集团黑旨，由区委胡玉坤、杨润生、孙晋和等人一手策划操办起来的。在组织赤卫队时胡玉坤（塘沽区区委书记）就说："红卫兵（指工人红卫兵组织）必须要区委领导，否则不得吸收参加。"

七野成立时由区委部长刘凤山率领遊行向造反派示威。在二月十九日大会上，孙晋和（区委组织部付部长）等公开亮相到七野一边，並说："七野是在打砸抢中成长状大的。"杨润生（区委付书记）也在会上喊"七野是革命的"。此外，万张反党集团的得力工具，公安局武裝部，也积极活动和七野经常来往，关系密切。

▲百货大楼野战兵团成立前夜，政治处干部×××对野战兵团头目说："当权派让咱们把队伍拉出来！"一语道破幕后还有操纵者呢！

百货大楼付书记李××对这个为自已保驾，镇压革命造反派的消防队自然是观点相同，积极支持了，在一次造反派对他进行批斗的会上，就喊道："我是共产党员，我有我的观点，我支持红色造反军（野战兵团变种），我要站在他们那一边！"

野战兵团做为一种旧的社会习惯势力，连同混进党内走资本主义道路的当权派，成为了天津市无产阶级文化大革命的阻力。

2、矛头指向羣众，压制革命运动。

野战兵团早在它的前身赤卫队时期就干尽了保皇勾当，充当了镇压革命群众运动的急先鋒，他們参加了去年轰动全市的"８.26"事件，为保黑市委不遗余力。塘沽的赤卫队（七野前身）在区委内走资本主义道路当权派的操纵下、率领下，镇压新河储油所革命群众，围攻一中"八一八"和北京学生，市里一些保皇小丑也赶去支援，这是有名的新河储油所镇压革命的事件。

他们在"三轮二社事件"发生后，帮助黑市委，压制革命派，散布流言蜚语："牛鬼蛇神出笼了，向党进攻了，对党的好干部进行迫害了。"

他们在万鬼晓塘一命鸣呼之后，佩戴白花参加隆重的追悼大会，大搞遊行、吊唁，大喊："万晓塘同志是焦裕禄式的好书记"、"万晓塘同志永垂不朽"、"血债要用血来还"，帮助黑市委"以死人整活人"，向革命小将示威。

继学生运动蓬勃开展以后，工矿企业的革命造反派高举毛泽东思想伟大红旗，发扬了五敢精神，冲破重重阻力，在一片白色恐怖的烏云笼罩中杀了出来，北京红旗學校东方红公社李志东同志的一张大字报"工矿企业的文化大革命压得下去吗？！"说出了全市革命造反派的心里话，但这却又惹怒了保皇小丑们。

机车车辆厂、反修绵纶厂、劳二半等八个单位的赤卫队头目云集十八中，密谋撰写反驳文章。

十一月中旬，几十万份《“工矿企业的文化大革命压得下去吗？！”是一株反毛泽东思想的大毒草》的传单在全市出现了，这篇文章是由反修绵纶厂的王智、机车车辆厂的郭永华、尚书培、劳二半的李解明等主持起草的，通过劳二半张星文的关系，用劳二半赤卫队的介绍信在中学“主义兵”总部鉛印，用第四野战兵团宣传部的名义发表的。这份材料自然受到万张反党集团的一致好评。

紧接着，诬蔑攻击革命造反派的传单“工矿企业造反总部的十大敢，八大能”、“招兵买马”又充斥全市。其中“招兵买马”是红卫农机厂党支部书记李×操纵红卫兵头目写的

十二月五日，一、三、四野联合发表了题为《工矿企业造反总部都干了些什么？》的长篇文章，铅印成册，全市散发。

他們的矛头一直是指向革命群众的，他们把革命造反派看成牛鬼蛇神，把造反派的革命行动看成是右派翻天，他们把革命造反派在这次史无前例的文化大革命中难免出现的一些缺点错误，肆意夸大，竭尽造谣誹谤之能事。

事实是胜於雄辩的，还是用他们自己的话来为我們回答他们是怎样看待革命造反派的广大群众吧！

“一些地、富、反、坏、牛鬼蛇神乘机纷纷出笼，企图变天。他們组织起来，互相勾结，为地、富、反、坏翻案，对革命群众打击报复，大量破坏国家财产，抢劫文件档案。所以我們也要组织起捍卫毛泽东思想第五野战兵团。”

“当前天津市的情况正是这样，正是坏人当道，实行资产阶级专政，进行阶级报复，制造白色恐怖。”

“他们不是好人，是社会主义罪人，是人民敌人，是无产阶级的死对头，我們绝不能承认他們犯了缺点错误，我们一定毫不留情的把他们打倒。”

野战兵团镇压革命派，非法扣留工矿企业造反总部代表，制造了“12.23”流血事件之后，他们赴京告状，並写了四封信给毛主席、林付主席、周总理、中央文革小组。信中，用尽了谩骂、诬蔑造反派的词句。仅摘其中一段，公布如下：

“……在天津市内，右派(指造反派)气焰极为嚣张。我野战兵团战士无人身自由，外出受监视，上班受扣留，不让进车间；野战兵团战士家被抄；不能带袖章，如带袖章就遭绑架、围攻。现在右派、牛鬼蛇神都加入了工矿企业造反队。造反队的头子整天坐汽车兜风，好不威风……”。

再举一例，以看其大方向：

今年二月中旬，他们在市体育馆召开了批判万张反党集团的大会，让各野代表的发言主要倾向於控诉的内容。但遗憾的是，他們不是控诉万张反党集团犯下的滔天罪恶，而是控诉了工矿企业造反总部如何用武斗来镇压野战兵团的情况。

野战兵团的大方向究竟是什么呢？他們的斗争矛头指向了党内走资本主义道路的当权派了吗？不是！根本不是！他們的矛头同所有的保字号的组织一样，始终是指向革命群众的。他們没有把主要精力花在对走资本主义道路当权派问题的调查、揭发和批判斗争上，却用去大量的时间和精力抄贴翻印攻击革命造反派的传单及大字报，对造反派造谣诬蔑竟达到颠倒黑白之地步。他們对自已执行的资产阶级反动路线没有认识，毫无悔改，仍然大整造反派黑材料，这就连他们中的一些人也不能不承认了，在本单位他们受走资本主义道路

当权派唆使，去围攻造反队员，制造了一起又一起的群众斗群众的事件。他们还围攻那些亮相到造反派一边的干部，辱骂这些人是"叛徒"，"甫志高"。他們竟然和党内走资本主义道路的当权派一起否定、诬蔑革命造反派的夺权。如蔬菜公司卫东区分公司野战兵团狂喊造反派的"1.25夺权是反革命夺权"！革命生产委员会选举是"国民选举"！百货大楼的"1·25"夺权也被他們说成是"反革命夺权"，"右派翻天"。他們这样作，助长了走资本主义道路当权派的嚣张气焰，有的被夺了权的党支部书记竟公开写出声明矢口否认造反派的夺权，向着造反派凶狠地反扑过来，如机车车辆厂被罢了官的原党委书记张述良写出声明，表示站在红联总（四野变种）一边，为共同复辟资本主义"鞠躬尽萃，死而后已"。

野战兵团镇压群众革命，成为天津黑市委的一个得力打手，给万张反党集团帮了大忙，起到了他们所起不到的作用。

他们对天津黑市委是如何的看法呢？让我們再看看他們自已是怎样认识的："天津市委怕字当头，表现出一付无能为力的软骨头，所以使天津的运动不能正常健康地发展，一小撮坏人正是看中了他们是软骨头，所以才敢大胆妄为起来，造无产阶级的反。而天津市委对此全部置若网闻，从来不敢声张，因此使一小撮坏人反动气焰非常嚣张，以至造成"１２、２３'流血事件，使几万人停产。"

他們把万张当成了二类干部，难怪他们一保到底呢！不过我们仔细分析一下，他們也不是总保，因为他们对走资本主义道路的当权派也进行了批斗啊。但是，他们並不是真正为了将其斗倒斗臭，而是为了从中捞取政治资本，实际上是假批判，真包庇。某单位野战兵团负责人在批斗该公司走资本主义道路的当权派之前，对人说："我們批×××是为了尽快摘掉保曌帽子，不然，这顶帽子永远也摘不掉啦！"短短一语，泄露了天机。有时，他們好象"左"得很，把领导干部不管是革命还是不革命的，都揪出来斗一斗，显示自已谁都不保。殊不知，这並不能表明你是造反派，而正说明你又执行了"保护一小撮，打击一大片"的资产阶级反动路线。

3、破坏生产、罪責难逃。

"抓革命，促生产"是党中央的方针，是毛主席的方针，我們革命造反派一万个拥护，坚决照办。而保守组织则不是这样，当他們没有道理可讲时，可以把毛主席的伟大号召抛在脑后，置一切于不顾，放下生产，扬长而去，或去告状，欺骗中央；或去串联，招摇惑众；甚者，则遊山玩水，逍遥放荡。

野战兵团制造了"１２、２３"事件后，在万张反党集团的纵恿、支持下，出动了大批人员去北京告状。１２月３１日，有９３名代表到达北京，他们先到了西直门外外专局友谊宾馆接待站，后又到了华北局、总工会、中央文革接待站，给中央施加压力。

在黑市委的策划下，野战兵团煽动了成千名受蒙蔽的工人去京。截至１月１４日陆续步行到京的野战兵团成员共计54２４人。市委干部随同去的有：

赵树光（市委书记）　　李定、李文金（市委付秘书长）

杨春林（市总工会付主席）　　杨沛然（经委付主任）

他們在西颐宾馆所花的粮票达３８０７０斤，伙食弗达１３１９０元。火车弗达511、20元。在京，野战兵团头目董汉章要拉大队人马到党中央、国务院门口静坐、绝食，赵炳章用汽车去运地毯。真是坏事作绝，丑态百出！

１月１７日，大队人马才乘车返津。野兵战团挑动５千人外出告状，严重地影响了生产，破坏了"抓革命、促生产"的伟大方针，这是违抗毛主席指示的表现，是绝对不能容忍的，遭到了全市造反派的历声遣责。他们想以此要挟中央，镇压天津革命造派的阴谋没有得逞，而且永远也不能得逞！

4、革命必胜。

由万张反党集团一手搞起来的野战兵团，这个地地道道的保守组织，充当了万张反党集团镇压革命群众运动的御用工具，对天津市革命人民作尽了坏事。这样的组织，必须解散！十六条中讲得好：“无产阶级文化大革命毕竟是大势所趋，不可阻挡。”随着运动的深入开展，毛主席的革命路线取得了一个又一个的伟大胜利，革命造反派的阵线逐渐扩大，许多受蒙蔽的群众从资产阶级反动路线的束缚下解放出来，纷纷退出了保守组织，加入了造反派的队伍，诞生仅两个月的野战兵团在今年二月初已将土崩瓦解了。但是，由于李雪峰在天津仍然顽固推行资产阶级反动路线，极力扶植保守势力，压制革命派，歪曲和破坏革命的“三结合”的正确方针，企图在天津实行资本主义复辟，天津市的保守势力纷纷抬头，进而，向革命造反派进行了疯狂的反扑。被李雪峰看中，并被吹捧为“是一支阶级队伍”的野战兵团又死灰复燃了。他们贴出标语：“野火烧不尽，春风吹又生”、“青松不老，野战兵团不倒”、“野总在天津永生”，“野总永远屹立在天津城”。转瞬间，野战兵团成了堂堂的“左派”。

毛主席告诉我们：“社会主义制度终究要代替资本主义制度，这是一个不以人们自已的意志为转移的客观规律。不管反动派怎样企图阻止历史车轮的前进，革命或迟或早总会发生，並且将必然取得胜利。”

天津市的广大革命造反派牢记毛主席的教导，他们冒着再次被打成反革命的危险，顽强地顶住了李雪峰刮起的二月黑风、三月逆流，粉碎了李雪峰的资本主义复辟的阴谋。虽然斗争是激烈的，是会有反复的，但造反派深知：“黑暗即将过去，曙光即在前头。”野战兵团必垮，革命造反派必胜！

三、野战兵团休想翻天：

今年四月十日中央首长接见天津代表时，周总理明确指出了天津野战兵团的性质，说它“是万张反党集团搞的”，“野战兵团上面是保守的”。陈伯达同志也讲了十点意见和四点建议。根据首长的指示精神，天津的广大革命造反派，对这个顽固的保守组织，展开了强有力的政治攻势，加速了它的分化瓦解。与此同时，野战兵团内部的革命群众也纷纷起来造其总部的反。但野战兵团联合总部的一小撮坏头头，仍然顽固地坚持资产阶级立场，不肯改变错误观点。他们贼心不死，妄图翻案。五月四日，他们来到支左联络站，五月十四日，他們12名代表又去北京。汇报情况是假，搞翻案活动是真。现将其罪恶活动揭露如下：

1、对解放軍四、三声明的态度。

在中央首长接见天津代表之际，天津驻军支左联络站於四月三日专就野战兵团问题发表了声明，指出：“野战兵团是在赤卫队基础上建立起来的保守组织，解放军过去没有支持过，今后也决不会支持。”

然而，野战兵团的一小撮坏头头们，却公然声称：“解放军四、三声明前对我捍卫毛泽东思想野战兵团是肯定支持的。”在他们上报的一份“解放军对我组织在四、三声明前的态度”的材料中，大肆攻击支左和军管会，给其横加罪名，他们列举了支左和军管的“一小部分言论和行动”来证明他們的观点。如：

①河北区支左联络站杨秘书说：“我的观点倾向于野战兵团。”

④支左联络站郑国强（在八一礼堂二楼）说：“你们怕什么，你们是贫下中农、工人子弟，你們要捍卫十六条，你在部队干过，部队侦察组，特务连是怎么搞的？你们要建立

一个侦察组，总结一下对立面的材料，将来怎么搞？总之搞市委依靠你們，搞阶级敌人也要依靠你们。”

⑤军管会王元敏说：“四、三声明对你们有好处，我的观点倾向于你们，不要忙，夺权之后，还得解散十几个反动组织。”

⑥军管会主任刘政说：“你们现在的步子迈得太小，不许再迈大点步吗？你们组织不能整整风吗？”“要张淮三问题，你们要按时开会，按时来，保证安全，明天上午答复你們。”

⑧支左秦烈部长说：“你们这些组织在社会上有一定推动力，你们要写一个声明带头归口。”

⑨第四野战兵团於今年二月下旬搞独立组织，当向总部提出后，支左马上去人说：“你们和总部脱离关系很不好，总部有缺点可以提意见帮助，为什么要这样做呢？这是个人主义，山头主义和分裂主义的表现。”

⑩公安局造反总部、军管会，为什么在我野战兵团困难时期，叫铁路、工交、财贸、文教系统革命造反派联络站支持野战兵团？

(11)解放军为什么去帮助塘沽第七野战兵团集会，游行和夺权？

他们列举了十一条作为证据，力图证明天津支左、军管会以前是支持他们的，对他们给予帮助，为其巩固团结做了大量工作，甚至策划他們整革命造反派的黑材料，千方百计地想根本否定四、三声明。他们说：“我们认为解放军在180°大转弯。”同时，他們认为：“四、三声明和中央首长讲话有本质上的区别，声明只是讲万张反党集团利用了他们对党对毛主席的感情，周总理讲话提到是万张反党集团搞的。我们有发起者，组织者，我们不承认这一点。”他们以“澄清野战兵团与张淮三的关系问题”为名，进行了一系列的翻案活动。先于五月四日上访天津支左，事先他们拟定了9个问题的提纲。向支左提出：“要求天津驻军支左拿出确凿证据说明张淮三组织和操纵（野战兵团）。”经过一个多月的准备，於五月十四日，总部及各野的头头12人，盗用野战兵团全体战士“代表”的名义，又到北京去进行翻案活动。

野战兵团赴京上访代表名单如下：

姓名	工作单位	职务
丁双来	反修绵纶厂	总指挥
李宗海	反修绵纶厂	总指挥
孙继明	河北房建	宣传部长
董汉章	电车公司	一野总指挥
杨绪田	南开房建	一野总指挥
李克志	电车公司	
艾虎友	反修绵纶厂	总指挥
孙绍文	机车车辆厂	总指挥
李泽琪	塑料系统	
张卫东	河西房建	五野总指挥
朱淑珍	电车公司	
赵明山	和平房建	三野总指挥

他们所带的翻案材料，有给中共中央，国务院，中共军委，中央文革的报告。其中包括：“我們遭遇的几个点滴事件”共12份。

“轰动天津市的12.23事件究竟谁是凶手。”

“工矿企业造反总部内部点滴”9份。

收集工矿企业造反总部成员检查11份及照片14张。

各革命造反组织印发的关于揭发和批判野战兵团的所谓“反面材料”传单、报纸8份，还有“提几个问号？提几个为什么？其（岂）不令人深省”等等。

2、精心策划、伺机反扑。

野战兵团一小撮坏头头，为了翻案和反扑，早已作好种种准备工作。他们的行动，是蓄谋已久的。

早在三月四日，由於保守势力的总后台李雪峰的到来，而复活了的野战兵团，就曾召集了各厂野战兵团负责人大会，对其下一步的活动进行了统一的布置，巧妙安排。他们把所属各野战兵团化分为：化工、纺织、冶金、公用、卫生、建工、文教、修建、一轻局、二轻局、一机、财贸、军工、交通、运输十四个系统，使其按系统組成条条，各野形成块块，条条是为了夺权，块块是为了活动。这样布置是因为：“有些基层单位的权已经被所谓的造反派夺去了，但实际是夺了无产阶级司令部的权。这样的单位，我们要有计划有重点的组织反夺权。”何其毒也！

今年四月中央首长接见了天津代表之后，四月二十八日野战兵团头目丁双来、李宗海、艾虎友及宣传部长、各野总指挥等聚集在一起“澄清事实”签字具结，矢口否认他们与万张反党集团的关系。这是在订立攻守同盟！请看：

声　　明

我們捍卫毛泽东思想野战兵团联合总部几个主要核心负责人保证没有直接或间接与黑市委取得联系，更没有受张淮三操纵。如调查张淮三操纵总部任何人落实，我们将接受一切处分，特此签字为证。

李宗海、孙继明、艾虎友、李学久、丁双来、王保明、董汉章、杨炳寅、侯宝亭。

67年4月28日

他们想以此继续蒙蔽群众对抗中央。

为了翻案，他们还组织了以一野总指挥董汉章为首的翻案核心组，名义上美其名曰：“野战兵团调查组”，其成员都是总部及各野的头头。名单如下：

孙继明、王宝明、李克志、李泽奇、杨绪田、张卫东、丁双来、朱井跃、董汉章、庞洪儒、朱淑珍。

一野：	姚阴桐	杨绪田
二野：	于文禄	王承信
三野：	赵明山	
四野：	刘　军	郭玉明
五野：	张卫东	
六野：	孙联荣	

总部：　李学久、艾虎友、侯宝亭、李宗海、刘军、刘茂柱、王志、吴凤绪、吕玲、孙绍文。

这个调查组要调查“野战兵团是怎样组织起来的”到“必须立即组织起来”共十八个方面的问题。他們负责收集编写的翻案材料也带往北京。

3、造与論、騙中央、妄图翻案。

在天津支左四、三《布告》发布之前，野战兵团联合总部就已得到消息。一小撮坏头头匆忙编造了一份“郑重声明”于四月四日交“战士大会”通过。而这份声明的日期则定为３月１８日。声明中煞有介事地说：“我联合总部现已基本作好按系统归口和单位联合工作，为此，我联合总部从即日起宣告解散。”尽管关于所谓解散日期连他们的人也众说不一，有的说３月１８日，有的说３月２１日，但其总的目的就是表白它是“自动解散”的，以造成支左的声明是无的放矢的假象。实际上，他們並没有真正解散，至今仍在暗中活动。

野战兵团为了反扑，大造与论，混淆黑白，企图欺骗中央。他们自上而下的统一口径，发动各野杜撰文章，内容主要是：野战兵团是自发串联，由批判一张传单观点一致组成的，与黑市委所组织的赤卫队毫无瓜葛；野战兵团是最早揪出刘子厚、张淮三，最早提出改组天津市委要求军管公安局的革命造反派；野战兵团是由共产党员、共青团员、老工人组成的最纯的组织，而其他都是国民党、伪乡丁、右派、牛鬼蛇神、流氓集团；野战兵团是受压的组织，其他都是打、砸、抢、绑架成性的暴徒，等等。象“捍卫毛泽东思想野战兵团是什么基础上建立和组织的”、“二野成立过程”、“关于野战兵团成立的情况”以及“捅马蜂窝”战斗队的“看看到底谁保皇”等皆是这样的“大作”。

野战兵团一小撮坏头头们，造谣污蔑革命造反派，颠倒黑白地攻击天津市蓬勃发展的无产阶级文化大革命运动简直达到了令人发指的地步。他们５月１７日给中共中央、国务院、中央军委、中央文革的报告中这样写道：“自天津市支左联络站４月３日声明发表后，我捍卫毛泽东思想野战兵团各基层组织和战士时时处于被打、被砸、被整的地位。”他們甚至更恶毒地说：“特别是周总理接见天津市五代会的讲话以后，天津市的主要斗争锋芒不是指向了党内一小撮走资本主义道路的当权派，而是指向了捍卫毛泽东思想野战兵团的基层组织。广大的党员、团员、老工人成了被斗对象。运动初期的反革命大乱又一次轮到我们头上。来势之凶、手段之毒、象对待反革命一样，有过之而无不及。”把一切罪过都推给造反派，加罪于周总理。他們还扬言要“解放天津市近２０万野战兵团战士”“不达目的，死不瞑目”。何等的猖狂啊！

但是，事实是客观存在的，墨写的谎言掩盖不了历史的真象。

我们以毛主席为首的党中央是坚定的无产阶级司令部，是给革命造反派撑腰的，决不会轻信这群“铁杆保”的无耻谰言的。

野战兵团一小撮坏头头无视中央权威，妄图给已遭复灭之灾的野战兵团翻案的阴谋没有得逞。也永远不会得逞！

4、怀疑中央、攻击首长、猖獗之极。

野战兵团一小撮坏头头，竟把矛头指向党中央，怀疑並攻击中央首长。

在５月１０日写给中央文革的“提几个问号？提几个为什么？其不令人深思？”这份材料中，他們提出三十五个问题。我们仅举出几个，看他們在狂叫些什么？

他們问道：“陈伯达同志讲：保守组织解散后，不要用改换名义的办法，重新恢复。北京联动是中央宣布的反革命组织，现在允许他们恢复。为什么所谓的野战兵团这个保守组织连改换名义都不允许？这种做法合情理吗？”

“陈伯达同志在四点建议中提到造反组织和保守组织，根本没提到反动组织如何处理的问题，难道天津只有这两派势力吗？保守组织是否等于反动组织？”

“中央难道不清楚天津市有几个野战兵团？”

“张淮三操纵野战兵团。中央、天津都肯定了，可是为什么又不公布材料？”

类似这样的反动东西，在五野总指挥张卫东所写的6个问题及18个问题中比比皆是。

正如五月四日，一野总指挥董汉章在天津支左联络站公开叫嚷："我们对周总理讲话不服"，"总理讲是万张组织的，搞起来的，我们不承认"！反动气焰多么嚣张！他们胆大包天，不可一世，狂妄到无可复加的程度。是可忍，孰不可忍！

5、抗拒中央指示，大搞改头换面。

陈伯达同志在四月十日接见天津代表时，指出："保守组织解散后，不要用改换名义的办法重新恢复。"

野战兵团的一小撮坏头头，拒不执行这一指示，大搞改头换面。

天津支左联络站四月三日发出"布告"后的当天晚上，第一野就改名为"天津市房管系统革命造反派联合委员会。"並改刻图章。但刻图章的介绍信上仍然盖着原来野战兵团的图章，这真是不打自招！

四月四日，他们召集战士大会，第七项议程就是专门讨论通过"改变名称问题"。

野战兵团联合总部上访、活动，5月14日赴京的介绍信都全部用"天津塑料系统捍卫毛泽东思想红卫兵团"的图章。

天津钢厂野战兵团付总指挥谢汉芳摇身一变，在5月份当上了新冶金嫡系部队"红钢兵"的头面人物，他的旧部改头换面，又当上了新冶金的炮灰。

这是个别的现象吗？不是！绝不是！

许许多多的野战兵团的变种竟一变而都成了"左派"，钻进了工代会，有的甚至还当上了常委，成了市夺权领导小组里的主要人物。

我们对此进行了调查。据不完全统计，在工代会中，竟有86个组织是原野战兵团的变种。

纺织系统中，有26个野战兵团变种组织钻入了工代会。

"银行联委"这个野战兵团的变种进了工代会，而"银行红旗"，"银行联总"等革命造反组织却排斥于工代会之外。

再举二机系统为例，仅这个系统，就有原五野变种电子仪器厂"革命造反团"，原二野变种长城无线电厂"捍卫毛泽东思想鲁迅纵队"，原六野变种二仪表铸造厂"毛泽东思想反修战斗队"，原二野变种红旗仪器厂"无产阶级革命派联合委员会"等四个野战兵团的变种组织进入了工代会。

在工代会的9个常委中，就有原野战兵团的头目，他是：新冶金中"红钢兵"的王洪章。

这是野战兵团抗拒中央指示，大搞改头换面，疯狂反扑的铁证。掺入了如此之多野战兵团变种及其他保守组织的工代会难道能高喊它"好得很"吗？

在此，我们指出，李雪峰在天津没有执行毛主席的革命路线，他一手捏合的五代会没有以革命左派为核心为基础，而是让保守组织掌权，革命造反组织作陪衬，完全是调和、折中、合二而一的大杂烩！工代会不就是这样吗？这哪里谈得上它具备了革命性、代表性和无产阶级权威性呢？

这样的工代会必须彻底改组！

我们觉得，还有一点需要提及的，就是在李雪峰被迫滚出天津后，天津市的当权者並不是虚心听取群众意见，按照中央指示办事，对工作中的缺点、错误，没有彻底改正的诚意和决心，而是仍然沿着李雪峰的资产阶級反动路线的老路滑下去。他们以区别对待为借口、不肯把顽固的、臭名远扬的保守组织清除出去，相反却继续吸收明显的保守组织加入代表会。这是我们广大革命造反派坚决不答应的！我們恳切希望他们能高举毛泽东思想伟大红旗，虚心检查，决心改正，站到毛主席的革命路线上来，站到广大革命造反派一边来，为迅速促成革命的大联合，夺万张反党集团的权作出有益的贡献。

結 束 語

以上所谈几个问题，简述了野战兵团的臭史，是对它的揭露，也是对它的批判，它的本来面目己经很清楚了。

在此，我們热诚期望並坚决支持广大受蒙蔽的野战兵团成员，高举毛泽东思想伟大红旗，起来造反，起来揭发，起来批判，真正站到毛主席正确路线上来；对那一小撮顽固坚持错误观点，对抗中央，妄想翻案，至今仍把矛头指向广大革命造反群众而不知悔改的坏头头必须加以揭露、进行批判。

我们还要再次严肃指出：万张反党集团搞的野战兵团必须彻底解散，决不允许改头换面！

那些一贯压制群众革命、保性不改、趁着天津保守勢力猖狂反扑而改头换面混入五代会的野战兵团变种，必须从五代会、从天津市夺权领导小组滚出去！

“天生一个仙人洞，无限风光在险峰。”让我们一切真正革命造反派团结起来，沿着毛主席指引的正确航道奋勇前进，把无产阶级文化大革命进行到底！

打倒刘、邓、陶！

砸烂万张反党集团！

毛主席的无产阶级革命路线胜利万岁！

革命的大联合必须以左派为核心、为基础！

战无不胜的毛泽东思想万岁！

我们心中最红最红的红太阳毛主席万岁！万岁！万万岁！

铁道部天津机车车辆机械工厂

毛泽东主义红卫兵《依靠群众》战斗队

天津红卫农机厂《普通一兵》

天津工学院红卫兵（八二五）《真如铁》兵团

1967、7

天津纺織机械厂
文化大革命中两条路綫的斗爭

国营天津紡織机械厂《新紡机》革命造反总部

一九六七年七月

最高指示

整个过度时期存在着阶級矛盾，存在着无产阶級和資产阶級的阶級斗爭，存在着社会主义和資本主义两条道路斗爭。忘記十几年来我党的这一条基本理論和基本实践，就会走到斜路上去。

☆ ☆ ☆

我們党內两条路綫的斗爭基本问题是在无产阶級夺取政权后，即新民主主义革命胜利以后，中国究竟是走資本主义道路还是走社会主义道路的问題。

☆ ☆ ☆

不是东風压倒西風，就是西風压倒东風，在路綫问題上沒有調和的余地。

紡織机械厂文化大革命中两条路线的斗爭

最近，我厂人民武裝部，中国人民解放軍駐厂毛泽东思想宣传队相繼对《新紡机》革命造反总部做了明确的表态，肯定了《新紡机》的革命大方向是正确的，表示支持《新紡机》的一切革命行动，这是我厂政治生活中的一件大事，它标誌着我厂的文化大革命进入了一个新阶段。解放軍和武裝部的明确表态，激起了两种針鋒相对的反映，一种意見认为解放軍和武裝部的表态立场坚定、旗帜鮮明，好得很！另种意見认为解放軍和武裝部的表态站錯了队，认錯了門，是挑动群众斗群众的典型。有的保守組織还把攻击《新紡机》的标語貼上了大街，把誣蔑《新紡机》的传单发到全市，散佈流言蜚語說什么"新紡机大杂燴，支持也白废"公然和解放軍对抗。

出現这些情况並不是偶然的，这是我厂阶級斗爭激烈化的表現，这是我厂两条路綫斗爭的发展和継續。

☆ ☆ ☆

《紅旗》杂志、《人民日报》社論指出："以毛主席为代表的无产阶級革命路綫，要放手发动群众，斗垮党內一小撮走資本主义道路的当权派和資产阶級反动学术"权威"，革除一切剝削阶級的旧东西。而資产阶級反动路綫則要压制群众，保护党內一小撮走資本主义道路的当权派和資产阶級反动学术"权威"，保护一切剝削阶級的旧东西。"我厂的文化大革命自始至終貫穿着这两条路綫的斗爭。

解放十七年来，以宋长輝为首的一小撮反革命修正主义分子和以錢嘉光为代表的封建宗派勢力勾結在一起，他們疯狂地反对毛泽东思想，多方貫徹刘少奇、邓小平、和万张反党集团的黑指示，頑固地推行資本主义修正主义的經营管理方法，一貫地弄虚作假，謊报成績，欺騙国家，在干部路綫上排除异己、任人唯亲，招降納叛、結党营私，他們对党对人民犯下了滔天罪行。

在文化大革命中，宋、錢之流頑固地推行刘邓抛出的資产阶級反动路綫，为了保护他們长期推行的反革命修正主义路綫，掩盖他們犯下的罪行，保持其反动的統治地位，他們疯狂地鎮压群众运动，实行白色恐怖，挑动干部整群众，挑动群众斗干部。他們还操縱保守組織攻击革命組織、革命干部。現在他們妄图鑽进革命的"三結合"东山再起，卷土重来。反革命修正主义分子宋长輝虽已上吊自杀，但至今流毒未清，阴魂不散。在解放軍和武装部公开表态支持造反派之际，攻击解放軍，說什么："解放軍支持錯了""新紡机是大杂燴……"云云"站错了門"，对于宋、錢之流犯下的滔天罪行，我厂的无产阶級革命派和广大革命职工必須彻底清算。在这场史无前例的文化大革命中，无产阶級革命派和广大革命职工高举毛澤东思想伟大紅旗，发揚了敢想、敢說、敢干、敢闖、敢革命的大无畏精神，揪出了反革命修正主义分子宋长輝、錢加光，这是光焰无际的毛澤东思想的伟大胜利，广大革命职工无不为之欢欣鼓午。

在文化大革命中，我厂的两条路綫的斗爭，总結起来为五次带有关鍵意义的大搏斗，这是两个阶級生死搏斗，这是"革"与"保"两条路綫的搏斗。

第一次，九一五事件，文化大革命一开始，宋錢之流凭着他們的反动本質和多年来的反革命經驗，在六——八月这一段时間里疯狂地推行資产阶級反动路綫，在乱箭齐发的口号下，把矛头对准了广大革命群众，实行白色恐怖，从九月初开始，由于毛主席的革命路綫日益深入人心，广大革命职工热烈响应毛主席的伟大号召，提出了炮打司令部的要求。宋錢之流已經控制不住运动的局面。全厂很快掀起了一个炮打司令部的高潮。革命的大字报如雪片飞来，揭发了以錢嘉光为首的我厂封建宗派势力的大量问题。紅卫兵大队部中的革命同志和一部分革命职工，激于义憤在九月十五日这天把封建宗派势力的代表人物錢嘉光、周連智、张振远抓进了业校，准备进行批斗。九月十六日革命的职工又发出了"倡議書"把矛头直接指向了反革命修正主义分子宋长輝。这一系列破天荒的革命行动打中了阶級敌人的要害，击中了宋錢之流的痛处，在全厂引起了很大震动，革命派欢欣鼓午拍手称快，保守派气急敗坏抱头痛哭，两种思潮，两种力量至此形成。

第二次，第一次党委扩大会議前后的斗爭，九一五抓錢、周、张虽然不久就被释放了，"宋左派"的大字报也貼滿了全厂，但他們並不滿足，他們知道，烈火还在地下燃烧，他們还坐在火山之上，他們苦心孤詣地妄想扑灭蘊藏在人們心中的革命火种，从九月下旬开始宋、錢之流組織了一次大規模的反扑。这次反扑在十月中旬召开的第一次党委扩大会議上达到了最高峯，按照宋氏王朝干将张熔昌的說法"这次会議就是打不下去他們（指革命群众革命干部）也要来个势力均等，会上宋、錢之流的打手凶相毕露，紛紛出籠，他們咒罵九一五的革命行动是白色恐怖，拍胸頓足为錢嘉光辯护，公然把一些革命干部打成"反党分子""政治扒手""个人野心家"对于列席会議的革命群众代表进行刁难和圍攻，一时大有黑云压城城欲摧之势。

对于宋、錢之流的疯狂反扑，我厂的革命派和广大革命职工运用战无不胜的毛澤东思想同他們进行了針鋒相对的斗爭，在会上，文革主任赵俊和同志就尖銳地指出："这是一次非法的会議"。当宋、錢之流提出要就此问题和文革进行辯論时，赵俊和同志当场表示愿意"奉陪到底"会后文革中的革命同志还发动全厂职工对这次会議进行大串联，使全厂职工对于这次黑会的內容、性質都能有所了解，为批判这次黑会做了准备，打下了基础。

第三次，文革給全体职工公开信的发表和第二次党委扩大会議

林彪同志国庆节的講話和"紅旗"杂志十二、十三期社論的发表，在全国范圍內掀起了群众性的批判資产阶級反动路綫的高潮。我厂的无产阶級革命派和广大革命职工热烈响应林彪同志的号召，对于宋錢之流推行的資产阶級反动路綫进行了大揭发大批判，厂文革在十一月八日——十日举行了为时三天的会議，經过尖銳的斗争于十一月十二日发出了一封給全厂革命职工的公开信，指出，第一次党委扩大会議是資产阶級反动路綫的一个典型，是一次反毛澤东思想，反十六条的黑会，号召全厂职工起来进行批判，在革命群众的强大压力下，宋錢之流被迫交出了第一次党委扩大黑会的記录，由文革加了按語予以公布。第二次党委扩大会議就是在这种形势下召开的，会上宋、錢之流做了很不象样的检查，他們不得不承认九一五抓錢、周、张是革命行动，九一六的倡議書是革命的，九一七組織抢人是錯誤的，第一次党委扩大会議是一次反毛澤东思想、反十六条的黑会。此后不久，宋长輝一手操縱的党外党內記变天黑帐的內幕也被揭穿了。这一系列的事件表明毛主席的革命路綫取得了重大胜利，宋、錢之流及其推行的資产阶級反动路綫遭到了灭頂之災。

第四次忠于工学联和11.16的大辯論

毛主席的革命路綫取得了节节胜利，从十一月初革命組織象雨后春笋一样，紛紛成立。在"九一五"事件，第一次党委扩大会議和第二次党委扩大会議，三次重大斗争中站在毛主席革命路綫方面的革命同志先后組成了捍卫联委、忠于工学联、鉄战軍、老工人、紅旗公社等革命組織。然而宋錢之流並不甘心失敗，他們蒙蔽了一些群众，組成了11.16造反团和紅旗造反团，和革命群众相对抗，从此两条路綫的斗爭就大量地表現为革命造反派和宋錢之流所操縱的保守組織之間的斗爭。捍卫联委等革命組織成立以来，始終堅持斗爭大方向，揭发了宋錢之流推行反革命修正主义路綫和資产阶級反动路綫的大量罪恶事实，多次批斗了宋长輝、錢嘉光及其爪牙。团結、爭取了受蒙蔽的群众，批評教育了犯过錯誤的干部，參与了全市的夺权斗爭。斗爭的矛头一直是指向党內一小撮走資本主义道路的当权派。

而11.16和紅旗造反团則不然，在宋錢之流的操縱下，他們保性不改，施展混淆事非，顛倒黑白明打暗保的慣技，一直把斗爭的矛头指向革命的領导干部和革命群众組織，他們从成立之日起，就制定了"打两个（梁沈），保一伙（宋錢一伙）（实际上是打击一大片，保护一小撮）的作战計划，一直狠狠地揪住梁、沈不放，他們多次把宋錢之流架往北京，逃避革命造反派的批斗，他們在联絡組要求宋长輝交待策划第一次党委扩大会議阴謀活动的紧要关头，按照宋长輝的意图，赶走了联絡組，并对革命造反組織竭尽造謠中伤誣蔑打击之能事。（他們还咒罵捍卫队是土匪，揚言要砸烂高仲才的狗头）

"11.16"这些保皇行經激起了革命造反派和广大革命职工的极大憤慨，因此，忠于工学联和"11.16"在今年二月間展开了一场究竟誰是保守組織的大辯論，在为时数天的辯論会上，11.16的"勇士們"一个个狼狽不堪的敗下陣来，通过这场辯論，使广大革命群众进一步分清了造反和保守的界限，提高了对两条路綫斗爭实質的认識，許

多受蒙蔽的群众都紛紛退出了保守組織，１１．１６由原来的４００余人減为7·0余人，而造反組織的人数則猛增了几倍以上，得到了空前的发展和壮大。

第五次，关于“新紡机”的大辯論，当我市进入无产阶級革命派联合夺权的决战阶段，“新紡机”革命造反总部在两条路綫尖銳斗爭中誕生了。和一切新生事物一样，“新紡机”从成立那一天起就不断地受到妖風恶浪的侵袭。宋錢之流一心想把这个初生的革命造反組織扼杀于搖篮之中，新紡机成立后不久，宋錢之流操縱的保守組織就以学习晋阳經驗为名，打着班組联合的幌子，提出了解散一切革命組織的口号。他們的打算是：取消两条路綫的斗爭，以保守組織为核心实現按部門的联合，妄图用这种手法瓦解“新紡机”和其它兄弟組織，把各革命造反組織的群众完全置于他們的控制之下。我們和其它造反組織及时識破了宋錢之流的詭計，进行了針鋒相对的斗爭，使这一阴謀未能得逞。从五月份开始宋錢之流又利用社会上出現的一般无政府主义思潮，利用“新紡机”开門整風的机会，挑起了“新紡机”是什么組織的大辯論，他們大施挑拨离間的本領，极尽造謠中伤之能事，其目的就是要把执行資产阶級反动路綫的罪名和“保守組織”的帽子强加到“新紡机”的头上，破坏革命派的大联合，破坏革命的三結合，破坏无产阶級革命派的夺权斗爭。

最近，种种迹象表明“１１·１６”“紅旗造反团”决策人和宋錢之流的联系已經从地下的勾勾搭搭轉入公开的呼应配合，“１１·１６”在今年四月份放出空气說錢嘉光是二类干部，錢嘉光也公然表示：“我是介乎二、三类之間”，并准备站出来亮相，他們还在宋长輝自杀的问題上大作文章，妄图把这个反革命修正主义分子自絕于党，自絕于人民的罪責推到革命的領导干部身上，这是复辟的信号，这是复辟的警报。对于这股逆流，必須迎头痛击，坚决粉碎。

毛主席教导我們：“世界上一切革命斗爭都是为着夺取政权，巩固政权。而反革命的拚死同革命势力斗爭，也完全是为着維持他們的政权。”一年来我厂无产阶級革命派、广大革命职工与宋錢一小撮反革命修正主义分子之間的五次大搏斗；归根結底就是为了争夺紡織机械厂的党、政、財、文大权。紡織机械厂的一切大权是由宋錢之流継續把持，还是由无产阶級革命派来掌握，这就是斗爭的实質和焦点。

一年来，紡織机械厂的文化革命就是这样一个以争夺政权为核心，經历了五次大搏斗的两个阶級两条路綫的斗爭史。

但是，在紡織机械厂，並非所有人都是这样认識问題。宋錢之流为了維护他們的統治地位散布了許多极其荒謬反动的理論，这些謬論至今还在毒害着人們。

謬論之一曰：“这次文化大革命”，“有人要篡位”，“大兵要夺权”，“新官迷”要“夺权”。可爱的理論家們，你們說对了，这次文化大革命就是一场夺权斗爭。不过，不是什么官迷夺权，而是我們紡織机械厂的无产阶級革命派要夺資产阶級的权，要夺封建宗派势力的权，要夺宋錢一小撮走資本主义道路当权派的权，至于篡位，对不起，十七年来正是宋錢这些混入党內的資产阶級代表人物篡了我們无产阶級的位，我們現在正是要把被篡的位夺回来！

毛主席教导我們說：“共产党員不争个人的兵权……但要爭党的兵权，要争人民的兵权”。我們紡織机械厂的无产阶級革命派，在文化大革命中所爭的正是党的权，人民的权，至于个人的权，我們連想都沒有想过，只有那些被剝削阶級的污泥浊水浸透了灵魂的人，才会以“小人之心度君子之腹”把无产阶級革命派堂堂正正的夺权斗爭誣蔑为“官迷”夺权，这种說法本身恰恰証明眞正的官迷不是別人，正是他們自己。

关于大兵要掌权的问題，我們不妨告訴这些理論家們，中国人民解放軍是我們伟大領袖毛主席亲手締造的人民軍队，这支軍队从成立之日起，就为从三大敌人手中夺取政权，为建立人民自己的政权，为保卫人民的政权进行了艰苦卓絕的斗爭。在文化大革命的初期，正是江青同志請出了这位“无产阶級专政”的尊神，写出了部队文艺座談会紀要这个巩固无产阶級粉碎資本主义复辟的重要文件，把混入党內的資阶产級代表人物吓得屁滾屎流。在无产阶級革命派联合起来向党內一小撮走資本主义道路当权派夺权的时刻，我們伟大的領袖毛主席号召人民解放軍要积极支持革命左派，提出了“革命三結合”的方針，要求人民解放軍的干部参加“三結合”的临时权力机构，通俗地說就是要大兵帮助无产阶級革命派夺好权、掌好权、用好权，在这个意义上来說，大兵就是要掌权。

也許你們会說：我們所說的大兵不是指人民解放軍，是指从部队轉业来厂的那些人。我們要正告宋錢之流的理論家，你們不要狡变了，全厂革命职工都十分清楚从部队轉业来厂的絕大部分同志繼承和发揚了人民解放軍的优良传統、勇于坚持原则、敢于和一切不良傾向进行斗爭。在文化大革命中，他們带头冲鋒陷陣，揭开了我厂阶級斗爭的盖子，为人民立下了新的功勛。这些同志是响当当的革命造反派，他們和全厂造反派一同起来和向宋錢一小撮反革命修正主义分子夺权是天經地义的，理所当然的。有什么可大惊小怪？你們对这些“大兵”怀着刻骨的仇恨，絕不是出于什么个人恩怨，这是阶級的仇恨，是集中代表了党內一小撮走資本主义道路的当权派和地、富、反坏右分子。对于伟大的中国人民解放軍的仇恨，对于紡織机械厂无产阶級革命派的仇恨。“正是从这种阶級仇恨心理出发你們竟不惜进行造謠中伤，炮制出一幅“陞官图”，这是你們垂死掙扎的表現。事情正如紅旗杂誌第五期社論所指出：“阶級敌人最害怕人民解放軍，最害怕有軍队干部参加的革命的“三結合”。他們費尽心机制造流言蜚語，揑造事实，妄图挑拨革命群众和中国人民解放軍的关系，煽动一些不明眞相的革命群众把斗爭的矛头指向人民解放軍”。对阶級敌人的这种阴謀必須給以充分揭露和坚决打击！

謬論之二曰：“砸开十七年来旧势力的老鉄門的口号违反十六条，犯了方向性的錯誤，否定了建国十七年来的伟大成就”。

宋錢之流的御用文人听着，你們的理論知識簡直貧乏到了极点。列宁同志早就指出：“无产阶級专政是为反对旧社会势力及其传統而进行的坚持的斗爭。”按照你們的邏輯，列宁同志要用无产阶級专政来反对旧势力豈不也犯了方向性的錯誤了嗎？十六条清楚地写道“文化革命的阻力主要来自那些混进党內的走資本主义道路的当权派，同时也来自旧社会的习慣势力”“十六条”还指出：“資产阶級虽然已經被推翻，但是他們企图用剝削阶級的旧思想、旧文化、旧風俗、旧习慣来腐蝕群众，征服人心，力求达到他們复辟的目的”。所謂旧势力其实就是旧思想、旧文化、旧風俗、旧习慣的总称。我們工人根据十七年来的切身經历，用“砸开旧势力的老鉄門”这句話，形象、生动、准确地表达了我們对党內一小撮走資本主义道路当权派的憎恨，表达了我們对資产阶級代表人物用旧思想、旧文化、旧風俗、旧习惯来腐蝕群众征服人心，进行統治，实行复辟的憎恨，这又何罪之有，又有那一点不符合十六条？！在我們看来宋錢之流靠着旧势力統治了机械厂十七年，反过来旧势力又被宋錢之流保护了十七年，要揪出宋錢之流，就必須砸开旧势力的老鉄門，要徹底砸烂旧势力的老鉄門就必須徹底斗臭宋錢，这样說你們的心痛嗎？告訴你們，旧势力的老鉄門我們砸定了，不但要把它砸开，还要把它砸碎砸烂！

至于“紡織机械厂建国十七年来的成就”我們从来沒有否定过，也絕不会否定。因为那是我們十七年来辛勤劳动的成果，那是伟大的战无不胜的毛澤东思想哺育的結果，你們想把“砸开老鉄門”和“否定十七年的成就”，这两件風馬牛不相及的事强拉在一起，告訴你們：这办不到。其实只有砸开旧势力的老鉄門，揪出走資本主义道路的当权派，才能眞正保住十七年来我們工人的劳动成果，保住伟大的毛泽东思想哺育下所創造的輝煌成果。

謬論之三曰：机械厂的文化大革命是党委的两套馬車之事，是“新、旧宗派之爭”，这是宋錢之流的高級理論家和御用文人們的最后一招。

不錯，紡织机械厂的确存在着两大派，不过这不是什么新旧宗派，而是資产阶級一派，无产阶級一派，或者說革命的一派，保守的一派：毛主席一派，刘少奇一派；走社会主义道路的一派，走資本主义道路的一派。正是这两派的斗爭构成了我厂文化大革命的主要內容，构成了建国十七年来我厂阶級斗爭的主要內容。把这场两个阶級、两条道路、两条路綫的严肃斗爭歪曲为宗派斗爭的先生們，我們要问问你們：你們这样信口雌黃究竟要把以毛主席为代表的无产阶級革命路綫置于何地？把两条路綫、两个阶級、两条道路的斗爭說成是“宗派”这是对毛主席的革命路綫的最大誣蔑。

宋錢之流制造“宗派斗爭”論的用心是十分险恶的，他們这样說完全是为了用貌似公正各打五十板的手法，来掩盖两个阶級、两条道路、两条路綫斗爭的实質，以达到打击革命派，保护自己过关的目的。这正是宋錢之流愚惑人心轉移視綫的一貫伎俩。

大家还記得正是在八届十中全会公报发表之后，宋錢之流不就是极力宣揚“国营大厂，沒有資本家，沒有对立面”的謬論嗎？

正是在五反、四淸进行期間，宋錢之流划框框定調子，說什么紡织机械厂是“基本守法戶”、“清水衙門”。

文化大革命运动初期，宋錢之流又大肆散佈“我厂經过四淸，沒大问題”。

但是，历史是无情的，我厂的广大革命職工在这场史无前例的文化大革命中，揪出了宋长輝、錢嘉光这两个反革命修正主义分子，这件事給了这些謬論炮制者一記最响亮的耳光。

无論是“国营工厂无对立面論”、“淸水衙門論”、“四淸后无問題論”还是“新旧宗派斗爭論”、虽然名目繁多，花样翻新，但万变不离其宗，这就是千方百計地抹杀和掩盖紡織机械厂存在着阶級和阶級矛盾的事实，否认紡織机械厂存在着两个阶級、两条道路、两条路綫的斗爭，一句話，就是和毛主席关于社会主义时期阶級、阶級矛盾、阶級斗爭的理論；关于在无产阶級专政的历史条件下进行革命，防止資本主义复辟的理論相对抗，这就是宋长輝、錢嘉光反对毛泽东思想的鉄証，这是宋錢之流犯下的又一滔天罪行。

从以上两条路綫、两种思潮斗爭的事实我們不难看出，在解放軍和武裝部明确表态之后，在我厂发生的这场关于“新紡机”是什么組織的爭論，正是这两条路綫，两种思潮的斗爭的发展和継續，这关系到以什么思想为指导来分析，认識我厂文化大革命的问题。用反动的“宗派斗爭”論来观察分析问题，那就必然要顛倒是非混淆黑白，那就必然要否定我厂文化大革命中的两条路綫斗爭，把站在毛主席革命路綫一边的革命造反派說成是新宗派、新官迷，非去之而后快。以战无不胜的毛泽东思想为指針来分析我厂的文化大革命，那就会热情地贊揚无产阶級革命派的革命造反精神和首創精神。坚决支持他們的革命大方向，就会为毛主席革命路綫在我厂取得的每一个胜利欢呼，就会对宋錢之流感到无比憤恨。因此，这场爭論实际上关系到肯定还是否定毛主席的革命路綫；肯定还是否定我厂文化大革命的成果；肯定还是否定我厂的无产阶級革命派；肯定还是否定解放軍的明确表态，这样一系列的原則问题，在这些根本问题面前每一个革命同志都应該作出明确的抉择。

无产阶級革命派的战友們、革命的同志們，讓我們携手并肩沿着毛主席指引的航道，高举毛泽东思想大旗奋勇前进！关 心 国 家大事，把无产阶級文化大革命进行到底！

資产阶級反动路綫是代表一小撮走資本主义道路的当权派的利益，是鎮压革命派的路綫，这就决定了它必然要失敗的命运。我紡織机械厂一小撮走資本主义道路的当权派及其操縱的保守組織正是按照历史的发展走向失败，我新紡机夺了他們的权，毛主席的革命路綫取得了决定性的胜利。但是两条道路斗爭并未結束，我們牢記主席教导：念念不忘阶級斗爭，念念不忘无产阶級专政，紧抓两条路綫斗爭，严格区分两类矛盾，正确处理这些矛盾，在毛澤东思想的基础上，团結群众的大多数，团結干部的大多数，組成浩浩蕩蕩的文化革命大軍，把我厂的文化大革命进行到底。

打倒周揚黑帮在天津的代理人
反革命修正主义分子方紀

宣系联委干代会　天 津 文 联 紅 旗 造 反 团
宣系联委干代会　天津东方紅歌舞团东方紅公社

一九六七年七月

毛主席說：

高举无产阶級文化革命的大旗，彻底揭露那批反党反社会主义的所謂“学术权威”的資产阶級反动立場，彻底批判学术界、教育界、新聞界、文艺界、出版界的資产阶級反动思想，夺取在这些文化領域中的領导权。而要做到这一点，必須同时批判混进党里、政府里、軍队里和文化領域的各界里的資产阶級代表人物，清洗这些人，有些則要調动他們的职务。

林副主席說：

十六年来，文艺战綫上存在着尖銳的阶級斗爭，誰战胜誰的問題还沒有解决。文艺这个陣地，无产阶級不去占領，資产阶級就必然去占領，斗爭是不可避免的。

前　　言

我們心中最紅最紅的紅太阳、世界革命人民的伟大导师毛主席亲自发动和領导的这場史无前例的无产阶級文化大革命，震撼着整个世界，这是二十世紀继十月革命和中华人民共和国成立后又一伟大事件。

四海翻騰云水怒，

五洲震盪风雷激。

要扫除一切害人虫，

全无敌。

我国广大的工农兵、紅卫兵小将，高举毛泽东思想的伟大紅旗，所向披靡，将睡在我們身边的大大小小赫魯晓夫式的人物一个个地揪了出来。把一切牛鬼蛇神，旧社会的残渣余孽，打了个落花流水，人仰馬翻。

毛主席在文化大革命中語重心长地教导我們說："**你們要关心国家大事，要把无产阶級文化大革命进行到底。**"

文艺界反革命修正主义黑帮祖师爷周揚多年来把天津当做他推行修正主义文艺黑綫的重要基地和前哨据点，他的一名忠实代理人、反革命修正主义分子白樺已被广大革命群众揪出，这是毛泽东思想的伟大胜利。但是，天津文艺界阶級斗爭的盖子幷未完全揭开，周揚的另一名干将和心腹，旧天津市委候补委員、宣传部副部长、反革命修正主义分子方紀，却还在那里耍弄資产阶級的权术，千方百計地把自己裝扮成受万张反革命修正主义集团排挤的人物，裝出一副"受打击""受迫害"的样子，招搖撞騙，开脫罪責，继續施展他在历次运动中的两面派手法，妄图再次蒙混过关。

但广大革命群众的眼睛是雪亮的，深知方紀是一个什么样的人物，他不仅是周揚反革命修正主义黑帮的大紅人，还是周揚在天津文艺界的一名亲信門徒和忠实代理人。而且，在历史上曾与胡风反革命集团关系密切，是丁、陈反党集团及其他一些反革命分子、右派分子、反动人物的密友。多年来，他頑固地站在資产阶級反动立場上，在几个不同的历史时期，在阶級斗爭最尖銳复杂的严重关头，他都和文艺界的反动逆流联系在一起，参加了牛鬼蛇神的反党大合唱，幷炮制了一系列反党、反社会主义、反毛泽东思想的毒草，流毒深广，犯下了难以饒恕的罪行。他的毒草《来訪者》已被香港反动刊物轉載，幷加了"按語"来攻击我們的党和社会主义制度。可是，在过去历次政治运动中，由于他头上頂着祖师爷周揚这把"大紅伞"，背后靠着万张反革命修正主义集团和旧市委黑头目王亢之等的包庇和保护，本人又慣于見风使舵，所以不仅在几次运动中滑了过去，还步步高升，青云直上，解放以来，由《天津日报》編委、文艺副刊負責人提升为中苏友协总干事、文化局局长、市委宣传部副部长、市委候补委員，幷兼任文联党組书記、作家协会主席、《新港》月刊主編、文学研究所所长、語文学会理事长、和大分会副主席、对外文协副会长等重要职务，一九六五年万张反党集团和王亢之还拟提拔他当主管文教的副市长。他是天津文艺界中地位仅次于白樺的赫赫有名的党內走資本主义道路当权派，兼資产阶級反动学术“权威”，是把天津文艺界引向裴多菲俱乐部的罪魁祸首之一。在伟大的无产阶級文化大革命中，我們絕不能再让这个混进党內的資产阶級代表人物、反革命修正主义分子輕易地滑过去！

金猴奋起千鈞棒，

玉宇澄清万里埃。

是时候了，要把这个名为受万张反党集团排挤而实为万张反党集团包庇、重用的赫魯晓夫式的人物彻底揭穿！

是时候了，要把这个周揚黑帮在天津的忠实干将，又一名文艺黑綫的代表人物、党內走資本主义道路的当权派揪出来示众！

要把方紀的一整套反毛泽东思想的文艺謬論，及其一系列的反党反社会主义的毒草摆在光天化日之下，批深、批透、批倒、批臭！要彻底清算方紀在天津文艺界推行修正主义黑綫的全部罪行，誓把文艺界的两个阶級、两条道路的斗爭进行到底！

让我們在光焰无际的毛泽东思想伟大紅旗下团結起来，高举革命的批判大旗，向反革命修正主义分子方紀开火！开火！猛烈开火！

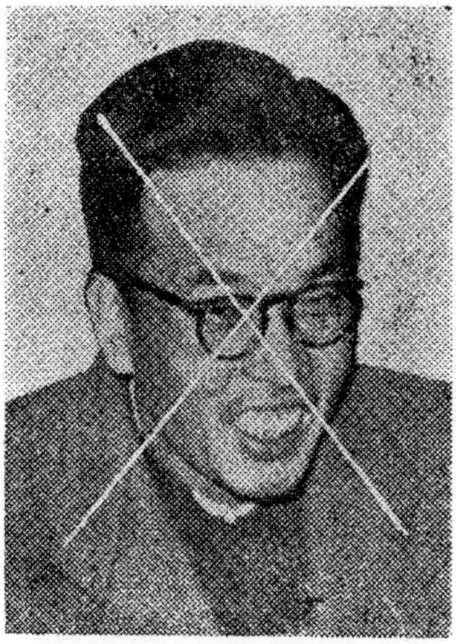

揪出方紀示众！

一、方紀与胡风反革命集团关系密切

方紀一向以反胡风的"英雄"自居。然而事实果眞如此嗎？不！把被掩盖的事实眞象統統揭开，我們就会看到，事情完全是另一种样子。

早在一九四九年全国第一次文代会期間，方紀就以《天津日报》文艺副刊代表的身份去北京，用請客拉稿的方式通过胡风分子魯黎与胡风結識了。这时，胡风的"作品"在报刊上发不出去，方紀却殷勤地邀来了他的反动长"詩"《时間开始了》中的两章《欢乐頌》和《光荣讚》，先后在方紀所控制的《天津日报》文艺副刊刊登了出去，为胡风大造影响。对于此事，胡风是不胜感激的。五〇年一月四日胡风給方紀的信中写到：

"方紀兄：

信收到。……詩寄上。只能在报上用，如用，且望能快。文从，不行的。一则，在报上可送給較多的讀者，这是作者我的希望，二則，接着就出单本，那会使文丛受損失的。……本星期日能赶上么？……匆匆握手！"

过了几天，在一月十六日胡风又写給方紀一封信：

"方紀兄：

《光荣讚》，当天亦門（即阿壠）兄来听报告，就見到了报。前两天又接到了一张单张。感謝你的热心，稿一到就发表了。……《安魂曲》有一千八九百行，《光荣讚》底两倍多一点。文周（即文艺周刊）当然容不下，副刊有可能三天連載否？……"

从这两封信看，方紀对胡风眞是热心之至！难怪胡风要对他一再表示"感謝"了！有了这样"热心"的"方紀兄"，胡风当然就得其所載了。于是一月二十四日又給方紀写了封热情洋溢的信，信中写道：

"很想到天津来看看大家，……我想不久也就有机会的罢。

另卷寄上第五乐篇《欢乐頌》……望能在本周（即文艺周刊）刊出，……"

当然方紀又是"謹遵所囑"迅速刊出了！

方紀不仅和胡风有过这样一段极为融恰的交往，而且和胡风反革命集团的"軍师"阿壠（即陈亦門）的关系也非同寻常。阿壠于一九五〇年来津后，胡风又在一月十六日的信中向方紀推荐。胡风在信中写道："囑亦門兄看你們，見到了否？人极誠实，望大家帮助他多理解一些。"

好一个"极誠实"的反革命分子！这个"极誠实"的反革命分子到津之后，如胡风所指使，急忙对方紀进行拉攏。談話之后还向胡风汇报，并对方紀大大夸奖一番。一九五〇年阿壠写給胡风的信中写道："和方談的很好，方兄很有希望，方兄在文艺上、气节上都比魯（黎）兄强。"

方紀对阿壠也不负胡风所托，表現得十分关心。一九五〇年阿壠来津不久，便在《文艺学习》上发表了他的反馬克思主义的大毒草《論傾向性》，此文事先經过方紀帮助修改，并同意发表的（方紀当时是文委負責人之一）。但《論傾向性》却和方紀的毒草《让生活变得更美好吧》同时于一九五〇年三月受到《人民日报》的点名批判，阿壠便写了个假检查，妄图蒙混过关。方紀大为不滿，便給阿壠写信說：“……不能躺下，归思更可不必，任其采取旁追战术，我等皆可不理，因其之不可理喻也；人生必須战斗！否則何以生存？……”

本来阿壠在津，見面并不困难，但方紀却特意用书信向阿壠表示同病相怜，互相支持，共同对抗批評的决心。可見方紀对《人民日报》的批評是多么憤恨，而与胡风分子阿壠却多么密切，竟然鼓励他“必須战斗”，“以求生存”！阿壠得到方紀的鼓励后，胆子更大起来，于是从假检查变为公开抗拒批評，給中央負責同志一再写信反扑，气焰十分嚣张。

方紀不仅在思想上与阿壠投合，在政治上对阿壠支持，而且在生活上也大加照顾。方紀的老婆就曾对人說过：“阿壠独身一人，又受批評，应該关心他的生活。”不久，方紀便把一个姓邸的找他修改文章的他的女学生介紹給阿壠，阿壠把文章修改一番发表在《文艺学习》上，接着便向女方提出求爱的要求。这是一种巧妙的安排，还是一种偶然的发展？此中奥妙，岂不令人怀疑与深思！

当时阿壠一方面在政治上受到批判，另一方面求爱也碰了釘子，感到很不如意，想离开文协，方紀便想方設法为他安排工作，曾想法介紹阿壠到南开大学去教书或到报社工作，并表示如有困难就到他所負責的中苏友协去，关注之情眞可謂溢于言表！阿壠的反动政治身份早就有所暴露，而方紀却給阿壠硬安上了中苏友协委員的头衔，为他增添政治資本。

由这些关系来看，方紀岂不正可以当之无愧地被称为胡风分子的密友嗎？

而所謂反胡风分子的“英雄”实在是无从說起的。早在五一年底文艺整风时，文协內部就阿壠的《論傾向性》、芦甸的《女难》、魯黎的《生活》等毒草及这些人的隍落生活方式展开了批判，方紀作为文委的一員，并未向他們展开原則性的批評和斗爭，仅仅发表了一些不疼不痒的所謂意見，实际上是保护他們过关。因此胡风分子路翎在給胡风的信中說过：“关于芦甸兄的那些消息……領导者轉了个弯，他也含蓄了些，滑过去了。”从这段黑話中已把方紀当时的态度說的再明白也沒有了。

方紀旣然和胡风有如此密切的关系，他在反胡风斗爭开始时，必然就不敢出来揭发胡风反革命集团的內情，更不交待自己和胡风集团的关系，只是当中央公安部派人来津办案时，方紀十分慌张，为了掩飾自己，才大耍手腕，“积极地”投入了“战斗”，并搖身一变把自己打扮成一个反胡风的“英雄”了！

方紀除和阿壠关系密切外，他与胡风分子芦甸、陈元宁、魯黎也是很好的。芦曾在文艺沙龙朗頌方紀的詩。方紀在天津飯店欢送芦調华北局工作的时候，还极为难捨难分地对芦說：“你能否留在天津不走？”

陈元宁是文艺沙龙中风流一时的“沙龙夫人”，方紀对她和她写的剧本，都是很欣賞的，反胡风后陈仍得到方紀的无微不至的关心。方紀的老婆与陈还常有通信，陈不想在农場劳动改造，方紀就很快把她安排到美术出版社工作。

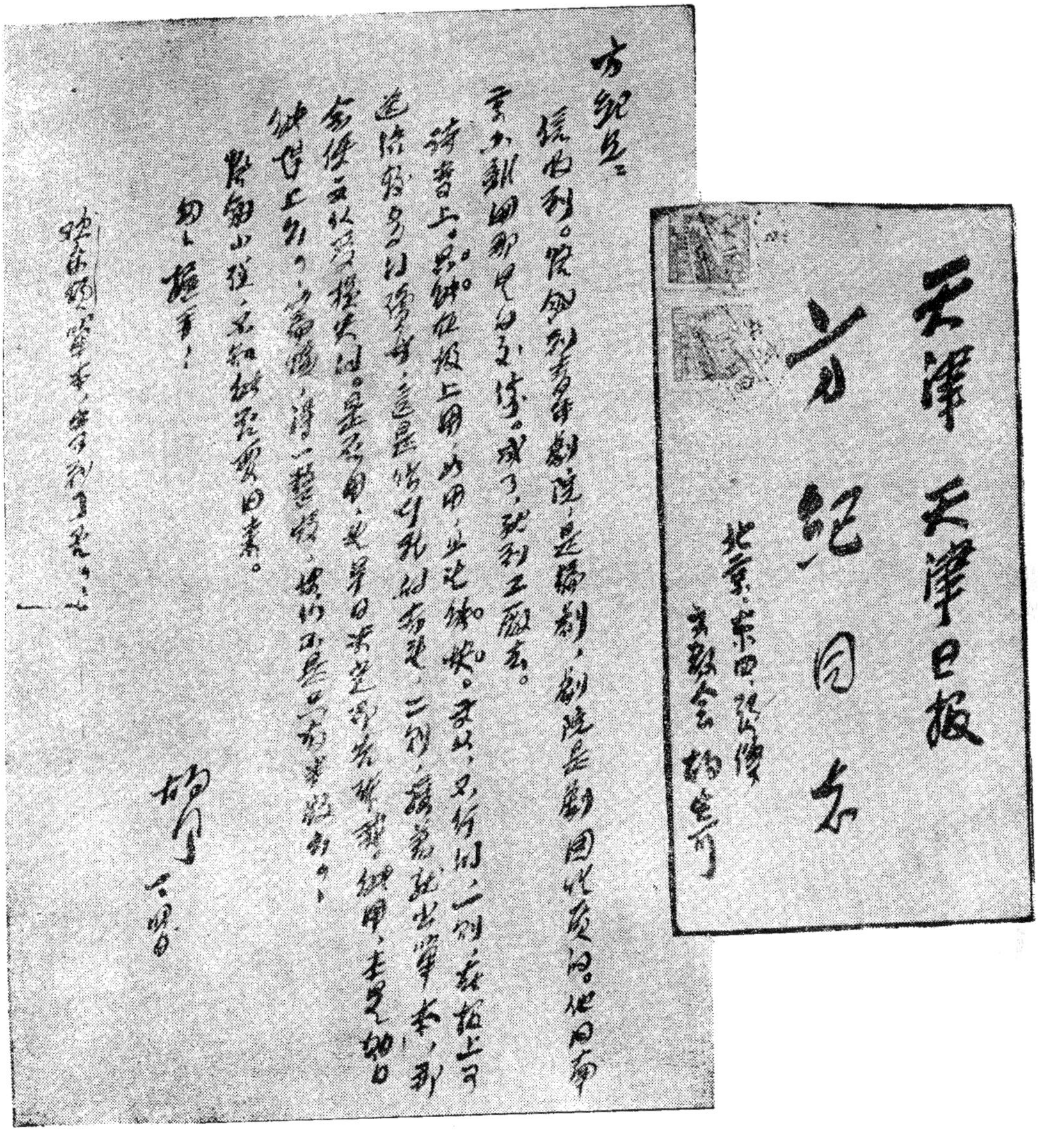

这是一九五〇年胡风给方纪的信：

(第三行)

诗寄上·只能在报上用·如用,且望能快。文丛(注：指方纪等主编的"十月文艺丛书"),不行的,一则,在报上可送给較多的讀者·这是作者我的希望……

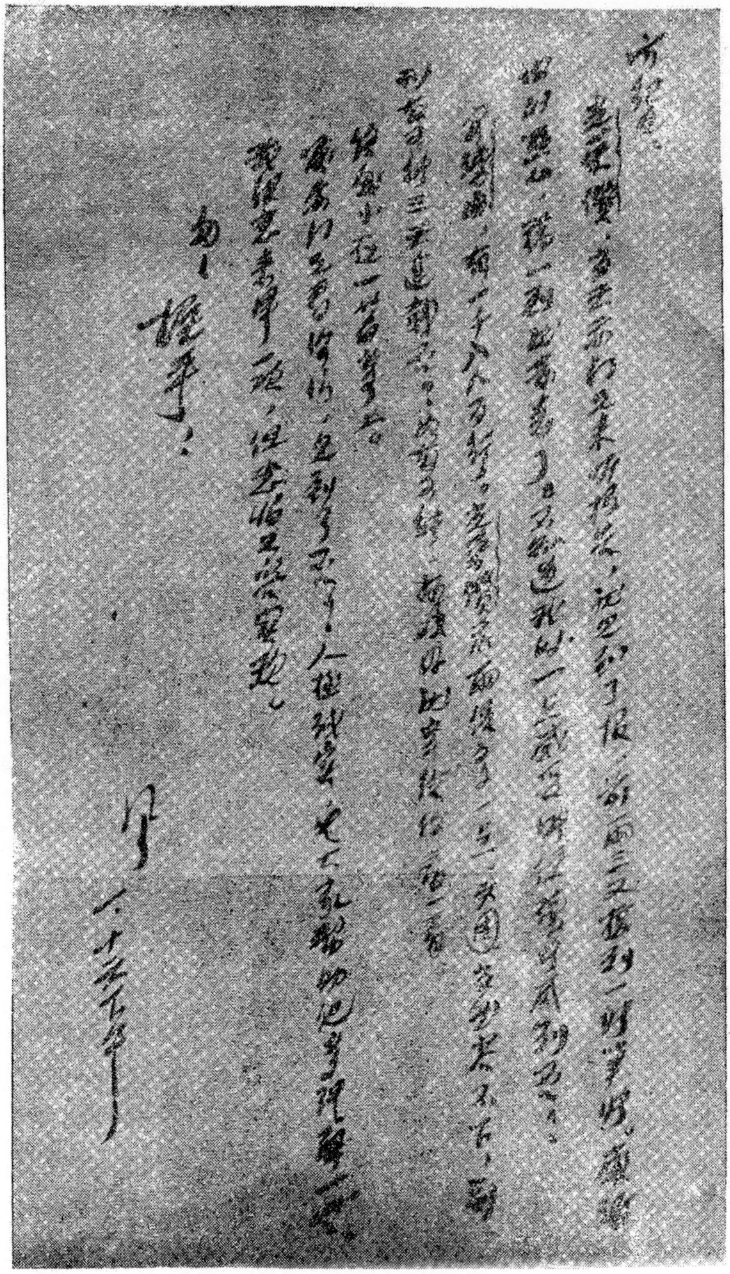

这是一九五〇年一月十六日胡风給方紀的信

方紀兄：

"光榮贊"（注：即反动長诗《时间开始了》中的一章。）当天亦门兄（注 即胡风分子阿垅）来听报告，就见到了报。前两三（天）又接到一张剪贴。感谢你热心，稿一到就發表了。不知我的一点感受能使讀者感到否？

……………………

嘱亦门兄看你们，見到了否？人极誠实，望大家帮助他多理解一些 ……

至于另一个胡风分子魯黎，虽和方紀有过名位之爭，但方紀仍然同情魯的“遭遇”。在一九六二年魯黎专看方紀时，方紀竟安慰他說：“主席說过，要象韓愈那样，經过些不幸的遭遇，才能写出更好的东西来。”

这是什么話！胡风反革命集团被党和人民揭露出来，給予应有的制裁，方紀竟把这称为“不幸的遭遇”。方紀的立場站在哪里？方紀的同情又在何处？甚至直到一九六三年方紀还对魯黎的前妻說：“魯黎要到福建他叔叔那里去，他到那里去也不会叛党的，我是很了解他的。”

凡此种种，充分証明了方紀根本不是反胡风的“英雄”，而是一个胡风分子的密友。

毛主席說：“我认为，对我們来說，一个人，一个党，一个軍队，或者一个学校，如若不被敌人反对，那就不好了，那一定是同敌人同流合污了。”

大量事实說明，方紀不仅沒有受到敌人反对，而是同敌人臭味相投，同流合污的。

二、方紀是周揚黑帮在天津的代理人

1.从丁玲的好友变为周揚的紅人

方紀和大右派丁玲的关系相当密切。早在延安《解放日报》工作时，丁玲主編副刊，方紀是她的老部下。当丁玲等人向党进攻，抛出反革命文章《三八节有感》、《在医院中》时，方紀也发表大毒草《意識以外》紧密配合，在政治傾向与文艺思想上都是十分一致的。解放以后，丁玲曾請方紀到她主持的文学讲习所里去讲《安娜·卡列尼娜》，很受丁玲的賞識。方紀也就成为丁玲公館多福巷的一名頗受欢迎的座上客了。

那么方紀又如何从丁玲的好友突然而变成为周揚的紅人了呢？

一九五七年反右斗爭时，对丁玲、陈企霞反党集团的斗爭迟迟沒有进展，丁、陈还借机反扑，气焰十分嚣张。这时丁、陈反党集团的干将柳溪，經过天津文联群众的斗爭，交代了丁玲、陈企霞的反党阴謀活动，从而为突破丁、陈反党集团打开了缺口。方紀就利用柳溪的交代材料，在全国文联党組扩大会上作了个长篇发言，果然使全場震动，一鳴惊人。这个发言使他捞取了一笔不小的政治資本。于是几天前还是默默无聞、无足輕重的方紀，这时却坐在高高的主席台上，从丁玲的好友摇身一变而成了反丁、陈的核心人物了。此后，他和林默涵、邵荃麟、刘白羽、郭小川等人起草了《人民日报》第一次发表的关于丁、陈問題的消息。周揚亲自接見了方紀，并送給他一部周揚亲自翻譯的《安娜·卡列尼娜》以示嘉奖。从此，周揚把方紀納为自己的心腹。

周揚之所以如此重視方紀，是因为方紀在这次斗爭中为周揚帮了一个大忙。用方紀自己的話說：“当时周揚多么需要象柳溪这样的材料啊！五七年我帮了周揚一个大忙，使周揚从此一統了文艺界的天下，这才关系近起来啦！”这些話豈不是清清楚楚地表明了方紀是如何成为周揚心腹的嗎？“使周揚从此一統了文艺界的天下”这話也充分表明他們是将党的文艺事业当成个人或小集团进行爭权夺势，扩展垄断統治的地盘。方紀以自己是为周揚打天下的“有功之臣”而沾沾自喜，十分得意，反革命修正主义文艺黑帮头目周揚也果然对他这位“有功之臣”方紀另眼看待，格外关怀。从此后，关系越来越近，周揚到天津来的次数也越来越頻繁了，把天津当作他推行反革命修正主义文艺黑綫的一个重要基地。而周揚每次来津，方紀总要紧紧追随，陪同到底。

2.为周揚搖旗吶喊，十分賣力

毛主席說：凡是要推翻一个政权，总要先造成輿論，总要先做意識形态方面的工作。革命的阶級是这样，反革命的阶級也是这样。

方紀既帮周揚“一統了文艺界的天下”，为了巩固周揚黑帮的“統治”也就竭尽全力，为其制造反革命輿論。

在一九五七年的全国文联党組扩大会上，周揚、林默涵、夏衍等經过紧张的阴謀策划，借批判馮雪峰的机会，煽起了一股颠倒历史、攻击魯迅、为王明机会主义路綫翻案的黑风，竟把三十年代周揚等人在王明右傾机会主义路綫指导下提出的資产阶級口号“国防文学”說成是正确的，而誣蔑魯迅提出的无产阶級口号“民族革命战爭的大众文学”是包藏着阴謀分裂活动等等，从而进一步确立周揚从三十年代以来的領导地位。方紀作为主席团的一員，是十分了解这股翻案黑风的“重大意义”的，他积极为周揚等人的阴謀活动效劳，当他开完全国文联党組扩大会回津后，就大肆宣揚，在一次全市性大会的报告中，說什么“魯迅答徐懋庸关于抗日民族統一战綫問題的信，現在已經查清了，是在魯迅病危时由馮雪峰写的”等等。方紀这些話完全是周揚一伙的黑話，他不仅篡改历史，颠倒黑白，其恶毒之处还在于：明目张胆地与毛主席关于魯迅的英明正确論断大唱反調，否定了以魯迅为旗手的新文化的正确方向，而为周揚黑帮树立絕对地位。

自此以后，方紀就把周揚的黑話当“圣旨”，有聞必录，有报告必传达，比如：一九六一年六月旧中宣部召开的文艺工作座談会，是周揚黑帮猖狂攻击毛主席文艺思想，全面推行周揚反革命修正主义文艺路綫的一次重要黑会。方紀亲自参加了这次黑会，回津后，在貫徹与宣揚这次黑会的精神方面，更是十分卖力，为了将周揚的讲話传达得維妙維肖，忙着翻古书，查典故，刻意地加工整理原始記录。而且在传达时連周揚的插話都一一照传不誤，其中有一句是：“这些問題再不解决，中国文艺界就要回到中世紀！”这是何等恶毒啊！而方紀却奉为至宝，唯恐漏掉。不仅如此，方紀、白樺为了系統地貫徹周揚的反革命修正主义黑貨，还組織了一个班子編写黑书《文艺学习材料》。这本黑书，由方紀两次审查并亲笔修改，由白樺审批付印，书中大量輯录周揚的黑話。为了打着“紅旗”反紅旗，其中也断章取义地引了一些周总理等中央負責同志的話。这是一本地地道道的反革命修正主义文艺綱領，但却作为全市文艺干部的必讀文件与学习手册，人手一本，其流毒极为深广。

在写“建国以来十三年”这个問題上，方紀也是紧跟周揚的。一九六三年初柯庆施同志提出写十三年，写社会主义革命和社会主义建設。周揚开黑会予以抗拒，方紀也积极参加了这个黑会。会前，方紀就在制造輿論了，說什么“写十三年，那《青春之歌》《紅旗譜》还要不要？”开完黑会后他的胆子更大了，他露骨地讲：“中国的現代革命史应从五四算起，中国的現代文学史也要从五四算起，現代題材也应該从五四算起！”这就不是写“十三年”而是“写四十三年”了，这就不是写社会主义革命，而是写民主革命了。当然，这不仅是什么写“十三年”或“四十三年”这样一个时間問題，实质上，这是要不要反映社会主义建設和革命的問題，是要不要执行和貫彻毛主席的文艺路綫問題。而在这个問題上，方紀是亦步亦趋地紧跟周揚的！

值得注意的是，方紀一直在为建立“美学”体系而“努力”着，其实就是为建立周揚修正主义文艺黑綫的完整体系而效劳。早在一九五六年，方紀在中国作协第二次理事（扩大）会議上的发言中說：“关于美学我們談論的太少了，这障碍着我們工作的提高。”并胡說什么“作家的工作，从他最根本的目的来說，就是美化（不是粉飾）生活，美化人的精神世界。”方紀这个发言事后据說得到了周揚的好評。一九五八年周揚在北京大学大讲建立“美学”的重要性之后，方紀更是紧紧追随。方紀主持天津市文学研究所工作以来，就处心积慮地要建立一个“美学”研究陣地。而这个研究所，周揚也极为“关怀”。后来，白樺为了爭夺地盘，扩张势力，想把文研所併入文联，但方紀岂肯放弃这块理論陣地，这是为周揚理論体系效劳的一个据点啊。因而就反对合併，并寻求周揚的支持，周揚也就馬上給予支持，說什么“一个攤子建立起来不容易，不要輕易砍掉，砍掉容易，再組織起来就难了。”“祖师爷”发話，果然見效，天津黑市委当即唯唯照办了。

周揚之所以如此“关怀”，就因为他十分清楚方紀要求保持这样一个陣地是可以为他“服务”的。

3.西右营之行，方紀进一步靠攏了周揚

我們最偉大的領袖毛主席在一九六三年十二月的批示中說：

各种艺术形式——戏剧、曲艺、音乐、美术、舞蹈、电影、詩和文学等等，問題不少，人数很多，社会主义改造在許多部門中，至今收效甚微。許多部門至今还是“死人”統治着。許多共产党人热心提倡封建主义和資本主义的艺术，却不热心提倡社会主义的艺术，豈非咄咄怪事。

毛主席的这个尖銳、严肃的批判，就是指周揚等人的。这时周揚一看形势不妙，赶紧遵照党內最大的走資本主义道路的当权派刘少奇的黑指示，到下面去搞什么“四清蹲点”，掩盖其反革命修正主义嘴脸，冒充“革命派”，以便逃避批判，并捞取政治資本，为自己鍍一层金。

一九六四年三月周揚到天津南郊西右营去“蹲点”，方紀为了陪伴周揚，也一起去了。但他們所以选择到西右营去，原意不是为了去搞阶級斗爭，而是为了去看一看盛产小站米的“丰产队”“一类队”的景象．看看万晓塘搞的“紅旗”“劳模”张凤琴。所以一下去便一头扎到了反革命黑帮分子张凤琴的家里，和张凤琴搞起“三同”来了。不久，由于陈伯达同志經过調查指出张凤琴絕不是貧农、劳模，而是富农出身的反革命黑帮分子，他們在群众的强烈反映下才离开张的房子。而在揭出张凤琴大量問題之后，周揚还說：“两边的意見我們都得听（按：指貧下中农一边和张凤琴一边）。”伯达同志指示：开除张凤琴和陈喜荣（区委宣传部长）的党籍。周揚却說：“开除党籍还要看一看。”由于周揚和黑市委书記处的抵制，使这个問題一直拖了不少日子。周揚就是这样岡陈伯达同志相对抗的。

更使人不能容忍的是周揚竟想陷害陈伯达同志，周揚問方紀："关于陈伯达决定开除张凤琴出党，你敢上告么？"方紀吭吃了半天說："敢！"由此可見，方紀跟周揚跟的多紧啊！以后方紀說过："与周揚相处十几年了，在西右营一个炕上滚了半年，才了解的更深了。我更了解他了，他也更了解我了。"这两句話說得何等"坦率"啊！而这也正好透露了方紀对周揚的靠攏，已經达到了亲密无間的地步了。以至于周揚的門徒与干将馮牧，見到方紀去拜晤周揚时，竟嘱咐道："你到了周揚部长面前要替我們說些好話，你說一句，頂我們說一百句啊！"

也正是在这以后，方紀对周揚的吹捧也达到无以复加的程度。他貪天之功据为己有，把陈伯达同志坚持毛主席正确路綫，发动群众斗倒张凤琴的功劳，算在了周揚及他自己的帐上，到处吹嘘，捞取政治資本，并替周揚起草給中央的报告，为周揚的政治投机大卖力气。他还吹捧周揚是什么"大参謀"而把自己說成是"小参謀"，这倒是一語道破！周揚与方紀本来都是刘邓司令部中的黑参謀，这是毫无疑問的，只是一大一小而已。

4.方紀千方百計包庇周揚的罪行

方紀与周揚在反革命修正主义黑綫中結下了生死之交，眞是唇齿相依，休戚相关。一九六六年春周揚因病动了手术，方紀聞訊后，无比关切，急忙前去探望慰問。三月八日至九日一連探望了两次。方紀事先用电話請示了王亢之，王亢之还要方紀"代表天津市委看望周揚"，以示郑重。方紀連續两次看望周揚，談了五、六个小时，因此这絕不是一般的"探病"。談話中間，周揚劝方紀赶快把反映西右营"四清"的长篇小說写出来（按：其中也能为周揚歌功頌德，树碑立传），也問到关于方紀主持的天津文学研究所等等問題，因此，事后方紀向人讲："周揚病得那样，还是关心創作，关心理論，关心文艺队伍。"

但是周揚岂只是"关心"而已！当他們談到《紅旗》杂志刚刚发表的批判"形象思維"論的文章时（实际也就是批判周揚反革命修正主义文艺理論的一个前哨战斗），周揚别有用心地說："可以討論嘛！"又說："我和默涵同志还是不同意郑季翘这篇文章的观点。"后来方紀馬上找××問道："你記得'拉普'（苏联早期无产阶級文化协会的簡称）是什么論点嗎？"××回答他知道一些，并問他干什么？方紀說："現在用不着，将来可以对照'拉普'的論点研究研究郑季翘的文章是不是有些'拉普'观点？"十分明显，方紀是从周揚处領取了"任务"，准备把"拉普"派的庸俗社会学的帽子扣在批評者的头上，为周揚充当反攻倒算的打手！

也就是在这次探望周揚以后，回到住处和人談到周揚的病情时，方紀心情沉重，眼圈发紅地說："中国文艺界不能沒有周揚呀！"这句話进一步暴露了方紀是如何"崇拜"这个文艺界黑帮祖师爷呀！

第二天，周揚秘书給方紀打来电話，方紀又去周揚家，继續談了約两小时，并在周揚家吃了飯。这次談完回来方紀透露，周揚問到大寨的情况，方紀向周揚談了情况以后，周揚竟公开攻击說："你看大寨是不是有点空想社会主义的味道呀？"这眞是反动透頂！大寨人是用毛泽东思想武装起来的，大寨人是按毛主席教导办事的，而周揚却誣为“空想社会主义”，眞是狗胆包天！

这是一九六六年三月上旬的事，时处彭眞黑帮的“二月提綱”出籠不久，林彪同志委托江青同志召开的部队文艺工作者座談会給中央軍委常委的信发出两周以后，也就是在我国两条路綫斗爭十分激烈的关鍵时刻，方紀同他的主子密談了五、六个小时，內容絕不只上面的一些，因此，方紀必須把和周揚黑帮密談的全部內容交代出来！

一九六六年三月下旬，《林彪同志委托江青同志召开的部队文艺工作座談会紀要》发下来了，四月十八日《解放軍报》根据《座談会紀要》发表了社論，已对“三十年代文艺”和周揚等人在王明右傾投降主义路綫指导下提出的“国防文学”口号进行公开批判了，但方紀还明目张胆地为周揚大肆辯护，竟說什么“国防文学”这个口号“到底如何还值得研究”，并让文研所××去查閱一九五七年全国文联党組扩大会議記录和有关資料，以供方紀“研究”。看看，他的立場是多么鮮明，方紀这个“国防文学”的辯护士屁股坐在哪边还不清楚嗎！他还別有用心地散布說：“当时左翼文学党組的負責人不是周揚。”为周揚开脫竟到了不顧历史事实的程度！后来方紀又对人說：“国防文学是历史問題了，不知周揚現在的問題怎么样？”上海批判《海瑞上疏》并点了某个中宣部副部长之后，方紀說：“誰知道还有旁的問題沒有，就是沒有旁的問題，只是这么烧一下，他那么大干部，那么个身体，也够他一嗆的。”由这几句話，可以看出，方紀对周揚是何等关切，对于周揚被批判，他又是何等同情啊！

一九六六年六月，在全国报刊公开批判周揚的前夕，周揚感到末日降临，在党內最大的走資本主义道路当权派刘少奇和陶鑄的保护下，轉移到天津来“休养”躲藏。方紀聞訊后去請示万张反党集团头目万晓塘：“周揚来天津能不能去看？”万說：“可以去看，但不要談政治。”（此話何等荒唐！去看周揚这件事本身就是政治。）当时方紀完全是站在同情周揚的立場上，甚至还对人說：“也不能眼看着人家犯錯誤，就不理人家了呀！”这話将他的立場表現得何等清楚！方紀正准备去看望，万晓塘忽从北京打来长途电話說：“不要去看周揚了。”这是知情不妙，才急忙阻止。方紀未去成，还耿耿于怀，一再打听周揚的情况。

当周揚問題在报上公开批判之后，下乡知識青年酆玉娥在和方紀談到周揚問題时，方紀竟說：“周揚的問題是三十年代的老問題，以前也批判过，还不是反党反社会主义。”他还說：“在知識青年問題上还看不出什么，他的事主要是以前文艺路綫上的事。”他还說：“批判周揚的文章写也可以，不写也可以！让你写吧，看你压力太大；不让你写吧，是压制革命。”結果还是說：“不要勉强写了。”

从方紀和酆玉娥的談話中，方紀已公开暴露出他为周揚开脫罪責，对抗文化大革命的嘴脸。

三、方紀炮制了一系列反党反社会主义的毒草

方紀在抗日战爭时期开始进行創作，二十多年来，他的創作貫串着一条資产阶級、修正主义的文艺黑綫，他的很多作品就是資产阶級文艺思想、現代修正主义文艺思想和

所謂三十年代文艺相結合的文艺黑綫的代表作。他在不同的历史时期，都和文艺界最反动的逆流联系在一起，炮制了一系列反党反社会主义反毛泽东思想的毒草作品，与社会主义革命和社会主义建設大唱反調，造成了极其严重、极其恶劣的坏作用和坏影响。有的毒草作品甚至为国内外的阶級敌人所利用，成为他們反华反共反人民的炮弹和武器，对我国革命事业和革命人民大肆誣蔑和攻击，令人无比的憤慨。

1.早在四十年代初期的延安，当丁玲、王实味、肖軍、艾青等这些老牌的修正主义分子和資产阶級反动作家向党发动猖狂进攻，抛出了一系列的反革命小說和杂文时，方紀也不甘落后，积极配合，在一九四二年延安《文艺月报》上抛出了一篇大毒草《意識以外》（短篇小說），参与了这个反党大合唱。《意識以外》描写延安根据地医院里的一个女护士，說她过着一种“职业”和“事业”分裂的，精神世界矛盾分裂的双重人格的痛苦生活。她在白天虽然表面上十分积极，常常干“十六个钟头”的工作，又担任着党的、行政的、学习的小組长，象个“布尔什維克”；而实际上却不願干这种工作，对現实不滿，厌恶周围的一切事物，一到深夜独步“审視自己心灵的深处”，“揭开心幕的最后一层”，就感到深深的痛苦，歇斯底里大发作。于是，她“恐惧地望着医院的大門，阴森森的，……一声惨叫。”而不久她眞的病了，“时常昏迷，常常梦囈”。方紀将革命根据地的革命干部写成是具有資产阶級双重人格的阴暗人物，过着迫不得已的精神分裂、日夜矛盾的生活，并对这样的人物抱着无限的同情，說什么“职业和事业的分裂是人的生命的分离……是人生最深的痛苦”，攻击党沒有滿足資产阶級的个人主义与个性解放的要求。同时方紀把根据地医院写成是阴森可怕的地方，“所有的面孔似乎都一个样，象是用同一模型翻印出来的塑象；滯呆、平板、沒有任何表情”；而主人公只有“用倔强的笑影掩盖着深深的悒郁”，彷彿是置身于可怕的囚牢中，以至于恐惧地喊叫道：“你看，那黑門，那白字……，还有那柳树……都是些可怕的东西……”实际上就是誣蔑革命根据地的环境和生活是阴暗可怕的。这篇小說是方紀自己資产阶級世界观的眞实写照，和丁玲的反动小說《在医院中》十分相似，异曲同工，如出一轍，是射向党的一支毒箭。

一九四二年五月，毛主席的《在延安文艺座談会上的讲話》对这股反党逆流和各种反动的資产阶級文艺思潮进行了极其深刻的批判。同年六月延安《解放日报》上批評了方紀的这篇《意識以外》。但方紀并沒有认眞接受批評，彻底改造思想，却继續坚持他的資产阶級反动立場，背离与对抗毛主席所指示的政治方向和革命文艺路綫。

2.在解放战爭时期，伟大的中国人民解放軍向国民党反动势力展开英勇顽强的斗爭，在全国人民中享有无限的威信，方紀于一九四七年写了小說《副排长謝永清》和《人民的儿子》，对人民解放軍的英雄形象和崇高品质大肆歪曲和丑化。那个副排长謝永清是个矛盾而奇怪的形象，他似乎是一个作战勇敢的英雄，又是一个調皮搗蛋、目无領导、毫无組織性紀律性的人物。他胳膊負了伤，忽然要求去休养，又要驴子又要担架，又要賴皮，三番五次地和营首长无理取鬧，而营首长竟然带着欣賞和包庇的态度任他搗乱，随意滿足他的无理要求，甚至停止主持战斗布置会議而专門去听他大吵大鬧，也毫无批評，一味迁就。营首长还很欣賞地向别人介紹道：“……謝永清人倒是好人，就是調皮。一閑下来，淨和人家鬧架，今个偷了伙夫的菜，明天拿了通訊員的鞋子，要么就是埋怨伙食不好，嫌衣服太破，还老叨唠着让我給弄个老婆，你看，就是这么个搗蛋貨！”在这么一个奇怪的二流子式的人物身上，我們看不到党对他的严肃教育，解放軍部队对他的认眞培养，以及他自己的阶級觉悟、政治素养和思想鍛炼，而是看到他几次向領导搗乱，无組織无紀律的錯誤行为，这样的人物竟又是作战勇敢的“英雄”，是部队的“娇子”和“宝貝”！这个人物完全不能体現出党所領导下的人民解放軍的本质，而是彻底地歪曲和丑化了毛主席亲手締造的人民軍队——解放軍。方紀所宣揚的是这样一种反动的資产阶級謬論：不需要党的培养教育和革命的組織性紀律性，只要“作战勇敢”，无論是資产阶級个人主义者、自由主义者、二流子都可以成为“英雄人物”。这和我党領导下的具有高度政治觉悟的人民解放軍本质毫无共同之处。

在《人民的儿子》中，写个“聪明、勇敢、工作一向积极負責”的队列参謀刘德明竟是一个具有严重的軍閥思想，不管群众紀律，“一向就是大紀律不犯、小錯誤不断”的人物，而在一次执行紧急战斗任务中，粗暴蛮横地拉住一个患病的农民青年，非让人家当向导，还一手提枪，一手抓衣服，逼着人家带路，那青年叫道：“这还象八路軍哩！”一轉身就跑了。刘德明竟然下令道：“拿枪打！”而他的通訊員竟也“不加思索地”“砰！砰！”两枪就把那个农民青年打死了！那是一个上有父母、下有妻子儿女的中农青年。事后，刘德明却还“在他心里极力想找出原諒自己的理由”，认为“我是执行革命任务，才犯紀律的啊！……”部队为了收回影响，整頓軍紀，决定召开公审大会，就地执行枪决。結果是由死者家属和大片群众都跪在台下为之求情，才免于枪决，改判半年徒刑。这篇作品，把解放軍指战員写成是不顾革命紀律，为了执行紧急任务，竟然粗暴蛮横地对待群众，甚至随意把群众打死了！这对我們伟大的人民解放軍是多大的侮辱和歪曲呀！方紀不去表現解放軍大量光輝英勇的事迹，却偏偏以反动資产阶級記者的猎奇态度，歪曲丑化伟大的人民軍队，究竟是何居心？

3.在全国解放初期，方紀陆續写了一些反映土地改革前后农村生活的小說，对土改后的农村极尽歪曲丑化之能事。最早的一篇是写于一九四九年三月的《秋收时节》，公然为一个富农老太婆鳴冤叫屈，揚眉吐气。富农婆子小立娘对土改极为不滿，大哭大叫道：“土地改革，革了我十亩，十亩，十亩好地，我的心尖子地啊！……”明明給她家留的地比一般农民还多，她却大嚷大鬧，說什么“过不了啊！”“起早恋晚，累死累活，就落这么点粮食啊！交了公粮，我家又吃什么？吃什么？”还大肆攻击交公粮制度，并哭天喊地，狂吠乱罵，眞是猖狂到极点！而文章中的革命干部“我”就住在她家中，亲眼看着这一切，却毫不批判与駁斥，只是“一声不响”地听之任之。而到了发土地証那天，召开全村大会时，这个富农婆子忽然上台大訴其“苦”了，眼泪汪汪地說什么：“……自从共产党一来，穷人越过越好，我的日子就越过越不好过！早先我是財主，共产党来了实行合理負担；我地多，他实行統累税；我出租地，他要减租；我放帐，他要减息；我僱做活的，他又要增工資！这几年，又是土改，又是复查，又是平分，接二連三，就把我这財主日子折騰干了！其实呀，我省俭細相，我扣扣索索，日子过的死門拉戶的……我不知道那是不好么？可是那时候，唉，就想自己过財主，想支使人！这会儿……要大伙都过好日子，我还能过好日子么？要不我就难受，要不我就唏哭！……”你看，地富阶級公然在群众大会上鳴宽叫屈，大肆攻击共产党和土改运动，而方紀却写群众都“听她靜靜地說下去”，“人們望着她,忍不住笑了。”这实在是令人难以容忍！方紀在这篇作品中，大肆宣揚地富是“勤俭起家”、“剝削有理”，对地富阶級表示安慰与同情，并高唱阶級調合、合二而一論調，企图让广大讀者和广大农民对昨天的剝削者赶快予以信任、体貼和鼓励。这是方紀站在地主阶級孝子賢孙反动立場上，对党所領导的伟大土改运动进行明目张胆的攻击和歪曲。

写于一九五〇年二月的小說《让生活变得更美好吧》（发表于《人民文学》上），描写一个泼辣、漂亮而又不太正派的农村姑娘小环，她年輕，嗓子好，还会演戏，外号“一枝花”，吸引了大批青年們在一起玩，影响了青年們的工作，干部对她很不滿，但又拿她沒有办法。选举貧农团委員时，青年們都选她，可是沒有通过。貧农团沒有她，青年人都“提不起劲”。到参軍运动时，党支部尽管用各种方法动員青年人，可是青年們“你看我，我看你”，誰也不报名，連青年党員大群也不报。支部找大群談話也不解决問題。原来問題都在小环身上，于是支书何永同志找小环談了話。小环带妇女們到各家串門，用三言两語打了个照面，“一个一个就当場报了名”，“影林村的参軍运动就轰轰烈烈的开展起来了”。仅仅因为小环的力量，“只两天功夫，就有十一个青年接連报名参軍入队，一下子就超过了任务。”小环起了巨大的决定性的作用。甚至在欢送参軍的大会上，支书就这么說：“今天开这个会，是咱全村人民的光荣，可是这个光荣首先是属于小环的。”而小环在上台讲話时就更放肆了，把自己大肆美化，把群众和干部严厉地訓斥了一通，甚至叫嚷道：“我那些相好的們都在这里，問問他們，誰跟我睡过觉！”等等，簡直是令人作呕，不堪入目！这篇小說把一个漂亮的姑娘的作用夸大得高于一切，远远超过党和群众的力量，成了推动青年从事革命工作和开展参軍运动唯一的动力，宣揚了資产阶級爱情至上主义，否定了党的領导和群众的力量。这篇大毒草于一九五〇年三月受到《人民日报》的点名批評，而方紀却认为这是“文艺界的粗暴批評和教条主义”（《学剑集》后記），甚至写信給胡风分子阿壠，大罵《人民日报》的批評是“不可理喻”的。他又写信給旧中宣部副部长胡乔木，极力为自己辯解，反革命修正主义分子胡乔木为了保护他过关，从信中摘录了一段辯解性的詞句作为方紀的“检討”发表了，保护他过关，方紀对此还极为不滿。不久以后，竟又把这篇毒草略加修飾，收进短篇集《不連續的故事》出版了，并在“后記的后記”中公开替这篇毒草辯护，对抗党报的批評。

《让生活变得更美好吧》是方紀《不連續的故事》中的一篇，这一組故事还有四篇，即《一个人怎样会变得聪明起来》（写一个麻木不仁而沒有阶級觉悟的“傻子”式的长工）、《仇恨和解了》（写两个貧农因为爭夺土地成为多年的死对头，而忽然和解了）、《懶人不是生就的》（写一个又瘸又拐的懶汉一分了土地，就不懶了）、《人心是块坏肉嗎？》（写一个外号“瞎孬”的极端自私的农民突然批判了自己的“人心是块坏肉”的謬論）。方紀在这些小說里不是表現党如何去教育、启发农民的阶級觉悟，以及农民群众在共产党的領导下掀起轰轰烈烈的土改斗爭，自觉地英勇无畏地彻底打倒封建地主阶級；而是頑固地站在資产阶級反动立場上，竭力宣揚土地对于农民的一种无比的魅力，一种支配农民思想的神奇力量，宣揚农民对于土地的完全自发的、甚至近于发狂的爱。方紀通过一系列奇奇怪怪的人物形象极力說明的是：仅仅由于分得了土地，就解决了生活中一切錯綜复杂的問題，这些矛盾甚至是党的領导和集体力量都始終无法解决的，但是一分了地，一切都迎刃而解，不費吹灰之力，其秘密就在于："土地是我的了"，"是給自己干呀"！方紀用資产阶級个人主义、利己主义以及所謂"土地万能"論，完全否定了党的領导和无产阶級革命思想才是引导农民前进的政治动力，否定了不断革命論和走社会主义道路的必要性。而且方紀在作品中所描写的貧苦农民形象，都是一些十分奇怪的而又反常的傻、懶、瘸、拐、孬、落后、自私、狭隘、消极、頑固等等，都是一些觉悟极低的令人难以理解的可怜虫，这也是由作者的反动立場所决定的，是对貧下中农群众的极大的丑化和侮辱。

4.方紀的长篇小說《老桑树下的故事》（一九五〇年初版）又对冀中人民的抗日战爭和土地改革运动做了严重的歪曲。书中描写共产党員老魏到老桑树下村去开辟根据地，簡直如同儿戏，一个卖杂面的沒有什么阶級觉悟的何根造，一下子就糊里糊涂地当上了农会主任，后来又入了党，当了老桑树下的支部书記。然后，一个地主阶級分子，一貫压迫农民的何文祥也因能說会道混进了党組織，竟当上了村长。就这样，表面上解放了的老桑树村，实际上政权仍掌握在地主阶級的手里，大地主何恩元照样过好日子，公开地抗拒党的政策，农民仍然受苦受难，遭受地主的剝削，还加上日本鬼子的杀害。这个村的党組織是混乱的，混进党內的阶級异己分子何文祥在党內挑拨离間，制造糾紛，攻击同志，分裂党的团結。村支书何根造是抱着"千里作官，为了吃穿"的自私目的参加革命，立場动搖，缺乏阶級觉悟。在第一次和大地主何恩元的談話中，被何的几句硬話和"发紅的眼睛"吓住了，从此竟怕起地主来了。在艰苦的"反扫蕩"斗爭中，他"怕死"，就"躲到区里去"，以后在減租斗爭中和处理群众糾紛时，他都是采取妥协、退让甚至避开的态度，完全丧失了作为党的干部起碼的革命責任心。方紀所写的这个党支书，就是这样自私、怯懦和怕事怕死的連群众都比不上的人。而书中的正面人物，共产党員赵大山的身上也充滿了矛盾、缺点和錯誤，强迫命令的作风，办事违反党的政策，粗暴簡单以及和小霞的关系不正常等等。总之，党支部完全渙散，阶級异己分子操纵大权，兴风作浪，为所欲为，使抗日斗爭和革命工作都遭到失敗和挫折。而后来派来搞土改平分的党員干部竟然把支委都扣压起来，让地主分子当貧农团主席，甚至几乎让地主分子和落后群众把赵大山用驴拉死。方紀把革命根据地发展过程写得十分阴暗、混乱、低沉，充滿了失敗、凄凉和苦难灰色的情調，对党的領导、党的組織和革命群众、革命干部都严重歪曲和丑化，把冀中人民革命斗爭历史抹得一片漆黑。方紀的《老桑树下的故事》出版后，也曾在《光明日报》等报刊上受到讀者的严正批評，但方紀却完全不以为然，嗤之以鼻，因而他的錯誤就有了更加恶性的发展。

5.一九五六年，正是国内外修正主义思潮泛濫的时候，方紀出版了《訪苏詩文集》（中国青年出版社一九五六年九月出版）。在这部集子最前面的一首献詩（副題是"紀念我的外祖母"）中，方紀怀着地主阶級孝子賢孙的感情，对他的地主阶級的外祖母大肆吹捧和歌頌，說什么“你的焦慮的心，严峻的脸，深切的嘱咐，刚强的語言，就象是祖国的化身，永远站立在我面前，为了你，我头也不回，一直战斗向前。”你看，他竟把封建地主阶級外祖母比做是“祖国的化身”，而方紀就是为了这个地主阶級外祖母，才“一直战斗向前”。这也就可想而知，方紀究竟是走着一条什么样的“革命”道路了。

方紀在苏联看到什么呢？在《苏維埃人印象記》一文中，方紀对于人、生活、社会主义、共产主义等等問題大发謬論，胡說什么“人是为了美好和幸福才生到这个世界上来的”；“人們生活着、劳动着、創造着一切，并且为了爭取人的地位斗爭着，这就形成了人的历史。”他还胡說什么苏联人是“精神上完全解放了的人”，“阶級社会的斑痕在他們的身上消灭殆尽了，他們心地純洁，生活充实，不但是物质上，而且是精神上最富有的人”，“这使得任何旧制度的复辟永远不可能了……”这是一篇地地道道修正主义思想綱領，完全抹杀了阶級、阶級矛盾和阶級斗爭，大肆宣揚資产阶級人性論和阶級斗爭熄灭論。在其他几篇訪問普希金、托尔斯泰、馬雅可夫斯基等人的故居文章中，对这几个外国作家捧上了天，一唱三叹，頂礼膜拜，对他們的一切都毫无批判的歌頌，甚至对共产党員作家自杀的行为也表示无限原諒和同情，說什么“他也是人，普通的、自然的人……”因此就不必考慮他的党性了，不必譴責那自絕于党自絕于人民的行为了，眞是奇談怪論！在《訪問作家协会》一文中，对修正主义分子西蒙諾夫、波列伏依等人大肆美化和吹捧，并极力鼓吹所謂“干預生活”、实即“揭露阴暗面”的修正主义文艺謬論。方紀在自己的創作中，貫徹了这一套东西。

在一九五七年，正是政治战綫和思想战綫上的社会主义革命深入展开、无产阶級与資产阶級之間的阶級斗爭异常激烈的时期，方紀在五月至七月之間，写了小說《园中》、《晚餐》、《开会前》，十二月又写了小說《来訪者》，这是一批毒素更大的毒草。

《园中》（发表于《收获》一九五七年第三期）写一个性格乖僻，爱花如命的具有严重的奴隶主义思想的老花匠老韓。解放前，他在王爷府里当“花把式”，是一个地位卑賤的奴仆，但却几十年如一日，对王爷和王爷府的一切忠心耿耿，心甘情願的充当封建貴族阶級的一名忠实而卑微的奴仆。解放了，王爷逃了，这座王爷府作了机关，老韓留用下来当工友。然而在初期，他还把前王爷府的一切“都看作象自己家的东西，一草一木，不准任何人乱动；以至人們怀疑他：是不是王爷有意留下替他照看东西的！”当他看到政委睡在过去王爷住的地方时，竟然气势汹汹而又結結巴巴地质問道：“你是誰？你敢，你住在王爷……”就是这样一个性格古怪、奴性十足的人物，竟被方紀当作一个崇高的先进人物来加以歌頌和贊美，歌頌那种似乎是超阶級的爱花如命，勤劳孤独的癖性，而且把他高高地突出在众人之上，彷彿他是革命紀律和公共財物最坚定最忠实的保卫者。而更令人惊奇的是，作品中的“我”——一位党的領导干部，时常在半夜惊醒，总是有“一种无名的寂寞和恐惧，象从心灵里順着毛孔全身散发出来……”这时，“我”就裹紧了被窝，蒙上头，“期待地諦听着”窗外小花园里响起一个老花匠的“踢拖踢拖的脚步声”，“这笨重的，然而灵活的，急促的，然而永远从容不迫的脚步声”給“我”以安慰和溫暖，使我“消除了寂寞和恐惧”！在轰轰烈烈的革命建設事业中，这位在延安学习过的党的領导干部心灵上竟是这样的空虛和阴暗，必須有那位老花匠的脚步声作为生活中“不可缺少的安慰”和精神上求得依靠的支柱，这是多么荒謬、奇怪。这正是方紀資产阶級反动世界观处于尖銳的阶級斗爭中而感到阴暗恐惧的眞实写照。这是一篇宣揚資产阶級人性論，歌頌奴隶主义，丑化党的領导干部并借机散布資产阶級阴暗心理的毒草。

«晚餐»（发表于«新港»一九五七年九月号），写一个党員領导干部和一群資本家共进晚餐，这么一群貪婪而残忍的資本家，在餐桌上庸俗无聊地大談各种“吃經”，而我們这位“党員”領导干部、“政府代表”也极力充作“行家”，津津有味地对菜肴加以品評，“郑重其事地”将焦溜肥腸評論为“軟而脆，油而不膩”，从而博得資本家的一片喝采声，称贊是“好口味”。这位党員領导干部则自认为沒有被这一群人难倒，还終于“找到了一种共同語言”，大談吃的問題，因此感到万分得意。以至于完全和資本家們打成一片了，当然也就抹煞了阶級界綫，忘掉了政治原則，成为十分典型的阶級投降、阶級調合、合二而一的場面了！这是方紀向資本家屈膝投降，握手言欢，互通感情的一篇代表作。

«开会前»（发表于«新港»一九五七年九月号），这篇毒草抹煞了党的領导，而对資本家大肆捧場和歌頌。小說描写在一次首都十五万人民欢迎某届中国人民赴朝慰問团的大会上，一个大資本家响应政府号召捐献了一架飞机。方紀就为此感动的神魂颠倒，不知如何歌頌才好。整篇小說从头到尾都极力渲染这个大資本家，开始是这个慰問团长派一位党的負責干部（即作品中的“我”）去請这个資本家，还說也許这个資本家“对于今天的大会会有什么特別的貢献”。而这个資本家在赴会的汽車上对于捐献的事正展开思想斗爭，在犹豫和动搖中，重复說着半句話：“我必須决定……”。当資本家到大会場休息室时，“我感覚，休息室里的人們看着他，也仿佛期待他什么似的。”大会开始了，这位党的負責干部的报告竟是“沒有力量”的，在团长的催促下匆忙的結束了。这时，那个大資本家上台，用犹豫而顫抖的声音断断續續地說：“……我响应号召，第一个，第一个，捐献，噴气式飞机一架，价值十五亿元，十——五——亿——元。……”作品中的“我”也几乎“不相信自己的耳朵……”忽然，“整个会場，十五万人，三十万只手，响起来一陣掌声。这一陣掌声是那么大，那么响，象风暴，象海潮，滚过会場，而且显得那么眞切而热烈。”看，方紀对这个大資本家的歌頌是多么“眞切而热烈”啊！眞是达到了登峰造极、无以复加的地步了！大資本家将他剝削劳动人民血汗得来的臭錢拿出来一些捐献了，这本来不是一件什么了不起的事情，而且正如他自己所流露出来的那样，主要是为了“厂子、家、太太、孩子”。而方紀却完全站在資产阶級反动立場上，和党內最大的走資本主义道路的当权派刘少奇唱的是一个調子，为資本家大唱贊美歌，鼓吹“剝削有功”，为資本家涂脂抹粉。披着共产党員外衣的方紀究竟是站在什么阶級立場上，代表什么阶級在說話，岂不是很清楚了嗎？**毛主席說：“你是資产阶級文艺家，你就不歌頌无产阶級而歌頌資产阶級；你是无产阶級文艺家，你就不歌頌資产阶級而歌頌无产阶級和劳动人民：二者必居其一。”**方紀就是一个为資本家、地主、富农唱贊歌，而对人民軍队和貧下中农极尽歪曲丑化之能事的典型的剝削阶級的吹鼓手。

而写于一九五七年十二月的特大毒草《来訪者》（发表于《收获》一九五八年第三期），其反党反社会主义的气焰就更加强烈更加明显了。他描写一个和右派分子相象的极端个人主义者康敏夫，偶然在戏园里对一个曲艺女演員一見鍾情，然后就不顾一切地奔波于旅途，到处追逐，为了占有她的身体和心灵，甚至不惜給她那位毒蛇一样的养母下跪求情。他們同居了，結婚了，他把爱人当作自己的私有物，个人独占的玩艺儿，一切听凭他的主宰，不許她再上园子去演出，不許她再为观众服务，不許她去发展艺术工作能力。女演員忍受不住，又毅然离开了他，他好象整个生命就要完結似的跑去找她，結果碰壁挨頂，他竟走向自杀。沒有死了，从医院里出来后，他又去糾纏追逐，还未能达到目的。他就完全自暴自弃，放蕩胡为了，以至于第二次自杀，又未遂。然后又找到党委領导机关的干部，带着疯狂、絕望的情緒大肆控訴起来。康敏夫是一个思想腐朽、反动、灵魂丑恶自私、行为卑鄙无恥的极端利己主义者和唯我主义者，然而，方紀在小說里不但沒有对他进行严厉批判，反而处处流露出对他的同情与怜惜，实际上美化了康敏夫，为資产阶級极端个人主义者涂脂抹粉。而且这篇作品中所描写的人物和社会环境都是违反生活眞实的，是对社会主义現实生活的严重歪曲和汚蔑。不仅把主人公康敏夫写成象三十年代的公子哥儿、浪蕩子弟一模一样，各級党政組織完全不聞不問；而且写一九五六年前后的沈阳、天津等大城市里，戏园子中还依然是腐敗而下流的混乱风气，烏七八糟，不堪入目。在无产阶級专政下的新社会里，那个被管制的养母和显然是流氓坏分子的王掌柜依然横行霸道，为非作歹，使女演員过着黑暗的非人的生活。在方紀笔下，新社会竟被描写成充滿混乱和丑恶，烏烟瘴气和一团漆黑，这就根本否定了党的領导，否定了社会主义新現实，否定了无产阶級专政。更加严重的是，方紀不但同情康敏夫，实质上这篇作品也就成了康敏夫对党对社会主义的“控訴书”，控告新社会使他堕落，就象右派分子所攻击的：“新社会把人变成鬼。”这样，方紀就用自己的作品具体发揮了右派对我們党的誹謗和攻击，构成了一株反党反社会主义的特大毒草！

方紀的这株大毒草是在我国反右派斗爭刚刚結束，社会主义大跃进刚刚开始时就迫不及待地抛出来的，其反党反社会主义本质的露骨和大胆，令人触目惊心，所以馬上就受到广大工农兵群众的憤怒批判。这株大毒草还完全投合了国内外阶級敌人的需要，不久，香港的一家反动报紙就馬上轉載，并加上“按語”，对中国共产党和我国社会主义制度大肆誣蔑和誹謗。

6.此外，在方紀的詩、散文、特写中也有不少毒草和具有严重錯誤的黑綫作品。如一九五六年发表于《人民画报》上的詩《題一张納西姑娘的照片》，不但格調低下，庸俗无聊，贊賞什么“眼睛明亮、牙齿閃光”、“歌声……甜密”“名字……潤圓”等等，而更严重的是，被方紀大肆贊美的竟是一个作风不正、表現极坏的地富少女！这首詩及其照片在《人民画报》发表后，当地群众非常气憤，紛紛写信責問与追究。这事后来被旧中宣部与天津黑市委压下来，就不了了之。在散文集《长江行》中，《笛音和歌声》等篇大力渲染爱情的作用和影响，描写撒尼族青年男女月夜歌舞的种种情景，有些歌詞与情調是十分低沉而不健康的，但方紀却毫无批判，而是十分欣賞。在《关心人》等篇中大肆发揮資产阶級人性論，是資产阶級的“人类之爱”的翻版，說什么“人关心人”就是解决一切难題的关鍵，說什么“我們时代的整个生活——我們之所以团結、胜利，不就是因为那样——关心人嗎？”毛主席說：**“世上决沒有无緣无故的愛，也沒有无緣无故的恨。至于所謂‘人类之愛’，自从人类分化成为阶級以后，就沒有过这种統一的愛。”**抽掉阶級斗爭內容，不要无产阶級政治思想挂帅，而高唱什么抽象的“关心人”、人与人之間高度相爱和同情等等，是十足的資产阶級修正主义的黑貨。方紀在一九五九年建

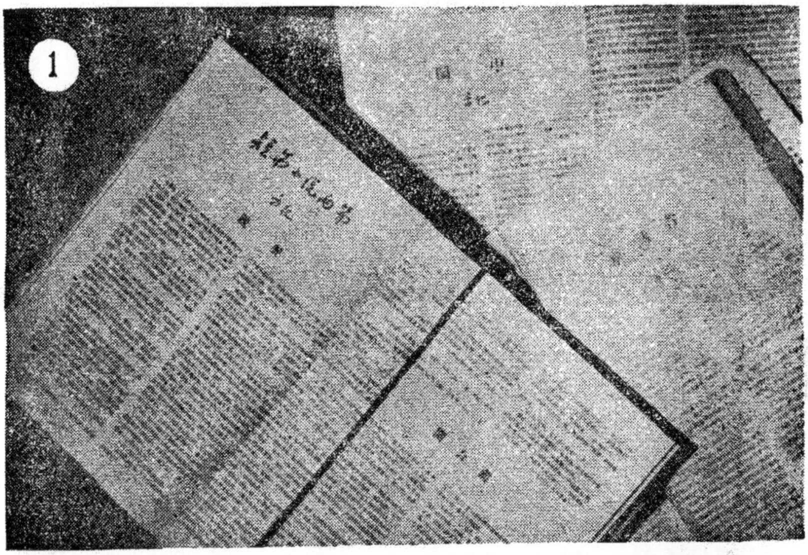

国十周年时发表的长詩《大江东去》中，更以古代周穆王駕着八匹駿馬在天空奔馳的形象来比喻毛主席和大跃进，眞是无比荒謬和恶劣。而且在詩中对伟大領袖毛主席和柯庆施同志大肆歪曲和丑化，令人难以容忍！在方紀近几年来所写的《端溪行》、《桂林山

①方纪的四篇毒草

②方纪多年来泡制的一系列毒草("来访者"刊在"收获"上)

③方纪的毒诗——"题一张纳西姑娘的照片"(一九五六年人民画报)

水》以及訪問印尼的散文等作品中，也忠实地貫徹了反革命修正主义文艺黑綫，幷鼓吹資产阶級的生活方式及所謂“艺术”，宣揚封建主义、資本主义与修正主义的黑貨。

对方紀从一九四二年以来所炮制的一系列反党反社会主义反毛泽东思想的毒草和大批鼓吹封建主义、資本主义、修正主义的黑綫作品，必須彻底批判，彻底肃清其流毒！

四、方紀全面地貫彻推行反革命修正主义文艺黑綫

方紀作为周揚的一員干将，不仅是由于他窃据天津市文艺界領导大权，可以言听計从地把天津变为周揚的反革命桥头堡，而且在他的理論上、創作上也同样是亦步亦趋地紧紧地跟随这个文艺界反革命修正主义黑帮头子及其后台刘少奇的屁股后面，大肆販卖周揚的反革命黑貨！

1.恶毒反对毛澤东思想，攻击党对文艺的領导

毛主席是我們心中最紅最紅的紅太阳，伟大的毛泽东思想是指导我們一切革命行动的最銳利武器。而方紀却恶毒地以“簡单化”为名抵制学习毛主席著作，与此同时又声嘶力竭地要人們做托尔斯泰那样的“作家”，胡說只有那种“有前人已經知道的知識，和后人还不知道的知識”的人，“才能和作家相称”。

这种反毛泽东思想的反革命修正主义分子，其心理是阴暗的，其“創作”也必然是反党的。方紀也毫不例外。多年以来，他一貫炮制反党、反人民、反社会主义的毒草，因而从《意識以外》到《来訪者》，都受到了公开的批判，对于这些批判，方紀怀恨在心，一有机会就猖狂反扑，甚至直接吐露了对党的領导的仇根。他誣蔑坚持毛主席的革命文艺路綫的同志是“大炮手”，是“摧毁性的”，是“居心不良的”。他在一九六二年咒罵說：“現在是一鳴惊人，不抓则已，一抓就是反党反社会主义的問題。”不仅如此，他公然把我們的社会主义社会描写成一幅阴森恐怖的景象，公然传播林默涵所胡說的“三个人在一起說的話是假的”的反动言論，幷且补充說：“这确实可怕！”这一句話充分暴露了方紀反动的心理状态！

方紀还公开反对政治挂帅，也就是反对毛泽东思想挂帅。一九六二年七月，他在华北局調查組召集的座談会上公然叫嚣說：“认为五八年以前剧团政治沒挂帅，那时我当局长，我也检討了的。我那时要說政治还沒挂帅，只好派出所长去挂帅吧！”这話說得多么恶毒！

方紀不仅自己竭力散播反党、反社会主义、反毛泽东思想的言論，而且还大肆煽动牛鬼蛇神与他一道向党进攻。在六一年文艺座談会这个黑会上，厉慧良这个反革命分子首先发言，向党射出了一束束毒箭，做为会議主持人之一的方紀大为振奋，于是鼓吹說：“党內同志沒有党外同志发言多。”六二年他还恶意地煽动說，有人“有話不敢說”，是因为“有些人在那儿挡道”。我們要憤怒地质問方紀：你說的“有些人”是指誰？你所說的“道”又是什么“道”？你为了推行資本主义，大造反革命輿論，还希望不要“挡”你的“道”，这眞是痴心妄想！这条資本主义的黑道，我們不但“挡”定了，而且还要把一切为这条黑道吶喊助威、奠基培土的坏蛋統統揪出来，打翻在地还踏上一只脚！

2.提倡“保留节目”，抗拒戏剧革命

就是这个方紀，在一九五二年当上文化局长之后，馬上按着中国的赫魯晓夫刘少奇的黑指示，砍掉文工团，建立“剧場艺术”，提倡“保留节目”，使帝王将相、才子佳人、牛鬼蛇神占領了天津市的舞台。他把那些宣揚封建主义、迷信思想的坏戏，称之为“金飯碗”，胡說什么“眞正保留节目不到百分之十，剧团就是拿着金飯碗討飯吃。”为了提倡坏戏，他还亲临戏校，排演下流低級的《十八扯》、《宝蟾送酒》，并曾下令在党的生日时大演封建主义的“传統剧目”。

另一方面，正是这个方紀却又竭力反对戏剧革命，抵制各剧种演現代戏。

一九四四年，毛主席看了延安平剧院演出的《逼上梁山》后就指出：**“历史是人民創造的，但在旧戏舞台上（在一切离开人民的旧文学旧艺术上）人民却成了渣滓，由老爷太太少爷小姐們統治着舞台，这种历史的顚倒，現在由你們再顚倒过来，恢复了历史的面目，从此旧剧开了新生面，所以值得庆賀。”**毛主席在解放以后又提出了**“百花齐放”、“推陈出新”、“古为今用，洋为中用”等重要方針。**毛主席的指示，为戏剧革命提出了一个最高的指导原則。江青同志正是卓越地按照毛主席的指示，推进了京剧革命，并取得了具有伟大历史意义的成就。

但是方紀却大唱反調，紧跟在党內最大的走資本主义道路当权派刘少奇及周揚、齐燕銘、夏衍的后头，胡說什么：“評戏不一定向話剧看齐，因为戏曲形式表現現代生活有距离。”甚至鼓吹“京剧团从近代史下手搞《戊戌政变》。《赵氏孤儿》表現大节大义就很深刻。”好一个“近代史”《戊戌政变》，不正是刘少奇所吹捧的卖国主义影片《清宮秘史》嗎？方紀竟想以这种反动貨色冒充“革命”的戏剧，用偸天換日的手法，阴险地抵制戏剧革命，其用心何其毒也！

3.反对文艺为无产阶級的政治服务

毛主席教导我們說：**“要使文艺很好地成为整个革命机器的一个組成部分，作为团結人民、教育人民、打击敌人、消灭敌人的有力武器”。**毛主席又教导我們說：**“我們的文学艺术都是为人民大众的，首先是为工农兵的，为工农兵而創作，为工农兵所利用的。”**

而方紀公然大唱反調，到处鼓吹：“文章乃寂寞之道。”企图用这种所謂“寂寞之道”把作家引向脫离工农兵，脫离阶級斗爭的歧途。而实际上，是要人們去为資产阶級的政治服务。因此，他一方面鼓吹“文章乃寂寞之道”，另一方面又要人們去“更客观地描写人們怎样思想，人們怎样互相往来。”他所說的“人們”，是不包括工农兵的，这不是明显地反对为工农兵服务又是什么呢？他自己的“創作”也很好地回答了这个問題。他就是“客观地”描写了資本家們（如《开会前》）、右派們（如《来訪者》）、資产阶級知識分子們（如《意識以外》）的“思想”和生活的，他也“客观地”描写了一个共产党員如何丧失立場与資本家們共进晚餐的“相互往来”（如《晚餐》）。

对于文艺为当前的政治运动服务，他更是竭力反对。他裝出一副煞有介事的样子說什么：“不要等待运动来了再去赶任务”。他攻击党“对政治与艺术的关系理解得片面”。他竭力鼓吹一种不要党的領导，不要毛泽东思想为指导的所謂“独立見解”，并用这种所謂“对生活的独立見解”去“干預生活”，去表現什么“周围继續展开的明亮的波紋”。

剝开他所鼓吹的“理論”的漂亮外衣，不难看出，他竭力鼓吹的只有一个东西，就是抵制毛主席所指出的革命文艺的方向，从而为資本主义复辟效劳。除此而外，岂有他哉！

4.反对深入生活，胡說“生活淹沒了詩”

深入生活問題，是关系到一个文艺工作者要不要进行思想改造的問題。毛主席早在《在延安文艺座談会上的讲話》中指示我們：**“中国的革命的文学家艺术家，有出息的文学家艺术家，必須到群众中去”**。

但方紀却大唱反調，胡說什么“要肯定深入生活，但不要簡单化。”他眞的是“肯定”深入生活嗎？不！他又胡說：“并非所有生活在工农兵群众中的人都能成为高尔基。”这就很明显，在他看来，既然“深入工农兵群众”也不一定成为“高尔基”，那么这“肯定”岂不是属于虛伪的嗎？不仅如此，他还找了个“反証”，来“証明”不用“深入生活”也可以“写出东西”来。这个“反証”就是反革命修正主义分子刘白羽坐火車去朝鮮蹓了一趟，就写了一本散文。因此，方紀說：“人是不同的，有人在朝鮮呆了几年，还是写不出东西来，刘白羽坐了一趟火車，就写了本散文……”如此一来，方紀就得出了他的反革命修正主义的“結論”，就是“不要簡单化”。

他还胡說什么：“深入生活是对人的了解。人情练达即文章……”这里所謂“对人的了解”是根本排斥自己的思想改造的，而他所謂要“练达”的“人情”又是什么“人情”？正如前面所述，也就是資产阶級“人情”而已！

为了反对深入生活，他公开叫嚷“生活淹沒了詩”。方紀在《生活之于詩》中，竟然捏造了一个生活在长江大桥工地的詩人說：“嗨！詩，早被生活淹沒了！生活太飽滿了，飽滿得連思想的空隙都沒了。”方紀在这里已經忍耐不住了。他公开对生活进行了詛咒，认为是生活——是我們丰富的社会主义生活把“詩”給淹沒了！

毛主席說：人民生活“是一切文学艺术的取之不尽，用之不竭的唯一的源泉”。方紀却大叫“生活淹沒了詩”。这眞是露骨的反动！

不錯，我們的社会主义生活，对于方紀之流的反动的“詩”和反动的“思想”是势不两立的，我們的生活越好，他們的“詩”就越是沒有出路，我們的生活的車輪在毛主席所指引的社会主义大道上的飞速前进，必将把他們的“詩”連同他們自己碾个粉碎！

5.大肆販賣“題材广泛”論，反对表現重大題材

文艺創作的題材問題，是一个很重要的問題。选择什么題材，是服从于阶級和阶級斗爭的需要的。我們无产阶級的文艺，必須适应无产阶級的需要，去表現伟大的毛泽东时代，去表現毛泽东时代的人民以及他們在毛主席領导下所取得的伟大英雄业績。但方紀却撿拾周揚的余唾，大肆販卖“題材广泛”論。他在一九六三年的一次創作会議上鼓吹所謂“各种題材都可以表現革命的、乐观的、向上的精神状态”。說什么“我們强調时代精神，这是对的，但不是不要題材的多样性”。他还攻击强調表現重大題材是什么“題材的狭隘和单調”，并且恶意地誣蔑强調表現重大題材“大大限制了創作的发展”。

方紀所鼓吹的“各种题材”究竟是什么貨色呢？文艺界的黑帮总后台說过：“任何阶級，任何集团都有先进的方面”，“皇帝也有好的”等等。方紀則說什么“要使某些不大引人注意的侧面来反映时代”。甚至說：“文联的××恋爱遭遇（应指出，“××恋爱”是和一个大右派分子的极不道德的“恋爱”，这一点方紀本来是十分清楚的）就可以作为一个側面来写。”这眞是异曲而同工！这种所謂“各种題材”，生活的“側面”，归結起来也正是要使我們的文艺去表現“任何阶級，任何集团”的各种生活瑣事，从而使我們的文艺变为封建主义、資本主义复辟的工具！看一看他的“作品”也就十分清楚了，他不是写过《园中》、《晚餐》这样的“作品”，并且还写出了《程門立雪》（未敢发表）这一类描写資产阶級戏子及其私生子的悲欢离合的“作品”嗎？

正因如此，方紀还竭力鼓吹什么“不設一人一事”的山水画和山水詩，据說这样的山水画山水詩也可以起到“鼓舞人心，陶冶情緒的教育作用”。这眞是咄咄怪事！这种“不設一人一事”的山水画和山水詩，究竟“鼓舞”的是什么人的心？“陶冶”的又是什么样的“情緒”呢？！这是封建士大夫的所謂艺术，它“鼓舞”的也只能是封建士大夫的心！“陶冶”的也只能是逃避現实、孤芳自賞的“情緒”！他自己吹捧黑画家李可染的画以及他的《桂林山水》、《端溪行》等也正是这类貨色！

他还誣蔑一切抵制他这种反动文艺观的人是“見与儿童邻”！这眞是欺人太甚！尤其不能饒恕的是，他竟敢为了替自己的反动論点张目，猖狂地歪曲我們伟大領袖毛主席的光輝詩篇，把毛主席的“紅雨随心翻作浪，青山着意化为桥”解释成为“不設一人一事”的“山水詩”！方紀为了鼓吹周揚反革命修正主义文艺黑綫，簡直是达到了无法无天，不择手段的地步了！

6.声嘶力竭地鼓吹“写眞实”論，煽动文艺工作者攻击社会主义

在周揚的破烂武器庫中，資产阶級的“写眞实”論也是他的“法宝”之一。方紀也亦步亦趋地大肆販卖这种陈腐的貨色。

首先，方紀别有用心地把文艺的教育作用和眞实性对立了起来。大肆叫嚷什么“有些作品的可信性，即眞实性不够，艺术的教育作用的先决条件是眞实。”他还胡說什么“不能只要教育，不要眞实。”这里，他一方面拐弯抹角地誣蔑我們的社会主义的艺术作品是“不眞实”的，另一方面，也把資产阶級的“眞实”論偷运了出来！

人們都十分清楚，所謂“写眞实”就是暴露，就是暴露社会主义的所謂“阴暗面”。前面說过，正是这个方紀，大嚷大叫要“干預生活”。苏修作家尼古拉耶娃的小說《拖拉机站站长和总农艺师》是一部吹捧赫魯晓夫的农业政策，鼓吹“干預生活”，宣揚資产阶級个人英雄主义的作品，但方紀却猖狂地吹捧这部作品，向青年們大作报告，号召大家学习这部作品，学习所謂“大胆干預生活”，向“阴暗面”开战的精神。而人們也还都記得，所謂“干預生活”，也正是右派分子攻击党、攻击社会主义制度时的一句口号，是“揭露阴暗面”的同义語。方紀之所以提出这个右派分子的口号来，就是为了让人們不去歌頌社会主义，而去揭露社会主义的“阴暗面”，并直接同毛主席提出的革命現实主义和革命浪漫主义相結合的創作方法相对抗。方紀胡說：“对現实主义与浪漫主义相結合的方法，理解的过于狭隘片面，以为可以誇张，人物可以拔高。”又說什么：

“浪漫主义是由現实出发的，不是幻想和浮誇。”这些曲曲折折的言論，归根到底是反对描写无产阶級的英雄人物。你要写英雄嗎？那就是“拔高”，是“幻想和浮誇”。方紀不仅反对描写英雄人物，而且更加恶毒地全面攻击一切歌頌工农兵、歌頌党的作品是“写得甜絲絲的”，大叫什么“不要总給人民糖吃”！

毛主席教导我們說：“你是資产阶級文艺家，你就不歌頌无产阶級而歌頌資产阶級；你是无产阶級文艺家，你就不歌頌資产阶級而歌頌无产阶級和劳动人民：二者必居其一。”方紀正是前者！他同所有的反革命修正主义分子一样，对資产阶級及其知識分子爱护备至，无限热情，对无产阶級和劳动人民十分冷淡，毫无感情，对党对社会主义怀着“二心”，离心离德，怨气冲冲，所以才热衷于販卖“写眞实”、“干預生活”的資产阶級謬論，借以攻击我們的党和社会主义制度，为資本主义制度复辟鳴鑼开道。

7.提倡“杂家”，吹捧三十年代文艺

毛主席在一九四二年举行的延安文艺座談会上就指出：“从亭子間到革命根据地，不但是經历了两种地区，而且是經历了两个历史时代。”“过去的时代，已經一去不复返了”。

但周揚及其一伙，却死抱住“已經一去不复返”的“过去的时代”，頑强地吹捧所謂三十年代的文艺，妄想用所謂“三十年代的战斗作风”来代替我們的社会主义文学艺术的革命性和战斗性。

步步紧跟周揚的方紀也是如此。就以由他所主編的《新港》来說，就是吹捧“三十年代”的一个宣传陣地。

吹捧“三十年代”的重要吹鼓手之一袁水拍来津时曾經对《新港》加以誇奖：《新港》好就好在一个“杂”字，《新港》眞正是一本“杂志”。方紀听到这样的贊美，引为知音，自然是喜形于色。而这个贊語，正好說明了《新港》的性质。

《新港》自創刊以来，方紀就为它定出了“面向全国”的方向。而这个所謂“面向全国”絕不是什么“面向全国工农兵群众”，它面向的其实是“全国的”“三十年代”人物。而这也正是《新港》之所謂“杂”！

在《新港》上的撰稿人，不仅有徐懋庸、謝冰心、老舍、陈伯吹、王西彦、陈翔鶴、黃秋耘等等，而且連汉奸作家周作人的文章也赫然刊出。这些人物，大量的是所謂“三十年代”的黑綫人物。

《新港》所刊文章，也标志出这个“杂”字，从創刊以来，各类毒草样样俱全，应有尽有，什么“无花的薔薇”、“自由談”、“新年随感”等等，連这些栏目的名称都是从“三十年代”搬来的，而其中那些明枪暗箭，含沙射影的反党反社会主义的毒文，更是比比皆是。

在理論上，摆出一副有“学問”的架势，大搞什么《魯迅著譯校讀瑣記》，大登什么高尔基的书簡，或者阿·托尔斯泰等的艺术經驗談。这些作法，也是“三十年代”“杂志”的风格。

由此可見，《新港》自其出刊以来，实际上早已成为“三十年代”黑綫作家和一伙反革命修正主义分子的“同人刊物”了！

固然，作为主編的方紀并不直接負責編輯事务，但是，大方向却是由他来控制的。方紀吹嘘說：“《新港》的道还是我蹚出来的了。”《新港》之大方向錯誤和长期以来不执行党的方針政策，背离毛主席文艺思想和无产阶級文艺路綫，方紀是逃不脫他应負的責任的！

8.竭力鼓吹崇洋复古，为封建主义、資本主义复辟鳴鑼开道

方紀狂热地提倡封建主义、資本主义的文艺。在普希金、托尔斯泰等这些洋人面前，他是一个十足的奴才，而在古人面前，他又是一个道地的孝子賢孙。

在一九六三年的一次創作会上，他大談其“作家”的“修养”，胡說什么“对于‘作家’，首先是欣賞趣味的培养和提高，其次要熟悉自己的业务”。还說什么“一个作家总要熟悉几个作家，几部作品，一直不断地讀。我熟悉的曹雪芹的《紅楼梦》、普希金的《上尉的女儿》、高尔基的《母亲》和短篇小說。小时候所讀的唐宋文，很有帮助。包世臣的《艺舟双揖》說古文作法很詳尽，京戏《失（失街亭）、空（空城計）、斬（斬馬謖）》是很了不起的戏，有許多可借鑑之处……”

方紀不仅自己大肆鼓吹崇洋复古的种种謬論，他还利用所掌握的天津市文学研究所大搞崇洋复古的活动。文研所的前身——語言文学研究所，几乎把全部力量投入古典文学研究。大搞《河北文学志》，編写《河北省历代著名作家評传》，这个“計划”就是在方紀以及远千里等人鼓吹和倡导下进行的。六二年，語言文学研究所改为文学研究所，并改属天津市委領导以后，方紀又提出了一套庞大的“美学”研究計划，要文研所搞出一个“美学特点”，而这也是方紀的所謂“基本理論建設”。他下令所搞的《文艺理論参考資料》就是为了給他搞“美学”打基础的。在搞这本《参考資料》时，他下黑指示說：“周揚的文艺的內部規律、外部規律的論点，是个新的論点，可以說明过去不能說明的問題，你們应当根据这个論点編輯《文艺理論参考資料》。”这里的“內部規律”和“外部規律”的謬論，实质上是为了对抗毛主席的革命文艺路綫，胡說什么毛主席对于文艺方面的指示只能說明文艺的“外部規律”，而所謂“內部規律”则必須依靠所謂“美学家”去“說明”了！这眞是明目张胆地与毛主席的指示相对抗。毛主席的《在延安文艺座談会上的讲話》以及其它有关文艺的伟大論著，是馬克思列宁主义的伟大著作，是无产阶級革命历史上第一次出現的最完整、最系統、最正确的无产阶級文化大革命的綱領，是人类文化史上划时代的光輝著作。毛主席在这一系列光輝論著中，解决了文艺上的一切最根本的問題。方紀在这里，竟狂妄地把周揚吹捧的如此之高，是有其险恶目的的。

方紀为解决“內部規律”而依靠的“美学家”都是何許人呢？原来就是从古希腊的柏拉图、亚里斯多德，到法国的波瓦洛、狄德罗，从英国的莎士比亚到俄国的别林斯基、車尔尼雪夫斯基这些“洋死人”，以及从孔子到苏东坡，从钟嶸、刘勰到郑板桥这些“中国死人”，总之是一切封建阶級、資产阶級的“学者”、“作家”、“詩人”无不搜罗，什么“茶經”、“硯譜”、“文論”、“詩論”、“詞論”也无不涉猎。就这样，文研所的几乎全部人馬，耗費了近一年的时間，編成了这本集封建主义、資本主义、修正主义的糟粕于一籠的大杂燴。

由此所見，方紀搞崇洋复古是何等卖力！

方紀之所以热心提倡封建主义和資本主义的文艺，其目的就是挤掉无产阶級的文艺，来一个地主阶級資产阶級文艺的大泛濫，来一个封建主义資本主义的总复辟！

綜上所述，可以清清楚楚地看出，方紀在理論上所販卖的一套，完完全全是周揚的一套黑貨。应該指出，这里我們只是揭露出来一部分，甚至于只是一小部分，关于他的許多发表了的“理論”毒草，如为黑画家李可染山水画集写的“序”，吹捧毒草作家孙犁的“文章”，《学剑集》中吹捧托尔斯泰、普希金、尼古拉耶娃的“文章”，以及他写的《桂林山水》等等，在这里都还沒有涉及。仅仅如此，也可以看出方紀在鼓吹和販卖周揚黑貨上，是一个多么卖力的掮客了！

五、用“和平演变”的方式，同无产阶級爭夺下一代

毛主席指出：“无产阶級要按照自己的世界观改造世界，資产阶級也要按照自己的世界观改造世界。”一切反革命修正主义分子都正如毛主席所指出的那样，总是千方百計地要用他們的世界观去影响下一代，妄想培养他們的接班人。

方紀也幷不例外。早从一九五〇年开始，方紀曾在南开大学中文系連續担任好几年兼任教师，讲过“俄罗斯文学”、“苏联文学”、“中国現代文学”。在讲課中他极力推崇普希金的《上尉的女儿》、《欧根·奥涅金》，托尔斯泰的《安娜·卡列尼娜》，方紀为了扩大影响还让一些同学到中苏友协去看苏联原文电影《安娜·卡列尼娜》、《智者千虑，必有一失》等等，从而大量地向青年学生灌輸了資产阶級思想，流毒极深。在他的影响下，有的学习奥涅金的性格，目中无人，厌煩政治生活；有的模傚达吉雅娜的“风度”，以脸色蒼白为荣；有的女同学背誦达吉雅娜給奥涅金的情书；有的女同学竟效法安娜·卡列尼娜縫一件黑絲絨长袍去参加舞会。

方紀在“輔导”青年业余作者的时候，从来不提学习毛主席著作，却胡說什么作为一个作家，必須具有丰富的知識，要像托尔斯泰所說的：“要有前人已經知道的知識和后人还不知道的知識。”什么“至少要使自己的知識水平和作家的工作相称”等等。他所說的知識是什么呢？不外乎是什么美学常識、外国文，以及熟悉各种草虫花鳥等等。和他在大学讲課一样，对于青年作者他总是张口普希金，閉口托尔斯泰，把十八、十九世紀的資产阶級作家的作品吹捧为世界人类文化的高峰，奉为学习的楷模。

毛主席說：“中国的革命的文学家艺术家，有出息的文学家艺术家，必須到群众中去，必須长期地无条件地全心全意地到工农兵群众中去”。他作为天津市文学研究所所长，却完全用資产阶級的一套治学方法，企图誘使青年研究人員走向資产阶級的死胡同。他鼓吹什么“文章乃寂寞之道”，号召青年要“甘于寂寞”去“面壁讀书”，所謂“甘于寂寞”实际上就是让青年同志远离沸騰的火热的革命斗爭，而鉆进自己的小书斋中去进行“修养”。正是在他这种鼓励之下，文研所有的青年就制訂了庞大的进修計划，把熟讀所謂“名人名作”当成提高的途径，而这实际上只能向封建主义、資本主义去“提高”。

方紀还用成名成家、金錢地位来腐蝕青年，甚至說要用稿費制度来“刺激起写作的兴趣来”。他諷刺工人作者“智大才疏”說：“你們老大不小的了，怎么还搞不出一个名堂来？”他还吹嘘自己說：“我們十几岁就很出名了。”企图以此来激发工人作者埋头苦干，追求名利。更有一个突出的例子是对下乡知識青年鄠玉娥的毒害。鄠玉娥同志响应毛主席的号召到天津南郊去当农民，方紀不是鼓励她更进一步坚定在农村的信心，相反却用种种办法誘使她离开农村。由于他看到鄠玉娥同志有一些写作能力，便鼓励她当“作家”，并且对鄠玉娥同志說：“送你上两年大学吧！”方紀还和他的祖师爷周揚商量把鄠玉娥調到北閘口去当半工半讀中学校长。但是鄠玉娥同志不願离开生产队，方紀又說：“调你当公社党委副书記，够了吧？”眞是滿脑子的升官发財、卑視劳动人民的資产阶級思想。

一九五九年，从北京刮来一股拜师的黑风，方紀也赶紧加以倣效和推广，张君秋、裘盛戎来津收徒，在天津飯店搞了一个二百人的“传統”拜师会。方紀兴高彩烈地到会祝賀說：“戏曲艺术家带徒弟，为社会主义戏曲艺术事业培养新生力量是可喜可賀的事。”还說：“在戏曲艺术发展过程中，必須要有师承，老一辈的艺术家要把自己的經驗和技巧亲手传授給青年一代，辈辈相传，发揚光大。”好一个“可喜可賀”的传統！这实际上是文艺界大大小小的祖师爷利用封建的宗法关系培养資产阶級接班人，方紀却为之“发揚光大”。果然方紀不久就推而广之，为大右派陈素眞收徒弟主持收徒仪式，让党团員給这个大右派頂礼膜拜，叩头如仪！

方紀以各方面的专家自居，一九六一年夏天在北戴河給小百花剧团讲了两次艺术課——“唱、唸、做、打”，他要演員們学各名演員的“刻苦精神”，他說要想成名不經过自己的刻苦是不行的。他还动員大家：作为艺术家要具备各种知識，要有学問。他肉麻地吹捧反革命修正主义分子李耕涛的“四大名旦”、“四大名丑”是独創的。他还动員演員把石子放在嘴里，练习吐字，有的演員当眞就这样作了。

方紀大肆鼓吹封建文人的“捧角”把戏，他在一九五九年七月一日的戏剧团体会議上說：“……都是分析剧本，讲演員的很少，沒有細緻地分析演員不行，我不是捧演員，也不一定捧，要客观分析，値得捧一下的，捧一下也未尝不可。”“捧一下也未尝不可”这是什么話！正是在他們鼓吹带动下大搞“捧角”的丑剧，使不少青年演員在这“捧”之中不知不觉受到了毒害！

一九六二年小百花南下在桂林，方紀說演員×××很像他死去的女儿，叛党分子韓俊卿見风使舵，逢迎上級，馬上就让×××认方紀为干爹，并当即磕了头。在一次宴会上方紀还向他干女儿敬酒說：“祝你进步，保护你的嗓子！”又向干部說：“你們要好好地照顾我的女儿。”

每逢年节，方紀还以家长自居，让小百花的演員給他磕头拜年。六二年春节，在广州他还带領小百花演員給反革命修正主义分子李耕涛磕头拜年，他在一边喊号。

一个共产党員，一个市委宣传部副部长，竟然提倡封建礼法，哪里还有一点共产党員的气味！

方紀这一系列活动，其目的，无非是用种种方法誘使青年不知不覺地滑到資产阶級泥坑里去，让青年成为忠实的資产阶級接班人，其用心是何等恶毒啊！

六、方紀是牛鬼蛇神的吹捧家和保护伞

方紀不爱工农兵群众，不歌頌无产阶級和劳动人民，仇視高举毛泽东思想的革命文艺工作者，他所爱的是周揚反革命修正主义黑帮，爱的是反革命修正主义黑綫中的各种人物，如胡风分子、右派分子、反革命分子、資产阶級反动学术“权威”、毒草作家以及一些与党与社会主义格格不入的資产阶級知識分子。而且，借各种机会为他們吹捧，对他們保护。总之一句話，方紀是党內的一个資产阶級代表人物，是資产阶級的同路人，是牛鬼蛇神的保护伞。

关于方紀和胡风分子的密切关系前面已經揭露，这里就不再多說。

反革命坏分子厉慧良，一九五五年来津，当时方紀任文化局长，一眼就看中了他，认为是个不可多得的“人材”。厉慧良提出在津工作的四个条件：薪金九百五十元，担任团长，一所住宅，休假等等，是和方紀談的，由方紀向上級汇报研究，滿足厉慧良的种种要求，以便使他留下。在一九五七年烏云翻滚的时候，厉慧良大肆散布反动言論，恶毒地攻击党和社会主义　群众无比气愤，而在反右后期，白樺、方紀却批示厉慧良不是右派，把这个反坏分子保护过关了。在一九六一年八月大刮修正主义黑风和翻案风的天津文艺工作座談会上，厉慧良咬牙切齿地向党疯狂进攻，对党的政治思想工作和革命文艺路綫尽情咒罵，而会議主持人之一方紀却在讲話中予以肯定和鼓励，說什么“党內的同志沒有党外同志（指厉慧良等人）談的多。”为反革命分子张目。在同年的一次文化局汇报会上，方紀說：“厉慧良現在积极起来了，团长×××开会說他假积极，要清算×××的思想，这是不务正业，不貫彻政策。”

一九六二年在华北局調查組召开的座談会上，方紀說：“王××是甄別了，下面的厉慧良、王玉磬沒解决，应該解决一下。”

方紀对厉慧良的表演十分贊賞，經常去看厉的演出，还到后台慰問。六二年有人見到厉慧良在方紀家里給他演《钟馗嫁妹》，嘴里唸着鑼鼓經表演着，方紀坐在沙发上，手打着拍子，一唱一和，可謂亲热。方紀向人吹捧厉在《钟馗嫁妹》中鬼的形象如何如何美，把厉吹捧到无以复加的地步。一九六二厉慧良赴京演出，方紀亲自写信找馮牧等人写文章吹捧厉慧良，发表在《戏剧报》《光明日报》等各大报刊上，为厉大造影响，使厉腰杆更硬，气更粗了。同年厉从山东濰县带来紅木图章和拐杖送給方紀，方紀接受了。厉曾在北京宣称他在天津有两个朋友，一个是方紀，一个是王血波，可見他們之間是多么臭味相投了。

方紀、白樺等都认敌为友，压制群众对厉的揭发与斗爭，竟让这个反坏分子当上了文艺工会副主席、剧协副主席、政协委員、京剧团副团长等职务。厉在宣传部、文化局的走資本主义道路当权派的包庇纵容之下，反动气焰越来越高，还直接向党要权，先是李耕涛說：“叫厉慧良办个厉家班吧！”以后方紀說：“把团交給他，他有問題也不会把剧团带到台湾去！”白樺、方紀竟批准了厉慧良的分团計划，把剧团领导大权一手奉

送給了这个反革命分子，使他更加为所欲为，无法无天了。

河北梆子的女把头、女班主韓俊卿，历史骯髒，品质恶劣，是汉奸司令的姨太太，土匪伪軍的姘头，而方紀却为她涂脂抹粉，大肆美化，把她說成是什么："中华茶园三十年，共产党来了，才出头露面呀；有一定的艺术水平，人也正派，因为沒有人捧所以一直沒有紅起来，一直是一个受压抑的好演員。"等等。一九五二年全国戏剧会演，方紀为她爭得了"二等奖"，后又为她爭得了天津会演的"一等奖"，并給她安上了天津市政协委員、市人民代表、全国政协委員、全国剧协理事、天津剧协分会副主席、文艺工会副主席、对外文协理事、河北妇联常委，以及各种各样的"模范"头銜。在准备发展韓俊卿入党时，方紀还說，"我們的工作落后了"。

这个白骨精搖身一变竟成了天津文艺界紅极一时的头面人物了。方紀把韓俊卿亲热地称做韓大姐，并直接带她到周揚面前去告文化局的状，极力包庇这个文艺界中的"张凤琴"式的黑綫人物，使梆子剧院成为韓俊卿称王称霸，一手遮天的修正主义堡垒。

丁陈反党集团的骨干分子柳溪，是于一九五七年經方紀同意而安排到天津来的，方紀把她視为一个大有希望的女作家。在反右斗爭中，經过文联群众的批判斗爭，柳溪交代了丁陈反党集团的阴謀活动，并由方紀等人带到全国文联党組扩大会議上去揭发。事后，周揚为了不可告人的目的，包庇柳溪，竟答应不开除她的党籍。方紀积极执行了周揚的旨意，极力掩盖柳溪的严重罪行，竟以显著地位在他主編的《新港》一九五七年九月号上发表了右派分子柳溪的丑表功文章，为柳溪也是为方紀大造影响。同时，柳溪在文章中大肆"歌頌"方紀，其中写道："……当方紀同志意味深长地对我說：'你应該高兴了，你看，这回我們把你撿回来了！'我听了这句話，我的眼里充滿了泪水……我感到正象一位母亲把她那闖了大祸的孩子从肇事地点手拉手地領了回来一样。这一次使我充分地认識到党不仅是一位严厉的父亲而且也是一位仁慈的母亲……"你看，她如此肉麻地吹捧方紀是党的化身，比做"严厉的父亲"和"仁慈的母亲"。而方紀竟欣然同意，郑重其事地把这篇文章发表出来，让右派分子为自己歌功頌德！右派分子在周揚、方紀的包庇和保护之下，竟在反右斗爭中以"功臣"自居，继續散布反党言論，文联广大党員忍无可忍，一致通过将她开除出党。方紀对此十分不滿，几次以周揚名义"劝說"大家，妄图保留柳溪党籍，在全体党員的坚持下，这一阴謀才未得逞。柳溪戴上右派帽子后，还經常是方紀家的座上客，可以在那儿发牢騷、訴委曲，而方紀夫妇也对她予以关怀和安慰。方紀认为柳溪有"才"，生怕埋沒了她，在一九五九年文联的一次党組会上，竟公然提出要把柳溪放到《新港》編輯部当編輯，充分流露出其关怀照顾之情。

文联的鮑×在反右前一直有强烈的个人野心，資产阶級个人主义极其严重，群众早有反映，可是方紀却对他十分賞訊，极为重用，給他安排了文联党組成員、作协分会理事、《新港》副主編等重要职务，是方紀一手提拔起来的，又不予认眞监督与批評。鮑×的气焰就越来越嚣张，向党猖狂进攻，成为右派分子。

方紀在主持文联的反右斗爭中說鮑"狂妄自大"、"不听話"，却不提自己是如何破格地把他一手扶植起来的。一九六二年鮑摘帽后，方紀同意将他安插在文学研究所，并指示文研所負責人說："一視同仁"！

复辟资本主义的黑纲领——《工业七十条》
批判资料汇编
（四）
（供大批判用）

天津市彻底粉碎刘、邓、薄、万、张反革命
修正主义工业路綫联络总站
彻底批判《工业七十条》联络站
一九六七年七月

最高指示

修正主义是一种資产阶級思想。修正主义者抹杀社会主义和資本主义的区别，抹杀无产阶級专政和资产阶级专政的区别。他們所主张的，在实际上并不是社会主义路线，而是資本主义路线。在現在的情况下，修正主义是比教条主义更有害的东西。我們現在思想战綫上的一个重要任务，就是要开展对于修正主义的批判。

"不破不立，不塞不流，不止不行。""破，就是批判，就是革命。破，就要讲道理，讲道理就是立，破字当头，立也就在其中了。"

《工业七十条》必须彻底批判

"金猴奋起千钧棒，玉宇澄清万里埃"。伟大的史无前例的无产阶级文化大革命进入了向党内最大的一小撮走资本主义道路当权派展开大批判、大斗争的决战阶段。工交战线上的无产阶级革命派，高举伟大的毛泽东思想的批判大旗，对刘、邓、薄在工业方面所推行的反革命修正主义路线展开了全面的进攻。

《国营工业企业工作条例（草案）》以下简称《工业七十条》是一株反党、反社会主义、反毛泽东思想的大毒草。是党内最大的一小撮走资本主义道路当权派刘、邓、薄等反对三面红旗、反对毛主席的《鞍钢宪法》的反革命宣言书，是在工交企业推行修正主义、复辟资本主义的黑纲领。

一九六〇年三月，我们伟大领袖毛主席在总结我国大跃进以来自己办企业的经验的基础上，提出以"坚持政治挂帅，加强党的领导，大搞群众运动，实行两参一改三结合，不断开展技术革命"五项原则为内容的《鞍钢宪法》，给全党、全国人民指出了我国办社会主义企业的根本道路。

可是，就在一九六一年上半年，党内最大的一小撮走资本主义道路当权派刘、邓、薄等却针锋相对地精心炮制了完全按修正主义路线办企业的《工业七十条》。这个《工业七十条》是地地道道的修正主义货色，它取消阶级斗争，取消政治挂帅，取消党的领导，反对大搞群众运动，反对技术革命，却大肆宣扬利润挂帅，物质刺激，一长制专家路线，制度万能……。它是彻头彻尾的复辟资本主义制度的黑纲领。

修正主义的《工业七十条》公佈以后，在刘、邓、薄直接指挥下，推行全国，流毒甚广，危害极大。

《工业七十条》一出笼，万张反党集团如获至宝，遵照刘、邓黑司令部的旨意，大力推行，大搞试点。几年来，在天津社会主义工业企业中刮起了推行《工业七十条》的黑风，严重地破坏了毛主席革命路线的贯彻执行，使有的工交企业由社会主义经济逐步蜕化为资本主义经济，由无产阶级专政逐步变成了资产阶级专政。

我们工交战线无产阶级革命派，一定要奋起毛泽东思想的千钧棒，以痛打落水狗的彻底革命精神，把刘、邓、薄、万、张斗倒、斗臭，把《工业七十条》彻底批深、批透、批臭，彻底肃清刘、邓、薄、万、张在工交战线的反革命修正主义的流毒。我们一定要高举毛泽东思想伟大红旗，把我市工业企业办成红彤彤的毛泽东思想大学校。

为了适应革命大批判的需要，现将有关资料编印出来，供全市革命职工、革命干部在大批判中参考。

天津市彻底批判"工业七十条"联络站

一九六七年七月

中共中央关于讨论和试行国营工业企业工作条例（草案）的指示

一九六一年九月十六日

各中央局，各省、市、自治区党委，国务院各部、委党组：

党中央起草了一个国营工业企业工作条例的草案。这个条例草案的目的，是要把我们领导工业企业的经验，特别是最近三年多的经验，系统地加以总结，制定出一个适合我国实际情况的和能够更好地为总路线、大跃进服务的，管理企业的规章制度。因为这个条例是在很短的时间內草拟出来的，它的內容不但不很完备，而且还会有不够恰当的地方。但是从便于进行讨论，便于广泛地搜集意见着想，现在把这个条例草案发给你们，請你们在中央和地方的国营企业中，组织讨论，並且选择若干企业试行。

这个条例草案的讨论和试行，对于总结过去三年大跃进中国营工业企业管理工作的经验，巩固已经取得的成绩，改正工作中的缺点；对于贯彻执行调整、巩固、充实、提高的方针；对于我国工业的今后发展，都具有很重要的意义。

过去三年多，国营工业企业，在党的鼓足干劲、力爭上游、多快好省地建设社会主义的总路线和一整套两条腿走路的方针指引下，根据毛泽东同志尊重科学、破除迷信、解放思想的精神，依靠在党委领导下行政管理上的厂长负责制，依靠政治挂帅、群众路线和广大干部、职工群众主人翁的责任心，依靠群众运动，运用自上而下同自下而上相结合的工作方法，在生产和其他方面都取得了很大的成绩和丰富的经验。这些成绩集中表现在：

第一，企业的生产有了飞跃发展。许多企业在比较困难的条件下，生产也有很大增长。企业的领导干部和全体职工，进行了艰巨的、光荣的劳动，积累了丰富的经验。企业的领导干部在熟悉和掌握生产技术和经济业务方面有了很大进步。

第二，企业的技术力量有了迅速的增加。由于群众性的技术革新运动和企业的科学技术研究工作的开展，在大、中、小型各类企业中，都出现许多能够有效地提高生产的新的创造。无论重工业企业或是轻工业企业都增加了许多新产品。洋法生产和土法生产並举的方针，对生产的发展起了很大的作用。

第三，企业的管理工作中也有许多新的创造和新的经验。许多企业积累了在党委领导下、行政上厂长负责制的丰富经验；积累了职工代表大会和干部参加劳动、工人参加管理的丰富经验；改革了很多不合理的、不利于生产的规章制度；运用了领导干部、工人、技术人员三结合的方法。

第四，职工群众的政治觉悟大大提高。政治是统帅、是灵魂的思想，经济工作必须和政治工作相结合的思想，深入人心。企业中的群众运动，有了很大发展，发挥了伟大的作用。贯彻执行群众路线的结果，干部和群众的关系，有了很大改进，职工群众思想解放、意气风发，主人翁的责任感大大提高，积极性和创造性大大发扬。

所有这些成绩都表明了党对企业的领导大大加强，证明了党对企业领导方针的正确，证明了在党的领导下，紧紧地依靠职工群众，就能够充分发挥社会主义企业的优越性。这是办好我国工业企业不可动摇的方向。

应当指出，在国营工业企业的管理工作中，还存在许多问题。由于主管部门的领导干部，长期埋头于日常事务，对经验教训没有很好地及时地总结，以致这些问题，没有及时得到系统的解决。这些问题主要是：许多企业，由于领导上还不善于依靠群众、把轰轰烈烈的群众运动同实行严格的责任制度和管理上的分工负责，很好地结合起来，以致责任制度废弛，生产秩序混乱；在不少企业中，瞎指挥、乱操作的现象严重，许多设备受到了损坏；有不少的企业，不计工本，不计赢亏，不讲究经济核算，不坚决维护国营企业的全民所有制和独立的经济核算权，让国营企业的全民财产和人力受到侵犯，或者受到其他方面不应有的无代价的调用；许多企业的工资和奖励制度，存在着平均主义倾向；许多企业的党委包揽企业的日常行政事务，放松了党委本身的工作，特别是调查研究工作和思想政治工作。

这些问题的产生，有企业外部的原因，也有企业内部的原因。就企业外部的原因来说，主要是工业领导机关下达的计划指标过高，生产任务过重，而且经常变动；工业管理体制不尽合理；许多原有的协作关系被打乱，许多新的协作关系沒有建立；原料、材料、燃料、动力的供应沒有得到确实的保证。就企业内部的原因来说，主要是企业领导干部沒有坚持实事求是的工作作风和群众路线的工作方法，还沒有彻底扫除少数人脱离群众冷冷清清办企业的旧作风，还不善于依靠群众贯彻执行责任制和经济核算。

国营工业企业工作条例草案，就是根据上面讲的当前存在的问题，根据进一步改进企业管理的要求，本着巩固成绩、总结经验、吸取教训、改进工作的精神而提出的。为了便于大家的讨论，现在把这个条例草案中的要点，作一些简要说明：

第一，条例草案中规定的“五定”，是摸清和核定企业的综合生产能力的有效办法，是整顿和改进企业管理工作的基础。“五定”就是定产品方案和生产规模；定人员和机构；定主要的原料、材料、燃料、动力、工具的消耗定额和供应来源；定固定资产和流动资金；定协作关系。只有把这些定下来，才好进行一系列的整顿工作。在三年大跃进中，企业生产有了很大发展和提高，现在需要经过“五定”，摸清企业的底，使它能够有条件逐步地做到相对稳定的正常生产，以巩固成绩，争取新的胜利。经过“五定”，企业的主管机关和企业本身在确定指标、提出任务的时候，也就可能更加切合实际。实行“五定”，並且在“五定”的基础上实行“五保”，目的是促进企业更好地依靠群众，实行计划管理，全面地完成和超额完成国家计划。

第二，条例草案十分重视协作问题。现代工业的生产，分工比较细，相互之间的联系错综复杂，每个企业都必须取得很多单位的协作，並且很好地完成自己承担的协作任务，才能保证工业生产的正常进行。

在条例草案的协作这一章中，强调了凡是需要和能够固定的协作关系，都必须固定下来；固定的协作任务要纳入计划；协作双方签订的经济合同，具有法律效力，必须严格执行，不准单方面废除。当前要特别注意解决的问题是：原有的协作关系，中断了的，要尽可能迅速恢复；由于条件变化而不能恢复的，要另行安排；不正常、不合理的，也要重新安排。需要建立的新的协作关系，要迅速建立。一切合理的、必需的协作关系，都应当尽快地固定下来。

第三，条例草案对企业的各个方面、各个环节的责任制度作了具体规定。责任制度的核心是行政管理方面的厂长负责制，但是，这决不是说，要恢复脱离党委领导、脱离群众、独断专行、单纯地自上而下发号施令的“一长制”，而是在党委领导下依靠群众、建立一个厂长负责的统一的生产行政的指挥系统。此外，还要在以厂长为首的行政领导下，建立和健全技术责任制、财务责任制和其他的责任制，使企业的生产、技术、财务都有专人负责，使各个岗位的职工，人人都有专职，克服和防止责职不明、无人负责的现象。条例草案强调建立一系列的责任制度，是要把集中领导和发挥群众的积极性更好地结合起来，使企业中严格的责任制度和群众运动更好地结合起来，决不是要退回到少数人冷冷清清办企业的错误的老路上去。

第四，条例草案对企业中的技术管理，作了具体规定。这些规定的中心在于：保证设备、工具经常处在良好状态，保证产品的质量符合标准，充分发挥工人、技术人员、职员的积极性，正确地进行技术革新。企业中的政治工作和群众运动，必须同严格的技术管理工作更好地结合起来。只有这样，才能不断地加强和改进技术工作，提高企业的技术水平。

第五，条例草案对加强企业的经济核算和财务管理作了具体规定，强调节約是社会主义企业经营管理的一项根本原则。不计工本，不计盈亏，是不符合这个原则的。一切企业都必须依靠群众，厉行勤俭节约，精打细算。除了由于某些特殊原因，需要国家给予计划补贴的少数企业以外，一切企业和生产部门，在正常生产的情况下，都不容许发生亏本赔钱的现象。只有做好经济核算，才能全面地贯彻执行多快好省的方针，增加社会主义积累，更好地发展社会主义建设。

第六，在条例草 中，对职工的工资、奖励、生活福利，专列了一章。条例草案中关于劳动报酬的规定，贯彻了社会主义的按劳分配的原则，反对平均主义。这就是应当按照每个人的技术水平，按照每个人的劳动的数量和质量来确定报酬，而不应当按其他标准。政治掛帅和物质鼓励相结合，是充分调动职工群众的积极性的正确原则。在贯彻按劳分配的时候，要加强对职工的政治教育，但是，就确定每个人的劳动报酬来说，只能是按劳分配。

条例草案规定，工人的工资形式，应当根据需要和可能，根据对提高劳动生产率是否有利，实行计时工资制或者计件工资制。企业的性质不同，条件不同，一个企业中各个生产单位和工种的情况也各有不同，所以不能笼统规定以那种形式为主，而只能按照实际情况办事。

条例草案强调企业的领导人员，必须经常关心职工的生活，切实做好生活福利工作。

第七，条例草案规定了中国共产党在企业中的党委员会，是企业工作的领导核心。企业党委的领导责任是：贯彻执行党的路线、方针、政策，依靠企业的行政领导、依靠群众保证完成国家计划和上级行政主管机关布置的任务；讨论和决定企业工作中的各项重大问题；检查督促各级行政领导人员对国家计划、上级指示、企业党委决定的执行。党委的主要领导干部要把主要精力和大部分时间放在调查研究方面，以便深入了解情况，及时发现和解决重大问题，使领导工作更加符合实际。企业党委应当把调查研究和做好思想政治工作放在第一位，不要去代替厂长，包办行政事务，而要好好地领导和支持以厂长为首的全厂统一的生产行政指挥系统行使职权。这些规定的目的是：加强而不是削弱党委对企业的集体领导，提高而不是降低企业党委的领导水平。

第八，条例草案规定了每个企业，在行政上只能由一个主管机关管理，不能多头领导。企业的生产任务，企业的人员、物资和资金，除了按照中央的规定或者经过上级行政主管机关的同意以外，任何机关和个人都不能改变和调动。在企业的生产能力有余，而当地又能供应生产所需的物资的情况下，可以在保证完成国家计划，不占用国家计划分配的材料和实行等价交换的原则下，承担地方分配任务。关于企业管理体制的这些规定，有利于企业生产的正常进行，有利于保障国营工业企业的全民所有制不受侵犯和企业的独立经济核算权。国营工业企业管理体制的规定，既要求发挥企业本身和行政主管机关的积极性，又要求发挥地方党委和政府的积极性，把这两方面的积极性更好地结合起来。

总起来说，条例草案的各项规定，都是为了进一步加强党的领导，进一步促使企业的领导人员正确地指挥生产，更好地调动广大职工群众的积极性，全面地完成和超额完成国家计划，使总路线在我国工业建设中发挥更大的威力。

经过三年大跃进，那些曾经束缚群众积极性和生产力发展的规章制度，已经废除得比较彻底了，问题是在沒有把必要的规章制度及时地系统地建立起来。现在的主要任务，就是要依靠群众制定切合我国实际情况和总路线、大跃进的要求的比较完整的规章制度，並且依靠群众贯彻执行。在我们的企业中，既要有广泛的群众运动，又要有严格的规章制度，必须把这两方面更好地结合起来。

工业工作是很复杂的工作，各行各业都有自己的特殊问题。我们对国营工业企业的管理经验还总结得很不够，不可能一下就制定出一个很完备的管理工作条例。中央要求各级党委领导好这个条例草案的讨论和试行，以便在征求各方面的意见和总结试行经验以后，使这个条例草案完善起来。

各省、市、自治区党委，各地委、市委、县委，国务院各部、委党组，应当首先结合具体情况，详细研究这个条例草案。

各地方党委要责成所有的国营工业企业的党委，把这个指示和条例草案一字不漏地读给全体职工群众听，不容许把不适合自己口味的条文略去或者任意篡改。要放手发动职工群众对这个条例草案进行充分讨论，不但容许而且要热忱地欢迎他们提出各种不同意见，以便集思广益、加以比较，把条例修改得更完备、更切合我们的实际情况。各省、市、自治区党委要把讨论中的意见，在十一月中旬以前报告中央。

在讨论的同时，中央各工业部和各省、市、自治区党委，要选择若干不同行业的企业，大、中、小不同类型的企业，进行条例草案的试行。要组织有一定水平的负责干部率领的工作组，协同企业党委，进行试行工作。

这个条例草案的各项规定，原则上适用于一切国营工业企业。如果个别规定不适合于某些企业，可以根据条例草案规定的精神，结合具体情况，适当处理。这个条例草案不仅考虑到当前存在的问题，也考虑到在今后比较长的时间内，进一步改进企业管理的要求。如果某些规定目前还没有条件做到，应当订出规划，逐步实行。

請中央局在十一月下旬以前把各地对条例草案试行的经验和意见，汇集起来，加以研究，报告中央，以便中央对这个条例草案作进一步的修改。

（发至企业党委）

国营工业企业工作条例（草案）

目　　录

国营工业企业工作条例（草案）

总　　则

一、国营工业企业是社会主义的全民所有制的经济组织。它的生产活动，服从国家的统一计划。它的产品，由国家统一调拨。它按照国家的规定，上缴利润和缴纳税款。国营工业企业的全民所有制，必须坚决维护，不许侵犯。

国营工业企业对职工的劳动报酬，实行各尽所能、按劳分配的社会主义原则。

国营工业企业又是独立的生产经营单位，都有按照国家规定独立进行经济核算的权利。它对国家交给的固定资产和流动资金，负全部责任，沒有经过国家管理机关的批准，不能变卖或者转让。它有权使用国家交给的固定资产和流动资金，按照国家计划进行生产。它有权同别的企业订立经济合同。它有权使用国家发给的企业奖金，来改善企业的劳动条件和职工生活。

二、国营工业企业的根本任务，是全面完成和超额完成国家计划，增加社会产品，扩大社会主义积累。

每个企业，都必须认眞执行国家规定的产品的品种、质量、数量的计划，在适当扩大品种、不断提高质量的基础上增加数量。

为了全面地实现国家计划，每个企业都必须充分依靠群众建立各级的、各个方面的和各个环节的责任制度。克服和防止工作上的无人负责和生产上、技术上的瞎指挥现象。

每个企业，都必须严肃地对待国家计划，指标不许任意修改。反对在计划统计工作中的弄虚作假现象。

三、国营工业企业必须严格遵守社会主义的节约原则，认眞实行经济核算。

每个企业，都必须有计划组织生产，精确进行计算，不断发掘和合理利用企业内部的潜在力量，以最少的劳动消耗，取得最大的经济效果。

每个企业，都必须进行技术革新，努力提高技术水平，合理改进生产方法，切实改善劳动组织，不断提高劳动生产率。

每个企业，都必须勤俭经营，节约人力，节约劳动时间，节约物资消耗，节約非生产性开支，不断降低成本，增加赢利。反对不计工本、不计盈亏的作法，克服和防止赔钱亏本现象。

四、统一领导、分级管理，是国家对国营工业企业的管理原则，也是国营工业企业内部的管理原则。

国家对国营工业企业的管理，一般地分为三级：（1）中央和中央局，（2）省、直辖市、自治区和大工业市，（3）专区、县、中等工业市、直辖市的区和大工业市的区。

重要的企业，分别由中央和省、直辖市、自治区或者大工业市管理。

工业管理体制调整的权力，集中在中央。

每个企业在行政上，只能由一个行政主管机关负责管理，不能多头领导。除了按照中央的规定或者经过企业的直接行政主管机关的同意，任何部门、任何地方、任何人员，都不许直接向企业分配任务，抽调人员、物资和资金。

国营工业企业内部的管理，一般地分为三级：（1）厂部，（2）车间或者分厂，（3）工段或者小组。

企业的主要管理权力，集中在厂级。联合企业的主要管理权力，集中在公司。

五、在国营工业企业中，必须发扬民主，贯彻执行群众路线，放手发动群众，充分发挥全体工人、技术人员、职员的积极性和创造性，提高他们的主人翁责任感，把实行集中管理和开展群众运动正确地结合起来。

在国营工业企业中，计划的制定和执行，技术的革新，先进经验的推广，一切规章制度的建立和执行，都必须依靠职工群众的积极性。必须吸收广大职工参加管理，广泛开展生产的、政治的和学习技术、文化的群众运动，依靠群众，办好企业。

每个企业，都必须认真实行职工代表大会制度。

每个企业，都必须健全工会和共青团的组织，加强它们的工作，充分发挥它们的积极作用。

六、中国共产党在企业中的组织，是企业工作的领导核心。

在国营工业企业中，实行党委领导下的行政管理上的厂长负责制，这是我国企业管理的根本制度。

国营工业企业中的党委员会，对于企业的行政管理工作、思想政治工作、工会工作、共青团工作，以及企业中生产的、政治的、文化的群众运动，实行全面的统一领导。企业内的一切重大问题，必须经过党委讨论决定。

企业党委必须领导企业的全体职工，贯彻执行党的鼓足干劲、力争上游、多快好省地建设社会主义的总路线，贯彻执行党的方针、政策，实行政治挂帅和物质鼓励相结合的调动群众积极性的原则，实行尊重科学、破除迷信、解放思想的发挥群众创造性的原则，保证胜利地全面地超额地完成国家计划。

企业党委必须组织企业中所有能够学习的职工，特别是干部，在自愿的基础上，认真地学习毛泽东同志的著作，学习马克思列宁主义的理论。要不断地教育全体职工，提高他们的思想政治水平。

第一章　计划管理

七、每个企业，必须加强计划管理，组织正常生产，全面完成国家统一计划所规定的本企业的任务。

国家对企业提出计划任务，必须充分考虑每个企业生产的内部和外部的条件。每个企业的计划任务确定以后，国家必须从物资供应、生产协作、产品销售等方面，给以可靠的保证。

八、为了加强整个工业生产的计划性，保证企业生产正常的进行，为了在计划管理工作中正确处理国家和企业的关系，在计划方法上眞正实现自上而下和自下而上的结合，国家对企业必须实行“五定”，企业对国家必须实行“五保”。“五定”是国家对企业规定的生产要求，和提供的生产条件，“五保”是企业对国家必须承担的责任。

国家对企业实行“五定”，就是：

（1）定产品方案和生产规模；

（2）定人员和机构；

（3）定主要的原料、材料、燃料、动力、工具的消耗定额和供应来源；

（4）定固定资产和流动资金；

（5）定协作关系。

企业对国家实行“五保”，就是：

（1）保证产品的品种、质量、数量；

（2）保证不超过工资总额；

（3）保证完成成本计划，並且力求降低成本；

（4）保证完成上缴利润；

（5）保证主要设备的使用期限。

实行“五定”、“五保”，先由上级机关和企业一起，对企业生产的內部和外部的条件，进行详细的调查研究，共同商量，提出方案，经过逐级的综合平衡，然后定案。

“五定”、“五保”一经确定，三年基本不变，但是每年可以按照国家年度计划的要求调整一次。

企业对分厂、车间，车间、工段对小组、个人，也可以参照“五定”、“五保”办法，实行几定、几保。

企业在“五定”范围以內，超额完成“五保”任务的，根据多超多得的原则，按照规定的比例，在上缴利润中提取奖励基金。完不成“五保”任务的，不能提奖。

企业在保证完成“五保”任务的条件下，可以：

（1）精簡定员以內的人员，用工资总额的结余部分，按照国家的规定增加职工的奖金，改善职工的生活福利。

（2）按照国家的规定，同有关的企业或者单位，调剂使用原料、材料、燃料的结余部分，增强国家计划规定的产品的生产，但是不能用来交换生活用品和进行基本建设。

在实行“五定”、“五保”以后，企业的技术措施费、新产品试制费、劳动保护费、零星固定资产购置费，由国家另行拨款。

九、每个企业，要在“五定”、“五保”的基础上，根据国家的年度计划，采取领导和群众相结合的方法，编制本企业的生产、技术、财务计划，提出完成和超额完成国家计划的增产节约指标。非经上级行政主管机关的批准，任何企业，都不得挪用国家计划内的物资，去进行国家计划产品以外的生产和基本建设。

企业的生产、技术、财务计划一般地应当包括以下內容：（1）产品的品种、规格、质量、数量计划，（2） 技术组织计划，（3） 设备维修计划，（4） 辅助生产计划，（5）劳动、工资计划，（6）物资、技术供应计划，（7）运输计划，（8）成本计划，（9）财务计划。有新产品试制任务的企业，应当编制新产品试制计划。有基本建设任务的企业，应当编制基本建设计划。企业的各项计划，要照顾前后左右，互相衔接。

企业生产计划的编制，一定要从实际出发，一定要经过综合平衡、积极可靠，並且尽可能保持必要的后备力量。

企业计划确定以后，上级机关一般地不应当另派“专案”任务。必须另派“专案”任务的，一定要有物资保证，一定要经过国家计划机关的批准。

企业在计划确定以后，如果生产能力有余，而当地又能够供应生产所需要的各种物资，可以在保证完成国家计划任务、不占用国家计划分配的材料和遵守等价交换原则的前提下，承担当地分配的力所能及的生产任务。

十、企业应当根据国家批准的企业年度计划和各种有关的经济合同，编制季度计划、月度计划和作业计划。企业的季度计划要报告上级行政主管机关核准。

企业应当通过季度计划、月度计划和作业计划，从人员、设备、工具、原料、燃料、动力、运输以及技术资料等等方面，做好生产准备工作和生产调动工作，并且要检查和督促生产作业计划的执行，及时发现和解决生产中的问题，保证全厂生产能够逐旬、逐月有节奏地进行。

十一、企业要作好统计工作，为加强企业的计划管理提供可靠的统计资料。要定期向职工群众公布生产的统计数字，以便群众对生产进行监督。要按照国家规定的统计制度，定期地如实地向上级报告计划的执行情况，报告统计资料，不许虚报谎报或者延期不报。

第二章　技术管理

十二、每个企业，都必须执行国家的技术政策，加强技术管理工作。企业的全体职工在自己的工作和生产中，都必须尊重科学技术原理，严格遵守各项技术管理的规章制度。

十三、总工程师在厂长或者生产副厂长的领导下，对企业的技术工作负全部责任。各个企业要根据自己的实际需要和可能条件，给总工程师配备必要的管理工艺、动力、机械、设计、试验等工作的助手，建立和健全企业各级的技术管理机构。车间和有关技术管理的专职机构，在技术工作上，必须服从总工程师的指挥。企业中重要的技术文件，必须由总工程师签署。沒有条件设置总工程师的企业，技术工作要有专人负责。

企业的总工程师、工程师、技术员，都必须认眞地履行自己的职责；必须深入实际，联系群众，倾听职工群众的意见，总结工人群众的实际经验，并且经常学习技术理论。企业的领导人员，必须倾听技术人员的意见，教育全体职工，尊重技术人员的职权；必须保证技术人员进行工作所必需的条件，使技术人员能够在他们的权职范围内，勇于负责，发挥应有的作用。

十四、每个企业，都要加强设备管理，使设备经常处在良好状态，能够正常运转。禁止用超负荷运转等损坏设备的办法追求高产。

企业的全体职工都要爱护设备，作好保养工作。设备归谁使用，就由谁负责保养，实行“包机制”。不能实行“包机制”的设备，应当由专职的保养工负责保养。

精密设备、关键设备和精密仪表，要制定特殊的维护、保养办法，要由专门的技术人员或者高级技工掌握。

企业要加强各种工具的管理，由专人保管，不许乱拿乱用。要保证工具齐全，並且有必要的备分。

十五、设备要按照计划进行大修、中修和小修。检修要保证质量，认眞验收。检修所需要的备品、备件，要有必要的储备。企业的领导机关，要结合生产的情况和需要，妥善地安排检修工作和检修时间。

企业必须配备同检修任务相适应的机修力量，固定检修和机修的人员，固定设备，固定材料。机修厂（车间、工段）变为制造厂的，或者变为制造为主、机修为辅的，凡是必须的，都应当改回来，实在不能改的，必须另行安排机修力量。

十六、每个企业，都要加强工艺管理工作，按照科学要求和工人实践经验，正确地制定工艺规程。要教育工人严格遵守设计图纸和工艺规程进行操作，不许违反。对于设计图纸和工艺规程，如果发现有不妥当的地方，任何人都有权並且有责任提出修改的意见，但在沒有作出修改决定以前，一切人都必须遵守。

企业要根据各自的特点，制定安全技术规程，定期进行自上而下和自下而上的技术安全的检查。全体职工都要严格遵守有关安全生产的规定，不许冒险作业。新工人必须学习安全技术规程，考试合格后，才能进入操作岗位。

十七、每个企业，都要把保证产品质量和不断提高产品质量当成首要任务。反对片面追求产量、粗制滥造的作法。

所有产品，都要规定质量标准，都要按照质量标准进行生产。产品的质量标准，一般地要由国家或者工业管理机关制定。产品质量标准的规定，要根据实际的可能、要符合科学技术的要求，符合国家的技术政策，符合经济、适用的原则，符合使用部门的需要。产品的质量，只许提高不许降低。

检验成品和半成品质量的权力，要集中到厂部。质量检验机构，直接归厂长领导。要把工人自检、互检和专职人员检验结合起来，而以专职人员的检验为主。专职检验人员在进行工作的时候，要严肃地履行自己的职责，同时要热情地帮助工人。

为了保证和提高产品质量，所有企业都必须认眞地检验原料、材料、燃料的质量，检验备品、备件的质量。在生产过程中，必须认眞地检验产品的每一道工序的质量。产品出厂以前，必须进行最后的质量检验，合格的发给合格证，不合格的不许出厂。企业应当经常征求使用部门的意见，不断地改进产品质量。

由于检验不严而出厂的不合格产品，使用部门有权退回原生产单位修理、改制，或者按质降价。

有些企业，应当由有关部门派人驻厂，负责产品验收，对于不合格的产品，有权拒绝收货。

十八、每个企业，都必须完成国家所规定的品种、规格计划，不能不顾国家计划，不顾社会需要，只生产产值高的、吨位大的、技术差的或者费工小的品种。社会需要的品种，被盲目挤掉了的，应当立即恢复生产。有些品种，确实需要陶汰的，应当经过上级行政主管机关的批准。

企业要按照国家计划，加强新产品的试制工作，增加产品品种。新产品的试制和生产，一般地应当遵守如下程序：（1）研究、试验，（2）设计，（3）试制、鉴定、定型，（4）小批生产、成批生产。新产品的研究、试验和设计工作，可以交叉地进行，但是不许采取边设计、边生产、边推广的错误作法。

对于同本企业有关的外国新产品，要收集资料进行系统的研究。按照外国设计生产新产品，一般地要先仿制，只在确实有把握的条件下，才可以修改原来的设计。

为了增加产品品种，企业要根据可能的条件，加强产品设计机构，建立试制车间或者试制工段。

十九、企业要密切结合生产，经常地充分地发动群众，提合理化建议，进行技术革新的工作：改进工艺程序，改进技术操作，改进设备、工具，改进原料、材料、燃料的利用方法，改进产品设计；同时，根据可能的条件，逐步地实现生产、运输设备的半机械化、机械化、半自动化、自动化。

对于群众的一切创造发明，必须给以热情的鼓励和积极的支持，重要的技术革新的项目，一定要经过反复试验和科学鉴定。要先典型试验，总结经验，在确有把握以后，才可以根据条件和需要，在小范围内试行，逐步过渡到普遍推广。反对不经试验、不顾条件、盲目推行。

重要的技术革新活动，都要正确地执行领导干部、技术人员和工人群众相结合的办法，要尊重技术人员的有科学根据的意见，要尊重工人群众的实际经验。

有条件的企业，都要根据生产的需要，加强生产技术的试验和研究工作，建立强有力的中心试验室。

有条件的企业，可以根据国家的规划，组织技术力量，进行科学研究工作。

业要建立和加强技术档案、技术资料的管理工作。

第三章　劳动管理

二十、每个企业，都必须从做好定员工作，改善劳动组织，提高职工的思想觉悟、技术熟练程度和业务水平，加强劳动保护等方面，来不断地提高劳动生产率，用更少的劳动时间，生产质量更好、数量更多的产品。

二十一、企业必须根据自己的生产条件，按照国家确定的生产规模、生产任务和劳动定额，认真进行定员工作，坚决消除人浮于事、效率低下的浪费现象。在规定的编制以內，补充新的职工，由劳动部门统一调配，不许私自招工。

企业的定员，包括长期职工、临时职工和学徒。凡是临时性的工作，都应当用临时职工，由企业和他们订立有期限的书面合同，合同期满即解除工作，或者根据需要另订合同。对于季节性生产企业的多数职工，也应当采取合同制度，实行有生产任务就来厂生产、沒有生产任务就离厂回家的办法。

短期轮训的在职职工，包括在企业定员之內，由企业具体安排。

新建和扩建的企业，要根据生产能力逐步增加的实际情况，规定每个时期职工的人数，切实防止用人过早、过多的浪费现象。

下列各方面的人员不列入企业的编制，不由企业支付工资，分别采取不同办法妥善处理。

（1)企业的“卫星工厂”，为企业进行农、副产品生产的单位，不宜于由企业经营的生活服务单位，都实行独立经济核算。

（2)长期离开工厂参加农业劳动或者其他劳动的人员，由使用单位支付劳动报酬；为扩大生产而培训的人员，由国家另立编制，统一安排；丧失劳动能力的老、弱、病、残人员，按照劳动保险条例的规定办理。

（3)企业已经举办的小学和中学，连同房屋、设备，交给当地政府管理，所需经费由企业照旧拨付。

二十二、企业要根据设备的生产、技术要求，合理地配备人员。

企业要适当增加生产工人和技术人员的比重，效力降低行政管理人员和服务人员的比重。

严格执行考勤制度，提高职工出勤率。教育职工严格遵守劳动纪律，不要旷工，不要迟到早退。每个职工要做够规定的劳动时间。

对于经常旷工、破坏劳动纪律的职工，应当给以纪律处分；情节严重、屡教不改的，企业有权开除。

二十三、企业应当根据生产的需要和技术的狀况，有计划地举办业余文化、技术学校，开办短期技术训练班，组织师傅带徒弟，举行技术操作示范表演，派人到有关先进工厂实习，来不断地提高职工的技术水平。

二十四、企业必须实行安全生产制度，认眞做好劳动保护工作，改善劳动防护设施，教育工人严格执行安全操作规程，切实避免工伤事故。

做好劳动保护用品的供应、分配和管理工作。对于高溫、高空、井下作业和有害身体健康的工种的工人，在劳动保护方面应当享受的各项待遇，必须切实保证；需要定期轮换工作的职工，必须按期轮换。

在车间內外、厂区內外要经常保持整齐、清洁、卫生。

切实保护职工的健康，定期进行健康检查，逐步減少、努力消灭职工中的职业病。

认眞实行劳逸结合，不许随便加班加点。要坚决精简会议，取消不必要的业余集体活动，使职工有足够的睡眠、休息、学习、娱乐和从事家务活动的时间。

企业中职工的党、团、工会的会议和社会活动，以及统一规定的政治学习，都应当利用业余时间进行，在通常的情况下，每周不得超过四小时。其余的业余时间，都应当由职工自已支配。业余的文化、技术学习，完全由职工自愿参加。职工必须参加的集体活动，尽可能不要安排在星期六晚上和星期日。

分配女工的工作，要切实照顾女工的生理特点，不适宜由女工做的工作，不要让女工去做。要特别注意女工在经期、孕期、产期、哺乳期的劳动保护。

第四章 工資、奖励、生活福利

二十五、国营工业企业的工资、奖励制度，必须体现按劳分配的原则，克服平均主义。

工人、技术人员、一般职员的劳动报酬的多少，应当按照本人技术业务的熟练程度和劳动的数量质量来决定，不应当按照其他标准。

二十六、工人的工资形式，凡是需要实行计时工资制的，就应当实行计时工资制；凡是需要和可能实行计件工资制的，就应当实行计件工资制：目的是为了提高劳动生产率。技术人员和职员，实行计时工资制。

计时工资制包括标准工资加奖金。实行计时工资制的单位，要按照职工超额完成任务的情况，合理地评定和分配奖金，不许平均分配。

计件工资制分个人计件和集体计件（包活）两种。实行计件工资制的单位，要做好定额工作，要特别注意提高产品质量和节省原料、材料、工具。

二十七、实行计时工资制的职工，在完成产量、质量、节約等指标以后，发给综合奖。

实行必要的单项奖。单项奖的项目，由企业根据生产特点和每个时期的实际情况规定，但是，不宜过多。不论实行计时工资制或者计件工资制的工人，都可以按照规定的条件获得单项奖。

工人、技术人员和职员，凡有新的创造发明，经过试验、鑒定，证明确有成效的，应当按照对国家贡献的大小，分别给以奖励。防止和消灭重大事故，使国家财产免受损失或者少受损失的，应当给以奖励。

企业在全面完成和超额完成计划以后，所有干部，都可以得奖。奖金的多少，按照每个人的工作成绩来评定。企业主要领导干部的奖金，不得超过本企业熟练工人所得奖金的最高数额。

集体计奖的单位，奖金不应当平均分配，也不应当按工资等级分配，应当按照各人实现得奖条件的情况分配。小组、工段没有完成任务，而个人完成和超额完成任务或者定额的，应当按照规定发奖。

职工的奖金，每月评定一次。工人按月发奖，技术人员和职员按季发奖。

二十八、实行计时工资制和计件工资制，都要有合理的劳动定额。劳动定额，一般地应当每年修改一次；生产条件发生了变化，可以即时修改。

由于企业管理不善或者生产条件变坏而使工人不能完成定额的，要保证工人标准工资的收入。

企业暂时停工或者部分停工的时候，按照国家规定的标准发给工资。

由于本人劳动态度不好而达不到定额的，应当按照完成定额的多少，发给工资。旷工的，应当按照规定扣发工资。

二十九、职工级别的调整，每年进行一次。每年升级的职工，一般地可以占企业职工总数的百分之二十至二十五。

学徒工、见习的技术员和职员，都要按照规定转正和定级。

企业应当定期地对技术人员进行考核，应当提升的就提升。技术人员的职别（总工程师、副总工程师、工程师、技术员、见习技术员）的确定和提升，要根据他们的工作任务、工作质量和技术水平。对其中优秀的，应当不受资历、学历的限制。职员也应当按照上述原则办理。

职工转正、定级和升级，都要经过考核和民主评议。

年老体衰的职工，符合退休、退职条件的，一般地应当退休、退职。从事重体力劳动和有害健康的劳动的职工，沒有达到退休年龄，但是不能继续从事原来的劳动的，可以调做轻便的工作，除按照新工作岗位发给工资外酌加补贴。

三十、对于达到本工种最高技术等级、工龄在十年以上的工人，对于沒有达到本工种最高技术等级、工龄在十五年以上的工人，对于工龄在十五年以上的技术人员和职员，实行工龄津贴制度。

对于有特殊技术的高级技工和技术人员，对于业务特别熟练的职员，可以发给特别津贴。

师傅带徒弟，要按照规定发给津贴。

三十一、企业的领导人员，必须经常关心职工的生活，切实注意做好生活福利工作，热心帮助职工解决生活上的困难问题。

职工是否参加食堂，完全由职工自己决定。职工食堂必须办好，要由加入食堂的职工选举代表组成伙食委员会，对食堂实行民主管理和监督，保证职工吃够应得的口粮和副食品，严格防止贪污、浪费、盗窃。职工节约的粮食，全部归自己。

组织职工家属，利用住宅周围的空闲土地，种植蔬菜，饲养家禽、家畜，所有收入都归个人所有。

根据需要和可能，有计划地修建职工宿舍。在人员精减以后，可以对职工宿舍进行合理调剂。要加强职工宿舍的修缮和管理工作。

职工自建的房屋，永远归职工个人所有。

按照规定，认眞保证职工的探亲假。

加强职工疾病的预防和治疗工作。积极改善职工个人的、家庭的和食堂的卫生条件。职工有病，应当及时治疗。

对于生活困难的职工，经过群众评议和企业工会批准，给以适当的补助。

积极办好企业的哺乳室、托儿所、卫生所、澡堂、理发室和文化娱乐等集体福利事业。

凡是合乎条件的企业，都要按照劳动保险条例的规定，做好劳动保险工作。

第五章　經済核算和财务管理

三十二、每个企业，都必须实行全面的经济核算。凡是产品方案和生产规模的确定，技术措施和生产方法的制订，综合利用和多种经营的安排，以及一切生产、技术、财务活动，都要保证质量，讲究经济效果，都要眞正地体现多快好省的根本要求。

每个企业，都必须遵守国家財政制度，必须经常教育全体职工，爱护国家财产，同贪污、浪费、盗窃国家財产和一切违反国家財政制度的行为作斗爭。

三十三、企业必须编制成本计划，加强定额管理，不断地降低产品成本。

企业的成本计划，要交给群众讨论。降低成本的指标，要落实到车间、工段、小组，有的还要落实到个人。

企业要根据已经达到的水平，制定平均先进的技术经济定额。定额的制定和修改，要经过群众讨论。主要定额，要经过上级行政主管机关批准。定额主要有：（1）劳动定额，（2）原料、材料、燃料、动力、运输力的消耗定额，（3）设备利用、工具消耗定额，（4)管理费用定额。

为了加强定额管理，要有必需的计量工具，要做好能够准确反映生产实际情况的原始记录。

企业必须严格执行主管机关关于成本开支范围的规定。一切不属生产成本开支的费用，不许列入成本。

三十四、企业必须加强对原料、材料、燃料、动力、运输力的管理，建立和健全领料、退料制度和物资保管制度，改进仓库工作，切实防止物资的消耗变质。

企业必须合理利用和严格节約原料、材料、燃料，不许大材小用，优材劣用。能够回收利用的物资，要实行退旧领新制度。要合理利用废料。使用新的材料，采用代用材料，都必须经过反复试验和科学鑑定，重要的要经过国家有关主管部门批准。

三十五、企业必须加强资金的管理，严格按照主管部门核定的流动资金定额，节约地使用资金，加速资金的周转。

企业应当根据生产周期的长短，规定原料、材料、燃料和半成品的合理储备量，定期盘点物资，定期审核资金的使用情况。不许超过必须的储备量积压物资，不许超过定额占用资金。

企业的流动资金只能用于生产周转和商品流通的需要，不能用于基本建设和其他財政性开支。企业的流动資金和基本建设投资必须严格划清，分别管理，分别使用，不得挪用。

企业之间，不准以产品和原料、材料进行交易。

三十六、每个企业，都要努力增加社会主义积累。企业应当上缴的利润和税金，必须及时上缴，不准拖欠、占用。经过国家批准的在一定时期内需要补贴的企业，必须精打细算，力求減少补贴，并且尽早地变为赢利的企业。

企业对外的现金往来、物资供销、债权债务的结算，都由厂部负责办理。车间、工段、小组，不得自行对外发生经济往来。

三十七、企业的厂部、车间、小组三级都要实行经济核算，建立和健全经济活动分析制度。

企业必须发动群众，认眞作好经济活动分析。通过分析对比，挖掘潜力，提出措施，促进生产，降低成本。

三十八、企业必须严格按照国家规定的工业产品出厂价格，出售产品。国家指定由企业自订的产品价格，要经过主管部门报請国家计划机关批准。企业不执行规定的出厂价格的，使用部门有权拒付货款的抬价部分。

新产品的出厂价格，必须由上级主管部门审查批准，规定执行期限，到期以后，重新审订。

企业生产的不合格的但是可以使用的产品，应当按质降价，由国家有关部门统一收购，不许自销。

三十九、企业必须建立财产的保管和使用制度，管好用好国家财产。

企业要有详细的财产目录。基本建设工程在交付使用以后，要立即列入财产目录。企业财产的增减、转移，一定要按照规定程序办理。非经主管机关的批准，企业不得擅自处理。企业的财产，至少每年清查一次；清查以后，发现多余或者亏损的情形，都要报告上级主管机关审查处理。

四十、企业的财务机构，必须单独设置。车间也要设置财务机构或者专职人员。

有条件的企业，设置总会计师，在厂长领导下负责计算和审查本企业一切技术措施和生产经营的经济效果，设计和审查企业的财务、会计事项，监督本企业执行财务制度和财政纪律。企业对外提供的一切会计报表，必须经过厂长和总会计师共同签署。沒有条件设置总会计师的企业，财务会计工作要有专人负责。

车间的财务会计负责人，由厂长直接任免。企业的总会计师和其他财务会计负责人，由上一级行政主管机关直接任免。

对于一切不合制度、不合手续的开支，财务会计人员有权拒绝支付和报销。如果发生争论，应当报告厂长和总会计师决定，或者由厂长提交厂务会议讨论决定。对于违反财政纪律的行为，财务会计人员有权越级上告。

四十一、为了促进企业的经济核算，上级管理部门应当正确地制定计划，做好物资供销工作。由于企业的上级机关变更计划而造成的损失，由上级机关负责。由于物资不能按照合同供应而造成的损失，由供应单位负责。由于运输、收购部门不按照合同办事而造成的损失，由运输、收购单位负责。

企业在正常条件下，由于经营管理不善而发生亏本赔钱、设备损坏、财产损失等情况，应当给有关人员以批评教育；严重失职的和屡教不改的，应当给以处分。

第六章　协　　作

四十二、每个企业，都必须根据国家规定的任务和本企业的具体情况，提出自己需要的协作要求，提出自己能够承担的协作任务，分别同有关企业、有关单位建立协作关系。

原有的协作关系已经中断而需要恢复的，要尽可能迅速恢复。不能恢复的协作关系，要另行安排。原来沒有协作关系的，要迅速建立。

企业在协作关系建立以后，必须按照合同的规定，切实保证完成自已承担的对别的企业的协作任务，不能采取不负责任的态度。

四十三、企业要通过各种形式，有计划地组织协作，实行物资的定点供应。凡是企业和企业间能够和需要直接联系的，都要直接建立协作关系；不能够直接联系的，可以按行业把有关的工厂组成生产性的专业公司（如通用机械公司、仪表公司等等），可以按专业产品组成销售公司（如五金公司、化工原料公司等等）或者购销站，由它们分别负责组织产品的生产和供应。

四十四、凡是需要和能够固定的协作关系，都必须固定下来。固定协作关系，要分级安排：属于省、市、自治区范围以内的，由省、市、自治区安排；属于大区范围以内的，由大区安排；属于大区之间的，由中央有关部门安排。在安排企业之间的协作任务的时候，必须遵守先全国、后地方的原则。

重要生产资料的固定协作任务，都要纳入各级计划。

组织协作的主管机关，是各级经济委员会。

四十五、在地区经济分工的基础上，应当组织地区之间的生产协作。凡是全国需要的产品，各地区必须按照国家计划，首先完成和超额完成生产和外调的任务。生产这类产品的企业，已经停办了的，或者转产其他产品的，都必须按照国家计划的要求，迅速恢复生产。

四十六、协作双方必须签订经济合同，具体规定产品的品种、规格、质量、数量、价格和交货期限，具体规定双方承担的义务。

经济合同具有法律效力，必须严格执行，不准单方面废除。不执行合同的，要负经济上的赔偿责任。

企业之间、部门之间有关经济合同的纠纷，由各级经济委员会设置专门机构裁决和处理。

四十七、国营工业企业和城市人民公社企业之间的协作关系，要严格实行双方自愿、等价交换的原则。不许国营工业企业平调城市人民公社企业的物资和劳动力，或者把城市人民公社企业变为自己的“卫星工厂”，也不许城市人民公社企业平调国营工业企业的物资和劳动力。

国营工业企业和农村人民公社的经济关系，也应当按照上述原则办理。

第七章 责任制度

四十八、每个企业，都要根据本企业的特点，总结已有的经验，经过群众充分讨论，建立和健全厂部、车间、工段、小组各级的行政领导责任制，建立和健全生产、技术、劳动、供销、运输、财务、生活、人事等专职机构和专职人员的责任制，建立和健全每个工人的岗位责任制。

从厂部到生产小组，直到每一个人，都要有明确的分工，有明确的职责。要使每一件事情，每一台设备，每一种工具，每一份材料，每一个产品，都有专人负责。必须提高每个职工的自觉性和责任感，同各种无人负责、秩序混乱的现象进行坚决斗爭。

四十九、每个企业，都应当在党委领导下建立以厂长为首的全厂统一的生产行政指挥系统，集中领导企业的生产、技术、财务等活动，保证全厂生产有秩序地进行。不要随便组织各种各样的指挥部、办公室，不要采取“分片包干”的办法，以免削弱、破坏这种统一的指挥系统，打乱正常的生产秩序。

企业行政工作的指挥中心是厂部。凡是计划的制定，生产的调度，财务的管理，产品的设计，质量的检验和厂以下各车间之间的人员、材料、设备的调动等，都由厂部负责。

在厂长的领导下，各个副厂长、总工程师、总会计师都要有明确的分工，分别负责企业的生产、技术、劳动、供销、运输、财务、生活、人事等工作。要建立和健全必要的科室等专职机构，分别在厂长、副厂长、总工程师、总会计师的领导下进行工作。

企业要建立强有力的生产调度机构，由生产副厂长领导。以厂部的生产调度机构为中心，组成全厂的生产调度网。

厂长要定期召开由副厂长、总工程师、总会计师和其他有关人员参加的厂务会议，集体讨论和研究行政工作中的重大问题，具体安排和解决日常工作问题。

五十、在厂部的统一领导下，车间、工段和小组，厂部的专职机构，都在各自的职责范围内，负责管理工作。

车间、工段、小组的生产、技术等工作，分别由车间主任、工段长、小组长负责。专职机构的行政工作，由科长、室主任负责。

企业的各级行政组织和专职机构，企业的全体职工，都要认眞贯彻执行厂部的指示和命令。车间、工段、小组，在业务上，要接受厂部有关专职机构的指导。

企业中的各级行政副职，都归正职领导。

五十一、企业中主要的责任制，应当通过规章制度明确地规定出来。企业要建立以下各个方面的制度：

有关计划管理的制度；

有关技术管理、质量检查、安全生产和事故分析的制度；

有关劳动、工资的制度；

有关物资供应、产品销售的制度；

有关经济核算和财务管理的制度；

有关奖惩的制度。

企业要同各项管理制度和责任制度相适应，经过群众讨论，制定有关的规程和条例。规程、条例应当简明扼要、切实可行，不要繁瑣。规程、条例中规定的办事手续，应当力求简化；表报、文件，应当尽量减少，不要泛滥成灾。

新建的企业，应当参照同类老企业的经验，结合本企业的情况，迅速地认眞地把各种必要的责任制和规章制度建立和健全起来。

五十二、企业的领导干部和全体职工，都必须明确了解自己的职责，严格遵守规章制度。

每个企业，都必须教育职工，自觉地遵守规章制度，互相帮助，互相监督。

每个企业，都应当自上而下地和自下而上地加强监察工作，认眞檢查各种责任制 和各方面的规章制度的执行情况。对于不负责任、违反规章制度而造成损失的，应当根据情节的轻重和损失的大小，给以不同的处分，直至提請法院给以刑事处分。

五十三、企业的规章制度，应当有一定的稳定性 不能随意修改和废除。

对于某些确实限制了群众积极性提高、阻碍了生产力发展的规章制度，应当修改或者废除。但是，必须采取严肃态度和慎重步骤，必须经过群众充分讨论和典型试验。对需要修改的规章制度应当进行具体分析，保存其中合理的部分，去掉不合理的部分。在经验还不成熟、新的规章制度还沒有定出以前，原有的规章制度，应当继续执行，不应当匆忙地轻率地加以废除。拟订新的规章制度，也必须经过群众充分讨论，先在小范围内试行，在取得实际效果以后，才能够在全厂范围内普遍推广。

原有规章制度的修改、废除，新规章制度的建立，应当由厂部统一负责，重要的必须报請上级行政主管机关批准。

第八章　党委领导下的厂长负责制

五十四、在企业的生产行政上，实行党委领导下的厂长负责制，实行集体领导和个人负责相结合的制度。

企业党委对于生产行政工作的领导责任是：

（1）贯彻执行党的路线、方针、政策，保证全面完成和超额完成国家计划，保证实现上级行政主管机关布置的任务。

（2）讨论和决定企业工作中的各项重大问题。

（3）检查和监督各级行政领导人员对国家计划、上级指示、企业党委决定的执行。

在企业党委的领导下，企业生产行政工作的指挥，由厂长负责。

五十五、企业生产行政中的下列重大问题，必须由企业党委讨论和决定。（1）企业的年度计划、季度计划、月度计划和实现计划的主要措施，（2）企业的扩建、改建和综合利用、多种经营的方案，（3）生产、技术、供销、运输、财务方面的重大问题，（4）劳动、工资、奖励、生活福利方面的重大问题，（5）重要的规章制度的建立、修改和废除，（6）企业主要机构的调整，（7）车间、科室以上行政干部和工程师以上技术干部的任免、奖惩，职工的开除，（8）企业奖励基金的使用，（9）企业工作中的其他重大问题。

企业党委无权改变国家计划。企业党委的决定，不能同中央决定、指示和企业上级行政主管机关布置的任务和下达的指示相抵触。

企业党委对生产、技术、财务、生活等重大问题作出决定以后，应当由厂长下达，并且由厂长负责组织执行。

五十六、企业党委应当积极支持以厂长为首的全厂统一的行政指挥系统行使职权，应当认眞维护各级的和各方面的责任制。

五十七、车间、工段和专职机构的党总支委员会，支部委员会的主要任务，是做好思想政治工作和党的建设工作，团结全体工人、技术人员和　员，贯彻执行企业党委会的决议，贯彻执行厂部的指示、命令。如果对上级行政的决议、指示、命令有不同意见，应当請示企业党委员会处理，不能自行决定。

车间、工段党总支委员会、支部委员会，对本单位生产行政工作的完成，起保证和监督作用。在车间、工段，不应当实行党总支委员会、支部委员会领导下的车间主任、工段长负责制。

专职机构的党支部委员会的作用，相当于机关党支部委员会的作用。在专职机构中，不应当实行党支部委员会领导下的科长、室主任负责制。

第九章　工会和职工代表大会

五十八、每个企业，都必须加强工会工作。企业中工会的主要任务是：发动和组织职工积极生产，提高职工的思想政治觉悟和文化技术水平，及时反映职工的意见和要求，维护职工的民主权利，改善职工的生活福利。应当使工会眞正成为党在企业中联系群众的有力助手，眞正成为吸引全体职工参加企业管理的群众组织，眞正成为共产主义的学校。

五十九、企业中的工会组织，应当在党委的领导下，协同行政，努力做好以下工作：

（1）发挥全体职工的积极性和创造性，开展社会主义劳动竞赛，总结和推广先进经验，全面完成和超额完成生产任务。

（2）教育全体职工加强组织性和纪律性，模范地执行国家的政策、法令和企业的规章制度，自觉地遵守劳动纪律，爱护机器设备和一切公共财物。

（3）教育全体职工发挥阶级友爱，互相学习，互相帮助，加强青年工人和老工人之间的团结，加强工人、技术人员、职员之间的团结。

（4）时刻关心职工的生活福利，正确执行工资政策和奖励制度，执行国家的劳动保护法令和劳动保险条例，依靠群众，认眞办好管好食堂、宿舍、澡堂、托儿所、卫生所等等集体福利事业，並且做好困难补助工作，组织职工开展互助活动，切实解决职工生活中的具体困难。

（5）组织职工的业余文化、技术学习，开展职工的文化、娱乐、体育活动。

（9）配合当地政府，深入地具体地进行职工家属的思想教育工作，使他们热爱劳动，关心集体，团结互助，勤俭持家。

企业中的各级工会组织，要定期向会员报告工作，公布帐目，听取会员的意见，接受会员群众的批评。

六十、企业的职工代表大会制，是吸收广大职工群众参加企业管理和监督行政的重要制度。

企业各级的职工代表大会和职工大会，要讨论和解决企业管理工作中的重要问题，要讨论和解决职工群众最关心的问题，要保证大会决议的实行，切实避免形式主义。

企业各级的职工代表大会和职工大会，有权对企业的任何领导人员提出批评，有权向上级建议处分、撤换某些严重失职、作风恶劣的领导人员，並且有权越级控告。

职工代表大会的代表，实行常任制，每年改选一次。企业的职工代表大会，每年至少开会四次。在代表大会闭会期间，要按照生产单位或者工作单位组织代表小组，经常反映职工群众的意见，督促和检查大会决议的执行。

企业各级的职工代表大会和职工大会，必须按期由工会召开，不能以干部扩大会议代替。职工代表大会在闭会期间，日常工作由工会主持。

六十一、工人参加生产小组的日常管理，是工人参加企业管理的一个重要內容。厂部和车间的专职机构，应当为工人参加小组管理工作创造各种条件，加强对他们的业务指导。企业应当总结工人参加生产小组管理的经验，逐步形成制度。

第十章 党的工作

六十二、企业党组织是中国共产党在企业中的基层组织，在当地党委领导下，企业党委员会是企业中一切工作的领导核心。

企业中党的主要领导权力，应当集中在企业党委员会。

企业中的各级党组织，都应当遵守党章的规定，健全党的生活，加强党的思想建设和组织建设。

充分发挥党支部的堡垒作用和党员的模范作用。要定期召开党的小组会和支部大会，加强党员对党的政策的学习和党章的学习，检查党员在群众中间的工作，进行批评和自我批评。每个党员，都应当宣传党的主张，贯彻执行党的指示，遵守党的决议，出色地完成任务，用自己的模范行为影响群众和带动群众。

企业党委员会要紧缩编制，尽可能减少脱产的工作人员。企业党委的书记不宜过多。

六十三、企业中党的各级委员会，应当定期开会，不应当以"一揽子会""碰头会"代替。党委会在开会的时候，应当使每个人自由发表意见，不允许压制不同的意见。党委会在决定问题的时候，必须严格遵守少数服从多数的原则，不能由个人决定。在党委会作出决定以后，党委会的任何成员必须坚决执行，但是，应当允许人保留不同的意见。党委会对成熟的问题要及时作出决议，对不成熟的问题要深入调查研究，反复交换意见，不要轻率决定。

六十四、政治是统帅，是灵魂。企业党委应当把做好思想政治工作放在重要地位。

企业中政治工作的主要任务，是提高职工的政治觉悟和生产积极性，更好地完成企业的生产计划。政治工作要深入细致，生动活泼，要克服和防止形式主义和简单化。

要把加强思想政治教育工作和贯彻按劳分配原则结合起来，提高职工群众的生产积极性。

各级党组织要经常了解职工群众的思想狀况，具体解决职工群众的思想问题。在企业中，对不同的人要具体地进行工作。

对老工人，要教育他们发扬工人阶级的优良传统，发挥他们在生产中的骨干作用，要关心他们在政治、工作、学习、生活等方面的要求。歧视老工人，是错误的。

对新工人，要加强阶级教育和组织性、纪律性教育。

对女工，要经常关心她们在政治思想、生产技术、文化学习方面的进步，帮助她们解决特殊的困难。

技术人员和职员是工人阶级的一部分。要对他们加强政治教育，鼓励他们学习政治，学习技术、业务，鼓励他们同工人群众密切结合，並且给他们一定的条件，使他们向又红又专的目标努力。不能把钻研技术、钻研业务看作是“走白专道路”。

区别职工的先进和落后，既要看职工本人政治觉悟的高低，又要看完成生产任务和工作任务的好坏。不能把那些埋头苦干、参加社会活动少的人当作落后分子。对先进的人要经常教育，使他们发扬优点，克服缺点，防止自满，不断进步；对一时落后的人要耐心帮助，不要歧视。

对于那些仅仅对党的方针、政策不够了解、有点怀疑的人，以及对企业党委的决定有不同意见的人，不能一律当作落后分子，更不能乱扣帽子。

六十五、企业中的政治工作，要有专门机构负责。在设立了政治部的企业中，由政治部负责；在不设立政治部的企业中，由党委的工作部门负责。

企业中的政治部，是企业党委的工作机关，负责企业中党的思想建设和组织建设工作。它受党委的委托，领导工会、共青团的工作。

企业中的政治部，由原来企业党委的工作机构组成，不许扩大编制。

六十六、企业党委必须加强对工会、共青团的领导，使他们眞正发挥党联系群众的纽带作用。

共青团应当努力做好团的建设工作，成为党的有力助手。共青团组织要加强对青年职工的思想教育，发挥他们的积极性和勇于进取的精神，同时要教育团员和青年尊敬老工人，向老工人学习，尊敬师傅，搞好师徒关系。共青团组织要协助行政和工会，开展文化、娱乐、体育活动。

六十七、企业中的各级党组织，必须教育党员，经常注意加强同非党群众的团结。

每个党员，都要以平等的态度对待非党群众，虚心地同他们商量问题，善于同他们共事，在政治上关心他们的进步，在生活上关心他们的困难。

每个党员，都要执行党中央关于团结技术人员的政策，同非党技术人员亲密合作。

每个党员，对于所在单位的行政、技术领导人员，不管是不是党员，都应当尊重他们的职权，服从他们的领导。

六十八、企业党委要教育全体干部，认眞执行“党政干部三大纪律、八项注意”。

三大纪律是：（一）如实反映情况。（二）正确执行党的政策。（三）实行民主集中制。

八项注意是：（一）参加劳动。（二）以平等的态度对人。（三）办事公道。（四）不特殊化。（五）工作要同群众商量。（六）沒有调查沒有发言权。（七）按照实际情况办事。（八）提高政治水平。

六十九、企业党委必须教育全体党员和全体干部，贯彻执行群众路线，使企业的生产运动、政治运动、文化运动都成为群众自觉的运动。

企业的领导干部，必须深入群众，经常到车间去、工段去、小组去，到职工宿舍去，到职工食堂去，同职工群众交朋友、谈心，了解群众的要求，解决群众的困难，遇事同群众商量。

企业中的全体干部，都必须坚持民主作风，反对强迫命令。不许压制民主，不许打击报复。严禁用非法的办法处罚职工。

企业的领导干部，都必须坚持实事求是的作风，凡是规定任务，提出指标，采取措施，决定问题，都要从实际出发，进行精确计算，尊重科学技术。

企业中生产上和技术上的重大问题，应当采取领导干部、技术人员和工人群众相结合的办法解决。

企业党委的主要领导干部，应当用主要精力和大部分时间进行调查研究工作，努力发现企业管理工作中的关键性问题，认眞研究解决的办法，提交党委会讨论和决定。

企业党委要经常注意改进工作方法。党、工会、共青团的各级组织，都要切实精減会议和文件、表报。党、工会、共青团的活动，一般地不应占用每周四小时以外的由职工自己支配的业余时间。

七十、企业党委必须组织全体干部，认眞地学习马克思列宁主义关于社会主义建设的理论，学习毛泽东同志阐明的我国社会主义建设的理论和实践问题，学习党的社会主义建设总路线和方针、政策，並且认眞地学习经济业务，钻研科学技术，使广大干部又红又专，成为通晓本身工作的內行。

大毒草《工业七十条》出籠的前前后后

《工业七十条》是一株反对马克思主义、反对毛泽东思想的大毒草，是党内最大的一小撮走资本主义道路当权派刘、邓、薄等在工业企业推行修正主义，复辟资本主义的黑纲领。

为了彻底批判《工业七十条》，许多同志都想知道这个黑货是在什么情况下出笼的？是怎样出笼的？是怎样大力推销放毒的？是如何迟迟不作修改的？等等，一句话，就是中国的赫鲁晓夫及其一伙，是如何死抱住《工业七十条》不放，竭力反对把社会主义的国营企业办成毛泽东思想大学校的。

现在，我们根据初步掌握的一些材料，整理如下，供大家在批判时作参考。

一、竭力封鎖貶低毛主席提出的著名的"鞍钢宪法"

我们的伟大领袖毛主席亲自总结了我国三年大跃进中如何办好社会主义工业企业的根本经验。一九六〇年三月二十二日，在他批转鞍山市委关于工业战线上的技术革新和技术革命运动开展情况的报告中，提出了著名的"鞍钢宪法"。

这个批语是这样的："鞍钢是全国第一个最大的企业，职工十多万，过去他们认为这个企业是现代化的了，用不着再有所谓技术革命，更反对大搞群众运动，反对两参一改三结合的方针，反对政治掛帅，只信任少数人冷冷清清的去干，许多人主张一长制，反对党委领导下的厂长负责制。他们认为"马钢宪法"（苏联一个大钢厂的一套权威性的办法）是神圣不可侵犯的。这是一九五八年大跃进以前的情形，这是第一阶段。一九五九年为第二阶段，人们开始想问题，开始相信群众运动，开始怀疑一长制，开始怀疑马钢宪法。一九五九年七月庐山会议时期，中央收到他们的一个好报告，主张大躍进，主张反右倾，鼓干劲，並且提出一个可以实行的高指标。中央看了这个报告，极为高兴，曾经将此报告转发各同志看，各同志立即用电话发各省、市、区、帮助当时批判右倾机会主义的斗爭。现在（一九六〇年三月）的这个报告，更加进步，不是马钢宪法的那一套，而且創造了一个鞍钢宪法。鞍钢宪法在远东，在中国出现了。这是第三阶段。"根据这个批示，后来归纳成"鞍钢宪法"的五项基本原则，这就是：坚持政治掛帅，加强党的领导，大搞群众运动，实行两参一改三结合，不断开展技术革命。这是对如何办好社会主义工业企业的一个极其重要的指示。

可是，刘少奇对毛主席提出的"鞍钢宪法"，不仅不加以宣传贯彻，相反，却到处宣扬他的修正主义谬论、反对政治掛帅，反对群众运动，大搞物质刺激，强调规章制度。例如，一九六〇年五月，他在参观成都量刃具厂，当听到工厂负责人汇报生产小组也办卫星工厂，就立即问："小组办卫星厂是什么所有制？""有沒有奖励？奖励多少？"

又说："物质刺激还是要一点啰"，"你们小组管理有了发展，比两参一改三结合进了一步，有政治思想，有权力，有核算，而且还有奖励。"他还说："要建立适当的规章制度，生产安排适当，群众积极性才能发挥，沒有制度，群众就不关心生产。"

不久，薄一波看到毛主席的批示，对于这样重要的指示，他既不在经委党组会议上组织讨论，也不向干部传达。在同年召开的全国工业交通会议上，他在报告和总结中都沒有传达这一重要指示。这样，不仅全国工业战线上的广大干部不知道，就是国家经委的许多干部也是长期被封锁了。

同年五月冶金部看到毛主席这个重要指示后，立即在鞍山召开了一个有十五个企业参加的现场会议加以推广，会后写了一个报告给中央，并抄给薄一波。中央看后曾批示："要大张旗鼓进行宣传。"可是，薄一波却又加以抵制和封锁，胡说什么："不宜公开宣传。"

一九六〇年十一月全国召开工业书记会议，本应认眞研究贯彻毛主席这一十分重要的指示，可是，薄一波不仅沒有这样做，相反，他在这次会议上，以所谓"总结工业生产的经验"为名，大谈特谈他自己的一套修正主义黑货。他把毛主席的这一重要指示，列入在他的第十三条经验中，並贬之为"加强企业管理工作"的经验。他狂妄篡改"鞍钢宪法"的基本精神，随心所欲地把它解释为"企业管理的最根本的问题，是不断改进企业內部人与人之间的关系，並在这个基础上进一步改进人与物之间的关系"，说什么现在的问题是要"把政治工作和经济工作密切结合起来"，规章制度要"有了比它高明的再破它"等等，完全与"鞍钢宪法"唱反调，根本不把"鞍钢宪法"放在眼里。

二、反对大跃进、反对"鞍钢宪法"，精心炮制修正主义的《工业七十条》

一九六一年，中央制定了《农村工作六十条》后，指定薄一波代中央起草一个国营工业企业工作条例。

为了准备起草这个条例，薄一波要国家经委研究室组织有关方面的力量，到北京、天津的一些工厂，进行调查。在起草这次调查提纲时，薄就明目张胆地公开反对毛主席，一再宣扬："这次调查研竟，着重搞生产力的问题，搞业务、技术管理工作问题。政治工作问题，由别的单位搞。"

一九六一年六月，薄一波亲自带领反党分子马洪、梅行等人去沈阳，召开了起草工业企业工作条例的座谈会。在这个会上，当有的同志提到工业企业工作条例如何贯彻"鞍钢宪法"的五项基本原则时，薄一波的态度非常恶劣，竟气势汹汹地说："不能空喊口号，要有实在內容"等等，又一次明目张胆地反对"鞍钢宪法"。

会议期间，在薄一波亲自主持下，组织了一个起草小组，由反党分子马洪、梅行具体负责。在起草过程中，根本不是以毛泽东思想挂帅，具体地贯彻"鞍钢宪法"，而是以所谓"治乱"作为基本出发点。他们的所谓"治乱"，就是否定在党的总路线指引下出现的社会主义建设大跃进。当时，薄一波一再宣扬，经过三年大跃进之后，我国工业战线上存在的主要问题是："生产秩序混乱"，"瞎指挥、乱操作的现象严重，许多设备受到了损坏"，"工资奖励制度，存在着平均主义倾向"，"许多企业党委包揽日常行政事务"等等。因此，他要"治乱"。他的"治乱"的办法，就是恢复旧制度，恢复洋框框，完全搞修正主义的一套。

不久，他们就搞出了一个共有十五章八十条的《国营工业管理工作条例(草稿)》。然后，提到中央书记处，经邓小平、彭真之流审查修改后形成了《工业七十条》（草稿）。

这个条例，不仅根本沒有提到毛泽东思想是国营工业企业一切工作的方针。而且与毛主席在"鞍钢宪法"中所总结的五条基本方针唱反调。它的指导思想不是强调加强党的领导，而是强调反对党委包办代替；不是强调政治掛帅，而是强调物质刺激；不是强调大搞群众运动，而是强调循规蹈距束缚群众手脚；不是强调两参一改三结合，而是强调严格的分工和责任制度；不是放手发动群众，大闹技术革命，而是强调爬行哲学，只准小手小脚的去搞合理化建议和技术革新。一句话，它就是大反"鞍钢宪法"。

这个条例，根本也不是什么"新创造"，而是地地道道苏修企业管理的反动纲领的翻版。它与苏修的《社会主义国营生产企业条例》（一百一十条）同出一辙。例如：关于企业的性质、企业的主要任务、一长制、物质刺激等等一套规定，从内容到字句，几乎一模一样，唱的完全是一个调子。

三、盗用中央名义，强行推销《工业七十条》

一九六一年夏天，正是国内外阶级敌人向我们猖狂进攻的时候，也是由于苏修的破坏和自然災害的影响，国家工业生产遇到暂时困难的时候，中国的赫鲁晓夫及其一伙把他们炮制的《工业七十条》（草案）抛出来了。这个黑纲领一送到上海，就受到以柯庆施同志为首的上海无产阶级革命派的坚决反对。当时柯庆施同志很气愤地说："不要把大跃进精神丢掉了！"有些同志还尖锐的批评说："《工业七十条》否定了大跃进的经验，是对三面红旗的反攻倒算。"

一九六一年八月，中央在庐山召开工作会议。邓小平、彭真、薄一波将其精心炮制的修正主义《工业七十条》，提交中央工作会议。会上未予正式讨论，但许多同志却对《工业七十条》提出许多尖锐批评。他们批评："起草这个条例的人，好似刚从苏联回来的，沒有参加我们的大跃进"，邓小平听了就很恼火地说："我就是刚从苏联回来的，不再讨论了，试还沒有试，先做了再讲。"薄一波听了也深为不满，说什么："算了，大家叫怎么改，就怎么改吧！"

在这次会议上，上海党内头号走资本主义道路当权派陈丕显原想在讨论《工业七十条》时，进行政治投机。开始，他怕触犯刘、邓，挑选了一些不尖锐的意见报上去，后来他听说毛主席很欣赏对《工业七十条》尖锐的批评意见，他又马上要市委专门把尖锐的批评意见抢先送去，（如说起草《工业七十条》的人是刚从苏联回来的，沒有参加我们的大跃进；《工业七十条》是对我们的大跃进实行纠偏的等等）搞政治投机，结果被邓小平大吃“排头”。陈丕显偷雞不成蚀把米，回来大发雷霆，多次追查送意见的人，並抱怨说：“你们对《工业七十条》有意见，结果整到我头上来了”，“使我背上了包袱”等等。

会后不久，同年九月彭眞就亲自写了一个讨论和试行《工业七十条》的黑指示，並盗用中央名义，将这个黑纲领正式颁发各地讨论与试行。当时，上海广大群众和革命领导干部在讨论时，认为这个文件(草稿)不突出毛泽东思想，不强调政治掛帅，沒有反映大跃进以来轰轰烈烈的群众运动和创造出来的丰富经验，而用一系列的条条框框，清规戒律去束缚群众的思想和手脚，是搬用苏联的一套，因此，表示强烈反对和抵制。可是，陈丕显却秉承邓、薄的“思想不通也要试行”的黑指示，说什么“《工业七十条》是总书记亲自抓的，意见不要再提了。”以此封住下面的咀，为推行修正主义的黑货大开“绿灯”。

同年十二月，全国召开工业会议，邓小平在汇报会上又训斥大家说：“大家对《工业七十条》那么多意见，对车间支部起保证监督作用的规定意见那么大，问题就是强调了集中统一，把支部权利收回来了。”“过几年再改嘛；这几年权利下放过多，中央向你们要权，企业向车间要权。大权不能旁落。”还胡说什么：“矫枉必须过正。”同时，他还大肆宣扬：“群众运动不等于群众路线”的谬论，胡说什么：“有人把群众路线、群众运动说成一件事。群众运动有两种：一种是经常性的一点一滴的工作；还有一种是在一定时期，搞一个问题。现在把群众运动看成大呼隆，开大会，一陣子风，忽视了经常点点滴滴的工作。过去有些工作，往往是不符合群众路线，违反群众路线的。”

四、大造舆论，为推销《工业七十条》鳴鑼开道

一九六一年九月，国家经委主管企业管理的一位副主任，就秉承邓小平、薄一波的从“五定”入手整顿企业管理的黑指示，在全国机械工业厅（局）长、厂长工作会议上大放其毒，为推销《工业七十条》鳴锣开道。说什么“现在摆在我们全党面前迫不容缓的重大任务就是：认眞总结经验，吸取教训，坚定信心，下定决心，切实地采取措施，改正缺点和错误，克服困难，逐步扭转工业工作中的被动局面。”胡说什么“拟订《工业七十条》的目的，是为了进一步加强党的领导，促使企业的领导人员正确地指挥生产，更好地调动广大职工群众的积极性，全面地完成和超额完成国家计划，使总路线在工业建设中发挥更大的威力。”因此，他要求各地把“贯彻七十条看作是一项不容忽视的重要任务。”在这个会议上，他还为推销《工业七十条》竭力献谋划策，除了首先做好所谓“思想工作”外，还定出了六大步骤：什么“第一步从‘五定’入手”；“第二步健全和加强责任制”；“第三步整顿和巩固综合的生产能力，提高产品质量，发展品种，加强技术管理，建立技术责任制，严格贯彻执行与技术有关的规章制度”；“第四步整顿生产组织和计划工作，建立和健全生产责任制”；“第五步健全和加强经济核算制”；“第六步在各项管理制度和责任制逐步而又全面执行以后，经过一段实践，经过复查，全面总结，搞出一套新的企业管理的组织设计，制订出……管理企业的全部规章

制度”。

一九六二年四月薄一波又派工作组来上海，会同华东局经委召开华东区整顿企业工作座谈会，大力推销《工业七十条》。会上，很多同志对《工业七十条》提出了许多批评意见，如说“工业七十条只讲管理，对大鬧群众运动讲得很不够”“要支部只实行保证监督作用是不对的”等等。可是，这次会议，却完全按照邓、薄规定的调子，大造反革命修正主义的舆论，说什么“大鬧群众运动不等于就是走群众路线”，“实行支部统一领导，对建立以厂长为首的生产指揮系统就有妨碍”，“貫彻《工业七十条》，能从根本上整顿企业管理”等。会议一再压制许多同志的正确意见，並污蔑为“对试行《工业七十条》整顿企业工作的迫切性和艰巨性认识不足”等等。

这次会议为推销黑货《工业七十条》，还鼓吹什么：“工业七十条》已深入人心，企业整顿工作有了“纲领”和群众基础，前一段工作已创造了一个良好开端”。会议还进行了一系列部署，强迫各省市成立试行《工业七十条》的领导小组，並建立专门办事机构，以及进一步强调整顿企业一般的应当从“五定”入手。吹嘘什么“‘五定’是整顿企业管理工作的基础，也是做好工业调整工作的重要依据。”

一九六二年春，薄一波为了推销《工业七十条》，制造更广泛的舆论，又指使反革命修正主义分子，前中国科学院经济研究所所长孙冶方与反党分子马洪等编写所谓《中国社会主义国营工业企业管理》一书，在编写之前，薄一波就发布黑指示“可以按照《工业七十条》的精神写”。当时，有人提出，“各地方、各企业对《工业七十条》意见很多，如果把《七十条》都搬到书上，肯定要受批评。”並说：“要写这本书，首先就要以毛泽东思想为全书的指导方针，但《工业七十条》沒有提”。薄说：这有什么问题呢！肯定照《工业七十条》写就是了。这样，到同年十月，这本鼓吹《工业七十条》的黑书，就完成初稿，不久就出笼了。

五、鼓吹資产阶级“专家”“权威”的专政
竭力从组织上强化“一长制”

一九六三年五月，薄一波召开了工交企业技术工作座谈会。会上又是进一步吹棒《工业七十条》，说什么“《工业七十条》頒布试行以来，全国工交企业在整顿企业管理方面作了不少工作。”“目前《工业七十条》，整顿企业的工作正在顺利进行”，“面临迎头赶上世界先进技术水平的新任务，把《工业七十条》中有关技术责任制更迅速地更全面地建立和健全起来，已为当务之急”等等。

为了搞他修正主义的一套，这次会议的参加者原来邀請的都是一些技术“专家”、“权威”、总工程师等人，根本沒有邀請一个工人。可是，薄一波对此还不满意，认为邀請的“专家”、“权威”还不够高明，又向各部提出要增加一批更高级的“专家”、“权威”来参加大会。会上整个气氛不是如何突出政治，高举毛泽东思想，放手发动群众，而是迷信“专家”、“权威”，脱离政治，脱离群众，一股劲地抬高总工程师的身价地位，给总工程师争权，给总工程师加官。这次会议，他为了进一步贯彻黑货《工业七十条》，在生产技术工作领域内大搞“一长制”，他要会议制定了一个《关于工矿企业生产技术责任制草案》，这个条例，名为生产技术责任制，实为总工程师“一长制”。根据这个条例，企业的生产和技术大权即全部交给总工程师统管，规定总工程师是企业生产和技术的总负责人，是企业的第一副厂长，在厂长离厂期内，代行厂长职务。总工程师不仅掌握管理生产和技术大权，而且也掌握企业工程技术人员的提拔、晋级、奖惩和调动等大权，这完全是变相的苏修一长制。在我国目前总 程师中有相当一部分仍是资产阶级知识分子的条件下，制定这个责任制，实际上是忘记了阶级和阶级斗争，是大大帮助了资产阶级权威夺取企业的生产、技术大权，是实行资产阶级对无产阶级的专政。

薄一波在这次会上还大肆宣扬技术第一，外行不能领导内行的谬论。说什么“第一副厂长一定要懂得技术，不懂得技术就不能管理生产”；“领导生产和领导技术的工作必须统一起来”；“不懂得技术的要调开”等等。他还说：“现在同几年以前不同了，大家干工业已经干了十几年了，还能老是外行，老让外行领导内行吗？”这实际上是重复右派过去所说的外行不能领导内行的论调。

一九六三年六月，薄一波秉承其主子刘少奇用经济办法管企业的黑指示，又召开了工交企业经济工作座谈会。他在会上，以勤俭办企业和加强经济核算为幌子，又进一步大肆吹捧《工业七十条》，说什么：“一九六一年以来，许多企业根据《工业七十条》的规定，试行了总会计师制度，证明它是一项‘好制度’”。接着，他就要求“至今尚未实行总会计师制的企业，应当积极创造条件，逐步地实行。”并且规定“必须要由副厂长一级的专职干部来担任。”要“在厂长领导下全面组织企业的经济核算工作。”同时，会议还发了一个“关于国营工业、交通企业设置总会计师的几项规定”（草案），以此大力推行经济工作领域内的“一长制”。

同时，薄一波在会上又强调工交企业的计划、财务、统计等等经济工作人员，既无学衔，待遇又低，影响他们的积极性，为了“把他们的积极性充分地调动起来”，他规定建立“经济专业人员的技术称号和晋级”制度，大搞什么“经济工程师”，大力鼓吹“提级增资”，实行的完全是一套名利刺激。

此外，在会议上，他还大搞奖金刺激。说什么“要克服现行奖励制度中存在的平均主义”，他甚至还规定“各个企业的奖金率，可以高于原规定占标準工资百分之七至百分之十的比率”。总之，这次会议处处反对政治挂帅，反对大搞群众运动，而是大搞物质刺激，鼓吹专家路线，进一步在经济工作领域内大力贩卖与贯彻黑货《工业七十条》。

六、名为“修改”，实为推销

一九六一年九月《工业七十条》刚出笼时，刘、邓曾装模作样地规定几个月后就要修改的，但是，很快两年多时间过去了，仍只字未改，薄感到再不修修补补，也不好交赈了。因此，一九六三年七月，薄一波又派出好几个工作组，分赴全国各地进行所谓调查总结，提出修改方案。上海也派来一个工作组，在嘉丰纺织厂搞了五十天，提出了一个修改方案。这次修改不仅沒有根据毛主席同年五月关于“阶级斗爭、生产斗爭和科学实验，是建设社会主义强大国家的三项伟大革命运动”，“这一次社会主义教育运动是一次伟大的革命运动”，是“重新教育人的斗爭”，是“重新组织革命的阶级队伍”，要“学会在企业和事业中解决一批问题”等等重要指示，把社会主义工业企业看成是开展三大革命运动的十分重要的阵地，对《工业七十条》提出根本性的原则修改意见，相反却为《工业七十条》叫好，说什么“自贯彻《七十条》以后，企业管理工作有了进一步提高”，“《七十条》中明确规定企业党委的领导责任，明确规定车间不应当实行党支部委员会领导下的车间主任负责制，是很必要的，正确的。”“五定五保应该予以保留，尽可能实行，有些企业执行得不错的，不能随便废除”。等等。不仅如此，这次修改，同时还进一步販实同年五、六月份技术、经济两次座谈会的黑货，如说什么“根据经委召开的技术工作会议的精神，有必要把生产、技术工作统一起来”，“根据经委召开的经济工作座谈会的精神，在经济管理上有必要作较多的补充”，因此，这个修改方案，不仅对《工业七十条》的许多原则错误根本不触动一根毫毛，相反，却兜售两个座谈会的黑貨，大肆鼓吹在生产技术、经济工作领域内复活“一长制”，大搞管、卡制度，进一步束缚群众的手脚。后来，由于出现了按毛泽东想思办企业的执行“鞍钢宪法”的典范——大庆油田，感到形势对他们不利，因此也就无声无息了。

七、歪曲“鞍钢宪法”的光輝典范大庆經驗顽固坚持推销黑貨《工业七十条》

一九六三年底召开的全国工业交通工作会议上，石油部系统地介绍了大庆的经验，参加会议的同志，一致反映，这是用毛泽东思想办企业的光辉典范，也是坚决执行“鞍钢宪法”的光辉典范，总之是一个走革命化道路，用革命化领导机械化的典范，一致认为这个经验好得很，应当普遍推广。

一九六四年初，毛主席就发出工业学大庆的伟大号召，这年二月三日他在《中央关于传达石油部关于大庆石油会战情况的报告的通知》中指出：大庆油田的经验虽然有其特殊性，但是具有普遍意义。他们贯彻执行了党的社会主义建设总路线，坚持政治掛帅，坚持群众路线，系统地学习和运用解放军政治工作经验，把政治思想、革命干劲和科学管理紧密结合起来，把工作做活了，把事情做活了。它是一个多快好省的典型。它的一些主要经验，不仅在工业部门中适用，在交通、財贸、文教各部门，在党、政、军、群众团体的各级机关中也都适用，或者可做参考。

可是，当薄一波向刘少奇汇报了大庆经验后，刘少奇却认为大庆的经验有特殊性，不能代表一般。他对于大庆职工的高度的共产主义觉悟，不仅不加以肯定，反而大泼冷水，并且大肆鼓吹物质刺激，对薄说：“工资制度要写，不要简单提不计报酬，领导上要讲按劳分配，不要又把按劳分配搞掉了。……不计报酬，不计时间，长时间这样成不成？仅提这一方面，不提按劳分配，又会走到另一个片面。”

主子一声令下，薄一波立即改变腔调，大肆鼓吹“大庆经验特殊”的谬论，根本不认真介绍大庆的基本经验，更谈不上加以提倡和推广。他只是从贯彻他的修正主义《工业七十条》需要出发，大搞什么“评功摆好”、“岗位责任制”、“五五仓库”等等，以致使工交战线学大庆产生了严重的形式主义的倾向。即使这样，他也不愿长期地树立这个旗帜，而是寻找机会来搞掉这个旗帜。例如，国家经委和石油部曾经组织大庆编写的经验，那时版都已经排出来，他却借口“大庆骄傲了”，不许出版宣传他们的经验，甚至他还曾扣发大庆关于遵照毛主席两分法的指示前进的报告。

一九六五年初的全国工交会议上，薄一波不但不推广大庆经验，反而根据刘少奇的“批示”，根据贯彻黑貨《工业七十条》的需要，临时决定請齐齐哈尔车辆厂厂长到会作报告，大张旗鼓地宣传和推广齐齐哈尔车辆厂的所谓“集中到厂部”的管理经验，在这次会上，薄一波还故意贬低大庆，抬高齐齐哈尔车辆厂，竭力以齐齐哈尔车辆厂代替大庆的经验，以此对抗毛主席关于工业学大庆的号召，说什么：“大庆那么好，还是有缺点的。齐齐哈尔车辆厂企业管理革命搞得好，都来学它。”

八、歪曲毛主席关于“管理也是社教”的指示，大吹《工业七十条》式的“齐厂”經验

一九六五年一月毛主席又发出了“管理也是社教”，这个极其重要的指示。这是他老人家于一九六五年一月二十九日在《对×××同志蹲点报告》的批示中提出的。

他说，“管理也是社教。如果管理人员不到车间小组搞三同、拜老师学一门至几门手艺，那就一辈子会同工人阶级处于尖锐的阶级斗争状态中，最后必然要被工人阶级把他们当做资产阶级打倒。不学会技术，长期当外行，管理也搞不好。以其昏昏，使人昭昭，是不行的。

官僚主义者阶级与工人阶级和贫下中农是两个尖锐对立的阶级。

这些人是已经变成或者正在变成吸工人血的资产阶级分子，他们怎么会认识足呢？这些人是斗爭对象，革命对象，社教运动绝对不能依靠他们。我们能依靠的，只有那些同工人沒有仇恨，而又有革命精神的干部。”

根据毛主席的教导，十分清楚，搞企业管理也是搞阶级斗爭，一定要突出政治，一定要高举毛泽东思想伟大红旗。可是，薄一波首先对“管理也是社教”这个重要指示却歪曲为仅仅是个体制机构问题。把它的精神实质说成是“在企业管理上，权力分得很散，又卡得很死，既集中不起来，又民主不下去。对于这种管理方面的毛病，必须实行革命，大反官僚主义，大力精简机构，减少层次，减少非生产人员，改革规章制度。”他根本不提管理上存在着严重的阶级斗爭，不把管理当成阶级斗爭来搞。

从他的这种谬论出笼，他就把大庆油田的成功经验歪曲为“统一调度、集中指挥和建立岗位责任制”，对齐齐哈尔机车车辆厂改革管理机构的经验，捧得更高，说它具有

普遍意义，强迫在全国推广。

九、毛主席多次责令修改《工业七十条》薄一波阳奉阴违，到上海大耍阴谋

毛主席曾对《工业七十条》多次提出批评，並责令修改。毛主席说："十五年来沒有搞出一个章程来，沒有拿出一套如何办好社会主义工业的经验。"毛主席又说："工业七十条沒有改，一直沒有改过，农业的改过多少次了，开始是十二条，以后六十条，修正的六十条……，工业一直沒有改，……各行各业都要进行总结经验，工业沒有人抓这件事，七十条六个年头了，工业只搞了七十条，破除苏联迷信不是讲了几年了吗？为什么搞不出东西来？……"

薄一波对毛主席的批评，始终采取阳奉阴违，两面三刀的手法。一直抗拒不修改，直到一九六五年二月二十日，他在全国工交工作会议和全国工交政治工作会议领导小组会上听取各组汇报时才自吹自擂，说"七十条要大改，要讲些政治，对过去这个七十条也应该作个结论，它在调整里边还是起了很大作用的，今天看来已经不够了，所以要彻底修改。我们修改得迟了，我们也要有阿Q精神，后改也好嘛，就更成熟。比如三面红旗都不这么提了，不管他有多少面红旗，都服从总路线这面红旗。……现在要彻底修改七十条也到时候了，现在也比较一致了，企业管理革命也有点门路了，过去讲两参一考三结合，我不清楚，现在清楚了，成熟了，就可以改了。"

一九六五年三月，薄一波装模作样亲自带了一班人马，来到上海进行所谓"修改"。他在修改《工业七十条》过程中又大耍权术。他除了找彭眞的亲信来参加修改工作，以便"通气"，又邀請大庆油田，白银有色公司等企业的负责同志参加，为他装璜门面以外，更重要的是由于原上海市委革命领导干部对《工业七十条》意见很大，他就把人带到上海去开座谈会。薄说："这样，在将来中央工作会议讨论这个条例的时候，就可以堵住反对者的咀。"

在来上海修改时，薄一波还是不断玩弄阴谋。开始他不来，叫反党分子梅行先来，故意要马天水同志主持起草一个稿子。当时马天水同志撇开原《工业七十条》，用社会主义和资本主义两种企业管理的对比办法提出了一些观点，並把它印了出来。梅行对此根本不表态，很气愤的回京去了。不久，薄一波就来了。他来后自始至终对原稿只字不提，也不给他同来的大庆等兄弟单位看。后来，在几次大组会上，马天水同志见他只字未提，即将原稿中的一些观点讲了一下，他当时根本不听。当马天水同志讲到上海不宜于稿计件工资时，他就怒斥地说："什么物质刺激，我就主张物质刺激。"后来分小组讨论，他不让马天水同志参加上海第一、三、五钢厂的小组，只要他参加外地几个厂和上海几个小厂的小组。他亲自当上钢一、三、五厂小组的组长。他的罪恶目的就是否定大跃进。例如，当他见到上钢一厂党委书记，就讽刺地说："上钢有个鮑复，三年亏了四个亿，就是你呀！？""番一番，加一倍是个大笑话，如果可以番一番，我们还要办钢厂干什么？全国办一个钢厂就行了嘛！"他甚至武断地说："上钢一厂每年只能增长百分之

五。”对该厂不断增产大泼冷水。

在修改《工业七十条》的座谈会上，薄一波采取一面打、一面拉的反革命两面手法。有不少同志对《工业七十条》提出尖锐的批评，薄听了以后，很不高兴，经常打断别人的发言，多方解释，为《工业七十条》的错误辩护，有时还大发脾气。但是，对于夸奖《工业七十条》的意见，却大为赞赏。比如，有的人提出：“《工业七十条》的最大功迹就是曾起了“治乱”的作用，它的历史任务，已经基本完成，现在需要修改或制定一个新的条例来代替它。”薄一波对这个意见，非常滿意，立即插话说：“对！就是这样！制定《七十条》，原来就是为了“治乱”的。”这里又一次完全暴露了他搞《工业七十条》的罪恶目的。

在讨论修改的过程中，薄一波以势压人，强行塞进他的黑货。上海有些同志主张在总纲里写进毛主席关于办工业的有关指示和原则，而他坚持只写进一些所谓具体经验；上海有些同志主张中央直属企业的党的工作应实行双重领导，他坚持企业只能一个头；上海有些同志认为不区别情况将各项管理工作均“集中到厂部，服务到班组”行不通，他说有普遍意义，坚持要写进去；上海有些同志反对写计件工资，他坚持一定要写等等，由于不少根本观点不同，经过十五天的斗爭，仍未统一起来，最后搞了一个妥协稿。

为了欺骗中央，欺骗各地，薄一波还把当时同他一起到上海养病的李富春同志的名字，写在修改《七十条》的简报上，其实李富春同志根本沒有过问这件事情。

在薄一波到上海来修改《工业七十条》之前，上海党内头号走资本主义道路的当权派陈丕显怕干部对《工业七十条》不满，为了讨好其黑主子，怕再得罪了邓小平、薄一波，事先特地召开会议，统一了对《工业七十条》的看法。陈丕显说：“你们当时反映的那些意见、我到现在还背着包袱”。还说：“对《七十条》要全面看，当时是起了“治乱”的作用的，对《七十条》首先是应该肯定的。”

十、换汤不换药的所谓新《七十条》
遭到各方抵制，始終不敢出籠

在修改《工业七十条》过程中，薄一波曾向其黑主子刘、邓作了汇报，邓小平随即作了黑指示，说什么“《七十条》不能光讲虛的，要搞成条例，要具体，老《七十条》中许多有用的东西，还可以保存下来……”。五月初，薄一波回北京后不久，他又以个人名义，按照邓的调子，写了一个对关于修改《工业七十条》问题的报告。报告中，他对旧《工业七十条》的估价再次定了调子，说什么“《工业七十条》针对当时的情况，在贯彻执行中央调整、巩固、充实、提高的方针，促进企业工作的进步方面，起了重要的作用。《七十条》关于管理工作和领导制度的一些原则，不但当时适用，今后也还适用。《七十条》的主要缺点是政治工作份量太少，群众路线强调不够，某些制度规定得过细过死。”等等。

一九六五年五月，他们一伙人讨论了修改《工业七十条》的问题。邓小平叫嚣：

“条例要解决问题，讲企业管理，只是几个口号，起的作用未必大。”“政治工作要把一切社会活动都统起来，要发挥大家的积极性，要落实到生产上。”“做政治工作，要登门拜访，这是正常方法，不能就是开会，……现在实际是社会强制，沒有选择余地。”“政治工作要保证劳逸结合，学习要讲自愿，我欣赏原来条例的这一点。什么是落后分子，有些人不那么活动，但埋头苦干，就不能说是落后分子，有的人手里拿着毛选，不一定就是进步。”“总工程师、总会计师制度，还要具体写。”“工资制度过去条例上写适合于计时就计时，适合于计件就计件；主要实行综合奖，也可以实行单项奖。要说有‘修正主义’，就是这一些吧？！看来，还得这么写。”邓小平的这些黑指示，其实质就是坚持业务技术掛帅，反对突出政治；坚持一长制，反对群众運动；坚持物质刺激，反对人的思想革命化。

薄一波根据这些黑指示，首先是把把在上海修改的妥协稿全部否定，另外，又组织了一套人马，于同年七月对老《七十条》作了一些修补，搞出了一本所谓新的《工业七十条》。继续贩卖旧《工业七十条》的黑货。如说什么“工业企业是经济组织”，“工业企业的根本任务，是全面完成和超额完成国家计划”，“车间支部对本单位的生产行政工作起保证和监督作用”，“改革规章制度，应当慎重从事，先立后破”，“某些适合于计件工资的工种，也可以实行计件工资”，“企业要继续试行总会计师制度”，“学习毛泽东同志的著作，要启发职工的自觉”等等，完全采取換汤不换药的办法。

由于不少同志对新的《工业七十条》提出了许多批评，在一九六六年的全国工交会议上，薄一波特地請他的黑主子邓小平进行压制。邓小平就在会上大放厥词，说什么“《七十条》起了‘治乱’作用”，竭力为《七十条》这个修正主义纲领涂脂抹粉。同时假惺惺地说：“原来的那个《七十条》今天看来，缺点很多，大家提了很多意见，是对的。”“现在搞了一个新的《七十条》草稿，还拿不出来。”他根本不谈《七十条》的原则错误，不谈它的恶劣影响，只是轻描淡写地说什么“现在考虑《七十条》也许太烦琐了，搞短一些，会更合用一些。”

十七年来，我们的工矿企业，在以毛主席为首的党中央的正确领导下，经过广大工人群众的辛勤劳动，取得了伟大的成就。

但是，应当看到，多年来，特别是刘、邓、薄顽固推销大毒草《工业七十条》以来，他们竭力阻碍以毛主席为代表的无产阶级革命路线的贯彻执行，使我们不少工矿企业，无论在政治思想上，组织领导上，生产管理上，都不同程度地受到资本主义、修正主义的严重影响。这些东西，不仅束缚工人群众的革命积极性，阻碍生产力的发展，而且繁殖修正主义的种子，成为资本主义复辟的温床，妄图把社会主义企业引上资本主义道路。因此，我们一定要高举毛泽东思想伟大红旗，坚决打倒党內一小撮走资本主义道路的当权派，一定要在这次革命的大批判中，认眞发动广大职工群众，彻底批判大毒草《工业七十条》的恶劣影响，挖掉修正主义的根子，並在大批判的基础上逐步建立社会主义的新条例，把我国的社会主义工业企业办成一个红彤彤的毛泽东思想大学校。

注：

“马钢宪法。”

“马钢”，就是苏联马格尼托哥尔斯克钢铁公司。它是苏联在对德战争时期在东部乌拉尔地区新建的全国最大的钢铁企业。它在苏联钢铁工业中的地位，相当于鞍钢在我国钢铁工业中的地位。“马钢”的一套管理办法，在苏联工业中具有代表性和权威性。过去，在鞍钢工作的苏联专家，有些人就是从“马钢”来的；鞍钢也有不少干部，包括一些领导干部，到“马钢”实习过。因此，“马钢”的一套管理办法，曾经搬到鞍钢。

“马钢”的管理办法，主要是：实行一长制，不要党的领导；搞物质刺激，不要政治掛帅；依靠少数专家和一套繁瑣的规章制度冷冷清清地办企业，不搞群众运动，不实行群众路线；不搞群众性的技术革命。

对这一套管理办法，有些人还曾以为是苏联“社会主义”建设经验的积累和总结，其实，根本不是什么社会主义企业管理的经验积累，而是苏联根据和美国在当时的技术经济协定，完全沿用和参照了美国资本主义企业管理的那一套。因此，它是完全反马克思主义的、货真价实的资本主义、修正主义管理办法。

联络地点：天津市战斗区四川路八号　　电话：3.4232　3.4148

彻底清算反动組織“天津政法公社”的反革命滔天罪行

紅代会天津十六中《六·二一》革命行动委員会

1967·7·

前　　言

"一从大地起風雷，便有精生白骨堆"。

英雄的天津市无产阶級革命派，經过和万张反革命修正主义集团的艰苦、激烈，残酷的生死斗爭，粉碎了資产阶級反动路綫，頂住了十二月黑風，在一月風暴的厮杀声中，浴血奋战，又徹底砸烂了万张反革命修正主义集团的御林軍——"天津政法公社"！这是天津市革命派勇敢战斗的又一光輝战果！

但是，在今天，天津市无产阶級革命派实行革命的"三結合"进行大夺权的关鍵时刻，随着反动的无政府主义思潮的泛濫，又有一小撮阶級敌人爬出来，拚命攻击革命的領导干部，攻击革命組织，妄图把他們打成"反革命黑帮"老保皇……等等，企图为"天津政法公社"翻案，为万张反革命修正主义集团翻案！是可忍，孰不可忍！

我們严正警告这一小撮混蛋及幕后操縱者：你們所作所想的一切一切只不过是痴心妄想！梦想恢复万张反革命修正主义集团失去的天堂嗎？这根本办不到，絕对办不到！我們誓把这一小撮頑固不化的混蛋及其幕后操縱者揪到毛澤东思想的灿烂阳光下，示众！砸烂！

为了捍卫天津革命的"三結合"，为了坚决打击这一小撮阶級敌人，我們特再次翻印关于反动組织"天津政法公社"的反革命罪行录。坚决支持革命干部和革命組织，坚决徹底击潰目前在天津市出現的一股資本主义反革命复辟逆流。

紅代会天津十六中《六•二一》革命行动委員会

1967年7月

以万张反革命修正主义集团在天津市公安局內的爪牙为主，蒙骗拉攏一部分群众成立的所謂"天津政法公社"，是由万、张之流一手泡制、操縱下的一个打着"造反"的旗号，而干反革命勾当的地地道道的反动組织！

我們伟大的領袖毛主席教导我們說："帝国主义和国內反动派决不甘心于他們的失敗，他們还要作垂死的挣扎。在全国平定以后，他們也还会以各种方式从事破坏和搗乱，他們将每日每时企图在中国复辟。"

正当天津市革命造反派发揚"追穷寇"的无产阶級大无畏精神，猛攻万张反革命修正主义集团，揪出了这个集团的主要干将张淮三、樊青典之流时。正当革命的領导干部起来造了万张反党集团的反，揭发了他們的罪行时。眼看着这个反党集团就要频于土崩瓦解，就要被文化大革命的怒涛撕碎淹沒时，这个集团的反革命修正主义分子，利用它們在公安局內的势力王誠熙（第一付局长原来万的秘書）张露（万老婆）等，糾合了几个牛鬼蛇神，蒙骗拉攏了一部分不明真相的群众，七拚八凑在一月初挂上了"天津政法公社"的金招牌，到处进行招搖撞騙，确实欺騙了不少革命群众。它用反革命两面手法，把斗爭矛头对准了革命組织，对准了公安局里起来造万张反的革命領导干部，干尽了反革命勾当！他們所犯下的滔天罪行实在是罄南山之竹，書罪无穷，決东海之波，流恶难尽！下面，就是我們在"政法公社"作斗爭时所耳聞目睹的部分罪行！

一、恶毒攻击毛主席和陈伯达同志妄图炮打无产阶級司令部

我們伟大的領袖、伟大的导师、伟大的統帅、伟大的舵手毛主席，是我們心中最紅最紅的紅太阳。陈伯达同志是毛主席亲密的战友，是无产阶級革命家，是无产阶級司令部——中央文革小組的組长。我們对毛主席无限热爱，无限崇敬，无限忠誠，我們坚决拥护陈伯达同志的領导。可是"政法公社"的一小撮混蛋，对毛主席和陈伯达同志充滿了刻骨的仇恨，竟敢进行恶毒的攻击和辱罵。

他們勾結北京政法公社的一小撮混蛋，配合社会上一股炮打无产阶級司令部的逆流，打着"对毛主席負責"的旗号，調查陈伯达同志，妄图炮打中央文革。

他們到陈伯达同志搞四清蹲过点的南郊小站地区，通过反坏分子和四清运动中下台的人物，和他們勾結在一起，狼狽为奸，編造陷害陈伯达同志的材料。公开叫罵"陈伯达口口声声执行了无产阶級路綫，我們要看看他到底是怎么执行的""要看看陈伯达同志是怎样生活的！"另外，通过七〇三厂付厂长，阶級异己分子宛吉春的问題（宛在陈伯达同志六四年来津主持的一次座談会上，发表了对科研工作的几点意見，后宛盗用陈伯达同志名义整理成十二条，造謠說陈伯达同志如何欣尝，进行招搖撞騙。）要給陈伯达同志"貼大字报，"給江青同志 写 黑 信，誣告"陈伯达包庇七〇三厂阶級异已分子宛吉春。"声言"要毛主席重新审查陈伯达同志"，"看看陈伯达同志究竟是什么人物"。这群混蛋們利令智昏，滿口胡言散布什么"十六条沒用""紅旗杂志三期社論对天津不适用"等等，眞是反动透頂！陈伯达同志是坚定的执行毛主席的革命路綫，我們对陈伯达同志一千个放心，一万个放心，誰敢攻击陈伯达同志，誰就是反革命！我們决不輕饒他！

更令人不可容忍的是，他們竟敢辱罵，攻击我們最最敬爱的毛主席！

他們神經質地叫喊"党中央有问题怎么办？×××修了怎么办？"正告"政法公社"一小撮反动家伙們，毛澤东思想是最高最活的馬列主义，毛主席是全世界人民革命导师。我們永远忠于毛主席，忠于毛澤东思想。誰敢攻击毛主席，攻击毛澤东思想，我們就砸烂他的狗头！你們这一反革命罪責决不能逃脫！

"政法公社"的打手，反革命分子×××，在去年毛主席暢游长江时，看到毛主席暢游的照片，知道毛主席的年龄是××岁时，这个混蛋，出于他对革命人民伟大領袖的仇視，咬牙切齿地說："七十三，八十四，閻王不叫自已去。"另外，干将×××，咀里常是：毛××，毛××，……。

同志們，請看，这帮反动分子們的心黑到什么程度！他們狗胆包天，丧心病狂到了极点！我們要剝他們的皮抽他們的筋，挖出他們的黑心肝来示众！一定要清算他們 这 一 罪行！按照毛主席的教导：坚决，徹底，干淨，全部地消灭之！

二、把矛头指向中国人民解放軍

由我們伟大的領袖毛主席亲手締造和領导的中国人民解放軍是强大的无产阶級专政的

柱石，是保卫无产阶級文化大革命碩果的堅强专政工具。但是“政法公社”在其主子张淮三、路达之流的操縱下，矛头指向中国人民解放軍，散布謠言，蠱惑群众，制造混乱，企图达到其不可告人之目的！早在去年六月初，反革命头子万晓塘一伙，就已經阴险地大肆活动了，他們誣蔑說：警备司令部朱彪同志“反市委”“要搞政变”“十六中黑信的后台可能是朱彪”等等濫言，以便整垮警备区。可是此計未成。現在又通过御用工具——“政法公社”的爪牙們四处說黑話，造謠言，什么“朱彪是朱德的儿子，是反革命”等等。在黑市委的指揮下，倒打一耙，企图借炮轟黑市委之机，轉移革命造反派的斗爭方向，把矛头指向中国人民解放軍！他們疯狂叫囂什么：“朱彪，胡昭衡、江枫是反党联盟”，“天津警备区是市委的黑根子”，“和市委是一条黑綫”等等，一月三日他們操縱冒充紅卫兵的坏分子王猛（已被捕）等人冲击天津警备区司令部，罵人民解放軍是“反革命”。

一月×日，他們收买女流氓冒充楊成武同志的女儿，找江枫同志胡說什么受楊成武同志之命，来研究部队接管公安局的问題，並大肆誣蔑，天津警备区和駐津部队不可靠。

一月五日，当解放軍奉令收繳代管公安局槍支时，“政法公社”的混蛋們竟說：“这是阴謀”，“沒有中央軍委的明文命令，我們不交槍”，拒不交出他們手里掌握的大批槍支弹納。

一月二十七日，中国人民解放軍駐津部队宣布接管天津市瑪鋼厂时，他們公然抗拒軍管，叫囂道：“外地部队接管行，駐津部队不行。”

一月二十八日，在和南大卫东、天大八一三等組织的一次会上，当提到夺权时要依靠解放軍时，“政法公社”一人胡說：“不能告訴解放軍，要考驗考驗他們！”他們煽动不明眞相的群众冲击警备区。暗中派人 趁黑夜混乱之际，在警备区附近散发匿名传单，攻击人民解放軍，制造混乱，可是轉天，又在市內大量张貼什么“向解放軍学习”“向解放軍致敬”等口号。这充分显示了他們确实有着很高的反革命两面派手腕。

二月十四日，解放軍宣布軍事管制天津市公安局时，“政法公社”的一小撮混蛋們，狗急跳墙，疯狂反扑，在地上刷写大标語“我們政法公社严陣以待一切反动的挑衅！”狂喊“解放軍都是好的了？”要把軍代表揪出来辯論”，公然提出了“到連队下面去串連，下边鬧起来了，上边也就沒法了。”这是地地道道的反革命黑話！至此，“政法公社”之所以如此别有用心的攻击中国人民解放軍的阴謀全部暴露无遗，原来，这批万张反革命修正主义集团的复仇軍，就是要替万晓塘打幡招魂，实現反革命势力的复辟，造无产阶級的反，专无产阶級的政！是可忍，孰不可忍！对于这一小撮极端反动的家伙，我們应該遵照毛主席的教导：“蔣介石已經在磨刀了，因此我們也要磨刀。”对这万张反革命修正主义势力必須施以无产阶級专政，坚决鎮压！

三、实行反革命夺权，妄想变天

毛主席教导我們說：“帝国主义者和国內反动派不甘心于他們的失败，他們还要作最后的掙扎……他們也还会以各种方式从事破坏和搗乱，他們将每日每时企图在中国复辟”。

“政法公社”的后台老板张淮三，路达、张露之流明白，在强大的无产阶級专政面前在用毛澤东思想武装起来的革命造反派面前，明目张胆地进行反革命复辟活动，那是自取灭亡。因此，他們指渾着“政法公社”，更加施展了他們的反革命两面派手法。

在他們向革命群众和革命領导干部所进行的一系列进攻失敗以后，便指揮着他們党羽退却，伪装起来，以便潜伏下去，伺机而起。他們这一套手法就是：在公安局內，他們的爪牙实在是太无能了，实在是玩不出什么花样了，于是从內部跑到外部，从局內竄到了社会上改头换面，挂上了“政法公社”这塊金招牌（今年一月初“政法公社”成立，也就是公安局內万张势力轉向社会的开始）。打着“造反”的旗号，以求鑽进革命造反派的队伍，利用革命造反派的某些缺点和錯誤，煽風点火，为他們所利用，实现他們的反革命罪恶目的“虛张声势，故布疑陣”这是他們的一个手腕，而目的則是恶毒地把矛头指向揭发万张反革命修正主义集团的革命派和革命的領导干部，向无产阶級夺权，实行資产阶級专政。

万张反革命修正主义集团的反革命修正主义分子和其它反动派一样，他們总是把希望寄托在反革命复辟上面。

“１２０”公安局夺权，是万张反革命修正主义集团多年以来，阴謀实現資产阶級专政的良好时机，实現了他們的反革命目的。毛主席說：“凡是要推翻一个政权，总是要先做輿論准备的，革命的阶級是这样，反革命的阶級也是这样。”这一严重教訓，是值得我們革命造反派銘記的！

万张反革命修正主义集团操縱“政法公社”企图整垮公安局的一系列活动失敗后，在企图压制公安局“四烧”大字报公布这一阴謀破产后，則把全部希望放在“权”字上。为了夺公安局的权，他們的罪恶活动是：先在公安局退一步，跑到社会上来，煽風点火，造謠誣蔑，欺騙不明眞相的群众。为“夺权”作輿論准备。我們仅举一例：

“政法公社”的常委——干将×××，为了抓住十六中的革命造反派，爭取群众，三天两头送材料介紹情况，他和×××顚倒黑白，胡說什么“一月三日江枫在公安医院打信号弹讓人救他来，我們亲眼看見啦。”“江枫是鎭压你們的罪魁禍首“江枫是彭罗黑帮的干将啦”“江枫和黑市委和胡昭衡是三条黑綫”什么“江枫的女儿貼大字报保江枫被我們看見，她胡說是姓刘。”“（我校×××同学去公安局貼支持江枫同志揭发市委的大字报，他們硬誣她是江枫的女儿可笑至极）。又胡說什么“公安局是資产阶級专政”“公安局鎭压了文化大革命，是修正主义局”其它言行活动无須再費笔墨，以点观局，“政法公社”的狼子野心不是昭然若揭了嗎？

投“大夺权”之机，煽动，操縱部分受蒙蔽的革命組织，在一月二十日夺了公安局的权。之后他們以“少数派”“左派”自称，把市公安局广大革命群众打成“反革命”“保皇派”，轟出大楼。迎合某些組织的缺点錯誤，終于窃夺了公安局的大权。

其实，看看在夺公安局权的过程中，“政法公社”的混蛋們干了些什么，政治警惕性高的同志也可以識破他們的假面具。

首先，对夺公安局权的組织大吹大捧，大帮大助，一会儿“支持”；一会儿又作“坚强后盾”；一会儿又“你們是左派”；“你們夺得正确……；要不，一会儿买飯，一会儿端水，一会儿又奉送大衣照顧……这些反动家伙們用糖衣炮弹打中了我們革命造反派中的某些同志。

其次，他們别有用心地“带路”，許多公安机密部門是应严密保守的，但全讓这帮反动家伙們以“带路”“接管”为名，洩露了。这是光天化日下的現行反革命行为！他們还敦唆学生散发敌伪人員的机密档案卡片，造成了严重后果。

“政法公社”窃取了公安局的大权后，他們利用这一专政工具，制造白色恐布，实行了残酷的資产阶級专政。

他們濫用公安业务手段，乱抓乱捕，跟踪盯哨，偷听电話，打人搗乱，破坏社会治安……。种种罪行实在是罄竹难書！

“政法公社”的混蛋們，公然为反革命分子翻案，冲击监獄，煽动犯人鬧事。

一月二十六日，他們勾結×××等組织的一小撮人，到监獄为杀害陈良謀同志的反革命分子翻案，冲击监獄。

二月四日，他們开着一輛装有四个高音喇叭的宣传車到监獄墙根，大講所謂“公安局黑幕”，暗中給犯人打气。在獄中引起了很大的騷动，不服管教，企图翻案。

他們还唆使进行阶級报复的資本家和造反組织串連，进行翻案，縱容被管制的分子和家属“造反”，竟讓他們占了办公室，挾走工作人員去北京“告状”。可見“政法公社”和社会上的牛鬼蛇神实在是一丘之貉，狼狽为奸。

他們还煽动被公安局清洗出去的右派分子和頑伪人員回公安局“造反”。

同时，他們破坏毛主席提出的“抓革命，促生产”的方針，把造反队的同志赶出公安局，破坏业务工作。对抗中央关于劳教单位不开展文化大革命的决定，挑动瑪鋼厂和一些劳教单位群众，充当他們的打手。他們自己則消极怠工，破坏无产阶級专政，对××和××等重要电話竟弃之不管。打××电話，他們常是敷衍了事，不了了之。对待反动組织的成員，如“联动”等，縱然不管。有意破坏文化大革命！

自“公安局”的大权被这一小撮反革命分子篡夺后，所发生一系列鉄的事实，血的教訓是足以使我們清醒和警惕的。毛主席說：“搗乱，失敗，再搗乱，再失敗，直至灭亡——这是帝国主义和世界上一切反动派对待人民事业的邏輯，他們决不会违背这个邏輯的。”万张反革命修正主义集团和御用工具“政法公社”的发展和結果，必是这样。

四、死保万张反党集团

“政法公社”的干将們为保万张反革命修正主义集团，干尽了种种罪恶勾当。

早在去年八月河北宾舘会議期間，以江枫同志为首的公安局的革命干部揭发了万张反党集团的許多问题后，他們一方面疯狂打击迫害这些同志，另一方面，軟硬兼施，明里暗里大保特保，說什么“万晓塘是好書記、好党員、好干部”，“市委是革命的”啦“揭发市委的问题全是假的，是大阴謀”“誰要說市委有黑綫，我就跟他白刀子进去，紅刀子出来……”决心死保到底！

九月十九日，反革命修正主义分子，万张反党集团的头子万晓塘畏罪自杀后，大小爪牙哭天嚎地，眞是伤心，随后，則发誓死保万张反党集团，打击报复敢于揭发市委的革命造反派。

轉天“政法公社”的干将楊××等二十二人，便联名写了一张大字报，《党的結論人民的結論》这是一张地地道道的保皇宣言書。大肆吹捧万晓塘的“两个一生”“四个忠于”，說他“勤勤恳恳”，“兢兢业业”……。脸色一变，大罵“公安局一小撮别有用心的”

人大反市委，大肆攻击，污蔑万晓塘同志，这种勾当說明了什么，难道还不明白嗎？”叫嚣要“化悲痛为力量”“要把他們的主使者揪出来，放在光天化日之下”这张大字报出来，立刻得到“政法公社”及其主子的叫好，紧接着勾××、孙××、张××等五十人又联名写了“悼念万晓塘同志”。簡直把反革命头子捧上了天，什么“毛主席的好学生”，“无产阶級坚定的左派”，对主子的死感到“万分悲痛。”狠毒咒罵揭发黑市委的革命同志是“别有用心极尽顚倒黑白，歪曲事实，造謠誣蔑之能事”是“企图炮轟革命司令員。”“揚言要粉碎这些牛鬼蛇神的阴謀鬼計，識破他們。”二十八日又写了：“从万晓塘同志逝世前后看江枫郭珍的动向。”这里他們說“江枫、郭珍二位局长对万晓塘逝世是一种什么感情呢”“为什么假惺惺的作态呢？”“对攻击万晓塘同志的人，江枫是什么态度？代表了誰的感情？……”这些问题“使我們怀疑”等等，把矛头对准了革命領导干部。

这时，张露也表示“站出来要和大家一起革命”从此，张露每天上班皮包一放，就和“政法公社”的大小骨干分子，在一起密謀策划，搞黑勾当。

首先，他們明白，万晓塘死的原因，是万万不可洩露的。于是路达李定等人召集了当时在現场的医务人員开会，統一口径，說是“心脏病暴发”而死的。其次，万晓塘的走狗，天津日报总編輯石坚亲自写訃文，又由路达审稿。张露亲自找万的警卫員馬树荣密談，又拉又哄，要馬保密。……

九月二十三日，张××和勾××乘車去塘沽途中，在車上勾破口大罵“馬路上反万晓塘的大字报沒有了，就他媽个×的公安局还他媽的挂着”又說：“治二处写了一张不准攻击万晓塘的大字报，×处那帮小子还反駁。”张表示贊同的說：“誰忠誰奸，将来会由群众作决定。”

再看看万张反革命修正主义集团派到公安局鎮压革命的“市委政法文革小組“的张墨义等人又干了些什么。在市委的指揮下，张墨义等对万死后公安局的情况极其注意。多次要局文革办公室收集万死后，干警的“反映”，並专派一名文革小組成員，了解局領导的“反映”。並說：“有的单位开追悼会了，检察院、法院都开了有的人反映公安局沒开？”企图探听实況，好研究对策。这里很清楚的看到，政法文革小組和万张反党集团为了鎮压公安局的革命群众配合得是很默契的。

万晓塘的亲信——付局长王誠熙，在运动中被公安局的革命群众揭发出了大量的问题性質十分严重。可是“政法公社”却大喊“王誠熙有什么问题？不就是两件大衣嗎？”企图保住万张的亲信。

十月二十五日，公安局广大革命群众去政法文革小組要求罢王誠熙的官时，张墨义十分恼火，借口“这些都是老问题”“不停职反省对运动也沒多大关系”等，极力死保，只是在革命群众的压力下，在事实面前，张才无可奈何地說：“少数服从多数。”最后，黑市委也迫于无奈何，忍疼把王誠熙停了职。

这样万张反革命修正主义集团的人又一个垮台了，同时“政法公社”和张露勾勾搭搭，合力死保，实在太臭了。于是瞞天过海，声称和“张露沒关系”並演了一场“苦肉計”，企图为自己洗刷名声。誰知张露十月三十日的一封信完全泄露了天机。信中說：二处的革命同志們：……种种事实表明（包括大字报）有人在有意对抗十六条企图借解答问题为名，实行圍攻之实，如果得逞，並蛮干下去，这样会給我局文革运动增加新的困难。

因此，革命同志們不讓我去。我充分考慮了革命同志的这些意見，……所以我沒去。我认为这个行动（指八处二同志找张露談问題）……目的无非是企图借解答问題为名来圍攻我，束縛革命同志手脚……二处的革命同志也不会因为沒有我而不革命……我要和革命同志一起……坚持斗爭下去。”这样“政法公社”和张露沒关系的慌言不是被戳穿了嗎？

12月7日，公安局的革命群众冲破了层层阻力，終于冲出来了，他們的“炮轟天津市委，火燒万晓塘”的大字报貼出来了。給了万张反党集团一个致命打击！这时“公安局部分革命群众（即政法公社前身）”再也忍耐不住了。貼出了“联合声明”彻底暴露了他們的保皇咀脸。顚倒黑白，混淆是非，企图抵毀这张革命的大字报。說这张大字报是“我局以江枫为首的走資本主义道路的当权派实在混不下去了，混淆是非，顚倒黑白，轉移目标，精心泡制的“杰作”。这张大字报当中有好多內容不对头，不全面……不代表我們”，企图把这张革命大字报一棒子打死！

一月中旬，天津市革命造反派批斗了万张反党集团的干将张淮三、樊青典，他們又叫嚷“张淮三是好同志”，“樊青典沒问題，”同时“政法公社”常委×××利用組织手段强行把貼在市委的樊青典的大字报揭下来。……

在万张反党集团土崩瓦解之时，“政法公社”，頑固死保疯狂反扑，所犯下的滔天罪行不一而述。

五、制造白色恐怖实行資产阶級专政

“政法公社”一小撮人又是一群“联动”式的暴徒和法西斯打手組成的反革命組织，頂着“公安人員”的名称却伤天害理，采取国民党的法西斯手段残酷打击一切革命造反派。

早在半年前，他們見到“造反总部“的同志就肆意挑衅寻找借口，欧打革命群众，发泄主子被揭之恨。

对和他們进行坚决斗爭的紅卫兵和革命造反派实行跟踪盯哨偸听电話等犯罪勾当，想借此控制革命造反派的活动，压制革命造反派。这純粹是知心妄想！

他們利用“1·20”反革命势力复辟的机会，强占了专門設备，控制了×××局电話把和他們作斗爭的公安局革命造反总部等組织的电話完全控制起来了，进行偸听、搗乱。同时采用特务手段跟踪盯哨革命群众和造反队員。

“政法公社”的反动家伙們作賊心虛唯恐被党中央和毛主席識破他們的反革命咀脸，因此极力控制封鎖消息，他們在北京政法学院設立了联絡站，发放专車专人跟踪綁架来京控訴他們反革命罪行的造反总部的同志。一月九日，造反总部的侯振江等同志去北京汇报情况，被他們发現，于是在侯振江同志外出吃飯的时候被綁架到了政法学院。由张露、张剑非张汝廉、×××等人审问……結果还是在公安部的压力下才不得不把侯振江同志放出来。这样暴徒在光天化日之下，在北京的大街上公开綁架革命同志，可見其猖厥到何等程度！

实际上他們在京津公路上多次拦截公安局造反总部的同志上京汇报。再如一月×日造反总部的×××等同志自京汇报情况回来后就受到了政法公社的严密监視，准备綁架，第一次沒綁架成，緊緊跟踪×××同志至家中被他們綁走，私自扣押用刑多日。

×月×日他們勾結北京的反动組织"联动"要砸二十中八、一〇战斗队的广播室，在礼堂里狂吠乱拱沒找着就滚了。

十二月中旬，他們以抢黑材料为名連續砸了×处，×处两个偵察业务处的处长室，秘書室，协办室，封了所有科长和部分一般干部的办公桌，砸碎了家俱，抢走了部分人事档案，並把两个处长綁架到北京。

一月三日，在路达指揮下（已招供）欺騙了一部分不明眞象的学生群众以搜江枫为名闖入公安医院挨护搜，鬧了三天三夜，打了三名医务人員，严重影响了住院病人的健康，抢走了大同市司机于吉明控訴樊青典的录音带和揭发张淮三的大字报底稿（原来是为了保主子，妄图銷毁万、张集团的罪行！）並偷走了職工的現金和球鞋，后經广大群众强烈抗議譴責才灰溜溜地滚蛋了！

一月十一日他們再次糾集不明眞象的群众冲进治二处大砸大打，砸坏了門窗玻璃，打伤了造反队員十五名。张××同志被毒打不能动后，还在地上被拖了四多十米。穆××同志被打在地上，几个暴徒还咀里"他媽的装蒜"罵着，打得直至昏死过去。治二处同志急忙叫来救护車要把穆××同志送去急救，这帮毫无人性的家伙不但不讓走，还把救护車的鑰匙抢去了。最后，把穆××同志綁架到了"政法公社"的黑刑堂——郑州道10号，非法刑訊，当时穆××同志被打得鼻青眼肿，血痕肿斑斑，可是竟还逼供穆××同志。由于身体精神受到了严重的摧残，放出来后他就精神失常了。"政法公社"並非法查封了局办室政治部的大部分办公室，赶出工作人員，强占了八間房屋作为"政法公社"的办公室。

一月十三日强行封閉了公安局的印刷厂囚禁了三名女職工不給吃喝和行动的自由，在广大群众的强烈抗議下，才被迫启封将人放出，但三名女工身体已遭到严重摧残。

一月十五日公安党委召开"抓革命，促生产"的会議請"政法公社"和"造反总部"的双方代表参加，但"政法公社"拒不参加，会議中途，闖入会场，大打出手。破坏了会議。

一月二十三日期間，"政法公社"的×××等人指点挑拨学生斗打了造反队員郝××，董××等同志，拘留了管印員赵××同志。一月二十七日"天津政法公社"，煽动×××××，×××××組织約四百余人。以"找人上班"为借口深夜砸了公安局无产阶級革命造反总部，造成了严重的流血事件。首先他們割断电話綫，抢走自行車，动手打人，当革命造反总部的同志喊到"要文斗，不要武斗"时，他們冲上来就把造反队員于××和张××两同志抓住毒打一頓然后架走。然后，这帮土匪用石灰砖头碎玻璃，向造反队員乱砍乱砸。有的甚至手持起灭火器乱砸当场砸'伤二位同志的头，並砸倒李××同志，李××同志当即昏死过去，这帮暴徒竟还用脚死踢，×××××一人用匕首向楊××头上猛刺，顿时鮮血滿面暈倒在地，当造反总部的同志抬起受伤的同志向外冲去时，"政法公社"的混蛋竟破口大罵"这是装蒜"，强行检查伤势最后被迫讓人抬走。之后，又冲上二楼十几个暴徒对女队員韓××同志輪流毒打，当别的同志劝解时，反而打得更兇了，結果又被揪着头发拉上汽車。先后計有26名同志遭毒打后，被揪着头拉上了汽車。現场惨不忍睹，在押往市局大楼的途中又进行种种迫害，打罵踢抓，画上花脸挂牌子掐脖子……叫嚣"打你們罵你們活該"現在"要鎮压鎮压你們，要专你們的政"眞是囂张至极。"政法公社"的法西斯暴徒們在“120”夺权后，向革命派进行了最残酷的鎮压打击，完全暴露了万张反党集团的眞面目，“一二七”这笔血債一定要偿还！严懲“一二七”事件的主事者！砸烂“天津政法公社”！

二月八日，他們再次夜袭了公安局无产阶級革命造反总部。这次“政法公社”的混蛋們，有如疯狗一般見人就打，見物就砸，拳打脚踢揪头发，站凳子，打伤綁架多人，有的同志被打得昏迷不醒，有的被打得鼻口流血！……。

夠了，仅就这部分事实，足以証明“天津政法公社，是一个地地道道的反革命法西斯組织。为了保住万张反党集团对革命造反派实行了残絕人环的打击，迫害。他們是万张反党集团的忠实走狗，革命派的死敌，对他們我們只有坚决鎮压彻底消灭，向他們討还这笔血債！

六、結　束　語

毛主席教导我們說：“凡是反动的东西，你不打他就不倒。这也和扫地一样，扫帚不到，灰尘照例不会自己跑掉。”

“天津政法公社”这个反革命組织，随着万张反革命修正主义集团的垮台，随着公安局革命造反总部和广大革命造反派的坚决斗爭，終于完蛋了！

“蚍蜉撼树談何易”天津市文化大革命的滚滚巨浪，怎能被“政法公社”者所阻挡？天津市文化大革命的革命車輪怎能被“政法公社”者所倒轉？

“河靜敌未清”，阶級敌人是不甘心于灭亡的。通过这次和“政法公社”的斗爭，一系列鉄的事实，血的教訓。說明了暗藏的反革命分子是笨拙的，他們的策略，是很狡猾，很毒辣的。一切革命造反派决不可輕視他們，决不可麻痺大意。必須大大提高我們的革命警惕性，才能对付肃清他們，才能鎮压消灭他們。

即然这次“政法公社”的小丑們，胆敢向天津市的革命造反派挑战，那我們則只好抓住他們的尾巴，撕下他們的画皮，奋起毛澤东思想的“千鈞棒”，打而歼之，把它彻底砸烂！

这里，我們正告万张反革命修正主义集团首恶分子张淮三、路达、樊青典、张墨义、张露之流，及其爪牙党羽，你們必須老老实实向人民低头认罪，彻底交待你們的罪行。只許你們老老实实不許你們乱說乱动！

彻底砸烂万张反革命修正主义集团！

彻底砸烂“天津政法公社”！

敌人不投降，就叫它灭亡！

无产阶級专政万岁！

伟大的領袖毛主席万岁！万岁！万万岁！

1967•2•25

1967年7月再翻印

奋起毛泽东思想的千鈞棒
彻底砸烂万张反革命修正主义集团

——对万张反革命修正主义集团的初步剖析

印刷系統紅色革命造反联合总部
《追穷寇》战斗組
河北中学井岡山調查三組
机床工具公司紅旗兵团《攻坚》战斗組
南开大学八.一八紅色造反团
《扫残云》战斗队

一九六七.七.

目　　录

最高指示

许多人认眞一查，查出了他们是一个不大不小的集团。过去說是“小集团”，不对了，他们的人很不少。……他们的人钻进了政治、军事、文化、教育各个部门里。过去說他们好象是一批明火执仗的革命党，不对了，他们的人大都是有严重問題的，他们的基本队伍，或是帝国主义国民党的特务，或是托洛茨基分子，或是反动军官，或是共产党的叛徒，由这些人做骨干形成了一个暗藏在革命陣营里的反革命派别，一个地下的独立王国，是以推翻中华人民共和国和恢复帝国主义国民党的統治为任务的。

誓死保卫毛主席！
堅决打倒刘、邓、陶！
彻底砸烂万、张反革命修正主义集团！
无产阶級文化大革命万岁！
伟大的中国共产党万岁！
光焰无际的毛泽东思想万岁！
我們心中最紅最紅的紅太阳
毛主席万岁！万岁！！万万岁！！！

印刷系統紅色革命造反联合总部
《追穷寇》战斗組
河北中学井岡山調查三組
机床工具公司紅旗兵团《攻坚》战斗組
南开大学八.一八紅色造反团
《扫残云》战斗队
一九六七.七.

奋起毛泽东思想的千鈞棒
彻底砸烂万张反革命修正主义集团
——对万张反革命修正主义集团的初步剖析

前　　言

"鍾山风雨起蒼黃，百万雄师过大江。"

由我們最最敬爱的伟大領袖毛主席亲自发动和領导的无产阶級文化大革命已进行一年了。一年来，在毛主席无产阶級革命路綫的光輝照耀下，无产阶級文化大革命已取得輝煌胜利。我們天津市无产阶級革命派高举革命的批判大旗，发揚"舍在一身剐，敢把皇帝拉下馬"的大无畏革命造反精神，同仇敌愾，浴血奋战，冲垮刘邓資产阶級反动路綫的重重包围，揪出了盘踞在天津市的万张反革命修正主义集团。这是无产阶級文化大革命的伟大胜利，是光焰无际的毛泽东思想的伟大胜利！

万张反革命修正主义集团上有最大的一小撮走資本主义道路的当权派做靠山，下有社会上的資产阶級、地、富、反、坏、右及一切牛鬼蛇神做基础，勾結旧北京市委內一小撮反革命修正主义分子，在天津市招降納叛，結党营私，窃踞天津市党、政、財、文大权，极力在各条战綫上推行反革命修正主义路綫，实行資产阶級专政，把天津市搞成一个針插不进、水潑不入的資产阶級独立王国。在文化大革命中，万张反革命修正主义集团又頑固推行并发展了刘、邓資产阶級反动路綫，疯狂鎮压革命群众运动。其罪恶累累，罄竹难书！我們必須奋起毛泽东思想的千鈞棒，彻底砸烂万张反革命修正主义集团。

下边是我們对万张修正主义集团的初步剖析，供革命造反派战友参考。不妥之处，請指正。

一、万张反革命修正主义集团的形成

冰冻三尺，非一日之寒。万张反革命修正主义集团形成决非偶然，是在其长期反革命实践中逐步形成的。

万晓塘是赫魯晓夫式的个人野心家和阴謀家；张淮三是資产阶級的孝子賢孙，是无产阶級的大叛徒；宋景毅是大叛徒兼日本狗特务。他們有共同的反动的阶級本性，对我們心中最紅最紅的紅太阳毛主席和光焰无际的毛泽东思想极端仇視，而对他們的主子，党內最大的走資本主义道路的当权派刘少奇却极端崇拜。他們善于耍阴謀，弄权术，具有进行反党宗派活动的丰富反革命經驗。他們各自拥有一批嘍囉爪牙，把持着某一方面大权。在党內最大的一小撮走資本主义道路当权派刘、邓、彭、罗的扶植下，在图謀資本主义复辟的反革命罪恶活动中，万晓塘通过包庇张淮三和宋景毅，使三股恶势力勾結在一起。尔后，以万、张、宋为軸心，拉进樊青典、路达、李守真等，形成万张集团的黑核心。黑核心形成后，他們利用职权，大肆招降納叛，极力培植私人势力，网罗爪牙党羽，进一步篡夺天津市党政財文大权，形成一个庞大的反革命修正主义集团。

（一）万晓塘发家臭史

万张反革命修正主义集团的主帅，天津市党內头号走資本主义道路当权派万晓塘，是一个赫鲁晓夫式的个人野心家、阴謀家，是一个老牌的政治投机能手，地地道道的反革命修正主义分子。

抗日战爭初期，万晓塘抱着資产阶級个人野心混入革命队伍，长期在冀鲁豫活动。历任过游击大队长、县委书記，冀鲁豫区党委社会部长。

天津解放后，他爬上了天津市公安局付局长、局长的宝座，个人野心进一步发展。万晓塘是一个典型的笑面虎，他一方面伪装"艰苦朴素"，"任劳任怨"，以收买人心；另一方面却玩弄資产阶級权术，对上阿諛奉迎，溜鬚拍馬，把广大革命干部的工作成績攫为己有，作为向上爬的資本。

一九五四年市第一次党代会上，万当选为市委委員、常委、幷在人委担任付市长等要职。

万晓塘与前組織部长楊英关系极为密切。解放初，万参与市委对整风、审干和"三反"运动案件的处理，对楊英极尽吹捧之能事，博得楊的欢心和信任。楊在干部中大肆宣揚万晓塘是"好干部"，"好党員"。

一九五五年的"馮（文彬）楊（英）反党事件"中，万晓塘得知中央派检查员来津了解楊英的問題。一贯善于投机的万晓塘，見楊英大势已去，便把楊英与自己搞的活动报告給当时第一书記黄火青，借此反戈一击，把楊英打下去，投入黄火青麾下。因此万取得黄的无限信任。

一九五八年天津市划为省轄市，市委第一书記黄火青調离天津。黄对市委书記处人选煞費苦心，千方百計扶其心腹、原第四把手万晓塘当第一书記。但万水平低，能力差，各方面与书記处书記吳硯农、李耕涛均差一等，所以困难頗多，阻力重重。

万晓塘早有向上爬的野心，早已找到了靠山。他当公安局长时，与黑邦头子罗瑞卿关系极为密切。万忠实执行罗瑞卿的修正主义路綫，深受罗的信任和宠爱。每次去公安部开会，都把万列为主席团成員。黄火青勾結罗瑞卿、安子文、林鉄等黑邦头子，把吳硯农調任河北省委书記处书記，給李耕涛安上河北省付省长的官銜，以減小吳、李的不滿情緒。这样，在罗瑞卿、黄火青的上下保荐下，反革命修正主义分子万晓塘爬上了市委第一书記的宝座，篡夺了天津市委的領导大权。

因此可以說，黄火青是万张反革命修正主义集团的直接栽培者和奠基人。楊英在万张集团形成中起了一定的作用。

（二）万晓塘与大叛徒张淮三結成死党

万张反革命修正主义集团的付帅张淮三，是无产級阶的大叛徒，資产阶級的孝子賢孙，是个慣于打着紅旗反紅旗的反革命修正主义分子。

张淮三出生于天津一大資本家家庭。解放前，在天津搞学运工作多年。抗战胜利后，被当时北方分局城工部部长刘仁派来天津，負責領导原北方局在津的地下党組織。这期間，张网罗一批亲信，大都是剝削阶級家庭出身或沒有改造好的知識分子。

一九四八年一月，张淮三被国民党警察局四分局逮捕，經伪警察总局和稽查处审訊，作为“要案”押至伪“北平行轅青年訓导大队”，經少将級特务审訊后，张同其他叛徒一块填写了“自新人員登記表”，幷在蔣賊狗象面前宣誓叛党，从狗洞里爬出来。如此要案，张淮三却被輕易放出，幷安然返回解放区。因此，张有接受敌人潛伏任务之嫌疑。

天津解放后，张窃据了团市委书記的要职，利用职权，把地下时网罗的亲信，一部分派到市委机关当了領导干部的秘书，一部分安插在团市委，把团市委变成了张的家天下。

一九五二年，张淮三当了公用局长、地方工业局长。

一九五四年第一次市党代大会上当选为市委委員、常委，同年底窃取了市委組織部长的要职。

一九五五年“馮楊反党事件”中，他与万晓塘用了同样的手法，取得了黄火青的信任。肃反审干中，发現张淮三被捕問題不清，責成万組成专案小組負責审查。万同张在“馮楊事件”中結成了联盟，所以万亲自把张淮三自首叛党的結論，修改为“沒有暴露党員身份，不算自首叛党，是一般的历史問題”。幷勾通窃据中央組織部长的大叛徒安子文給张淮三結論定案，打了保票，一手包庇了张淮三的叛党罪行。张对万感激涕零。万张从此狼狽为奸，开始勾結。为了报答黄火青、万晓塘的包庇之恩，张利用組織部长、审干委員会主任职权，忠实推行大叛徒安子文关于审干工作“从輕論定性质”的黑指示，包庇了一大批亲信，网罗了大批叛徒和政治、历史上有严重問題的人。为万张反革命修正主义集团打下了一定的組織基础。

一九五八年天津改为省轄市后，黄火青、万晓塘勾結安子文把其宠儿张淮三提为市委书記处书記，掌管工业大权。天津是工业城市，抓住工业就等于掌握了天津的命脉。同时，张淮三私人势力頗大，干将爪牙頗多，万晓塘为了維护其反动統治，进一步与张淮三結成死党。

（三）万、张勾結深泽帮头子、日特宋景毅

宋景毅是深泽帮反革命集团首領之一。万、张对这股势力极为重視，一心与宋勾搭。

宋景毅出生于河北省深泽县有名的大地主家庭。一九三一年混入党內。抗战时期，他經不起残酷环境的考驗，曾两次开小差。尤其严重的是，一九四二年日寇“五一”大扫蕩前，他貪生怕死，通过当日本特务的两个哥哥宋树績、宋步峰，領取了日本特务証，背叛了党，背叛了革命。天津解放后，宋任市財政局长。一九五五年审干中发現宋的投敌叛党問題，而黄火青、李耕涛、万晓塘极力包庇，未做任何处理。

一九五六年、宋景毅当选为付市长兼財委主任、市委委員、常委等要职。在此期間，宋玩弄权术，把李耕涛在財貿系統精心培植的私人势力拉攏过来，扩大了他的势力。

一九五八年，李耕涛因未当上第一书記，借病躺倒不干。万、张为了控制財貿大权，乘机把宋景毅提拔为书記处书記，主持市人委日常工作，掌管財貿大权。一九六四年，革命干部向中央告发了宋利用职权，包庇其反革命大哥宋步峰的罪行，中央責成天津市委检察处理，而万、张欺騙中央，竭力包庇，只給了宋一个輕輕的警告处分。这样，宋景毅与万、张結成死党，成为万、张集团的要員。

从此，万、张、宋三股恶势力合流，万、张反革命修正主义集团的黑核心初步形成。

（四）樊青典、路达、李守眞进入黑核心

万、张、宋結成死党后，他們又把各自最得力的心腹樊青典、路达、李守眞拉入黑核心。

樊青典（市委常委、付市长、政法部长、三办主任）是国民党員，是一个貨眞价实的反革命修正主义分子和刑事犯罪分子，是天津市委內的一个較大的走資本主义道路的当权派。

樊是万晓塘的老部下，同万早已結成死党。入城后，樊又在万的手下任公安局处长、付局长、局长。万当市委第一书記后，很快又提拔樊当了付市长、市委常委、政法部长兼任市委三办主任的要职，掌管政法和三綫建設大权。其实，樊青典是个不学无术、缺德少才的傢伙，只因长期效忠万晓塘，深受万、张重用。

一九五七年，樊青典在高級党校学习时，散布了大量右派言論，曾受到批判。他大肆鼓吹罗瑞卿的"阶級斗爭熄灭論"、"基层政权消亡論"，在政法部門积极招降納叛，为万晓塘培植私人势力。經济困难时期，樊大同之行草菅人命，誣賴共产党員司机于吉明偷了他的照相机，依仗职权，非法逮捕，刑訊逼供，致使于吉明同志冤獄自杀至残。樊并指使公安人員对于进行搜查，将于之外祖父惊吓而死。他还逼疯了一个招待員。樊的罪行被革命群众检举后，万、张大加包庇。因民憤过大，不得已給了个警告处分，应付了事。

樊青典还是万打击李权超同志（付市长、政法部长、候补书記）和江枫同志的得力打手，故特受万賞識。

路达（付市长、市委常委、秘书长）是一个对上精于溜拍、对下园滑奸詐、四面玲瓏、八面見光的政治投机分子，反革命修正主义分子。

早在华北城工部工作期間，路达就是黑帮分子刘仁的秘书长，与刘打得火热。解放后路达还經常吹捧刘仁，說什么："刘仁眞有远見，解放初期就給市委机关調了一批大学生，現在用着很得力。咱們天津就沒有注意这一招。"路窃取市委秘书长职务后，立即亲自带队去北京黑市委学习"經驗"，并大肆鼓吹天津与北京展开"对口学习"，販卖旧北京市委彭眞之流的修正主义黑貨。路达同刘仁的特殊关系，是万晓塘重用他的原因之一。

一九四九年路达进城后，就同隆順榕的資本家、国民党員刘华圃勾結，把我接受的一批药材送給刘华圃，并且由刘华圃出資同路达的狗爹合伙在安国县办了織布厂，发展資本主义。一九五二年"三反"、"五反"运动中，上述問題被揭露出来，万晓塘利用負責处理专案的职权，极力包庇路，不做任何处理。这样，路达就与万晓塘掛上了黑鈎。

路达与张淮三是在城工部时的老同事。一九五四年路当了組織部付部长后，两人的关系更加密切。“馮楊事件”中，路本来有严重錯誤，却受万、张包庇。肃反审干中，张、路借机招降納叛，网罗亲信，培植私人势力，作为进一步同万晓塘勾結的資本。

由于万、张的包庇、重用，路达很快从解放初市委組織部的科长連續晋升为处长、付部长、区委书記，市委常委、秘书长、付市长。路伙同李定、陶正熠，在办公厅忠实地执行万张集团的反革命修正主义路綫，实行資产阶級专政，打击工农干部，成为万、张集团的一个核心人物。

李守眞（市委常委，监委书記）是一个缺德少才、罪恶累累的反革命修正主义分子。他老奸巨猾，为人奸险狠毒，表面是人，暗中是鬼，是个善玩权术的資产阶級政客，假党員。

进城后，他长期担任建工局付职，靠崔荣汉引綫，受到万张重用，很快由局长提为市委工业部长，組織部长。一九六二年曾提他当市委候补书記，华北局沒批准，即当上了工业部长兼监委书記。

李守眞是深泽帮的骨干，他伙同宋景毅包庇同乡大地主、日本特务、反革命修正主义分子何朗明。当公安局王培同志向中央告发何朗明后，李伙同宋景毅誣告王培同志“也有問題”，是“打击陷害何朗明这个老同志”。他还勾結宋景毅、王眞如、李玉田、何朗明，在市监委开黑会，进一步打击、陷害王培同志。

一九六二年，他配合社会上的牛鬼蛇神，大搞“翻案风”，违抗中央关于平反工作的指示，把一九五九年揪出的右傾机会主义分子，不分青紅皂白，一风吹掉。

一九六四年，李守眞奉万张意旨，包庇了反革命修正主义分子宋景毅，樊青典、毛昌五、王培仁等的严重罪行。同年反右傾期間，他派万张得力打手王眞如去公安局，打击揭发樊青典、王誠熙的江枫同志。

李守眞在任組織部长和监委书記期間，忠实执行刘、邓、安的修正主义組織路綫和干部路綫。李忠实地为万张把持組織、监察大权，包庇重用万张的亲信，排斥打击革命同志，为巩固万张的反动統治立下了汗馬“功劳”。

（五）崔荣汉也是万张反革命修正主义集团的核心人物之一

一九六四年調走的候补书記崔荣汉也是万张反革命修正主义集团的核心人物。

崔荣汉入城后，长期負責国营企业中党的工作。万张要控制全市工业大权，不同崔勾結有困难。崔好大喜功，隐恶报善，深受万张宠爱。再加崔乱搞两性关系的辮子抓在万张手中，也只好对万张服服貼貼。共同的阶級利益使他們勾結在一起。

到此，一个以万晓塘为主帅，张淮三为付帅的黑司令部，万张反革命修正主义集团的黑核心就这样逐步拼凑成了。

以万晓塘、张淮三为首的黑司令部形成以后，他們除把自己的一股势力带进合股“公司”外，又利用所篡夺的党、政、財、文大权，独断专横，随意任免，排斥异己，打击革命干部，网罗一批叛徒、特务、坏分子、蛻化变质分子等牛鬼蛇神，作为爪牙打手，这样，万、张反革命修正主义集团就逐漸形成了。

二、对万张反革命修正主义集团各路干将的初步分析

毛主席教导我們：“共产党的干部政策，应是以能否坚决地执行党的路綫，服从党的紀律，和群众有密切的联系，有独立的工作能力，积极肯干，不謀私利为标准，这就是‘任人唯賢’的路綫。过去张国涛的干部政策与此相反，实行‘任人为亲’，拉攏私党，組織小派别，結果叛党而去，这是一个大的教訓。”

（一）万张反革命修正主义集团各路干将的分布情况

万张反革命修正主义集团长期以来，拒不执行毛主席“任人为賢”的干部政策，而是排斥异己，招降納叛，拉攏私党，实行“任人唯亲”的路綫。他們安插在市、区两級的大小干将共 55 人。分布情况大致如下：

党群方面12人：

馮瑞华：前市委組織部长、市委常委。
王眞如：市监委付书記。
李　定：市委付秘书长。
馮东生：党校党委书記。
刘刚峰：党校校长。
郭书眞：市委监委专职委員。
陶正熠：市委办公厅付主任。
許　明：市工会主任。
苑兰田：市工会付主任。
徐　光：市妇联主任。
沙小泉：团市委书記。
王　仁：团市委付书記。

工交建方面16人：

王培仁：市委常委、付市长。
李中垣：付市长、計委主任。
吳一夫：市委基建政治部代理主任。
高万德：一机局局长。
廖斗寅：市經委第一付主任，党組付书記。
毛昌五：市建委付主任。
吳联云：紡織局党委书記。
楚　云：第二教育局局长。
王文源：二机局局长。
宋罗岐：一机局局长。
刘　东：市委工交政治部付主任。
宋硯勤：市科委付主任。
姜保忠：市建委主任。

尹　敢：一机局党委书記。

李　虹：化工局党委书記。

武德鉄：房管局党委书記。

政法方面5人：

桑仁政：市委政法部付部长、检查院检查长。

王誠熙：公安局付局长。

张墨义：检察院付检察长。

张　露：公安局二处处长。

郝双祿：市法院付院长。

財貿方面6人：

馬秀中：市委常委、財貿部部长。

赵步崇：財委政治部付主任。

郝生德：水产局局长。

胡运昌：財委付主任。

李曼克：財委付主任。

郭泽长：二商局局长。

文教宣传方面8人：

白　樺：市委常委、宣传部长、付市长。

王金鼎：市委文教部长。

侯苛一：市委宣传部付部长。

石　坚：天津日报总編輯。

陶毅民：天津广播电台付台长。

赵云一：市卫生局局长。

李克簡：天津广播电台台长。

刘冀农：市第一教育局付局长。

农业方面1人：

孟瑞卿：市委农村工作部付部长。

统战方面1人：

周　茹：市委統战部长。

各区方面6人：

李　杰：前和平区委书記。

王中年：和平区委书記。

解永光：河北区委书記。

王守西：河西区委书記。

王中兴：河东区委书記。

胡玉坤：原市委工业部付部长、后調任塘沽区委书記。

（二）各路干将的四种类型

上述，55名干将，是万、张反革命修正主义集团的忠实走狗和得力打手。他們各自为万、张的反动統治把持着一个方面的大权，干尽了反党反社会主义反毛泽东思想的罪恶勾当。这些干将大致可分以下四类：

1.他們是万、张上通刘、邓黑司令部的地下渠道。

55名干将中，有的与刘少奇、彭眞、薄一波、楊献珍等黑帮头子有密切联系，万、张通过他們从刘、邓黑司令部直接領取黑指示，博得刘、邓的欢心。

原市委秘书长**李定**，在任統战部长期間，忠实执行并发揮了刘少奇在統战工作上的右傾投降路綫。他对刘少奇的大舅子，反动資本家王光英十分崇敬，把王封为“左派”，“紅色資本家”，肉麻地吹捧王“左得可爱”，把王光英这个反动的无名之徒，捧为全国“知名之士”，让他冠以八九个头銜，从而取得了刘少奇的欢心。因此，万、张特别重用李定，封李定为市委付秘书长，还想提他为秘书长、市委常委。实际上，李已成为万、张反党集团的狗头軍师和“黑高参”。

市委妇联主任**徐光**，与反革命修正主义分子彩 凪有內綫联系。徐专会溜須拍馬，深受万、张重用。徐不是市委委員，許多连书記、常委都不能参加的会，她能参加；部长級不能看的文件，她能看到。万、张反党集团把她当作宝貝，哪里需要，就把她派到哪里。万晓塘称之为“有魄力的得力干部”。文化大革命中，徐是万、张的得力打手，恶毒地攻击胡昭衡同志，对江枫同志，也恨得咬牙切齿。

原市經委付主任**廖斗寅**，曾任大叛徒薄一波的秘书十年之久。一九五九年他奉反革命修正主义分子薄一波之命，来津推行修正主义的企业管理方針。同时，廖又是张淮三的部下，因而来津后飞黄騰达，很快由动力机厂党委书記，提为經委付主任，工业付部长。廖按其主子的意旨，在天津大搞資本主义的托拉斯，严重地破坏了社会主义的經济基础，破坏了工业生产力的发展，使天津工业长期处于落后状态。

原市委宣传部負責理論教育的付部长**侯苛一**，与黑帮分子楊献珍臭味相投，开口一个“楊老”，閉口一个“楊老，”令人肉麻。在他負責行政干校和高干自修班时，多次請楊献珍、孙定国来津拍卖修正主义的“合二而一”論，把毛主席著作自修班，变成了楊献珍販卖修正主义黑貨的分店。侯还把楊献珍在津讲的黑話印制成册，发往全国，大量放毒。楊被揪出后，侯仍頑固坚持反动立动，对高級党校的干部說：“我同意楊老的观点”“楊老还是中国的哲学界权威，”“楊老的問題是学术問題”。眞是反动透頂！但万张却不加任何追究，因为侯为万张与楊献珍勾結搭桥拉綫，同时为万张复辟資本主义制造輿論有功。

2.他們与万张反党集团的头头来自一个山头，或是同乡、老部下。

在这些干将中，有万晓塘在冀魯豫的老部下和在市公安局培植的亲信14人；有张淮三从刘仁手中接收和解放后网罗的亲信15人；有宋景毅的同乡和他接收李耕涛的亲信7人。他們早已結成死党，对万张无限孝忠，深受万张宠爱。

如原农村工作部付部长**孟瑞卿**，原是万晓塘的秘书。因不胜任河东区委书記职务，市委决定調民政局任局长。孟嫌职位低，去找万。万私自否定市委的决議，提孟任农村工作部付部长。孟对其主子不胜感激。万狗死后，他哭着要为万报仇。公安局革命群众貼出火烧万晓塘的大字报，孟伙同“政法公社”的老板娘张露以及王誠熙，密謀打击陷害江枫同志。

原电台党委书記**陶毅民**，是万晓塘的同乡，老部下。万特別器重陶，把陶从公安分局付局长提为分局长、付区长，电台党委书記。陶死抱万的大腿，甘当万的奴才，为万控制着广播大权。万狗畏罪自杀后，陶如死亲爹，痛哭流涕，悲伤不已。哭天抹泪送花圈，动員全台职工吊唁，以尽孝心。在万死的第二天早晨，陶利用学习主席著作时間，为万默哀三分钟，并泣不成声地为万歌功頌德。在电台上一天数次反复广播万的死訊，并且还让电視台大拍特拍电影，給“政法公社”的老板娘，大拍特写鏡头，并当作重要新聞节目进行了播出。陶对三反分子刘子厚給万鬼“四个忠于，两个一生”的評价还不滿足，竟假冒革命群众的名义給黑市委送大字报，要求給万賦于“毛主席的好学生”的称号。看，陶为万狗效劳，以死人压活人疯狂到何等地步！

王誠熙，是万晓塘进城前的“心腹秘书”，是万按在公安局的釘子，很快被万提为付局长，局党委书記。王多次被調工作，均被万留下。万到基层搞四清时，把不是市委委員的王誠熙提为临时常委，监視胡昭衡同志，充当万的耳目。在万的保护下，王飞楊跋扈，不可一世。文化大革命中，他勾結张露、张墨义等人，組織万氏复仇軍“政法公社”，打击陷害公安局革命群众和江枫同志。

吳一夫是万晓塘到公安局后网罗的亲信。吳原任市委监委办公室主任，在研究前建工局长的自杀問題时，吳見局长有了空缺，便在厠所里同万說：“我愿到局工作”，万当即封吳为建工局长。１９６５年底又破格地把吳提为基建政治部代理主任。

万晓塘的老部下**毛昌五**，在天津改为省轄市后，极为不滿，竟誣蔑說：“天津划归河北省領导，还不如划归台湾”。眞是反动透頂，恶毒至极！万、张反党集团对其却大力包庇，不作任何处理。

又如张淮三的亲信**王文源**，因张被扑释放后送张去解放区有功，解放后一直被张重用。把他由产业工会主任提为市总工会付主任，机电局长、二机局长、計委付主任。**楚云**是张淮三从刘仁手中接收的亲信。地下时，张楚分任学委正付书記，解放后又曾分任团市委正付书記，二人臭味相投。１９５９年楚云任南开大学党委付书記期間，成了右傾机会主义分子，留党察看两年。张淮三苦于南大归省委領导无法包庇。于是在１９６２年楚云的問題被一风吹以后，张急忙把楚調任河东区委付书記，置于他的大紅伞之下。不久又調楚任科委付主任和第二教育局局长，由自己直接統轄。**李中垣**是张淮三任工业局长时网罗的亲信。李調西安时，主奴恋恋不舍，千方百計回到天津，先被万、张安插为計委付主任，后又提为付市长兼計委付主任。从此这个国民党ＣＣ分子便飞黄騰达。

再如財委付主任**李曼克**，是宋景毅从冀中带来的老部下，政治上一貫落后，一九四八年才入党。解放后李很快就被提为財政局付局长、局长。一九五九年因攻击三面紅旗，成了右傾机会主义分子。一九六二年宋景毅借翻案风給李平反，并提为財委付主任。**馬秀中**是国民党員，是宋景毅入城后搜罗的新亲信，深受万宋的重用，先把其安插为和平区委书記，后提拔为市委常委、財貿部长，为万张牢牢控制着財貿大权。

3.他們是坏分子或犯有严重錯誤后受到万张包庇，因而与万张狼狽为奸。

这些干将中，有不少是坏分子，或是犯有严重錯誤的，因其罪行被万张包庇，所以死心塌地为万张效劳。

如王培仁，道德敗坏，貫于溜須拍馬，阿諛奉承，深受万张器重，是万张按插在基建战綫上的一名要員。王伙同万的亲信毛昌五把持了基建大权。王、毛鬼心密結，串通一气，打击刘忠同志。1958年，二人又合伙盜窃私分××舘大量貴重財物。此事被群众揭发后，中央指示天津市委检查处理，而万竟欺騙中央說：“物資已霉烂变质”，以此拒絕对王进行处分。事后王反而被提拔为市委常委、付市长。王感恩不尽，为万效忠卖命，在文化大革命中，王是万张鎮压革命群众的急先鋒。

又如原卫生局长赵云一，是犯了严重錯誤后，被万网罗的一員干将。早在1962年，赵曾在高干自修班捏造了十几条“理由”，妄图論証人民公社沒有优越性。他疯狂地攻击三面紅旗說什么“三面紅旗，倒了两面”，大跃进“一跃，比例就失調了”，“三面紅旗两面不紅，总路綫沒有主語……。”眞是恶毒至极，反动透頂！对于这样一个坏分子，万张反革命集团却极力包庇，让他长期把持卫生界的大权，推行修正主义的医疗方針。

諸如此类，不一而足。

4.他們是复辟資本主义的吹鼓手。

毛主席說：“凡是要推翻一个政权，总要先造成輿論，总要先做意識形态方面的工作。革命的阶級是这样，反革命的阶級也是这样。”万张反革命集团长期控制着輿論大权，霸占着思想文化陣地，为复辟資本主义大造輿論准备。在文化領域內，万张网罗了一批世界观沒有經过改造的資产阶級知識分子。他們掌握着輿論工具，統治着文化陣地，为万张复辟資本主义搖旗吶喊。

如天津日报总編石坚，入城时是新华分社的記者。因善于看万张反革命集团的眼色行事，因而很快被提为新华社天津分社的付社长、社长、天津日报的总編，并已报任市委宣传部长。石控制着天津日报的大权，把宣传毛泽东思想的陣地变成万张复辟資本主义的喉舌。石經常参与黑市委的高級会議，为万张起草較大的总結、报告。文化大革命以来，石被万张私自指名参加华北局会議。会上，大肆攻击胡昭衡同志，并按照万的意旨，写了四万多字的文章攻击胡昭衡同志。

又如原市委办公厅付主任陶正熠，是个虔誠的基督教徒（参加过团契），是万亲手培植的“黑秀才”，万走到哪里，他就跟到哪里。万在針織厂搞四清，陶整理了万的言論集，甚至把万在洗脸时說的一句臭話，也当作圣旨記录下来。陶在办公室飞揚拔扈，目空一切，同路达、李君勾結起来，泡制了所謂“两服务，三作用”的“厅訓”。（即：为市委服务，为机关服务。参謀作用，助手作用，枢紐作用。）說什么“应該紧跟第一书記，当好第一书記的助手”。象陶这样一个資产阶級出身，解放前夕刚入党的学生党員，因他效忠万张，具有写假报告欺騙党中央的“本領”，因而被万选中，封为自己的接班人。

三、万张反革命修正主义集团招降纳叛的五种手段

万、张反革命修正主义集团的各路干将是經过多年精心培植的私人势力。他們招

降納叛的手段多种多样，概括起来說，有以下几种：

1.控制监察組織大权。

万、张反革命修正主义集团有多年的反革命經驗，他們深知，要实現資本主义复辟的野心，沒有周密的組織准备和干部准备是不可能的。因此，万、张反革命修正主义集团极为重視市监委和市委組織部这两个要害部門，选用得力干将死死控制。

市监委是党的监察机关。万、张反革命修正主义集团派他們的核心成員李守眞和心腹干将王眞如亲自坐陣，担任监委书記和付书記，为了維护万、张反革命修正主义集团的利益，在监察系統推行一整套修正主义路綫。他們对以毛主席为首的党中央进行封鎖，汇报假情况，欺上瞞下。对属于他們集团的人，不管有多大罪恶，他們总是千方百計地进行包庇和袒护，迟迟不加处理，甚至假处理，使大事化小，小事化了，。据了解，５９年以来，被他們包庇的部长級以上犯錯誤的干部就有二十余人。５９年市級机关五反中，揭发出区委书記、局长級有問題的領导干部六十余人，只有六人做了处理，其余均不了了之。另外他們还利用职权包庇了干部中一批叛徒、特务和坏分子。相反，他們对敢于坚持原則，敢于抵制和反对他們的反革命修正主义路綫的革命干部，却是以监察为名进行残酷斗爭，无情打击，甚至搞政治陷害。

市委組織部是“刀把子”。万、张反革命修正主义集团长期以来，选派得力干将担任組織部长和付部长，牢牢地控制人事大权。从一九五四年起，大叛徒张淮三就窃取了組織部长的职务，同当时付部长路达紧密地勾結起来，狼狽为奸。一九五六年，张淮三又物色了大叛徒馬瑞华担任付部长，作为自己的助手。张、路、馬为万、张反革命修正主义集团的形成做了极为重要的組織准备工作。

一九五八年，张淮三、路达調离組織部后，馬上又派李守眞把持干部大权。当把馬瑞华培植成熟后，一九六二年，就把馬瑞华提为組織部长，市委常委。文化大革命初期，馬瑞华动用武装鎮压革命小将，万、张自身难保，不得不忍痛割爱，撤銷馬的組織部长的职务，又急急忙忙派了他們认为得力的孙子英代理組織部长的职务。

以上不难看出，万、张反革命修正主义集团对組織部是何等的重視。其目的就在于把組織部变为他們招降納叛，結党营私，安插亲信，排除异己的得心应手的御用工具，以便随时把他們的干将，爪牙安插到各要害部門，牢牢控制全市党、政、財、文大权。

2.利用“运动”，网罗亲信。

政治运动是一場严肃的阶級斗爭，是我們党放手发动群众，学习馬列主义毛泽东思想，整頓思想，整頓作风，整頓組織，推动革命事业向前发展的有力手段。万、张反革命修正主义集团却利用历次政治运动，大做反革命政治交易，大肆招降納叛，网罗党羽，亲信，壮大其反革命势力。

在一九五五年肃反审干运动中，万晓塘一手包庇了大叛徒张淮三的自首叛党問題，随后，万、张結成死党，把一批自首叛党分子和政治历史有严重問題的人，或以“做过交待”，“有結論”不加审查；或輕描淡写，把自首叛党論定为“政治动搖”、“在敌人面前有錯誤”等，加以包庇袒护，仍留在党內，担任党、政要职。据了解，在历次政治运动中被万张反革命修正主义集团包庇的叛徒就有五十四人 、这五十四个叛徒直到文化大革命以前，还身据要职，有二十四人担任着正付局长、正付区长以上的职务；有二十一人是科、处长級干部，有九人在基层担任重要領导职务。一九六二年，他們又遵照他們的主子刘少奇的旨意，大刮翻案风，无視中央的正确指示，把一九五九年揪出来的一百二十四个右傾机会主义分子不管三七二十一，統統一风吹掉。这些被万、张反革命修正主义集团包庇的人哪一个不是感恩載德，死心蹋地，服服貼貼地为其主子效劳呢？

3.独断专行，随意任免

万、张反革命修正主义集团为了纂夺市委和各个部門的領导权，簡直不择手段。他們目无党的組織紀律，破坏党的民主集中制，各級党委不实行选举制，独断专行，随心所欲地任免干部，安插亲信。他們竟然践踏党章，十一年之久不召开市第三届党代表大会，不改选市委，为他們纂夺党的各級領导权大开方便之門。他們可以随意把一些不是市委委員的人封为市委临时常委，也可以随意把他們的老婆亲信安排到市委各部委，掌握实权。对于坚持原則，敢于和他們斗爭的革命領导干部，他們就利用职权，强行調換。有些部門的第一把手不是万张集团所十分信任的人，他們就利用配付职按釘子的办法，逐步取而代之。万张反革命修正主义集团还制造輿論，胡說什么“局党委、机关党委同区委一样，都是市委代表机关”，也不实行选举制。看，万张反革命修正主义集团的狼子野心不是暴露无遺了嗎？！

4.排斥异己，打击好人。

“任人唯賢”还是“任人唯亲”，这是执行无产阶級的干部路綫，还是执行修正主义干部路綫的根本原則問題。在干部問題上，万、张反革命修正主义集团慣用的伎俩就是順我者昌、逆我者亡。一方面招降納叛，一方面排斥异己。对于一些敢于坚持原則、主持正义，不受万、张反革命修正主义集团控制的領导干部，他就排斥打击，或以“上調”、“提拔”为名，排挤輸送出去；或抓住某些缺点錯誤，渲染夸大，到处散布，迷惑群众，一遇时机，就搞突然袭击，大整特整，打入十八层地獄，压在阴山之下，使你有苦难訴，有冤难伸！甚至冷嘲热諷，指桑罵槐，进行精神打击，使你悶气常生，郁悶至死！十几年来，有不少革命干部受到他們的打击迫害。李权超同志是个长征老干部，为人耿直，坚持原則，过去就受黄火青排挤打击，与万张反革命修正主义集团做过多次原則的斗爭，故万、张就以他身体不好为名，提拔樊青典替代了李权超同志的政法部长，让李权超同志去当交委主任。一九六二年又把交委合併到崔荣汉所把持的經委，成为一个处，把李权超同志架空起来。江枫同志，同万张反革命修正主义集团做了坚决的斗爭。一九六三年机关五反运动和一九六四年反右傾斗爭中，公安局革命群众揭发了樊青典、王誠熙的許多罪恶，万张对江枫同志恨之入骨，在文化大革命中，大整江枫同志的黑材料，并指使其复仇軍“天津政法公社”，打击、陷害江枫同志，欲置江枫同志于死地，何其毒也。

万、张反革命修正主义集团就是利用这种阴险毒辣的手法，把許多革命的領导干部排除出重要領导崗位，以便他們能暢行无阻的实行資本主义复辟。

5.搞經济主义，腐蝕拉攏

毛主席教导我們說：“敵人的武力是不能征服我們的，这点已經得到証明了。資产級

阶的捧場則可能征服我們队伍中的意志薄弱者”。我們每一个共产党員、革命同志都必須牢牢記住毛主席的这一諄諄告誡。万张反革命修正主义集团为了网罗他們的爪牙、党羽，他們也十分重視使用經济主义这种“糖衣炮弹”。他們利用某些干部中的“**驕傲情緒，以功臣自居的情緒，停頓起来不求进步的情緒，貪图享乐不願再过艰苦生活的情緒**”，在經济困难时期，万曉塘亲自掛帅，公然提出：“生命第一，健康第一”的反动口号，大搞“糖、豆，肉、蛋”，“大搞营养食堂”，大搞“高干病房”，大搞“困难补助”等等，纵容干部大搞特殊化，使他們将党的工作置之度外，飽食終日，无所用心，成了一群脫离群众，高高在上，做官当老爷的“精神貴族”，滑向腐化、墜落的修正主义泥坑，严重地腐蝕了我們的干部队伍，使某些“意志薄弱者”被征服，成为万、张反革命修正主义集团的爪牙、打手。

綜上所述，不难看出万、张反革命修正主义集团确确实实是一小撮“**混进党里、政府里、軍队里和各种文化界的資产級阶代表人物，是一批反革命的修正主义分子**”，是一个招降納叛，結党营私而来的野心家，阴謀家集团。

結　束　語

“**金猴奋起千鈞棒，玉宇澄清万里埃。**”

中共中央一九六六年五月十六日《通知》的公开发表和《关于正确处理人民內部矛盾的問題》等光輝文献的重新发表，进一步为我們无产阶級革命派指明了斗爭的大方向，敲响了党內一小撮走資本主义道路当权派彻底完蛋的丧钟。

但是，“**敵人是不会自行消灭的**”。万、张反革命修正主义集团人还在，心不死，他們仍然在負隅頑抗，企图翻案，卷土重来。“**宜将剩勇追穷寇，不可沽名学霸王。**”无产阶級革命造反派的战友們，让我們更高地举起毛泽东思想的伟大紅旗，在以毛主席为代表的无产阶級革命路綫的伟大旗帜下，在毛主席亲手締造的中国人民解放軍的大力支持下，迅速实現革命的大联合和革命的“三結合”，組成浩浩蕩蕩的无产阶級文化革命大軍，把斗爭的矛头对准党內最大的一小撮走資本主义道路的当权派，对准盘踞在天津市委內的万、张反革命修正主义集团，发揚痛打“落水狗”的彻底革命精神，继續穷追猛打，把万、张反革命修正主义集团的干将、爪牙，全部、干净、彻底地揪出来，斗倒！斗臭！斗垮！把被他們篡夺的党、政、財、文大权統統地夺回来，把无产阶級文化大革命进行到底！

革命造反派的战友們，奋勇前进吧！一个紅彤彤的閃烁着毛泽东思想灿烂光輝的新天津，即将出現在汹湧澎湃的海河之滨！

批彭戰報

（第 一 輯）

目　录

批斗彭眞联絡委員会
《批彭战报》編輯部
編

1967年7月

最 高 指 示

全党必須“高举无产阶級文化革命的大旗，彻底揭露那批反党反社会主义的所謂‘学术权威’的資产阶級反动立場，彻底批判学术界、教育界、新聞界、文艺界、出版界的資产阶級反动思想，夺取在这些文化領域中的領导权。而要做到这一点，必須同时批判混进党里、政府里、軍队里和文化領域的各界里的資产阶級代表人物，清洗这些人，有些則要調动他們的职务。”

× × × ×

現在的文化大革命，仅仅是第一次，以后还必然要进行多次。毛泽东同志近几年經常說，革命的誰胜誰負，要在一个很长的历史时期內才能解决。如果弄得不好，資本主义复辟将是随时可能的。全体党員，全国人民，不要以为有一二次、三四次文化大革命，就可以太平无事了。千万注意，决不可丧失警惕。

最 高 指 示

搗乱，失敗，再搗乱，再失敗，直至灭亡——这就是帝国主义和世界上一切反动派对待人民事业的邏輯，他們决不会违背这个邏輯的。

彭眞反革命修正主义集团破坏无产阶級文化大革命大事記

（1965年9月～1966年5月）

偉大历史文献——中共中央一九六六年五月十六日《通知》的公开发表，彻底粉碎了彭眞反革命修正主义集团破坏无产阶級文化大革命、妄图实現資本主义复辟的阴謀。

十几年来，彭眞反革命修正主义集团在党內最大的走資本主义道路当权派的支持下，在政治、經济、思想、文化等各个領域瘋狂地反对我們心中最紅最紅的紅太阳毛主席，把偉大祖国的首都变成“針插不进、水潑不进”的独立王国。无产阶級文化大革命运动中，又与中国的赫魯曉夫勾結串通一气，精心泡制和推銷一条資产阶級反动路綫，将毛主席亲自发动和領导的无产阶級轰轰烈烈的文化大革命运动打下去，实行資产阶級专政。

是可忍，孰不可忍！无产阶級革命造反派奋起毛澤东思想的千鈞棒，口誅笔伐，憤怒声討。本报編輯部根据原北京市委机关革命群众揭发批判的材料，汇編成这份“大事記”。

一 九 六 五 年

9月 在中央工作会議上，毛主席作了关于批判吳晗的指示，并质問彭賊，吳晗是不是可以批判？彭賊当面反对毛主席，回避实质問題，胡說“吳晗有些問題可以批判”。事后彭賊馬上告訴了反革命修正主义分子郑天翔、万里和反党老手邓拓。但是，一直到一九六六年四月二日前都不告訴中央文化革命“五人小組”成員康生同志，严密封鎖消息，公然对抗毛主席指示。

23日 彭賊在旧文化部召开的全国文化厅、局长会議上恶毒攻击我們偉大領袖毛主席，說“在眞理面前人人平等，管你是党中央的主席也好”。还說“錯誤言論人人有份”。企图把水攪混，攻击左派，包庇右派。

11月10日 姚文元同志在《文汇报》发表《評新編历史剧〈海瑞罢官〉》。文章指出，《海瑞罢官》鼓吹“单干風”、“翻案風”，是毒草。它吹响了无产阶級文化大革命的战斗号角。但在彭賊一手控制下，北京各报刊拒不轉載。彭賊說：“不要轉載姚文元文章”，“对姚文元的文章也要一分为二。”

13～27日 彭賊自己打电話斥責上海革命同志：“你們发表姚文元的文章有什么背景？为什么不事先打招呼？你們的‘党性’那里去了？”并在許多場合攻击上海革命同志。彭賊死党郑天翔、邓拓和反革命修正主义分子范瑾、李琪密謀策划，多次給上海打电話，探听姚文背景；李琪还亲自到上海摸底。郑天翔指使娄罗多方面收集上海几年来上演的戏剧和編写的剧本，为攻击上海的革命同志准备子彈。

15日　彭賊在一次讲話中說：“《海瑞罢官》这出戏我早就看过了，毒害不是那么大。”邓拓則給資产阶級代表人物吳晗通風报信，鼓动吳晗反扑。

24日　上海新华书店急电全国新华书店，征求訂购姚文的单行本数字。北京新华书店奉彭賊之命不答复。电話詢問也不发表意見，拖到二十九日才复电同意。

26日　在周总理督促下，彭賊不得已才在人民大会堂西大厅开会，討論北京报紙轉載姚文問題。彭賊一进場就問：“吳晗現在怎么样？”邓拓說：“吳晗很紧張，因为他知道这次批判有来头。”彭賊气势汹汹地大声吼叫：“什么来头不来头?！不用管，只問眞理如何，眞理面前人人平等。”极端露骨地反对毛主席。彭賊还猖狂地說：“吳晗的性质不屬于敌我，对姚文元文章錯誤的地方也要批判。”

29日　《解放軍报》轉載姚文，在編者按中指出《海瑞罢官》是一株大毒草。同日《北京日报》被迫轉載姚文，并加了一个經彭賊定稿的按語，突出强調《海瑞罢官》这是一出“影响較大的戏”，“几年来，大家是有不同意見的”，“有不同意見应該展开討論”，煽动牛鬼蛇神攻击姚文。邓拓还指使《前綫》編輯部干部化名給《文汇报》投搞，质問《解放日报》也发表过关于海瑞的文章，为什么不先檢討就批評別人。后因此事被第三者知道，做賊心虛，未敢发出。反革命修正主义分子項子明和李琪恶毒地攻击高举毛澤东思想偉大紅旗的江青同志，胡說这件事“中宣部和北京市委都不知道，这是江青同志在上海决定的”，“搞得我們很被动”。李琪还攻击姚文对吳晗的政治結論帽子太大，“今后人們更不敢写文章了”。

30日　《人民日报》在第五版《学术研究》栏內轉載姚文。彭賊写的編者按說，要就如何“对待历史人物和历史剧問題进行辯論”。周总理与彭賊斗爭，在編者按最后一段加上了毛主席的話：“同那些反馬克思主义的东西进行斗爭，就会使馬克思主义发展起来。”

同日上午，邓拓与宋碩在国际飯店召开北大、人大、师大、政法学院、民族学院、北京师范学院、戏剧学院、河北北京师院等院校党委书記会。邓拓亲自出馬，布置抵制姚文，压制革命，包庇吳晗的阴謀。他說：“总的精神要按《北京日报》二十九日按語做”，“先当学术討論”，“不要扣帽子”，“不要从政治上入手”，“动不动就扣帽子的風气不好。”他甚至吹捧吳晗“在民主革命时期是反帝反蔣的，解放后开始表現还好，五九年以后表現有些傾向不太好”。为吳晗塗脂抹粉。

12月2日　《光明日报》轉載姚文，比《北京日报》迟三天，这是彭賊作的决定，說：“不能同时轉載以免震动太大。”

4日　彭賊把黑帮干将李琪、王汉斌、宋碩找到家中，让他們拉人写所謂“学术批判”文章。

6日　《文汇报》、《解放日报》报道全国各报刊轉載姚文的“按語”，把《解放軍报》的按語放在第一位，彭賊对此大为不滿。

8日　邓拓、范瑾和彭賊、刘仁密謀后，給吳晗写了一封黑信，說：“你的思想問題，恐怕主要的还是对于历史唯物主义的根本問題沒弄清楚。”为吳晗的假檢討定調子、对口徑，并示意吳晗进行反扑，說：“你的文章无論是自我批評或是对姚文元文章的批評意見我們认为都应該充分发表，不必顾虑重重。”“《人民日报》的按語是中央审閱过的，《北京日报》按語是市委审閱过的，我們一定要按照这两个按語去做。”

9日 旧《北京日报》发表了河北北京师院李××为吳晗辯护的文章和該校教师在討論中为吳晗辯护的言論。当天下午，河北北京师院不少学生和教师认为李的文章很反动，要批判。邓拓、宋碩唯恐事态扩大，火速派出心腹廖××，到河北北京师院党委，一方面找李××和資产阶級教授張××等談話安慰，鼓励再干下去；一方面斥責革命师生“不要动不动就扣政治帽子，不要只許发表一种意見”等等。

12日 彭賊让邓拓化名向阳生在《前綫》和旧《北京日报》同时发表大毒草《从〈海瑞罢官〉談到道德继承論》，妄图用“小罵大帮忙”的手法，把这場两个阶級、两条道路斗爭引入“純学术”討論的邪路。这株大毒草是在彭賊授意和指导下出籠的，經过彭賊等黑帮多次修改，最后由旧市委书記傳閱定稿。在修改中，彭賊指示范瑾：“你們要登全国各报刊对各种学术問題的討論摘要”，“題目多不要紧，題目多参加討論的人就多，象看‘大世界’一样，混战一場，越乱越好，越寬越好”，“把《海瑞罵皇帝》、《海瑞上疏》等放上，其他十几个报紙也登过，統統拉进来”。

13日 邓拓、范瑾在旧市委大学部召开文科院校大学生座談会，毒害拉攏青年，并为旧《北京日报》收罗包庇吳晗的稿件。邓拓在会上恶毒地攻击毛主席，他說：“党从来就反对盲目性，毛主席从来就沒說过让我們听他的話。”他还为吳晗辯解說：“吳晗的文章也不是一无事处，不能一棍子打死。”他煽动学生“不要怕自己和吳晗有共同之处，思想不能有顾虑”。

14日 彭賊在黑市委工作会議上公开包庇吳晗（吳在場），把吳晗的三反罪行說成是“认識問題”，会前还特意找来吳晗說：“你是民主教授”，“錯的就檢討，对的就坚持”。

15日 彭賊指使黑帮郑天翔、万里、蔣南翔、邓拓糾集宋碩、陆平、魏明以及几个文科大学的反动头目，阴謀赶文科革命师生下乡，企图阻止他們对吳晗的批判。

22日 毛主席同康生同志、楊成武同志談話，彭賊也在場。毛主席再次指出吳晗《海瑞罢官》的要害是“罢官”，彭竟然为吳晗辯护說：“我們根据調查，沒有发現彭德怀与吳晗有什么組織联系”，“吳晗不是政治問題”，竭力掩盖吳晗反党的政治問題。

23日 彭賊要求单独同毛主席談話。談話后，彭賊肆意造謠說毛主席贊成他的所謂“放”的方針和吳晗的問題要两个月以后再談政治問題，再做政治結論。

27日 吳晗在旧《北京日报》抛出大毒草《关于〈海瑞罢官〉的自我批評》，实际上是假檢討真反扑。这是彭賊从上海打长途电話下的黑指示，并令《人民日报》轉載。

吳晗毒草发表后，革命群众立即戳穿其假檢討、眞进攻的实质。彭賊大为恼火，說“写文章不要追求‘調調’”。范瑾也大肆污蔑革命群众的批評信是“不准人家革命”，旧《北京日报》一律不予刊登。

一九六六年

1月2日 彭賊召集文教、报刊、部队和北京市有关方面負責人开会，隐瞞了毛主席关于《海瑞罢官》的要害是“罢官”这一指示，康生同志当即揭穿。彭贼还别有用心地强调“放”，恶毒地攻击《解放軍报》的按語妨碍了“放”。

5日 彭贼令其死党邓拓在李琪、范瑾糾集《前綫》、旧《北京日报》、旧《北京晚报》和北京出版社一伙召集的黑会上作假檢查，为包庇他作准备。

8日 旧《北京日报》发表黑帮李琪署名李东石的文章：《評吳晗同志的历史观》，竭力把吳晗反党反社会主义反毛澤东思想的重大政治問題，說成是評价历史人物的观点問題。这篇文章經彭贼、旧市委书記处和范瑾、項子明、王汉斌等修改。发表前，李琪还送給反革命修正主义分子周揚过目，深得周贊赏。

17日 彭贼为包庇“三家村”，指使反革命修正主义分子許立群召开旧《北京日报》、《人民日报》、《光明日报》、《紅旗》、《前綫》、《新建設》等六个編輯部会議，拚命把这場尖銳的阶級斗争拉向“純学术”討論的邪路。許在会上傳达彭贼的黑指示，要把“三报”“三刊”的“学术批判”管起来，稿件和版面要审查，要把“放”同讲要害問題对立起来，不同意先集中搞《海瑞罢官》，要同时討論历史人物評价、历史剧、道德继承等問題，要“有領导地造成一場混战。”

18～27日 关鋒、戚本禹同志把他們攻要害的文章拿給彭贼审查。彭叫秘书詭称工作很忙，最近要下乡，沒时間看。

31日 彭贼要許立群立即送去攻击左派、包庇吳晗等右派的材料。

2月3日 彭贼召集了“五人小組”扩大会議。他禁止在会上談論《海瑞罢官》的政治問題，还批发了七个攻击左派，包庇右派的材料，揚言要对左派进行整風。并指使郑天翔、刘仁替邓拓辯护，胡說：“邓拓是拥护三面紅旗，是‘左派’，长期以来是坚定的。”

4日 在刘少奇的直接参与下，彭贼糾集許立群、姚溱等人背着“五人小組”成員康生同志泡制了一个反革命修正主义綱領《文化革命五人小組汇报提綱》，即《二月提綱》。当日，郑天翔找邓拓、李琪、范瑾、項子明傳达了所謂五人小組会議精神，并让这群狗党看了会議文件。郑气焰嚣張地說：“戚本禹同志也有錯誤。”邓拓則叫喊：“我的手上也有别人不少辮子。”

5日 彭贼将《二月提綱》提交政治局常委討論。他做贼心虛，在“提綱”上面写道：“此件由于时間仓促，来不及在五人小組傳閱和商酌。”会上，由不是“五人小組”成員的許立群汇报，彭眞插了一些話，他沒有談《二月提綱》，沒有提出《二月提綱》中的关鍵問題請常委討論，也沒有說要作为中央正式文件发給全党。

8日 彭贼向毛主席汇报。毛主席当面两次质問彭贼：**“吳晗是不是反党反社会主义？”**彭贼事后竟造謠說，“毛主席认为吳晗等不是反党反社会主义。”

彭贼妄图否定解放以后毛主席亲自領导的历次对資产阶級意識形态的批評，认为这些批判都是“虎头蛇尾”，沒有結論。他說：“这次要做政治結論。”毛主席反对并指出对資产阶級意識形态的斗爭是长期的阶級斗爭，絕不是匆促做一个政治結論就可以解决的。

彭贼还說要用“整風”的方法整左派，毛主席立即反駁：**“这样的問題，三年以后再說。”**当許立群攻击关鋒同志的杂文时，毛主席明确地頂回去，說：**“写点杂文有什么关系？何明（即关鋒）的文章我早就看过，还不錯。”**

彭贼狗胆包天，不經毛主席审閱，在中国的赫魯曉夫刘少奇、邓小平的支持下，濫用职权，盗用中央名义，将《二月提綱》加了批示，說“中央同意”，“望照此执行”，匆匆忙忙发到全党。

12～14日　彭賊向上海市委傳达《二月提綱》，竭尽造謠欺騙之能事，說毛主席和中央都批准了，不必再給你們說了。

18日　許立群、胡绳召集北京学术界人士和北京各报負責人傳达《二月提綱》，故意不傳达毛主席的指示。会后討論，邓拓竟被指定为第一小組召集人。

3月1日　彭賊指使宋碩，两次召集高校党委书記、党員干部和教师开会，大力兜售臭名昭著的《二月提綱》。

2日　彭、刘反革命修正主义集团为了保护吳晗，叫他化名“老李”去昌平搞“四清”。

11日　上海市委革命同志問旧中宣部：“学閥是否有所指？”彭賊叫許立群回告：“我彭眞說的：（1）学閥沒有指具体什么人，是阿Q，誰头上有伤疤就是誰。（2）你們发表姚文元的文章为什么不給中宣部打招呼？”說到这里，彭賊怒气冲冲地說：“上海市委的党性哪里去了?!”

17日　毛主席指出：“吳晗、翦伯贊等人是共产党員，也反共，实际上是国民党員。”

25日　彭賊糾集死党邓拓、宋碩、范瑾、蔣南翔密謀决定馬上把文科学生赶下乡，幷对部分学校負責人說：“帳蓬已安排去做，你們去筹备，邓拓可以挂帅。”

28日　毛主席几次严厉批評彭賊勾結刘仁、邓拓泡制《二月提綱》，指出中宣部和旧北京市委包庇坏人，压制左派；如果再包庇坏人，中宣部要解散，北京市委要解散，“五人小組”要解散。

31日　康生同志向彭賊詳細傳达了毛主席3月28日的指示。彭賊頑固对抗毛主席的批評，极力抵賴說：他沒有包庇吳晗，只是主張“放”，“《文化革命五人小組汇报提綱》可以修改一下。”

刘仁急忙調兵遣将，調回李琪、張文松，負隅頑抗。

4月1日　彭賊指使刘仁、万里召集張文松、李琪、范瑾在交际处开紧急秘密会，由万里傳达彭賊給“三家村”干将定的調子，什么“‘三家村’事情要解决，不解决不行，否則更被动”；什么“对邓拓的本质应有一个认識，这是个好人，但是世界观有許多不正确的观点”。幷制定了包庇“三家村”的罪恶計划，由刘仁、万里、郑天翔組成“三人小組”，由張文松、李琪、范瑾、宋碩組成“四人办公室”，策划“党內”假批判。彭賊还提出“公开批判不好掌握”，决定暂时停办《前綫》，集中力量充实旧《北京日报》，继續頑抗。

宋碩、李开鼎召开文科院校党員干部“学术批判經驗交流会”，进一步推行《二月提綱》只准放毒、不許批判的反革命政策。宋在会上大肆攻击党中央和毛主席，說什么“眞正駁倒資产阶級学术思想，必須下苦功夫，不能以势压人，我們党是执政的党……以势压人易，以理服人难。”

2日　彭賊第三次当面反对毛主席，只承认在“学术批判”这一方面有錯誤和缺点。

戚本禹同志同时在《光明日报》和《人民日报》发表了題为《〈海瑞駡皇帝〉和〈海瑞罢官〉的反动本质》的文章，这篇文章被彭賊扣压了两个半月。

3日　彭賊破例在家召集黑帮常委会，継續掩盖自己的滔天罪行，胡說他“在工业、农业、国际反修等方面都不落后，仅仅是学术方面落后”，“一篇历史帳，就是市委包庇吳晗”，并把《林彪同志委托江青同志召开的部队文艺座談会紀要》給李琪、范瑾、張文松偷看，以便窺測方向。

会上彭賊不提邓拓的反革命罪行，只是說：“老邓，你为什么搞个‘三家村’？吳南星，头上是吳晗，下边是廖沫沙。”彭賊还心虛地一一問：“你过去在哪个大区工作？”然后說：“是啊，各个地区来的都有啊！”“沒有什么宗派呀！”

5日　彭賊召开第二次黑会，泡制包庇邓拓、掩盖錯誤、欺騙中央的黑报告，說邓拓的問題，先党內批判，后党外批判，給撤职处分。彭賊不同意，說“要批判后再做組織处理”。

下午，彭賊在其巢穴召开所謂“五人小組办公室”会議，李琪、宋碩、張文松也被拉去，密謀假批判資产阶級右派，眞攻击无产阶級左派，轉移目标，保护自己。彭賊在会上喊出了瘋狂掙扎的江湖黑話：“在家靠父母，出門靠朋友，請大家帮忙。”密令死党宋碩搜集攻击陈伯达同志的“材料”。

《紅旗》杂志发表关鋒、林杰同志的文章，題为《〈海瑞罵皇帝〉和〈海瑞罢官〉是反社会主义的两株大毒草》。这篇文章也被彭賊扣压了两个半月。

6—7日　刘仁、張文松到北京师大女附中以了解反党头子罗瑞卿孩子情况为名，探听罗的动向。李琪、范瑾在彭賊家里修改黑市委关于邓拓問題向党中央的假批判、眞包庇的报告，彭賊指使“責任要写得含糊一些”，“对邓拓要摆事实，讲道理”，不要写“《燕山夜話》发行数量大，影响很广”，不提是“反馬克思列宁主义、反毛澤东思想”的性质。

10日　党中央批发《林彪同志委托江青同志召开的部队文艺座談会紀要》。

彭賊召集黑常委会議，詭辯地說：“毛主席批評了北京，也批評了其它部門，象这样的問題是全国性的。”还說：“以后我不管北京的事了。”以便退居幕后指揮。

12日　为統一口徑，炮制反革命“四·一六”編者按，邓拓向“四人办公室”作假檢討。其內容先征得了“三人領导小組”的同意：（1）明显的厚古薄今的傾向，缺乏馬列主义的批判精神；（2）助长青年人成名成家的思想；（3）脫离实际；（4）有些文章的題目是无聊的等。极力把政治問題說成是“学术問題”“认識問題”。彭賊則胡說邓拓“写文章是一回事，拥护三面紅旗是另一回事”，“檢討了还可起来战斗。”

13日　黑市委常委继續开会。范瑾、張文松紧張地修改“四·一六”編者按語，决定把按語中“吳晗、邓拓、廖沫沙”的順次改为“吳晗、廖沫沙、邓拓”，总冠以“反党反社会主义”的帽子，单提邓拓时則不加。这既隐諱地說明邓拓不是“反党反社会主义分子”，又留下了狡辯之路。

郑天翔还派張文松、范瑾、李琪到邓拓家告訴所謂公开“批判”的阴謀計划，让其“有个思想准备”。

14日　彭賊两次糾集郑天翔等死党秘密开会，提出三个包庇邓拓的方案。但迫于形势压力，选擇公开假批判这一方案，并耍詭計，把这个“三家村”大掌柜放在小伙計的地位，說“这次要突出吳晗”。有人还献計，发表“三家村”材料的同时发表邓拓的假檢討。

15日　彭賊背着党中央，把“五·一六《通知》”草稿交給北京黑市委傳閱，上午，彭賊在家召开“四人办公室”会議，胡說“邓拓在抗日战爭时赶着毛驴办报，很艰苦”，

"应区别对待"。彭贼还精心修改"四·一六"編者按語,并多次請示了中国的二号赫鲁晓夫邓小平,定稿后又对4月16日旧《北京日报》的版面作了煞費苦心的安排,才打电話給邓拓,說:"明天就发表批判你的文章了","你这个人就是好古,迷古,脫离现实,改了还可以当文化革命战士。"紧接着郑天翔召开全市党委书記会,提前灌輸"四·一六"編者按語的反党精神,并說这是"揮泪斬馬謖呀!"

張文松則在文教系統竭力推銷这个黑貨,让旧团市委书記、反革命修正主义分子汪家鏐在旧团市委五届五次扩大会議上大肆宣揚,并布置給出席团中央九届五中全会的北京代表,借此向外地代表"摸底"和搜集中央机关的反映。

就这样,臭名昭著的假批判、真包庇,舍車馬、保将帅的旧《北京日报》"四·一六"大阴謀酝酿成熟,准备抛出。

16日 毛主席在杭州亲自召集政治局常委扩大会議,討論彭眞問題,撤銷《二月提綱》和"五人小組",重新成立中央文化革命領导小組。

彭賊用电話同刘仁、郑天翔等頻繁联系,泄露中央会議的重要机密,指揮死党垂死挣扎,下令旧《北京日报》以二个版的篇幅发表"三家村"的材料,并加上了反革命的"四·一六"編者按語。

旧《北京日报》和《前綫》发行量猛增,并让邮局与八大城市联系发行数量,大肆放毒,大搞特务活动,向中央"摸底"。

下午,郑天翔听取对"按語"反映的汇报,郑說:"昨天沒有告訴廖沫沙是个缺点。"当即派佘滌青去廖家慰問,崔月犁去吳家看望,自己率領項子明、高戈前往邓家,問寒問暖,百般安慰,并让項子明与丁一嵐(邓拓老婆)多联系,派邓的秘书去看邓的情緒表現。

晚上,刘仁参加华北局邯郸会議后召集黑市委会,听对"按語"的反映,决定由張文松、范瑾、李琪等收罗人馬,搜集左派材料,把矛头指向康生和关鋒等同志。此外还决定凡是群众揭发旧市委书記处的材料都不登"簡报",只复写两份送书記处傳閱,竭力掩盖他們反对毛主席的滔天罪行。

17日 黑市委书記处和"四人办公室"召开会議,两次听取各方面对"四·一六"編者按語的反映,刘仁、郑天翔要大家"观察政治动向"。"三人領导小組"还指使宋碩从各高等院校抽調十一个干部給旧《北京日报》,并每天向在外地的彭贼汇报版面安排情况,重要文章均由他修改定稿。

19日 中央书記处通知北京各单位:

1.《北京日报》十六日的編者按語和材料,因为旧北京市委毫无自我批評,首都各报都不要轉載,按原定計划发表批判文章;

2.各高等院校、各机关、各基层单位停止执行旧北京市委布置的那种制造混乱的措施。

李富春同志严厉批評旧市委,指出"四·一六"編者按語是顚倒敌我,顚倒主帅,包庇右派,打击左派。刘仁、郑天翔、蔣南翔、宋碩則密謀决定,对下隐瞞中央书記处关于停止执行旧北京市委那种制造混乱的措施的指示,并由張文松起草第二个"按語"(后未出籠)。

彭贼通过其臭婆娘張洁清两次指示黑市委书記处,根据中央"通知",要采取对策,要把邓拓的問題估計得"严重"些。

20日 毛主席批发了揭发彭眞的七个文件給全体市委委員,明确指出要北京揭发彭眞的問題。刘仁等黑帮接到文件后慌了手脚。晚八时在彭贼家根据其黑指示,叫郑天翔准备假檢討,欺騙中央,对抗毛主席。

宋碩向高等院校党委书記"傳达"中央书記处4月19日通知,把通知篡改为五条:

1.目前主要是进行准备,先学文件;

2.批判文章还可以写,集中批判吳晗,不要分散目标;

3.不要停課，不要开大会；

4.批判坏电影还可以进行；

5.如何搞法，等候中央安排。

21日 上午，刘仁带着黑帮干将項子明偷偷地給邓拓通風报信，訂立攻守同盟；下午召集黑市委常委会，决定次日召开旧市委全体委員会，十个候补委員只允許六个参加，监委委員一律不参加（按中央規定应該参加）。

~~晚上，~~刘、郑、万反革命修正主义头子通过彭賊小舅子張文松和張洁清将旧市委全会的情况密告彭賊，并令高戈将毛主席批发的关于彭賊問題的七个文件送給彭。

22日 黑市委召开包庇彭賊的反革命“四月黑会”，由彭賊幕后操纵，刘仁出面指揮。会議一反常态，特别强調“保密”，严格审查工作人員，連守門放哨都由旧办公厅主任、黑帮分子肖甲出馬保鏢。他們亲自作記录，亲自发文件，亲自編“簡报”。連会議編組也是經过精心策划的，把旧北京市委的死党項子明、陆平、李琪、范瑾、王汉斌等拼成一个小組，作为攻击中央的主力。会后，将上报材料修改六次，也还是矛盾百出，不能自园其說，最后竟不了了之。

会議期間，中央关于彭賊問題的三批材料接連发到，但刘仁、郑天翔等继續采取种种罪恶手段，攻击毛主席，包庇彭賊，頑抗到底。郑天翔叫嚣：“彭眞的错誤是沒跟上主席，北京的錯誤是沒跟上彭眞。”甚至威胁別人說：“这些人現在揭发彭眞的問題，开个大会让他讲，看他們誰敢讲？！”

与此同时，反革命政变集团又竭力制造混乱，轉移目标。刘仁煽动說：“过去就有意見，現在不讲，不向中央反映是要犯错誤的”，“邓拓1958年到市委，……不是市委要来的，是中央分配来的。”郑天翔也歇斯底里大发作，說：“可以批評任何人”；“不知主席把七个文件批給市委委員傳閱，用意是什么？”将矛头指向党中央，指向毛主席。彭賊的第一秘书、黑帮分子張彭也恶毒地說：“五人小組提綱是康生看过的，都划过圈，現在又不认帳了。”黑帮分子刘涌拚命叫嚷：“《二月提綱》是正确的。”黑帮分子彭思明則附和：“我看不出《二月提綱》有問題。”他們大駡中央七个文件是“整人”，是“攻击”彭賊，还胡說彭賊一貫“正确”，“不会伸手抓权”。尤其可恶的是刘仁、郑天翔等黑帮头子还布置張文松、李晨等黑帮干将查閱党中央，毛主席自1958年以来有关文教工作方面的全部指示、讲話，妄图搜集攻击党中央、毛主席的炮彈。这是1961年“暢观楼反革命事件”的重演。

23日 刘仁在旧市委黑会上继續吹捧彭賊，攻击毛主席，說：“彭眞在中央工作，地位相当于一个付总书記，什么都能管，为什么单要抓文化的領导权？”万里，高戈竟胡說：这些文件是“一面倒”（指毛主席发出的七个文件），黑帮干将賈星五咬牙切齿地狂吠：“該翻案的还得翻案！”郑天翔更是气焰嚣張，胡說現在清算彭眞是因为“他得罪了江青同志”，“在东北期間得罪了林彪同志”。当天下午，刘仁纵容郑天翔、万里、陈克寒等以汇报为名，在李富春同志面前大演丑剧。他們事先商量好由郑汇报，万提問題，陈作記录，妄图摸底，窺测方向，以便玩弄以守为攻的鬼花招。

24日 中央批发揭发彭眞罪行的第二批材料，粉碎了彭賊反革命政变集团把矛头指向党中央的阴謀。魔鬼們匆忙銷赃灭迹，郑天翔責令范瑾立即銷毁彭賊电話記录，拆掉鉛版；李琪、王汉斌多次催促全部銷毁攻击康生同志的黑材料；宋碩急忙銷毁早在三月就捏造好的，作为攻击陈伯达同志的毒箭；張文松、李晨也不得不暫时縮回黑手，不敢再查閱毛主席和党中央关于文教方面的讲話和文件了。

24—26日 黑市委书記处連日开会，迫不得已，才承认邓拓是坏人；对彭賊問題只說是犯了“路綫性錯誤”。

25日 郑天翔按照黑书記处定的調子，在黑市委会上作报告。

彭贼看門狗李××在主子回京前夕，急忙銷毀十麻袋文件和資料。

26日 郑天翔按照黑书記处定的調子，在黑市委会上作假檢查，为黑书記处开脫罪責。会議决定将刘仁、郑天翔在会上的几次讲話整理成記录稿，拟报中央。但是刘仁說：“我沒有稿子，随便讲的，你們怎么記的就怎么算了。”几次拒絕看記录。郑天翔則大发雷霆說：“不是我讲的原意，我又不能改。”随即把稿子撕个粉碎，始終拒絕报送中央，妄想隐瞞包庇彭贼攻击中央的滔天罪行。

27日 毛主席批示的关于彭贼罪行的第三批材料发到市委。彭贼从杭州回到北京，黑书記处的黑帮急忙赶到彭家。彭胡說：“我的錯誤就是《二月提綱》問題，是驕傲自滿問題。”黑帮們听后，四处活动，广为散布，蠱惑人心。

刘仁給項子明、王汉斌打气，并把批判《二月提綱》的中央《通知》草稿給他們看，让王汉斌照着《通知》的精神修改檢查报告，继續頑抗。

28日 郑天翔、陈克寒、万里、赵凡、李琪、張文松等一群死党，眼看彭贼保不住了，紛紛写些鸡毛蒜皮的所謂揭发材料，多方表白自己，竭力把自己打扮成“左派”，以求得生存。

29日 項子明、陆平向刘仁献策，要他伪装起来，“爭取党的領导，主动找李雪峰請示。”

30日 北京召开欢迎謝胡同志大会，項子明、王汉斌要刘仁到公开場合出面，迷惑群众。他們說：“彭眞現在不露面，你也不露面？”“这时你不露面不行！”

5月2日 在彭贼反革命嘴臉彻底暴露的情况下，刘仁、郑天翔等仍頑抗到底，露出一付杀气騰騰的凶相，对項子明說：“彭眞的問題大了，伸了手了，我是跑不了啦，你也跑不了。”“反正我不当头一个揭发彭眞的人！”他們抱成一团，死心踏地地对抗中央，对抗无产阶級文化大革命运动。項子明还极其阴險地对刘仁献計：“彭眞的問題已經揭出来了，咱們要引火燒身，把表面的問題讲讲。不然，北京成了彭眞的死党，眼里只有彭眞，沒有中央，露了馬脚，彭的罪过更大，让人家說一窩子，就严重了。”

3日 黑市委常委开会，郑天翔强調五月份全市要以“三査”为中心，妄图以此破坏和抗拒无产阶級文化大革命。

4日 党中央召开政治局扩大会議，討論彭、陆、罗、楊反革命修正主义集团的問題。

《解放軍报》发表題为《千万不要忘記阶級斗爭》的社論。

刘仁找李琪、張文松、項子明、王汉斌帮他想問題，“揭发”彭眞，但又胡說“不了解彭眞的历史情况。”李琪等人“想”了两个晚上，也沒“揭发”什么問題。

5日 刘仁找到項子明、王汉斌、李琪、范瑾、張文松、宋碩，密告康生同志在中央会議上的讲話材料。

12日 华北局工作組进入旧北京市委。宋碩和李琪、范瑾等对口徑，訂立“攻守同盟”，宋还死守旧市委大学部，要干部下去“积极开展工作”，实际上是为他刺探情报。

16日 中央政治局扩大会議通过了毛主席亲自主持制定的中共中央《通知》。这个閃爍着毛澤东思想光輝的偉大文件，正式宣判了刘邓王朝和彭眞反革命修正主义集团的死刑。

毛主席教导我們說：**“想要阻挡潮流的机会主义者虽然几乎到处都有，潮流总是阻挡不住的，社会主义到处都在胜利地前进，把一切絆脚石抛在自己的后头。”**震撼世界的中国无产阶級文化大革命的潮流，冲击着社会的一切渣滓，把妄图阻擋我国社会主义革命和社会主义建設的跳梁小丑們扔进了历史的垃圾堆。千軍万馬，浩浩蕩蕩的文化革命大軍，在偉大統帅毛主席的率領下，向党內一小撮走資本主义道路的当权派发动了猛烈的夺权斗爭，使他們复辟資本主义的黃粱美梦遭到了彻底的破产。螳臂擋車，可笑不自量！胜利是屬于毛主席的革命路綫的！是屬于光焰无际的、战无不胜的毛澤东思想的！

首都无产阶級革命派批斗彭眞联絡委員会編写

彭眞毒害青年黑話录

（对北京高校毕业生历次讲話摘編）

偉大的領袖毛主席教导我們，培养无产阶級革命事业接班人的問題，是关系到我們党和国家改不改变顏色的重大問題。反革命修正主义头目彭眞秉承党內最大的走資本主义道路当权派的旨意，把他自己打扮成“党的化身”、“青年的导师”，到处大作黑报告，成为帝、修、反在中国的代言人。彭眞的黑报告和刘少奇的黑《修养》是一丘之貉。它彻头彻尾地貫穿着一条反毛澤东思想的黑綫，妄图把革命青年变成他們复辟資本主义的“馴服工具”。为彻底批判彭眞的反革命罪行，我們将彭眞对北京高校毕业生历次黑报告揪出来示众！

一、恶毒攻击毛主席，反对学习毛澤东思想

*鼓吹毛主席是不是个人迷信？这有什么办法。

人，往往喜欢人家奉承，不喜欢人家提缺点，这是个缺点。（1964.8.26）

*什么人拍你的馬就得小心点！我問过团市委书記同志：你拍过馬嗎？他說：沒有。我問：你騎过馬嗎？他說騎过。我說，要是牵过一匹馬来，他不让你騎怎么办？你就得在他身上拍两下，等他老实了，你再騎他。你要注意，拍馬的人，就是想騎馬啊！（1964.8.26）

*如果說毛主席是个个人，就叫个人崇拜，那么馬克思、列宁是个人还是集体？！……馬克思、列宁是一堆人凑起来的嘛！讲这种話的人，至少是沒有常識，别的話，我还不讲，要讲别的話，就不好听。（1960.8.20）

*毛主席发表了主張，他提出的主張，中共中央討論，同意了的，事后看来，他的主張是正确的。有人讲，这叫个人崇拜，才怪得很呢！那么相信科学，相信自然科学，叫个人崇拜？在历史几十年的斗爭中，虽然有人給主席戴右傾的帽子，戴各种帽子，可是后来証明他是对的，因为眞理在他的方面。为什么大家不可以信任他？（1960.8.20）

*問題是在于他是正确的还是錯誤的？正确的就拥护，錯誤的就反对。（1965.8.7）

*誰不犯錯誤？我們都犯过无数次的錯誤。毛主席就一次被开除党籍，三次被赶出紅軍，二十次受罰。（1965.8.7）

*我不是說我們党不会犯錯誤，我們也常常犯这样那样的錯誤，工作中有这样或那样的缺点，各种缺点和錯誤也不少。（1964.8.26）

*以毛主席和中共中央为首的共产党的整体，有时也犯錯誤。毛主席讲过，錯誤人人皆有，只是性质、大小有所不同。（1962.7.22）

*党的領导有时也犯錯誤。（1962.7.22）

*全世界这样多人，难道就沒有一个和馬克思、列宁一样聪明的人？全中国这样多的人，难道就沒有和毛主席一样聪明的人？不是的，但就一生的成就和对人民的貢献来讲，沒有人有馬克思、列宁、毛主席那么偉大。这是什么原因？首先是一个方向問題。同样聪

明，同样条件的人，由于方向、道路不同，最后的結果，会完全不一样。……希特勒、蔣介石、艾森豪威尔、肯尼迪、杜勒斯这些反动派，并不都是笨蛋。他們也是相当聪明的，但是，由于他們走的道路错了，最后总是走到历史的垃圾堆里去。(1962.7.22)

〔编者按〕 林彪同志指出：**“毛泽东同志是当代最伟大的馬克思列宁主义者，”“毛主席是最杰出的无产阶級革命家，是当代最伟大的天才。”**全中国人民和全世界革命人民无限热爱我們心中最紅最紅的紅太阳毛主席，无限热爱战无不胜的、光焰无际的毛澤东思想。我們最衷心地祝愿我們偉大的导师、偉大的领袖、偉大的統帅、偉大的舵手毛主席万寿无疆！万寿无疆！！

而彭眞这个不齿于人类的臭反革命修正主义分子，对毛主席、毛澤东思想极端仇視。在前后六个报告中，从来沒有提毛澤东思想，前五个报告中，只字不提学习毛主席著作，而一提毛主席，他就含沙射影地进行攻击，并污蔑革命人民热爱毛主席是“个人迷信”、“拍馬”，攻击毛主席也“常犯错誤”，并歇斯底里地叫嚷“错誤的就反对”。这些反党黑話，与赫魯曉夫、刘少奇之流一模一样，表現他对毛主席和忠于毛主席的革命左派和革命人民的刻骨仇恨。

“世界上没有无緣无故的爱，也没有无緣无故的恨”，彭眞这样瘋狂地攻击我們心中最紅最紅的紅太阳毛主席，是由其反动本性决定的。但是彭狗吠日，絲毫无損于太阳的光輝，我們革命人民一百年、一万年、一亿年，世世代代热爱、忠于我們心中的紅太阳毛主席，我們一千遍、一万遍高呼：毛主席万岁！万岁！！万万岁！！！

二、千方百計引导青年走資本主义道路

*什么叫政治挂帅？就是你走的什么方向。

道路这个問題，对誰都一样，是一个最根本的問題。(1965.8.7)

*本来，方向、道路的問題，在高等教育这个阶段，无論如何是必須解决的，不应該等到毕业才解决这个問題，……这个問題，我們欠了債。(1965.8.7)

*希望在座的所有同学、老师都成为无产阶級知識分子，都成为馬列主义者，沒有一个資产阶級分子，这就要从劳动做起。(1964.7.31)

*同志們应該讀点《社会发展史》，沒有目的的讀书是一回事，有目的的讀书又是一回事。(1964.8.26)

*我們的社会向哪个方向发展？你一研究社会发展史，就清楚了。你看从奴隶社会到封建社会，有誰抵擋得住？辛亥革命以后，也还有張勛复辟，但是結果怎么样呢？……这是不以人們的意志为轉移的。就象地球在轉一样，这是不以人們的意志为轉移的。(1964.8.26)

*同志們如果研究了社会发展史，研究了辯証唯物主义，研究了唯物辯証法，就会知道自然界的发展規律和社会的发展規律。因此，就能够按照这个規律去选擇自已的道路，按照这个規律去改造社会和改造自然。(1964.8.26)

*一个大学生总要讀一部社会发展史的，你讀了，你就知道人类社会的发展，不是愿意向那里走就向那里走，它是有規律的，……学了以后，你就知道这是一个規律，……看了

以后，你就会站在社会发展的最前列，而不是落在后面。如果站在历史的最前面，按照社会发展的規律来看問題，那你就会革命化了。(1964.7.31)

＊怎样选这个道路？可以不可以爱选什么选什么？表面上，每一个同学有这个自由，实际上沒有自由。

你可以随便选道路，到一定时候就走不通了，历史車輪就把你压扁了。大学生你們应該选擇历史发展必然要走的道路，按照历史发展的必然性来选擇道路。

＊希望大家能在两条道路中，看清一条道路，选定一条道路，为这条道路奋斗到底！(1957.×.×)

＊你們认識这个社会一定要走这一条道路，你硬要走相反的道路，你天天痛苦，直到历史的車輪把你扔到垃圾堆里为止，这个話是有根本的道理，你們必須这样做，直到每一个人都坚决走这条道路时，这个話，我就不說了。(1965.8.7)

＊希望同志們把根子扎对，按照这一条道路走一輩子。(1964.8.26)

＊出了修正主义，特别是象苏联这样的国家被修正主义統治了，东欧那些国家被修正主义統治了，有很多国家的党是在修正主义手里，……那你有什么办法？这也是不以人們的意志为轉移的。

＊工人、农民也不是一切都好，……他們也有落后的一面。……比如不讲卫生等等，……对这些落后的东西，那就要耐心地、慢慢地帮助他們克服，要改造他們。(1965.8.7)

＊有些現象我是不滿意的。現在知識分子下乡，簡直象做地下工作那样困难，不会种地沒人教，不会澆水也沒人教。甚至于軍队里也是那样，出知識分子的洋相，也不告訴他背包怎么打，枪怎么背，应該怎样紧急集合。(1965.8.7)

＊你們准备和工人、农民結合，一定还有許多幻想，认为工人、农民很理想。作为阶級来看，他們确实是很理想的，……但是，在遇到具体的工人和农民的时候，看到他們身上也有黑暗面和落后的东西，有的人就可能大失所望。……要知道，工人阶級和农民阶級也有两面，有光荣的一面，也有黑暗的一面，……尽管有些工人、农民落后，我們也只能和工、农結合。(1962.7.22)

＊現在大学生的生活当然不算好，但是比起农民、比起矿工的生活，还是好一点。当你們出去工作时，到工厂、农村一看，这个也不方便，那个也不方便，这里有气味，吃飯不干净，还有蒼蝇，飯也沒味道，还搭了那么多菜，你們現在基本上吃的是粮，农村就搭好多菜。

〔編者按〕人类社会向何处去？怎样才能正确认識和改造人类社会？青年学生应該走什么路？这些問題，毛主席、林付主席早已非常清楚地作了回答。林彪同志說：**“毛泽东思想指引下的人民革命是历史前进的火車头。”“毛泽东思想是革命的科学，是經过了长期革命斗爭考驗的无产阶級眞理，是最現实的馬克思列宁主义，是全党全軍全国人民的統一的行动綱領。”**毛主席早就教导我們說：**“社会主义制度終究要代替資本主义制度，这是一个不以人們自己的意志为轉移的客观規律。”“惟独共产主义的思想体系和社会制度，正以排山倒海之势，雷霆万鈞之力，磅礴于全世界，而葆其美妙之青春。”**这就是人类社会发展的方向。也就是青年学生前进的方向。

而反革命修正主义分子彭眞在对高校毕业生所作的六个报告中，洋洋數十万言，喋喋不休地大談什么“人类社会发展規律”，“历史发展必然道路”，要青年关起門来去学什么《社会发展史》，彭賊的所謂“历史发展必然道路”到底是什么东西呢？他不打自招地說：“出了修正主义，……这也是不以人們的意志为轉移的。”原来他的“人类社会发展規律”就是要使中国出現修正主义、复辟資本主义。他还让青年学生要“按照这一条道路走一輩子。”要“为这条道路奋斗到底”。其用心何其毒也！

社会的发展不容倒退，历史的車輪滚滚向前。无产阶級文化大革命的車輪已把彭眞反革命修正主义集团及其黑后台党內最大的走資本主义道路的当权派刘少奇、邓小平輾了个稀巴烂，他們妄图在中国复辟資本主义的黄梁美梦彻底破产了！

三、抹杀毛主席的阶級、阶級斗爭观点，肆意歪曲党的“重在表現”政策

＊要知道，工人阶級和农民阶級也有两面，有光荣的一面，也有黑暗的一面。(1962.7.22)

＊中国沒有經过发达的資本主义国家，有不好的地方，經济落后、但也有个好处，中国人讲究义气、讲究照顾大局、照顾全体。(1960.8.20)

＊工人阶級中大約有30%的人不是劳动人民出身的，在这部分人中，各色各样的思想都有，就是劳动人民出身的工人也不是你們在“政治經济学”里的工人，工人中有的迷信，有的不讲卫生，很多毛病。(1964.7.31)

＊假使跑到农村去，农民迷信的更多，卫生更不讲究，一面吃飯，一面孩子拉屎撒尿，碗就在屎尿旁边，喝水不敢上碗边，象牛馬一样。(1964.7.31)

＊工人、农民革命是为了生活，知識分子往往先理論上把人生观定下来，然后才能革命到底。(1964.7.31)

＊他要是爱劳动，就是工人阶級知識分子，他要是不爱劳动，鄙視工农群众，他就是資产阶級知識分子，这就是标准。

所有的知識分子，成为无产阶級知識分子，眞正为社会主义服务的知識分子，……第一个問題就是劳动。……参加劳动是一个根本的措施。当然还有其他的措施，但其中的第一条就是：我們是干部、国家干部，所有这方面的干部都要参加劳动。……如果我們的国家从干部到所有的知識分子，能够确立这么一条，看来問題很簡单，修正主义者在我們国内产生是很困难的。(1964.7.31)

＊現在我們各級政府国家机关里，所有的民主党派，工商界人士，都是接受了社会主义改造的人，至于反对社会主义改造的資产阶級右派，在五七年时就斗了。(1964.8.26)

＊在中国資本主义是被消灭了，官僚資产阶級被消灭了，不是枪毙了，而是用改造的方式消灭了。(1964.8.26)

＊在中国的資产阶級，封建地主阶級的基础已經消除了。(1964.7.31)

＊在經济基础方面，社会主义和資本主义的斗爭，胜負已經决定了，在国家制度上，是

无产阶級还是資产阶級，也已决定了。（1957.×.×）

*今天有些划了右派的也来了，那时候是你自己站过去的，不是同学們把你拉去的，当了右派又觉得很不是味道，不滿意，……历史作結論很公道，是无情的，最后历史一作結論，你又觉得倒霉后悔，为什么当时你要站到右边呢？（1960.8.20）

*有些人就那么蠢，辛亥革命前，有人就是要当保皇党。一九五七年就有人非当右派不可，有的人我請他到家里談过，还是不行，划了右派又哭哭啼啼就有那种蠢人。与其划了右派又很后悔、难过，何必当时鳴放时要当右派？有人跑到台灣又后悔，那么为什么不站到社会主义这方面？（1960.8.20）

*你們当中一九五七年划了右派的，凡是条件够，这次可以摘掉帽子……大学生总还是青年，列宁說过：上帝是允許青年犯錯誤的。不是相信上帝，但青年犯了錯誤，改了就算了。（1960.8.20）

*有些人就是說香港好，西方資本主义世界好，可以开欢送会把他送到香港、美国去，他沒路費可以发給他路費。中国六亿五千万人，跑掉百八十个，有什么了不起！叫他們去过够了，你到那里看看，不好也可以跑回来。（1960.8.20）

*你們看中华人民共和国，看什么都不順眼，就看西方世界、华盛頓、香港比較順眼，这些人至少是近視眼。（1960.8.20）

*什么叫政治挂帅？就是你走的是什么方向。你如果是知識挂帅，到台灣那里去，你的知識有多大威力呢？只有那么大，不信就試試，明天就开欢送会。（1964.8.26）

*国家形势那么好，国家那么兴旺，这些事实右派也会逐漸认識，至于有些花崗岩的脑袋我不敢說，象章伯鈞、罗隆基、龙云是花崗岩，这是什么，我不敢說，大学生絕大多数是可以改造好的，也許有些人这次吃过亏了，以后不再吃这亏。（1960.8.20）

*我們不是唯成份論，一切人都要重在表現。（1965.8.7）

*地主家庭的子女漂漂亮亮、干干淨淨。（1965.8.7）

*工人、农民也不是一切都好，他們也是有落后的一面，比如：不讲卫生等等，要改造他們。（1965.8.7）

*有人不相信共产主义，他不相信也可以，国家也用他，中国之大不在乎几个人，他总还是得給国家作事情。俗話說：十个指头不一般齐，怎么能都要求一般齐呢？

林鲁曉夫是修正主义者，他做过矿工，所以我們虽然是用阶級观点、阶級分析来处理一切問題，但我們不是唯成份論，一切人都要重要表現，……五十年或一百年以后，中国沒有原来的地主、資本家、富农了，那时候，我們看人看什么？你还不看表現？那时候更加重在表現，将来越来越重在表現。（1965.8.7）

*我們和黃世仁，究竟是我們欠了黃世仁的債，还是黃世仁欠我們的債？我們和“四霸天”誰欠了誰的帳？四霸天有几百条人命，我們只把他們本人鎮压了，家屬还要安排工作，我們人民那里欠他們的債。（1957.×.×）

〔編者按〕毛主席教导我們：“在阶級社会中，每一个人都在一定的阶級地位中生活，各种思想无不打上阶級的烙印。”他又說：“被推翻的地主买办阶級的残余还是存在，資产阶級还是存在，小資产阶級刚刚在改造。阶級斗争并没有結束。”在党的八届十中全会上，毛主席向全党和全国人民发出了“千万不要忘記阶級斗爭”的偉大号召。

可是，大黑帮彭眞却多方販卖修正主义的阶級斗爭熄灭論，他大談工人、貧下中农的“阴暗面”，美化地主、資产阶級。大叫什么“中国的資本主义是被消灭了。”“資本主义、封建地主阶級的基础已經消除了。”他用偷梁换柱的手法，抽去知識分子与工农相結合的阶級斗爭內容，抽去了革命化的灵魂，閉口不提阶級斗爭，却把学生参加劳动作为防修的根本、区别两个阶級知識分子的标准，他肆意歪曲毛主席的阶級路綫，不提有成分論，而拚命鼓吹所謂“重在表现”，而实为重在表面，以便为他推行修正主义的路綫服务。

彭眞卖弄“此地无銀三百两”的手法說：“我們是不願意你們这一代出修正主义。”眞是欲盖弥彰。狗不吃屎，这是連三岁小孩也騙不了的。让彭眞的这一套把戏，見鬼去吧！

四、极力美化帝国主义、修正主义和各国反动派

＊帝国主义很聪明，很有預感，他們現在感到不大好混了，离鬼門关也不很远了。(1960.8.20)

＊希特勒、蔣介石、艾森豪威尔、肯尼迪、杜勒斯这些反动派，并不都是笨蛋，他們也是相当聪明的。(1962.7.22)

＊美国的农业过了关，有它的特点，它有近三十亿亩耕地，只有一亿七千万人口，他們实行輪流耕种，每年实际耕种的也有近二十亿亩土地。他們的气候条件和我們差不多，我們有六亿五千万人口，只有十六亿亩耕地，如果我們有美国那样的工业基础，农业基础，有那样的生产力，革命成功后就不会有現在这样的困难。(1962.7.22)

＊苏美两国是世界上两个最强大的国家。(1962.7.22)

＊拥护赫魯曉夫的人，約有一千万人，……他們形成了一股力量，什么时候能克服赫魯曉夫修正主义？現在还看不出来。能够說在十年，二十年內得到克服嗎？能够說再过三十年、二十年后，資本主义复辟的危險就沒有了嗎？不能这样說。

同志們不要淨讲赫魯曉夫的罪恶，赫魯曉夫有很大的功劳，是我們的教員、教授。还得称他同志。(1965.8.7)

＊南斯拉夫曾經是社会主义国家，現在很难讲它还是眞正的社会主义国家，南斯拉夫共产主义联盟过去可以說是无产阶級政党，現在很难說是无产阶級政党。(1960.8.20)

＊考茨基只有那么点罪状嘛，列宁写了一本书叫《无产阶級革命和叛徒考茨基》，考茨基就有那么点罪状，列宁就宣布他是叛徒。(1965.8.7)

＊一百多年以来，特别是辛亥革命以来，无数仁人志士，都想找中国富强的道路，好多人做了这样那样的試驗，老实讲，做了这样那样的較量。比如蔣介石就跟我們較量过。(1965.8.7)

＊一九四八、一九四九年出現了南斯拉夫鉄托修正主义，刘少奇同志写过文章。(1964.8.26)

＊为什么要全面地进行社会主义教育运动……双十条里已說明了。(1964.8.26)

＊剛才讲有的人反右时候挨了斗，他就不想自己为什么要反共反人民，而只想你們为什

么要斗老子，因此一肚子气，永世不能解放。(1960.8.20)

*一九五七年就有人非当右派不可。有的人我請他到家里談过，还是不行，划了右派又哭哭啼啼，就有那么种蠢人。与其划了右派很后悔、难过，何必当初鳴放时要当右派？有人跑到台灣又后悔，那时为什么不站在社会主义方面？(1960.8.20)

*地主、富农也有一部分人是贊成人民公社的，也不都反对。(1960.8.20)

*最近，“蔣委員长”又想来大陆建立根据地，……还說他一攻上来，就会有好多人出来拥护他。是有一些人拥护他，一九四九年跟他跑到台灣的就有几十万人，現在大陆上也还有些。(1962.7.22)

*有些人就說香港好，西方資本主义世界好，可以开欢送会，把他送到香港，美国去。他沒路費可以发給他路費。中国六亿五千万人，跑掉百八十个有什么了不起？叫他們去过够了，你到那里去看看，不好也可以跑回来。(1960.8.20)

〔編者按〕什么藤結什么瓜，什么阶級說什么話。反革命修正主义分子彭眞与帝国主义、修正主义、各国反动派臭味相投，不足为怪，是由其反动的阶級本性所决定的，必然会“**頑强地表現他們自己，要他們不反映不表現，是不可能的。**”从上面的例子可看出，彭眞对他的老祖宗考茨基，对他的同伙赫魯曉夫、鉄托，对法西斯头子希特勒、艾森豪威尔、肯尼迪、杜勒斯，对国民党反动派头子蔣介石以及右派分子的感情何等亲密！不过这些曾赫赫一时的反动头子最后都遭到可耻的失败，被革命人民扔进历史的垃圾堆，遺臭万年，彭眞这个大野心家当然也不会例外。

五、大肆散布战爭恐怖，拍卖現代修正主义的“和平共处”、“和平过渡”的謬論

*二次世界大战共死了三千八百万人，死于原子彈的只有日本广島、长崎的二十万人，而苏联一国就死了二千万人，但战爭不是她发动的。

我請北大历史系的同志調查了一些材料，西汉平帝时中国人口一千二百万戶，到东汉末第一个皇帝汉光武帝刘秀时，剩下四百三十万戶，那时也沒有原子彈，东汉桓帝时，有一千万戶，到司馬炎（晋武帝）余下二百四十万戶，死掉四分之三。隋煬帝并不象历史說的那样坏，隋文帝給了他点家业，他想平高丽，总打敗仗，死人很多。隋煬帝到李世民，这段时間不长，每次都杀三分之二，这也怪了。唐玄宗，唱“貴妃醉酒”里那个唐明皇时人口九百万戶，經过“安史之乱”，到唐代宗（即《打金枝》中的皇帝）时，只有三百万戶，又杀掉三分之二。那时，不用說原子彈，机关枪也沒有，西北地区人口稀少，就是战爭把人杀掉了。每次战爭以后，人口减少，人民不愿打，有人要打。(1960.8.20)

*我們的时代是什么时代也有爭論。我們的时代是东風压倒西風，两大陣营对立的时代，是要号召全世界人民制止战爭、保卫和平的时代。(1960.8.20)

*今年你們毕业生中，很多人是搞尖端的，搞放射性物质、原子、远距离控制，各色各样，我們大家也在拚命搞，如果我們搞得好，它一看打起来沒有便宜占，就可能制止。(1960.8.20)

*我們爭取和平，这是第一条；不怕战爭，这是第二条。(1960.8.20)

＊帝国主义想搞战争，我們想搞和平。(1960.8.20)

＊怎样爭取和平？一个是磕头，乞求和平。我看磕不来，如果給帝国主义磕个头，就能乞求和平，虽是耻辱，磕几个也可以，总比死人好！(1960.8.20)

＊現在要不要提和平过渡？要提，因为現在很多国家的党是合法的，她在議会中有議員，有选举权、被选举权，有公开活动，如果讲和平过渡沒有可能性，他就把你合法活动取消。可以讲我們是要爭取和平过渡。(1960.8.20)

〔編者按〕一九六〇年，苏共二十一大以后，世界上掀起了一股反华逆流。赫魯曉夫恶毒地攻击我們“好战”，极力散布战爭恐怖論，向帝国主义乞求和平。彭眞完全适应了帝、修、反的需要，学着赫魯曉夫的腔調，販卖刘少奇“三和一少”的黑貨，声嘶力竭地大談战爭恐怖，公开攻击毛主席关于战爭与和平的論述，和赫魯曉夫完全是一丘之貉。他含沙射影地說：“人民不願意打，有人要打。”在帝国主义战爭政策面前，他吓破了胆，卑躬屈膝，无耻地說：“給帝国主义磕个头，就能乞求和平，虽是耻辱，磕几个也可以，总比死人好。”他拼命宣揚投降叛国的活命哲学，完全是一付叛徒咀臉，奴才相。

六、大談准备打仗，为反革命兵变作輿論准备

＊战爭是个魔鬼，你越怕，它越来，你不怕，它也許不来了。(1965.8.7)

＊战爭当然要死人，是一件坏事，同时，又是一件好事。什么好事呀？它可以扫淸一些落后的、黑暗的东西，包括我們現在的那些落后的、保守的、反动的、各色各样的殘余。(1965.8.7)

＊和平环境有它的坏处，就是容易滋生那种懈怠麻痹的思想，容易出懶汉，容易出胆小鬼，出怕死鬼，容易出蛻化变质，貪图享受、怕劳动、怕吃苦的人。和平环境有这个阴暗面……战爭里边就不是这样了，……一打起来，官僚主义搞不光，我看也差不多了，那时候，个人主义也会扫掉很多。(1965.8.7)

＊要准备打这一仗。既要革命，不准备打这一仗？不打怎么办？……无非把我們的罈罈罐罐打烂一大堆，无非把我們的人民大会堂、体育場炸平。……打掉了以后，咱們再建設起来。那时候，保証比現在建設得漂亮。如果那时候我还在的話，我还願意你們选我当市长。(1965.8.7)

＊要准备黎明前有这么一段黑暗。这一段恐怕是不可避免的，不要希望远，也許今年打，也許几年以后打。……最好在我們这一代打完这一仗……豁出去犯个錯誤。(1965.8.7)

＊打起仗来以后，全世界人民会大覚悟，世界会大前进，一切会大变。(1965.8.7)

＊这一仗打好以后，我們可以对世界人民做出貢献。(1965.8.7)

＊我估計，假使眞的敌人打来的話，我們北京也会乱一陣子的。主要乱在那些閑人身上。为战爭搞运輸的，生产軍火的，生产軍事物資的，也不会乱。……还有，在知識分子里面，有那么一部分神經比較脆弱，胆子小的人会乱。这些人无非是怕一个死，沒有李逵的那种精神，脑袋砍掉，无非是碗大的疤拉，我希望这样的人将来会很少。……假使我們思想准备得好，工作做得好，可能会更少。(1965.8.7)

＊我們过去有經驗，敌人来了，总要乱那么一陣，过几天就都組織起来了。(1965.8.7)

＊有人居然这样讲：在北京不要紧，北京有毛主席，敌人不会轰炸。打起仗来，不会轰炸北京才怪呢！你說大城市不轰炸？它先轰炸大城市。(1965.8.7)

＊我們要动員一批医务人員到軍区去，还不是到前綫去，有些人就不去，无論如何不去，千万不要叫我去。这里头有的还是党員、团員，这样的人应該无条件地馬上开除党籍、开除团籍，当一个共产党員、共青团員，都不准备到最前綫，都不准备进攻在前、退却在后，什么共产党員？什么共青团員？(1965.8.7)

＊大家准备好，打起仗来，大学生也好，在座的所有人，要生产，要背起背包、鋤头，上山下乡。如果打仗，就背起背包，拿起武器上前綫，哪里需要到哪里去。……現在，北大、清华，还有几个学院，都要到大山沟准备，准备什么呢？打起仗来，背起背包，背了你們的仪器，到山沟去，到处是課堂，到处是教室，到处是大会堂。……有些重要的仪器，要准备准备。人就是行李一背，书包一背，教师也是一样，就是无产阶級化了嘛！就革命化了嘛！官僚主义就沒有了，架子也沒有了，什么官气、暮气、闊气，除了胆小鬼，逃掉的，我看大概都好了。(1965.8.7)

＊你入了党，你在軍队里面，就要进攻在前，退却在后。你当农民，出人、出公粮、出担架，你就要在前，在战爭中間，一切方面都要起模范作用。(1965.8.7)

＊战爭一来，我看也可以考驗我們的大学生究竟及格不及格？还是五分，还是四分，还是三分，还是吃鸡蛋。我現在不知道，反正在座的絕大多数人不会在三分以下，吃鸡蛋的也不会一个沒有。現在来看，也看不出来。但是我希望，那时候沒有人吃鸡蛋。吃苦耐劳嘛，吃鸡蛋干什么！(1965.8.7)

〔編者按〕在困难时期，彭眞配合帝、修、反的反华大合唱，大肆宣揚战爭恐怖，鼓吹和平共处，和平过渡。到一九六五年，彭眞一反常态，来了个一百八十度的大轉弯，却拼命讲“准备打仗”了。这是一个大阴謀。他在为反革命兵变作輿論准备。大阴謀家、大野心家彭眞，与党內最大的一小撮走資本主义道路的当权派串通一气，与帝国主义、現代修正主义和国內外反动派里应外合，遙相呼应，妄图“一旦时机成熟”，搞兵临城下的“宮廷政变”。他讲的“战爭”就是兵变。他借大談“战爭的意义”之名，大談兵变的必要性，說什么准备有“黎明前的一段黑暗”，公开揚言：旣要“革命”，非打不可，“豁出去犯个错誤”。看！猖狂到何等程度！接着他又讲了如何打。非常恶毒的是他瘋狂地叫喊要首先轰炸北京，要轰炸毛主席，是可忍，孰不可忍！

然后以备战为名，作战斗部署，以黑紀律、黑修养来威胁广大党团員，乖乖地跟着他們走。瘋狂地叫嚷，所有的人，如一旦打起来，即发生“兵变”，都要忠于职守，尽其所能，背起背包拿起枪，上山下乡上前綫，“哪里需要就到哪里去。”誰要是不服从他的命令，就“无条件地”开除党籍、团籍，何其毒也！

紅代会北京师范大学井崗山公社整理

揭开彭眞反革命修正主义集团拍摄反动影片《北京农业的大跃进》的黑幕

毛主席教导我們說："凡是要推翻一个政权，总要先造成輿論，总要先做意識形态方面的工作。革命的阶級是这样，反革命的阶級也是这样。"彭、刘反革命修正主义集团为纂党、纂軍、纂政复辟資本主义，多年来他們利用文艺、电影、新聞、出版等各种宣傳陣地积极制造輿論准备，向党发动了猖狂的进攻。旧北京市委摄制的彩色长記录影片《北京农业的大跃进》就是他們复辟資本主义的一項重要輿論准备。

《北京农业的大跃进》是 1965 年 5 月开始拍摄的，当年 10 月匆匆制成抛出。这部反动影片是在反党大头目彭眞直接領导精心策划下拍摄而成的，他发指示、提意見、定調子、审样片，实际上是这部影片幕后的总編导。彭贼为了使这部影片能够全面地貫彻他的反革命意图，特意挑选了反党老手、大叛徒邓拓来領导編輯、摄制工作。邓拓为完成彭贼的反党意图，向拍摄影片工作人員一再强調說："从头至尾务須千方百計体現彭眞同志指示的主題思想。"并多次召开会議，布置任务，研究电影拍摄提綱，修改解說詞，挑选鏡头，审查样片，前后去电影制片厂廿六次之多，足見彭、刘反革命政变集团对这部影片多么"重視"，多么"积极"了。

这部反动影片的整个拍摄过程是彭刘反革命修正主义集团复辟資本主义的反革命阴謀活动的大暴露的过程，对这些反革命阴謀活动必須予以彻底揭发和彻底批判。

影片恶毒地攻击毛主席、反对毛澤东思想

毛主席是当代最偉大的馬克思列宁主义者，是全世界革命人民的偉大領袖与导师。毛主席天才地、創造性地、全面地继承、捍卫和发展了馬克思列宁主义，把馬克思列宁主义提高到一个嶄新的阶段。

毛澤东思想是在帝国主义走向全面崩潰，社会主义走向全世界胜利的时代的馬克思列宁主义。毛澤东思想是反对帝国主义的强大的思想武器，是反对修正主义和教条主义的强大的思想武器。毛澤东思想是全党、全軍和全国一切工作的指导方針。国际和国内阶級斗爭的实踐表明："毛主席的話，水平最高，威力最大，句句是眞理，一句頂一万句"。毛澤东思想是强大的精神原子彈，誰掌握了毛澤东思想就将所向无敌，一往直前。

无論是公开的阶級敌人还是隐蔽的阶級敌人，他們最害怕的就是毛澤东思想，他們最仇視的就是毛澤东思想，他們攻击无产阶級专政和社会主义制度，都是首先把鋒芒对准我們最敬爱的偉大領袖毛主席和光焰无际的毛澤东思想。

彭刘反革命修正主义集团从他們的反动立場出发，在拍摄影片《北京农业的大跃进》时也首先抓住了这一点。在全部影片的解說詞中，对于北京农业的大跃进根本沒有一句提到毛澤东思想，根本沒有一句提到毛主席的領导。影片在仅有的两处极次要的地位上提到毛主席，也极力贬低毛主席，根本否认毛主席的英明領导，如一处說："……在党中央和毛

主席的直接关怀下”，一处說：“……是与党中央和毛主席的亲切关怀分不开的”。这样公开地否认毛主席的領导，就是明目張胆的反党行为，这是絕对不能容忍的。

更为恶毒的是在影片的背后。在拍摄过程中，反党头子彭眞、邓拓讲了許多黑話，直接攻击我們敬爱的領袖毛主席。1965年9月，彭贼在“审查”这部影片后恶狠狠地說：“有一种人要求别人比馬克思还要正确。……这是坏透了的毛病，用这种态度，怎么能去团結七亿人呢？”这是什么語言？不是对党对毛主席怀着刻骨仇恨的阶級敌人是說不出这样恶毒的語言来的。这是地地道道的現行反革命言論。

反党头子邓拓在这一点上不亚于其主子，他对拍摄影片的工作人員大讲黑話，說：“古时候的讀书人有两种，一种是什么人的文章都学，其目的是模仿。另一种是别人的东西，他根本不看、根本不学，为的是怕乱了自己的章法。”

彭眞、邓拓对拍摄电影工作人員所讲的黑話，赤裸裸地表达了他們对毛澤东思想咬牙切齿地咒罵和攻击，是有其根源的，它的总后台就是中国党內最大的走資本主义道路的当权派刘少奇，他在攻击毛澤东思想时曾說：“这里联系到这样一个原則問題，就是我們应該向誰学习。是向党內和党外群众中一切有眞理的人学习，不管他的職位高低，不是向職位高的人学习。”一句話就是不能向我們敬爱的領袖毛主席学习。

是的！刘少奇、彭眞、邓拓之流根本不学毛澤东思想，他們根本也学不进去；他們也确是怕乱了他們的“章法”。他們的“章法”就是攻击毛澤东思想，使广大群众脫离毛澤东思想，阴謀发动政变，复辟資本主义。这个狼子野心是昭然若揭的。彭刘反革命修正主义集团也就是按照他們反革命的“章法”在一步一步地进行資本主义复辟的罪恶活动。

对于这种攻击我們偉大領袖毛主席和攻击毛澤东思想的罪行必須予以坚决回击。并使我們广大工农兵群众牢固地掌握好毛澤东思想。这正如党的八届十一中全会公报指出：“用毛澤东思想武装工农兵群众、革命的知識分子和广大干部，进一步促进人的思想革命化，是防止修正主义，防止資本主义复辟，使我們社会主义和共产主义事业取得胜利的最可靠、最根本的保証。”

极力突出彭眞，为复辟資本主义准备政治資本

彭刘反革命修正主义集团要实現其篡党、篡国、篡軍的罪恶阴謀，就必然要开动一切宣傳机器来制造輿論，抬高自己，吹捧自己，以撈取政治資本。拍摄电影《北京农业的大跃进》的一个重要目的就是要突出彭眞、抬高彭眞为复辟資本主义制造輿論准备。从这个罪恶目的出发，拍摄影片过程中圍繞着“突出彭眞”的問題，前前后后对影片进行了多次修改。这些修改也都是为突出彭眞，复辟資本主义的目的服务。

反党头子邓拓在拍摄这部影片一开始，就一再强調要“特别注意反映好彭眞”的鏡头，他說：“这是政治任务。”为了突出彭眞，邓拓亲自出馬布置拍摄了彭眞和旧北京市委的黑帮头子們在北京小麦会議上讲話和接見北京农业劳动模范的鏡头。由于这次会議上缺少了几个农业先进单位，后来还弄虛作假，专門导演了一次“接見劳模”的丑剧。影片初次拍成时，样片中有很多彭贼的鏡头：有在会議上的讲話，有与劳动模范的談話，有接見劳模的場面等等。当彭贼看到这个样片时认为达到了他的反革命罪恶目的了，得意洋洋頻頻点头、表示滿意。

但是心怀鬼胎的彭贼，考虑到突出他个人的鏡头太多、太露骨，拿出去上映会露了馬脚。沒过多久，大管家邓拓就急急忙忙轉达彭贼的意图，通知制片厂，把所有旧北京市委彭贼和其它黑帮們的鏡头統統剪掉，当制片厂的同志們問他剪掉这些鏡头的原因时，邓拓气急敗坏地說："你們不要問，錯了我負責！"并对制片厂負責人說："剪修前的拷貝未經我同意，絕对不能拿出去。"

彭眞、邓拓这一伙野心家、阴謀家，出于他們的反革命本性，虽然影片剪掉了彭贼等黑帮的鏡头，他們是决不甘心就此罢休的，于是想出了一个更为恶毒的手法来突出彭贼。他們密謀在現有各种記录片中寻找有毛主席的場面又有彭贼在場的鏡头。为此，邓拓亲到制片厂看了有关毛主席的記录影片，还在深夜赶到現場剪接台用放大鏡寻找鏡头，最后終于找到了我們敬爱的領袖毛主席在十三陵劳动时身旁站着彭贼这样一个鏡头，后来編入了影片中。他們就是用了这种卑鄙的手段，以达到突出彭贼、欺騙群众的罪恶目的。这是彭刘反革命修正主义集团不可饒恕的反党罪行之一。

突出北京，否定大寨道路

要突出彭贼、要树立彭贼的个人威望，就要突出他所領导的旧北京市委的工作，宣揚北京市的工作的所謂"正确"和"成績"来吹捧彭贼。

反动影片《北京农业的大跃进》在为資本主义复辟制造輿論中的一个重要表現，就是从根本上对抗毛主席提出的"农业学大寨"的偉大号召，不擇手段地突出北京、宣揚北京有无数个大寨，等等。

我国农村人民公社集体經济的发展，是建立在自力更生的基础上，还是建立在依賴外援的基础上，这是根本对立的两种方針，两条路綫。大寨是全国农业的一面紅旗。毛主席1964年就提出了"农业学大寨"的偉大号召，1965年7月中央召开农村政治工作会議，再次强調要响应毛主席"工业学大庆，农业学大寨，全国都要学习解放軍"的偉大号召。旧北京市委彭刘反革命修正主义集团不但不宣傳毛主席的偉大号召，反而想方設法加以抵制和对抗，妄图否定大寨道路。1965年8月，彭贼在北京小麦会議上大讲黑話，放肆地对抗"农业学大寨"的指示，他說："我发現人家别处讲：你們学我們，我們还是从你們那里学来的。噢！我們不到近处学，反到远处去学。"后来，又恶毒地說："唐僧到西天取經，是最愚蠢的！"影片《北京农业的大跃进》极力地貫徹了彭贼的这个反动思潮。它根本不宣傳大寨的經驗，反而把解說詞初稿中提到学大寨的話，如："北京郊区的大寨……学习大寨自力更生，艰苦奋斗的精神，发展农业生产……。"等等，全部删去了；它也根本不提北京如何学大寨，反而吹嘘北京有无数个大寨典型，吹嘘全国学北京郊区。影片中有一个外地領导干部和郊区干部、社員到"南韓继"参观的鏡头，影片的解說詞是："南韓继的革命精神，大跃进的干劲，吸引了全国各地的同志和北京郊区成千上万的干部和社員……。"从这几句話中，可以看出这不仅是一个不宣傳大寨的問題了，而是妄图以北京的"南韓继"来否定大寨，把它放在大寨之上，并号召全国来学北京，其用心极为險恶。

十七年来，旧北京市委反革命修正主义集团，在北京郊区农村貫徹了一条修正主义的农业路綫。他們根本就不提倡走大寨的道路，而是大搞什么物质刺激、鈔票挂帅，大搞反革命經济主义，妄图腐蚀广大貧下中农。这条修正主义路綫曾經受到北京市郊区广大貧下中农的抵制，但是，这条路綫在郊区还是有一定影响的，我們必須深刻批判、彻底肃清它。

为了突出北京，我們还可以从片名的变化过程中看他們的反党意图。反党分子邓拓在召集摄制組开会布置任务时，就提出把影片定名为《北京郊区农业生产大跃进》。后来在編写影片剧本提綱时，影片的編輯把片名暫定为《北京农业在跃进中》，邓拓看了认为吹捧北京不够劲，很不滿意。后来編輯人員又提出了《京郊巨变》、《京郊宏图》、《京郊紅旗》、《紅霞万朵》等九个片名，这些片名送給彭賊看时，他认为都沒能突出北京，十分脑火，大发雷霆，說："用《北京农业的大跃进》的名字，决不能动搖！"这样，从影片的片名也体現出了突出北京，突出彭賊的罪恶意图。

用比学赶帮超否定总路綫

"比学赶帮"这个口号是周总理１９６４年在全国人民代表大会上作政府工作报告时提出的。１９６５年８月，彭賊在北京小麦会議上大放厥詞，說什么"比学赶帮超是領导社会主义农业的基本方法"，并把"超"的思想窃为己有，說："領导农业这件事，我琢磨了很久，究竟怎么搞？这个問題在全国也沒有解决。""今后領导工农业就抓这个，要不，千头万緒，从何抓起。"当时还在报刊上广为宣傳。当然，反动影片《北京农业的大跃进》也决不会放过这个突出彭賊的机会。

在影片解說詞的初稿中，邓拓就写了一段极力吹嘘彭賊的話："彭眞同志总結了領导农业生产的重要經驗，指出'比学赶帮超'的群众运动，在发展社会主义农业生产中有重要意义。"

把"比学赶帮超"作为基本領导方法是根本錯誤的。彭賊这个思想是与毛澤东思想根本对立的，毛主席教导我們說："**从群众中集中起来又到群众中堅持下去，以形成正确的領导意見，这是基本的領导方法。**"各条战綫的領导工作，都要遵循毛主席所教导的領导方法去做。至于各战綫的指导思想，要遵循毛主席和党中央制定的社会主义建設总路綫为指針进行工作，要遵循毛主席的"**抓革命，促生产**"的指示进行工作，离开这些根本指导思想，而談什么"超"字是根本錯誤的。

我們敬爱的領袖毛主席特別重視农业和农业的領导工作，他英明地总結有关农业的一系列基本規律和經驗为"农业八字宪法"、"农业发展綱要"、"前十条"、"六十条"、"工作方法六十条"等，我們革命者的任务就是如何把毛主席的这些英明思想通过我們的工作付諸实現。

从彭賊提出的口号，用毛主席的光輝思想一对照，可見彭賊是完全与毛主席相对抗的，这种对立是出于彭賊反革命的阴謀目的的。彭賊对抗毛主席，眞是狗胆包天！与此同时，彭賊还阴謀就北京市农业的所謂先进典型編一部书。彭賊准备自己在文章前加按語，宣揚他的黑思想，以此来直接对抗我們最敬爱的偉大領袖毛主席在《中国农村社会主义高潮》一书按語中的光輝思想，后来这个阴謀沒能得逞。所有这些罪恶活动，在毛澤东思想的照妖鏡下原形毕露，彭賊企图为个人撈取政治資本的貨色，不但不能成为什么政治資本而只能成为他反革命言行的一項重要罪証。

用生产斗爭抹杀阶級斗爭和无产阶級专政

要不要坚持阶級和阶級斗爭，要不要坚持无产阶級专政是关系到我們国家生死存亡的問題。在党的八届十中全会上毛主席再一次发出了“千万不要忘記阶級斗爭”的偉大号召。

彭贼对摄制电影的同志大讲抹杀阶級斗爭的黑話，直接对抗毛主席的指示，他說：“我們要抓两条道路，小事情总是有的，抓住总路綫、农业发展綱要，别的有多少問題也不要紧。”“現在‘农业发展綱要’很久沒人宣傳了，咱們要把这个旗帜抓起来。”等等。

彭賊眞的要抓“綱要”嗎？不是的！彭賊对北京的农业曾下过这样混帳的“指示”：“指标不变、年限不限。……三年不行，五年；五年不行，十年；十年不行，一万年”。这是什么貫彻“农业发展綱要”？这是在直接地公开破坏“綱要”，对抗“綱要”！他所以要抬出“綱要”是为了片面地歪曲“綱要”的內容，以达到他用生产斗爭抹杀阶級斗爭的目的。

彭贼的这个意图，却在影片中得到了貫彻。这个长达两小时放映时間的《北京农业的大跃进》，整个影片沒有一个阶級斗爭的場面，沒有一个字提到阶級斗爭。影片給观众的印象从画面上来看首先是一派“秀丽的風光”和所謂“和平的景象”。这种处理方法是有它的具体指导思想和反动的政治目的的。邓拓曾强調說：“这个影片可以用导游手法，分几路出城观光，名山大川都走走。”他們就是要用这些东西来掩盖現实的阶級斗爭。

影片不但沒有强调以阶級斗爭为綱、以阶級斗爭推动生产斗爭，相反地却强調了不反映任何阶級关系的“互相帮助”。在影片的解說詞中有很多这样的詞句，什么“互相启发、互相比較、找差距、赶先进、你学我、我学你……”，等等，极力把人与人之間的关系說成只是这种“互相学习、互相启发”的关系，企图抹杀人們阶級和阶級斗爭的观念。

影片的画面上除了“秀丽的風光”和一群沒有阶級性的人以外，其他就是一些农业产品清单和产量指标的数字堆砌。这里不禁使我們联想到現代修正主义所鼓吹的“土豆燒牛肉的共产主义”，不正是这部影片中所宣揚的內容嗎？邓拓在修改解說詞时，曾极其恶毒地加了一句話：“凡是生产搞得好的地方，政治思想工作一定很突出。”这就从根本上用生产斗爭抹煞了阶級斗爭。宣揚这种抹煞阶級斗爭的观点，最終目的是为了否定无产阶級专政，影片恰恰就是按照这条黑綫表演下去的。例如影片在讲到党支部作用时說：“一渡河党支部工作好，是党支部书記刘××以身作則，常年和社員共同劳动。”在影片中看到的所謂党的領导，就是研究怎么生产，怎么改进技术；党支部委員們成了技术研究小組的成員。作为无产阶級专政的体现的党的組織、党的領导在影片中已經被“生产”所淹沒了，无产阶級专政不見了。这是彭刘反革命修正主义集团拍摄这部影片的重大政治阴謀之一。

毛主席教导我們：**“阶級斗爭，一些阶級胜利了，一些阶級消灭了。这就是历史，这就是几千年的文明史。拿这个观点解释历史的就叫做历史的唯物主义，站在这个观点的反面的是历史的唯心主义。”**彭眞、邓拓从他們的反革命的目的出发，他們就站在这个观点反面去歪曲历史，例如在讲到我国农业合作化发展历史时，影片的解說詞說：“四季青的发展历史：单干时期轆轆搖，合作化后水車叫，人民公社电井澆，三个时期三个样，人民公社的大道越走越寬敞。”这是典型的抹煞阶級斗爭的唯心史观。这种反动理論也是有它的最后根源的，这就是党內最大的走資本主义道路的当权派刘少奇。他就曾宣揚过：“人类社会的历史，归根到底，是生产的历史，生产者的历史。”等反动言論。

在社会主义社会中存在着阶級和阶級斗爭，生产每前进一步都充滿着尖銳复杂的阶級斗爭內容，可以說离开了阶級斗爭也就不能进行生产斗爭，任何割裂阶級斗爭和生产斗爭的观点都是錯誤的，至于用生产斗爭代替，抹煞阶級斗爭那更是反动的。阶級斗爭的发展，无产阶級对資产阶級的斗爭每取得一步胜利，无产阶級专政的每进一步巩固，都大大地促进生产的发展。无产阶級革命者一定要坚持阶級和阶級斗爭的思想，坚持无产阶級专政的思想，把这一場阶級斗爭进行到底，巩固无产阶級专政，彻底消灭一切剝削制度。

制造复辟輿論，大肆放毒

反动影片《北京农业的大跃进》拍成后，反党头子彭真、邓拓以为阴謀即将得逞，对这部影片抱有极大的政治“期望”。他們在大抓这部影片的制作工作后，紧接着又大抓对这部影片的吹捧宣傳。

邓拓在10月份影片上演前夕，曾召开了一个記者招待会，在会上他不加掩飾地說：“本片是想解决当前我国社会主义革命和建設中的一个問題、一个方針、一个路綫，这是一个尝試。”邓拓还吹嘘这部影片在政治上、思想上都有很高的水平，在电影艺术上也有很大的成就等。为这部影片的宣傳定了調子。

于是《前綫》和旧《北京日报》这两个彭賊的反党宣傳工具，紧鑼密鼓、紧紧跟上，急急忙忙地发表了社論、評論，电影解說詞、观后感和介紹文章等，共达十三篇之多。《前綫》社論《推荐一部好电影》一文，把这部反动影片說成是“一个推动社会主义革命和社会主义建設的銳利武器。”同时他們还用各种手段，在全国很多报刊发表了吹捧这部反动影片的文章。

彭刘反革命修正主义集团不只是“积极”宣傳这部反动影片，同时还对影片的放映作了具体的組織工作，大肆放毒。彭賊“指示”說：“把这部电影送到生产大队放两次，第一次放映后生产队組織討論。”这部大毒草影片在北京郊区农村几乎都放映了，而且放映范圍远非北京一地，反党分子罗瑞卿是了解这部电影摄制的內幕的，他也在大力吹捧这部影片，当他看了試片后說：“这是个好片子，要拿到部队里去放，部队要好好学习这种艰苦奋斗的精神。”在影片开拍时邓拓也曾叫嚷过：“影片要立足北京，面向全国、全世界。”看完試片后，彭賊口口声声說：“这部片子，一定要到全国放映，要好好地宣傳、发行。这部影片还要拿到外国放映，特别要到兄弟国家去放映。”当时这部反动影片在各地广泛地放映，流毒全国。

× × × × × ×

彭刘反革命修正主义集团，在拍摄反动影片《北京农业的大跃进》中搞了一系列的阴謀活动，这些活动的目的在于突出彭賊，突出北京这个独立王国，为复辟資本主义制造輿論准备，为彭賊篡党、篡軍、篡政大作宣傳。反动影片《北京农业的大跃进》的拍摄、放映是彭刘反革命修正主义集团的一項重要的政治阴謀活动。我們要彻底揭露这个反革命阴謀，彻底批判，彻底鏟除这部反动影片在北京、在全国的影响。

摧毁旧北京市委战斗兵团《奔騰急》（原《前綫》）紅色造反队

揭发反革命修正主义头子彭眞在外事活动中的滔天罪行

在党內最大的一小撮走資本主义道路的当权派刘邓的支持下，大野心家彭眞通过其亲信、爪牙牢牢地控制着北京市的外事活动。他們积极推行修正主义路綫，为彭刘反革命复辟在国际上制造輿論，把旧北京市委外办变成了推行"三降一灭"、"三和两全"和里通外国的工具；变成了一个"針插不进、水潑不进"的独立王国。現將大阴謀家彭眞在外事活动中的部分滔天罪行公布于众。

一、猖狂反对光焰无际的毛澤东思想，販卖反革命修正主义黑貨

我們最最敬爱的偉大領袖毛主席的亲密战友林彪同志說："**毛泽东同志是当代最伟大的馬克思列宁主义者。**""**毛泽东思想是在帝国主义走向全面崩潰，社会主义走向全世界胜利的时代的馬克思列宁主义。毛泽东思想是反对帝国主义的强大的思想武器，是反对修正主义和教条主义的强大的思想武器。**"

大野心家彭眞对毛澤东思想恨得要死，怕得要命，在外事活动中千方百計地抵制和反对宣傳毛澤东思想。想方設法販卖修正主义黑貨。

△1966年1月，彭賊在使节会議上指桑罵槐，恶毒地誹謗毛主席"有錯誤"。說什么"人非圣賢，孰能无过。人都有过。圣賢就可以沒过呀？那是騙人的，那是欺騙老百姓的，欺騙那些不用脑子的人們的。"看，彭賊极力反对偉大的战无不胜的毛澤东思想，极力貶低中国人民和全世界人民的偉大領袖毛主席的崇高威望，此話何其毒也。

△彭賊千方百計地阻撓破坏演出革命現代戏，詆毁毛主席的无产阶級革命文艺思想。在每次欢迎国宾大会上或文艺专場演出晚会上，他們大演帝王将相、才子佳人的旧戏《虹桥赠珠》、《楊門女将》、《卖水》、《断桥》和西方資产阶級的《天鵝湖》、《海俠》等等。即使演現代戏，也是演大右派、反党老手邓拓一手泡制的散布阶級斗爭熄灭論的《海棠峪》。相反，彭賊恶毒地攻击江青同志亲自指导排演的現代京剧样板戏《紅灯記》，他在1965年还說"出国演出京剧現代戏，不一定要演《紅灯記》，即使把《紅灯記》带去，也不一定演出。"他还攻击《沙家浜》是"不倫不类的"，"不是一个成功的方向"，"听了很不舒服"。他还說什么"下乡戏不少，但就是不够精，在国外演出不行"，"出国演出是讲友好，不是宣傳革命，革命的事由人家的共产党去搞，戏的內容要研究。"他还公然不要《战洪图》唱詞中的"毛主席万岁！"把"共产党員"的"共产"两字去掉。

△旧北京市委外办，十多年来对外赠礼，从不赠送我国人民和全世界人民的偉大領袖毛主席的宝书，不赠送毛主席像章，而是大量赠送封建貴族、資产阶級老爷、少爷、小姐所爱好的綾罗綢緞、手鐲、戒指、項鏈、檀香扇、佛像、古董、黑画册等等。最令人憎恨的是，大混蛋苏加諾訪华时，他們知道苏加諾喜欢女人，于是选送了一幅"四美图"以此

博得对方的欢心。这里反映了这些混蛋們的骯髒的灵魂。

△世界革命人民日夜想念毛主席，渴望能得到一本毛主席的宝书。可是，这批大大小小的反革命修正主义分子不准对外贈送毛主席語录和著作，已經贈送的不顾对方再三要求，勒令追回。逼得一些外国留学生不得不暗地逐字逐句抄下来。

△1963年，黑帮头子彭眞还向他的心腹、外办的甘×面授黑指示：外事干部第一要学习时事，第二要学习党的方針政策，第三要学习外語。但只字不提学习毛澤东思想。三反分子辛毅（外办主任、外事处处长、旧市人委副秘书长）把彭贼的黑貨視若圣旨，大加吹捧并积极推行。他还規定外办干部要学习彭眞接見外宾的談話記录，說什么“学习談話記录就是学习毛澤东思想。”由于他們长期不突出政治，抵制和破坏学习毛主席著作，因此旧市外办打桥牌、跳舞、看戏、下棋、打麻将、看反动黃色电影成風，讲吃讲穿，鬧得烏烟瘴气，搞得乱七八糟。

二、积极推行中国修正主义总头子刘少奇的“三降一灭”

我們偉大的領袖毛主席教导我們：“敌人是不会自行消灭的。无論是中国的反动派，或是美国帝国主义在中国的侵略势力，都不会自行退出历史舞台。”

“在現在的情况下，修正主义是比教条主义更有害的东西。我們現在思想战綫上的一个重要任务，就是要开展对于修正主义的批判。”

“已經获得革命胜利的人民，应該援助正在争取解放的人民的斗争，这是我們的国际主义的义务。”

請看，大野心家彭眞在外事活动中怎样推行投降主义、卖国主义的“三降一灭”的外交路綫。

△东单三条“圣心小学”是帝国主义間諜瑪利亚方济格修女会长期进行特务活动的一个据点，是一个“小台灣”。1956年以来，旧北京市委彭刘反革命修正主义集团却掩护了这个帝国主义在华反动势力，严重丧失国家主权。直到这次偉大的无产阶級文化大革命运动中，紅卫兵小将杀了进去，才驅逐了这些披着宗教外衣的特务分子，搗毁了“小台灣”。

△从1956年开始，彭贼为了扩大他在日本反动派和日修的政治影响，为了他們反革命政变后进一步勾結日本創造条件。他接見了大量日本代表团，并且以他个人或北京市人委的名义，先后邀請了大量的日本訪华代表团来訪。这些代表团回国后大肆吹捧彭贼，日本的資产阶級报紙还大登彭贼的亲笔信。有的日本人讲，彭贼的名字在日本几乎人人皆知。1963年，有几个日本代表团在京訪問，而彭贼在三反分子辛毅及其干将田×的积极推荐下，却別有用心的接見了日本东京的大地头蛇、妓院大老板浦部武夫。

△世界革命人民无限热爱毛主席，热爱新中国，他們响往北京，給我国寄来大量来信。但旧北京市委外办肆意破坏我对外宣傳毛澤东思想，破坏中国人民与世界各国人民的友誼，大量扣压外国来信不予处理。仅旧团市委一处即长期扣压外国来信达九万件之巨，1966年初，他們竟“指示”一燒了之。与此相反，对外国寄給彭贼的来信則关心备至（其中大量的是各国反动派和修字号的当权派的来信、来电。）每次都給回信、回电。他們对誰亲，对誰恨，立場何等鮮明。

三、积极鼓吹現代修正主义头子赫秃"三和两全"的謬論

我們偉大的領袖毛主席教导我們："阶級斗爭，一些阶級胜利了，一些阶級消灭了。这就是历史，这就是几千年的文明史。拿这个观点解释历史的就叫做历史的唯物主义，站在这个观点的反面的是历史的唯心主义。"

"修正主义是一种資产阶級思想。修正主义抹杀社会主义和資本主义的区别，抹煞无产阶級专政和資产阶級专政的区别。他們所主张的在实际上并不是社会主义路綫，而是資本主义路綫。"

彭賊及其爪牙等在积极推行"三降一灭"的同时，又鼓吹"三和两全"，散布阶級斗爭熄灭論。

△旧北京市委利用一切机会，极力美化資产阶級，吹捧資产阶級的代表人物乐松生，大量地安排他参加机場迎送、宴会、集会、出国訪問等各种重要外事活动。1956年和1965年彭賊出訪苏修和越南等国时，就通过这个自己一手培植的資本主义复辟的标本，在国际上宣揚刘少奇的"資本家剝削有功"，"資本主义可以和平过渡到共产主义"，"中国的資产阶級很进步"等修正主义黑貨，对抗毛主席的关于阶級、阶級斗爭；无产阶級革命和无产阶級专政的学說，麻痹世界人民的革命斗志，因此受到赫秃的喝采。1956年，反动資本家乐松生跟随彭賊訪問苏修时，赫秃对乐說："今天我能与資本家握手，坐在一起交談，使我感到很高兴。你是共产主义化了的資本家，新型的資本家。"由此可見，刘少奇、彭眞、赫秃都是一丘之貉。

△长期以来，旧北京市委外办在历次外事工作会議上，一再抵制对外宣傳阶級斗爭、社会主义教育运动。规定一般基层单位不得对外介紹阶級斗爭、社会主义教育运动，否則按"泄密"处理；如果左派外宾主动要求了解社教情况，无可推卸时，需經黑市委批准，并且指定由反革命修正主义二号头目刘仁一手培植的朝阳区金盞公社介紹。相反，却可以安排外宾参观所謂改造好了的地主家庭，与地主亲切交談，散布"中国地主阶級分子已經改造好了，地主阶級已經消灭了"的修正主义黑貨。因此，北京市大部分基层接待单位在对外宣傳中，只談和平生产、生活福利，背誦一大堆数字，而不談阶級斗爭，散布阶級斗爭熄灭論，对外造成了严重恶果，例如，某資本主义国家外宾参观紅星公社后，发表观感說："你們公社与我們那儿的农場差不多，只是比我們的大一点。"

四、狼子野心，狗胆包天；突出彭賊，突出北京

我們偉大的領袖毛主席教导我們："要特别警惕象赫魯晓夫那样的个人野心家和阴謀家，防止这样的坏人篡夺党和国家的各級領导。"

彭刘反革命修正主义集团分子，就是中国的赫魯曉夫，他們在外事活动中，竭力突出自己，突出北京，为他們反革命政变在国际上制造輿論。

△1965年8月，毛主席接見了参加中日青年大联欢的日本青年代表，日本青年反映极其强烈，称贊毛主席是当代最偉大的馬克思列宁主义者，高呼："毛主席万岁！"但彭賊見此《簡报》后十分不滿，大发雷霆，責問旧团中央为什么对他的宴請和讲話沒有反映。眞是狗胆包天，猖狂之极了。

△对于外国大使的礼节性拜会，中央规定除主席、委員长、总理和外长接見登报外，其他一律不登报，但彭贼为了突出自己，突出北京，从 1964 年起，强令在报紙上刊登市长和副市长接見大使的消息，炫耀自己。其狼子野心，于此可見。

△彭贼为了突出个人，以他的名义送給国宾的礼品，都大大超过了总理的送礼标准。如 1964 ×××总統訪华，彭贼竟贈送了高达八千元的礼品；1963年××国王和××訪华，送給国王的礼品也达八千余元，其中还有禁止出口的文物，清代乾隆青元青蓮樽一对，給××的礼品达六千余元。而当时国家領导人送給国王的礼品是三千元左右，給××的礼品是一千元左右；1965年××××总統訪华，周总理和×××两人的礼品是三千元左右，但彭贼的礼品则高达四千七百元。他們为了突出北京，竟将北京出品的质量还沒过关的遙控高級牡丹牌收音机送給外宾，結果不能使用，对外造成极为不良的影响。

彭贼曾一再下达黑指示：“各国首都市长来华，一律按副总理規格接待，国庆观礼一律上天安門。”三反分子辛毅等把彭贼的“指示”捧若圣旨，强令旧北京市委外办干部将彭贼的每一句話記录下来，存入档案坚决照办。

△为了突出彭贼，突出北京，1959年国庆十周年时，由“三家村”老板、叛徒邓拓一手炮制了一本《北京画册》（每册价値二百元）与中央分庭抗礼，大量分送給来訪的各国党政代表团、各国駐华大使館；1964年，黑帮分子万里陪同刘少奇訪朝时散发了一百本；1965年，中日青年大联欢时，送給日本代表团几十本；1965年底，又送給我駐外使館几十本，大肆放毒。

△1965年，彭贼为了在国际上宣揚自己，竟然大摆酒席，宴請×洲駐华使节夫妇和×洲国家的駐华使館全体人員看戏，以此捞取个人政治資本，为他們的反革命政变在国际上制造輿論准备。

五、里通外国，叛党卖国

我們偉大的領袖毛主席教导我們：“帝国主义者和国內的反动派决不甘心于他們的失敗，他們还要做最后的挣扎，在全国平定以后，他們也还会以各种方式从事破坏和搗乱，他們将每日每时企图在中国复辟，这是必然的，毫无疑义的，我們务必不要松懈自己的警惕性。”

大阴謀家、大野心家彭眞，长期以来干着里通外国、叛党卖国的勾当。他借出国訪問之机，与帝、修、反勾勾搭搭，罪恶滔天，罄竹难书，从下面这一小部分事实中，就可看出其反革命的猙獰面目。

△早在 1956 年，彭贼訪問苏修、南修时，就曾瞞着中央与現代修正主义的祖师爷鉄托私自密談。由彭贼的死党、反革命修正主义分子伍修权亲任翻譯，鉄、彭、伍一伙还合影留念，事后彭贼拿給他的心腹××看，并嘱咐：“不許对外讲”。这是彭贼勾結南修、里通外国的鉄証。

△1965年 11 月，《人民日报》发表《駁苏共新領导的所謂联合行动》前两天，彭贼突然紧急接見苏修駐华大使拉宾，接見时亲切非凡，談笑風生，在談話中出卖了大量国家机密，如工业布局、三綫建設、城市人口疏散、四清运动等情况。彭贼接見前曾对陪同接見的三反分子范瑾和辛毅說：“过两天报上要发表文章了，今天不談，以后就不好說了。”

这次談話实际上是彭贼投靠苏修，通風报信，里通外国的自白书。外交部苏欧司司长、三反分子余湛也积极参与了这次里通外国的买卖，可見外交部里有彭眞的人。

△1965年，我国第二顆原子彈爆炸，反革命修正主义头目彭眞私自接見了日本"商人"（国际情报員）透露了我原子彈爆炸运載工具的秘密。

日本《共同社》并就此进行了报导，三反分子辛毅等聞訊后，惊慌失措，到外交部新聞司否认此事，积极掩盖其主子的罪恶活动。

△彭眞的心腹，旧北京市委外办的甘×，从1956年以来曾多次随同彭贼出国訪問苏修、南修等国，担任彭贼的私人翻譯，中共中央办公厅因此人家庭政治情况及本人表現，提出不符合出国条件，但彭贼坚决不同意，仍然让其随同前往。

六、破坏中国人民和世界革命人民的联系和团結

我們偉大的領袖毛主席指示："**外国革命专家及其孩子要同中国人完全一样，不許两样。**""**凡自愿的，一律这样做。**"

但是，彭贼及其亲信爪牙在外国专家、留学生、实习生工作中推行一条修正主义路綫，对外造成了极为恶劣的影响。

△1965年年底，周总理在地方外办主任会議上指示，外事工作人員要做"毛澤东思想的播种人，中国革命的宣傳队"，并再三嘱咐一定要傳达給全体外事工作人員，但被彭眞亲信辛毅把持的旧北京市委外办公然阳奉阴違，置若罔聞，拒不傳达周总理这一重要指示。

△在基层单位接待外宾宣傳党的領导、三面紅旗时，三反分子辛毅横加指責，污蔑为"象磨坏了的唱片一样，老一套。"等等。因此，一般介紹中都是見物不見人，罗列一大堆数字。"爱听不爱听一点钟，爱看不爱看轉一圈。"

旧北京市委外办反对向在京常駐外国专家、留学生、侨民宣傳毛澤东思想。他們把侨民工作的方針："多做工作，积极影响。"中的"积极影响"删掉，而篡改为"敢于管，敢于用，多做工作"的修正主义黑貨。

△彭贼及其亲信爪牙十分害怕外国专家掌握战无不胜的毛澤东思想，害怕我們革命群众向外国专家、留学生、实习生宣傳毛澤东思想。当外国专家主动提出下乡鍛炼，要与公社社員同吃同住同劳动，他們就多方限制与我革命群众广泛接触；对外国留学生与我国同学之間也設置了种种人为的障碍，进行隔离，只允許由他們精心挑选的"輔导員"与外国留学生接触，而不允許我国同学与他們自由往来。由于他們在外国专家、留学生、实习生工作中貫彻了一条修正主义黑綫，对外造成了极为恶劣的影响，限制了广大革命群众向世界革命人民傳播光焰无际的毛澤东思想。

△1964年，旧北京市委外办无理地不同意北京外国語学校专家会議室悬挂毛主席像。許多外国专家对此十分气憤，不顾他們的多方刁难，自己动手挂上了毛主席像。

旧北京市委外办极端仇恨进步的外国专家，打击排挤北京外国語学校×××专家×××。他是民族主义革命派，反帝坚决，对苏修有认識，积极学习毛主席著作。三反分子辛毅却勾結該校走資本主义道路的当权派，誣蔑他"誤人子弟""业务水平低"，企图借口排挤外国进步专家。

七、彭賊包庇下旧北京市外办的牛鬼蛇神

我們偉大的領袖毛主席教导我們：**"人民，只有人民，才是創造世界历史的动力。""革命战爭是群众的战爭，只有动員群众才能进行战爭，只有依靠群众才能进行战爭。"**

十多年来，旧北京市委反革命修正主义头目彭眞及其爪牙控制的前北京市的外事工作。他們相信和依靠的少数人物中，有許多就是他們的亲信、走資本主义道路的当权派；而广大的工农兵、革命群众却被貶斥为"水平低"、"不懂政策"、"不会应酬"等而排挤在外事工作之外。請看：

△旧北京市委外事小組，是旧市委主管外事工作的"領导"机构，自1958年成立以来，一直由一小撮反革命修正主义分子所盘踞，請看这个小組的成員究竟是一些什么貨色。

組长　馮基平，反革命修正主义集团头子之一、旧北京市委书記处书記、三反分子、大流氓、大叛徒。（馮調往陝西以后，由另一个反革命修正主义集团头子万里主管外事工作）

副組长　辛毅，反革命修正主义集团重要成員，旧北京市委外办主任、外事处处长兼旧北京市人委副秘书长、三反分子、大流氓、大叛徒。

組員　崔月犁，反革命修正主义集团核心人物之一，旧北京市副市长，三反分子。

焦昆，反革命修正主义集团成員，旧北京市公安局副局长、三反分子。

田路，旧北京市人委外事处副处长、黑帮干将。

△彭賊等在北京外事工作中，牢牢地控制了出国、大型外事活动、与外宾座談等大权。他們把旧北京市委、旧北京市人委內許多反革命修正主义分子委派出国，在国外与帝、修、反拉拉扯扯，为他們的反革命政变阴謀的罪恶勾当效劳，如购买窃听器、了解地下工程，等等。在向来华訪問的外宾介紹北京市情况的接待班子，也是被反革命修正主义分子彭眞、万里、馮基平、吳晗、崔月犁、賈星五、李續綱、張大中、佘滌清等所霸占，而广大工农兵，革命群众，却被剝夺了参加座談、宣傳光焰无际的毛澤东思想的权利，是可忍，孰不可忍。有时安排的外宾与"先进人物"座談，有些人物却是旧北京市委一手扶植起来的假劳模、假学习标兵，如工賊时傳祥之流。大型外事活动中的机場迎送、欢迎大会、万人集会、专場文艺晚会等，也多数被一小撮走資本主义道路的当权派、資产阶級反动学术"权威"和"名演員"等所把持。

（批斗彭眞联絡委員会《批彭战报》編輯部根据有关方面大字报整理）

首都无产阶級革命派
批斗彭眞联絡委員会《批彭战报》編輯部

联系地点：牛街南口南横街94号北京电視大学318室

电　話：33.1273

最高指示

什么人站在革命人民方面，他就是革命派，什么人站在帝国主义封建主义官僚资本主义方面，他就是反革命派。

愤怒声讨刘少奇包庇其反革命表侄、打击革命干部的滔天罪行

党内头号走资本主义道路的当权派刘少奇，为了实现复辟资本主义的黄粱美梦，一贯丧心病狂地反对毛主席关于阶级、阶级矛盾和阶级斗争的伟大学说，极端仇视无产阶级专政，千方百计包庇阶级敌人，精心培植反革命的社会基础，挖空心思打击革命干部和革命群众，妄图颠覆无产阶级专政。刘少奇亲自出头包庇其反革命表侄齐海闹的勾当，就是他这种罪恶企图的大暴露。

我们以无比愤怒的心情，揭露、批判刘少奇包庇反革命分子齐海闹、打击革命干部的滔天罪行。

一、齐海闹是个什么东西

齐海闹是刘少奇的姑表侄，他到底是个什么东西？果真像刘少奇说的是个"贫苦很苦的"老实农民"吗？不是！这完全是胡说八道！我们首先翻一翻齐海闹的历史吧。

早在1935年，齐海闹刚二十三岁，就参加了反动会道门"哥老会"，因为活动特别积极，他在会内很快就由"江口九爷"连升三级，一跃而为"巡风六爷"的职位。

后来，他投身到刘少奇家里，在刘氏地主庄园里鬼混了一段，因为肯为地主阶级的剥削事业尽心劳动，颇得刘少奇的赏识。

到了解放前夕，齐海彬又成了青帮会"巡风当家"的职衔，又挤进了另一个更加反动的会道门"三期普渡"，一进门就当上了"传静王佛"。从此，齐海彬就成为老资格，双料的会道门首了。他的活动也就更加积极起来，他手捧反动透顶的"五公经"四处传经说道，装着一付伪善面孔，大胡宣扬封建迷信思想，麻醉劳动人民的革命斗志，为维护地主阶级的利益而立下了汗马功劳。也正是这个极为伪善面目的齐海彬，参加了三次抢劫。

齐海彬的罪恶历史铁一般地说明，他根本不是什么"苦大仇深的老实农民"，而是一个一贯为那些反动大坏蛋，出了力和在地主阶级脚下的忠实奴才。

二 刘少奇与齐海彬的亲密关系的新发展

解放以后，刘少奇觉得齐海彬这个小奴才对他还有用处，就想尽办法继续拉帮着齐海彬。每次御驾回乡，总要关切的询问齐海彬，也不忘抬高齐海彬的身价。1953年和1954年，刘少奇以调"老实农民"进京汇报情况为名，亲自写信两次将齐接到北京，过问相待，谈天唠闲，并让齐参加了国庆典礼。

齐海彬当然受宠若惊，更是乖乖地拜倒在刘少奇的脚下了。每逢刘少奇回家，他总是事先前去探望，给刘少奇面前摇尾摆屁献媚讨好。特别是两次参加国庆典礼回来，更使他不知怎么报答才好，逢人便将刘少奇大吹大捧一番，同时也洋洋得意地把自己能参加国家付主席的款待而吹嘘一番。

齐海彬巴结上这个大人物，连上了硬根子，找到了保护伞，干起反革命勾当更加放心大胆；刘少奇相中了这个小奴才，找到了反革命复辟的社会基础，又新开辟了一处反革命黑线的代销点，这样，一边吹捧打掩护，两头得意的买卖。

三 齐海彬案件简单案情

解放不久，我人民政府明令取缔了反动会道门"青帮会"和"三期普渡"，他借此受到了应得的惩罚。狡猾的齐海彬隐瞒罪责，拒不交待，表面上伪装老实，实际上却偷偷转入了地下活动。

他暗地里仍从事反革命串联，宣扬佛法，发展道徒。更严重的是针对当时的各项中心工作积极进行大肆造谣破坏。

土改复查时，他为了维护地主阶级的利益，在群众中散布变天思想，说："分了田的不要喜，地主不要愁，将来还要还原的。"

1957年，右派分子向党发起猖狂进攻，齐海彬也紧密配合，到处大肆造谣说："现在人民政府象水一样淡，共产党长不了，你们要加入了我这个组织（三期普渡），将来可以成神仙，好处很多。"进而发展了部分学生加入了这个反动组织。他还对正在争取入党的积极分子勾引威胁说："据佛祖降道，共产党只有十年天下，以后是佛祖掌顶天下了。

1958年，农村人民公社迅速建立起来，亿万妇女学习从家务中解放出来，参加了集体生产，顶起了公社的半边天。齐海彬为了破坏公社生产，到处造谣说这是不吉之兆，胡说：“美女田中站，九世共一女，十家共一屋，家家就要变成荒草场了。”恶毒攻击社会主义制度“搞得稀烂，成了鬼的世界。”与右派分子一唱一合。

1959年反右倾斗争中，党内揪出了右倾机会主义分子彭德怀。齐海彬与其主子刘少奇同一个腔调，为右倾机会主义分子鸣冤叫屈，咬牙切齿地说：“彭德怀反了水，中国会搞乱，共产党搞不好久了。”

有时，甚至直接把他的后台搬出来蛊惑群众，如在我国经济暂时困难时期，他编造了充满悲观厌世论调的“十怨”，发泄对党中央和毛主席的仇恨情绪。有的群众据理批驳他，他就说“刘主席讲的，好日子还要十多二十年（才能到来）”。

更恶毒的是，他竟然诬蔑我们心中的红太阳毛主席，胡说“毛主席也敬神”，并在我们伟大领袖毛主席的画像后面设立佛坛，真是胆大包天，是可忍孰不可忍！

反革命分子齐海彬的一系列反革命言行，激起了当地广大贫下中农的无比愤慨，纷纷要求严惩这个罪大恶极的反革命分子。宁乡县人民法院根据革命群众的强烈要求，查证核实了反革命分子齐海彬的上述罪恶事实，为了保卫人民民主政权和社会主义制度，打击现行反革命，将齐犯依法逮捕，判处有期徒刑八年，劳动改造。革命群众无不拍手称快。

四、法律尊严，难管皇亲国戚

1961年4月，党内最大的走资本主义道路的当权派刘少奇回湖南探家，当他听到反革命分子齐海彬被判刑的消息以后，立刻火冒三丈，气急败坏地说：“这个人过去很苦，我们这里他，根据什么判他的罪？”当即便嘱咐他的得力干将、湖南公安厅长李强（三反分子）说：“你们要调查一下，是不是冤案！”示意翻案。

一贯对刘少奇唯命是从的反革命修正主义分子李强秉承主子旨意，毫不怠慢，忙派公安厅的一名付科长前去宁乡采访。然而齐犯罪证如山，丝毫也推不掉，只好结论“判刑合理”。李强见目的未达，无法向主子报功请赏，非常恼火，立即又亲自抽调了处长程筱珍等五个贴心应手的头头，组成平反工作组，亲自出马，二进宁乡为齐犯平反。

李强来到宁乡，既不找当地基层干部，又不通过群众了解情况，一头扎在齐犯家里，单独找齐犯家属和极个别同案人搜取平反“根据”。下面选择两段对话，让我们看看他们是怎样不顾国法，不择手段地为齐犯开脱罪责的吧！

1 李强与齐妻的对话：

李：（指着一本手抄的五公经）：

这是你男人写的吗？”
齐妻：“是”
李：“你怎么知道的？”
齐妻“我亲眼看见他在灯底下写的。”
李：“你男人只上过初小，能写出这样的东西吗？你再好好想想。”
齐妻：“（有些犹豫的）不是他写的。”

2、李强与齐犯的徒弟钟述生的谈话：

李：“谁介绍你入道的？”
钟：“齐海彬。”
李：“怎么入的？”

接着钟述生把他们向他传播《五公经》作思想动员，如何履行入道手续，又把怎样帮他设立佛坛的过程述说了一遍。

李：“这么简单就称入道啦？”
钟：“我们确实是师徒相称。”
李：“你还不能称之入道么。”

瞧！刘少奇的爪牙李强、崔茂珍一伙，为了将齐犯传播《五公经》，发展道徒的罪恶一笔勾销，竟用上了这种卑劣手段。真是可恶之极！

他们就是这样神出鬼没地搞了几天，把反革命分子齐海彬的累累罪行化为乌有，一纸结论“齐海彬冤案平反材料终于抛出来了。”

他们给齐犯平反以后，向齐犯家属卑躬屈膝地陪礼道歉，为齐犯恢复名誉，赔偿“损失”，生活上给予照顾。看！他们对刘少奇的狗亲戚，一个彻头彻尾的反革命分子多么关切！

齐犯平反了，至于五个与齐犯的同案人呢？因为不是皇亲国戚，当然就得不到这样的“幸运”了。

既然齐海彬案件搞成了一起冤案，同然对同案人要就得检讨。但是李强一伙心中有鬼，平反的事根本不敢让那些同案人知道，怎么敢让人家写检查呢？最后，他们只好自己动手，偷偷代替五个同案人写了一份假检查才算交差。

李强一伙完成了主子交给的使命，把平反材料報呈给刘少奇，算是“报功领赏”了。

随后，李强为了刘少奇的亲戚朋友得到永久的“安全”，责成宁乡县公安局抽出专门班子，对刘少奇的所有亲戚朋友进行了一次全面摸底，开列了57人的花名册子，印发给公检法各部门和每个派出所，并明令规定，凡在此册人员，不论犯了什么罪，哪里也无权处理。

有了这道护身符，刘氏皇亲国戚里的一些犯罪分子和反革命分子，常期无人过问，逍遥法外，气焰更加嚣张。群众气愤地说：“封建王朝时代，王子犯法与庶民“同罪”（假的），现在刘少奇的亲友为非作歹却毫毛不动。”

五、齐海湘恶狼归山，办案人惨遭迫害

刘少奇见到为齐海湘平反的材料，喜出望外，立即叫他的膀臂、公安部长徐子荣将这份材料加上按语，通报全国。

在这份通报里，他们用尽颠倒黑白、混淆是非之能事，把齐犯一系列根深蒂固的反革命活动和罪行，统统说成"出身什么""家庭思想斗争"、"好说落后话"。甚至连这些造谣邪说本人被捕前就有流传"，"十年前言论，齐海湘只对个别人讲过"，甚么根本不值一驳的诡辩也被他们当成给齐犯平反的"理由"。完全否定了齐犯的全部罪恶。

宣布齐犯"无罪"还不解气，接着就是一顿大吹大擂。他们把这个从来不干好事的坏蛋说成"为人耿直、性情直爽"的豪士；把这个地主阶级的忠实走狗说成"饱受封建压迫的贫雇农"；把这个欺压人民的反革命分子美化成"建设社会主义的积极分子"。简直达到了无以复加的地步！

相反的，对办案人周建忠同志（宁乡县公安局侦察股付股长）和积极检举揭发齐犯罪行的革命群众易喜甫（共产党员，至今仍任村大队长），却说得一无是处。扣上什么"违法乱纪"、"诬枉好人"等一堆大帽子，甚至还要"进一步追查，是否挟嫌报复"。请问，判反革命分子的徒刑有何罪?! 检举反革命分子又有何罪?! 竟然惹得这伙老爷们这样不依不饶！反革命修正主义分子刘少奇、徐子荣之流们，究竟把斗争的矛头对准了谁？这不是昭然若揭了吗？

这份见不得天日的通报发出以后，他们一直瞒着办案人周建忠同志，过了一个来月，周建忠同志才发现齐海湘案件已经平了反，周建忠同志非常气愤，当即对他们这种任意践踏国法的卑劣行为提出了强烈抗议，并连夜写信给毛主席，要求上京控告他们。李强一伙害怕他们主仆的罪恶勾当被毛主席知道，赶忙对周建忠同志施加高压，说："齐海湘是刘主席的亲戚，平反是刘主席的意思"，无理阻拦了周建忠同志写给毛主席的控告信。

史无前例的无产阶级文化大革命，在我们伟大领袖毛主席的亲自领导下，轰轰烈烈地开展起来了，向党内一小撮走资本主义道路当权派清算的时候到了，周建忠同志和宁乡县公安局的革命干部，率先地贴出了第一张大字报，打中刘少奇及其大小爪牙。刘少奇安插在湖南省的心腹，反革命修正主义分子张平化，为了挽救他们即将垮台的命运，赶紧兜售从主子那里贩来的黑货，大搞"大抓右派"、"抓游鱼"。反革命修正主义分子李强见时机已到，急忙借这股妖风，将三代雇农出身的革命干部周建忠同志打成全县"七个大右派"之一，加上"一贯思想反动"的罪名，拉到八千人的大会上，狠斗了七次。

毛主席他老人家最关怀革命造反派。1966年9月，中央英明地发布了为革命群众平反的指示。革命造反派大受鼓舞；而张平化、李强等一小撮反革命修正主义分子却吓破了狗胆，妄想使革命战士听不到毛主席的声音，使批法将周建忠等革命同志密捕，转移到深山劳动改造。

六、金猴奋起千钧棒，玉宇澄清万里埃

一小撮反革命修正主义分子的好景不能长远，随着无产阶级文化大革命的深入开展，越来越多的无产阶级革命造反派顶天立地地站起来了！刘少奇、张平化、李强、崔茂昕等大大小小的反革命修正主义分子，一个个被揪出来了！他们复辟资本主义的美梦破灭了！

周建忠同志从深山虎口里被解放出来了，并当选为宁晋县公检法革命委员会的委员。宁晋县公检法革命委员会响应了我们伟大领袖毛主席的伟大号召，经过艰苦激烈的斗争，终于把无产阶级专政机关——公检法的大权从党内一小撮走资本主义道路的当权派手中夺了过来，真是大快人心！这是无产阶级文化大革命的伟大胜利！这是毛泽东思想的伟大胜利！

政法战线上的革命同志们，刘少奇及其大小走狗在政法界犯下了滔天大罪，罄竹难书，让我们无产阶级革命造反派联合起来，奋起毛泽东思想的千钧棒，砸烂刘少奇在政法界所推行的反革命修正主义路线，彻底肃清其流毒，保卫无产阶级专政，巩固无产阶级专政，让无产阶级的江山万古长青！

无产阶级文化大革命万岁！
无产阶级专政万岁！
战无不胜的毛泽东思想万岁！
我们最最敬爱的伟大领袖毛主席万岁！万岁！万万岁！

河北大学毛泽东思想八一八红卫兵
《红旗》政法战斗组 [illegible]
1967、7.17.

八一八二中队红风雨刻印

最高指示

各种剝削阶级的代表人物，当着他们处于不利情况的时候，为了保护他们現在的生存，以利将来的發展，他们往往採用以攻为首的策略。或者无中生有，当面造謠；或者抓住若干表面现象，攻击事情的本质……。

憤怒控訴

《鉄联总》一小撮人一手策划制造的天津鉄路分局五·一二反革命政治陷害事件的滔天罪行。

鉄道部天津地区无产阶級革命造反总部

一九六七·七·十二

一、制造輿論，蠱惑群众。

烏鴉的噪声掩不住眞理，几片烏云遮不住太阳。毛泽东思想照亮了无产阶級文化大革命的道路，天津市无产阶級革命派，沿着我們伟大領袖毛主席亲手开辟的无产阶級革命路綫的紅色航道，雄姿英发，鋒芒指处，所向披靡，震撼整个华北。华北地区党內最大的走資本主义道路当权派李雪峰和天津市党、政、軍各界一小撮資产阶級代表人物，他們頑固的站在反动的資产阶級立場上，对无产阶級革命派深恶痛絕。正当他們操纵扶植的保守势力陷入矛盾重重，內外交困，极端孤立，日沒途穷的时候，就狗急跳墻，孤注一擲。向无产阶級革命派展开了疯狂的大反扑，妄图把天津市无产阶級文化大革命推向夭折的边緣，是可忍，孰不可忍！又何其毒也！

天津鉄路分局五·一二反革命政治陷害事件，就是阶級敌人在新形势下推行整个反革命复辟計划的一个重要組成部分。是李雪峰之流万张反党集团伙同天津鉄路分局內走資本主义道路的当权派操纵，唆使《天津市革命职工委員会鉄路系統委員会》（下称《鉄联总》）《津鉄公安联总》中的一小撮反动的傢伙，精心策划，蓄謀已久，一手制造的“希特勒国会纵火案”式的反革命政治陷害案。

1. 早在四月底，天津鉄路分局宣传部《鉄联总》成員，任××就揚言，“鉄道部天津地区无产阶級革命造反总部（以下簡称《地总》很快就要滑到反革命的边緣了”

2. 五月六日二十点《鉄联总》要員杜××在大会上叫嚣說：“天津的运动已进入白热化了，下面的組織願意怎么干，就怎么干！不管发生什么問题，工代会全力支持我們。”

看！这个混蛋这样叫嚷，想让下面的队員干什么？他怀的什么目的？

3. 五月七日十二点四十分《鉄联总》負責人张××对《鉄联委》的队員×××說：“你們准备好，他們（指，鉄联总）要打你們！”

看！这不是早就予謀按排好的么？

五月七日上午《鉄联总》行会組織造反尖兵总部写出《战則存，不战則亡》大字报想干什么？

4. 五月八日上午《鉄联总》无理复盖《地总》新貼出的大字报妄图挑起武斗。

看？这不是配合他們的予謀計划，蓄意挑衅么？

5. 五月九日《鉄联总》复盖机务段《大联合》的大字报而引起辯論，他們理屈詞穷，被迫复制，当場出丑。事后，引起《鉄联总》的中坚——《調总》（調度所总部）强烈不滿，脑羞成怒，內哄大起，召集紧急会議，会上，王××阴险的說：“为什么給他們复制？不如借此武斗，怕什么！一武斗咱就砸調度設备，停止指揮行車，然后再大造輿論，就說《地总》砸了調度所。”

看！这不是按着他們計划要动手嗎！

6. 五月九日晚，《鉄联总》又調来大批人馬，佈置在三楼和地下室，待命出击。到22:40分，他們唆使30多名不明眞象工人，闖入地总办公室，围攻值班的工作人員，在墻上肆意乱写乱划，撕毁揭发鉄道部三反分子的大字报。暴露了他們保皇的眞正面目，《地总》工作人员对他們进行說服，展开政治攻势，說明他們是不明眞象的，是受他人唆使而来的，經过耐心說服，自行退去。

看！这不是按着他們的計划，寻找借口鬧事嗎？

7.五月十日《鉄联总》中一小撮煽动下属队員說："天津鉄路工程学校井岡山兵团要夜袭《鉄联总》这純属造謠，借以煽动群众的敌对情緒"。

看！这不是給挑起武斗作精神准备嗎？

8.五月十日十八时《鉄联总》丧心病狂的召集千人大会游行，声討"天工八.二五》吠天嚎地的高喊："打倒天工八.二五"取締天工八.二五"……等等。会后，把男同志留下来，佈置地下室，三楼，寻衅鬧事。

9.五月十一日晚，《鉄联总》中一小撮調集大批人员来分局院內大喊大叫，蓄意挑起武斗。

五月十日、十一日，連續召集下属各分部負責人員，到調度所內，利用学习时間专門討論十二日武斗問題。

10.五月十二日下午15时左右《鉄联总》队員，吕××和王××說"今天下班去分局带着碗去，喝人脑子去。"

看！这两个不爭气的队员，給他們洩露了天机。

五月十二日上午六时《鉄联总》队員，张××和李××說："最近几天要取締《地总》啦！《鉄联总》已安排好計划，先綁架《地总》工作人员，拉进調度所里去打，这样《地总》的人就会聞訊赶来营救，等《地总》人员一进門，調度员就砸調度設备，把予先做好的輿論散出去，就說《地总》砸了調度所，打电話通知公安局，来人逮捕砸調度所的兇手，这样《地总》就变成一小撮坏人操纵的反动組織啦！《地总》也就被迫解散"。

事态的发展証明，天津鉄路分局5.12事件就是按《鉄联总》的予謀計划进行的。《鉄联总》的这个罪恶計划，也让这个队員給洩露了秘密啦！

綜上所述充分說明天津鉄路分局五·一二事件进行了充分的准备有組織，有計划的反革命政治陷害事件，是反革命修正主义分子李雪峰之流糾集天津鉄路分局走資本主义道路当权派和由他們控制、豢养的臭名昭著的《鉄联总》中一小撮人精心策划制造的。必須徹底揭露坚决斗爭。

二、精心策划，全面按排。

《鉄联总》一小撮人在五月十二日十八时，借热烈拥护陈伯达同志五月八日对天工八.二五問題的談話为名，进行鬧事动員，会上反复朗讀毛主席語录P76——79，"……如果他們要打，就把他們徹底消灭……坚决徹底干淨全部消灭之……。"并大肆攻击《地总》《天工八.二五》《鉄道部天津机車車辆厂毛泽东主义紅卫兵》《劳二半八.一八》《河大井岡山》等革命造反組織，并高呼打倒《天工八.二五》取締《天工八.二五》解散《天工八.二五》……等等。会上一直强調“立足于‘打’字，一旦发生意外，要統一指揮……。”

会后佈置：“散会后女同志回去，男同志留下来。”并把留下的人安排在地下室和三楼开会，在二楼会議室再次做武斗动员和准备，要求他們队员穿兰色制服，把路徽和紀念章带在右胸側，做为武斗时的符号，以便識別敌我，他們提前通知下属各基层单位組織說：“下班后队員都到分局来，今晚有事，把手表和錢包都放下，以免武斗时碰坏和丢失”。

《鉄联总》在下午开会期間把所有的广播器材全部拆除，隐藏，把一些文件材料全部轉移，撤走。准备大打出手。

《鉄联总》予先准备了大量打人兇器，如：木棒、鉄叉、炉口圈和貨主托运的鎬把、扁担等，他們在这些兇器的把柄上纏上绷带、白帚等，还准备了打人时用的白手套。

《鉄联总》为按予謀計划砸毁調度所，于五月十二日下午2:47分，派出調度員，方××乘45次快車去泊鎮，应付事件。

五·一二反革命政治陷害事件，是发生在十二日21时，是誰有这种先見之明，就知今晚調度所被砸呢？只有他們自已知道，也是按他們予謀計划进行的。大造調度所被砸和联系济南局調度，临时指揮天津至德州区間行車的就是这位特派大員方××。

看！这不是为砸毁調度所也准备就緒了嗎？

《鉄联总》为調集大批人馬执行他們的予謀計划，竟明目张胆对抗毛主席提出的“抓革命，促生产”的伟大号召，調动大批值班人員，放弃生产，做他們的打手。

天津鉄路分局政治部宣传部长×××，和裝卸調度員×××在事件中亲临指揮調集人馬，用調度通話設备，調动正在值班的西站和西沽貨場裝卸工人，并派出三辆生产用的汽車去接。連靜海站（在西站值勤）社办裝卸工也同車調来。接人的汽車沒有直接开到分局，而开到万柳村口停下来，让这些受蒙蔽的革命工人下車，步行到分局，当他們走进分局門口时，发現几个被打伤的学生从楼里抬出来他們才明白，这哪是有“特殊任务”而是让我們打仗来，这些革命工人說：“我們不打架”他們又步行走回西站。

《鉄联总》要員×××打电話指示北站生产班子負責人×××裝卸值班員×××亲自带領队員一百余人，綁架《地总》工作人員，企图把《地总》工作人員拉进他們設下的政治陷阱，实現他們的罪恶計划。

看！这就是他們在五·一二反革命政治陷害事件前的精心策划过程。何其毒也！

三、借端寻衅，实現阴謀。

《鉄联总》一切罪恶佈署就緒了。迎接了这場触目惊心，剎車停运，破坏运輸生产的反革命政治陷害事件的来临。十二日晚21时許，他們看到，天津鉄路材料厂工人吳振忠、周新义等四人在分局二楼內貼大字报，就从他們身上打上主意，借口复盖了《鉄联总》的大字报，（純属无中生有）上前挑衅，有一个混蛋咳嗽几声，《鉄联总》30余人手拿木棒从屋里捅了出来，围攻漫罵无理取鬧。这时新大路小学两名紅卫兵小将（十四、五岁）走上前来說道："别打人，有理可以到楼下辯論，两个小将串过人群下楼去，这时发現有个穿白背心的人抓住一个学生，往《鉄联总》下属紅旗总部办公室里拉，另一个学生跑上前去，搶救那个被拉的学生，那个穿白背心的人翻手就打了一耳光，这个小将在一怒之下，咬了那人的手腕一口，那人一甩手便放开了那个学生，两个小将回头就跑，却被另一个人捏住了脖子，扭住胳膊，并高声搧动說："这个学生偷我手表啦！"即刻来了一群《鉄联总》的人，把这个小将推进"二七"公社办公室（鉄联总下属組織）对其进行毒打逼供，几个人抬起小将高达一米之多往地下摔，当时昏死过去。

《鉄联总》这群暴徒，在毒打革命小将时，二楼中間楼道挤滿了很多人，楼梯已被堵死不能通行，这时材料厂工人吳振忠、周新义二人抬着浆子桶，想通过三楼繞道下楼去，当走到三楼楼梯口时就有人把楼口小門关死，站在門口的人指着吳、周二人罵道："混蛋。"話音刚落，从調度室窜出几个人来，一拥而上将吳、周推入小門內在楼道里。手拿木棒大喊大叫向吳、周二人劈头打来，有人指着他們大罵："他們是地总的狗腿子。"不由分說，就把吳、周二人打倒在地，吳高喊："打人啦。"于是《鉄联总》一小撮別有用心的人在楼道內对吳周二人进行二次毒打，（在此过程中有軍代表見証）分別将吳、周二人拉进津浦調度室，和津山貨調室随即遭到《鉄联总》这群暴徒的毒打，正在值班的津浦調度領班×××把电話往地上一摔，又动手砸坏門窗玻璃，砸坏值班电話，回过头来反咬一口，对吳振忠大罵：好！你王八蛋，把調度室砸啦，打！打！打！"。

周××被拉进津山貨調室內，也惨遭了同样的陷害。

《鉄联总》一小撮坏蛋的作案，毕竟是少数，我們明确地說，目睹者絕不是几个人，而是几十个、几百个，受蒙蔽的革命群众肯定是要覚悟的，他們是听毛主席的話的，你們几个坏蛋作完了案，已成为旣成的事实，告訴你們，历史是不容篡改的，同样你們砸坏調度設施的罪恶也永远篡改不了，坏事你們干啦，无論你們怎么装作鎮靜，也早就后悔莫及啦，时刻害怕革命群众揪出你們来，我們早就点了你們的名，这笔帐是要算的，也一定能算清，眞相也一定能大白。

别忘了，我們的时代是革命的时代，眞理的时代，我們的国家是革命的国家，掩耳盜鈴的鬼把戏，是自欺欺人的，只能搬起石头砸自己的脚，你們在毒打吳振忠的时候，混蛋×××，关上津浦調度室的窗戶，生怕革命群众听到你們，行兇的嚎吠，的确，卑鄙的行径是見不得人的，不过，革命群众是封鎖不住的，他們要听的还是要听，要說的还是要說。《鉄联总》严刑拷打吳振忠，威逼供信，非让吳振忠說是《地总》王××派来的不可，否則就从三楼上扔下去，声言："这小子太頑固，打死就算啦！"。这不是你們干的嗎？这些你們封鎖不了，其他也是如此。調度一班30几人甲班和乙班共70余，难道70余人看着2个人砸調度都不管么？

新大路小学，革命小将×××，被拉入"二七"公社慘遭毒打以后，逼供他所謂揭发是《天工八.二五》《地总》《劳二半八.一八》等革命組織让他来砸調度所的，他們的阴謀在革命小将面前未能得逞。

更令人不能容忍的是天津鉄路公安分处股級科員，天津市公安局便衣警察，谷××把着被打昏死的革命小将××的手在帋上写下《地总》王××、肖××、刘××等等。

幷与他的小本子上早就写好的名字相对照，还恬不知耻的說：“这小子不老实，送到北京去！”眞是卑鄙已极，别有用心到了极点。

当紅卫兵小将，革命工人被拉进調度所进行毒打时《卫东中联》革命小将赶来营救，《鉄联总》的一群暴徒站在木板隔墙后边的橙子上居高临下，不由分說便往下打，当时打伤几个紅卫兵小将，这种野蛮行径使小将气憤已极，挤进木板墙，这群暴徒怀着鬼胎边打边往調度室跑，十几个人围着紅卫兵小将×××一人拥进客，蓬，列場調度室行兇，打折两根木棒，有一个混蛋拿起两台电話照小将的头砸来，紅卫兵小将被砸昏死，两台电話机已摔坏了，小将后来让学生救出，送往鉄路医院。

这时《鉄联总》的暴徒有目的的也逐漸轉入各調度室內，为营救受害的工人、学生、紅卫兵小将不得不跟入調度室，三十中学小将×××，新大路中学×××跟入京山集中調度室，这时調度員×××手拿大棒向小将打来，小将夺过木棍，那个混蛋又抄起一把椅子，朝小将头上打来，小将低头閃过，椅子打在鏡子上，随即又砸坏窗戶上的玻璃，接着又将調度台砸坏，暖水瓶、水碗，相继从桌上扫下，这就是砸坏京山調度台的整个过程。他們这个罪恶計划完成了。

究竟誰砸了調度所，明眼人总会得出正确結論。

四、处心积虑，扩大事态。

《鉄联总》砸坏調度設备，故意中断行事，破坏鉄路运輸的罪責难逃。

一、有关电务設备故障的发生和修理：

1． 23点接到德州試驗电話，要德列分机符号，天津試驗室主班刘××才知道調度所出了事，但这时已把德列接到济南局操作指揮了。

2． 約23点40分德列正式由济南局操作指揮。

3． 当时济南局調度科通知济南試驗室，将滄列、德列，接到济南幷新开2个台子，济南試驗室根据調度科的决定，即找德州試驗室协同倒綫，德州試驗室又找滄州試驗室倒綫，当时根本未通知天津試驗室。

4． 德列尙未倒完前，北京試驗室叫天津把山列、古列，接到北京由北京局指揮，13日零点左右已接通由北京控制。

5． 电务处通信調度在13日零点过才接到北京局調度科的电話，通信調度曲××，13日零点多去北京局試驗室，北京試驗室幷不知情，后又找天津試驗室，当时已13日1点多全部倒綫已完毕。

按照規定电务設备及回綫发生問題以后应首先由用戶通知当地試驗室，电务部門組織解决，但这次却一反常态，先由天津調度所通知北京局調度科，北京局調度科先指揮济南局的調度科及試驗台，再指揮电务部門倒綫，此后才通知电务通信調度，这是为什么？23点多发生的事情济南知道的这样快？为什么？倒綫倒的这样快？为什么？倒綫时，分局室試驗（天津）不知道为什么？北京局通信調度知道这样晚？为什么？这一系列事实特别是电务段“紅联”核心，（脫产）张××从武斗发生之前就到机械工区去了，技术室司××，也曾去过，并事先把工区的鉄門关了，上了銷，鉄門的銷子在外边，是誰銷的門?为什么原值班人員关××却跑到外面来看武斗?当倒綫时张××一直参与这一工作的(因給而是，总机室打电話都是张××接的）这不难看出指揮这場倒綫工作的不是天津試驗室調度所张××，张××为什么来的这样及时，司××为什么这样关心，(因技术室分工司××不負責調度設备)关××为什么这样不关心設备等等，不能不使人认为是早有安排的。

二、电务設备的修复过程：

1.电务設备损坏情况：（据电务段段长王××談）

①古列台及山列台，台面箱及电鍵箱分別落地，共有三只电鍵摔損。木箱外形均无大变化，无击损的伤痕。

②自动电話机八台。

③磁石电話机一台。

④其他台无損伤。致于玻璃板砸碎等，因不属电务設备，故不影响行車指揮。

2.德列、滄列根本沒有損坏，已于13日一点多有人坐台指揮，至三点多钟又停了，改由北京局調度科指揮。

3.一夜設备均无人复修，13日三点以后直至公安分处照过相及北京鉄道部来人看現場以后，13日早晨七点多工电科科长孔××通知电务段段长王××允許修复。

4.恢复工作，从八点开始至九点卅分，全部电务設备均恢复了。

5.集中台紧靠京山台，但調度員馮××全夜始終堅持工作，坚守崗位，指揮行車，从未間断，但13日上午无人接班，只好也接到北京，由北京指揮行車的

电务設备受到了損坏这些是誰搞的？天古京山台，台面箱及电鍵箱在桌子的外側，調度員在里側，同学进屋后，只能站在外側（因屋子太小）同学們如果把台面箱和电鍵箱弄到地上去，只有往自己这一側拉，这一拉岂不是先砸着自己？再則电鍵箱在台面箱上用螺絲固定的，但落地时已离开了，螺絲找不到了，是碰的嗎？还是先就把螺絲卸掉了，便于往地下推呢？

同学們被解放軍劝說撤出調度所时仍听到室內有砸东西的声音，这是不是有人在动手砸調度所設备？明眼人会得出正确的結論。

同学們看到調度員拿起桌子上的电話向同学們擲去，这又是誰在砸？这正是“鉄联总”一夥混蛋自己砸毁調度室設备，制造假現場，企图更恶毒的陷害革命小将，陷害革命造反組織罪該万死！

五、抓、打、捆、送，横加罪名。

《鉄联总》按照予謀計划于五月十二日晚23:45在天津北站，214造反队队部非法綁架四名工作人員。

当晚22:30《鉄联总》要員，天津市工代会常委李××在鉄路公安分处座陣指揮，給天津北站貨場去电話說：“分局大楼被人包围了……。”

《鉄联总》下属組織天津北站大联合指揮部負責人杜××說：“咱生产人員都得把

生产放下，分局叫人砸了。”說完就領着装卸工，走出外勤門口。23:30左右繆××慌慌张张跑进工具房，拿了一大堆绳子，有許多人在工具房拿了木棒、鉄叉等兇器，闖入214造反队队部，就听有人喊了一声：“这就是地总王××，打！”有一暴徒向前就是一把砂子撒在脸上，天北大联合指揮部的田××上前将地总王××絆倒《鉄联总》一群暴徒蜂勇而上，拳打、脚踢，嘴里塞进油棉絲；用绳子綁起。这时《鉄联总》韓××，将“地总”王××拉到行李房門前，进行两次毒打，又来了一个母老虎北站客运值班員邢××，大喊：“这就是砸調度所的人。„顾××接着說：“調度所完了！”于××高喊：“这是‘地总’的核心人恨恨地打！”这时暴徒张××、顾××、于××、李××、田××等人打得最兇。张××一直用脚恨踢“地总”王××的筋条骨。顾××等人揪着头发打。李××、于××，边打边喊：“要文斗，不要武斗。”暴徒总指揮师××狂喊“打残废他”行李房值班員王××推出一辆小排車、又将“地总”王××捆了一通、顾××說：“快！快！”。“咚”的一声将“地总”王××扔上小車，这时“地总”王××被打的当旣昏死过去，被暴徒們用小車推走了。《鉄联总》杜吩嘱說：“留神，半道上别叫人劫走了，多跟着几个人。”顾××符合着說：“按計划走，送分局！”（意思是想送到分局調度所，按計划进行陷害，由于分局內外革命群众很多送不进去未得逞）。

《鉄联总》高××喊：“214队部里还有三个人。”接着从屋里拉出两个人。另一个人就在屋里打。卜××把門把上不让出入，屋里黑着灯，对这三人进行了毒打，《鉄联总《这群暴徒边打还无耻的喊：“要文斗，不要武斗”三人相继被綁，通过貨場从一号門押走。

《鉄联总》这群暴徒在北站2·14队部慘打“地总”四名工作人員后，由顾××領着一小夥人用大排車推着“地总”王××在前面走，后面由馮××胡××带队，牵着“地总”另外三个，押送鉄路公安分处，到了公安分处有一个公安人員。領到一間小屋，这个混蛋和暴徒耳語說：“这边是住家，那边是托儿所，这儿是胡同，人放在这儿不要喊、不要說話。”

在这同时公安分处召开了紧急会議，会議是在两个房間进行的，（后来才知道是两个观点的組織在各自商量問題）。

《鉄联总》的顾××、王××、胡××、謝××馮××走进公安分处守卫室，向《鉄联总》要員，天津市工代会常委李××做了汇报。随后由鉄路公安分处派出警車一辆，把“地总”王××、馬××扔上汽車后，由暴徒顾××、王××、謝××楊、××、刘××飞迅押送到天津市公安局。其他人都在鉄路公安分处等着。暴徒王××、搬一个桌子放在墻根底下，站在桌上向墻外张望，又和大家說：“如果有人追来咱們就架起他們两个（指地总負責人刘××工作人員张××）上桌子跳墻把人轉移走，时間过了半个小时后，警車开回来了。接着又将“地总”张××、刘××扔上汽車，一直开到公安局軍管会，公安局三楼一間大屋子里有八个园桌面“地总”王××扒在桌面上，另一个在旁边坐着，拿毛主席語录唸道：“下定决心，不怕牺牲……。”“这个軍队具有一往无前的精神……。”来到公安局之后，給“地总”人員松了綁“地总”馬××說：“老师付把绳子給我吧！”双方分别向公安局軍管会介紹事件的經道，《鉄联总》顾××欺騙的介紹說：

“地总的这两个人指揮“天工八・二五”“劳二半八・一八”“河大井崗山”还有天津北站“2・14造反队”的人去砸調度所的。”解放軍問？你們看見“天工八・二五”的学生了嗎？有沒有“八・二五”，只要你們认識一个就行了”。顾××回答說：“調度所里有个姓××的，說是有。”又补允說：“这几个不是从分局綁来的，是从北站“2・14”部队里弄来的”。……。

看《鉄联总》的暴徒对“地总”人員綁架整个过程，以及在公安局軍管会不打自招介绍經过充分暴露了他們的罪恶計划和丑恶咀脸，这批蠢人搬起石头砸了自己的脚。

五、按心破坏生产、蓄意扩大損失。

《鉄联总》一群暴徒的血手制造了一次又一次的流血事件。在五月十二日制造了蓄謀已久、有組織、有計划、駭人听聞的5・12反革命政治陷害事件，利用調度所这一重地，作为反革命政治路害的陷阱，竟明目张胆砸毀調度行車指揮的中枢神經——調度設施，制造了严重地破坏事件，向中央施加压力給国民經济造成重大損失。从政治上給国家和国际招致了极坏的影响。

《鉄联总》下属“調总”一小撮混蛋，竟然不顾給国家造成严重損失，抄起电話欧打学生，摔坏自动电話八台，磁性电話1 ㄷ，砸坏电鍵箱2个，(摔損三支电鍵)造成調度指揮中断。未受損伤的各台調度也相继中断，故意扩大事态。損伤調度設备故意不让修复，修复工作由13日8时开始至9时30分全部修复結速，修复以后他們一直不上班工作除当班人員参与武斗外，次日当班人員也参与了武斗，致使天津集中台无法控制，整个列車运輸是在完全失去調度指揮下，由各站至行調节会让，造成列車运輸的混乱。給国家造成不可估計的損失。

从調度設备修复上看仅仅用了一时卅分，为什么調度所在十二日零点以前砸坏調度設备，結束了武斗，不及时修复而拖延到十三日八时才进行修复呢？到九时卅分全部修复良好从时間上看，仅用一个小时卅分钟。但是，修复后，迟迟拖延不上班工作，直到十三日21:00軍管会对天津鉄路分局实行軍事管制后，他們才装模作样的上班工作。

綜上損失是天津鉄路分局党內走資本主义道路的当权派操从保守組織《总联总》精心策划，制造反革命政治陷害事件破坏生产、破坏鉄路运輸、調动当班人員参加武斗、制造停工停产所招致的。

对他們这种罪恶行径必須坚决揭露坚决斗爭。

六、結　束　語

鉄路“5・12”事件是鉄联总制造的反革命政治陷害事件无数鉄的事实說明老保“鉄联总”“鉄路公安分处联合总部”是“5・12”事件的組織者，策划者和直接挑起者他們挑起5・12”事件的目的是鎭压天津市的革命造反派，所以“5・12”事件刚刚发生以“河老八”“公安造总”为首的全市保守势力，就大喊大叫，“5・1

2”事件是天工八二·五、劳二半八·一八、河大井崗山、車辆厂主义兵……等組織砸了調度所，恨不得把所有的天津市革命造反派全包括进去，以达到他們不可告人的卑鄙目的，这就是暴露了他們的陷害全市革命造反派的狼子野心。

天津市公安局軍管会負責人，不是认眞的将此事澄清，而是千方百計的包庇眞正的罪魁祸首，片面听信保守組織“鉄联总”的一面之詞，在事实面前肆意歪曲颠倒黑白，竟然于5月29日凌晨4：20分无理逮捕了楊玉华和吳振忠二位同志，他們这样做，事实上起到了配合卐、卍残余及保皇派鎭压天津市的革命造反派破坏天津市无产阶級文化大革命的作用。你們这样作只能使亲者痛，仇者快。我們郑正重申，如果你們有确凿政治和法律的根据，那就应該拿出来让天津市四百万人民审查，假若，你們沒有政治和法律的根据，法律命令与服从的意义是不起作用的。

我們鉄路系統的代表，要求你們接見解答問題，反映意見，是合情合理。这样作正是对在毛泽东思想指导下的无产阶級法紀的爱护，是伟大无产阶級专政国家的体現。事

我們强烈要求天津市公安局軍管会认眞处理天津鉄路分局五·一二反革命政治陷害件严惩这一事件的幕后策划者和肇事者。

成千上万的革命群众都目睹了《联鉄总》暴徒的法西斯暴行，无不义憤塡胸，你們的罪恶行径已經完全彻底暴露在光天化日之下。人們把《鉄联总》誉为《鉄脸肿》……够了，不一而足，革命群众将要一笔一笔的清算你們的罪行。

正告制造五·一二反革命政治陷害事件的一小撮人，你們只有迅速回到以毛主席为代表的无产阶級革命路綫上来认罪伏法。否則，是不会有好下場的！情愿作家、反路綫的殉葬人，仍然不断制造反革命政治陷害事件，破坏文化大革命，革命群众一定要加倍严历懲罰你們的如果不信，就拭目以待吧！

毛主席的革命路綫必定胜利！

无产阶級专政万岁！

战无不胜的毛泽东思想万岁！

中国人民解放軍万岁！

伟大的中国共产党万岁！

我們心中最紅最紅的紅太阳毛主席万岁！万岁！！万万岁！！！

鉄道部天津地区无产阶級革命造反总部

1965·6·25

何其毒也

批判运动。我校广大革命师生滿怀着誓死保卫党中央，誓死保卫毛主席的革命激情，摩拳擦掌，口誅笔伐，投入战斗。

党內走資本主义道路的当权派陈兆雄，凭着其反革命的政治嗅觉，已經預感到他复辟資本主义的美梦即将破灭，他开始負隅頑抗，竭力要把这場轰轰烈烈的无产阶級文化大革命打下去。

他揮舞着"內外有别""不許开大型声討会""不許貼大字报"几根大棒子向革命师生扑来。在他一手策划下，一封封表达了广大革命师生无限热爱毛主席的血书被扣压了，一封封充滿对邓拓"三家村"黑帮刻骨仇恨的革命大字报被扣压了。不許开大型声討会，不許用文艺形式声討黑帮……这是为什么？

此时，无形的绳索束縛着我校师生的革命积极性，而陈兆雄这条恶狼却在悄悄地磨刀，他在秘密地整理革命师生的黑材料，伺机反扑……

平地一声春雷，震撼了全中国，震撼了全世界！

六月一日晚上，我們伟大領袖毛主席亲自批准发布的全国第一张馬列主义大字报吹响了无产阶級文化大革命的进軍号。

六月二日早晨，振奋人心的消息传到全中国全世界，也传到我們河大附中。

河大附中的无产阶級文化大革命的序幕拉开了，河大附中沸騰了，整个河大附中再也容不得一张平静的課桌了。

排炮般的革命大字报轰向以陈兆雄为首的原党支部！

初三范××貼出"党支部必須繳械投降！"这张充滿革命造反精神的大字报，宣判了以陈兆雄为首的資产阶級司令部的死刑！

邓××等四位青年教师貼出："听誰話，跟誰走！"的革命大字报，刺向陈兆雄的心脏，一針見血地揭穿了原党支部鎭压文化大革命的阴謀。"质問陈兆雄""质問党支部""为什么？"等革命的大字报布滿校园，揭开了校內阶級斗爭的盖子。河大附中燃起了熊熊的革命烈火，革命造反派揚眉吐气，陈兆雄吓得魂不附体，每一个确定了革命造反观点的人无不感到从来未有的痛快。无不一言以蔽之曰："好得很！"革命的形势何等的好啊！

一从大地起风雷，便有精生白骨堆。

陈兆雄的丧钟敲响了，陈兆雄的末日到了。但是同一切反动派一样，陈兆雄决不甘心他的灭亡，在他的黑主子，万张反革命修正主义集团的忠实干将王金鼎、沙小泉的授意之下，陈兆雄慌忙組织力量，重新布置，进行垂死的挣扎。

万恶的資产阶級反动路綫猖狂反扑了。

一个因为看到"陈校长"被貼大字报而急得痛哭流涕的学生被陈兆雄拍着肩膀称贊为"好样的小伙子，"并由×××出面在高三年級干部会上表揚了这个学生"阶級感情深"。陈兆雄就是这样通过种种卑鄙狡猾的手段，死死地控制和蒙蔽了一批学生，利用这些人向革命造反派大打出手的。

这些人在党支部領导下，"統一"了思想，为党支部陈兆雄四处游說，評功摆好。說什么"把矛头对准党支部就使亲者痛，仇者快。右派分子，牛鬼蛇神見了才高兴。"他們联合出大字报，向革命造反派进行反击，围攻革命造反派的大字报布滿校园。

此时，政治大扒手桑炳筠也迫不及待的跳了出来，她把反陈兆雄的大字报，統統指責为："有問題，不符合事实"，到处叫嚷："不能把矛头对准党支部，陈校长。"她迫使一些反陈兆雄的初中革命小将写了检查，并强迫他們揭发一般革命教师。

在党內走資本主义道路的当权派陈兆雄及其操纵的保守势力的猖狂反扑之下，革命造反派由于在力量上处于劣势，很快被压下去了，六月二日下午，資产阶級反动路綫統治了河大附中，河大附中无产阶級文化大革命轉入了低潮。陈兆雄抬头了，他大叫："形势已經扭轉了！"

但是，陈兆雄并未因此就善罢甘休。六月二日深夜，陈兆雄組织全体党員干部和党員教員冒雨将所有反党支部的革命大字报全部抄下来，做为向革命造反派反攻倒算的炮弹。在陈兆雄連夜精心策划下，六月三日下午，陈兆雄召集全校革命师生做了所謂"文化大革命的动員报告。"会上，陈兆雄疯狂叫嚣："要横扫校內外，班內外，組內外一切牛鬼蛇神。"这是陈兆雄围剿革命派的动員令。在陈兆雄为首的原支部的操纵下，一些受蒙蔽的学生也做了"保卫党支部"的发言，他們每个人的发言都要高呼"我坚决响应陈校长的号召"，甚至大叫"誰敢动党支部的一根毫毛，我就把他砸个稀巴烂！"公然把斗爭矛头指向广大革命师生。这次"动員会"是陈兆雄赤膊上陣，杀气騰騰鎭压无产阶級文化大革命的反革命大会。这次"动員会"顚倒是非，混淆黑白，大长資产阶級威风，大灭无产阶級志气，赤裸裸地暴露了陈兆雄的反革命嘴脸。从此河大附中无产阶級文化大革命步入歧途，大規模的群众斗群众开始了。

早就被陈兆雄整了黑材料的革命教师王××，金××被打成反革命抛了出来。

四位青年革命教师被打成了"牛鬼蛇神""反革命"，給他們开辟大字报专室，动員整个高二年級集中全力揭发这四位同志。

范××遭到多次围攻，被迫写了检查。

……。

那些敢于起来造陈兆雄反的革命师生被打成了"反革命""小右派""牛鬼蛇神""个人野心家"……各种黑帽子滿天飞，大字报全部指向广大革命师生。到处都是眼睛，你的一举一动，一个面部表情都可能被指控为"刻骨仇恨""别有用心"。广大革命师生人人自危，无形的压力使人們喘不过气来，不知什么时候一頂大帽子就扣到头上，接之而来的就是围攻漫罵，以至于毒打。

不仅如此，反革命修正主义分子陈兆雄为了保他自己过关，还极力鼓吹"怀疑一切，打倒一切"的反动思潮。他声嘶力竭地叫喊"乱箭齐发"叫喊什么"要一个一个研究，一个一个解剖，把他們（指教师）写过什么文章，讲过什么話，查一查，看一看，有毒沒有，只要集体研究分析，敌人隐蔽再深也可以挖出来。"什么"不論大小三家村，只要是牛鬼蛇神一律揭出来。"……陈兆雄极力鼓吹这种反动思潮，其罪恶目的是为了"保护他自己，打击广大教师干部一大片"。

在陈兆雄的一手策划下，大規模的学生整教师，学生斗教师开始了。給教师开辟大字报专室，把教师分到各年

何 其 毒 也

級各班各組包干負責揭发，把教师平常的一言一行都翻出来，冥思苦想，胡乱上綱，歪曲夸大，不負責任，甚至将档案材料和教师本人暴露出来的活思想也当做罪状揭发出来。就这样，全校教職員工被贴大字报的占99%，据不完全統計一百多人的教職員工中有“三家村”三家“夫妻黑店”二家，“大流氓”五人，“小鬼”四人，“反动权威”四人，“里通外国”二人，“圣功黑綫”一条，“現行反革命”若干，“反党集团”若干，“个人野心家”若干……凡此种种，举不胜举，荒唐之极。这些人不久全被打入劳改队。

在学生中間也大抓“小右派”“小牛鬼蛇神”，制造白色恐怖。高三年級的张××，出身于世代貧苦的老工人家庭，6月2日，他怀着对党內一小撮走資派的刻骨仇恨，組织班內同学給陈兆雄贴大字报，下午就遭到围攻，强迫他逐条核对大字报上的事实，强迫他写检查承认他反党反社会主义反毛泽东思想，这个同志始終坚持原则，沒有照办，于是馬上遭到空前規模的大字报围攻，陈兆雄等有組织有計划地“发动群众”給他总結了二十大罪状，扣上了許多莫須有的罪名，被打成“三反分子”。同学們都不敢接近他，他的一举一动都受到监視，精神上受到极大的摧残，久积成病，直至現在。

在政治大扒手桑炳�的直接指揮下，对初二赵×进行了大字报围攻，組织同学揭发赵×的“罪行”，大字报贴滿整个楼道，一个十几岁的小同学被他們打成了“小牛鬼蛇神”“小右派”“小邓拓”受到他們残无人道的迫害，至今不敢来校。

与此同时，陈兆雄还通过他的得力打手，操纵了所謂警卫排。广大革命师生特别是广大革命教师的人身自由受到了监視，为了避免事非，教师只得整天提心吊胆地坐在办公室里，就这样，还不知什么时間一場横禍就会降到自己头上。

在陈兆雄之流的資产阶級专政下，多少人被打成“反革命”“牛鬼蛇神”，多少人被剝夺了参加无产阶級文化大革命的政治权力。尽管陈兆雄不择手段地打击鎮压革命师生，但是革命师生是压不倒的，他們这样做，只能赤裸裸地暴露自己反革命的嘴脸，只能促使革命群众更加广泛更加剧烈的革命。

六月中旬，新的革命高潮来到了。

排炮般的大字报又一次集中指向以陈兆雄为首的黑支部，革命大字报打得准打得狠，张张击中反革命修正主义分子陈兆雄的要害，陈氏王朝即将崩潰，陈兆雄也預感到自己即将灭亡的命运，但他还在垂死挣扎，在党員会上，他一方面哀叫：“上下已經不通气了。”一方面使出他最后一招，企图继續控制党員同志，他威胁他們說：“不要被挤的出去胡說八道。”但是毛主席亲自点燃的这場无产阶級文化大革命的烈火是扑不灭的，广大革命师生終于又一次起来造反了。

鎮压革命，刘邓万張派消防队进校

顚倒黑白，打击一大片保护一小撮

当革命的熊熊烈火又一次烧向陈兆雄时，万张反革命修正主义集团奉其反动主子刘少奇、邓小平的旨意，派出大量的鎮压无产阶級文化大革命运动的消防队——工作組（队）。6月17日，广大革命师生敲鑼打鼓欢欣鼓舞地迎接工作队，热望着他們掌握政策領导群众搞好运动，誰知接来的却是鎮压群众运动的消防队。

他們进校后，一头扎进陈兆雄的黑党支部，将介紹信亲手交給他，并声称工作組是来帮助他領导工作的。在工作組改成以赵晋科为首的工作队以后，赵与陈多次密談，开口一个老陈同志，閉口一个老陈同志，赵晋科曾在一次密談时露骨地告訴陈兆雄：“你在这个学校时間长，經驗多，运动如何搞由你出主意，象演戏一样由我們在前面演！”請看，以赵晋科为首的工作队和我校走資派陈兆雄的关系，只此一語，不就昭然若揭了嗎？从此，工作队与陈兆雄狼狽为奸，串通一气，继續对我校广大革命师生实行残酷的資产阶級专政。

他們变本加厉的扩大打击面，将所有教师赶上“楼”去，甚至連陈兆雄的紅人也赶上楼去了，把教师当作“四不清”干部来整，大搞人人过关。他們站在反动資产阶級立場上大叫：“教师要脫了裤子割尾巴！”“要自我清算、互相揭发！”他們还别有用心地提出抓所謂“圣功黑綫”，拉上一批他們所謂的“左派”，将斗爭矛头直接指向广大革命教师。

他們大肆挑动学生斗教师，工作队的×××甚至恶毒地說：“学生斗斗教师我看有好处！”他們指使纵容高三某班部分同学成立了教师劳改队，近四、五十名教师被点名劳改。对此，工作队副队长王箕华跟同学說：“成立劳改队嗎，由你們搞可以，我們出头露面就不合适了！”这就是我校最初的劳改队，他的出現为我校以后发生大規模武斗做了輿論上和組织上的准备。

他們以神奇的速度整了我校革命师生大批黑材料，什么“三类人員一覽表”，什么“×××綜合材料”簡直多得很！他們把党員教师分类排队，把团員教师分类排队，把一般教师分类排队，甚至連十几个工友也分类排队……，他們就凭着这些东西，把眞正革命造反派和无辜的革命教师打成“反党反社会主义分子”，“反革命”、“牛鬼蛇神”、“个人野心家”、“反动学术权威”、“小权威”……种种莫須有的罪名加在广大革命教师的头上。

我校党政干部，除了政治大扒手桑秉�等几个人外，全部排斥，統統靠边站。

他們如此残酷地打击了教师干部一大片，却又极端狡猾地保护了我校陈桑一小撮走資本主义道路的当权派。

他們保护我校走資派陈兆雄，眞是达到了呕心瀝血的地步！当广大革命师生出于对阶級敌人的刻骨仇恨，强烈要求工作队撤銷陈兆雄党內外一切职务，并将陈送交广大革命师生批斗的时候，工作队却耍了两面三刀的手法，一手遮天将陈兆雄放在小屋里保护起来，工作队付队长王箕华竟提出：“給陈兆雄弄块鋪板，让他中午休息。”請看，他們反动的資产阶級立場多么鮮明！

他們站在反动的資产阶級立場上，残酷地打击革命群众，而对我校走資派陈兆雄的最大保皇派，政治大扒手——桑秉筠，却也一手遮天地将她捧为“左派”，这个六月十四日还在公开宣揚“陈校长是1.5类干部”的桑秉筠，三天之后竟成了“从原党支部冲杀出来受迫害的工农干部”，陈氏王朝的“左派”却一变为工作队的“左派”。工作队依靠什么人，难道还不清楚嗎？

何其毒也

以赵晋科为首的工作队，为了控制广大革命师生，为了控制我校文化大革命运动，他們挑选了他們认为可靠的学生和教师，成立了所謂外調組。外調組在工作队×××直接操纵下，忠实的执行了工作队“打击一大片，保护一小撮”的资产阶級反动路綫，他們大整革命师生的黑材料，甚至对广大革命师生实行“逼供信”。为了蒙蔽群众，他們出了一本所謂“陈兆雄查証落实材料”，可是却根本迴避了陈兆雄走資本主义道路这个要害問題。事实完全証明，所謂外調組不是別的，正是工作队鎭压我校文化大革命运动的一条大棒。

他們还把陈兆雄过去操纵的警卫排扩大发展为警卫連。由工作队付队长王冀华亲任指导員。警卫連在工作队的一手操纵下对广大革命师生，特别是广大革命教师实行資产阶級专政，他們完全继承了陈兆雄当权时期的那一套，对教师实行叮哨，监視、跟踪、围攻，把教师的一举一动，一言一行，打电話、上厕所都記下来。他們疑神疑鬼，甚至搞假情报制造恐怖气氛，这些抓特务活动搞得人人紧张，精神恐慌。警卫連实际是工作队鎭压我校文化大革命运动的又一条大棒。

尽管如此，广大革命师生的反陈浪潮仍然不能压下去，在广大革命师生的强大压力下，以赵晋科为首的工作队迫于形势，为了裝点門面，他們召开了一次“揭发控訴”陈兆雄的大会，这是假批判眞包庇的大会，是挑动群众斗群众的大会，这次大会的矛头完全指向广大革命教师，所有的教师几乎都被点了名，“反革命”“牛鬼蛇神”的帽子滿天飞，台上点了誰的名子，砖头石块便劈头盖脑地朝誰飞来，他們甚至把教师弄到台上跪着，“揭发”“对质”問題，搞得人人紧张，无处藏身。而赵晋科、桑秉鈞这些混蛋們却耀武揚威地坐在台上，嘻嘻哈哈，連口号也不喊。这次大会，赤裸裸地暴露了工作队“打击一大片，保护一小撮”的反动嘴脸。

正如毛主席指出的那：**“不管反动派怎样企图阻止历史车轮的前进，革命或迟或早总会发生，并且将必然取得胜利。……他们对于革命人民所作的种种迫害，归根结底只能促进人民更广泛、更剧烈的革命。”**

在以赵晋科为首的工作队的资产阶級专政下，广大革命师生从来就沒有屈服过，他們高举毛泽东思想伟大紅旗，斗志昂揚，眼睛雪亮，以赵晋科为首的工作队的反动面目逐漸被广大革命师生所識破。

六月二十一日，十六中革命小将吹响了反黑市委的号角，在十六中革命小将的影响下，我校也出現了反黑市委、反工作队的輿論。这可吓坏了赵晋科、桑秉鈞这些混蛋，他們匆忙調兵遣将，由我校原革委会主席×××亲自率兵出馬到团市委，在反革命修正主义分子王仁的指揮下，围攻十六中革命小将，組织同学大整十六中革命小将的黑材料，把反市委的革命小将打成反革命，我校这些人充当了鎭压十六中革命小将的急先鋒，为万张反革命修正主义集团立下了汗馬功劳。为此，赵晋科竟大搞封官許愿，他对同学說：“×××运动以后可以做校长。”这些人完全是受赵晋科之流蒙蔽的，他們是无罪的，罪魁祸首是赵晋科。

他們还連夜准备召开大会，赵晋科在大会上宣布“市委是革命的”“不准反市委”“不准到十六中去串联”，并让我校原革委会主席×××在会上传达他們围攻十六中革命小将的經过，杀鸡吓猴，以此鎭压我校革命师生。

但是，群众的革命烈火是扑不灭的。在这关鍵时刻，貧农出身的共产党員邹德树同志挺身而出，支持十六中革命小将，对王仁亲自指揮围攻十六中革命小将表示不滿，并怀疑这样做是否有后台。他还提出要“赶走工作队”。星星之火，可以燎原，革命教师与革命学生結合起来，必将形成一股不可抗拒的洪流，直搗万张反革命修正主义集团的要害。但是，在这革命的紧要关头，赫魯晓夫式的个人野心家，政治大扒手桑秉鈞，恶毒地陷害了邹德树同志。桑秉鈞之流伙同工作队不顾党紀国法，抛出了邹德树和他爱人的档案，极尽造謠誣蔑之能事，对邹德树同志实行人身攻击和政治陷害，并且强行剝夺了邹德树同志的政治权利，让他靠边站。

經过几次較量，赵晋科之流的反革命面目暴露越来越清楚，他們保陈的狐狸尾巴露得太长了，他們也感到陈兆雄这条狗再也无法起作用了。为了擺脫他們的困境，不得不抛开陈兆雄这条癞狗，于是他們串通黑市委馬瑞华，耍了一条更加阴险，更加毒辣的詭計，在反革命修正主义分子馬瑞华的亲自指揮下，工作队开始筹建黑临时党支部。

以赵晋科为首的工作队奉其主子——黑市委的旨意，开始挑选临时党支部委員。赫魯晓夫式的个人野心家桑秉鈞被看中了，尽管他們对桑秉鈞本人的严重政治历史問題并非一无所知，他們为了推行刘邓資产阶級反动路綫，为了保他們的主子——万张反革命修正主义集团，为了应付他們越来越不好过的日子，沒有經过党内民主选举也沒有經过任何組织上的手續，赵晋科竟敢狗胆包天将桑秉鈞这个反革命两面派捧上临时党支部书記的宝座，黑临时党支部就这样在赵晋科一手操纵下于七月中旬成立了。

在这无产阶級文化大革命面临夭折的关鍵时刻，毛主席他老人家回到了北京，英明地撤銷了工作队。8月20日以赵晋科为首的工作队滚蛋了。但是工作队的阴魂末散，經过工作队的周密布置，以桑秉鈞为首的临时党支部粉墨登場了。

桑氏掌权，心狠手毒大耍两面三刀
人間地獄，白色恐怖籠罩河附校园

以桑秉鈞为首的临时党支部站在反动的资产阶級立場上，全面继承和发展了陈兆雄赵晋科推行的資产阶級反动路綫，对广大革命师生实行了空前残酷的法西斯专政。

反动血統論流毒全校

正当我們党按照毛主席的阶級路綫組织无产阶級文化大革命队伍的时候，党内最大的一小撮走資本主义道路的当权派刘少奇、邓小平抛出了封建地主阶級的反动血統論，蠱惑蒙蔽了一批天眞的学生，攪乱了我們的阶級陣綫，破坏无产阶級文化大革命。

八月初，“老子英雄儿好汉，老子反动儿混蛋——基本如此”的反动对联传到我校，反动的血統論越来越猖狂，許多人中毒很深，他們自以为血統高貴，把出身于非紅五类的同学一律視为“狗崽子”“混蛋”，把斗爭矛头指向这些同学，并声称要組织自己的“阶級队伍”，“不許狗崽子參加”，在一片“自来紅們站起来”的叫喊声中，我校“主义兵”成立了。“主义兵建立在反动的血統論基础上，由黑市委、反革命修正主义分子徐光和桑秉筠之流直接控制。“主义兵”充当了黑市委的御林軍，是地地道道的保守組织。

受反动血統論毒害的主义兵严重地混淆了两类不同性質的矛盾，把同学視为仇敌。“混蛋”“狗崽子”的叫罵声滿天飞，反动对联貼得到处都是，并且加上“鬼見愁”。他們叫嚷对出身不好的同学要“七斗八斗”，他們可以任意訓斥出身不好的同学，逼着他們承认自己就是“混蛋”，就是“狗崽子”，甚至命令出身职員的同学监督出身資产阶級的同学，記他們的黑材料。做为临时党支部书記的桑秉筠非但不制止主义兵这样做，反而对被訓斥的同学說：“对你們出身不好的同学就要七斗八斗，現在就是斗你們，斗你对你是有好处的，让你背叛家庭，这是为你好，是帮助你。”結果逼着那个同学承认自己是“狗崽子”万恶的桑秉筠背地里还对一些主义兵說：“你們要給他們摆为什么說你是‘狗崽子’的事实、道理，叫他們心服口服地說自己是‘狗崽子’。”桑甚至要在初三丁班搞一个試点，总結出这样的經驗来，眞是恶毒至极！

反动对联和臭名昭著的譚力夫讲話一传到我校就被桑秉筠之流捧为至宝，大肆吹捧，极力推銷翻印，“譚力夫讲話”主义兵几乎人手一册，使得这些东西在我校流毒极深极广，当时反动血統論压到一切，有的班甚至将主席語录牌換成了譚力夫語录。一些同学受毒很深走上了邪路，站錯了队，就是因为受了刘邓的欺騙，受了桑秉筠之流的蒙蔽。

毛主席說：**“谁是我们的敌人，谁是我们的朋友，这个问题是革命的首要问题。”**在伟大的战无不胜的毛泽东思想武装下，我校以东方紅为代表的无产阶級革命派冲破了資产阶級反动路綫的束縛英勇地杀出来了。他們同反动血統論进行了頑强斗爭。他們針鋒相对地把“老子革命儿接班，老子反动儿背叛——应該如此。”的革命对联貼在反动对联旁边。他們英勇无畏地跳上数十人团团围住的讲台，义正詞严地駁斥反动对联。他們被罵成“西方白”“崽子队”“工人阶級的叛徒”，多次被围攻、謾罵、侮辱。桑秉筠对此拍手称快大叫：“这付对联（指反动的）就是好，誰听了要不舒服誰的立場就有問題。”但是东方紅的革命闖将們并沒有被吓倒，他們坚定地站在毛主席革命路綫一边，坚持原則，坚持斗爭。

为了响应毛主席**“抓革命促生产”**搞好秋收的伟大号召。許多同学自己組织起来，冲破資产阶級反动路綫的束縛，不顾临时支部和革委会的反对，积极到农村支援秋收，向貧下中农学习。这可惹翻了桑秉筠之流和大大小小的赵太爷們，他們說这是“狗崽子”們逃避运动，非要好好管敎管敎不可。“桑秉筠直接派“主义兵”去看管这些同学。

他們带着譚力夫讲話气势凶凶地来到农村。监視看管这些人。他們經常把师生集合到一块“訓崽子”、不給“崽子”学习毛主席著作的时間，却多次让学习反动的譚力夫讲話。并出了一些題目让大家討論：什么你是否坚定走社会主义道路？什么你对阶級路綫的看法……。給师生很大压力。他們叫嚷要对非紅五类出身的要“七斗八斗”！并威胁說：“你們以为来农村劳动就躲过斗爭改造！沒那么便宜！”他們說到做到。有組织有計划地开斗爭会，围攻会，整同学。声称“平时光給你們洗温水澡，現在得洗热水澡了。”对同学施加压力，乱扣大帽子，說：“你們逃避运动”“仇視紅卫兵”“到农村接近貧下中农是欺騙貧下中农”挑拨同学与貧下中农的关系，不許同学接近貧下中农。只許同学“老老实实劳动改造！不許乱說乱动！”同学有病也不敢請假！只好带病参加劳动。一个男同学因病不能弯腰割豆子，只能留在場上干些輕活。但因他出身不好，仍被赶到地里去劳动。因此留下了病根。有一个“非紅五类”出身的同学带病劳动，暈倒在劳动現場，他們却說：“狗崽子死了几个沒关系！”他們有的人整天不劳动，专門訓“崽子”，整理“崽子”的黑材料。有的甚至让出身不好的同学天天侍候他。在与貧下中农联欢会上，临时支部和革委会下令不让“狗崽子”上台演出。反动血統論使出身不好的同学身体受到摧残，精神受到打击。有的人对生活失去了信心，甚至产生自杀的念头。同时也深深毒害了那些出身好的同学。他們自以为血統高貴，大大滋长了他們的特权思想。他們不准别人革命，更不革自己的命，大大忽視了自己的思想改造。連用血汗养活自己的貧下中农也不放在眼里，不知不觉背离了毛主席的革命路綫，犯了錯誤。“出身好的”“出身不好的”从不同的方面受到刘邓資产阶級反动路綫的毒害。这笔帐都应集中到万恶的刘少奇邓小平及我校走資派陈兆雄桑秉筠身上。

革命的大串联开始了，这是毛主席給我們革命小将的神圣权利。但是，在那資产阶級反动路綫統治下的日子里，許多革命师生却被桑秉筠之流利用反动血統論剝夺了大串联的权利。毛主席一次又一次地接見革命师生和紅卫兵，桑秉筠之流却一手操纵伪临时党支部和伪革委会，把反动的血統論做为理論根据，把持了伪革委会的大印，卡住大批革命师生，不准他們外出串联，不准他們去見伟大領袖毛主席。“抬头望見北斗星，日夜想念毛泽东”深受資产阶級反动路綫残酷迫害的革命师生，对刘少奇和他代表的資产阶級反动路綫恨得最深，对毛主席和他老人家代表的无产阶級革命路綫爱得最切。在那白色恐怖的日子里，广大革命师生多么渴望見到心中最紅最紅的紅太阳毛主席，到他老人家那里傾訴万恶的刘少奇、陈兆雄、桑秉筠对自己的残酷迫害，从他老人家那里吸取革命力量和斗爭勇气。革命师生不顾桑秉筠之流操纵的伪临时党部支和伪革委会的无理刁难，要求外出串联，要求到北京去見毛主席。桑秉筠却拿起反动血統論这根大棒恶狠狠地說：“你們出身不好就是不能外出，我們要对毛主席的安全負責。”多少革命师生就这样被剝夺了大串联和見毛主席的权力。万恶的桑秉筠，万恶的刘邓資产阶級反动路綫不准人們革命，也不准人們热爱伟大領袖毛主席，何其毒也！尽管桑秉筠之流能够剝夺广大革命师生外出串联的权力，但是，广大革命师生无限热爱毛主席的心，他們无論如何也限制不了。許多同学和敎师，一次又一次把去看毛主席接見革命师生和紅卫兵的电影，分享着見到毛主席的幸福。也有許多同学和敎师把毛主席接見革命师生和紅卫兵的照片一张一张地剪下来，貼在自己的笔記本里。天天看，日夜看，向毛主席傾訴自己无限热爱他老人家的心情。更有大批的革命师生造了桑秉筠之流和刘邓資产阶級反动路綫的反，不要桑秉筠之流的証明，徒步走向北京，自己买票上北

何其毒也

京，終于見到了自己日夜思念的毛主席。多么幸福多么激动！滿框热泪蒙住了眼睛，見到了，見到了！見到了日夜思念的毛主席。在这幸福的时刻有多少心里話要向您老人家讲，千言万語迸作一句話："**毛主席万岁！万岁！万万岁！**"

教职工人人自危，朝不保夕

以桑秉筠为首的黑临时支部利用反动血統論打击迫害教师一大片更达到了登峰造极的地步。首先，他們恶毒地挑拨教师与教师之間的关系。他們把教师分成三六九等，拉一批，打一批，組织大小型的教师围斗教师的会，进行逼、供、信。这些做法，使得一些教师人人自危，互不敢接触，严重地压制和瓦解了教师队伍。其次，他們为了挑动和蒙蔽一些学生去围攻教师，竟不顾党紀国法，把一些教师的档案亮給了同学，并且肆意散布这个教师有問題，那个教师有問題，甚至不惜用歪曲、夸大、造謠、誣蔑的手段来毁坏一些教师的声誉。

在桑秉筠的操纵和蒙蔽下，一些同学任意侮辱打駡教师。他們往教师脸上涂墨、画鬼脸，往脸上吐唾沫往身上写侮辱性的字，甚至强迫教师吃烟灰，往眼里抹凉油，拿鋼笔尖往脸上戳，用塑料绳套在脖子上死命磨擦，直至出血，另外他們可以随意让教师罰站，用皮带抽打……当教师找到了临时支部书記兼革委会副主席桑秉筠的头上时，两面三刀的桑秉筠却說什么："我也管不了，我还准备挨打呢！我們都有罪，就得做好挨打的准备。"在这种情况下，广大革命教师被压在最底层，失去了任何保障，他們提心吊胆，度日如年，随时准备着大祸临头。听一听教师含着热泪的声音吧："夜，为什么过得那么快；白天，为什么这样难熬啊！""我們現在是干革命还是保自己的命啊！""怎么还不下班，只要一出校門，心里就像千斤重的石头落了地"……**长夜难明赤县天**，广大革命教师就这样在残酷的資产阶級专政下煎熬着……

以上只是一般教师的情况，再看看被打入劳改队的革命教师，他們的遭遇就更凄惨了。

血腥的法西斯暴行

十六条明确指出："**要文斗，不要武斗。**"但是，赫魯晓夫式的个人野心家桑秉筠出于其反革命的本性，怀着对广大革命师生的刻骨阶級仇恨，利用职权蒙蔽群众，造成了我校大規模的武斗，制造了駭人听聞的白色恐怖。

八月廿五日，以桑秉筠为首的黑临时支部亲自組织审訊李××及其有关的人，让他們交代李××的反动言行。在审問过程中他們操纵部分紅卫兵动用了皮带木棍等凶器，严刑拷打，逼問口供，并别有用心地說："看！紅卫兵就在这儿。"在他們眼里紅卫兵就是打手。这一次开創了我校大規模武斗的先例，武斗迅速漫延到整个劳改队，漫延到全校。

河大附中的"劳改队"成了法西斯集中营，成了渣滓洞、白公館，請看看下面这些血淋淋的事实吧！

劳改队主要是由教职員工組成，先后被迫参加劳改队的共37人，占全校教职工的34.5%，由黑临时支部将这些人集中在一起，受尽了非人的折磨，这些人首先被丑化了外形，不分男女全被剃了头，剃头这种"刑罰"，眞比挨十頓打还要令人难以忍受，男的还好些，女的被剃了头，这在精神上是遭到多么大的摧残啊！她們不甘受这样的侮辱，有的苦苦哀求，有的拼命反抗，但这一切都无济于事，挨了一頓毒打以后，人人都被剃成各式各样的怪头，有的完全剃光；有的是阴阳头；有的中間留一小撮；有的中間留三道儿……，大都弄成人不人鬼不鬼的样子，还要再挂上一个大牌子。这些人任人随意侮辱、戏弄、毒打，偌大的河大附中哪有他們的容身之处啊！

"劳改队"的成員們每天出入校門，就象过"鬼門关"一样，几乎每次都要挨揍，一頓拳打脚踢，打得头昏脑胀，眼冒金星。头被剪得乱七八糟，出門时不准戴帽子，不准摘牌子，往往一出校門就被一群不明眞象的人团团围起来叫喊"牛鬼蛇神出来了！"于是石块、唾沫就从四面八方飞来。即使戴着帽子，别人也能辨出这是"牛鬼蛇神"，同样会被截住，强迫摘帽子搜身，受到侮辱。有的离家很远，由于自己被剃头挂牌，不准坐汽車，只有走，可是每天走这两趟就等于变相的游街。在这种情况下，他們怕見人，怕見光明，他們只有早上披着星月来校，夜靜人深才敢回家。

"劳改队"的成員們，不分年龄和体质都担負着异常繁重的体力劳动。打不完的煤砖，运不完的煤，在酷热的三伏天下，他們要钻进令人窒息的伸手不見五指的煤屋里，把积藏已久变得硬梆梆的煤沫鏟运出去，然后再把操場上存放的大块硬煤运进来，他們抬着大大地超越自己体力的煤箱，每次都要豁出死命才能抬起，在手执皮鞭木棍"监督者"的巡視下，抬着这样重的煤箱还必須小跑，稍有怠慢，毒蛇一样的皮鞭木棍就会落在你的身上，人人汗流如雨，气喘吁吁，許多人身带重病，他們每抬一次都有"油尽灯灭"的危险，一連四个小时过去了，甚至中間不許休息，不准喝水，不准上厕所。

被打成"反动权威"的楊××，年57岁，身体很胖，患有严重的高血压，平时走路都不方便，在劳改前，她曾向黑临时支部請假去看病，而黑临时支部非但不准，反而强迫她回到劳改队在烈日之下打煤砖，她实在抬不了煤箱，只好用手抱着煤来回运送。"监督者"嫌她动作太慢，一边用木枪打她，一边恶狠狠地斥駡她"老母猪""光会吃，不会干"，两个小时以后，她感到头暈，实在坚持不住了，她气喘吁吁手扶門框哀求道："我实在不行了，让我休息三分钟吧！"話未說完，就被一脚踹倒在煤堆上，一盆凉水劈头盖脸地浇下来，渾身水淋淋，然后問："你还暈嗎？"她暈沉沉地只好說："不暈了！"在辱駡和抽打声中，她艰难地挣扎起来。为了折磨她，"监督者"还故意让她干力不胜任的活儿，让她用鉛盆端水……她挣扎着，眼里时时流露出哀怜求救的神情，可是，当时誰又敢去管她呢？她勉强熬过了一天半，在第二天下午打水的路上，再也不行了，她恍恍悠悠，眼神也变了，終于昏倒在劳动現場上，"监督者"們說她"装死"，用脚踢她，她在烈日下躺了許久，万恶的桑秉筠才慢騰騰地走来，恶毒地說："装死不行，把她抬到医院去，看是眞死假死！"抬走之后，桑还叫嚷："这是躺在学校里了，要是她躺在馬路上，我連管也不管！"将楊送到医院后，医生說："再过二十多钟就沒救了！"护理人員张×說："楊身上有80%的地方是青紫伤痕。"

"监督者"們又找来鈍斧、鈍鋸让"劳改者"鋸木劈柴。他們故意找来坚硬潮湿或盘根错节的树干木头，限令几下之內劈开鋸完。劳改队成員們往往咬紧牙关，用尽全身力气，也难完成监督者的苛求。于是木棍皮鞭就会劈头盖脑地打来。在劳改中，监督者們想出許多戏弄的花招。他們让"劳改者"一边手不停歇地劳动，一边高声念自己戴的牌子上的字。念二十遍或三十遍，錯了或声音小了就挨打，挨打时还必須說"謝謝。"他們让"劳改者"头上頂着一个盆鋸木头，盆掉下来就挨打。他們把鞭炮放在"劳改者"背上点燃。炸得人們头昏眼花。他們甚至把"劳改者"当活靶子，用汽枪瞄准射击，子弹从头上飞过……就这样，搞得人們精神极度紧张、害怕，斧头常常失手，把手砍得血淋淋，有时斧柄断了或鋸子折了，立刻就

何 其 毒 也

招来难以想象的毒打。人們到了劳改队場地就像到了法西斯刑場，只要远远看見手拿皮鞭木棍的人走来走去，心立刻緊张地收縮起来，受不尽的折磨，挨不完的打，残酷的慢性煎熬，叫人怎么能活下去?!

偶尔也让“休息”一会儿。但“休息”还有更新的內容。监督者們让“劳改队”一男一女俩俩相互跪着抽打嘴巴，或者让“劳改者”一人手持鉄棍輪流抽打其它人，打得不响不重都必須重打，打完后还必須互相說謝謝！有时让劳“改者”者們圍着院子跑圈，在吆喝和斥罵下，必須快速奔跑，否則也是一頓毒打。在烈日暴晒下，“劳改”者干着超越体力的劳动，本来就口干力竭，汗流夹背，巴不得喘息片刻，喝一口水。誰想連喝水也受限制。有一次竟强迫每人把自己的帽子撕碎，泡在水盆里，然后让每人从劳动地点爬到盆边去喝黄湯。

好容易熬到下班，监督者們把“劳改队”集合在一起，叫他們跪着弯腰伸直两手，然后逐个談“劳动感想”，說自己劳动好，要挨打，理由是你不老实；說自己劳动不好，更要挨打，理由是抗拒改造。

在忍无可忍的情况下，“劳改队”的成員向桑秉筠反映“武斗”情况，要求她制止武斗。她却說：“这次运动是同学动手，老师挨整，”还說：“你們不好好劳动，同学打你們，我有什么办法。”許多坚持毛主席革命路綫的同志向桑秉筠三番五次提出意見，同她进行斗爭，让她宣传“十六条”宣传党的方針政策，制止武斗歪风。但是桑秉筠一口拒絕了，她說，这是群众运动，我管不了。她怀着对人民群众，对党和毛主席的刻骨阶級仇恨，身先士卒，大打出手，实行武斗，破坏党的方針政策。于是，我校武斗愈演愈烈，迅速发展到全校。

八月底，在教师顾××被打死的第二天早上，“劳改队”全体成員被叫到楼前，从当时杀气騰騰的气氛中，大家意識到凶多吉少，先让大家90度弯腰然后輪番用皮带、鉄棍、木棒抽打。每人脖子上还压上两三块砖，最后又被赶到顾××家中，让劳改队成員們繞着顾××血肉模糊的尸体走一周，美其名曰：“参观”。强迫大家和死尸握手，并且指着顾的尸体說：“顾××就是你們的榜样！”許多人被吓得神魂顛倒，渾身哆嗦。回来之后，让大家跪着談“感想”。

这一天，空前残酷的毒打此起彼伏，連續不断，学校里呈現着一片阴森恐怖的气氛。晚上劳改队成員們拖着被打得遍体鱗伤的身子来到初二年級組准备学习。刚一坐定，一群人手持大刀、匕首、皮带、木棒、鉄棍闖了进来。为首的一人，把皮带“唰”地一声抽在桌子上喝令：“抬起头来！”接着又举起一把带有血迹的大刀吼道：“看！这就是顾××的血！顾××就是我杀死的！”然后又逼着劳改队成員們弯腰跪下，一边抽打，一边用大刀、匕首頂着大家的胸膛、鼻子尖逼供，甚至用带尖的木棍向嘴里戳。并勒令每人第二天必須交給自己交火葬費二十元。他們有的怕过不去明天，就在当晚拖着遍体鱗伤的身体，找到了革委会临时支部負責人的門下，恳求制止武斗，但是遭到的却是无情的冷面和喝斥：眞是上天无路，入地无門。当晚，被逼走上了絕路。他們当中有的經过一夜的斗爭沒有寻死，一早也到負責人的門下，恳求制止武斗，同样遭到冷面喝斥，大失所望。刹那間也想去公安局投案，但又怕不接受。想来想去，想到了毛主席的教导，想到要相信党，相信群众，活下来。也有的人在早上出門时，給自己不滿八岁的子女留下五元錢作为投亲車費。因为她想今天早晨能活着出去，晚上是否能活着回来？所以她作了这种决絕的准备。

第二天早上，劳改队成員們又被排队押往第五医院，“参观”几个被打得奄奄一息的人。这些人有的被打的混身青紫，有的胳膊被打断，有的眼球巳經凝滞了。“参观”完后，让劳改队成員們把这些人抬往×处。回校后，又强迫大家談“感想”接着就挨个收火葬費。教师张××沒带錢就逼他自己打自己嘴巴，打得不响不重就叫重打。教师金××沒有錢，請求发薪后再交，当时就被抽了个嘴巴，并恶狠狠对她說：“你还能活到发薪嗎？你等不到那时候了！”

我校武斗如此严重，桑秉筠对那些行凶杀人打人的人不但不制止、不教育，反而恶毒地煽动他們。她亲自对打人凶手×××讲：“你眞有闖劲，阶級感情浓厚……”在桑秉筠的挑动纵容包庇之下，这些人无法无天，到处施行法西斯暴行。

他們把教师王××关在屋里，让他举着双手，跪着粉笔盒，百般毒打，用木枪猛戳他的腰部，只三下王××便倒在地上再也起不来了。他的腰骨被打折，腎脏被打裂。三十多岁的人腰再也直不起来了，終身残废，腎脏破坏，不治之症，至今危在旦夕。

有的教师不承认自己是“牛鬼蛇神”，就被关在屋里，用鉄絲捆在床上，打了一天一夜，死去活来，最后腿被打坏。

在校外，貧农出身的工人徐××的母亲，被受桑挑动和纵容几人活活打死。

教师楊××住院后，桑也住在此院。当同学去医院看桑时，她阴险地暗示同学說：“楊××也住在此院。”挑动学生去折磨她。果然，这些受桑秉筠蒙蔽的学生經常到医院去折磨她，用鞋底子抽她的嘴巴，往她身上泼尿、将热稀飯往她脸上洒，用椅子砍等。并对医院施加压力，在未脫病的情况下，被勒令出院。回到家以后，那些受桑蒙蔽的同学闖入楊的屋子进行了长达四小时的折磨。把痱子粉往脸上、鼻孔里、嘴里洒，在炎热的夏天給楊穿上棉褲和厚衣服，把一瓶子純石炭酸往脸上鼻子里、嘴里洒，最后又全倒在胸部。有人从厨房里找来香油和雪花膏調合在一起，往病人的嘴里、鼻子里一勺勺地塡，强迫病人吃下。这时人已被折磨的不省人事了。还有人用木棒敲打，头发被剪的乱七八糟……，把楊送往医院后，医院不敢收，非要文革証明。經过三次交涉周折，第二天才送进医院。經医生診断脸上胸部为三度化学烧伤，眼睛被烧瞎，这是最严重的烧伤，經搶救无效，在资产阶級反动路綫白色恐怖之下，教师楊××被夺去了生命。这时万恶的桑秉筠又跳出来，大叫：“楊××是有意对抗运动，是有意自杀，死就死吧！”請看，桑秉筠这个混蛋对革命师生有多么刻骨的阶級仇根！

但是，我校走資本主义道路的当权派陈兆雄，在这个“劳改队”里不仅受到桑秉筠之流的百般保护，而且竟敢狗胆包天继續压迫这里的干部群众。临时支部对劳改队的指示經常通过陈兆雄下达，陈也可以随意找临时支部汇报“情况”，陈不想整天劳动，临时支部就給定为半天学习半天劳动。“劳改队”中請假制度是极其严格的。楊××身患严重高血压，要求請假看病，不但未被准許，反而勒令她去干重活，以至昏死在劳改場上，而陈兆雄提出要看牙，馬上准許。这是何等鮮明的对比！

在“劳改队”里，陈兆雄也是晚来早走，松松垮垮，經常托辞請假。武斗最猖狂的时候，“劳改队”的成員們，人人战战竞竞恐慌万状，随时都有大禍临头的感觉，可是陈兆雄却出入輕松，滿不在乎，更多的时間干脆躲在小屋里，据說这是“奉临时支部的旨意写材料”。他就是这样巧妙地被桑秉筠之流保护起来。很少挨打。“劳改队”成員家几乎全被抄，而当有人去抄陈的家时，桑打电話說：“有机密文件不要抄了。”

更有甚的是，陈兆雄在“劳改队”中仍以势压人，处处以“支部书記”自居，常常和桑秉筠之流一唱一合和压制訓斥“劳改队”的其他成員們。在生活会上他时常抓住别人的辨子不放，大整群众，气焰十分嚣张。他在一次会上說：“×××是自己跳出来的，群众对他有意見。四个小鬼（四个青年教师）平时民憤极大，怎么能給平反呢！”請看！桑秉筠之流保护走資派陈兆雄的反动嘴脸，不是非常淸楚嗎！

我們伟大的領袖毛主席說：**“世界上决沒有无缘无故的爱，也沒有无缘无故的恨。”**桑秉筠如此猖狂地挑动和纵容受蒙蔽的群众在我校造成的空前残酷的大屠杀、大鎮压，彻底地暴露了她一貫仇視党和毛主席，仇視人民群众的反革命嘴脸。历史无情地宣判了桑秉筠的死刑。打倒桑秉筠，让她永世不得翻身，这就是历史給我校无产阶級革

何其毒也

命造反派指出的結論。

霹靂一声，最高統帅发布号召彻底批資

东风浩蕩，革命路綫势不可挡节节胜利

毛主席早就指出：“**不管反动派怎样企图阻止历史车轮的前进，革命或迟或早总会发生，并且将必然取得胜利。……他们对于革命人民所作的种种迫害，归根结底，只能促进人民的更剧烈的革命。**”历史的辯証法就是如此。

压迫愈甚，反抗愈烈；蓄之已久，其发必速。

去年十月一日，林彪同志在天安門向全国人民发出彻底批判資产阶級反动路綫的伟大号召，刘邓資产阶級反动路綫的丧钟已經敲响了，全国掀起了批判資产阶級反动路綫的高潮。我校革命小将高举“造反有理”的大旗，砸了伪革委会，封了伪临时党支部，好得很！好得很！

經过革命大串联，在11、12月份，广大革命师生陆續回到学校。他們认識到，要砸烂資产阶級反动路綫，要砸烂鎖在自己身上枷锆，必須按照毛主席的教导，組织起来鬧革命，自己解放自己。

“喚起工农千百万，同心干，不周山下红旗乱。”

被資产阶級反动路綫統治了半年之久的河大附中終于“乱”起来了，革命造反派組织起来了，造反了，一切站在无产阶級革命路綫上的人无不感到从来沒有过的痛快。

春雷滚滚，凱歌陣陣，深受資产阶級反动路綫迫害的广大革命师生开始揚眉吐气了，白色恐怖的日子再也不能继續下去了。革命造反派团結起来，向陈兆雄、桑秉筠之流猛烈开火，革命无罪，造反有理，革命战斗組织象雨后春筍一样紛紛建立起来，革命造反的浪潮汹涌澎湃，深受資产阶級反动路綫迫害的教师也組织起来了，如“万里紅”、“向阳”、“紅一五”“坚持眞理”，等等，矛头直指黑临时党支部、工作队，勒令陈桑必須交出黑材料，必須給革命师生平反。为了彻底批判資产阶級反动路綫，砸烂反动血統論，点起我校革命大批判的烈火，革命造反派的教师和学生联合起来，在同党內一小撮走資派陈兆雄、桑秉筠及其控制的保守势力的殊死斗爭中，經过一个多月的緊张籌备工作，冲破重重阻力，終于在二月十九日胜利地召开了我校“控訴、批判我校資产阶級反动路綫大会”会上揪斗了鎮压我校运动的劊子手陈兆雄、赵晋科、桑秉筠。深受資产阶級反动路綫残酷迫害而惨死的革命教师楊××的家属用血淋淋的事实控訴了桑秉筠之流犯下的滔天罪行。这次大会大长了无产阶級革命造反派的志气，大灭了党內一小撮走資派的威风。这次大会是革命造反的大会，是全校革命造反派师生团結的大会，是高举毛泽东思想伟大紅旗的大会，是全校革命造反派师生团結战斗胜利的大会。这次大会是我校彻底批判資产阶級反动路綫的第一声春雷。“二·一九”革命造反精神万岁！

“二·一九”大会以后，我校两条路綫的斗爭迅速激化起来。在陈桑之流蒙蔽和操纵下的保守势力赤膊上陣，登台表演了，他們歇斯底里地大叫“二·一九”大会大方向全然錯了！”“二·一九”大会是反革命大会！”“二·一九大会是阶級报复会！”“打倒用資产阶級反动路綫来批判資产阶級反动路綫！”并影射教师造反組织“向阳”“万里紅”等是“二·一九”大会的黑后台，要揪出这里的“一小撮”。倡議和主持召开“二·一九”大会的“韶山公社”竟遭到多次无理的围攻、謾駡、搶砸。大会服务組也受到了多次围攻和挑衅，保守势力瘋狂反扑，大有黑云压城城欲摧之势。但是用毛泽东思想武装起来的革命造反派并沒有被吓倒，他們緊緊地团結起来，組织了有力的反击，“二·一九大会的大方向全然正确！”这就是全校革命造反派的共同战斗口号。这場斗爭持續了数月之久，这場斗爭深刻地反映了我校两条路綫的激烈的斗爭，反映了对待刘邓資产阶級反动路綫的两种根本对立的态度，一个要革，一个要保，这就是这場斗爭的实质。

在我校两条路綫斗爭的关鍵时刻，社会上刮起了解散战斗队的歪风，在这种压力下，我校的許多战斗組织被迫解散回班，使我校运动暂时处于低潮，給我校文化大革命运动带来了不应有的損失。

我們的伟大領袖毛主席說：“**凡是反动的东西，你不打，他就不倒，这也和扫地一样，扫帚不到，灰尘照例不会自己跑掉。**”在革命大批判的新形势下，我校革命造反派又一次冲杀出来。以刘少奇为代表的資产阶級反动路綫在全国范围內已經破产。但是，我校的斗爭还是相当尖銳复杂的，桑秉筠之流仍然頑固推行資产阶級反动路綫，她公然对抗中央軍委指示，拒不給被打成反革命的革命教师平反，而且大整革命教师的黑材料，他拉一帮打一帮，挑动群众斗群众，对敢于造她的反的革命小将恨得要死，怕得要命。在“五·一六紅旗紅卫兵”成立的时候，他竟然在同学中恶毒地散布說：“他們还成立紅卫兵？！”对另一部份群众則利用他一貫的两面三刀的手法，隐瞞她家庭的剝削史和她自己的严重历史問題，假称她自己是貧农出身的工农干部，用哭哭啼啼，阿諛奉承，封官許愿，入党入团，物质拉攏等等卑鄙手段，欺騙蒙蔽了这些群众保她过关，在她的欺騙蒙蔽下，甚至提出了“解放桑秉筠！”“桑秉筠是无产阶級領导干部！”“炮轰桑秉筠就是无政府主义！”等等极端錯的口号。联动分子也乘机猖狂的活动，他們明目张胆地大叫：“联动万岁！”“联动不倒！”等反动口号，許多同学收到了署名“津京联动”的恐吓信。打砸搶活动也頻繁起来，七月份，在“六·六”通令公布一个月的时候，署名“京津联动”的一小撮亡命徒搶砸了我校革命造反組织“井岡山”的队部，写下了滿屋子的反动标語，什么“老子英雄儿好汉，老子反动儿混蛋——事实如此”什么联动不倒”“联动万岁！”等等写得到处都是。

所有这些，充分說明了刘邓資产阶級反动路綫在我校阴魂不散，反动血統論阴魂不散，一有机会，就要兴风作浪，革与保的斗爭严重的存在着。为了击退党內走資派及其操纵的保守势力的猖狂反扑，为了将我校批判資产阶級反动路綫的群众运动推向新高潮，为了进一步发揚“二·一九”大会的革命造反精神，“五·一六紅旗紅卫兵”联合全校全市革命造反派，在我校召开了“七·一九”批判資产阶級反动路綫大会，会上全面地介紹了我校两条路綫斗爭，揪斗了反革命修正主义分子徐光、沙小泉、王[illegible]、陈兆雄、桑秉筠，“七·一九”大会继承了“二·一九”大会革命造反精神，发揚了魯迅先生痛打落水狗的精神，“坚决打倒陈兆雄！”“坚决打倒桑秉筠！”“就是打倒桑秉筠！”群众完全起来之时就是桑秉筠彻底完蛋之日！

九月五日，我校革命造反派师生再一次揭竿而起，他們怀着对赫魯晓夫式的个人野心家、政治大扒手桑秉筠的无比憤怒，举行了紅色暴动，将桑秉筠揪出来示众了。革命教师和革命小将以无可辯駁的事实揭露了桑秉筠的丑恶历史，并将她截止到今年八月份还在妄图反攻倒算，大整革命群众的黑材料拿出来示众，这一次狠狠地击中了桑秉筠的要害，全校革命师生进一步认清了桑秉筠的嘴脸。許多受蒙蔽的群众反戈一击，高呼“打倒桑秉筠！”“九·五”紅色暴动充分显示了革命师生团結战斗的强大威力，显示了革命造反派教师的强大威力，广大革命师生紛紛为“九·五”紅色暴动叫好，欢呼“九·五”紅色暴动的巨大胜利！

无产阶級文化大革命到处都在胜利地前进，河大附中的无产阶級文化大革命正在胜利地前进，无产阶級革命派革命造反的滚滚洪流是不可抗拒的。让那些企图阻止历史車輪前进的小丑們向隅而泣吧！一个嶄新的毛泽东思想的河大附中就要誕生了，全校革命造反派的战友們，让我們举起双手，迎接这个伟大的日子吧！

打倒刘邓陶！

砸烂万张反革命修正主义集团！

打倒陈兆雄！

打倒桑秉筠！

誓将无产阶级文化大革命进行到底！

无产阶级文化大革命胜利万岁！

伟大、光荣、正确的中国共产党万岁！

战无不胜的毛泽东思想万岁！

我们心中最红最红的红太阳毛主席万岁！万岁！万万岁！

全民共討之 全党共誅之

《打倒刘少奇》專輯

天津工学院紅卫兵八·二五批判刘、邓联絡站

一九六七年七月二十日

炮打司令部

——我的第一張大字报

全国第一張馬列主义的大字报和《人民日报》評論員的評論，写得何等好啊！請同志們重讀一遍这張大字报和这个評論。可是五十多天里，从中央到地方的某些領导同志却反其道而行之。站在反动的資产阶級立場上，实行資产阶級专政，将无产阶級轟轟烈烈的文化大革命运动打下去。顚倒是非，混淆黑白，围剿革命派，压制不同意見，实行白色恐怖，自以为得意，长資产阶級威风，灭无产阶級志气，又何其毒也。联系到一九六二年的右傾和一九六四年形"左"实右的錯誤傾向，岂不是可以令人深省的嗎？

毛泽东

一九六六年八月五日

写 在 前 面

“金猴奋起千鈞棒，玉宇澄清万里埃。”

刘少奇，这个中国的赫鲁晓夫，党内头号走資本主义道路的当权派，这个无产阶級专政內部的資产阶級总代表，終于在这場史无前例的无产阶級文化大革命中被无产阶級革命派揪出示众了！这是全中国和全世界革命人民的大喜事，是战无不胜的光焰无际的毛澤东思想的伟大胜利，是无产阶級文化大革命的輝煌战果！

大量的事实雄辯地証明：刘少奇根本不是什么“老革命”！而是假革命、反革命，就是睡在我們身边的赫鲁晓夫！

多年来，刘少奇一貫頑固地站在資产阶級反动立場上，疯狂地反对毛主席，对抗毛澤东思想，肆无忌憚地攻击无产阶級专政，大肆販卖修正主义黑綱領臭《修养》，一味推行修正主义路綫，为修正主义大开綠灯，为資本主义复辟鳴鑼开道。其用心何其毒也！我們要全民共討之，全党共誅之。

“宜将剩勇追穷寇，不可沽名学霸王。”我們伟大領袖毛主席教导我們：“凡是錯誤的思想，凡是毒草，凡是牛鬼蛇神，都应該进行批判，决不能讓他們自由泛濫。”我們无产阶級革命派要奋起毛澤东思想千鈞棒，高举无产阶級革命的批判大旗，彻底清算刘少奇反党、反社会主义、反毛澤东思想的滔天罪行，彻底批判刘邓資产阶級反动路綫，彻底清除刘氏黑《修养》的流毒，肃清其影响。将我国办成一个紅彤彤的毛澤东思想的大学校！

为了配合批判刘邓資产阶級反动路綫，更好地完成一斗、二批、三改的战斗任务，我們过去搜集了一批刘少奇的材料已汇編成集。今天，我們繼續出版“全民共討之，全党共誅之”。由于时間仓促，水平有限，难免出現很多缺点和錯誤。我們誠恳地希望无产阶級革命派的战友們給予批評指正。

打倒刘少奇！打倒邓小平！

以毛主席为代表的无产阶級革命路綫胜利万岁！

伟大的导师、伟大的領袖，伟大的統帅，伟大的舵手毛主席万岁！万岁！！万万岁！！！

天津工学院紅卫兵（八·二五）批判刘、邓联絡站

1967年7月20日

目　　录

彻底清算刘少奇反对毛主席的滔天罪行

毛主席是我們心中最紅最紅的紅太阳，毛澤东思想是我們的命根子。拥护还是反对毛澤东思想，是当代革命和反革命的分水岭。

中国党內头号走資本主义道路的当权派刘少奇，一貫反对毛澤东思想，对抗毛主席的領导。以刘少奇为首的資产阶級黑司令部，长期以来，与毛主席的无产阶級革命路綫相对抗，煽阴风，点鬼火，阴謀在中国复辟資本主义。因此，我国无产阶級文化大革命的重要战略任务之 ，就是彻底砸烂以刘少奇为首的反党反社会主义反毛澤东思想的黑司令部，揪出党內一小撮走資本主义道路的当权派，把他們斗倒斗臭，再踏上一万只脚，使他們永世不得翻身！

刘少奇反对我們伟大的領袖毛主席，反对光輝的毛澤东思想，絕不是自文化大革命开始。而是貫穿于一九四五年党“七大”至今的二十二年中。这个資产阶級反动路綫的炮制者、中国党內头号走資本主义道路的当权派刘少奇，对党对人民犯下了滔天罪行。

一九四五年，我党召开了第七次全国代表大会，确定了毛澤东思想为全党的指导思想。这是战无不胜的毛澤东思想的伟大胜利！在历史上建立了不朽的功勛。但是，刘少奇在以后的实际言行表明，他处处反对战无不胜的毛澤东思想，而且愈演愈烈。在一九五六年召开的第八次党代会上，他作的政治报告以及后来发表的一系列文章中，只字不提毛澤东思想，别有用心地提出所謂反对个人迷信的問題。“八大”修改后的党章中，竟删去了下面重要的一段：“中国共产党以馬克思列宁主义理論与中国革命实践之統一思想——毛澤东思想作为自己一切工作的指針。”又把党員义务第一条“努力提高自己的覚悟程度，領会馬克思列宁主义毛澤东思想”涂改为“努力学习馬克思列宁主义，不断提高自己的覚悟程度。”偏偏把“毛澤东思想”五个金光閃閃的大字删去。

刘少奇非但不低头認罪，竟无耻地說：“‘七大，有人不服毛主席的領导，因此我提出要全党实行毛澤东思想，后来 毛主席的領导确定了，就用不着提了。”胡說什么“在‘七大，以前还沒有树立毛主席的絕对威信，在‘七大，以后树立起来了，沒树立以前就拚命地树立，树立以后不用怎么說别人也就知道了。”以此来攻击和咒駡我們最最伟大的領袖毛主席。

毛主席的最亲密战友林彪同志提出：“毛澤东同志是当代最伟大的馬克思列宁主义者，毛澤东同志天才地、創造性地、全面地繼承、捍卫和发展了馬克思列宁主义，把馬克思列宁主义提高到了一个嶄新的阶段。”刘少奇反对我們的伟大領袖毛主席的主要手段之一——就是力图貶低毛主席对于馬列主义的天才的、創造性的、全面的发展的伟大作用。

早在一九四八年十二月十四日刘少奇在馬列学院講話中說：“馬克思主义的內容，是有世界历史以来无比丰富的，世界上任何大的原則性問題均解决了。”又說：“农民問題，土改問題、集体农庄問題、民族問題、工人运动問題、秘密工作等等都是馬克思列宁早就說过了的。”含沙射影地貶低毛主席对于馬列主义的天才創造和发展。又如一九五九年九月，在《馬克思列宁主义在中国的胜利》 文中，刘說：“我們的一切胜利都是馬克思列宁主义的新証实和新胜利。”故意不提毛澤东思想的无比威力。

毛主席的最亲密战友林彪同志在一九六〇年《紅旗》杂志上发表了重要文章，强調指出：“中国革命战爭的胜利，是毛澤东思想的胜利。”一九六六年国庆节，林彪同志又进一步指出：“我們的一切成就，一切胜利都是在毛主席的英明領导下取得的，都是毛澤东思想的胜利。”但是，刘少奇一九六一年《在庆祝中国共产党成立四十周年大会上的講話》中，胡說什么毛主席只是“正确提出了和解决了一系列理論和策略問題，”又說什么“我們的一切成就，应該归功于全国各族的人民群众。”把其中最主要的一条——伟大的毛澤东思想閹割掉了。在这样隆重的大会上，刘少奇在講話結束时，竟不高呼“毛主席万岁！”“战无不胜的毛澤东思想万岁！”等口号。

一九六三年，刘少奇訪問越南民主共和国，在某党校的講話中胡說什么“現代修正主义的論点大部分早已被馬、恩、列、斯所批判过了。”他强調說：“要掌握反修的理論武器，首先就是向馬、恩、列、斯請教。”而絕口不提向毛主席、向毛澤东思想請教，故意貶低我們伟大的領袖毛主席及光輝的毛澤东思想。

林彪同志高举毛澤东思想的伟大紅旗，提出了“毛澤东思想是当代馬克思列宁主义的頂峰”的光輝論断。但是，刘少奇在关于彭、罗、陆、楊問題，对党外人士的談話中恶毒地說：“毛主席发表了馬列主义，也不是到此为止，馬列主义还要发展，說到此为止，是‘机械論’。”刘甚至歪曲学习毛澤东思想是只注意“中国的經驗，不重視外国經驗”，是“跛足的馬克思主义者。”刘还曾恶毒地說：“世界上沒有十全十美的領导者，古今中外都沒有。如有那就是装腔作势，猪鼻子里插葱——装象。”

我們的伟大領袖毛主席对于党內思想建設方面有杰出的貢献。但是一九四九年刘少奇第一次校閱的刘氏《修养》书中竟連一句毛主席語录都沒有。反而把自己和馬、恩、列、斯直接联系起来。后来再版时，勉勉强强地加进了五处主席語录，也不加闡述　解释，竟把毛主席語录作为这本书的点綴、烘托，真是岂有此理！全书中提到“馬克思列宁主义”这一术語有１２４处，而絕口不提毛澤东思想。看！刘少奇放肆到什么地步！在他的心目中，根本沒有我們伟大的領袖毛主席和战无不胜的毛澤东思想。更令人气憤的是，１９６２年刘少奇在将其《修养》书再版时，又挖空心思地加进两段恩格斯論馬克思，斯大林論列宁的話。他引用道：“我們之中沒有一个象馬克思那样視野广闊，在需要坚决行动时　他总能找出正确的道路，并立即将矛头指向应当打击的目标。”“而他进行斗爭的热情　頑强和卓有成效，是很少見的。”刘少奇借别人之口誣蔑毛主席“視野不广闊”，“沒有找出正确的道路”　沒有“准确地打击目标”等等，对毛主席进行人身攻击，是可忍，孰不可忍？！

刘少奇站在反动的資产阶級立場上　极力反对学习毛主席著作，揮舞起“簡单化”、“庸俗化”的大棒，妄图扼杀轟轟烈烈的群众性学习毛主席著作运动。

早在一九四八年，刘在馬列学院的講話中說什么“学习馬列主义就是学习外国的革命經驗，世界的革命經驗，馬、恩、列、斯的书籍中說中国的只有百分之　　百分之九十九都是講的外国話。講外国的事，写的外国材料，分析是外国历史。因此，有的人認为何必学这些东西？中国的书还讀不完　毛主席的书还讀不完呢，或者至少先讀中国的书，再讀外国的书吧！这个說法是不对的。……現在发生的問題是只学中国的，不学外国的。”甚至荒謬地認为，只有按他的那一套，才能“站起来　不爬行了”。

一九五四年，反革命修正主义分子楊献珍把一个反毛澤东思想的“哲学教学总結”送與苏共高級党校"审閲"，苏修哲学"权威"格列則尔写了一封固信，贊揚了这个"总結"，誣蔑和攻击学习毛澤东思想是"簡单化"、"庸俗化"。后来，此信經刘少奇批閱和推荐，在《人民日报》和《学习》杂志上发表。就是他，最先揮午起"簡单化"、"庸俗化"的大棒，恶毒攻击污蔑广大工农兵群众活学活用毛主席著作，在全国散布了极其恶劣的影响。再如1960年1月，由旧中宣部起草，經刘少奇批准的，并以中央名义批轉的一个文件，即《关于开展毛澤东著作学习运动的提法問題的請示》中，規定不准提"学习馬克思列宁主义毛澤东思想"，而只准提"学习馬克思列宁主义毛澤东著作"。难怪一九六二年刘少奇在修改补充他的刘氏《修养》书时，竟提出"作馬克思列宁的好学生"的口号，来同林彪同志提出的"做毛主席的好学生"相对抗。

毛主席的最亲密战友林彪同志向全国人民发出"讀毛主席的书，听毛主席的話，照毛主席的指示办事"的伟大号召，全国掀起了蓬蓬勃勃的学习毛主席著作的运动。然而，一九六四年九月，刘少奇在給江苏省委第一书記江渭淸的信中竟說："这里联系到这样一个原則問題，就是我們应該向誰学习，是向党內和党外群众中一切有眞理的人学习。不管他們的职位高低，不是向职位高的人学习。"胡說什么"官越大，眞理越少，官做得越大，眞理越小，大官如此，小官也是如此"。他又咒駡道："不能把馬克思列宁主义的学說当成教条一样，也不能把毛澤东著作和講話当做教条。"1964年在一次中央会議上，刘又說："現在学习毛选出現了一种形式主义，这样搞下去，会弄虛作假，学习毛主席著作，写千万字的讀书笔記，千万不要宣传。"再次揮午起"簡单化"、"庸俗化"的大棒。此外，刘少奇还千方百計地扼杀群众学习毛主席著作的运动，竟宣称："党員課本要通俗一点，不要摘引毛主席的話就当課本上的話說。"

近几年来，刘少奇这个党內头号走資本主义道路的当权派，配合国內外阶級敌人的猖狂活动，刮起陣陣的妖风，竟狗胆包天把矛头直接指向我們最最敬爱的伟大領袖毛主席。

1962年刘氏《修养》书再版拋出。在其中刘少奇咒駡道："……这种人根本不懂得馬克思列宁主义，而只是胡诌一些馬克思列宁主义的术語，自以为是'中国的馬克思、列宁'，装作馬克思列宁的姿态在党內出現，并且毫不知耻地要求我們的党員象尊重馬克思、列宁那样去尊重他，拥护他为領袖，报答他以忠心和热情。他可以不待别人推举，径自封为領袖，自己爬到負責的位置上，家长式的在党內发号施令，企图教訓我們的党，責駡党內的一切，任意打击处罰和摆布我們的党員，"刘少奇唯恐不解其意，又說："然而我們是否能够完全自信地說，在我們党內就完全不会有这种人了呢？我們还不能这样說。"而在62年再版时，这段話又露骨的改成为"然而我們是否能够完全自信地說，在我們党內就从此不会再有这种人了呢？我們还不能这样說。"把"完全"改为"从此"。刘阴险恶毒地暗示："自以为是'中国的馬克思、列宁的人"現在就有。刘少奇猖狂已极，竟敢誣蔑我們最伟大的領袖毛主席，这是我們絕对不能允許的！

联系到1959年在廬山会議上，揭发了"軍事俱乐部"即彭、黄、反党集团。他們反对毛主席的革命路綫，与刘邓路綫有密切关系。当反党集团被揪出后，刘在一次講話中竟称："廬山会議上彭德怀給毛主席写过一封信，看起来沒有什么問題，問題就在于彭德怀参加了高崗反党集团，　　别人可以批評，他就不能批評。"看！彭德怀为首的反党集团猖狂地反对毛主席，反对　面紅旗，对党对人民犯下了滔天罪行　而刘少奇却說是"沒有什么問題"加以袒护、包庇。同年九月在軍委扩大会議上含沙射影地說："不左不右絕对正确的領导是沒有的。”在“批判”彭德怀时刘少奇竟說：“与其你篡党，还不如我篡党。”这些話多么露骨！刘少奇！你必須老实交待你与反党集团的罪恶关系！

更有甚者，1962年在刘邓的唆使下，大刮单干风，鼓吹“包产到戶”，当时有人問：“象你这样做是否和毛主席提出的农业合作化的方針相对立？”刘邓之流說“毛主席最事实求是，你不要管！”这是对我們心中最紅最紅的紅太阳毛主席的恶意中伤，刘少奇对抗毛主席的正确路綫，大搞資本主义复辟的罪行必須徹底清算！

在社会主义教育运动上，刘少奇对抗毛主席的革命路綫，頑固推行形“左”实右的机会主义路綫。

1964年9月，刘少奇之流趁毛主席离京的机会，把持中央，通过了他一手炮制的《后十条》，同时又迫不及待地抛出王光美的所謂《桃园經驗》，大搞形“左”实右，与毛主席亲自主持制定的《前十条》相对抗，企图把运动引入歧途。1964年8月15日刘在关于社会主义教育問題的报告中，声嘶力竭地叫喊，說前一段四清运动“根本沒有入門”，“不是打了胜仗，而是打了敗仗”，这是对我們最最敬爱的領袖毛主席的恶意攻击。

直至这次文化大革命，刘少奇包庇彭、罗、陆、楊反党集团，力图为其辯解。并趁毛主席不在北京的机会，把持中央，大派工作組，扑灭文化大革命的熊熊烈火。我們伟大的領袖毛主席一針見血地指出：他們“站在反动的資产阶級立場上，实行資产阶級专政，将无产阶級轟轟烈烈的文化大革命运动打下去。顚倒是非，混淆黑白，围剿革命派，压制不同意見，实行白色恐怖，自以为得意。长資产阶級威风，灭无产阶級志气，又何其毒也。”直至1966年7月29日，即八届十一中全会前夕，刘少奇所炮制的資产阶級反动路綫已面临破产，刘还在北京万人大会上，以保护少數为名，恶毒攻击毛主席，他說：“清华有一个学生，写了‘拥护党中央，反对毛主席’的标語，大家要斗他，工作組要保护他，現在看来，說这个学生是反革命的結論材料不充分。”刘还在《組織上和紀律上的修养》中写道“我們服从党，服从中央，服从眞理，而非服从个人。”联系到1962年1月，在扩大中央工作会議上，刘少奇竟叫嚷：“反对毛主席只是反对个人。”这难道能不引起我們的警惕嗎？！

刘少奇在恶毒地貶低和攻击我們最敬爱的領袖毛主席的同时，千方百計为自己涂脂抹粉，赤裸裸地暴露了他的狼子野心。早在1941年，刘少奇在华东党校講授他的“战略和策略”时，便利令智昏地叫嚷：“外国有个馬克思，中国为什么不能出个刘克思？！”刘少奇为达到其篡党篡政的罪恶目的，极为卑鄙地叫喊““許多事情都是我刘少奇干的，而出名的却是毛澤东！”与此同时，刘少奇黑司令部的大小嘍囉四出活动，抬高刘的身价，刘的臭婆娘王光美无耻的为刘捧場，說什么“毛主席二天不学习，就赶不上刘少奇。”

1964年12月9日，刘氏黑司令部借紀念“一二九”为名，通过各种报刊，大肆吹捧刘少奇，說什么刘少奇对《一二九》的領导是內行領导外行。实际是含沙射影攻击毛主席的白区地下工作是外行，力图貶低我們伟大領袖毛主席对中国革命的領导和决定作用。这是刘少奇之流为复辟資本主义所作的輿論准备。当前文化大革命的形势好得很！党內最大的走資本主义道路的当权派刘少奇已經被我們揪出来了！革命造反派联合起来，組成浩浩蕩蕩的文化革命大軍，向刘邓黑司令部猛烈开火！

打倒刘少奇！

砸烂刘邓黑司令部！

誓死保卫毛主席！
誓死捍卫毛澤东思想！
最最敬爱的伟大領袖毛主席万岁！万岁！！万万岁！！！

社会主义的历史車輪豈容刘少奇扭轉？！

我們伟大的領袖毛主席教导我們："社会主义制度終究要代替資本主义制度，这是一个不以人們自己的意志为轉移的客观規律。不管反动派怎样企图阻止历史車輪的前进，革命或迟或早总会发生，并且将必然取得胜利。"

但是刘少奇一貫頑固地站在資产阶級反动立場上对社会主义制度和我国的社会主义革命及建設进行极其恶毒的誹謗和攻击，企图扭轉社会主义历史車輪。极力制造輿論准备，妄图在中国复辟資本主义。这眞是蚍蜉撼大树，可笑不自量！

早在一九四八年，正值全国解放前夕，中国的反动派最后总崩潰的日子就要到来之时，亿万中国人民莫不为之欢欣鼓舞，而刘少奇这个資产阶級总代表，却企图将历史車輪倒轉。一九四八年十一月十四日他在馬列学院講話中說："現在的革命形势发展很快，出乎我們意料之外，現在不是怕慢了，而是怕快了。太快，对我們的困难很多，不如慢一点，我們可以从容准备。""有的說搞資本主义那是右，又有人說搞社会主义那是'左'，現在即不能搞資本主义，又不能搞社会主义，事情就有点为难。"看，刘少奇在为誰說話？可眞不愧为是資产阶級所豢养的一条看家狗。在革命节节胜利的情况下，刘少奇吓破了胆，惊慌失措，說什么"不是怕慢了，而是怕快了"啦，眞是一个胆小鬼！而在一九四八年十二月毛主席在《将革命进行到底》一文中就很明确地指出："一九四九年中国人民解放軍将向长江以南进軍将要获得比一九四八年更加伟大的成就。""一九四九年我們在經济战綫将要获得比一九四八年更加伟大的成就。""一九四九年是极其重要的一年，我們应当加紧努力。"我們拿最高指示对照一下，就不难看出，刘少奇不是号召人們加紧努力来夺取全国的解放，而是要人們"慢一点"。在革命大风暴面前，刘少奇有点"为难"了。他不是一个无产阶級革命家，而是一个地地道道資产阶級代表人物，在革命到了关健时刻，他害怕革命，更害怕胜利。他梦想着历史的車輪向后退，眞是痴心梦想！

毛主席在"关于正确处理人民内部矛盾的問題"中說："我国的六亿人民正在工人阶級和共产党的領导下，团結一致地进行着伟大的社会主义建設。"在二月十一日的講話中指出："現实生活証明，社会主义是中国的唯一的出路。"而刘少奇却对社会主义进行攻击，加以丑化歪曲，其目的是为資本主义在中国复辟。

在工农联盟問題上，刘少奇干尽了坏事。一九六一年十月"在国务院財貿办公室付主任姚依林汇报时的講話"中說："农民在粮食問題上卡住我們的辮子，我們也要卡住农民的辮子，……。农民不卖給你农产品，你就不卖給他盐吃。現在你把主要商品按人分配了，只用次商品是卡不住农民的，……。你們考虑一下，你們抓住农民的什么辮子沒有？打算用什么武器去打？"又說："农村自由市場的价格很高，我們卖給农民的工业品价格很便宜。今后除和农民进行交换的工业品以外，卖給农民的工业品也可以高价出售，这是国营商业、供銷合作社对农村自由市場进行領导的重要方法之一，即可以收回貨币，又可以稳定农村的市場价格。基本思想是和农民交换，以高价对高价，这是一个很重要的問題。”这是关系到我国社会主义建設及工农联盟的大問題，毛主席告訴我們：“我国的經济建設是以重工业为中心，这一点必須肯定。但是同时必須充分注意发展农业和輕工业。”又指示我們：“沒有农业，就沒有輕工业。重工业要以农业为重要市場这一点，目前还沒有使人們看得很清楚。但是随着农业技术的改革逐步发展，农业的日益現代化，为农业服务的机械、肥料、水力建設、电力建設、运輸建設、民用燃料、民用建築材料等等將日益增多，重工业以农业为重要市場的情况，將会易于为人們所理解。”（关于正确处理人民内部矛盾的問題）主席教导我們工业要为农业服务，以农业为重要市場，可刘少奇却要我們“卡农民的辮子”，“以高价对高价”，把資本主义的一套臭貨搬到社会主义国家来。眞乃不知羞耻。这是有意对抗毛主席，破坏工农联盟，企图搞垮我国国民經济，用心何其毒也！这是我們絕对不能容許的！再者一九五七年二月刘少奇在河南干部会上講話时說：“有人說工人生活好，农民生活差，相差太遠了……。工人生活是苦，工作八小时，空气不好，劳动紧张，寿命也比农民短。”同年四月他又在上海干部会上說：“我考虑了一下，农民生活苦这种議論是从哪里来的呢？来源之一，我想是这么个来源，你們看对不对？就是城里人下乡好吹牛，乡下人进城他訴苦。城里人，我是指所有城里人，包括工人、职員、学生、教員以及我們的共产党員、共青团員、干部跑到乡下都吹牛”。“所有城里人下乡都持这种态度，下乡也是这样講，写信也是这么說，沒有一个人講我在城里艰苦，睡的是双层床，吃飯也是餓肚子，排队买不到东西，城里人下乡都不大講这些东西。”在这里刘少奇居心险恶地一方面肯定了农民的“苦”，另一方面又否定了工人生活“好”。按刘的意思是工人、农民的生活都很苦。毛主席在《关于正确处理人民内部矛盾的問題》文中就早巳指出：“其实，工人农民的生活，除极少數人以外，都已經有了一些改善。”所以刘少奇是有意詆毁及攻击社会主义制度。更为阴险的是刘少奇公然在挑拨工农联盟，他不但鼓励城里人去欺騙农民，而且还要“抓农民的辮子”，“卡农民”，必要时“不給农民盐吃”。其言甚卑！其心甚毒！

刘少奇还对社会主义制度的其它方面进行攻击和丑化。一九五一年山西省就出現了初級社，刘少奇横加指責地說：“条件还不成熟，合作化要象苏联一样，一大片，一大片的。”一九六二年他又說：“人民公社‘办早了’‘办糟了’。他攻击合作化和人民公社的目的就如他所說的：“中国农村富农經济还可以发展一个时期，发展了再消灭。現在农民怕富农，这是不对的。”又說：“要允許有一部分資本主义工商业、工业地下工厂，要讓他們鉆空子。”刘少奇的内心世界在此一語道破，他就是要发展富农經济，要資本主义鉆空子。刘眞不愧为是帝国主义和現代修正主义在中国的代理人，时刻妄图阻止历史車輪的前进。眞是瞎子点灯白费蜡，沒門！

由于連續三年的灾荒給我国国民經济带来极大的困难，全国人民团結在以毛主席为首的党中央的周围，在毛主席英明的領导下，自力更生，奋发图强，終于战胜了困难，毛主席在一九六一年七、八月間就明确指出：“我国的經济困难已到了沟底，再往前进就陆續上升了。”而刘少奇在一九六二年三、四月間还叫讓：“对于困难，我們还沒認識清楚。”“目前財政經济的困难是很严重的。”工农业的生产还要“繼續下降”，国民經济“比例失調”“貨币貶値”，“我們的經济临近了崩潰的边緣，”并咒駡高举毛澤东思想伟大紅旗的同志們“不敢承認困难，或者有十分只承認几分，总怕把困难講多了会使干部丧失信心，以为廻避困难就容易解决問題。对待困难不是認眞对待，而是掉以輕心，很明显，这不是眞正的勇敢，絕不是革命的气概，絕不是馬列主义者应有的态度。”刘少奇就是这样公开对抗毛主席，把暂时的困难描繪得阴森可怕，前途不堪設想。毛主席教导我們：“我們的同志在困难的时候，要看到成績，要看到光明，要提高我們的勇气。”可是刘少奇只看到了困难，而見不到光明，他更沒有克服困难的勇气，他也不想去克服困难，他幸灾乐祸，他幻想社会主义垮台，資本主义复辟。他把由于灾荒而造成的暂时困难說成“三分天灾，七分人祸”。这是极为恶毒地歪曲和攻击，与五七年右派向党进攻所用的恶毒語言何等相似乃而。刘少奇这些講話的背后目的是“工业上要退够，农业上也要退够，包括包产到戶，单干。”其狠子野心不是赤裸裸地暴露出来了嗎？他之所以那样声嘶力竭地攻击，咒駡、丑化、歪曲社会主义，其最終目的就是恢复資本主义。

一九五五年十一月刘少奇在《中共中央关于資本主义工商业社会主义改造問題会議》上講話时說：“現在資本家很多情緒不安，小資产阶級也不安，农民也不安，动蕩不知怎么样，不能掌握命运，这是很大的問題。原因是什么呢？就是現在我們要改变两种所有制——农民的个体私有制改变为集体所有制，要把資本主义的所有制改变为国家的所有制，所以牵扯的人很多，所有的农民都牵进来了，小手工业者牵进来了，所有的資产阶級資本家牵进来了。在这个紧要关头，如果我們不加紧宣传，不說清楚的話，或者我們自己也犯錯誤，共产党在政策上也犯錯誤，再加上反革命一鼓动，就可能发生大問題。”“全国除了工人阶級以外，全国人民都动蕩不安。因此同志們要紧张起来，謹慎小心……。”刘少奇在恶毒地攻击工商业的社会主义改造和农业合作化运动。毛主席在《关于正确处理人民内部矛盾的問題》一文中很明确指出：“我們社会制度的改革，除了农业合作化和手工业合作化以外，私营工商业改变为公私合营企业，也在一九五六年完成了。这件事所以做得这样迅速和順利，是跟我們把工人阶級同民族資产阶級之間的矛盾当作人民内部矛盾来处理，密切相关的。”为什么刘少奇把一件很迅速和順利的事情說成是“动蕩不安”呢？是不是眞象刘少奇所說的那样“不安”呢？絕对不是！毛主席在同一文中指出：“此外，我們国家的巩固，还由于我們的經济措施根本上是正确的，人民生活是稳定的，并且逐步有所改善。”为什么单单刘少奇会有这样“不安”的感觉呢？这正說明了刘少奇站在資产阶級立場上，与資产阶級有着多么深厚的感情！眞是兔死狐悲，物伤其类！

大肆誹謗三面紅旗。自从党中央毛主席提出三面紅旗后，全国人民在毛主席的英明正确領导下，以一天等于二十年的高速度建設社会主义，取得了极其伟大的成績。而刘少奇却認为三面紅旗失敗了，要把三面紅旗当作“历史教訓”来总結。并說：“我們現在来总結前几年的工作，恐怕总結不完，我們的后代还要总結。”一九六二年他在《全国統一战綫工作会議上的講話》中說：“究竟成績是否伟大？有无虛假？”說：“不懂装懂，就是沒有事实求是。”并且恶狠狠地說：“大跃进以来政治思想战綫上的大革命是‘戴帽子、乱斗爭’。”“强制人家接受馬列主义。”“前几年是抽象的紅，空談革命。”“这是因为党爬上了領导位置，乱指揮，繼續这样下去是要下台。”他咬牙切齿地提出：“不要欠帳到棺材，生前不还，死后还。”这和一九五七年右派向党进攻时又有什么两样？刘少奇認为这样还不解恨，胡說什么“反对三面紅旗的話，只有彭德怀不能講，别人都可以講。”“所有假象都要揭露，揭露后会出現光明。有人說揭露怕說成漆黑一团，如果确是如此，就讓它漆黑一团这是事实求是。”这是公然煽动人們起来反对三面紅旗，反对社会主义制度，而在这个时期，正是帝国主义及現代修正主义联合反华的时候，刘少奇与他們里应外合，企图阴謀搞垮我們的社会主义社会，他对社会主义早已恨之入骨了。一九五六年七月初，他就和叛徒鉄托遥相呼应。恶毒地攻击无产阶級专政也会产生“官僚主义”。故从三面紅旗到无产阶級专政，无一不进行攻击，象泼妇駡街一样，咒駡不絕，憤恨不已。

刘少奇在一九五七年二月至五月間周游了河北、河南、江苏、湖北、湖南、广东、上海等省市，到处找人談話，做报告，和毛主席大唱反調，故意丑化社会主义制度。1957年5月他对楊献珍、侯維煜的談話中說：“不搞全民所有制就毕不了业，开不了学，沒有好房子住，沒有車子坐，……。可是实行社会主义全民所有制，一切問題都来了。”“正因为是全民所有制，所以誰也想多分一点，可是誰也不能多分。稍微分得不好，就鬧起来。”刘少奇更荒謬地說：“我想这矛盾主要重在表現在分配上。工人农民分配不当，就要鬧事。”“人民为了关心自己的經济生活，注定要过問住房，吃飯、坐車、工資这些事，这就表現出社会主义人民民主的积极性了。这是由于社会主义积极性而来的。”他在上海講話时說：“人民內部矛盾特別表現在分配問題上面，如果生产关系适合生产力，……。你分多了，我分少了，大家不愿干，生产力就受到阻碍，在分配問題上就表現出来。”“如果不按劳取酬，公平合理，就阻碍生产力的发展。如果按劳取酬貫彻得好，分配比較公平合理，大家滿意，就促进了生产力的发展。”眞是狗嘴里吐不出象牙来，刘少奇把我国广大劳动人民的冲天干劲誣蔑成是“为了分配而鬧事”。我們伟大領袖毛主席在在《介紹一个合作社》文中說：“人多議論多，热气高，干劲大。从来也沒有看見人民群众象現在这样精神振奋，斗志昂揚，意气风发。”这是对我国广大劳动人民的最正确的評价。

一九五七年二月刘少奇在河南干部会上說：“家属还是慢慢接来，住单身宿舍多住几年吧！至少住到第三个五年計划，把第三个五年計划熬过去了，来城市住几天，送回去可以。咬紧牙关渡过第四个五年計划。”在这里，刘少奇用了最狠毒的字眼，把职工生活說成是“咬紧牙关”，在那里“熬”。他并且假惺惺地給干部出騷主意：“要工人自己出錢买房子你們說沒錢，哪里有錢呢？每个工人捐一个工的錢，几个义务工就可以盖一座电影院，座电影院盖起来可以卖票，还可以賺錢。商店盖起来可以租給商业部賺錢，开理发館，洗澡塘也可以賺錢。服务行业統統工厂盖，不盖就沒有。市政府也可以在那里盖一点，但是一定要賺錢。服务結果亏了本　那怎么行。”“如果不募捐都納稅，盖电影院，盖商店，修馬路，工人宿舍就收稅，厂房也可以收稅。我是地方政府，你在我这里住，我收地方稅，收房产稅。你們讓工人討論。两条一条工人募稅，另一条不募稅也可以，但要收稅。这样工人会贊成的，到市里去看电影坐电車要花錢。理发洗澡要花錢。工人会算这个帐。”这就是刘少奇在一九五七年二月至五月有关分配問題的一部分言論，这些荒唐透頂的胡謅，簡直令人又可气又可笑，对它进行批判眞有些浪費笔墨，不值得。早在一九五七年二月底三月初毛主席先后在国务会議上作了两次极其重要的講話（即《关于正确处理人民內部矛盾的問題》和《在中国共产党全国宣传工作会議上的講話》）这是具有伟大历史意义的　极其重要的划时代的光輝的馬列主义文献，毛主席极有概括力地总結了我国和国际无产阶級专政的历史經驗，第一次全面地、系統地、深刻地、正确地分析和闡明了社会主义时期的矛盾，阶級和阶級斗爭，为我党和国家在整个社会主义革命和社会主义建設的过渡时期的路綫，方針和政策奠定了堅定正确的思想理論基础。这是毛主席对馬列主义极其伟大的貢献。它具有深遠的国际意义。就在这两次談話后，刘少奇就迫不急待地到全国各地游說，兜售他个人的私貨，来对抗毛主席，攻击毛澤东思想。毛主席在《在中国共产党全国宣传工作会議上的講話》中指出：“推翻旧的社会制度，建立新的社会制度，即社会主义制度，这是一場伟大的斗爭，是社会制度和人的相互关系的一場大变动。應該說，情况基本上是健康的。”而刘少奇却說成一无是处，抓住一点不及其余。在刘少奇的脑子中只有一个“錢”字，錢！錢！这就是刘少奇的一切。这完全是修正主义一套。什么物質刺激啦，金錢万能啦，都滚蛋去吧！刘少奇还居心险恶地描繪社会主义制度下的工人阶級和广大劳动人民的忘我劳动只是为了“衣、食、住、行”，　且分配不均就“鬧事”。我們絕不允許刘少奇侮辱工人阶級和广大劳动人民。打倒刘少奇！伟大的中国人民不可辱！

資本主义經济是革命的对象，必須打倒！但是建国十七年以来，刘少奇对資本主义經济极力贊尝，百般庇护，在国民經济中，他从資本主义、新老修正主义的垃圾堆里找了些資本主义經济的破烂，死抓不放，并作为庇护資本主义經济的法宝，极力地为資本主义在我国复辟鳴鑼开道，出謀划策。

一九五零年六月十四日，刘在政协委員会第二次会議上說：“我們采取的保护富农經济的政策，当然不是一种暫时的政策，而是一种长期的政策。”刘少奇企图长期保存这个吸吮貧下中农血汗的剝削制度，眞可謂地主阶級的孝子賢孙。打倒刘少奇，砸烂吃人的剝削制度！他为了給自己这种謬論找根据，到处搜索枯腸，胡說什么：“在农村中可以大量采用机器耕地，組織集体农場实行农村的社会主义改造时，富农經济的存在，才成为沒有必要的了，而这是相当遠的将来才能做到的。”这完全是胡說八道，历史无情地給了刘少奇一記响亮的耳光。一九五一年就开始了农业生产的互助合作，在一九五三年农业合作社已經发展到一万四千多个。一九五八年就开始了人民公社。刘少奇对此却視而不見，还在那里为富农經济作祈祷。更为恶毒的是当我国农业合作化蓬蓬勃勃发展起来之后，触动了刘少奇的老根，大喊大叫說什么“合作社的計划太大了”啦，“太冒进”啦，于是赶紧来个“坚决收縮”，下令解散了已經組織起来的二十多万个合作社，使农业合作化运动受到极大的損失。刘少奇之所以如此，正如毛主席在《关于农业合作化問題》一文中所指出的：“他們老是站在資产阶級、富农、或者具有資本主义自发傾向的富裕中农的立場上替較少的人打主意，而沒有站在工人阶級立場上替整个国家和全体人民打主意。”同样刘少奇在对待資本主义的工商业也是如此。一九五四年九月，他在宪法草案报告中大談什么“国家依照法律保护資本家的生产資料所有权和其它資本所有权”，并且不厌其煩地解释“其它資本是指資本家的除生产資料以外的其它形式的資本，例如商业資本。”一九五五年十一月刘少奇在《中共中央关于資本主义工商业社会主义改造問題》的講話中說：“将来資本家也可能这样，因为他跟他自己工厂的工人常常有矛盾，过去打过他們，破坏过工人罢工，工人不喜欢他，将来有些資本家不愿意到自己工厂去，而愿意到别的工厂去，这个应当允許的。可能到自己的工厂去，工人就反对他，到别人的工厂去，他能干，办法也能改变。”刘少奇眞是挖空心思給資本主义經济想办法，找庇护所。他明明知道資本家在厂里是不受欢迎的，于是想出了一条妙計，改头换面調到其它厂，这样一方面逃避了工人的监督，另一方面，到其它厂还可以繼續放毒，眞是一箭双雕，两全齐美。但是，刘少奇这条妙計，被用毛澤东思想武装起来的工人阶級識破了。无論資本家怎样改头换面，就是烧成了灰，也能認清他的反动的本質。刘少奇想包庇資本家是行不通的，到头来是搬起石头打自己的脚！

刘少奇为复辟資本主义不遺余力地公开为資本主义鳴鑼开道。刘少奇早就与一些大資本家勾勾搭搭互送秋波。一九四九年他曾写信給天津投敌大資本家宋斐卿，企图把我国引向資本主义社会，原黑信全文如下：

宋棐卿先生大鉴：

接四月三十日来函，得悉貴公司职工团結，劳資双方共同努力，扩大生产，增設新厂之計划，甚为欣慰。望貴公司秉顧劳資两利之方針，繼續努力，前途光明，国家民族之复兴指日可待也！順候台安。

刘少奇　　五月三日

刘少奇对資本家的剝削而感到“欣慰”，只要資本家多开几个工厂則“国家民族之复兴”就“指日可待”了。刘少奇的希望是什么？寄托在何处，不是一目了然了嗎！

建国十七年以来，刘的本性未改，反而变本加厉了。他公开反对社会主义有計划按比例发展国民經济的原則，說什么社会主义計划經济是“呆板”的，“苏联只搞計划經济，吃大亏。”他甚至嫌苏联的資本主义复辟太慢，要我們接受敎訓，說：“苏联的社会一去就可以感到經济生活中显著地缺少多样性和灵活性。”一九五七年五月七日他指示楊献珍、侯維煜說：“你們回去要大声疾呼地提請大家注意这个問題，研究这个問題（指“多样性”和“灵活性”）。”刘少奇所說的“灵活性”及“多样性”是什么呢？說穿了就是“自由市場”和“三自一包。”这就是后来刮单干风，資本主义泛濫的思想理論基础。刘少奇唯恐只号召“多样性”及“灵活性”还不足以引起人們的注意，于是他就带头大声疾呼“一个管理国家經济的总机关，要計划这样丰富的、灵活的經济要用什么办法呢？一个办法就是利用限制自由市場，私商鉆社会主义的空子。不仅私商有自由市場，还有地下工厂。另外，农业上，家庭付业，自由的資本主义商业，工业地下工厂鉆空子，当他鉆空子的时候，我們社会主义經济立即跟上去，你鉆空子搞这样，我跟上去搶一部分，也搞这一样。他鉆了几十万样，我們社会主义經济也跟上搞他几十万样。”他在上海則更露骨地說：“自由市場，你在这里有地下工厂，地下工厂开张賺錢太多的，国家也可以經营。国家經营与他爭一下，使他的自由市場縮小一点。”他这样說完还怕人們不能按他的旨意行事，还怕他的阴险毒辣的詭計不能实現，又来吓唬人說：“苏联有危险，苏联的計划是实現了，但把多样化、灵活性扔掉了，搞得很少，也很簡单呆板。”他一方面吓唬人，另一方面又把資本主义吹噓一番。要人們利用“自由市場，一方面可以輔助我們当前經济上的不足，另一方面也可以指靠多样性，灵活性。商人怎么办，我們的社会主义經济就跟上去照样干，讓自己市場包括一点私商，資本主义市場，資本主义的活动余地，讓他們鉆我們的空子。尽管鉆，他鉆了几百、几千、几万、几十万，結果我們就塡几百，几千、几十万样。我們就不只有計划性，又有灵活性、又有多样性。”刘少奇就是这样又吓唬人，又吹噓。硬要人們相信：“讓資本主义带头，社会主义紧跟。”的鬼話。并且散布：“如果我們經济还不如資本主义灵活多样性，而只有呆扳的計划性，那还有什么社会主义的优越呢？”这是十足的修正主义的論調。刘少奇要求資本主义复辟“越快越好”，“包产到戶要爭取时間”。再者，一九六一年十月，刘少奇“在国务院財貿办公室付主任姚依林汇报时的講話”中說：“自由市場是要搞下去的。农村的自由市場会产生資本主义，产生一些資本主义分子，产生一些暴发戶，有些小商小販会变成暴发戶，这无非是多了几个資产阶級分子。即使产生了新的資产阶級也不可怕，不要怕資本主义泛濫。”他又說：“一到資本主义国家，什么都能买到。”看！刘少奇对資本主义是多么想往，梦寐以求，垂涎三尺。刘少奇就是这样对社会主义恨之入骨，因而不惜花費一切力气对社会主义进行歪曲、誣蔑、誹謗，造謠中伤，而給資本主义涂脂抹粉，鳴鑼开道，出謀划策。刘少奇眞可算是資产阶級的孝子賢孙。

刘少奇一方面极力庇护資本主义，另一方面狂热地宣传鼓吹資本主义，并身体力行地带头干。他根据他的大資本家的臭婆娘王光美在旧社会的一套吸血方式，炮制了一个資本主义的雇佣制度——合同工、临时工制度。由于推行这种制度，把工人阶級分为两个阶层，制造差别，分化瓦解无产阶級革命队伍，剝夺了广大合同工、临时工的政治权利，扼杀了工人阶級的革命积极性，阻碍了社会生产力的发展。

从以上事实可知，刘少奇是一个地地道道、不折不扣的党內最大的走資本主义道路的当权派，长期以来打着“紅旗”反紅旗，与毛主席对抗，頑固制定和推行資产阶級反动路綫，企图把我們国家引向資本主义。这是我国七亿人民所不答应的。一千个不答应，万个不答应！全国革命的人民团結起来，站在以毛主席为代表的无产阶級革命路綫一边，奋起毛澤东思想的千鈞棒，坚决打倒党內最大的走資本主义道路的当权派刘少奇！肃清其流毒，不获全胜决不收兵！

打倒刘少奇！

誓死保卫社会主义江山！

誓死保卫毛主席！

战无不胜的毛澤东思想万岁！

我們伟大的領袖毛主席万岁！万岁！万万岁！

痛斥刘少奇鼓吹“阶級斗爭熄灭論”的反动濫言

我們伟大的領袖毛主席关于社会主义时期阶級和阶級斗爭的光輝学說，是对馬列主义极其天才地、創造性地发展。毛主席发展了馬克思列宁主义，解决了当代无产阶級革命的一系列的問題，解决了在无产阶級专政下进行革命、防止資本主义复辟的理論和实践問題。

毛主席英明地指出，在社会主义过渡时期，“阶級斗爭并沒有結束。无产阶級和資产阶級之間的阶級斗爭，各派政治力量之間的阶級斗爭，无产阶級和資产阶級之間在意識形态方面的阶級斗爭，还是长时期的，曲折的，有时甚至是很激烈的。”《关于正确处理人民內部矛盾的問題》毛主席又英明地指出：“无产阶級和資产阶級之間在意識形态方面的誰胜誰負問題，还沒有眞正解决。我們同資产阶級和小資产阶級的思想还要进行长期的斗爭。”《在中国共产党全国宣传工作会議上的講話》

中国党內头号走資本主义道路当权派刘少奇，一貫反对毛主席关于过渡时期阶級和阶級斗爭的学說，反对无产阶級专政，极力散布反动謬論，企图麻痺革命人民斗志，为复辟資本主义作輿論准备。刘少奇对党对人民犯下的滔天罪行必须彻底清算！

鼓吹“阶級斗爭熄灭論”，是刘少奇反毛澤东思想的一支毒箭。

早在一九四九年四、五月間，即在民主革命阶段即将完成，社会主义革命阶段即将开始的伟大历史轉变时期，刘少奇就迫不及待地拋出臭名昭著的《天津講話》，流毒全国。刘說：“把天津打开以后，帝国主义的势力，就是有一些外国人也很小心，就是一些調皮的也不敢調皮了。国民党也沒有了，看不到了，找不到了。官僚資本家的工厂我，們也沒收了，也沒有了。中国革命的敌人————帝国主义、国民党、官僚資本家跑掉了，消灭了，沒有了。有的是什么东西呢？就是民族資本家。”紧接着，刘少奇对資本家大加吹捧，贊頌一番，力图使人們失去革命警觉，高忱无忧，抛棄阶級斗爭，任凭阶級敌人进行猖狂的复辟活动。

一九五三年，全国社会主义改造的高潮即将到来的时候，刘少奇在全国統一战綫工作会議上說：“主要經过国家資本主义的方式，逐步地进行社会主义改造，做好了这几項工作，中国就是社会主义了，就沒有資本主义了，就消灭了剝削阶級。”刘少奇这个中国的赫魯晓夫疯狂叫嚣“阶級斗爭熄灭論”。

在完成了土地改革与資本主义工商业的社会主义改造之后，我国阶級陣营发生了新的变化，阶級斗爭以新的形式，特别是在政治思想战綫上剧烈地展开了。就在这时，刘少奇又弹起他的濫調。一九五五年十一月，在中共中央关于資本主义工商业社会主义改造問題会議上，刘少奇說：“……我們跟資产阶級斗爭，到底是社会主义胜利，还是資本主义胜利呢？……資本主义工商业公私合营了，农业合作化了，手工业合作化了，胜負解决了。”在一九五六年党“八大”上，刘少奇明目张胆地宣揚阶級斗爭熄灭論，說什么“外国帝国主义的工具————官僚买办資产阶級已經在中国大陆上被消灭了，封建地主阶級除个别地区外，也已經被改造成自食其力的新人。”又說：“改变生产資料私有制为社会主义公有制这个极为复杂和困难的历史任务，現在在我国已經基本完成了，我国社会主义和資本主义誰战胜誰的問題，現在已經解决了。”刘少奇还曾极其荒謬反动地提出“阶級”两字是值得考虑的！但是十多年来的惊心动魄的阶級斗爭事实，完全証实了毛主席的英明論断，彻底地粉碎了刘少奇的謬論！

一九五七年二、三月，我們伟大領袖毛主席先后作了两次极为重要的講話（即《关于正确处理人民内部矛盾的問題》和《在中国共产党全国宣传工作会議上的講話》），这是两部具有划时代意义的伟大历史文献，是对馬克思列宁主义的天才的創造性的全面的发展，是指导我們胜利地进行社会主义革命和社会主义建設的伟大綱領；是我們反对帝国主义，反对現代修正主义及一切形形色色的阶級敌人的强大思想武器。

毛主席发表了这两次伟大的講話之后，第一个跳出来公开反对的就是党內头号走資本主义道路的当权派刘少奇。从一九五七年三月至五月，他跑到河北，河南，湖北、湖南，广东五省，到处找人談話，作报告，赤裸裸地暴露了刘少奇反对毛主席的真面目。他在上海干部大会上大放厥詞說：“現在国內敌人已經基本上被消灭了，地主阶級早已消灭了，資产阶級也基本上消灭了，反革命也算基本上消灭了。”“公私合营以后，无产阶級和資产阶級的矛盾已經基本解决了。……現在应該講人民內部矛盾是主要矛盾。”“人民內部矛盾主要表現是領导机关和人民的矛盾，更确切地說是人民和領导机关的官僚主义的矛盾”刘少奇这个中国的赫魯晓夫公然歪曲两类不同性質的矛盾，与毛主席的光輝思想大唱反調，販卖修正主义的貨色。用心何其毒也！

毛主席教导我們說：“我国社会主义和資本主义之間在意識形态方面的誰胜誰負的斗爭，还需要一个相当长的时間才能解决。”但刘少奇在上海干部大会上却說：“思想政治方面，最重大的問題就是共产党和群众的关系問題，就是共产党和工人、农民、解放軍战士、知識分子、各民主党派、少數民族等七方面的关系。”完全抹杀政治思想战綫上資产阶級与无产阶級你死我活的阶級斗爭。刘少奇还极力地宣揚“阶級斗爭过时了”的謬論 。 他說：“在以前我們考驗干部，鍛炼干部用什么办法？当革命沒有胜利的时候，我們用革命斗爭来鍛炼，革命胜利以后，我們有社会主义改造也可以鍛炼，可以考驗。以后革命 斗 爭 也沒有了，社会主义改造也沒有了，土地改革也沒有了，在什么地方考驗？那就应該在劳动生产中，特别在体力劳动中間，以及同人民群众的关系中間，处理人民內部矛盾的关系中来鍛炼我們的干部。就是以前参加过革命斗爭，参加过土地改革，也参加过社会主义改造的，年紀还輕的，但是那种阶級斗爭已經过去，那些事眼看用不着了，那些經驗閑起来了，有那 些 个 本事沒有用了，英雄无用武之地。現在沒有地主、資产阶級了，反革命也解决得差不多了，他們鬧不了大事，給我們消灭了，我們有的經驗，熟悉的事情，閑起来沒用了，而不熟悉的事情逼着我們去做，就是要領导生产，处理人民內部矛盾。”在刘少奇的心目中，就是領导生产，处理人民內部矛盾，至于阶級敌人，都“消灭”了，“阶級斗爭过时了”，“閑起来沒用了”，刘少奇的这些謬論，就是苏修“全民国家”的翻版，是麻痺革命人民斗志的毒剂。

直至近年，国际上現代修正主义思潮泛滥；美苏勾結反华，国内外阶級敌人进行猖狂活动，阴謀在中国复辟資本主义。刘少奇紧密配合阶級敌人的需要，荒謬絕伦地把現代修正主义分子分成“外修”和“內修”，提出了反“外修”不反“內修”，反“外 修”以 免“內修”的反动主张。一九六二年十一月十九日，他在学部委員第四次扩大会議上說：“在国际上进行反修斗爭，就大大有助于防止国內修正主义的产生和发展，我們理論工作者的主要任务是反对外国的修正主义，把这一斗爭进行到底，深入到各学科。如果我們这样做了，就会提高人民的觉悟，打开人民的眼界。中国的修正主义产生就困难了。”在座談会上竟讓反革命修正主义分子孙治芳去“批判”苏修的反动“权威”利別尔曼，豈非咄咄怪事！不先反掉中国的“利別尔曼”，外国的利別尔曼豈能反深反透？这其实是刘少奇企图麻痺革命人民，企图达到大肆販卖修正主义，搞資本主义复辟的罪恶目的。

在社会主义教育运动問題中，刘少奇又与毛主席的阶級斗爭学說大唱反調。一九六五年一月，我們伟大的領袖毛主席亲自主持制定了“二十三”条，糾正了刘少奇为首的形“左”实右的路綫，使全国社会主义教育运动蓬蓬勃勃地开展起来。《二十三条》中，明确指出了这次运动的性質是社会主义与資本主义的矛盾，运动的重点是整党內那些走資本主义道路的当权派。《 十三条》中批判了把社会主义教育运动的性質歪曲为“四淸与四不 淸” 的 矛盾，“党內外矛盾的交叉”的錯誤提法。这个提法的代表人物，正是一貫反对毛主席、反对毛澤东思想的党內头号走資本主义道路的当权派反革命修正主义分子刘少奇！

刘少奇站在反动的資产阶級立場上，疯狂地反对毛主席关于社会主义过渡时期阶級和阶級斗爭的学說，鼓吹“阶級斗爭熄灭論”，与此同时还大肆为資产阶級涂脂抹粉，大唱贊歌，为复辟資本主义作輿論准备。

我們的伟大領袖毛主席英明地指出：“有人說，中国資产阶級現在已經沒有两面性了，只有一面性。这是不是事实呢？不是事实。一方面，資产阶級分子已經成为公私合营企业中的管理人員，正处在由剝削者变为自食其力的劳动者的轉变过程中；另一方面，他們現在还在公私合营的企业中拿定息，这就是說，他們的剝削根子还沒有脫离。他們同工人阶級的思想感情、生活习慣还有一个不小的距离。怎么能說已經沒有了两面性呢？就是不拿定息，摘掉了資产阶級的帽子，也还需要一个相当的时間繼續进行思想改造。”这是毛主席对于中国資产阶級的极为正确的分析。但是，請看下面刘少奇如何令人作呕的为資产阶級大唱贊歌吧！

一九五五年十一月，在中共中央关于資本主义工商业社会主义改造問題的講話中，刘少奇无耻地为資产阶級大肆捧場，他說："資本家有些是很能够工作的，甚至他的管理的能力超过我們的共产党人，超过我們的同志。精明干練的人，懂得技术的人不少，如果把他說通了，他也不用資本主义办法来管理工厂了，他用我們的办法，用社会主义的办法来管理工厂。如果管得很好，那为什么不可以呢？把資产阶級說通了以后，改造之后，他比共产党管工厂管得好一些，这种情况是可能的。"刘又肉麻地說："在資产阶級中間，在資产阶級老婆中間，在資产阶級子女中間，有些积极分子贊成共产、宣传共产，这种积极分子是很可貴的，对于我們的斗爭，对于今天的斗爭形势是很有帮助的，他們有功劳，等于在战爭中打了一大仗，他們象战斗英雄一样！"眞是令人作呕！在談到爭夺資产阶級堡垒的問題时，刘少奇心血来潮，对資本家臭婆娘更捧上了天，低級庸俗地說："……資本家的老婆晚上回去一座談，就比陈副总理还厉害，要这样看她的作用。"

联系到一九四九年刘少奇臭名昭著的《天津講話》，就可以看出刘少奇的反动立場是多么的根深蒂固。他对資本家說："今天資本主义的剝削不但沒有罪恶，而且有功劳，封建剝削除去以后，資本主义剝削是有进步性的。今天不是工厂开的太多，剝削工人太多，而是太少了，工人、农民的痛苦在于沒有人剝削他們，你們有本事，多剝削，对国家、人民有利，大家贊成。"又叫嚷："資本家的剝削是有历史功績的，沒有一个共产党員会抹杀資本家的功劳。剝是剝，功劳还是有的。当然罪恶也有一点，但功大罪小。今天中国資本主义正处在年青时代，正是发揮他的历史作用、积极作用、建立功劳的时候，应赶紧努力，不要錯过。今天資本主义剝削是合法的，愈多愈好，股息应該提高。"刘少奇站在反动的資产阶級立場上，大肆鼓吹"剝削有理"，赤裸裸地暴露了这个地地道道的資产阶級的代言人，資本主义的辯护士的本来面目！

刘少奇不但大肆吹捧資产阶級，而且还卖力地吹捧資产阶級知識分子。早在一九五六年"八大"期間，刘說："知識分子已經改变了原来的面貌，組成一支为社会主义服务的队伍。"一九五七年十二月二十九日，在对参加統战部长会議一部人的講話中，又吹捧說："資产阶級知識分子中想为人民服务，貢献給国家人民，这样的人不少。""有些人立場比較坚定的，也經得住考驗。"直到一九六三年十一月十九日，刘少奇在学部委員会第四次扩大会議中，又百般美化資产阶級知識分子，居然認为："不是革命者，不是馬克思主义、列宁主义者，也能够参加反修斗爭，而且还能积极参加"。又說："凡是不怕困难，艰苦鉆研，不怕犯錯誤而又善于改正錯誤的人，不論党內外，都可以成为馬克思主义者。"公开鼓吹个人奋斗，极力撫慰資产阶級知識分子。

刘少奇在为資产阶級吹吹拍拍之后，又极力宣揚資产阶級本性已經改变的謬論。一九五七年十二月二十九日，在对参加統战部长会議一部分人的講話中，刘說："資产阶級已經沒有什么生产資料，沒有工厂了，且多依靠工資吃飯，当然还拿定息，已不是原来的資产阶級，是政治思想要改造的資产阶級，資产阶級这个說法不可用，因为現在还有定息，再过五、六年，定息也不給了，就不好再講資产阶級。"同年四月，在上海党員干部会上，刘少奇又弹起了同一濫調。一九五九年十一月二日他在給黃炎培的信中写道："……如果他們（資本家）主观上加以努力，認眞学习馬列主义，那么他們的思想就可能早日改变，就可能树立馬克思主义的世界观，以至在大风大浪中坚定地站稳自己的脚根。"一九六〇年二月十二日在接見"民建"全国工商联領导人时，竟然声称："資产阶級的文化水平比其他阶級高，主观世界的改变是可能的。”眞是狂吠之极，胡說八道！刘少奇这个資产阶級的孝子賢孙、老牌的机会主义者与資产阶級来往頻繁，互送秋波，是一个地地道道的走資本主义道路的当权派。一九六〇年，刘竟与大資本家王光英一家“聚会”，“亲热”地对王光英說：“工商界的有几个参加共产党的好。有点榜样，搞几个……你資本家也当了，也沒整你，又加入了党則更好了。”由此可見，刘少奇的狼子野心何其毒也！他极力美化資产阶級，企图把伟大的中国共产党脫变成为修正主义的党，这是絕对办不到的！

刘少奇《对王光英一家的講話》这株大毒草，竟成为統战部的經典著作，印发处长以上的各級干部認眞研讀，奉为金科玉律。在刘少奇魔爪的控制下，統战工作执行了一条彻头彻尾的修正主义路綫。

我們的伟大領袖毛主席早在一九四〇年二月十一日就提出“在抗日統一战綫时期中，斗爭是团結的手段，团結是斗爭的目的。以斗爭求团結則团結存，以退讓求团結則团結亡。”的英明論断，为我国統战工作指明了方向。而刘少奇則反其道而行之，在統战工作中极力抹杀阶級斗爭，一味“团結”“照顧”，百般討好，屈膝投降資产阶級。

刘少奇在一九四九年的《天津講話》中說：“打倒民族資产阶級是少了一个朋友，出了一个敌人。所以要和他們联合，同时要有适当的恰如其分的斗爭。”又說：“自由資产阶級不是斗爭的对象，一般地是团結的对象，爭取的对象，对資产阶級也有斗爭但重点在团結。如果把自由資产阶級当作斗爭对象，那就犯路綫的錯誤……今天（对資产阶級）重点还是团結，甚至在相当长的时間內，这个重点不会变。”在刘少奇心目中，根本不能触动資产阶級的半根毫毛！刘接着更悪毒地說：“工人阶級在一定的时侯，也可能是不能依靠的。……工作不要以为依靠工人阶級就沒有問題了。”看！刘少奇在替誰說話？！刘少奇甘当資产阶級向工人阶級进攻的喉舌，用心何其毒也！

一九五二年七月十八日，刘少奇又在全国統一战綫工作会議上大放厥詞。他說：“如果我們不采取統一战綫这一工作，那会怎么样？如果这样，我們就要和資产阶級、小資产阶級破裂，他們的知識分子和政治代表人物也可能和我們破裂，少數民族中的上层分子也要和我們破裂，他們就要反对我們，就可能造反，这就可能使我們发生重大的困难，造成很大的痲煩，使我們在相当长的时期內，陷于被动，而且很难解决……现在全国私人企业的工人三百几十万人，如果发生大批的关門，失业，我們的困难就更大了。如果少數民族中的上层分子和我們鬧翻了，发生叛乱，痲煩也很大。”原来刘氏統一战綫，就是怕資产阶級“造反”，怕工厂“关門”，怕“痲煩”，怕剝削阶級被推翻，就是不怕把領导权奉送給資产阶級，不怕无产阶級专政被出卖，而凭其兴妖风作怪浪而置之不顧。这是彻头彻尾的机会主义者路綫，刘少奇就是这样一个老牌的机会主义者！一九六一年一月十二日，他在接見民建，全国工商联領导人的談話又是刘少奇投降主义路綫的大暴露。刘說：“我們可以这样分工，你們管一头，要使工商业者思想进步，走社会主义道路，改造世界观，思想进步为国家工作，这一头你們包了。工商业者照顧等等，由我們包！”一言以蔽之，刘氏統一战綫的核心，就是对工商业者的“照顧”。刘少奇唯恐得不到資产阶級的欢心，又討好說：“絕大多數工商业者是同共产党合作的，虽然中間某些时侯发生某些問題，但是，过去总的講是合作了十年。”更荒謬的是，刘少奇竟鼓吹利用統一战綫的形式，把資产阶級“統得干干淨淨”。一九五七年十二月三十一日，刘对参加統战部长会議一部分人的談話中說：“統一战綫就是这样統下去，把資产阶級統得干干淨淨。将来資产阶級也变成劳动者了　有些成为体力劳动者，有些成为机关干部，同我們沒有区别。”刘少奇还肆无忌憚地站在反动的立場上，与右派分子一唱一合，說我們对資产阶級沒有“友情”、“溫暖”，并叫嚷：“反右派以后，同民主人士更疏遠了，这是我們的失敗。”这是刘少奇反革命眞面目的大暴露！

中国党內头号走資本主义道路的当权派刘少奇，一貫反对毛主席关于社会主义过渡时期阶級和阶級斗爭的光輝学說，反对无产阶級专政，极力鼓吹“阶級斗爭熄灭論”，抹杀无产阶級与資产阶級，社会主义与資本主义两个阶級两条道路你死我活的斗爭。为資本主义复辟大作輿論准备。伟大的无产阶級文化大革命的胜利宣判了中国的赫魯赫夫刘少奇的死刑，彻底清算刘少奇的反革命罪行。讓刘少奇的“阶級斗爭熄灭論”見鬼去吧！讓現代修正主义見鬼去吧！讓我們牢牢記住我們伟大的領袖毛主席的教导和林彪同志的教导，念念不忘阶級斗爭，念念不忘无产阶級专政，念念不忘突出政治，念念不忘高举毛澤东思想伟大紅旗！把无产阶級文化大革命进行到底！

打倒刘少奇！

砸烂以刘少奇为首的黑司令部！

伟大的战无不胜的毛澤东思想万岁！

伟大的領袖毛主席万岁！万岁！万万岁！

彻底砸烂以刘少奇为首的黑司令部

最　高　指　示

在拿枪的敌人被消灭以后，不拿枪的敌人依然存在，他們必然地要和我們作拚死的斗爭，我們决不可以輕視这些敌人。如果我們現在不是这样地提出問題和認識問題，我們就要犯极大的錯誤。

※　　※　　※　　※

根据文化大革命运动中所揭发出来的大量无可辯駁的事实，說明刘少奇所制定的資产阶級反动路綫流毒极广，且势力相当頑固。其所以能够如此，是因为在組織上以刘少奇为首的資产阶級黑司令部在作怪。为了彻底挖出以刘少奇为首的这条黑綫，我們現在將刘少奇的反党、反社会主义、反毛澤东思想的罪恶行径及反党集团加以揭露和批判。

伟大領袖毛主席教导我們說：“党內不同思想的对立和斗爭是經常发生的，这是社会的阶級矛盾和新旧事物的矛盾在党內的反映。”我党自成立至遵义会議期間，党內有四次大的斗爭。一次反右傾的斗爭，三次反“左”傾的斗爭。在遵义会議以后，确立了以毛主席为代表的党中央的正确領导后，才使得革命能够迅速順利地进行。但并不是說党內的斗爭就沒有了，而是由于毛主席的正确領导及毛澤东思想的威力和毛主席的崇高威信，使一些反党集团的阴謀詭計不能得逞。中国党內头号走資本主义道路的当权派刘少奇早就怀有个人野心。早在一九二二年刘少奇与李立三在安源煤矿工作时他就公开吹噓：“出头露面的是李立三，而埋头苦干的却是我刘少奇。”

一九三一年毛主席的亲密战友，当时的中央中央北方局书記蔡和森同志被捕后，刘少奇騙取了北方局书記的职务。他抓住这个可以“出头露面”的机会，开始为自己的篡党阴謀作准备，培植亲信，网罗門徒。彭眞就是其中之一。一九三六年刘少奇为了袒护其爪牙，竟指示簿一波、楊献珍、安子文、胡錫奎等写自首书向人民的敌人投降，以便出狱保存狗命，为刘少奇效劳。利令智昏的刘少奇在起草《修改党章报告》时，也要写上“有变节自首行为的人也可以做中央委員”。只是后来由于康生等同志反对才沒有写上去。

抗日战爭期間刘少奇到延安。北方局的工作就由其一手培养起来的彭眞接替。彭眞控制了北方局以后，与其上根刘少奇串通一气大量搜罗党羽。此时彭眞、刘仁、林鉄、林枫、蔣南翔、李昌等反党小集团已开始形成。

一九三九年刘少奇在延安就开始树立自己的“威信”，宣揚自己。例如他在馬列学院只吹捧他的《論修养》，而絕口不談毛澤东思想。一九四一年他在华东党校第一期講授他的《战略和策略》时說道：“外国出了个馬克思，中国为什么就不能出个刘克思？！”这是地地道道的狼子野心的大暴露。当时党校有两位同志給他提意見，他竟打击报复把人家打成托派。他把自己捧得神圣不可侵犯，唯我独尊，“老子就是党，党就是我‘刘克思’。”眞是胆大妄为、狗胆包天。

一九四一年，皖南事变后，刘少奇到江苏任新四軍政治委員并主持中央华东局（原名东南局）的工作。在这期間刘少奇任用饒漱石的老婆当秘书，其反党集团初步形成。北方局的总負責人是彭眞，晋察冀一带彭眞直接掌握，人員有刘仁、刘兰涛、胡錫奎、楊秀峰、林鉄、蔣南翔、李昌、黃敬；在晋綏一带有林枫、烏兰夫、楊植霖、李雪峰、李齋玉、李井泉；东北有欧阳欽、李运昌；晋冀魯豫有邓小平、簿一波；陝甘宁有高崗、习仲勛、楊尙昆、閻紅彥、王林、张德生、賀龙、譚政、伊之；华中局有（原名长江局）邓子恢、黃克誠、周小舟、饒漱石、陈少敏、舒同、张聞天、罗迈（即李維汉）等。

一九四二年刘少奇回延安时，一手提拔了当时在新四軍里沒有絲毫威望的饒漱石担任要职。后来这个被大家称为“坏家伙”的饒漱石竟被刘少奇硬拉上了新四軍的政委兼华东局书記。此时在部队中被刘少奇控制的有譚震林（新四軍付政委）邓子恢（政治部主任）黃克誠、叶飞等，在地方上派出了周小舟、舒同、譚启龙、陈丕显、曹荻秋等。

１９４５年８月２８日毛主席和周恩来等同志去重庆与蔣介石談判。人民贊揚毛主席的行动是“一身而系天下之安危”。毛主席去重庆而留刘少奇、陈云在延安主持中央工作。刘、陈趁主席去重庆的机会，将彭眞、伍修权、叶季壮等人派到东北，而彭眞又将晋察冀的大印交給其党羽罗瑞卿。彭眞到东北后，拒不执行毛主席的“讓开大路，占領两厢，放手发动群众，建立巩固的根据地，逐步积蓄力量，准备将来轉入反攻”的正确方針，而是将矛头指向一貫高举毛澤东思想伟大紅旗的林彪同志，反对林彪同志。趁机培植私人勢力。

“七大”以后，刘少奇爬上中央政治局委員，书記处书記职务。彭眞由刘調到中央。刘少奇利用职权改組了各大区分局，安插亲信。华北局刘兰涛，西南局邓小平，中南局邓子恢，华东局饒漱石，西北局习仲勛，东北局高崗，至此刘氏反党集团已具有很大的勢力和基础。

一九四七年三月份毛主席和周恩来、任弼时等同志撤出了延安。以刘少奇为首的中央工作委員会进駐彭眞的老巢晋察冀地区，也就是在西柏波中央工作委員会的工作阶段。此时刘氏反党集团有陈云、邓小平、彭眞、簿一波、李井泉、陆定一等等。

全国解放后，出現过三次較大的反党事件，即高崗、饒漱石反党集团，彭德怀、黃克誠、张聞天、周小舟反党集团以及最近的彭罗陆楊反党集团。这三次反党事件都被毛主席及时发現并立即解决了。这三次反党事件的总根都在刘少奇那里。只是由于刘少奇老奸巨猾，前两次都讓他滑过去。这次他仍企图滑过去，但是亿万掌握毛澤东思想的革命群众发动起来了，刘少奇是滑不过去的。一九五四年，高、饒反党集团被揪出后，眼看就要揪出其后台刘少奇了。在这种形势下，刘来了一个舍車馬保主帅的詭計，指示邓小平在一九五五年四月全国代表会議上給高、饒反党集团定調子。事过不久，高崗死了，眞是"死口无对証"，刘少奇就滑过去了，而邓小平所立的"功"也得到了报償，平步青云，由中央委員而鉆进了政治局委員，书記处总书記。在这件事情上刘少奇是一举两得。既保住了自己，又提拔安插了亲信，为以后的篡党埋下了一顆定时炸弹。

高、饒事件是在国內革命形势发生了激烈的变化，阶級力量的对比发生改变时，刘氏反党集团的党羽按奈不住心中的奢想，得意忘形，錯誤估計了形势而跳出来的。同样，在一九五八年由于大跃进，革命形势来了一个飞跃，如急风暴雨，銳不可挡。此时，受到刘少奇庇护的一小撮右傾机会主义分子如彭德怀、黃克誠、张聞天、周小舟等如坐針毡又跳了出来。他們恶意攻击群众运动中出現的一些缺点和错誤，并肆意扩大和夸张，攻击三面紅旗。在五九年的廬山会議上，这一小撮人赤膊上陣，抛出了一个彻头彻尾的反革命修正主义綱領。胡說什么"大跃进是大跃退"，"小資产阶級的狂热病"，"劳民伤財"，"得不償失，""至多也是得失相当"。攻击人民公社"办早了"，"搞糟了"等等。与赫魯晓夫的腔調同出一轍。在毛主席的英明領导下，当时給了这一小撮人以毁灭性的回击。刘少奇篡党的肥皂泡又破灭了。

但刘少奇人还在心不死，时刻想为这一小撮人招魂。他把右傾机会主义分子向党的进攻說成是"在大跃进和人民公社这些問題上，在我們党內也有过不同意見的爭論。"刘少奇把右傾机会主义分子向党的恶毒攻击說成是不同意見。刘又說："廬山会議上彭德怀給毛主席发了一封信，看起来沒有什么問題，問題在于彭德怀参加了高崗反党集团。"一个反党分子攻击党而写的黑綱領，刘少奇却說成"沒有什么問題"。这是明目张胆地包庇彭德怀等一小撮右傾机会主义分子。并且咒駡我党"这几年重复了党的历史上'残酷斗爭，无情打击'的錯誤。"煽动一些"和彭德怀有相同观点的，只要不是里通外国就可以翻案。"这就是以后刮起翻案风的由来，挑动一些人对党不滿，以达到他篡党的目的。在廬山会議上他公开和彭德怀講："与其你篡党，不如我篡党。"这就是刘少奇压在內心多年的实話，是他狼子野心的大暴露，也是这次反党活动的信号。

刘少奇任国家主席后，感到大权在握，党羽布置就緒，認为篡党机会已到，于是到处作輿論准备。除了他自己周游全国外，还命令他的大小嘍囉极力对他进行吹捧，以树立他的威信。甚至不惜叫他的臭婆娘王光美亲自出馬往脸上貼金。什么"毛主席三天不学习，不如刘少奇啦"，什么"少奇同志更成熟"啦等等不一而足，眞是肉麻。为了組織上做好篡党准备，刘少奇日思夜想，把自己的亲信都安插在重要崗位上。下面就是刘少奇的"先遣图"：邓小平为中央书記处总书記，掌握党的日常大权；彭眞为政治局委員兼北京市委第一书記，党中央所在地的北京是必須牢牢抓住的，于是又加派刘仁、邓拓协助彭眞。組織部由刘少奇的大媒人，投敌自首的叛徒安子文掌握。宣传部由刘的亲信陆定一、周揚控制。刘少奇为了搜集党的机要及整理其他忠于毛主席的同志的材料。又将大特务里通外国的反党分子楊尙昆塞进中共中央办公厅。楊背着党中央和毛主席偷搞秘密录音。尤其令人不能容忍的是楊尚昆这个丧心病狂的家伙竟将无綫电窃听器安設在我們最最敬爱的領袖毛主席身边。为彭眞、罗瑞卿搜集“核心机密”进行反革命活动。楊并串通档案館的曾三泄露及窃取党和国家的机密。为了控制政府日常工作及窃取机密，派周荣鑫到国务院。刘少奇为了进一步培养党羽及在理論上进行輿論准备，又派林枫，楊献珍到中央高級党校，派胡耀帮、胡启立、胡克实、王伟到团中央。自从毛主席提出培养无产阶級革命事业的接班人的問題后，刘少奇又看上教育陣地，他派去蔣南翔和何伟搞修正主义的教育路綫来对抗毛主席的教育路綫。中央工交各部則由簿一波統一按排和調动。又以楊秀峰取代謝覚哉而控制最高人民法院，企图把无产阶級专政的工具变成资产阶級专政的工具。其他各大区也都安插了刘的爪牙。如陶鑄，王任重、张平化、汪峰、王昭、曹荻秋、李井泉、欧阳欽、林鉄、烏兰夫、譚启龙，舒同、李葆华等。刘少奇也深知軍队的重要，因而在陈庚同志逝世后，就将大軍閥罗瑞卿提任总参謀长，罗又通过賀龙而形成了軍队中的刘氏反党集团，如賀龙、罗瑞卿、刘志堅、肖向荣、梁必业、王尙荣、刘震、黄新亭、廖汉生等。总之陆海空均有刘氏的爪牙。刘少奇的手伸得很长，抓得很紧。他的反党活动就是通过这些人来完成的。

近几年来，帝国主义、现代修正主义联合大反华。刘少奇及其一伙配合了这一反华大合唱。在国內刮阴风，点鬼火，并且由彭眞、罗瑞卿、陆定　、楊尚昆等一小撮准备政变。

就在1965年初，刘少奇还安插陆定　，楊尚昆、吳冷西等反革命修正主义分子为文革領导組成員，大黑帮头子彭眞为組长。企图窃取文化大革命的領导权，为其篡党效劳。

但是毛主席亲自点燃和領导的无产阶級文化大革命的烈火，彻底烧毁了彭、陆、罗、楊的政变計划。并且乘胜追击，揪出了隐藏在党內許多年的阴险人物，挖出毛主席身边的定时炸弹——刘少奇、邓小平。刘少奇为了作最后的垂死挣扎，在彭、陆、罗、楊被揪出后，还极力掩盖他們的罪行，为他們辯护。1966年6月27日，刘少奇在中共中央召集的民主人士座談会上，他只承認“彭陆罗楊从性質上是反党反社会主义反毛澤东思想的”，“彭、陆、罗、楊事件是有发生政变的可能的”。对彭眞的反党活动只字不提，而只說：“彭眞是有‘宗派情緒’，对馬克思列宁主义、毛澤东思想不大懂。”“彭眞沒有自我批評精神，喜欢搞个人突出。”并且吹捧彭眞“实际上是我党付总书記，常参加常委会，实际上参加核心領导”，“有工作能力，在国际反修斗爭中有‘功績’。”又說陆定　“反对教条主义，不反对修正主义，反对宗派主义，不反对投降主义，反左不反右”。对罗瑞卿这个妄图篡軍的大軍閥的反革命政变活动閉口不提，只說“盛气凌人”，“鋒芒毕露，对老帅老干部都加以排斥，他是专搞一言堂，不听别人的意見，到处突出个人。”对楊尚昆的特务勾当，里通外国的罪行只說是“严重违犯党紀和国家綱紀”等等。

从上述材料看来，刘少奇的反党活动是由来已久的，到最近已达到高潮。文化大革命的熊熊烈火为刘少奇之流敲了丧鉀！亿万革命群众把刘少奇揪出来了，这是一件大快人心的喜事，是毛澤东思想的伟大胜利！

毛主席教导我們說：“人民靠我們去組織。中国的反动分子，靠我們組織起人民去把他打倒。凡是反动的东西，你不打，他就不倒。这也和扫地一样，扫帚不到，灰尘照例不会自己跑掉。”讓我們举起毛澤东思想这把鉄扫帚，扫除一切害人虫！

打倒刘少奇！打倒邓小平！

誓死保卫以毛主席为首的党中央！

誓死保卫毛主席！
无产阶級专政万岁！
战无不胜的毛澤东思想万岁！
最最敬爱的領袖毛主席万岁！万岁！！万万岁！！！

斬断刘少奇伸向教育战綫的黑手

我們的伟大領袖毛主席天才地、創造性地、全面地繼承、捍卫和发展了馬克思列宁主义，把馬克思列宁主义提高到一个嶄新的阶段。在教育战綫上，毛主席提出了一整套正确的方針，为我国教育事业的发展指明了方向。

一九六三年，毛主席又总結了中国革命和世界革命的經驗，特别是吸取了苏联資本主义复辟的教訓，尖銳地提出培养青年一代，造就无产阶級革命事业接班人的問題。一九六四年春节，毛主席召开了教育工作座談会，作了极其重要的指示。一九六五年七月三日，毛主席又批示了北京师范学院历史系一个班的材料，这就是光輝的“七、三”指示。一九六六年五月，毛主席又英明地提出：“学生以学为主，兼学别样，即不但学文，也要学工、学农、学軍，也要批判資产阶級。学制要縮短，教育要革命，資产阶級知識分子統治我們学校的現象，再也不能繼續下去。”这是毛主席对于教育革命的伟大指示，是对馬列主义巨大貢献。

刘少奇一貫反对毛主席的教育方針。一九六四年，在毛主席春节講話发表1个月后，刘少奇又跳出来了。在中央会議上完全拋开毛主席的指示，提出所謂“两种劳动制度和两种教育制度”的口号，并跑到十几个省市煽阴风，点鬼火，作报告达二十余次。刘还亲自出馬，組成一个教育办公室，并揚言成立第二教育部，第二教育厅，并揮起大棒威胁人們說：“对反对半工半讀的人要給他扣大帽子，你們是反对社会主义，反对共产主义，反对消灭三个差别。”一九六五年，刘少奇指使其手下反党干将陆定一、蔣南翔、何伟之流，大开全国性会議，兜售其“两种劳动制度和两种教育制度”的黑貨。八月，刘少奇竟以中央政治局名义，召开了中央各部、国务院各部負責人参加的座談会，討論推行刘氏半工半讀制度。在这次会議上，刘少奇十分狂妄地把自己与馬克思、恩格斯、列宁直接連接起来，公然篡改历史，把“半工半讀”当做自己的首創。他在报告中多次提出，半工半讀是他一九五八年在天津提出来的。其实关于半工半讀問題，毛主席早就提出来了。

把刘少奇之流竭力推銷的“两种劳动制度和两种教育制度”拿出来解剖，就可以看出，它是地地道道的反毛澤东思想的私貨，刘少奇提出：“全日制是現实的存在，半工半讀則是发展的方向。历史的发展趋向是半工半讀代替全日制，但全部代替得一、二百年的时間。”刘少奇式的半工半讀，內容是什么呢？一句話，就是半日劳动，半日讀书。

在刘少奇修正主义教育綱領中，完全抹杀教育战綫上的阶級斗爭。毛主席反复教导我們：“社会主义社会是一个相当长的历史阶段，在社会主义这个历史阶段中，还存在着阶級、阶級矛盾和阶級斗爭，存在着社会主义和資本主义两条道路的斗爭，存在着資本主义复辟的危险性。”而刘少奇說什么“半工半讀，半农半讀教育制度本身就是阶級斗爭。”又說：“共产主义就是半日劳动、半日学习，文化生活㸃！”

毛主席教育思想的一个根本点，就是教育必須为无产阶級政治服务，必須为培养无产阶級革命事业接班人服务。早在一九五七年毛主席就指出："我們的教育方針，应該使受教育者在德育、智育、体育几方面都得到发展，成为有社会主义覚悟的有文化的劳动者。"但是，刘少奇从資产阶級反动实用主义出发，主要考虑学生的讀书、吃飯及家庭負担。刘氏与柬埔寨教育代表团宋双談話中說："最近我們想出一个办法，我們对他們（指学生）开設半工半讀，半耕半讀。学校一半时間作工、耕地，一半时間讀书。你們自己搞飯吃，自給自足，国家津貼一些，一年可以讀半年，一天可以讀半天，这样你們可以不断学……，小学生不闊，国家花多少，家庭負担得起。"在刘少奇的心目中、有书讀、有飯吃，少花錢就是万事大吉了。我們說，这只是問題的一个方面，更重要的是要讀什么样的书，进行什么样的教育，学生毕业后为誰服务？如果不是高举毛澤东思想伟大紅旗，把教育战綫办成毛澤东思想的大学校，而是在旧的教育制度上来个改良主义的換湯不換葯的变革，那末仍然会培养出大批的修正主义的苗子•請看刘少奇对于未来的幻想吧！刘說："由于学生毕业后种田、做工，这样一来我們工厂机关干部，領导要搞官僚主义就不容易了。如果有个厂长是官僚主义，工人中有許多大学生，他們会叫他下台，因为許多工人都可以而且也有能力当厂长。""要搞貪污也困难了，工人中有大学生会算帐，这样国家就会兴旺起来。"在这里，刘少奇把严重的阶級斗爭說成"厂长是官僚主义"把群众看成"阿斗"只有大学生才能叫他下台，而且由于这些人有知識，就有"能力"当"厂长"。刘少奇还十分荒謬地認为，因为工人有"大学生"，由于"会算帐"而可以"防貪污"，国家就会兴旺。刘少奇所理想的教育对象就是业务挂帅，反对无产阶級政治的修正主义的苗子。这样的苗子越多，修正主义就会越泛濫，中国就要改变顏色，所謂"兴旺"，只能是以刘少奇为代表的資产阶級及一切阶級敌人的"兴旺"，广大人民将要遭殃！

毛主席諄諄教导青年一代："除了学习专业之外，在思想上要有所进步，政治上也要有所进步，这就需要学习馬克思主义，学习时事政治。沒有正确的政治观点，就等于沒有灵魂。"毛主席提出的关于无产阶級革命事业接班人的条件中，第一就是必須是眞正的馬克思列宁主义者。党的八屆十一中全会公报中，又进一步提出："用毛澤东思想武装工农群众、革命知識分子和广大干部，进一步促进人的思想革命化，是防止修正主义，防止資本主义复辟，使我国社会主义和共产主义事业取得胜利的最可靠、最根本的保証。"在刘少奇的教育黑綱領中，只字不提用战无不胜的毛澤东思想武装学生的头脑，以便胜利地进行防修，反修斗爭，建設社会主义和共产主义，而是突出他的所謂"两种劳动制度和两种教育制度"，作为防修、反修的重要办法。但是这一点連刘少奇也不能自圆其說。他說："半工半讀既是一种劳动制度，又是一种教育制度，同时又是一种学校制度。"实行这种劳动制度和学校制度的結合，在当前来講有許多好处。就是用这种学校制度和劳动制度結合，使我們可以普及教育，而国家能够負担起来，家庭也能够負担得起。""从长遠来講，这种学校制度和劳动制度相結合，可以逐步地消灭脑力劳动同体力劳动的差別。"够了！在这段自白中，完全抽掉了政治的灵魂，单純为了所謂的"普及教育"，在这里他連防修、反修的伪装也完全抛棄了。

一九六六年五月，我們伟大領袖毛主席天才地运用馬列主义原則，創造性地、全面地提出我国的教育方針，即"学生以学为主，兼学别样，即不但要学文，也要学工、学农、学軍、也要批判資产阶級。"毛澤东思想的阳光，照耀着教育战綫的陣地，讓刘氏的"两种教育制度和两种劳动制度”“半天劳动，半天讀书”的修正主义貨色見鬼去吧！

毛主席不但极为正确地解决了教育方針問題，而且还对学制、課程、教材、教学方法、考試制度等提出了一系列的革命措施。并提出彻底改变資产阶級知識分子統治我們学校的現象。刘少奇在其有关的教育問題的講話中，故意迴避这些問題。其实，刘氏半工半讀还是資产阶級教育的老一套。除了半天劳动外，再也找不出什么区別来。而且刘还揚言“半工半讀代替全日制，还需要一、二百年的时間。”尽管他也喊过，“全日制要改革”的口号，但实际上对于修正主义分子和資产阶級分子統治的大专院校爱不释手，联系到刘少奇一貫反对毛主席关于社会主义过渡时期阶級与阶級斗爭学說，竭力美化資产阶級及其知識分子的情况，他提出的所謂半工半讀，其实質就是拜倒于資本主义教育的“双軌制”之門下。一九六四年七月二十日，在“关于农业教育工作指示”中，还叫嚷“老院校可以保留一批”，而这些“老院校”就是最頑固地推行修正主义教育路綫的反动堡垒。

十多年来，刘少奇还直接間接插手于中央高級党校，把党校变成反党反社会主义反毛澤东思想的頑固堡垒。党校的前身是馬列学院，刘少奇曾任过院长。刘少奇在党校的所作所为，赤裸裸地暴露了他的教育方針究竟是什么貨色！早在一九四八年刘少奇就提出，学校要用正軌办法，要考試，将来毕业，要准备这一着。还特别提出：“要两耳不聞窗外事，一心专讀圣賢书。”“窗外事可以問一問，但不要因此不安心。”等反动主张，来与光輝的毛澤东思想相对抗。后来，反革命修正主义分子楊献珍又繼承了刘氏衣鉢，提出所謂“学习理論，提高認識，联系实际，改造思想”的所謂十六字方針。这个方針流毒全国大专院校，害人不浅。

文化大革命的熊熊烈火燃烧起来了！广大革命群众发揚无产阶級革命造反精神，揪出了大大小小的党內走資本主义道路的当权派，而他們的总后台就是刘少奇！就是他！伸出他的黑手，在教育战綫上頑固地推行修正主义教育路綫。就是他！把黑手伸向各个領域。为了使我們的国家不变色，为了在我国建成共产主义，就必須彻底鬥除修正主义的根子，坚决打倒，斗臭中国的赫魯晓夫刘少奇！斬断他伸向教育战綫的魔爪！讓战无不胜的毛澤东思想的阳光永遠照耀着我們每一寸土地！

把刘少奇的丑恶灵魂揪出来示众！

中国最大的党內走資本主义道路的当权派刘少奇，对党对人民犯下了滔天罪行，这并不是偶然的。刘少奇根本就不是无产阶級革命家，而是地地道道的反革命修正主义分子。他的灵魂深处是个臭不可聞的資产阶級王国。由于刘少奇一貫耍弄反革命两面三刀，摆出一付伪君子的面孔，“修养专家”的架势，頗能迷惑一些人。因此，对于刘少奇的丑恶灵魂必須揪出来示众，讓广大的革命群众看一看他到底是什么貨色。

我們伟大領袖一貫教导我們要“全心全意地为人民服务”，“为人民利益而死，就比泰山还重；替法西斯卖力，替剝削人民和压迫人民的人去死，就比鴻毛还輕。”要向张思德、白求恩、刘胡兰、雷鋒同志学习。但是刘少奇却反其道而行之，到革命的关鍵时刻，他的丑恶嘴脸就暴露无遺了，一九三六年，他指使薄一波，楊献珍、安子文、胡錫奎等几百多人用写叛党自首书的方式向敌人投降，并美其名曰“以后还能为党工作”，其实是为保全狗命。結果一大批叛徒紛紛投敌自首，現在这些人竟在刘少奇的大黑伞的庇护下，青云直上，成为刘少奇黑司令部反党的骨干和急先鋒。更可恶的是，为使这一叛徒哲学合法化，他在《七大》起草《修改党章》报告时，甚至要写上有变节，自首行为的人也可以作中央委員。后来由于康生等同志的坚决反对，才沒有写上去。

刘少奇大言不愧地高唱：“先他人之忧而忧，后他人之乐而乐”。而他自己却是貪生怕死，享乐第一，在艰苦的战争年代里，当战爭激烈时他便溜之大吉。一九四二年我軍打下盐城、阜宁等地消灭了大批敌人，解放了一些城市，他便貪功自傲起来。最后因敌人反扑，他竟棄下軍队，跑到安徽。就在这样艰苦的年月里，刘还要每天吃一只燉母鸡，讓付官給他买活魚、活鸡。尽管在他的刘氏黑《修养》中高唱什么“为共产主义事业貢献出一切”的高調子，历史却把他鞭撻得无藏身之地。

伟大的領袖毛主席教导我們說，“共产党員无論何时何地都不应以个人利益放在第一位，而应以个人利益服从于民族的和人民群众的利益。”而在刘少奇的生活中，却处处散发着“吃小亏，占大便宜”的奸商哲学的臭味。

下面这段話是刘少奇肮脏的精神世界的最逼眞的写照。刘少奇說，“說老实話，当老实人，做老实事，会吃亏，但最后不会吃亏。不怕吃亏，不怕流血流汗，为了大家这样长期坚持下去。不为一个时期的挫折动搖，这样經过一个时期就可以入团，再經过长期努力就可能入党，只要你們自己好，人們就会拥护，不管什么，当农民也一样，干的好，工作能力强，就会当生产队长、社长。这用不着自己往上爬，自己只要好好干，别人会选举你，舍得吃亏就会得到信任。要能上能下，下了还是要上，将来会当連长、营长、团长，生活也会好。”刘还鼓吹什么“你要追求的东西，不一定能得到，不追的反倒能得到。我不想当国家主席，但我現在也当上了主席”等等。好一个个人野心家的自白，刘少奇所謂的作老实人呀，吃亏呀，流血流汗呀，是拿这些动听的詞句作为一种手段，其灵魂深处最終目的是“别人拥护”“当×长”“生活好”这是价眞貨实的資产阶級个人主义。刘少奇甚至恬不知耻地說：“我不想当国家主席，可我現在也当上了主席！”呸！修正主义头子刘少奇你听着：你窃据了党和国家的領导地位，妄图篡党、篡軍、篡政，疯狂地反对毛主席，反对毛澤东思想，搞反革命复辟，我們一万个不答应，坚决把你拉下馬，打翻在地，再踏上一万只脚，讓你永世不得翻身。

刘少奇數十年来拚命地宣揚这套处世哲学，流毒全国。早在华中党校刘少奇就說：“……至于那些埋头苦干的人，那些老实人，現在吃一点亏，最后会成功的。”“只要他眞有本領，眞能起积极作用，虽然今天沒有重要地位，到明天后天仍会有重要地位給他的。”在前《北京日报》关于《共产党員应該有什么样的志愿》（社論題目）問題討論总結及对报社工作人員談話中，刘借題发揮，大力兜售其肮脏私貨，他声称“党的历史上，这样的事情很多，党号召干什么就干什么，党号召土地改革，上山打游击，他就干，不是成功了么？当时当农民的人，現在当了将軍。……那时候有不少的人比現在当将軍的人聪明的多，他們以为上山打游击划不来，不去，就当不了将軍。”又說“那时上山的北京大学生，現在都是地委书記，部长助理，有的是付部长。不上山的現在也工作，但当不了地委书記。”看！刘少奇的灵魂不是昭然若見了嗎？硬着头皮上山打游击，吃点小亏，将来可以当“部长”。从刘少奇的骯脏語言中，哪里还能找到革命者的情操？！刘少奇对名利真是垂涎三尺，竟顧不得自己的容顏了，赤裸裸地說："个人顺着历史前进，将来写历史的时候，写上你一个名子，一个人名利莫过于这个吧！"等等。够了！够了！刘少奇不是想在历史上出名嗎？現在我們就要在历史上写上他的名子，不过这个名子将要編入"另冊"，讓他遺臭万年！

为了出名刘少奇还熬費心机地"劝导"别人要挑"冷門"的工作干，"大家都干，就不容易出头，比来比去，是人少了容易出名，因为只有你一个。"这是典型的市儈思想，作奸商的手段。

更令人不能容忍的是，一九六零年刘少奇对王光英一家的談話，赤裸裸地暴露了他与大資本家臭味相投，一丘之貉。刘說："与人接触时，情愿吃点亏，迂到困难，人家不愿意作的事我做，任劳任怨，最后大家說你是好人，大家愿意与你做朋友，将来还有大发展。""整天考虑个人，旣不会有个人，不考虑个人利益，則最后有个人利益，吃点小亏，占大便宜，这是合乎馬列主义无产阶級世界观的。"刘少奇口噴毒液还說是"合乎馬列主义无产阶級世界观的。"这是对馬列主义毛澤东思想的莫大誣蔑！无产阶級世界观是全心全意为中国和世界人民服务，公字挂帅。而刘少奇的"吃小亏，占大便宜"的处世哲学是私字当头，与"人不为我，天誅地灭"是一路貨。我們的伟大領袖毛主席指出："……就世界观来說，在現代，基本上只有两家，就是无产阶級一家，資产阶級一家。或者是无产阶級的世界观，或者是資产阶級的世界观。"刘少奇的这一套就是彻头彻尾的資产阶級世界观。

值得注意的是，刘少奇特别卖力气地向青年一代灌輸資产阶級毒素，妄图培养修正主义苗子。刘曾多次"接見"青年，笑里藏刀地摆出一付"修养"的权威面孔，販卖修正主义黑貨，口密腹剑。1957年在与地質学院毕业生談話时說："总想占人家便宜不是互利，而是一利，那样关系总是搞不好的，要不怕 自己 吃一点亏，不是一次，而是两次、三次、多次……，要这样下去一年，二年、八年、十年……长了，人家就会知道你是个好人，誠实的人，可靠的人，可信的人。""立志去干几十年的野外工作，最后人民是会了解你的，照顧你的。"同年在許昌学生代表会上，又老調重弹，拍卖刘氏膏葯，无耻地声称，如果按他的"吃小亏，占大便宜"的商人哲学，"就能当乡、县、省干部，也可以到中央。"在劝其亲戚刘繼祁下乡时則許愿說："只要按我这一套办，群众自然会找你，拥护你，选你作更多的事，……会把你的經驗向全国推广。这样你的伟大理想也就实現了。如果你的經驗推广到全世界，这就有助于解放全人类哩！"眞是恬不知耻。当时，修正主义的共青团中央还极力为刘大唱贊歌，《中国青年》杂志还冠以这样的美名，說什么与刘某人談話是"深刻的一課"啦，"和刘某人渡过一个美好的下午"啦，什么"刘某人的亲切教导"啦，不一而足，企图以此为誘餌，讓青年一代上勾。如果按照刘少奇的"亲切教导"，那末我們的国家少則几年，多則几十年就会改变顏色。資本主义就会在我国复辟。

刘少奇的世界观，不但是彻里彻外的資产阶級化，而集封建主义的各种歪 門 邪 道之大成。在刘氏《修养》书的前几种版本中，居然宣揚："大丈夫能屈能伸"什么"利刀割体創犹会，恶語伤人恨不消"。什么"誰人背后无人說，那个人前不說人"，什么"己所不欲，勿施于人"等等极其腐朽的反动观点。刘少奇还极力散布反动的人性論，早在华中党校他就說过："有一个人向我吹牛，說他自己会作人，但他同他的父亲，同他的老婆，同他的兄弟，同他的朋友吵的一場胡涂。我問他：'你是人家的儿子，丈夫，哥哥，朋友，你不会作一个好儿子，好丈夫，好哥哥，好朋友，你怎么能作一个好人呢？'"刘少奇所鼓吹 的 作 "好人"，"好儿子"，"好丈夫"的濫調，实际是早已被广大革命人民扔到历史垃圾堆的破烂貨。

伟大的領袖毛主席教导我們說："世界上絕沒有无緣无故的爱，也沒有无緣无故的恨。""在阶級社会里，就是只有带有阶級性的人性，而沒有什么超阶級的人性。"自称能作好儿子，好丈夫，好朋友的刘少奇，如果把他的丑史拿出来示众，就会把他的遮羞布剥个精光。他是誰的好儿子？刘少奇出身于地主家庭，解放十几年，他在家乡的十多間房子，依仗权势絲毫未动，他确实是地主阶級的孝子賢孙。再看他是誰的好兄弟，他有个哥哥叫刘作洪，是个民憤极大的地主分子，刘少奇硬塞进国家机关，繼續吸吮劳动人民的血汗。刘少奇还經常給他的地主分子姐姐寄錢，他确实是地主分子的"好兄弟"！再看这一对"好夫妻"吧！他的臭婆娘王光美是个地地道道的資产阶級分子，刘对她是言听計从，情投意合，而王光美却干尽了坏事，給中国人民丢尽了脸。对这样一个老婆刘少奇的态度怎样呢？刘在訪問印尼时，还得意忘形地說："我和光美結婚时，沒有好好办过婚礼，这回那么热鬧的場面，眞象給我們俩补行婚礼一样！"眞是令人齿寒，不屑一說。这就是刘少奇式的好"丈夫"。但是刘少奇对于劳动人民出身的革命同志，却是惨无人道的虐待，他的前妻謝飞、王前同志，都是因为文化低家穷被刘一脚踢开，并且制造莫須有的罪名加以陷害。至于刘少奇的"好朋友"就更多了，叛党分子，反党集团的头目，那个不在刘少奇的庇护之下？

刘少奇的灵魂既然是那么肮脏，人生观是那样的卑劣，其手脚也不会干淨，他还干过貪汚的勾当，他把当时在白区工作时党的事业經費（包括党員的党費和党的外围組織的捐款）打成一个金皮带圈和一个金鞋拔子，其灵魂是多么肮脏！刘少奇在生活上十分腐化，在出国期間，甚至为了一次宴会飯菜，特地从北京調了两个高級厨师乘专机前往服务，不惜揮霍劳动人民的血汗。

总之，刘少奇的人生哲学概括起来有十六个字，即"高官厚祿，娇妻美妾，养尊处优，垂名青史"只此而已。

无产阶級世界观是"公"字当头，政治挂帅。

資产阶級世界观是"私"字当头，物質刺激。

林彪同志1966年8月18日在《庆祝无产阶級文化大革命群众大会》上的講話中說："无产阶級文化大革命，就是要消灭資产阶級思想，树立无产阶級思想，改造人的灵魂，实現人的思想革命化，挖掉修正主义根子，巩固和发展社会主义制度。"我們一定要按照毛主席的教导和林彪同志的指示，大破資产阶級的"私"字，大立无产阶級的"公"字。不破不立，只有彻底打倒刘少奇所宣揚的資产阶級世界观，才能树立无产阶級世界观。只有彻底摧垮刘邓黑司令部，才能把我国建成为一个紅彤彤的毛澤东思想的大学校。

打倒刘少奇！

誓死保卫毛主席！誓死捍卫毛澤东思想！

战无不胜的毛澤东思想万岁！

伟大的領袖毛主席万岁！万岁！万万岁！

徹底批判刘少奇的反革命修正主义黑貨

《刘少奇关于高級党校整风問題的談話》評注

毛主席語录

凡是錯誤的思想，凡是毒草，凡是牛鬼蛇神，都应該进行批判，决不能讓它們自由泛濫。

前言

誰反对毛主席，就打倒誰！

以中国党內最大的走資本主义道路的当权派刘少奇为代表的反革命修正主义路綫，长期以来同毛主席的革命路綫相对抗，在赫魯晓夫上台以后，它配合帝国主义，苏修和各国反动派，以及国内的地富反坏右牛鬼蛇神一起反华，更是变本加厉。

１９５７年2月２７日和１９５７年3月１２日，毛主席相繼发表了《关于正确处理人民內部矛盾的問題》、《在中国共产党全国宣传工作会議上的講話》两篇文章，这是繼《实践論》、《矛盾論》之后又两部伟大的馬克思列宁主义的哲学著作。具有划时代伟大意义。而刘少奇在１９５７年5月7日，对高級党校楊献珍、侯維煜关于整风問題的指示，全面地抵制和攻击毛主席的这两篇著作。鼓吹"阶級斗爭熄灭論"，大搞阶級調和，鼓吹发展資本主义，企图扭轉社会主义方向，宣揚物質刺激，鼓吹金錢挂帅；用形而上学对抗毛主席的革命辯証法；鼓吹一套反毛澤东思想的学习方法。这是一个徹头徹尾的反革命修正主义的黑綱領。

为徹底批判刘少奇的反革命修正主义黑貨，大立毛澤东思想。今将刘少奇对楊献珍、侯維煜（皆高級党校揪出的黑帮分子）关于高級党校整风的指示略加評注，供革命同志参考、批判。

一、鼓吹阶級斗爭熄灭論，大搞阶級調和：

毛主席在《关于正确处理人民內部矛盾的問題》中指出："在我国，虽然社会主义改造在所有制方面說来，已經基本完成，革命时期的大規模的急风暴雨式的群众阶級斗爭已經基本結束，但是，被推翻的地主买办阶級的残余还是存在，資产阶級还是存在，小資产阶級刚刚在改造。阶級斗爭并沒有結束。无产阶級和資产阶級之間的阶級斗爭，各派政治力量之間的阶級斗爭，无产阶級和資产阶級之間在意識形态方面的阶級斗爭，还是长时期的，曲折的，有时甚至是很激烈的。无产阶級要按照自己的世界观改造世界，資产阶級也要按照自己的世界观改造世界。在这一方面，社会主义和資本主义之間誰胜誰負的問題还沒有眞正解决。"

刘少奇在他所謂指示中說："生产关系和生产力的矛盾过去表現为敌我矛盾，上层建築和基础也是这样。在今天社会主义社会里，生产力和生产关系的矛盾就表現为人民內部的矛盾（过去是資本家、地主、富农占有生产資料，現在是人民占有生产資料），这种矛盾是非敌对的，但处理不好，可以轉化为对抗性的。社会主义的上层建築不为基础服务，反而伤害基础，总是不关心基础，就是官僚主义。总是搞官僚主义、宗派主义，势必搞成人民和官僚主义集团的矛盾，直到这种矛盾轉化为对抗性的矛盾，人民就要起来推翻这个上层建築。"

〔按〕毛主席在《关于正确处理人民內部矛盾的問題》中指出："在工商业的公私合营企业中，資本家还拿定息，也就是还有剝削；就所有制这点上說，这类企业还不是完全的社会主义性質的。"又說："資产阶級意識形态的存在，国家机构中某些官僚主义作风的存在，国家制度中某些环节上缺陷的存在，又是和社会主义的經济基础相矛盾的。"而刘少奇却故意抹煞資产阶級的剝削存在，資产阶級意識形态的存在。翻来复去的講什么"这种矛盾是非敌对的""人民和官僚主义集团的矛盾"。

刘少奇在他的所謂指示中說："对无产阶級和非无产阶級的思想矛盾是不能搞調和主义的，調和主义就是非馬克思主义。不能調和主义，但也不是扳起面孔，故意搞得那么紧张，把矛盾扩大了。"又說："对原則問題要搞清楚，但方式一定要好，不要伤感情，不要損害人家的自尊心"。

〔按〕毛主席在《在中国共产党全国宣传工作会議上的講話》中指出："无产阶級和資产阶級之間在意識形态方面的誰胜誰負問題，还沒有眞正解决。我們同資产阶級和小資产阶級的思想还要进行長期的斗爭。不了解这种情况，放棄思想斗爭，那就是錯誤的。凡是錯誤的思想，凡是毒草，凡是牛鬼蛇神，都应該进行批判，决不能讓它們自由泛濫。"而刘少奇不但抹煞意識形态方面誰胜誰負的阶級斗爭，而且汚蔑是"故意搞得那么紧张"，"把矛盾扩大了"，要我們"不要伤感情"，"不要損害人家的自尊心"。这实質上就是讓我們放棄思想斗爭。

刘少奇在他的所謂指示中說："处理对抗性的矛盾，敌我矛盾，是要采取你死我活的办法来解决的；处理非对抗性的矛盾，人民內部的矛盾，就不需要采取你死我活的办法解决，可以采取妥协的办法解决。"又說："要知道外因的作用，在一定的条件下，加上我們主观的力量，可以加强某种矛盾的斗爭，或者加强某同一性。比如，我們国家的劳資关系是对抗性的，但加上我們党的力量，就可以把它变成非对抗性的。"

〔按〕毛主席在《关于正确处理人民內部矛盾的問題》中指出："馬克思主义的哲学認为，对立統一規律是宇宙的根本規律。这个規律，不論在自然界、人类社会和人們思想中，都是普遍存在的。矛盾着的对立面又統一，又斗爭，由此推动事物的运动和变化。矛盾是普遍存在的，不过按事物的性質不同，矛盾的性質也就不同。对于任何一个具体的事物說来，对立的統一是有条件的、暫时的、过渡的，因而是相对的，对立的斗爭則是絕对的。"而刘少奇根本违犯了毛主席关于矛盾同一性和斗爭性的思想，割裂了矛盾同一性和斗爭性的辯証关系。宣传处理敌我矛盾强調斗爭性，处理人民內部矛盾强調同一性，强調妥协。实質上是否認人民內部有阶級矛盾，阶級斗爭，宣揚阶級調和、阶級妥协，取消阶級斗爭，取消思想斗爭。他的解决人民內部矛盾用妥协的办法的理論，是十足的修正主义理論。

二、攻击社会主义，鼓吹发展資本主义

毛主席在《关于正确处理人民內部矛盾的問題》中指出："在我国社会主义革命取得基

本胜利以后，社会上还有一部分人梦想恢复資本主义制度，他們要从各个方面向工人阶級进行斗爭，包括思想方面的斗爭。而在这个斗爭中，修正主义者就是他們最好的助手。”

刘少奇在他的所謂指示中說：“不搞全民所有制，就毕不了业，升不了学，沒有好房子住，沒有車子坐，都沒有話說，反正是因为你有錢，我沒有錢。可是实行了社会主义全民所有制，一切問題就都来了”。

〔按〕毛主席在《在中国共产党全国宣传工作会議上的講話》中指出：“在我国，巩固社会主义制度的斗爭，社会主义和資本主义誰战胜誰的斗爭，还要經过一个很长的历史时期。但是，我們大家都应該看到，这个社会主义的新制度是一定会巩固起来的。”而刘少奇却极力丑化社会主义的新制度，胡說什么“实行了社会主义全民所有制，一切問題就都来了。”

刘少奇在他的所謂指示中說：“研究社会主义的經济問題，还要特別注意一个問題，就是使社会主义的經济，既要有計划性，又要有多样性和灵活性。”又說：“我們一定要比資本主义經济搞得更要多样，更要灵活。如果我們的經济还不如資本主义的灵活性、多样性，而只有呆板的計划性，那还有什么社会主义的优越性呢？”

〔按〕毛主席在《在中国共产党全国宣传工作会議上的講話》中指出：“修正主义者抹杀社会主义和資本主义的区别，抹杀无产阶級专政和資产阶級专政的区别。他們所主张的，实际上并不是社会主义路綫，而是資本主义路綫。”而刘少奇却恶毒地攻击社会主义的計划經济是“呆板的”，沒有資本主义經济优越性大，这是地地道道的修正主义理論。

刘少奇在他的所謂指示中还提出搞社会主义的多样性、灵活性的办法是什么“一个办法是要利用限制自由市場。现在搞自由市場，私商鉆社会主义的空子，不禁商业上有自由市，在还有地下工厂。另外农业上还有家庭付业、自留地。我們要允許有一部分資本主义商业、工业、地下工厂，讓他鉆空子。当他一鉆空子的时候，我們社会主义經济就立即跟上去，你鉆了空子搞这一样，我跟上去搶一部分也搞这一样，他鉆了几十万样，我們社会主义經济也跟上去搞几十万样。”并說：“你們回去要大声疾呼地提倡大家注意这个問題，研究这个問題。”

〔按〕毛主席在《在中国共产党全国宣传工作会議上的講話》中指出：“对于我們的国家抱着敌对情緒的知識分子，是极少數。这种人不喜欢我們这个无产阶級专政的国家，他們留恋旧社会。一遇机会，他們就会兴风作浪，想要推翻共产党，恢复旧中国。这是在无产阶級和資产阶級两条路綫、社会主义和資本主义两条路綫中間，頑固地要走后一条路綫的人。”刘少奇鼓吹在社会主义国家里允許保留一部分資本主义商业、工业，甚至保留投机倒把的地下工厂，提倡社会主义經济同資本主义經济自由竞爭，自由发展。他就是为失掉生产資料所有权的資产阶級效劳，鼓吹发展資本主义，妄想恢复失去的資本主义陣地。这是不折不扣的反党、反社会主义、反毛澤东思想的黑貨。

二、宣揚物質刺激，鼓吹資产阶級的金錢挂帅

毛主席在《关于正确处理人民內部矛盾的問題》中指出：“沒有正确的政治观点，就等于沒有灵魂。”

刘少奇在他的所謂指示中說：“新建立的生产关系巩固之后，生产力和生产关系还有什么矛盾呢？我想这矛盾主要就表現在分配問題上。”又說：“稍微分配得不好就鬧起来了。新工人、青年工人工資高了，老工人不滿意，这部分生产力就不滿意，就不能刺激这部分生

产力的发展。”“分配得不妥当也不行：工人、农民分配不当，就要鬧事。非生产人員多，分配得多了，工人不滿意，这种不滿意就表示分配不能刺激生产力的发展，反而起阻碍作用。干部得奖金多了，工人不滿意，这是分配問題；行政费开支多了，人民不滿，这也是分配問題；評級高低、工資多少不滿意，不能就业、不能升学不滿意，这都是分配問題。其中，特别有一个問題，就是国家的領导人員分配过多，享受过多，形成特殊，人民不滿。正因为是社会主义所有制，所以誰也想多分一点，可是誰也不能多分，多分了就不行，連我們这些人也包括在內，老資格也不行。”

〔按〕毛主席在《关于正确处理人民內部矛盾的問題》中指出：“在分配問題上，我們必須兼顧国家利益、集体利益和个人利益。”“我們作計划、办事、想問題，都要从我国有六亿人口这一点出发，千万不要忘記这一点。”而刘少奇胡說什么“稍为分配得不好就鬧起来了”“不滿意就表示分配不能刺激生产力的发展”“誰也想多分一点，可是誰也不能多分”。这不是公开鼓吹金錢挂帅宣揚物質刺激嗎？

刘少奇在他的所謂指示里还說：“人民为了关心自己的經济生活，就一定要过問工資、住房、吃飯、坐車这些事。这就表現出社会主义社会人民民主的积极性高了，这也是由于社会主义积极性而来的。”

〔按〕毛主席在《关于正确处理人民內部矛盾的問題》中指出：“社会主义制度的建立給我們开辟了一条到达理想境界的道路，而理想境界的实現还要靠我們的辛勤劳动。有些青年人以为到了社会主义社会就应当什么都好了，就可以不費气力享受現成的幸福生活了，这是一种不实际的想法。”而刘少奇却翻来复去的講“积极性”来自“工資、住房、吃飯、坐車”，这不是公开鼓吹金錢挂帅，物質刺激嗎？

四、用形而上学对抗毛主席的革命辯証法

毛主席在《关于正确处理人民內部矛盾的問題》中指出：“矛盾不断出現，又不断解决，就是事物发展的辯証規律。”

刘少奇在他的所謂指示中說：“是非問題一方面表現在敌对阶級之間；另一方面，也表現在人民內部和同志之間。就是非講，是不要調和主义的，而就同志間的关系講，却要調和，要团結。这就是处理人民內部矛盾、同志間的矛盾的辯証方法。”又說：“思想政治方面，最重大的問題就是共产党和群众的关系問題，就是共产党和工人、农民、学生、解放军战士、知識分子、各民主党派、少數民族等七方面的关系問題。”

（按）毛主席在《关于正确处理人民內部矛盾的問題》中指出：“敌我之間和人民內部这两类矛盾的性質不同，解决的方法也不同。簡单地說起来，前者是分淸敌我的問題，后者是分淸是非的問題。当然，敌我問題也是一种是非問題。比如我們同帝国主义、封建主义、官僚資本主义这些內外反动派，究竟誰是誰非，也是是非問題，但是这是和人民內部問題性質不同的另一类是非問題。”“敌我之間的矛盾是对抗的矛盾。人民內部的矛盾，在劳动人民之間說来，是非对抗性的；在被剝削阶級和剝削阶級之間說来，除了对抗性的一面以外，还有非对抗性的一面。”“在我国現在的条件下，所謂人民內部的矛盾，包括工人阶級內部的矛盾，农民阶級內部的矛盾，知識分子內部的矛盾，工农两个阶級之間的矛盾，工人、农民同知識分子之間的矛盾，工人阶級和其他劳动人民同民族資产阶級之間的矛盾，民族資产阶級內部的矛盾，等等。”

而刘少奇却与毛主席的英明論断唱反調。"用七个方面的关系問題"来对抗毛主席提出的我国現在条件下人民內部矛盾的內容；用所謂"是非問題"两方面的表現来混淆敌我矛盾与人民內部矛盾的根本不同性質；抹杀內部矛盾的非对抗性与对抗性的阶級內容；用什么"是非不要調和，同志关系要团結"来割裂矛盾的同一性和斗爭性的辯証关系。总之用形而上学的观点对抗唯物的辯証观点。

五、鼓吹反毛泽东思想的学习方法

毛主席在《在中国共产党全国宣传工作会議上的講話》中指出："在我們的知識分子中間能够有比較多的人接受馬克思主义，能够有比較多的人通过工作和生活的实践，通过阶級斗爭的实践、生产的实践、科学的实践，懂得比較多的馬克思主义，这样就好了。"

刘少奇在他的所謂指示中說："我們干部讀书是必要的，过去不是讀得多了，而是讀得少了。""好人讀了书，就更好了一点；有毛病的人讀了书，沒有整思想，出了党校，反而更不好办了。"

按：毛主席在《在中国共产党全国宣传工作会議上的講話》中指出："有些人讀了一些馬克思主义的书，自以为有学問了，但是并沒有讀进去，并沒有在头脑里生根，不会应用，阶級感情还是旧的。还有一些人很驕傲，讀了几句书，自以为了不起尾巴翘到天上去了，可是一遇风浪，他們的立場，比起工人和大多數劳动农民来，就显得大不相同。前者动搖，后者堅定，前者暧昧，后者明朗。"刘少奇公然与毛主席唱反調，宣揚什么"好人讀了书，就更好了一点。""不是讀得多了，而是讀得少了。"

刘少奇在他的所謂指示中說："关于学习和整风的矛盾問題，你們准备把整风和学习理論結合起来，这样好。要力求两不誤，旣讀了书，又整了风。只讀书，不搞思想問題，不整风，就是教条主义；只整风不讀书，就可能犯經驗主义。"

按：毛主席在《在中国共产党全国宣传工作会議上的講話》中指出："整风运动是一个'普遍的馬克思主义的教育运动'。整风就是全党通过批評和自我批評来学习馬克思主义。在整风中間，我們一定可以更多地学到一些馬克思主义。"刘少奇却故意大叫什么"学习与整风的矛盾"，大喊什么"两不誤"。实質上是以学究式的方法对待反修斗爭，以关心讀书来对待你死我活的意識形态領城內的阶級斗爭。

刘少奇在他的所謂指示中还說："在党校的学习中，一定要注意解决思想問題，进行思想改造。学校領导在学員开始学了一个时期后，要收集一些問題，抓住几个重要問題，提到原則上一向学員清楚明白地指出来，对他們講清道理。""整什么？認眞学习文件，联系实际、討論問題，检查自己的思想。"

按：毛主席在《在中国共产党全国宣传工作会議上的講話》中指出："学习馬克思主义，不但要从书本上学，主要地还要通过阶級斗爭、工作实践和接近工农群众，才能眞正学到。"

刘少奇所鼓吹的是关起門来讀书，在文章上轉来轉去，从书本到书本，从观点到观点，脫离阶級斗爭，脫离实践，脫离工农兵群众，这是彻头彻尾的反毛澤东思想的学习方法。

从以上扼要評注可以看出，刘少奇的这个所謂指示是一个地地道道的反革命修正主义綱領。在他的通篇講話中只字不提毛澤东思想，只字不提毛主席的两篇哲学著作。这是他疯狂反对毛澤东思想的大暴露！毛澤东思想是我們的命根子，誰反对毛主席，誰反对毛澤东思想，我們就砸烂他的狗头！

誓死保卫毛主席！

誓死捍卫毛澤东思想！

我們伟大的領袖毛主席万岁！万万岁！

一九六七年二月二日

揭穿刘少奇和資产阶級一笔肮脏的政治交易

最高指示

在我国社会主义革命取得基本胜利以后，社会上还有一部分人梦想恢复資本主义制度，他們要从各个方面向工人阶級进行斗爭，包括思想方面的斗爭。而在这个斗爭中，修正主义者就是他們最好的助手。

中国头号修正主义分子刘少奇，正是中国資产阶級梦想恢复資本主义制度的最好助手，是資产阶級在党內最大的代理人和保护人。

一九六〇年一月十二日，刘少奇在北京接見資产阶級代表人物时，和这群吸血鬼們作了“亲切”的談話。百般維护資产阶級的利益，充当資产阶級的辯护士，为資产阶級在中国复辟，极力提供物質的思想的輿論准备，公开地和資产阶級进行了一笔肮脏的政治交易 赤裸裸地暴露了刘少奇的叛徒嘴脸。現摘录一部分示众。

一、疯狂地鼓吹“剝削有理”

刘少奇說：“取消定息，到一九六二年还有三年，定息取消了以后怎么办？工商业者現在就想了，这也难怪。因为对他們是切身的問題……真有困难，总要解决。”

“我們的政策是：高薪不降，調职不減薪，減的补发。中华人民共和国是靠得住的。……如果有的因为調职而少发薪水的，你可以告訴統战部轉告有关部門补发，这个問題容易解决。”

按：爱財如命，喝血成性，唯利是图是古今中外一切剝削阶級的本性。他們无时无刻不在梦想恢复他們失去的“天堂”。毛主席教导我們：“几千年来总是說：‘压迫有理，剝削有理，造反无理。’自从馬克思主义出来，就把这个旧案翻过来了。”刘少奇却把定息和高薪視为理所当然。鼓吹“剝削有理”，竭力維护資产阶級的“切身問題”。这就充分暴露了他的反革命修正主义面目。

二、对資产阶級“何其爱也”

刘少奇說：“工商业者……年老了不能作事，需要退职退休，現在还沒有規定一个办法。一句話 国家是照顧到底，負責到底。将来总要定个办法。目前临时怎么处理？年紀大了，身体不好，不能工作就不一定去上班，請个假，薪水照常发。暫时按这样办。”

按：世界上决沒有无緣无故的爱。刘少奇对老吸血鬼們百般疼爱万分关怀，給他們引路、借故不上班，保証“薪水照发”。請看刘少奇对資产阶級是“何其爱也”。由此不难看出刘少奇同这群牛鬼蛇神是一丘之貉了。

二、叫嚣資产阶級改造“靠自觉”

刘少奇說：“……参加体力劳动是好的。但是搞体力劳动过多，也不一定好，要靠自覺，不一定搞的很多。世界观的改变，只能慢慢地来，不能强迫。”

按：明目张胆地跟毛主席唱反調。毛主席教导我們，“……一切反对改造的人們，他們自被改造，需要通过强迫的阶段，然后才能进入自覺的阶段。”

刘少奇竟揚言資产阶級的改造“要靠自覺”，“慢慢地来”、“不能强迫”。这实际是取消資产阶級的改造，在为資本主义的反革命复辟作精神准备。

四、竭力地混淆阶級界限

刘少奇說：“工商界的家属要参加街道工作，应該提倡以普通劳动者的姿态出現在劳动人民中間。我們党提倡所有的党員和干部要以普通劳动者的身分参加生产劳动，目的不在于創造多少价值，而在于改变群众的观感。領导干部参加劳动扫扫地、鏟鏟土，群众的观感就改变了，互相的关系就改善了，生产就提高了，灵得很。”

按：干部参加劳动，这是社会主义制度下一件根本性的大事。它有助于克服官僚主义，防止修正主义和教条主义。刘少奇竟把干部参加劳动歪曲为“改变群众的观感”。更反动的是叫資本家家属通过“改变观感”的劳动与劳动人民“合二而一”，其目的就在于混淆阶級界限，取消阶級斗爭，是十足的赫魯晓夫修正主义“全民国家”的翻版。

五、鼓励資产阶級传宗接代

刘少奇說：“对工商界子女，人們有些看法，可能暂时受点气，你們不要过于重視。要把这看成好事，坏事会变成好事，好事还在后头啦！”

按：毛主席教导我們：“在阶級社会中，每一个人都在一定的阶級地位中生活，各种思想无不打上阶級的烙印。”根据这个道理，資本家子女更应抵制資产阶級对自己的影响，認真改造自己，划清阶級界限，背叛剝削家庭。可是，刘少奇竟对他們百般安慰，不要介意人們的这种看法，鼓励他們死心踏地的做資产阶級的孝子賢孙！

六、宣揚“阶級斗爭熄灭論”

刘少奇說：“工商界和共产党合作。……同十年前比較，工商界的确是大有进步。互相信任也建立了一些。……經过十年有了許多事实，互相信任就进了一步，現在工商业者对党的信任增多了，悦服的人是不是那么多也可以研究，悦服的人肯定有，但不是那么多。”

按：阶級和阶級斗爭的存在是一个事实。毛主席教导我們，千万不要忘記阶級斗爭。刘少奇睜眼不看事实，抗拒主席思想，拾起資产阶級对党“畏服”、“信服”、“悦服”的遮羞布，向工人阶級施放麻醉剂。按照刘少奇的邏輯，資产阶級的本性豈不是可以改变了嗎？豈不是可以“和平进入社会主义”了嗎？这完全是弥天大謊！

七、主张“大公有私”

刘少奇說：“个人利益一定要照顧，沒有个人利益也就沒有整体利益。六亿五千万人的个人利益集中起来就是整体利益，因此不是大公无私，而是大公有私，先公后私，个人利益服从整体利益。要把这个問題搞清楚，要主动地去做。”

按：“毫不利己，专門利人”与“人不为己，天誅地灭”，是无产阶級与資产阶級截然不同的两种世界观。針鋒相对，絕对不能折衷。刘少奇肆无忌憚地主張“大公有私”，“公”字是假，“私”字是眞，把“自私自利”奉为經典，公然对抗大公无私，反对破私立公。在刘少奇灵魂深处窝藏的資产阶級肮脏貨色，令人发指！

八、把資本家当成“財富”

刘少奇說：“你們有文化、有技术、有經驗……問題在于顧一头还是顧两头，能不能与群众打成一片。”

按：在所有制社会主义改造以后，資产阶級不甘心于灭亡，他們就从意識形态領域里向工人阶級进行挑战。刘少奇替資产阶級吶喊助威，把他們当成“財富”，支持他們凭借“文化、技术、經驗”繼續向工人阶級較量。眞是“蚍蜉撼大树，可笑不自量”！

九、販卖“唯利是图”的反动哲学

刘少奇說：“一切服从最大多數的最大的利益，这是最根本的一条。誰违背这一条，最后总是沒有好处的。誰能忠实于最大多數人最大利益，对人民有貢献，并且能够一貫地作下去，最后总是有好处的。对党員我們也是这样要求，对工商界現在可以提倡为多數人的最大利益而奋斗。”

按：刘少奇挂的是“服从最大多數”、“最大利益”的“羊头”，卖的是“最后总有好处”的“狗肉”。这同資本家的反动哲学“无利不早起”，有什么区別？刘少奇还提倡什么剝削阶級“为多數人的最大利益而奋斗”。岂非欺人之談，可謂荒謬之极！

十、拿原則作交易

刘少奇說：“不論是老、病或有其它的困难問題，国家都負責到底，这一点請各位放心……。总之，是要照顧到底，不要担心。我們現在是中华人民共和国，六亿人民的国家不会小气。……不会亏待你們。”

“我們可以这样的分工，你們管一头。要所有的工商业者走社会主义道路，跟着党走，思想进步，改造世界观，为国家作事，这一头你們包了，对工商业者照顧等等，我們包。哪一头工作做的不够，可以互相提意見，我們来訂个口头的协議……。不要顧两头，要奔改造服务这一头，要一边倒，全心全意为人民服务，个人利益就会来。”

按：看！刘少奇跟資产阶級搞得多么火热！公然同資产阶級訂立“协議”，做起“卖买”来了。竟狂妄地以“六亿人口”和“中华人民共和国”来担保他們的“个人利益”，并且負責“包到底”。向資产阶級屈膝投降，为資本主义复辟效劳，妄图改变我們国家的顏色。好一付叛徒的嘴脸！好一笔肮脏的政治交易！

挂“共产主义”之羊头，賣个人主义之狗肉

刘少奇的《修养》批判之一

党內最大的走資本主义道路的当权派刘少奇的“修养”，是一株反毛澤东思想的大毒草，是一本典型的打着“紅旗”反紅旗的黑书。这本黑书披着馬列主义的外衣，販卖修正主义的黑貨，挂“共产主义”之羊头，卖个人主义之狗肉，为复辟資本主义鳴鑼开道，为反革命夺权摇旗吶喊，是一个反革命綱領和宣言书。

毛主席教导我們：“凡是錯誤的思想，凡是毒草，凡是牛鬼蛇神，都应該进行批判，决不能讓他們自由泛濫。”在当前无产阶級文化大革命的新阶段，我們无产阶級革命派一定要高举毛澤东思想伟大紅旗，高举革命的批判旗帜，把《修养》这株反党反社会主义反毛澤东思想的大毒草批透，批臭，把党內头号走資本主义道路的当权派刘少奇打倒。

无产阶級世界观和資产阶級世界观的根本分界綫之一，就是在一个“公”字与“私”字上。打倒“私”字，一心为公，这就是无产阶級世界观；不要“公”字，一心为“私”，这就是資产阶級世界观。世界观的斗爭，实际上是社会主义制度同資本主义制度的斗爭，是无产阶級和資产阶級爭夺領导权的斗爭　无产阶級文化大革命，是一場触及人們灵魂的、破私立公的思想大革命。

党內头号走資本主义道路的当权派刘少奇的《論修养》是挂“共产主义”之羊头，卖个人主义之狗肉。正象《紅旗》杂志評論員文章所說的，轉弯抹角地提倡資产阶級个人主义，鼓吹“公私合营”，“个人发展”，“投机取巧”，“投降变节”等謬論。

一“公私合营”論的貨色

毛主席教导我們：“全心全意地为人民服务，一刻也不脫离群众；一切从人民的利益出发，而不是从个人或小集团的利益出发；向人民負責和向党的領导机关負責的一致性，这些就是我們的出发点。”

而党內头号走資本主义道路的当权派刘少奇却在黑《修养》中宣揚“公私合营”的“公私溶化論”。他說：“个人利益，更应該完全溶化在党和无产阶級的一般利益和目的之中。”（62年再版88頁）“如果我們的党員把学习馬克思列宁主义的理論，加强自己的工作能力，建立各种革命的組織。領导广大群众进行胜利的革命斗爭等，作为自己的目的，把为党做更多的工作，作为自己的目的，那末，共产党員这种个人目的和党的利益是一致的。”（62年再版78—79頁）这是党內头号修正主义分子刘少奇耍的第一个花招。

党的利益和个人利益是客观存在的东西，是矛盾的两个側面。个人利益和党的利益这对矛盾的斗爭是客观存在的。因此，无論那种情况，“公”与“私”的矛盾斗爭，不是你打倒我，就是我打倒你。或者公而忘私，或者損公利私，二者必居其一。公与私是絕对不可能“溶化”在一起的。刘氏的所謂“溶化”　就是公开地在思想領域里搞“公私合营”，搞公与私的和平共处，合二而　。实际上就是以私化公　損公肥私，为公是假，为私是真。这个

謬論就是打着“党的利益”的招牌，販卖“个人利益”的私貨，貼“公字”标簽，包“私”字黑貨。总之是把剝削阶級的哲学——資产阶級个人主义在党內合法化。这就是刘氏假革命真反动的“公私合营”論的实質。这种“公私合营”論在文化大革命中是推行資产阶級反动路綫的思想基础，一些“怕”字当头“保”字領先的人在文化大革命中站在資产阶級反动立場上，犯了不小的錯誤。

二“个人发展”論的毒素

毛主席教导我們：“我們的共产党和共产党所領导的八路軍、新四軍，是革命的队伍。我們这个队伍完全是为着解放人民的，是彻底地为人民的利益工作的。”

而党內头号走資本主义道路的当权派刘少奇却在黑《修养》中散布私字第一的“个人发展”論。說什么：“党員总还会有一部分私人的問題需要自己来处理，并且也还要根据他的个性和特长来发展他自己。因此党允許党員在不违背党的利益的范围內，去建立他个人的以至家庭的生活去发展他个人的个性和特长。”（六二年再版八十八頁）甚至还号召“党的組織和党的負責人在解决党員的問題时候，应該注意到……使党員能够在无产阶級的革命事业中不断地发展自己，提高自己。”（六二年再版九十頁）

毛主席教导我們要“完全”“彻底”地为公。这是衡量无产阶級世界观的两把尺子，是检查共产主义道德的最高标准。而刘少奇却大唱反調，把“发展个人”做为出发点和目的。資产阶級个人主义在党內是不合法的，但刘少奇这个赫魯晓夫式的阴謀家，为了使个人主义在党內合法化，还提出了一套“发展个人”的論据。一曰：“党員要根据他的个性和特长来发展他自己。”二曰：“党允許党員在不违背党的利益的范围內”去发展个人。三曰：“党的組織和負責人”“应該注意到”使党員“发展自己”。不管怎样轉弯抹角，花言巧語。总之是私字第一，正象毛主席在《紀念白求恩》一文中所說的“一事当前，先替自己打算，然后再替别人打算。”在文化大革命中正是这种“发展自己”的毒素腐蝕了一些人，产生了风头主义、山头主义和小团体主义，眼光狹小，看不到全国人民和全世界人民的利益，在掌权以后，不能永保革命青春，彻底革命，而成为历史上曇花一現的人物，这是非常深刻的历史教訓。

二“投机取巧”論的原形

毛主席教导我們：“白求恩同志毫不利己专門利人的精神，表現在他对工作的极端的負責任，对同志对人民的极端的热忱，每个共产党員都要学习他。”

而赫魯晓夫式的野心家刘少奇却在这本黑书里鼓吹“吃小亏占大便宜”的“投机取巧”論。他說：“真正刻苦修养，忠实作馬克思列宁主义創始人的学生的人……他絕不計較自己在党內地位和声誉的高低，絕不以馬克思列宁自居，絕不要求人家或幻想人家象尊重馬克思列宁那样去尊重他，他認为自己沒有这样的权利。然而正因为他这样做……他就能够受到党員群众自觉的尊重与拥护。”（六二年再版二十六頁）

他还說：“党員只有全心全意地爭取党的事业的发展，成功和胜利，才能提高自己的能力，增加自己的本領。否則党員要进步，要提高，是根本不可能的。”（六二年再版八十七頁）这是典型的“投机取巧”的奸商哲学，这是“吃小亏占大便宜”一本万利的剝削生意，刘少奇的丑恶灵魂完全暴露无遺！

尽管赫魯晓夫式的阴謀家刘少奇多么故弄，翻新花样，說的比唱的还好听，但狐狸尾巴終究是藏不住的。正是在他的“絕不計較自己”的假面具背后隐藏着“他就能够”得到“尊重”与“拥护”的可耻目的 正是在他的这种“全心全意”的幌子下，兜售“提高自己的能力、增加自己的本領”的私貨。所謂“絕不計較自己”“全心全意”不过是用来达到个人目的 实現卑鄙野心的手法和途径，你要个人主义嗎？那你先要牺牲一点个人主义。你要占大便宜嗎？那你先要吃点小亏。这是地地道道的市儈哲学，投机商的理論，完全暴露了他的“吃小亏占大便宜”的“高級”个人主义的丑恶嘴脸。用吃小亏占大便宜的办法来掩盖公与私的矛盾，用投机取巧的办法来弥补公与私的冲突。不但是騙子手式的欺人之談，而且是“賴蛤蟆想吃天鵝肉”一样的痴心妄想。在无产阶級文化大革命中，一些人鬼迷心窍，围攻盯哨革命造反者，大整革命闖将的黑材料，还不是这种“投机取巧”論的形象写照嗎？

四“投降变节”論的骨相

毛主席教导我們：“要奋斗就会有牺牲，死人的事是經常发生的。但是我們想到人民的利益，想到大多數人民的痛苦，我們为人民而死，就是死得其所。”

而赫魯晓夫式的阴謀家刘少奇却在这本黑书里，公然販卖“投降变节”論，为叛徒哲学辯解。胡說什么“党在可能条件下顧全和保护党員个人的不可缺少的利益……以至在反动派統治的环境下，在必要时还要放棄党的一些工作来保存同志等。然而，这些都不是为了别的而是为了党的整个利益。”（62年再版89頁）在这里，刘少奇恬不知耻地要牺牲党的利益，出卖党的利益 去保存个人的生命，去“顧全和保护党員个人的不可缺少的利益”。这是完完全全的投降的理論，这是地地道道的叛徒哲学。刘少奇一九三六年任北方局书記时，根据他的叛徒哲学，就伙同林枫等策划出卖共产党員灵魂的投降变节罪恶活动，指示薄一波、安子文等人发表叛党自首声明苟全性命！更可气的是，薄一波、安子文、刘兰涛等混蛋还在蒋匪青天白日旗下，在蒋該死的狗象下，鞠躬宣誓：“感謝院方教导，我們已經改过自新。今后决不为共产党利用，坚决反共，为国效劳。”就这样，这些不齿于人类的叛徒，从敌人的狗洞里爬了出来。这就是刘少奇“投降变节”論的活样板！在文化大革命中，一些人不講革命原則，搞調和折中，見风使舵，委曲求全，在紧要关头不能挺身而出，保卫毛主席的革命路綫，成为唯唯若若的奴隶。

以上列举，归根結底一句話 挂“共产主义”之羊头 卖个人主义之狗肉，通过“私”字在人們灵魂深处篡权，为达到其在全国篡政的政治目的而做好輿論准备。刘少奇的《修养》实質不是“修养”，而是“养修”，是培养修正主义的教科书，是造就个人的“座右銘”。

“宜将剩勇追穷寇，不可沽名学霸王。”在这嶄新的“百万雄师过大江”的两个阶段、两条道路、两条路綫的决战阶段，讓我們奋起毛澤东思想的千鈞棒，砸烂刘、邓黑司令部。高举革命的批判旗帜 彻底批判中国的赫魯晓夫，彻底打倒刘少奇！确保无产阶級江山千秋万代永不变色！

天工八·一五《紅色雷达兵》

一九六七年四月六日

刘少奇在津活动录

最高指示

修正主义，或者右倾机会主义，是一种資产阶級思潮，它比教条主义有更大的危险性。修正主义者，右傾机会主义者，口头上也挂着馬克思主义，他們也在那里攻击“教条主义”。但是他們所攻击的正是馬克思主义的最根本的东西。

修正主义者抹杀社会主义和資本主义的区别，抹杀无产阶級专政和資产阶級专政的区别。他們所主张的，在实际上并不是社会主义路綫，而是資本主义路綫。

凡是错誤的思想，凡是毒草，凡是牛鬼蛇神，都应該进行批判，决不能讓它們自由泛滥。

✢ ✢ ✢

前 言

刘少奇的魔爪很长，黑根很深，流毒很广。他一貫站在資产阶級的反动立場上，反对我們的伟大領袖毛主席，反对毛澤东思想。在新民主主义革命时期，他就害怕斗爭，幻想和平，妄图阻止历史車輪的前进；在社会主义革命时期，他竭力維护資本主义制度；三大改造基本胜利以后，他又鼓吹阶級斗爭熄灭論，抛出了“全民党”，极力宣揚修正主义的謬論，为其資本主义复辟作輿論准备；一九六二年的右傾，一九六四年的形“左”实右等种种罪行充分表明，刘少奇就是中国的头号反革命修正主义分子，是党內最大的走資本主义道路的当权派，是資产阶級反动路綫的祖师爷，是一个赫魯晓夫式的个人野心家，是埋在毛主席身边的一顆定时炸弹！

在这場史无前例的无产阶級文化大革命中，刘少奇及其同伙眼看革命烈火即將燒到自己头上，便抛出了一条极其恶毒的資产阶級反动路綫，他站在反动的資产阶級立場上，执行資产阶級路綫，将无产阶級轟轟烈烈的文化大革命运动打下去。顚倒黑白，围剿革命派，压制不同意見，实行白色恐怖。长資产阶級威风，灭无产阶級志气，又何其毒也！現在刘少奇的反革命修正主义的猙獰面目已完全暴露在光天化日之下。他的滔天罪行激起了广大革命群众的无比憤怒！

今天，用毛澤东思想武装起来的广大革命群众，揪出了中国反革命修正主义的总头目刘少奇，这是毛澤东思想的伟大胜利！是无产阶級文化大革命的伟大胜利！我們要“宜将剩勇追穷寇”，痛打落水狗；我們要奋起毛澤东思想千鈞棒，坚决把刘少奇这个党內头号走資本主义道路的当权派打倒在地，再踏上一万只脚，叫他永世不得翻身！

現將刘少奇在天津地区的罪恶活动略加整編如下，仅供革命造反派批判刘、邓时作为参考。

刘少奇在津活动录

一九二八年

七月二十一日、二十三日，中央派刘少奇等主持順直省委扩大会議。会議听取并討論了中央政治报告、省委关于順直政治經济状况的报告和順直省委党务工作报告。通过了“順直目前政治任务”、“党务問題”、“职工运动”、“农民运动”、“兵士运动”、“政治紀律”等决議案。改組省委后經中央批准由中央委員韓連惠兼任省委书記，刘少奇和陈譚秋以中央特派处理順直問題专員名义常駐順直省委。

十一月十六日，刘少奇为順直省委主办的党內刊物“出路”第一期写“緒言”。

十二月底，在刘少奇等主持下順直省委召开扩大会議。

一九二六年

春，中央派刘少奇来津主持北方局的工作。

四月刘少奇写“关于白区职工运动工作的提綱”。

四月十日，刘少奇在北方局主办的火綫报上发表“肃清立三路綫的残余——关門主义、冒险主义”。

八月二十五日，北方局在刘少奇領导下发出“华北政治形势与党的任务”給各級党組織的指示信。

一九四九年

四月，刘少奇召集天津大資本家李烛尘、周叔涛、宋繼盛、宋裴卿等开座談会。刘說：

“私营企业活动范围很大，可以和国营企业并行发展”。

“政府的方針，是要使国营私营互相合作配合、減少竞爭，政府要发展国营生产，也要发展私营生产，这就是公私兼顧。……公私合作有全面的，有暫时的，有长期的。……你有困难我帮助解决，我有困难你帮助解决，互相照顧，不是尔虞我詐，而是完全合作，彼此有益。我們希望合作得多，合作得长，使公私两利，不过这合作是完全自由的，并不强制。”

“我主张采取这样的方針：就是从原料到市場，由国营私营共同商量、共同分配，这叫做‘有飯大家吃，有錢大家賺’。这就是貫徹公私兼顧的政策。”

“今天資本主义的剝削不但沒有罪恶，而且有功劳。……今天不是工厂开得太多、对工人剝削太多，而是太少了。工人、农民的痛苦在于沒有人剝削他們，你們有本事多剝削，对国家人民都有利，大家贊成。”

“将来召集大家来开会，討論怎样轉变为社会主义，大家一定不会皺着眉来，一定会眉笑眼开的来开会”。

刘还对資本家說：“必須要和工人斗爭，如果不斗将来你的厂子被工人斗垮了台，那时你就不能怪共产党不好。”……

四月　十一日，刘少奇、王光美等参观东亚毛紡織厂（現在的第二毛紡織厂），原东亚毛紡織厂是天津有名的"文明地獄"。統治这个地獄的活閻王就是汉奸洋奴反动資本家宋棐卿。一九四九年四月下旬刘少奇以"中央負責人"的名义，一来天津就和宋勾搭上了。刘少奇認为"在中国这样年青的資本主义，还需要大大发展"。

刘少奇对宋說："你不要不承認剝削，不是不許你剝削，不是不叫你剝削，就是不要把少數人剝削死了，这样以后可以讓你更多的剝削，更大的剝削。""'剝削'这个詞是从外国翻譯过来的，在我們共产党的字典里可以找到。你認为这个詞不好，可以換一个嘛。从現在来說，你剝削得越多越好。你現在一个东亚，一千个工人，将来十个东亚，剝削一万个工人那就更好了。"刘还安慰宋說："你要好好干，幸福还刚刚开始，无論到什么时候，到共产主义也好，都有你們的前途。該坐小汽車的还坐小汽車，也許那时候不叫經理，但地位还是一样。"又說："你現在才只办了一个厂子，将来可以办两个、三个……办八个厂子，到社会主义的时候，国家下个命令，你就把工厂交給国家，或者由国家收买你們，国家一时沒有錢，发公債也行，然后国家把这八个工厂交給你办，你还是經理。不过是国家工厂經理。因为你能干，再加給你八个厂子，一共十六个厂子交給你办，薪水不減你的，还要給你增加，可是你得要办啊！你干不干呢？"宋說："那当然干！"

据当时天津日报报道："經刘少奇同志講政策，宋棐卿多年疑梦解开了。""这位长久郁悶的宋經理笑了！他长长的，从內心里吐出了 口气：'我这一回可明白了！'会后，他（指宋棐卿）向职工代表会建議：把四月二十一日定为东亚企业公司的一个节日，每年逢此，举行紀念。他說，'我发展企业的理想象一个梦，一直梦了这么多年，今天，在共产党領导下，才眞正实現了——这是由消极等待到积极发展的轉折点。'"

另一方面，刘少奇在东亚老工人面前却妄自尊大、大摆官老爷臭架子。他对工人說："現在你們地位提高了，要在过去，你們能見到我这样的人物嗎？我現在在中国不數一就數二！"还說，"剝削与被剝削不是資本家和工人愿意不愿意的問題，而是为社会发展規律所决定的。"刘劝工人"不要搗乱。""应該相信宋經理能把工厂办好。"阴险狡猾的宋棐卿为了掩盖剝削实質，給工人发股票，大搞劳資調合，而刘少奇却倍加称贊，認为这是"合作社性質的"。

刘少奇参观东亚以后，宋棐卿立即（四月三十日）給刘去信說，"敝厂自蒙閣下惠臨訓話后，全厂职工对于政府之工业政策有了新的了解及新的希望与新生命，甚为愉快。因此已決定每人皆尽最大之努力以完成此伟大为人民服务之使命，而付政府及閣下关垂訓示之至意。"刘少奇于五月二日回信道，"得悉貴公司职工团結，劳資双方共同努力扩大生产，增設新厂之計划，甚为欣慰。望本公私兼顧，劳資两利之方針，繼續努力，前途光明。国家民族之复兴指日可待也。"

从此，宋棐卿深受刘少奇的宠爱。刘夸奖宋棐卿"人很老实，山东人，很痛快，人不坏……。"在政治地位上，提拔宋为全国政协常委和全国財經委員会委員，并将一般区委、地委书記都看不到的机密文件給宋棐卿看。

由于刘少奇非常欣尝与支持宋棐卿发展資本主义的反革命黑計划——"我的梦"，根据宋棐卿的要求，經刘少奇同意，在当时国民經济非常困难，財經委員会拨給宋棐卿十九万美元的巨額外汇，宋棐卿在刘少奇的庇护下，以購买机器为名，先后两次去香港，終于在一九五〇年携带老婆孩子和价值二百万美元的資产叛国投敌。正象宋棐卿自己声称的，"我一个齿輪也不拿 就把东亚搬到香港了。"

宋裴卿一去不返。一九五〇年三月刘少奇还对王光英說："宋应当回来好好商議着办。"天津也派了一个秘书长去香港劝說均无效。当时天津日报还为此事发表短評："东亚企业公司經理宋裴卿为了发展該厂，实現新建設計划，定日內赴港訂購机器。只有共产党才能够扶助民族資本家扩展生产事业，于此得一确証。……宋裴卿君南下了，祝他一路顺风，把政府"四方八面"照顧生产的实例带到江南去。"

四月二十四日刘少奇对天津工作指示說："我們的党、政府、公营企业必須主动的去找私人資本家，和他們合作。公私企业要結合起来成为一个整个的經济体系……。"

"資本主义的剝削制度今天还不能废除，有人剝削比沒有人剝削好，沒有人剝削，工人就会失业，所以不是資本家太多了，而是資本家太少了……。"

"我們与資产阶級有联合有斗爭。……但重点在哪里呢？在今天来說重点是放在联合上的，将来是不是会把重点变更呢？可能的，但把重点放在联合上的时期是相当长的，将来有一部分資产阶級有可能跟我們一道发展到社会主义。"

四月二十八日刘少奇在天津职工代表大会上說：

"在新民主主义經济下，在劳資两利的条件下，还讓資本家存在和发展几十年。这样做对工人阶級的好处多，坏处少。"

"要使資本家有利可图，不要怕資本家得利，不要限制資本家賺錢太多。这就是說資本家有利可图了，他們发财了，工厂开多了，临时工就可能变成长工。今天吃稀飯固然沒有吃干飯好，但吃稀飯总比沒飯吃好。"

"斗爭不要过分……你們把資本家捉来枪毙了，他便不能办工厂了，有些工人說：'資本家不开我們开，組織起来办合作社工厂。'开了合作工厂沒有呢？开了很多，但是沒有一个搞好的。"

五月十二日，刘少奇在青代会上說：

"貫彻公私兼顧的政策，国家貿易和你們私人資本家大做生意，有錢大家賺，有生意大家做……，你去卖一点，我也卖一点，国家的貨物也推銷，私人的貨物也推銷，都能够銷售。"

"資本主义今天不能消灭，因为今天是进步的，所以不但不消除他們的剝削，而且还发展他們的剝削。"

"剝削工人多了，这算不算罪恶呢？这不但不算罪恶，而且有功劳。多剝削几个人好呢？还是少剝削好呢？还是多剝削几个工人好。失业工人要求复工，他們想到資本家的厂里做工，也就是說，'請你剝削我一下吧！'他們要你剝削，能剝削，我們倒舒服一些，否則我們倒覺得痛苦，……我說剝削得越多功劳越大。馬克思也說过：'資本主义在年青时代是有历史功績的。'我說这个功績是永垂不朽的。"

"我們就怕資本家不来剝削你，資本家能够剝削很多工人那才好。有人剝削，总比沒有人剝削好一点，沒有人剝削，完全沒有飯吃，有人剝削，还能吃个半飽，这总是好一点。"

（未完待續）

《刘少奇在津活动录》暫先发表到这里下期将陆續发表。

天津市工业、交通、基建系统抓革命、促生产工作会议批判材料之五

最高指示

我們現在思想战綫上的一个重要任务，就是要开展对于修正主义的批判。

揭露中国的赫魯曉夫刘少奇在天津自行車厂販卖修正主义黑貨的滔天罪行

天津自行車厂革命职工委員会

革命的同志們，无产阶級革命派的战友們：

首先，让我們共同祝愿世界人民的导师，我們的伟大領袖毛主席，万寿无疆！万寿无疆！

我代表天津自行車厂革命职工委員会憤怒地揭露党內最大的走資本主义道路的当权派刘少奇在我厂所犯下的反党、反社会主义、反毛澤东思想的滔天罪行。

我們最最敬爱的伟大領袖毛主席亲自发动并領导的无产阶級文化大革命，取得了伟大胜利。广大紅衛兵小將和革命造反派已冲破了重重障碍，克服了重重阻力，終于把党內头号走資本主义道路当权派、中国的赫魯晓夫揪出来了。在天津，广大革命造反派，高举毛主席的革命批判大旗，揪出了刘邓在天津的代理人——万张反革命修正主义集团。这是战无不胜的毛澤东思想的伟大胜利，是无产阶級文化大革命的伟大胜利。

中国的赫魯晓夫，在今年七月九日又抛出了一个所謂"检查"，这根本不是什么检查，这是刘少奇对我們心中最紅最紅的紅太阳、我們伟大的領袖毛主席的恶意攻击。这是刘少奇向以毛主席为代表的无产阶級革命路綫、向无产阶級革命派的最瘋狂的反扑。这是刘少奇否定无产阶級文化大革命，反攻倒算，妄图翻案的鉄証。这是一篇彻头彻尾、彻里彻外的反革命宣言书。

无产阶級革命派的战友們！立即行动起来，联合起来，奋起毛澤东思想的千鈞棒，迎头痛击刘少奇的新反扑，彻底粉碎刘少奇的新反扑，把它斗倒，斗臭！！！

这个党內最大的走資本主义道路的当权派，一九六〇年曾在反革命修正主义分子刘子

厚、万晓塘的陪同下，携带着他的臭老婆王光美来我厂进行所謂的“視察”。这时，由于赫鲁晓夫修正主义的瘋狂反华和严重自然灾害，我国經济当时遇到了暂时的困难。在国际上帝、修、反趁机掀起了一股反华逆流，牛鬼蛇神紛紛出籠，他們攻击三面紅旗，攻击社会主义，迫不及待的梦想資本主义在中国复辟。就在这个时候，党内最大的走資本主义道路的当权派刘少奇，认为时机对其有利，立即出場表演，勾結天津的万张反革命修正主义集团，来天津到处販卖資本主义、修正主义的黑貨，大肆树立个人威信，为复辟資本主义制造輿論。

一、抬高自己，貶低我們伟大領袖毛主席

在来厂以前，万张反革命修正主义集团为孝忠其主子，調动了大批的保衛人員負責保駕，并指示厂里占用生产时間，一千多人进行了突击大扫除，接待室洒上香水，摆上香花、苹果。要求搞好接待，加强保衛工作，要有組織的夹道欢迎……。万张反革命修正主义集团，还特意調来天津电影制片厂准备拍摄电影，拉电綫、接电灯，同时来了大批的摄影記者。下午二点多钟，六緯路交通断絕，馬路上站满了警察，小吉普头前开道，来了大批各式小臥車，中国的赫鲁晓夫刘少奇，在刘子厚、万晓塘等反革命修正主义分子的陪同下，来到了我厂。

这个中国的赫鲁晓夫，一进接待室，随从人員立即拿出了溫度計測量室溫，这个十足的官老爷，連换衣服都要别人为他服务，臭架子眞是叫人看了恶心。在王光美的主张下，他們先进行参观，参观过程中，忙坏了摄影記者。这个老賊还假惺惺地和一个工人拉手，以便拍成电影来捞取政治資本。他每看一个零件，随从人員便用白毛巾为他擦一次手，故意摆出一付官老爷的臭派头。

参观后，听取了汇报，他作了一些黑指示。但是，在整个过程中，根本不提毛主席的英明伟大，根本不談战无不胜的毛澤东思想，不提突出政治。不难看出刘少奇对我們伟大領袖毛主席是什么感情了。

在欢送他走的时候，工人同志們出于对党对毛主席的热爱，高呼：毛主席万岁！中国的赫鲁晓夫却故意低着狗头不加理采，更不喊“毛主席万岁！”反而不知耻辱的把王光美先駕上小臥車，他也钻了进去。可是后来在型鋼分厂时，听見有一个人喊了一声“刘少奇万岁！”他竟无耻地笑着向工人招手。

毛主席是我們工人阶級的伟大領袖，沒有毛主席就沒有我們的一切。可是刘少奇，胆敢抬高自己貶低我們領袖，这是一万个办不到的！誰反对毛主席我們就砸爛誰！

二、鼓吹洋奴思想，反对自力更生

中国的赫鲁晓夫参观后，听取了汇报，当时有一工人代表向他汇报說：五八年大跃进以来，广大职工高举毛澤东思想伟大紅旗，发揚自力更生、奋发图强的精神，克服了重重困难，自己动手試制成功了自动电鍍机，全厂机械化程度达到了百分之八十左右，改变了企业的面貌，年产量比解放初期提高十倍……。

中国的赫鲁晓夫，出于对伟大的毛澤东思想的仇恨，听着汇报却双眉紧鎖，显出极不耐

煩的样子，几次打断汇报，并且别有用心地說："今后你們只要把技术搞上去，全国才能拿第一。"竭力抵制毛主席提出来的突出政治，鼓吹技术第一，唯恐突出光焰无际的毛澤东思想。

当汇报到质量时，中国的赫鲁晓夫問道："現在世界上哪个国家自行車最好？"有人回答說："英国的鳳头牌比較好"。刘贼赶忙說："要向英国学习，要向英国学习，你們可以通过我国駐英代办，派专家工程师去英国参观学习"。看！刘少奇这个党內头号走資本主义道路的当权派，只字不提用毛澤东思想武装起来的工人阶級，具有无限的創造力，只字不提对外国經驗应該采取批判的学习态度，极力抵制自力更生的方針，到处販卖洋奴思想。这个中国的赫鲁晓夫，眞是一个地地道道的帝国主义、資本主义在中国的忠实代理人。

伟大領袖毛主席教导我們：**"我们的方针要放在什么基点上？放在自己力量的基点上，叫做自力更生"**。我們工人阶級有了毛澤东思想，就最有覚悟，有无限創造力，外国有的我們要有，外国沒有的我們也要有，什么人間奇迹也能創造出来。例如英国自行車独有的"不等壁管"就是我們按着毛主席教导发揚敢于革命的自力更生精神自己制造成了。不管英国保密不保密，我們也用不着到英国去学习。

三、妄圖把我厂引向資本主义的邪路

伟大領袖毛主席教导我們：**"为什么人的问题，是一个根本的问题，原则的问题。"**我們的社会主义企业应該为什么人呢？毫无疑問，应該为无产阶級、为广大工农兵服务。可是，刘少奇恰恰在这个"根本的問題"上，大反毛澤东思想，販卖他的修正主义黑貨，妄想把我厂引向資本主义的邪路。

当时我厂正在試做摩托車，刘少奇立刻乘机大肆販卖資产阶級享乐哲学，妄想把我厂生产引向为資产阶級老爷太太服务的邪道。他說：在摩托后面再增加一个輪子，带上一个棚子，制造微型汽車　可坐二三人。他大肆放毒說：这种車发展前途很大，一般中層以上干部將来都可以买，男的开車带上太太孩子，在星期日一家人可以玩玩公园、野游……。

无产阶級革命派的战友們：听一听这个党內头号走資本主义道路的当权派用心何其毒也。正当我国革命人民响应伟大領袖毛主席号召，以自力更生、发奋图强的精神，战胜困难建設社会主义的时候，他却极力腐蝕干部，妄图培养資产阶級特权阶層，不叫我們为工农兵服务，把我們的社会主义企业生产引向歧途。

反革命修正主义分子刘子厚、万晓塘，秉承其主子的旨意，确实下了一番功夫。他們为了設計和制造微型汽車，集中了大批技术力量，給国家浪費了三万多元，結果落得一事无成。而自行車的改进設計却无人过問，使我厂自行車提高质量、增加品种受到很大影响。

后来，陈伯达同志带来了毛主席的指示，强調面向农村，为广大的工农兵服务。这才又把我厂生产引上了为工农兵服务的軌道上来，制造出为工农兵欢迎的自行車。比如我厂新产品65型加重自行車就被农民同志称为"不吃草的小毛驴"。

中国的赫鲁晓夫、党內最大的走資本主义道路的当权派，在我厂散布販卖的黑貨我們一定要清算，要彻底批判。把这个工人阶級的阶級敌人批倒、斗臭，叫它永世不得翻身！

让我們振臂高呼：

打倒刘少奇！

砸烂万张反革命修正主义集团！

无产阶级文化大革命胜利万岁！

战无不胜的毛泽东思想万岁！

伟大领袖毛主席万岁！万岁！万万岁！

一九六七年七月二十三日

反革命修正主义分子
宋普毅
鬼話集

天津市中等学校紅卫兵公社
河大八一八《火炬》战斗队
一九六七年七月廿五日

最　高　指　示

凡是反动的东西，你不打，他就不倒。这也和扫地一样，扫帚不到，灰尘照例不会自己跑掉。

混进党里、政府里，军队里和各种文化界的资产阶级代表人物，是一批反革命的修正主义分子，一旦时机成熟，他们就会要夺取政权，由无产阶級专政变为资产阶級专政。

反革命修正主义分子宋景毅
鬼话集

编者按：

中央一再指示，天津市广大革命群众同万張反革命修正主义集团的矛盾是天津市的主要矛盾。斗争的锋芒应该针对万、張反党集团。为了从政治上、思想上、理论上把万、張反革命修正主义集团批深批透，我们收集了万張反革命修正主义集团的核心成员宋景毅的反党、反社会主义、反毛泽东思想的鬼话，现公布于下，供广大工农兵群众和无产阶級革命派的战友们批判時参考。

毛主席教导我们："不破不立，不塞不流。只有破坏旧的腐朽的东西，不能建设新的健全的东西"。让我们高举起革命的批判大旗，掀起一个轰轰烈烈的大批判运动，彻底肃清万張反革命修正主义集团在天津的一切流毒！

（一）
疯狂地反对光焰无际的毛泽東思想

什么都是学习毛主席著作！

（一九六三年一次职工介绍学主席著作经验时的讲话）

学习毛著作用的时间太多了，影响了业务。

（ 九六五年的 次谈话）

业务时间学毛著，既浪费了时间，又是形式主义。

（一九六五年突出政治大讨论时的 次谈话）

学习硬规定不行，要靠自觉。

（ 九六五年的一次谈话）

革命不能输血，要自觉。

（ 九六五年的 次谈话

学习要自愿，革命不能输血吆！

（ 九六五年的一次谈话）

就是吆，学习就是不能强迫，你死规定，他不学也没办法。

（ 九六五年的一次谈话）

〔按〕：我们的付统帅林彪同志教导我们说："毛泽東思想是全党、全军和 切工作的指导方针！"

广大工农兵群众，广大革命干部和广大知识分子，都必须把毛泽東思想真正学到手，做到人人"读毛主席的书，听毛主席的话，照毛主席的指示办事，做毛主席的好战士。"又说"马克思列宁主义是从外边灌输过去的，不灌，有再大的天才，再多的经验，也不行。"而宋景毅却胡说什么学习主席著作是"形式主义"、"革命不能输血"、不能强迫等々，这充分暴露了他抵制反对毛泽東思想的反动咀脸。

前十条有些过时了，后十条应重点讲。

（ 九六五年的一次谈话

〔按〕：前十条是我们伟大领袖毛主席亲自制定，后十条是中国的赫鲁晓夫刘少奇炮制的。宋景毅反对什么、拥护什么，不是昭然若揭了吗？

（二）
对抗毛主席，对抗党中央，大搞独立王国．

你们可真建设了不少東西，你们离北京远，我们离北京太近，干点吆都干不了。天子脚下难办事呀！

（ 九六四年宋到广州，对广州市委一书记杜××的谈话）

封建时代北京的宛平县官都难当，朝廷大大小小的官吏都欺负。

（一九六四年宋到广州，对广州市委 书记杜××的谈话）

〔按〕这是对我们心中最红最红的红太阳——毛主席的恶毒攻击！是宋景毅狼子野心的大暴露。

宋景毅攻击陳伯达同志说："叫他吃了好的，他还在中央反映咱，汪一波来了好伺候，以后对陳伯达这样的人得注意点。"

（一九六一年在一次市委书记处会议上的谈话）

〔按〕：宋景毅敌視毛主席的好学生，我党的杰出理论家陳伯达同志，而对中国的赫鲁晓夫刘少奇的同伙汪一波却百般吹捧，这不正好说明宋景毅是哪个司令部的人吗？

解放軍不了解地方情况，参加（市委常委）也起不了作用。

（一九六〇年的一次谈话）

〔按〕：解放軍是我们伟大领袖毛主席亲手缔造和领导的，林彪同志直接指揮的軍队。解放軍是无产阶级专政的柱石。宋反对解放軍参加市委常委，以达他们大搞独立王国，实現资本主义复辟的狼子野心。

中商部的话听也罢，不听也罢，对他们的指示要很好地注意，防止偏差。

（一九六二年的一次谈话）

什么中央中央的，一个部能代表中央吗？不听他们那一套！

（一九六二年的一次谈话）

你们只知道中央，不知道地方！

（同　上）

你们外贸就是无组织无纪律，为什么我们想干点事中央很快就知道了？今后你们不经过市委同意，不能向中央反映情况。

（一九六一年的一次谈话）

中央的会议或者省的会议，凡属关係到群众的大事情，必须先向市反映后，才能执行，各业务部门向上级反映问题，联系到别的部问题的，必须先向市请示，才能办。

（一九六一年十二月一次谈话）

外贸局就他妈的有省委、外贸部，没有天津市。

（一九六一年一次谈话）

对各局要加强教育，让他们尊重市人委党组的决定。

（同　上）

〔按〕：毛主席教导我们说："全党服从中央"，而宋景毅对中央百般对抗，向中央封锁消息，对下级則要求唯命是从，其目的不外一个：把天津市搞成一个为万晓宋反党集团为所欲为的水泼不进针插不进的独立王国。

一九五七年有关领导酝酿天津改为省辖市，宋说："那是河北省的单相思，是癞蛤蟆想吃天鹅肉。"

河北省搬到天津来，看見什么也是好的。

（一九六〇年的一次谈话）

河北省委"喝天津的血来了。"

（同　上）

省里管得太宽，总想卡油你们去和老周（省財政厅厅长）说说，对天津不能象对专署那样。（一九五九年春的一次谈话）

他們（指省委）眼里就知道石家庄、邯鄲，根本不懂大城市。

（同上）

设计任务重 一万元也得経省委，这简直太难了，计委跟省里讲一讲去，把我們卡得太死了。

（一九六三年二月的一次谈话）

按 这里反映了以刘子厚为首的河北黑省委与天津市委万 張宋反革命修正主义集团在某些方面爭权夺利狗咬狗的丑剧。同时也反映出万、張反革命修正主义集团，大搞独立王国的狼子野心。

（三）

极力推行修正主义路綫，大搞资本主义复辟活动：

一、反对突出政治 宣扬业务第一。

只讲政治，不讲业务 就是空头政治。

突出政治，业务到哪里去了？

不能政治老突出，买卖老赔钱。

（一九六三年 次讲话）

财贸部只知道喊政治，就是不知道业务上不去要挨批评。

（一九六三年的讲话）

経济指标上不去，就解决不了落后局面。

（一九六三年的讲话）

只知道抓政治 不知道抓业务，政治还能当饭吃？

老是务虚，务虚 真没意思。再务虚没有实也解决不了实际问题。

（一九六五年宋的一次谈话——突出政治大讨论间）

咱們这老抓突出政治 把业务挤了。

我说突出政治，指标下降，有些人还不高兴。

（一九六五年宋的讲话）

突出政治要落实到业务上，要落实到柜台上。

（一九六三年的一次讲话）

把组织货源摆在第一位，在"活"字上狠下功夫

（六一年 次讲话）

按：毛主席教导我們说："政治工作是一切経济工作的生命綫。"而反革命修正主义分子宋景毅却反对突出无产阶級政治，极力宣扬政治与业务的对立，以资产阶級"业务第一"代替无产阶級政治，这是他推行修正主义経济路綫的一个重要組成部份。

二、宣扬生活第一，贩卖物质刺激论。

抓生活 促生产。

（六〇年十月二十日在县区领导干部会讲话）

人民生活是财贸工作压倒一切的中心任务，要全神贯注，抓紧抓細 立竿见影。

（六〇年的讲话）

从安排生活入手 调动积极性 以促生产、安排好生活 从生产出发 搞好分配消费 这是我财贸工作的長期方针。

六○年10.20在县区领导干卩会上讲话）

所谓大抓思想，主要是围绕生活来抓思想工作。

（一九六一年十一月七日一次讲话）

财贸系統应从生产正发 以大搞食堂为中心的組级人民生活。

（一九五九年十二月三十日财贸卩六三年一季度工作安排意见）

宋 贵鼓吹财贸工作方针是"吃好 睡好，玩好 休息好"做好买卖

抓生活 定是好干卩，生活问题是你死我活的问题 是考验一个党员是否忠于党的问题，不执行党的政策的人，比蒋介石还坏。

（一九六○年十 月一十日）

困难对每个共产党员是个考验，是否大抓生活，应看成是党员的品质问题，

生活搞得好坏 看食堂如何 做为评定支卩党员的好坏标準，

（ 九六一年十 月七日讲话）

管好食堂是安排好人民生活的关键。（六○年讲话）

"以吃为中心，大搞付食生产"

"菜象 条命"（六○年在全市财贸系統党员干卩会上）

搞人民生活，这是救人救命的问题，（六○年一次讲话）

今冬把三大战线 —— 即粮、菜 奥抓好就好过了。

（一九六一年九月十四财贸卩研究报告工作时说）

今冬中心是抓人民生活。（六 年十 月 四 次谈话）

按 毛主席教导我们说"掌握思想教育，是团结全党进行伟大政治斗争的中心环节。如果这个任务不解决 党的一切政治任务是不能完成的。"反革命修正主义分子宋景毅在困难时期不是突出主席思想，教育人们去克服困难，而却大力突出"生活"在吃字上大作文章，这是他活命哲学的一次大暴露。——

政治掛帅要把物质利益放在第一位 政治掛帅首先要做好供应。

（六二年七月的一次谈话）

工资制度千篇 律时定几級工资，妨碍积极性。现在工资不是按劳取酬 而是平均主义…… 手工业搞定额加奖励。（一九六一年五月十七日讲话）

我们工资政策要看阶級路线。"处理工资问题要与五反运动的成果相结合 奖励五反运动中的积极分子 首先给历来工作表现好的，这就是阶級路线。（六三年十月九日关于调整工资的报告）

政治掛帅与物质刺激相結合，有条件的实行计件工资，提成工资。超额加奖励 要有钱也要有实物奖。（六三年的一次讲话）

近郊可以多种油料，奖励还可以提高一些，多激发些积极性。

农村中应多产多吃，少产少吃，不产不吃。（六二年五月二十九日压缩食油会议上讲话）

按：是主持毛泽东思想掛帅，政治掛帅 还是主持钞票掛帅 这是马克思列宁主义和修正主义的分水岭，是革命和反革命的分水岭。反革命修正主义分子宋景毅，出自他的反革命本性，高唱"物质刺激论"，妄图用反革命経济主义论来腐蚀干卩和群众的革命意志，为复辟资本主义准备条件。

三、大刮单干风，鼓吹自由化

农民自私，没有觉悟，只知道自己的小天地。

（1961年由蓟县回来路上的原词）

（按）毛主席说"没有贫农，便没有革命。若否认他们，便是否认革命。"而反革命修正主义分子宋景毅却对贫下中农进行[illegible]

要大力扶助农民个人养猪、养鸡、种水菓树。

[illegible]调动积极性。

（1961年对蓟县县委讲话）

自留地的庄稼就是好，一看就知道。

你看哪片庄稼不好，准是集体的，没人管。

（1961年宋去蓟县回来路上讲话）

八届十中全会前由刘邓黑司令部向下秘密布置了[illegible]调查提纲"专门搜集社会主义阴暗面，其中提到"分田到户，包产到户"等等，宋景毅说"非走这条路不可。"

要积极利用小商贩。

小商贩靠八股绳发展不了资本主义，怎么也赚不了[illegible]万块钱。

（1961年9月宋的指示）

小商贩会做买卖，灵活，人家自己干，比老字号的商店好。

自负盈亏的夫妻老婆店设点均匀，工作效果高，什么时候叫什么时候开。国营送货上门也给群众添了麻烦

（1960年宋的讲话）

房管局对过去接收过来的油漆粉刷工人，应该有计划地恢复一些门市部，改为集体所有制；出售砖瓦灰砂石的"麻刀铺"也可以有计划地恢复一批。（1962年4月18日第五次市长联合办公发言）

为调动广大三轮车工人生产积极性，实行自劳自得，减少管理费，固定车辆使用权。

建立个三轮车厂，出租三轮车，按时租，按时收。

（1962年5月10日第六次市长联办会上）

这些工人（指房管局所属一些工人）必须转集体所有制。这样做会有利于调动工人积极性。……可以先转百八十人，只要打响了头一炮，工人一看有利，就会自动转集体。

（1962年9月4日第十三次市长联办讲话）

（按）：这是对工人阶级的极大诬蔑。

服务修配是否退回一部分？怎么退？是否不是社会主义？我看没有什么危险。思想敞开一点。

（1962年的讲话）

（按）．毛主席说："在人民中，还有一些没有受到社会主义改造的人，他们人数不多，只占百分之几，但一有机会，就会离开社会主义

道路，走资本主义道路。"反革命修正主义分子宋景毅大刮单干风，大砍国营经济、集体经济，恢复个体经济，妄图颠覆社会主义经济基础，实现其复辟资本主义的罪恶目的，何其毒也！

国营商业不如供销社民主……，不如供销社办事周到。现在国营商业需要什么没有什么。

国营商业宣传政策不如供销社及时。

国营商业不如供销社会过日子。

积极开展货栈贸易，用高价吸引货源，高来高走，随行就市。

(1962年的讲话)

今后主要靠货栈解决问题。

供销社可以通过货栈经营粮、油。

(1962年宋的讲话)

(按)：毛主席说"国营的工业或商业，都已经开始发展，它们的前途是不可限量的。"反革命修正主义分子宋景毅对国营经济大肆诬蔑，其罪恶目的是企图把社会主义经济拉向倒退。

自由市场在社会主义条件下就为社会主义服务。……利多弊少。

(1962年的讲话)

自由市场虽然价格高，但能买到过去不能买到的东西。

(1962年的讲话)

自由市场……既能补充国家的供应不足，又能回笼货币，还能解决一部分待商人员的职业问题，不搞就会脱离群众。

(1962年的一次讲话)

自由市场的好处很多，能刺激农产品生产活跃城乡交流，保证城市供应，促使国营企业改进管理。

(1957年宋的讲话)

目前副食品的情况较好，自由市场开放后品种数量有了显著增加。

(1962年9月25日在十六次市长联办会上)

你看，有钱的想吃肉买到了，葱蒜样样俱全，花几个钱就能吃一顿饺子。 (1962年的一次讲话)

以前规定国家干部、共产党员不准去黑市买东西，现在开放了，可以到摊贩市场买东西。

(1961年的讲话)

如果中央提出关闭自由市场时，我们就照办，如果征求我们的意见，我们还保留。

(1963年中央召集财贸书记会座谈集市贸易时说)

我们对市场的小商贩，要有改造、维持的任务，照顾到小商贩的淡旺季。 (宋的一次谈话)

什么是长途贩运？很难划分，凡是我们允许的，就不算长途贩运。

(宋的一次谈话)

自由市场的小商贩可以自己平衡价格不要管得太死，可以跟合作商店、供销社起平衡作用。(1962年宋的一次谈话)

市场价格要由合作商店、供销社来平衡，不要硬性管理。

（1962年宋的一次讲话）

根据市场情况（自由市场），定些适当的办法，不要受税法限制。

（1962年10月18日宋的讲话）

不要管理摊贩，让他们自己发展，自己平衡，搞不好自己垮台。

（1961年宋的一次讲话）

我们准备搞一个小百货批发市场，市场搞起来后，可以登广告，欢迎外地采购。（1962年9月25日第十六次市长联办会上）

要恢复侯家后的小百货批发市场，要发扬这个市场的传统特点。

（1962年的讲话）

"鸟市"那个地方要发扬历史特点，把卖鸡的、卖鸟的、卖兔子的都集中到那里去。（1962年的讲话）

旧货市场也应搞，而且要搞传统的旧货市场。

（1962年宋的讲话）

天津的群众，过年不去"娘々宫"市场逛々就过不去。

要大办年货市场。（1962年对开放自由市场的黑指示）

（按）：毛主席教导我们说："农业和手工业由个体所有制变为社会主义集体所有制，私营工商业由资本主义所有制变为社会主义所有制，必然使生产力大々获得解放。"而反革命修正主义分子宋景毅对社会主义经济极端仇视，却积极鼓吹自由市场的神々"优越性"，处々为小商贩、投机倒把分子大开方便之门，使资本主义到处泛滥，为复辟资本主义创造条件。

四、大力提倡资本主义经营方式

要多批商品多批人，人多做的买卖多。

招待要热情，给不了东西也要搞好关係，宁自吃亏，不能做倒牌子。搞好关系要有目的。

（62—63年宋对物资交流的指示）

对解决我们问题的地区要多给他一些东西让人家满意。对一般地区也要加以照顾。这是给人家点东西，以后好向人家张嘴。

（同上）

拿正货单，只讲品名，不讲数量，主动灵活，不讲实话。

（同上）

分配对分配（指商品），交流对交流，高价对高价，高来高走，不能赔钱。（同上）

全国缺穿的，好坏棉花一齐抓。

棉、烟、麻都可以接受加工订货。

（同上）

南方要求上海的多，北方要求我们多些，凡是要求我们的，而且有前途的产品，我们就要很好地做。

我们要在全国争取主动，把经济路子打开。

（同上）

把商品算々账，把潜力挖一挖，要全卫拿正来去换物资。

（同上）

关于外地协作，作活一点。……不支援外地，外地不支援我们，我们就无法过活。

（61年6月15日在人委党组会讨论物资分配时的谈

〈按〉："发展经济保障供给"这是财经工作的总方针，是推动社会前进的动力。但万张反革命修正主义集团对抗中央指示，以物资交流为名，泡制唯利是图，投机取巧，勾心斗角的生意经，为搞到自己所需东西，不惜弄虚作假，请客送礼，收买拉拢，把资产阶级那一套全部搬来，妄图破坏国家统一政策，破坏社会主义计划经济。

（四）

恶毒地攻击总路线、大跃进、人民公社，否定三面红旗

群众运动是形式主义。

（1958年的一次谈话）

在开展内外结合的群众运动上，搞过了头。

（1962年的一次讲话）

运动本身，存在大轰大嗡现象，助长了浮夸风和瞎指挥风。

（同上）

大跃进以来"运动过多，浪费了群众精力，影响了群众积极性"。

（1962年的一次谈话）

好钢一炼变废铁，是大跃进的产物。（同上）

大跃进"促使基层单位盲目经营，破坏国家计划，助长了浮夸风，打乱了正常工作秩序，浪费了人力物力。（1962年的一次谈话）

大跃进发生了严重的缺点错误，是付出了很大代价的深刻教训。

（1962年的一次谈话）

大跃进是得不偿失，劳民伤财。（同上）

〈按〉：一九六一年一月，党的八届九中全会指示："我国在过去三年中所取得的伟大成就，说明了党的社会主义建设总路线、大跃进、人民公社是适合中国的实际情况的。"丁万反革命修正主义分子宋景毅却跳出来，追随刘邓之后，配合社会上地富反坏右牛鬼蛇神，恶毒攻击三面红旗，暴露了他仇视社会主义制度的本来面目。

看吧，市场会胡里胡涂地好起来。（1962年的一次谈话）

农村经济七年恢复，大城市比农村更慢些。（1962年的一次谈话）

经济上最困难时期，城市还没有过去。（1962年7月23日讲话）

形势好是指的政治，经济形势还没有好转。（同上）

政治上过了头，经济上没过关。（1962年的一次谈话）

政治形势是好的，财政经济方面的困难是严重的。（1962年的一次谈话）

农民的积极性挫伤太大，恢复元气很不容易。（1962年春的一次谈话）

今年生活比去年复杂，去年重点是农村，……今年城市生活安排不好，不能设想，无法形容。（1961年的一次谈话）

现在是三瘦：人瘦无粮，地瘦无肥，牲口瘦无料（1961年的一次谈话）

现在是粮食少，人体热量少，要少学习，少加班，早休息。只有叫人们休息好，生活好，才能干好，业务才能上得去。

（1961年的一次谈话）

本来供应就不多，已经减很多了，原来底子就不高，减一两就是大事了。

（一九六二年五月二十九日在压缩食油供应上的讲话）

劳逸结合不好就要闹浮肿病，现在定量的基本营养是弱的，就怕劳逸结合不好。

（一九六二年十一月十九日市人委二十四次会议上的讲话）

多休息，多晒太阳，少工作，少开会，停止学习，缩短工作时间。（一九六二年的一次谈话）

商店要早关门，职工不要加班，干部要搞休养所。

（困难时期一次讲话）

人民生活下降了。

现在蔬菜上市量太多，卖不出去，一九五七年上市量每人每天五两菜，可那时人民购买力比现在充沛得多。

（一九六三年三月二十七日的讲话）

按：在一九六二年初召开的中央工作会议上，毛主席已明确地指出："最困难的时期已经过去了。"而宋景毅却紧跟其主子刘少奇、邓小平亦步亦趋，大唱悲观绝望的论调，恶毒地攻击社会主义制度，为他们复辟资本主义作舆论准备。

(五) 紧跟刘、邓、彭黑司令部，对抗以毛主席为代表的无产阶级革命路线

资本家定息怎么订，咱们跟北京走，北京不定，咱也不订。

（一九六二年十二月市委书记处会议）

陳云的报告很好，提出了具体的措施，三自一包，高价東西

（一九六二年的一次谈话）

一九六三年宋景毅提出："紧跟北京"，"向北京学习"的口号。

目的就是去北京学习经验，学习作买卖的方法，看看他们怎么组织，怎么搞的，有什么窍门，为什么我们就不如人家？为什么他们的指标比我们先进？人员机构方面，经营方法方面，要分口摸一摸。（一九六三年组织人到北京学习时的一次讲话）

是该松一松了。不然总斗，弄得人都很紧張（指一些资本家、高级知识分子之流），话都不敢讲了，还怎么工作？

（一九六五年听到彭真"松一松"的黑指示会的一次讲话）

按：我们的伟大领袖毛主席在一九六三年就提出工业学大庆，农业学大寨，全国人民学习解放军的伟大号召，而宋景毅却供毛主席的指示大唱反调，竟紧跟刘邓彭控制的北京黑市委，叫嚣什么"向北京学习"，何其毒也。

"二十三条"明明是纠左防右的，为什么有些人非说是防右的，使人难解。

（一九六五年的一次谈话）

李雪峰什么都不懂，就会抓阶级斗争。

（一九六五年的一次谈话）

宋景毅吹捧彭真在北京郊区四清会议上攻击"二十三条"、为走资本主义道路的当权派翻案的报告说："是个好文件"，只有彭真才敢这样讲，别人谁敢这样讲呢？"

（一九六五年的一次谈话）

阶级斗争的优势不在我们方面。

（一九六四年的一次谈话）

城市是地、富、反、坏、右、军警、宪　特的大本营，-----基层干部问题严重，-------原来干部和积极分子都不可靠，都让靠边站。

（一九六五年的一次谈话）

整党内走资本主义道路的当权派是重点，群众当中的问题当然也要整。

（一九六五年的一次谈话）

号召群众"有什么揭什么，无论是谁都可以揭"。

（一九六六年六月上旬的一次谈话）

"桃园经验"是活的马克思主义，是搞好运动的样板。

（一九六五年的一次讲话）

按："二十三条"是我们的伟大领袖毛主席亲自主持制定的，是与刘邓形左实右的资产阶级反动路线作斗争的结果。但宋景毅如同一切反革命修正主义分子一样，对"二十三条"恨得要命，百般抵制，顽固地推行刘邓彭一套形左实右的资产阶级反动路线，把形势估计得一片漆黑，打击一大片，保护一小撮，妄图借四清之机，网罗党羽，为他们篡党篡政作好准备。

十六中的小子们反市委，瞎闹，你们要顶住。

（一九六六年七月）

市委是革命的，天津市委和北京市委不一样。

天津市委是革命司令部

（一九六六年七月）

外地揭发我那些问题，根本不是事实，是造谣的，我现在还不进行反驳，将来反正有人替我说话。

（一九六六年）

按：宋景毅站在资产阶级的反动立场上，自封左派，镇压群众运动，围剿革命派，实行白色恐怖，向革命派进行一次又一次疯狂反扑，但历史究竟宣判了宋景毅的死刑！

(六) 包庇重用坏人，大搞阶级投降

黑市委给反革命修正主义分子李××平了反，宋说："平反就平反了吆！不能再留尾巴！把他的错误言论一笔勾销！"

（一九六二年的一次讲话）

宋给×××写信保护历史反革命宋步峰，信中说："家兄之事，在可能条件下，请予以帮助。"

- 12 -

（一九五七年）

过去外贸的哪个人不认识几个外国人？日本人给他寄贺年片（上边有反动口号）那能称他的问题吗？要是修正主义给你们来信，你们就是修正主义吗？

困难时期，宋命令昆曲班、戏校，为他招来的地、富、反、坏、右牛鬼蛇神搞高级灶，说：“他们想吃什么就做什么，要吃的舒服适口，注意营养。”

宋对戏校的牛鬼蛇神说：“你们是国家的财富，办昆曲靠你们”“你们要把东西掏出来。”“你们多吃点，把身体搞好些，你们安心工作吧，国家把你们养起来了。”

按：毛主席教导我们说“什么人站在革命人民方面，他就是革命派，什么人站在帝国主义封建主义官僚资本主义方面，他就是反革命派。”宋景毅顽固站在地、富、反、坏、右的立场上，包庇重用牛鬼蛇神，大搞阶级投降，成了牛鬼蛇神的大红伞。宋景毅是什么人，不是很清楚了吗？

（七）推崇古戏、大反现代戏

现代戏太没艺术，太干巴。

现在会昆曲的人不多了，如果不赶快找人学下来，这些人（按：指牛鬼蛇神），昆曲就失传了。

不要再挑々拣々，嫌什么太粗糙了，现在会昆曲的就是这几个人了，粗也比没有强。他们年岁这么大了，再不赶紧抢着学，他们死了，连粗糙的也没有了，他们会什么戏先学下来，内容有问题，以后再说。

当有的同志反对演古戏时，宋说：“我觉得没有什么不可以学的。”

昆曲要扩大影响，要出剧本，尤其是传统戏中不可缺少的怡志楼谱曲，及传统戏汇编都要出版。

（一九六四年四月的一次谈话）

按：毛主席教导我们说：“許多共产党人热心提倡封建主义和资本主义艺术，都不热心提倡社会主义的艺术，岂非咄々怪事。”宋景毅推崇古戏，为古戏传宗接代，大反现代戏，实质是为复辟资本主义作舆论准备。

（八）其　他

六二年开始过渡到共产主义。------

城市规划要大胆设想，城市街道也要大胆设想，要有“现实主义"的"浪漫主义"。

城市园林化，农村要城市化。

北京拆40-50%搞绿化，天津可拆30%房子搞绿化，这样就可以与农村差不多了。

（一九五八年十月九日宋在建委召开的技术人员座谈会上讲）

（按）："62年过渡到共产主义——"这明々是中国的赫鲁晓夫在中国复辟资本主义的黑话。城建规划的"大胆设想"不是为了更好地建设社会主义，而是破坏社会主义建设，不是缩小城乡差别，而是要扩大城乡差别；不是按总路线精神 多快好省地建设社会主义，而是追随欧美、苏修 搞资本主义复辟。

一次宋从外边回来对徐××说："有人说我象主席"。很得意地摸々脑袋。

（按）：宋景毅竟然与我们伟大领袖相比，这是对我们伟大领袖的极大诬蔑。是可忍，孰不可忍！打倒个人野心家宋景毅！

市长们有个原则分工，但也不一定太死，……要互相培养威信。

（1962年一次谈话）

一直是党委领导下的分工负责制，问题就多了，是否光站。公司一级是党委领导下的分工负责制，下面就不要了。

（1963年6月3日宋的讲话）

按：毛主席说："中国共产党是全国人民的领导核心。没有这样一个核心，社会主义事业就不能胜利。"宋景毅却想法取消党委的领导，正是为资本主义复辟广开门路。

苏联赶上美国，中国赶上英国，战争威胁就没有了。

（在 次全市性大会上讲话）

按：帝国主义和一切反动派的本性是永远不会改变的，而反革命修正主义分子宋景毅却鼓吹战争熄灭论，散布和平麻痹思想，这是十足的混蛋逻辑。

"金猴奋起千钧棒，玉宇澄清万里埃"。全市无产阶级革命派的战友们，让我们高举再高举毛泽东思想伟大红旗，把反革命修正主义分子宋景毅彻底批倒批臭，再踏上一只脚，使它永世不得翻身！把天津市建成红彤々的毛泽东思想的新城！

天津中等学校红卫兵公社
河大"八一八"《火炬》战斗队
一九六七年七月二十五日

《文革史料叢刊》

李正中 輯編

古月齋叢書3-8

文革史料叢刊 內容簡介

《文革史料叢刊第一輯》共六冊。文革事件在歷史長河裡，是不會被抹滅的，文革資料是重要的第一手歷史資料。其中主要的兩大類，一是黨的內部文宣品，另一是非黨的文宣品，本套叢書搜集了各種手寫稿，油印品，鉛印文字、照片或繪畫，或傳單、小報等等文革遺物，甚至造反隊的隊旗、臂標也多有收錄，相關整理經過多年努力，台灣蘭臺出版社，目前已出版至第三輯，還在陸續出版中。

蘭臺出版社書訊 文革史料叢刊（第一輯—第五輯）

第一輯共六冊，圓背精裝

ISBN：978-986-5633-03-5

第一冊	頁數：758
第二冊	頁數：514
第三冊	頁數：474
第四冊	頁數：542
第五冊	頁數：434
第六冊	頁數：566

9 789865 633035 30000

古月齋叢書 3 定價 30000元(再版)

第一冊：最高指示及中央首長關於文化大革命講話

第二冊：批判劉少奇與鄧小平罪行大字報選編

第三冊：劉少奇與鄧小平反動言論彙編

第四冊：反黨篡軍野心家罪惡史選編

第五冊：文藝戰線上兩條路線鬥爭大事紀

第六冊：文革紅衛兵報紙選編

第二輯共五冊，圓背精裝

ISBN：978-986-5633-30-1

第一冊	頁數：188
第二冊㈠	頁數：416
第二冊㈡	頁數：414
第二冊㈢	頁數：434
第三冊	頁數：470

9 789865 633301 20000

古月齋叢書 4 定價 20000元

第一冊：文件類

（一）中共中央文件 11

（二）地方文件 69

第二冊：文論類（一）

第二冊：文論類（二）

第二冊：文論類（三）

第三冊：講話類

第三輯共五冊，圓背精裝

ISBN：978-986-5633-48-6

第一冊	頁數：239
第二冊	頁數：284
第三冊	頁數：372
第四冊(一)	頁數：368
第四冊(二)	頁數：336

9 789865 633486 25000

古月齋叢書 5 定價 25000元

第一冊：大事記類

第二冊：會議材料類

第三冊：通訊類

第四冊（一）：雜誌、簡報類

第四冊（二）：雜誌、簡報類

第四輯共五冊，圓背精裝

ISBN：978-986-5633-50-9

第一冊	頁數：308
第二冊(一)	頁數：456
第二冊(二)	頁數：424
第三冊(一)	頁數：408
第三冊(二)	頁數：440

9 789865 633509 35000

古月齋叢書 6 定價 35000元

第一冊：參考資料、報紙類

第二冊（一）：戰報類

第二冊（二）：戰報類

第三冊（一）：大批判、大學報集

第三冊（二）：大批判、大學報集

第五輯共五冊，圓背精裝

ISBN：978-986-5633-54-7

第一冊	頁數：468
第二冊	頁數：518
第三冊	頁數：428
第四冊	頁數：452
第五冊	頁數：466

9 789865 633547 30000

古月齋叢書 7 定價 30000元

第一冊－第五冊：

大批判、大學報集

第六輯即將出版

購書方式

書款請匯入：

銀行

戶名：蘭臺網路出版商務有限公司

土地銀行營業部（銀行代號005）

帳號：041-001-173756

劃撥帳號

戶名：蘭臺出版社

帳號：18995335

100 台北市中正區重慶南路1段121號8樓之14

TEL：（8862）2331-1675 FAX：（8862）2382-6225

E-mail：books5w@gmail.com

網址：http://bookstv.com.tw/